Motivo de la cubierta de la edición rústica:
Tapete de incrustaciones de paño
Instituto de Valencia de Don Juan, Madrid

Motivo de la cubierta de la edición ilustrada:
Piedra tallada con el nombre de Alá

HISTORIA DE ESPAÑA

PLAN DE LA OBRA

I. MANUEL TUÑÓN DE LARA - MIQUEL TARRADELL MATEU - JULIO MANGAS MANJARRÉS
INTRODUCCIÓN. PRIMERAS CULTURAS E HISPANIA ROMANA

II. JUAN JOSÉ SAYAS ABENGOCHEA - LUIS A. GARCÍA MORENO
ROMANISMO Y GERMANISMO. EL DESPERTAR DE LOS PUEBLOS HISPÁNICOS (SIGLOS IV-X)

III. RACHEL ARIÉ
ESPAÑA MUSULMANA (SIGLOS VIII-XV)

IV. JULIO VALDEÓN BARUQUE - JOSÉ M.ª SALRACH MARÉS - JAVIER ZABALO ZABALEGUI
FEUDALISMO Y CONSOLIDACIÓN DE LOS PUEBLOS HISPÁNICOS (SIGLOS XI-XV)

V. JEAN-PAUL LE FLEM - JOSEPH PÉREZ - JEAN-MARC PELORSON - JOSÉ M.ª LÓPEZ PIÑEIRO - JANINE FAYARD
LA FRUSTRACIÓN DE UN IMPERIO (1476-1714)

VI. GUILLERMO CÉSPEDES DEL CASTILLO
AMÉRICA HISPÁNICA (1492-1898)

VII. EMILIANO FERNÁNDEZ DE PINEDO - ALBERTO GIL NOVALES - ALBERT DÉROZIER
CENTRALISMO, ILUSTRACIÓN Y AGONÍA DEL ANTIGUO RÉGIMEN (1715-1833)

VIII. GABRIEL TORTELLA CASARES - CASIMIRO MARTÍ Y MARTÍ - JOSÉ M.ª JOVER ZAMORA - JOSÉ-CARLOS MAINER BAQUÉ
REVOLUCIÓN BURGUESA, OLIGARQUÍA Y CONSTITUCIONALISMO (1834-1923)

IX. PIERRE MALERBE - MANUEL TUÑÓN DE LARA - M.ª CARMEN GARCÍA-NIETO - JOSÉ-CARLOS MAINER BAQUÉ
LA CRISIS DEL ESTADO: DICTADURA, REPÚBLICA, GUERRA (1923-1939)

X.* JOSÉ ANTONIO BIESCAS FERRER - MANUEL TUÑÓN DE LARA
ESPAÑA BAJO LA DICTADURA FRANQUISTA (1939-1975)

X.** MANUEL TUÑÓN DE LARA - JOSÉ LUIS GARCÍA DELGADO - SANTOS JULIÁ - JOSÉ-CARLOS MAINER - JOSÉ M. SERRANO SANZ
TRANSICIÓN Y DEMOCRACIA (1973-1985)

XI. JULIO MANGAS MANJARRÉS - JUAN JOSÉ SAYAS ABENGOCHEA - LUIS A. GARCÍA MORENO - JULIO VALDEÓN BARUQUE - JOSÉ M.ª SALRACH MARÉS - RACHEL ARIÉ - MARÍA CRUZ MINA - ALEJANDRO ARIZCÚN - JOSEPH PÉREZ
TEXTOS Y DOCUMENTOS DE HISTORIA ANTIGUA, MEDIA Y MODERNA HASTA EL SIGLO XVII

XII. JOSÉ LUIS GÓMEZ URDÁÑEZ - MANUEL TUÑÓN DE LARA - JOSÉ-CARLOS MAINER BAQUÉ - JOSÉ LUIS GARCÍA DELGADO
TEXTOS Y DOCUMENTOS DE HISTORIA MODERNA Y CONTEMPORÁNEA (SIGLOS XVIII-XX)

XIII. GUILLERMO CÉSPEDES DEL CASTILLO
TEXTOS Y DOCUMENTOS DE LA AMÉRICA HISPÁNICA (1492-1898)

HISTORIA DE ESPAÑA

Dirigida por el profesor
Manuel Tuñón de Lara
Catedrático de la Universidad de Pau (Francia)

TOMO III

EL DIRECTOR

MANUEL TUÑÓN DE LARA, doctor de Estado en Letras y catedrático de la Universidad de Pau (Francia). Director del Centro de Investigaciones Hispánicas de la misma y del Centro de documentación de Historia Contemporánea de España de las Universidades de Burdeos y Pau. Consultor de la Historia del desarrollo científico y cultura de la Humanidad de la UNESCO. Entre sus obras destacan: *La España del siglo XIX, La España del siglo XX, Historia y realidad del Poder. Medio siglo de cultura española, 1885-1936. El movimiento obrero en la historia de España, Metodología de la historia social, La Segunda República, Luchas obreras y campesinas en Andalucía.*

LA AUTORA:

RACHEL ARIÉ, Agrégée d'Arabe, Docteur d'Etat ès lettres et sciences humaines, es en la actualidad Maître de recherche en el Centre National de la Recherche Scientifique (París). Desde hace veinte años ha desarrollado sus actividades tanto en el campo de la docencia universitaria como en el de la investigación. Figura entre los miembros de la Asociación Española de Orientalistas y de la Union Européenne des Arabisants et Islamisants; ha participado en diversos congresos. Aparte de sus numerosísimos artículos sobre temas de historia y cultura hispano-musulmanas ha publicado los libros siguientes: *Miniatures hispano-musulmanes*, Editorial Brill, Leiden 1969; *L'Espagne musulmane au temps des Naṣrides (1232-1492)*, Editorial E. de Boccard, París 1973.

ESPAÑA MUSULMANA

(Siglos VIII - XV)

por

Rachel Arié

EDITORIAL LABOR, S.A.

Coordinación general de la obra:

Dra. M.ª Carmen García-Nieto París
Profesor adjunto de Historia de España
Universidad Complutense de Madrid

Traducción de Berta Julià
Licenciada en Historia

1.ª edición, 16.ª reimpresión: 1994

Escoles Pies, 103 - 08017 Barcelona (1984)
Grupo Telepublicaciones
Depósito legal: B. 42.286-1994
ISBN: 84-335-9423-0 (rústica, tomo III)
ISBN: 84-335-9420-6 (rústica, obra completa)
ISBN: 84-335-9434-6 (ilustrada, tomo III)
ISBN: 84-335-9431-1 (ilustrada, obra completa)
Printed in Spain - Impreso en España
Fotocomposición: TECFA, Almogàvers, 189 - 08018 Barcelona
Impreso en GRÁFICAS EMEGÉ, Londres, 98, int. Barcelona

Nota introductoria

La historia de la España musulmana ha ejercido siempre una especie de fascinación sobre la mayoría de eruditos. En los albores del movimiento romántico, José Antonio Conde escribió una *Historia de la dominación de los árabes en España*, aparecida en 1820, que iba a levantar numerosas críticas por su carácter literario y a ser duramente condenada por Reinhardt Dozy. Este ilustre arabista neerlandés es autor de una *Histoire des Musulmans d'Espagne*, que llega hasta principios del siglo XII; escrita en francés y publicada en Leiden en 1861, la obra constituyó durante mucho tiempo una autoridad, debido a la solidez de la información que aportaba. El siglo XIX español asistió al nacimiento de una insigne escuela de arabistas, entre los que destacó Pascual de Gayangos, quien tuvo brillantes discípulos, como Francisco Codera y Zaidín, historiador que demostró una innegable honestidad intelectual en todas sus investigaciones acerca del pasado hispanomusulmán. A partir de 1910, maestros del renombre de Julián Ribera y Miguel Asín Palacios se rodearon de investigadores competentes tales como Maximiliano Alarcón y Ángel González Palencia. Pero hubo que esperar hasta mediados del siglo XX para que se elaborara una síntesis conforme a las normas de la moderna crítica histórica; nos referimos a la magistral obra del profesor francés Evariste Lévi-Provençal sobre la historia de la España musulmana desde los orígenes hasta la caída del califato de Córdoba (1031), obra de la que existe una traducción al castellano debida a la prestigiosa pluma del eminente arabista Emilio García Gómez, publicada en Madrid en 1950. Para los dos siglos siguientes, contamos en la actualidad con algunas monografías sobre los reyes de taifas, con un esmerado estudio de Jacinto Bosch Vilà sobre los almorávides y con algunos trabajos señalados de Ambrosio Huici Miranda sobre el Imperio almohade. En cuanto a mí, en 1973 publiqué en París una historia de la última etapa del Islam español que abarca el período comprendido entre 1232 y la toma de Granada por los Reyes Católicos en 1492. Para este trabajo, me basé en fuentes árabes, tanto históricas como jurídicas y literarias, manuscritas en su mayor parte, así como en un minucioso examen de crónicas castellanas y de documentos de archivos españoles de la baja Edad Media.

Desde su publicación en 1925, el pequeño compendio de Ángel González Palencia sobre la vida política en la España musulmana ha quedado obsoleto, debido a que nuestro conocimiento del Islam hispánico se ha enriquecido de forma considerable gracias al descubrimiento por parte de eruditos europeos y orientales de una serie de textos árabes, algunos de los cuales han sido traducidos y editados, mientras que otros siguen en estado de manuscrito. En los últimos decenios, las investigaciones han avanzado considerablemente, gracias a los interesantes trabajos emprendidos con gran abnegación por Luis Seco de Lucena Paredes, Jacinto Bosch Vilà y Joaquín Vallvé Bermejo. Juan Vernet, con su rigor habitual, se ha dedicado a la historia de las ciencias árabes, mientras que el campo de los estudios filológicos se ha visto notoriamente ampliado gracias a Darío Cabanelas, Jaime Oliver Asín, José María Forneas y José Vázquez Ruiz. A Federico Corriente y a Juan Martínez Ruiz debemos la renovación de las investigaciones en el terreno de la lingüística. El interés despertado por el patrimonio literario hispanomusulmán se ha traducido en valiosas contribuciones a cargo de Emilio García Gómez sobre la lírica arabigoespañola, en los penetrantes estudios de Elías Terés, de Soledad Gibert, de María Jesús Rubiera Mata sobre los poetas andaluces y de Fernando de la Granja sobre los prosistas.

Las implicaciones diplomáticas de la historia de la España musulmana despertaron un interés casi continuo en los Estados cristianos de la península Ibérica a lo largo de la Edad Media. Conviene, pues, poner de relieve la meritoria aportación de los medievalistas españoles, que han publicado colecciones de documentos sacados de los ricos fondos de los archivos del país, así como las monografías acerca de las relaciones fronterizas.

Se imponía, pues, una reelaboración total de estos materiales. La visión de conjunto sobre la historia y la civilización de la España musulmana desde el siglo VIII hasta el XV que presento aquí se inspira en el deseo de contribuir a la construcción del edificio común. Es el fruto de pacientes investigaciones llevadas a cabo durante una veintena de años, en el transcurso de los cuales he reunido datos procedentes de fuentes manuscritas e impresas, completados con el estudio directo del medio natural en que vivieron los musulmanes de España durante más de siete siglos y con el examen de los vestigios arqueológicos e iconográficos.

He concedido un lugar destacado a las estructuras sociales y económicas y he prestado especial atención a la descripción de la cultura y el arte.

Quiero expresar mi gratitud a la EDITORIAL LABOR, que me ha hecho el honor de incluir mi trabajo en la obra colectiva dedicada a la *Historia de España*. Por último, agradezco al profesor Manuel Tuñón de Lara, director de la colección, el haberme confiado este trabajo, así como su aliento y estímulo constantes.

SISTEMA DE TRANSCRIPCIÓN

Consonantes

' b t ṯ ŷ ḥ j d ḏ r z s š ṣ ḍ ṭ ẓ ʻ ġ f q k l m n h w

hamza inicial no se transcribe.

tā'marbūṭa: a (en estado absoluto) — *at* (en estado constructo)
artículo = *al* (aun ante solares) y — *l* — precedido de palabra terminada en vocal.

Vocales breves: a, i, u.

Vocales largas: ā, ī, ū.

Diptongos: ay, aw.

CAPÍTULO PRIMERO

Evolución política

Presentamos en las siguientes páginas un bosquejo de la evolución política de la España musulmana de 710 a 1492, o sea la historia de siete siglos de presencia musulmana en la península Ibérica.

Con el fin de que este estudio resulte más cómodo, hemos adoptado una serie de divisiones cronológicas que nos permitirán delimitar el esquema factual y nos evitarán una descripción excesivamente detallada de los hechos.

1. CONQUISTA Y PENETRACIÓN DEL ISLAM EN ESPAÑA (710-756)

La conquista de España, a diferencia de las demás emprendidas por los árabes durante el primer siglo de la hégira, se caracterizó por su rapidez, audacia y facilidad. Los relatos que han llegado hasta nuestros días —crónicas latinas y árabes posteriores al siglo VIII— destacan por su brevedad y carácter legendario. Sin duda el estado de descomposición en que se hallaba el reino visigodo de España, sumido en largas luchas internas, facilitó la tarea de los árabes, quienes fijaron sus ambiciones en este reino y contaron con la eficaz ayuda de los sectores de la población deseosos de librarse de un yugo que les resultaba demasiado opresivo [277, I, 1-8].*

A principios del verano de 710, año en que Rodrigo sucedió a Witiza en el trono de Toledo, los árabes se hallaban ya sólidamente establecidos en el norte de Marruecos y concluían la conquista del Maġrib central bajo el mando del gobernador de Ifrīqiya, Mūsā b. Nuṣayr. La península-

*Los números entre corchetes remiten a la bibliografía. (N. del E.)

la Ibérica, con sus fértiles tierras y sus prósperas ciudades, se convirtió en su próximo objetivo. Mūsā b. Nuṣayr, por iniciativa propia y sin consultar con el califa omeya de Damasco, al-Walīd, decidió intentar en primer lugar la ocupación de algunos territorios litorales; contaba para ello con las promesas de colaboración del exarca de la plaza de Septem (Ceuta), todavía en poder de los bizantinos, pese a la caída de Cartago en manos de los musulmanes. Dicho dignatario, el conde Julián, facilitó la primera expedición musulmana a España, una simple incursión de 400 hombres a las órdenes del oficial beréber Ṭarīf contra una isla próxima al puerto que ha conservado su nombre *(Ŷazīrat Ṭarīf*, de donde procede Tarifa), en ramadán del año 91/julio de 710 [408, IV, 699]. Mientras, Rodrigo se hallaba en el norte del país, en la región de Pamplona, intentando sofocar una revuelta de los vascones. El éxito de Ṭarīf indujo al lugarteniente de Mūsā, un oficial beréber liberto, el *mawlā* Ṭāriq b. Ziyād, a formar un cuerpo de desembarco compuesto por 7000 hombres (beréberes en su mayoría, además de algunos libertos y escaso número de verdaderos árabes), el cual, con el auxilio de la flotilla del conde Julián, atravesó el estrecho y se instaló en la ladera de la montaña de Calpe (la futura ciudad de Gibraltar, en árabe *Ŷabal Ṭāriq*, la montaña de Ṭāriq), en abril o mayo de 711, o sea en raŷab o sa'bān del año 92. Ṭāriq estableció más al oeste, frente a una pequeña isla llamada «isla verde» *(al-Ŷazīrat al-jaḍrā'*, de donde procede Algeciras), una base para que pudiera servir de reducto en caso de retirada. Algunas semanas más tarde tuvo lugar el encuentro decisivo entre el cuerpo de desembarco musulmán —al que se habían sumado cinco mil infantes beréberes— y las tropas regulares de Rodrigo, al oeste de Tarifa, en *Wādī Lago* (río Barbate),[1] encuentro que finalizó con la derrota de los visigodos; así pues, Ṭāriq tenía abiertas ante sí las puertas de Andalucía. En las proximidades de Écija, una masa de población descontenta y deseosa de escapar a la servidumbre, se unió a Ṭāriq, en tanto que los judíos de Andalucía le presentaban también su apoyo. A principios del año 93/octubre de 711, el liberto Mugīṯ se apoderó de Córdoba. Toledo, la capital de los reyes visigodos, cayó sin ofrecer resistencia alguna. Mūsā b. Nuṣayr, temeroso de que toda la gloria de la conquista recayera en Ṭāriq, pasó a España en ramadán del año 93 / junio de 712 con un ejército de 18 000 hombres, en su mayoría árabes y entre ellos jefes qaysíes y yemeníes. Tras la conquista de Sevilla y Mérida (šawwāl del año 94 / junio-julio de 713), se reunió con Ṭāriq en Toledo, y se dirigió a Zaragoza, cuya conquista supuso la dominación de todo el valle del Ebro. Tras estos hechos, el califa al-Walīd ordenó a Mūsā regresar a Siria en compañía de Ṭāriq, para que le dieran cuenta de las conquistas llevadas a cabo. En el verano de 714 (finales del año 95), ambos salieron de España, conquistada casi en su totalidad, y a la que ya no regresarían [277, I, 29].

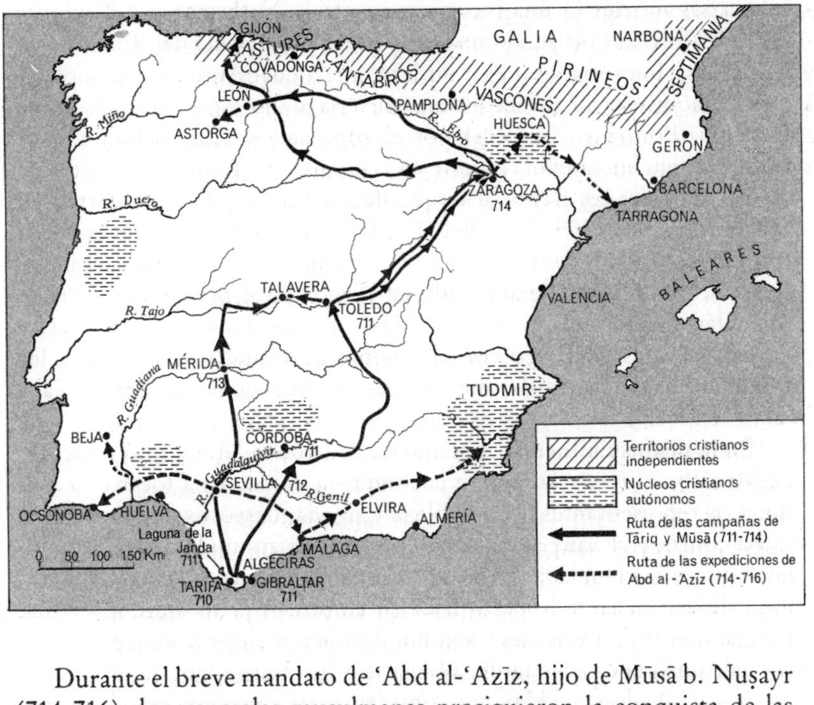

Durante el breve mandato de ʻAbd al-ʻAzīz, hijo de Mūsā b. Nuṣayr (714-716), los generales musulmanes prosiguieron la conquista de las regiones subpirenaicas, tomaron Pamplona y, más al este, Tarragona, Barcelona, Gerona y Narbona. Tras la partida de su padre hacia Oriente, ʻAbd al-ʻAzīz parece que se aseguró la posesión de Évora, Santarem y Coimbra, en el actual Portugal. Se dedicó a pacificar la Andalucía oriental y Levante: se apoderó sucesivamente de Málaga y Elvira, prosiguiendo luego su avance hacia la región de Murcia, donde concluyó un tratado con el señor visigodo allí reinante, Teodomiro (en árabe *Tudmir*, nombre que pasó a designar la provincia de Murcia) [277, I, 30-34].

Con la muerte violenta de ʻAbd al-ʻAzīz se abrió un período confuso de unos cuarenta años de duración (716-756), durante los cuales se sucedieron al frente de España una serie de gobernadores *(wālī)*, con poder delegado por Damasco o por el gobernador titular de Kairuán. Estos gobernadores se enfrentaron, por una parte, a sus propios compatriotas árabes, divididos por la rivalidad entre los clanes qaysíes y kalbíes que también había hecho su aparición en España, y por la otra, a sus súbditos beréberes del norte de la Península, deseosos de deshacerse de la autoridad árabe, a semejanza de lo sucedido con sus hermanos en el Magrib.

Durante el período llamado de los gobernadores se llevaron a cabo asimismo varias tentativas, aunque infructuosas, para extender el Islam hacia el territorio de la Galia y llevar hasta allí la guerra santa (el *ŷihād*), contra los infieles: a una incursión contra la Narbonense y Toulouse (100/719-102/721) le siguió una expedición por el valle del Ródano que llegó hasta Borgoña y en el transcurso de la cual Autun fue completamente saqueada (725). La última correría importante, dirigida hacia Gascuña, Poitou y Aquitania por el gobernador 'Abd al-Raḥmān-al-Gāfiqī, quien encontró la muerte en la empresa, terminó con la derrota de los musulmanes frente al duque de los francos, Carlos Martel, en *Balāṭ al-Šuhadā'* [409, I, 1019-1020], la «Calzada de los mártires por la fe», en las proximidades de una vía romana que unía Chatellerault y Poitiers, en un lugar denominado en la actualidad Moussais la Bataille (ramadán del año 114/octubre de 734). En los años siguientes a este encuentro, más conocido con el nombre de «batalla de Poitiers», los árabes vacilaron antes de intentar nuevas incursiones contra la Galia [277, I, 53-65].

En la península Ibérica, a la muerte de 'Abd al-'Azīz, hijo y sucesor de Mūsā b. Nuṣayr, la fase de la conquista musulmana tocaba ya a su fin. Los representantes de la nobleza visigoda, deseosos de proseguir la lucha contra el ataque arábigo-beréber, se habían unido a las poblaciones asturianas refugiadas en una fortaleza natural, en el macizo montañoso de los Picos de Europa. En 718, en una pequeña aldea asturiana, Cangas de Onís, los nobles visigodos decidieron elegir a un jefe, Pelayo, el cual, unos años más tarde, obligaría a los musulmanes a levantar el cerco de Covadonga.[2] Hay que considerar este episodio como la primera manifestación del sentimiento nacional de la España cristiana. El precursor de la Reconquista sería, tras la muerte de Pelayo, Alfonso I, quien, en el transcurso de los diez y ocho años de su reinado (739-757) y utilizando guerrillas, consiguió la expansión del minúsculo principado de Asturias con la anexión de Galicia, al norte del actual Portugal, la vertiente sur de la Cordillera cantábrica, la Bardulia —en la actualidad, Castilla La Vieja—, los territorios de Álava, de la Bureba y de la Rioja. Estas zonas despobladas, que pasaron teóricamente a poder de Alfonso I y que permanecieron deshabitadas durante varios decenios, se convirtieron a partir de entonces en regiones fronterizas, en Marcas, y fueron el escenario de encarnizadas luchas entre cristianos y musulmanes de España a lo largo de todo el siglo IX.

Ha llegado el momento de pasar a definir el término geográfico *al-Andalus*, que se aplicó en el mundo musulmán medieval a la península Ibérica, o sea a las actuales España y Portugal. El nombre *al-Andalus* ha sido relacionado con el de los vándalos *(al-Andalīš)*, que habían dado a la Bética el nombre de Vandalicia, cuando atravesaron la península Ibérica en 533 d.J.C., antes de invadir el norte de África [270,5]. El término *al-Andalus* aparece en un *dīnār* bilingüe de 98/716, en el cual la leyenda latina transcribe dicho término por el de Spania («acuñado en Spania», según la leyenda latina; «acuñado en *al-Andalus*», según la leyenda árabe). Spania y su doblete Hispania son los únicos que aparecen atestiguados en las crónicas latinas hispánicas más antiguas para designar a la península Ibérica considerada en su conjunto, es decir, tanto la España cristiana como la musulmana. En cambio, los escritores árabes emplearon siempre el término *al-Andalus* para denominar a la España musulmana, independientemente de su extensión geográfica. Así pues, los musulmanes de España establecidos en el Algarve, en Extremadura, en el bajo Aragón o en Levante son considerados por los autores árabes como andaluces *(Andalusiyyūn* o *ahl al-Andalus*). Cuando la España musulmana quedó reducida tan solo al reino naṣrí de Granada (1232-1492), el vocablo *al-Andalus* se aplicó exclusivamente a dicha entidad geográfica. Los cronistas musulmanes dieron a la España cristiana, a la que pocas veces llamaron *Išbāniya* (Hispania), los nombres, transcritos al árabe, de los principados cristianos que fueron surgiendo a medida que avanzaba la Reconquista: *Liyūn* (León), *Qašṭālla* o *Qaštīla* (Castilla), *Burṭuqāl* (Portugal), *Aragūn* (Aragón), *Nabārra* (Navarra). Sin embargo, el vocablo *al-Andalus* no desapareció con el fin de la dominación musulmana sino que siguió empleándose para designar, en la España moderna, las regiones submediterráneas: las provincias de Almería, Granada, Málaga, Jaén, Córdoba, Sevilla, Cádiz y Huelva, o sea Andalucía.

La islamización de las poblaciones de España y el poblamiento arábigo-beréber serán tratados aquí brevemente y tan solo en relación al siglo VIII.

Los árabes no impusieron la religión musulmana a las poblaciones de la España recién conquistada; estas pasaron a formar parte de las «gentes del libro» *(ahl al-kitāb)*, es decir, de los adeptos a las religiones reveladas. Al igual que las pequeñas comunidades judías de las ciudades visigodas, los españoles cristianos pudieron conservar el libre ejercicio de su culto, pero al continuar vinculados a su antigua religión, se convertían en tributarios *(ḏimmíes)*, sujetos al pago de impuestos especiales. Numerosos españoles, a quienes el régimen visigodo había privado de sus bienes, optaron por la conversión al Islam, lo que les confería de forma automática el disfrute del estatuto personal de los musulmanes de nacimiento. Estos neomusulmanes formaron los núcleos más numerosos de la población musulmana, sobre todo en el sur y el este de la Península, y eran conocidos en al-Andalus con los nombres genéricos de *musālima* y sobre todo de *muwalladūn* (muladíes); parece que el primer término se aplicaba más bien a los conversos propiamente dichos y el segundo a sus descendientes. Los españoles que no quisieron adoptar el Islam y conservaron la religión cristiana fueron llamados mozárabes (del árabe *musta'rib*) [171, I, 72]. Parece que estos constituyeron las comunidades más numerosas y prósperas de Toledo, Córdoba, Sevilla y Mérida, a mediados del siglo VIII. En cuanto a los judíos de España, que habitaban casi exclusivamente en ciudades, pudieron conservar durante el siglo VIII el derecho a practicar su culto, pero fueron obligados a pagar los impuestos especiales que recaían sobre todos los tributarios.

Los árabes no tenían la superioridad numérica suficiente para convertir sus inmensas conquistas en territorios de poblamiento; se limitaron, pues, a propagar su religión un poco por todas partes, a exigir la arabización social de las poblaciones sometidas a su autoridad y a formar los cuadros políticos de cada uno de estos territorios. El núcleo de población árabe más antiguo, en cuanto a fecha de llegada a la península Ibérica, fue el de los qaysíes y kalbíes traídos por Mūsā b. Nuṣayr; a ellos se unieron en fecha temprana algunos centenares de notables árabes llegados a al-Andalus con el gobernador de Ifrīqiya al-Ḥurr b. 'Abd al-Raḥmān al-Ṯaqafī (97-716). La inmigración árabe se prolongó durante todo el siglo VIII; la aportación más importante fue la representada (123/741) por los jinetes de las circunscripciones militares de Siria o *ŷundíes,* quienes, bajo el mando del general qaysí sirio Balŷ b. Bišr [409, I, 1021-1022], pidieron su traslado a España después de haber sido asediados por los beréberes victoriosos en la península de Ceuta. Indignados por la mala fe del gobernador de al-Andalus, 'Abd al-Malik Ibn Qaṭan, a quien habían ayudado a reprimir la gran insurrección beréber del año 123/741 en España, Balŷ y sus *ŷundíes* tomaron parte activa en las luchas internas que dividían a los árabes en suelo ibérico y se instalaron en Córdoba, donde aseguraron la preponderancia qaysí. Tras la muerte violenta de Balŷ (124/742), los *ŷundíes* aceptaron establecerse en algunos feudos del sur y este de la Península, convirtiéndose en sus beneficiarios, lo que les obligó a prestar servicio militar y a comprometerse a responder a los llamamientos de movilización en caso de necesidad. Más tarde se dio el título de *baladiyyūn* o árabes «instalados normalmente en el país» a todos aquellos que habían llegado con Mūsā b. Nuṣayr; la denominación de *šāmiyyūn* o sirios fue reservada para designar a aquellos que habían llegado con Balŷ y a sus descendientes [46, 16-17].

Los árabes se instalaron en las ciudades de la llanura, especialmente en el bajo valle del Guadalquivir, en los cordones litorales que rodean el sur de la Península, en las vegas de los valles del Genil, del Tajo y del Ebro y, sobre todo, en las ricas huertas de Levante.

No hay que olvidar el papel esencial desempeñado por los beréberes en la conquista de España. Los que se quedaron en este país después del hambre de 132/750, se unieron pronto por matrimonio con familias de neomusulmanes o con familias árabes. Reclutados por Ṭariq b. Ziyād en las zonas montañosas del Rīf y de Ŷebala, junto al litoral mediterráneo, se establecieron en las zonas montañosas de la península Ibérica, donde ocuparon las tierras altas de la meseta central y las laderas de las sierras. Fueron especialmente numerosos en el Algarve, en Extremadura y en las prolongaciones de esta región hacia el noreste, hasta la sierra de Guadarrama. En cuanto a Andalucía, se instalaron sobre todo en las serranías de Ronda y de Málaga, en las dos vertientes de Sierra Nevada.

Así pues, algunos decenios después de la conquista de España, este abigarramiento de poblaciones daba a al-Andalus un aspecto especialmente original, aunque constituyó también un importante obstáculo para conseguir la unidad y la pacificación del país.

2. EL EMIRATO OMEYA DE CÓRDOBA (756-912)

Los *ŷundíes* sirios asentados en al-Andalus después de la muerte de Balŷ llegaron a un acuerdo con los representantes españoles de las dos grandes tribus árabes de origen yemení, los Lajm y los Ŷudām, cuyos vínculos de clan con los kalbíes se habían ido debilitando, y, de 745 a 755, mantuvieron en el poder a gobernadores favorables a sus intereses. Pero los yemeníes, que constituían el grueso de la población de al-Andalus, no podían resignarse a aceptar la preponderancia qaysí; en 755, una coalición formada por árabes kalbíes y por beréberes del noreste de la Península parecía dispuesta a hacer frente al gobernador Yūsuf al-Fihrī y a sus seguidores; mientras tanto, el norte del país salía de un período de cinco años de hambre, debida a una prolongada sequía.

En estas circunstancias, el joven príncipe omeya ʻAbd al-Raḥmān b. Muʻāwiya [2, 46, 120/409, I, 84], que había escapado a la matanza de su familia a manos de los ʻabbāsíes en Siria e Iraq después de la subida de estos al poder en 750, envió a su emisario Badr a al-Andalus (finales del año 136/754). En su odisea por el norte de África, ʻAbd al-Raḥmān había llegado a la tribu de los Nafza, beréberes del Magrib situados en las orillas marroquíes del Mediterráneo, de la cual su madre era originaria. El liberto Badr fue recibido con toda diligencia por algunos *ŷundíes* sirios, agrupados en los distritos españoles de Jaén y de Elvira y en su mayoría clientes de los omeyas. Los jefes del grupo qaysí, que ostentaban la autoridad desde el año 745, rechazaron las propuestas de los libertos omeyas. Así pues, Badr y sus aliados se vieron obligados a hacer algunas concesiones a sus adversarios yemeníes, quienes las acogieron casi con entusiasmo.

ʻAbd al-Raḥmān atravesó el estrecho y pisó por vez primera suelo andaluz el 1 de rabīʻ I del año 136/14 de agosto del 755 en Almuñécar. Tras el fracaso de las negociaciones con el gobernador Yūsuf al-Fihrī, el pretendiente marwaní consiguió que algunos *ŷundíes* sirios, algunos yemeníes y una parte de los beréberes se unieran a su causa. Entró en

Sevilla en šawwāl del año 138/marzo del 756 y entabló combate a las puertas de Córdoba con el resto del grupo qaysí el 10 de ḏū l-ḥiŷŷa del año 138/15 de mayo del 756. El príncipe omeya se alzó con la victoria y entró en Córdoba, donde recibió la sumisión de los habitantes de la ciudad y se hizo proclamar emir de al-Andalus en la mezquita mayor de la ciudad.

'Abd al-Raḥmān I no había cumplido todavía los veintiséis años. El emirato omeya de España duró más de siglo y medio. Durante los treinta y dos años de su reinado (756-788), 'Abd al-Raḥmān I, a quien los historiadores árabes llaman *al-Dājil*, el Inmigrado, se consagró a la consolidación de los logros conseguidos hasta entonces. Puso fin a las conspiraciones árabes urdidas sucesivamente por partidarios del antiguo gobernador Yūsuf al-Fihrī y por representantes del clan yemení. Durante seis años luchó contra los beréberes de España en la accidentada región que se extiende entre el valle del Tajo y el del Guadiana. Llevó a cabo una política de atracción y consiguió que se trasladara a España una nueva ola de inmigrantes, compuesta por miembros de su propia familia, los omeyas o marwaníes, y sus clientes sirios. Pudo organizar un ejército profesional gracias al reclutamiento de mercenarios beréberes en el norte de África y de esclavos *('abīd)* de diversos orígenes en Europa meridional, con el fin de utilizarlos para neutralizar a los árabes. En cuanto a la política exterior, durante su reinado Carlomagno llevó a cabo la expedición hacia Zaragoza [277, I, 118-127]. El episodio final, el desastre de Roncesvalles (169/778), fue inmortalizado en el *Cantar de Roldán*. 'Abd al-Raḥmān se dirigió también a Zaragoza (164/781), ciudad de la que se apoderó por algún tiempo. Pero tuvo que renunciar a recuperar otras plazas caídas en manos de los cristianos. Gerona pasó a poder de los francos en el transcurso de 785. La presencia de este enclave franco en al-Andalus anunciaba la toma de un territorio aún más importante, el de Barcelona. A su muerte, 'Abd al-Raḥmān I dejó un Estado fiel a la tradición siria en cuanto a organización administrativa y militar. La bandera blanca de los omeyas ondeaba allí orgullosamente. Córdoba empezó a desempeñar el papel de capital musulmana y su población aumentó de forma considerable.

Durante el apacible reinado de su hijo Hišām I (788-796), en el que se afianzó la dinastía omeya en España, tuvo lugar la introducción del rito malikí en al-Andalus, con lo cual el reino marwaní permaneció al margen de las querellas religiosas que ya empezaban a desgarrar al resto del mundo islámico. Cada verano, el emir llevaba la guerra santa a los confines de al-Andalus, hacia el territorio asturiano y el enclave franco de la Septimania [277, I, 139-150].

Durante el siglo IX, período especialmente agitado, los emires omeyas se esforzaron sobre todo en pacificar sus posesiones. Tuvieron que hacer frente a diversas revueltas organizadas en las Marcas por los beréberes, los árabes y los muladíes y llevaron también la guerra santa a los confines de su reino.

Una crisis interna, la célebre revuelta del Arrabal de Córdoba, el *Rabaḍ* [277, I, 150-191], dirigida contra al-Ḥakam I [409, III, 76], puso al soberano marwānī en una situación comprometida. Durante su reinado, al-Ḥakam b. Hišām (796-822) se dedicó casi exclusivamente a reprimir las revueltas organizadas por los beréberes, los árabes o los muladíes en las tres marcas fronterizas de Zaragoza, Toledo y Mérida. Un hijo del emir consiguió pacificar todo el territorio situado entre Lisboa y Coimbra en el año 193/808-809. Por entonces se inició la mezcla de la población andaluza. Los círculos de allegados al emir ya no estaban formados exclusivamente por aristócratas árabes, sino que se reclutaron auxiliares entre los libertos y los no árabes. El aislamiento de al-Andalus, necesario hata entonces debido a las contingencias políticas, empezó a romperse. Se inició el establecimiento de relaciones, ya fomentadas por Hišām I, entre la península Ibérica, el norte de África e incluso el Asia musulmana, con el pretexto de peregrinaciones a los lugares santos de Arabia o incluso de viajes de estudio. Entre tanto, la Reconquista, animada por los primeros príncipes asturleoneses y por los francos de la Marca Hispánica, ganaba terreno de forma paulatina. En 185/801, Barcelona pasó definitivamente bajo la dominación franca.

El hijo de al-Ḥakam I, el emir ʻAbd al-Raḥmān II [277, I, 193 y 409, I, 85], puso fin momentáneamente a la crisis interna y luchó al mismo tiempo contra los francos, los vascones y los Banū Qāsī, familia muladí del valle del Ebro; por otra parte, en el año 850-859 neutralizó la oposición mozárabe en Córdoba y en el año 230/844 rechazó hacia el mar a los normandos que habían desembarcado en el litoral de Sevilla. ʻAbd al-Raḥmān II reemprendió las luchas contra los cristianos de las fronteras de al-Andalus: casi cada año el emir dirigió personalmente o envió expediciones de verano contra el reino asturleonés de Alfonso II y de su sucesor Ramiro I. Luchó asimismo contra el reino vascón de Pamplona y contra la Marca Hispánica, la actual Cataluña, que por entonces formaba parte del Imperio de los francos. El emir rompió la tradición siria inaugurada en España por su antepasado ʻAbd al-Raḥmān I y organizó su Estado según el modelo del estado ʻabbāsí al que admiraba. El cantante iraquí Ziryāb, que se instaló definitivamente en Córdoba en el año 207/822, ejerció con sus consejos una profunda influencia sobre la sociedad aristocrática de al-Andalus [272, 69-74; 277, I, 269-272].

El hijo y sucesor de ʻAbd al-Raḥmān II, el emir Muḥammad I (852-886), convirtió la España musulmana en un estado rico al que supo administrar sabiamente. A final de su reinado, ʻAbd al al-Raḥmān Ibn Marwān, llamado Ibn al-Ŷillīqī, «el hijo del gallego», descendiente de muladíes originarios del norte de Portugal, se sublevó contra la autoridad omeya en Mérida, en la Marca inferior, y consiguió crear un princi-

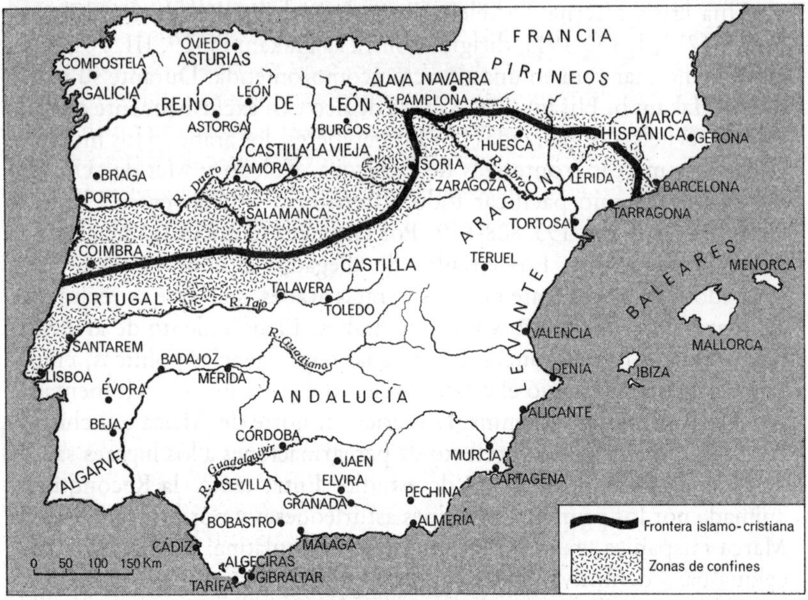

pado independiente en Badajoz. Durante este período se organizaron también una serie de campañas ofensivas contra el reino asturiano de Oviedo, cuyo trono estaba ocupado por Ordoño I, hijo de Ramiro I, y se llevaron a cabo una serie de fructuosas incursiones de verano contra Álava.

Los cronistas árabes describen a al-Mundir b. Muḥammad como un príncipe benevolente y generoso con sus súbditos, y elogian su valor y su carácter emprendedor en el transcurso de su breve reinado (886-888). Su hermano, el emir ʻAbd Allāh, el «mantenedor» de la dinastía hispano-omeya, tuvo que hacer frente a una serie de graves conflictos que estallaron entre árabes y *muwallads* en las regiones de Elvira y Sevilla. En el año 290/903, la isla de Mallorca, donde la presencia musulmana había sido tan solo esporádica durante todo el siglo IX, fue reconquistada por voluntarios andaluces.

Cuando el emir ʻAbd Allāh murió el 1 de rabīʻ I del año 300/15-16 de octubre del 912, legó a su nieto ʻAbd al-Raḥmān un trono inestable. Pero con su brillante y glorioso reinado se inició para al-Andalus una nueva era que duraría medio siglo. Elegido por su abuelo como presunto heredero del trono por su inteligencia, perspicacia y tenacidad, este príncipe de veintiún años se dedicó a pacificar el territorio hispanomusulmán y a restablecer la autoridad real, gravemente debilitada durante el reinado de su predecesor. En 913 y 917, fueron definitivamente vencidos los aristócratas árabes de Sevilla y Carmona, los Banū Ḥŷŷāŷ, y Sevilla fue reintegrada a la corona andaluza. El emir en persona consiguió poner fin a la insurrección de 'Umar Ibn Ḥafṣūn. Este jefe local, descendiente de muladíes reconvertidos al cristianismo, se había atrincherado durante treinta años en la zona montañosa de la serranía de Ronda. Ibn Ḥafṣūn fue acorralado en su guarida de Bobastro [3] en el año 917 y su cuartel general fue tomado por asalto en el año 928. Andalucía estaba completamente pacificada, la calma volvía a reinar en el Algarve y en Levante, y los impuestos engrosaban el Tesoro del Estado.

3. EL CALIFATO DE CÓRDOBA Y EL DOMINIO 'ĀMIRÍ (929-1008)

La restauración del califato en Córdoba en el año 316/929 puso de manifiesto la fuerza de 'Abd al-Raḥmān III [409, I, 85-86], cuyas hazañas guerreras le habían dado gran reputación. Tras la toma de Bobastro, y a semejanza de sus antepasados, los omeyas de Damasco, 'Abd al-Raḥmān adoptó el título de califa y de príncipe de los creyentes y unió a su nombre el sobrenombre honorífico de *al-Nāṣir li-dīn i Ilāh*, «el que combate victoriosamente por la religión de Allah». A 'Abd al-Raḥmān solo le faltaba restablecer su autoridad en las Marcas fronterizas de su reino para poder consagrarse plenamente a las tareas administrativas y organizativas, y para dedicar mayor atención a la política exterior. En la Marca inferior, un descendiente de Ibn al-Ŷillīqī le restituyó Badajoz en el año 930. En Toledo, la rebelión había alcanzado un estado endémico. Un estricto asedio obligó a los hambrientos toledanos a rendirse en julio del año 932, tras un bloqueo que duró dos años. En cuanto a la política exterior, el soberano andaluz se consagró sobre todo a la ofensiva contra la España cristiana y a la lucha de influencias con los fāṭimíes del norte de África. A partir del año 951, el califa consiguió sacar ciertas ventajas de las luchas de sucesión que, tras la muerte del rey de León Ramiro II, enfrentaron a sus hijos Ordoño III y Sancho I, y ensangrentaron los reinos de León y de Pamplona. La frontera hispanomusulmana se vio hostigada por constantes incursiones. Ordoño III tuvo que pagar un impuesto al soberano cordobés (955) y Sancho I, su hermano y sucesor, tuvo que acudir a la corte de 'Abd al-Raḥmān III y rendir vasallaje al califa omeya, quien le ayudó a recuperar su trono (958). 'Abd al-Raḥmān III intentó poner fin, en Marruecos, a la influencia de los nuevos dueños de Ifrīqiya, los fāṭimíes, cuyas ambiciones respecto a su propio reino le preocupaban sobremanera. El califa de Córdoba hizo ocupar Melilla en el año 927 y un ejército omeya procedente de España se apoderó de Ceuta en el 931. 'Abd al-Raḥmān III anexionó Tánger en el año 951 e hizo importantes donaciones a la mayoría de tribus zenetas del Maġrib central, con lo que consiguió establecer una especie de protectorado omeya en el norte y centro del Maġrib. Al-Nāṣir reanudó la tradición iniciada por su antepasado ʻAbd al-Raḥmān II un siglo antes [273, 81-107] al establecer relaciones oficiales con el emperador de Bizancio, Constantino VII Porfirogeneta, relaciones que se prolongaron hasta el año 961 y que se tradujeron en intercambios de embajadas y regalos [277, III, 143-153]. El emperador germánico Otón I y el conde franco de Barcelona enviaron asimismo delegados. ʻAbd al-Raḥmān III dotó a la España califal de una serie de monumentos religiosos, de edificios de utilidad pública, cuya posterior destrucción es de lamentar. En Córdoba hizo levantar el imponente alminar de la Gran Mezquita y restaurar la fachada del edificio. Hizo edificar al pie de la sierra cordobesa la residencia califal de *Madīnat al-Zahrā'*, verdadera ciudad real cuya construcción, iniciada en el año 936, duró entre trece y cuarenta años, según los historiadores árabes. ʻAbd al-Raḥmān legó a su hijo al-Ḥakam un estado pacífico, próspero y muy rico. Gracias a su fecunda obra, Córdoba, «ornato del mundo» como la definiera la poetisa sajona Hroswitha, rivalizaba en cuanto a prestigio con Kairuán y las metrópolis del Oriente musulmán por una parte, y con Constantinopla por la otra.

El 22 de ramadán del año 350/4 de noviembre del 961, murió ʻAbd al-Raḥmān III, sucediéndole en el trono su hijo al-Ḥakam II, de casi cincuenta años de edad [409, III, 77]. Príncipe ilustrado y bibliófilo, reinó hasta el año 976. Durante su reinado, el ejército omeya consiguió poner fin a los intentos de los reinos de León, Castilla y Navarra de afirmar su independencia [277, II, 174-184]. Al-Andalus destacó durante este período como uno de los núcleos más activos de la civilización musulmana; los cronistas árabes medievales subrayan el carácter pacifista y la brillantez del reinado de al-Ḥakam II.

A este último le sucedió su joven e incapacitado hijo, Hišām II [409, III, 512-513], nacido en el año 354/965 de la unión del califa con Ṣubh, una cautiva vascona. Después de poner fin a las intrigas de la corte califal, un político de gran talento, Muḥammad Ibn AbīʻĀmir, perteneciente a una vieja familia árabe de la región de Algeciras y que había realizado sólidos estudios en Córdoba, se hizo con las riendas del poder. Enérgico y ambicioso, Muḥammad estuvo al frente de los destinos del reino califal en calidad de *ḥāŷib*, una especie de mayordomo de palacio. Su primera acción fue someter a los eslavones del círculo palatino. Estos europeos de condición servil que los musulmanes de al-Andalus compraban para encuadrarlos en sus milicias y que les servían de intendentes, habían conseguido, una vez libres de su condición servil, formar una verdadera casta de privilegiados en la corte de Córdoba; pero a partir de entonces solo permanecieron en ella aquellos eslavones

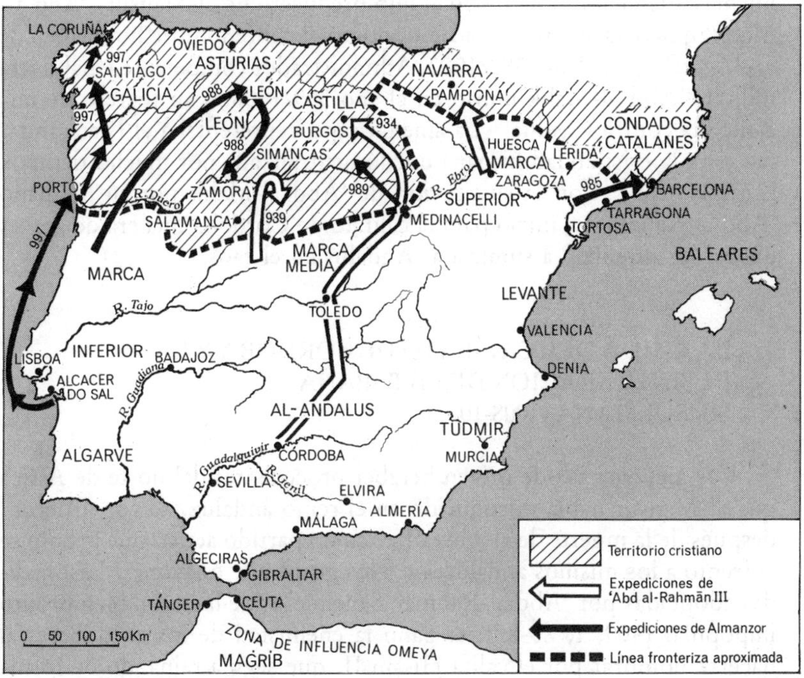

que carecían de influencia. Ibn Abī ʿĀmir contó con el apoyo de los juristas, redujo al joven califa a la impotencia, y, en el año 379/981, trasladó la administración del Alcázar de Córdoba y de *Madīnat al-Zahrā'* a un nuevo palacio que él mismo había hecho construir: *al-Madīna al-Zāhira*, la «ciudad brillante». Reorganizó el ejército califal a base de reclutar contingentes beréberes y mercenarios cristianos. El sobrenombre de *al-Manṣūr bi-llāh*, «el victorioso por Allah», adoptado por Ibn Abī ʿĀmir define claramente al general hábil y al estratega victorioso en sus empresas. El Almanzor de las crónicas cristianas y del Romancero impuso importantes derrotas a los reinos cristianos del norte de la Península y consiguió incluso tomar y destruir el famoso santuario de Santiago de Compostela, en el transcurso de su campaña del año 387/997 contra Galicia. Al-Manṣūr murió en Medinaceli el 27 de ramadán del año 392/10-11 de agosto del 1002, al regresar de una campaña contra el norte de Castilla. La España musulmana quedaba intacta; al-Manṣūr, digno continuador de ʿAbd al-Raḥmān II y de al-Ḥakam II, había conseguido incluso extender la influencia política andaluza a la Berbería occidental [277, II, 259-272].

El dictador ʿāmirí había tenido la suficiente habilidad para hacer respetar durante toda su vida el aparato califal y para mantener intactas algunas de sus prerrogativas en favor de Hišām II. Este concedió las mismas atribuciones de *ḥāŷib* al hijo predilecto de al-Manṣūr, 'Abd al-Malik, quien sucedió a su padre y adoptó el sobrenombre honorífico de *al-Muẓaffar*, en el año 392/1002. Administrador competente y hábil jefe militar, 'Abd al-Malik murió en el año 399/1008, a su regreso de una campaña contra Castilla. «La amenaza que representaba el Islam andaluz para la cristiandad hispana quedó neutralizada por mucho tiempo» [277, II, 289]. Con la sustitución de 'Abd al-Malik por su hermano 'Abd al-Raḥmān se inició para el califato de Córdoba una era de graves disturbios que iban a sumir a al-Andalus en el caos.

4. LA CAÍDA DEL CALIFATO DE CÓRDOBA Y LA DESINTEGRACIÓN DE LA ESPAÑA MUSULMANA (1008-1031)

Los mercenarios de origen beréber procedentes del norte de África que al-Manṣūr había introducido en el reino andaluz, se convirtieron, después de la muerte de al-Muẓaffar, en un partido activo que pronto se enfrentó a los mismos andaluces y a los grupos de eslavones. Las medidas adoptadas por 'Abd al-Raḥmān Sanchuelo [4] le hicieron bien pronto impopular [409, I, 86-87]; se ganó la enemistad de los cordobeses al hacerse nombrar por el califa Hišām II, que seguía reinando de forma puramente nominal, presunto heredero de la corona (rabī' I del año 399/noviembre de 1008); la exasperación de los cordobeses creció aún más cuando exigió (13 de ŷumādā I del 399/13 de enero de 1009) a los dignatarios y funcionarios del gobierno que llevaran turbantes según la moda beréber, en su palacio de al-Zāhira [189, 307-190, II, 283]. Tras un complot urdido en su contra, el hijo menor de al-Manṣūr fue ejecutado cerca de Córdoba por los partidarios del pretendiente marwāní Muḥammad b. Hišām b. 'Abd al-Ŷabbār —un biznieto de 'Abd al-Raḥmān III—, el 3 de raŷab del año 399/3 de marzo de 1009. El populacho saqueó la residencia 'āmirí de al-Zāhira y la redujo a ruinas.

A partir de entonces, el reino de Córdoba atravesó por un período de grave agitación: pretendientes y contrapretendientes, apoyándose en los beréberes o en los enemigos de estos, precipitaron la disgregación de la España califal.

Las crónicas musulmanas se muestran muy lacónicas en cuanto a la suerte corrida por Hišām II. Parece que fue ejecutado en 403/1013. La mayor confusión reinó en Córdoba durante un decenio. En 418/1027, los dignatarios cordobeses nombraron califa a un príncipe de nacimiento marwāní, Hišām III, pero su capacidad de gobierno resultó casi nula. Una sublevación popular acabó con el reinado de este califa, el cual halló asilo en la Marca Superior, en Lérida, donde murió en el anonimato. Los representantes de las grandes familias cordobesas decidieron suprimir de forma definitiva el califato omeya. A partir de 422/1031, la ciudad propiamente dicha y el territorio dependiente de ella serían administrados por un consejo de notables. Se puso así fin a la larga serie de soberanos marwāníes que habían gobernado al-Andalus desde la restauración omeya en Occidente.

5. LOS REINOS DE TAIFAS HASTA LA BATALLA DE ZALLĀQA (1086)

La lamentable historia de la caída de los omeyas pone de manifiesto que la causa principal de la ruina del califato fue la impotencia del poder central frente a los elementos étnicos importados a España, elementos en los que se habían apoyado los marwāníes hasta hacía poco: árabes, beréberes y eslavones. Al-Manṣūr, sostenido por mercenarios beréberes, había sabido controlar a unos y a otros, pero ni sus sucesores ni los últimos representantes omeyas tuvieron suficiente firmeza para hacer respetar su autoridad. La sedición andaluza de principios del siglo XI dejó al país agotado. El derrumbamiento, a partir de 1009, de la unidad andaluza dio lugar a la creación de una multitud de estados pequeños y de existencia efímera, los llamados reinos de taifas (de la palabra árabe *ṭā'ifa*, partido, pl. *ṭawā'if*), basados en afinidades de origen. En 1031, Córdoba, así como las ciudades fortificadas, pasaron a ser las capitales de gobernadores provinciales o de aventureros. La España musulmana pasó a manos de una veintena de reyezuelos, los *mulūk al-ṭawā'if* (los reyes de taifas), de origen arabigoandaluz, beréber o eslavón. La vida política interna de las taifas fue confusa y poco brillante: «presenta, según las crónicas, un conflicto perpetuo: intereses opuestos, rivalidades y enfrentamientos constantes a través de los cuales resulta a menudo difícil desentrañar un hilo conductor: andaluces contra beréberes, eslavones contra los primeros o los segundos» [409, I, 510]. La creciente debilidad de estos estados, enfrentados en continuas luchas fronterizas, aumentó las ambiciones de los monarcas cristianos del norte de España, quienes les impusieron fuertes tributos.

Del desmembramiento de la España califal surgieron algunas grandes unidades territoriales. En el partido árabe o andaluz se hallaban integradas algunas familias nobles descendientes de los conquistadores árabes del siglo VIII que consiguieron crear importantes principados. En Córdoba, los ŷahwaríes reinaron del año 422/1031 al 461/1069 [357; 409, II, 399]. Su pequeño estado se convirtió pronto en una presa fácil para los ʻabbadíes, familia árabe de lejano origen yemení que había gobernado Sevilla desde 414/1023. Los ʻabbadíes engrandecieron su reino con la anexión de las taifas del suroeste de España y consiguieron dar a Sevilla una prosperidad sin precedentes en esta España musulmana dividida y militarmente débil [409, I, 5-7]. Aunque fue el más poderoso de los reyes de taifas durante dos decenios, al-Mu'tamid b. 'Abbād se vio obligado a pagar el tributo anual exigido por Castilla. En la Marca Superior, un oficial de buen linaje árabe, Sulaymān Ibn Hūd, se apoderó de Lérida y ocupó Zaragoza en 411/1039. Se convirtió así en soberano de un extenso reino, la taifa hūdí, que abarcaba la mayor parte del valle del Ebro y, además de Zaragoza y de Lérida en el este, Huesca al norte, Tudela y Calatayud al oeste, así como el territorio que se extendía hacia el sur en dirección a Valencia [409, III, 560-562]. Los hudíes reinaron en la Marca Superior durante casi setenta años.[5] En Levante, la dominación de los Banū Ṣumādiḥ, de origen yemení, fue más tardía. En 1041, Ma'n proclamó su independencia en Almería. Su hijo, al-Mu'taṣim mantuvo su poder durante cuarenta años y engrandeció su reino a expensas de sus vecinos granadinos [192, I, 239; 324, 61-62].

La taifa beréber consiguió hacerse con el control de extensos territorios que abarcaron desde la Marca media hasta la parte occidental y el sur de la península Ibérica. A principios del siglo XI, los D̲ūl-Nūníes adoptaron en Toledo una línea política independiente [409, II, 249-250]. En el oeste de al-Andalus se impuso en 413/1022 una dinastía beréber, los aftasíes, con Badajoz como capital [238; 409, I, 249-250]. Las hostilidades casi continuas con los 'abbādíes de Sevilla debilitaron considerablemente el reino de Badajoz que se convirtió en el blanco de los ataques castellanos y tuvo que someterse al pago de un tributo anual exorbitante. En Carmona se constituyó en el año 414/1023-1024 un pequeño estado independiente gobernado por los birzalíes, de origen zenata [409, I, 1275-1276]. La historia de los birzalíes está completamente dominada por su lucha encarnizada con los 'abbādíes de Sevilla, los cuales pretendían absorberlos [237, 59]. Desde el año 407/1016 hasta el 450/1058 reinaron en Málaga los ḥammūdíes. Una rama de esta familia beréber logró mantenerse en el poder en Algeciras hasta los años 449-450/1049-1050, fecha en que los 'abbādíes de Sevilla se adueñaron de la ciudad [409, III, 100]. La vida de los zīríes de Granada, quienes pertenecían a la gran familia beréber ṣanhāŷí, ha podido reconstruirse fácilmente gracias a las *Memorias* que dejó el cuarto y último soberano de dicha dinastía, 'Abd Allāh [72]. El emir zīrí de Granada consiguió imponer su autoridad a su hermano Tamīn que actuaba en Málaga como un soberano independiente. Ambos serían pronto barridos, junto con los demás reyes de taifas, por la oleada almorávide de finales del siglo XI. En la taifa beréber se hallaba también incluido el pequeño principado de Albarracín, al sur de la Marca superior, gobernado por los Banū Razīn.[6]

La taifa eslavona constituyó el tercer gran partido de los conjuntos políticos que se formaron al producirse la decadencia del califato de

Los reinos de taifas a mediados del siglo XI **IV**

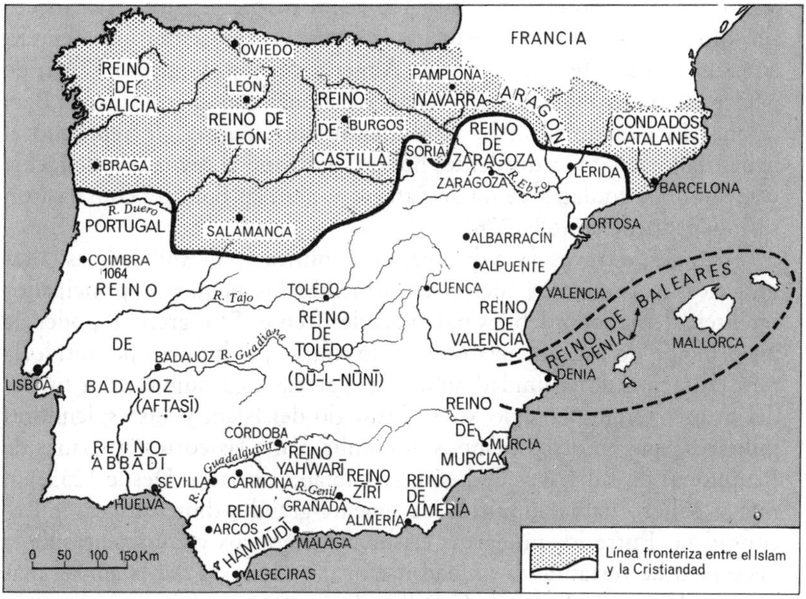

Córdoba. Los clientes de los ʿāmiríes se establecieron en los bordes orientales de al-Andalus y en las Baleares. La existencia de los principados eslavones fue precaria y llegaron a destrozarse mutuamente. Jayrān el Eslavón, hábil jefe guerrero, se había visto obligado a abandonar Córdoba al producirse la sedición; se reunió con sus seguidores en Levante, se apoderó de Murcia, que confió a su hermano Zuhayr, y eligió como capital a la ciudad de Almería, que fortificó y embelleció. A su muerte en el año 1028, Zuhayr administró hábilmente sus posesiones y las extendió desde Almería hasta los confines de Córdoba y de Toledo por una parte, y hasta Játiva y Baeza por la otra. Pero cuando atacó al zīrí de Granada, Bādīs, sufrió serias derrotas y murió en el campo de batalla en el año 1038. Su señorío pasó a poder de ʿAbd al-Azīz, hijo de ʿAbd al-Raḥmān Sanchuelo, que se había refugiado en Valencia donde se había declarado independiente en el año 412/1021-1022 según unos autores, y en el 417/1026-1027 según otros. Pero el nieto del gran Almanzor no supo administrar sus posesiones; su cuñado Maʿn se hizo con el gobierno de Almería, que pasó —como ya hemos visto— a manos de los Banū Ṣumādiḥ.

El reyezuelo eslavón más conspicuo fue Muŷāhid al-ʿĀmirī, dueño de Denia y de las islas Baleares desde el año 401/1011 [344]. La fuerza marítima era una necesidad vital para este reino insular y esta fuerza le permitió llevar a cabo fructuosas incursiones en las costas de Italia, Francia y Cataluña; Muŷāhid contaba con ciento veinte barcos cuando se apoderó de Cerdeña en el año 406/1015, pero consiguió permanecer allí solo un año. Una serie de luchas fronterizas le enfrentaron a menudo con sus vecinos de Valencia y de Almería. Su hijo y sucesor, 'Alī, de madre cristiana, mantuvo excelentes relaciones con el condado de Barcelona. El cuñado de 'Alī, al-Muqtadir de Zaragoza, le reprochó el haber dado acogida a disidentes hūdíes, destronó al reyezuelo de Denia y anexionó la ciudad al reino de Zaragoza, pero las Baleares conservaron su independencia (468/1076).

Así pues, a través de la disgregación política de al-Andalus, las taifas más ricas y poderosas fueron absorbiendo los pequeños principados satélites, demasiado débiles para hacerles frente. El regreso al poder de un príncipe de ascendencia omeya, lo único que hubiera permitido la reinstauración de la unidad andaluza, parecía algo quimérico a finales del primer tercio del siglo XI. El prestigio del Islam y sus esplendores militares, que en otros tiempos deslumbraron a las cortes cristianas de Pamplona, de Burgos y de León, se habían eclipsado. Desde 1055, un nuevo peligro había adquirido de repente grandes dimensiones: la Reconquista. Entre los monarcas cristianos enérgicos y conscientes de la necesidad de restaurar la unidad nacional a expensas del Islam, el más célebre, Fernando I, rey de Castilla y León, tras sus éxitos en el campo de batalla frente a los príncipes musulmanes de Zaragoza, de Toledo y de Badajoz, se apoderó de varias fortalezas y obligó a los reyes de taifas a pagar tributo. Coimbra fue tomada y la plaza de Barbastro fue conquistada en el año 406/1064 por los catalanes con el apoyo de señores normandos.[7] Alfonso VI prosiguió enérgicamente la obra de su padre y sus frecuentes incursiones contra territorio musulmán le proporcionaron prestigio y botines. Consiguió sacar partido de las querellas que enfrentaban a los reyes de taifas, no solo a base de exigirles parias sino también al conseguir arbitrar en las rivalidades que estallaban entre ellos. En mayo de 1085, Alfonso VI, que desde hacía tiempo era protector de la taifa toledana y había impuesto por la fuerza al inepto monarca ḏūl-nūní al-Qādir, entró pacíficamente en la ciudad de Toledo. Un rey cristiano anexionaba por vez primera toda una provincia de el-Andalus. En la antigua metrópoli visigoda, conquistada por los musulmanes casi cuatro siglos antes, vivía una importante población de cristianos mozárabes y de judíos, junto a una considerable comunidad musulmana que permaneció en la ciudad y tuvo que pagar el impuesto de capitación. La historiografía española medieval designó a los musulmanes vasallos de la Corona de Castilla —y más tarde de la de Aragón— con el nombre de mudéjares, del árabe *mudaŷŷan*, aquel que paga el tributo [194, I, 425; 195, 322]. Ante las exigencias cada vez mayores de Alfonso VI (pedía la rendición de las fortalezas de la región que separaba el reino de Toledo de la taifa de Sevilla), los reyezuelos, a las órdenes de al-Mu'tamid de Sevilla, el soberano aftasí de Badajoz, al-Mutawakkil, y el zīrí de Granada, 'Abd Allāh, consideraron la situación tan peligrosa que solicitaron, de grado o a la fuerza, la ayuda del sultán almorávide Yūsuf Ibn Tāšfīn, que había ocupado el Maġrib oriental y posteriormente el central. Los almorávides, nómadas saharianos, eran muy diferentes de los príncipes musulmanes de España [408, I, 322-323; 408, III, 29-30]; llevaban el velo como sus hermanos los tuaregs, y eran defensores intransigentes de la pureza de la doctrina mālikí.[8] La toma de Toledo había causado una profunda impresión en al-Andalus y en el Maġrib; Yūsuf, de regreso a la capital que había fundado, Marrākuš, no podía ignorar el llamamiento hecho por los reyezuelos. Después de conquistar Tánger y Ceuta, se trasladó a España, desembarcando sus tropas en Algeciras. La campaña de Yūsuf, que contó con la ayuda de sus contingentes de guerra santa y con la de las milicias andaluzas, terminó con la aplastante victoria de los almorávides frente a los castellanos en Zallāqa (Sagrajas), cerca de Badajoz, el 23 de octubre de 1086 [233, 21 ss.]. Seguidamente, Yūsuf regresó a Marruecos.

6. AL-ANDALUS BAJO LAS DINASTÍAS AFRICANAS Y LOS AVANCES DE LA RECONQUISTA (1086-1232)

La batalla de Zallāqa fue una victoria sin consecuencias, ya que no consiguió poner fin a la amenaza cristiana. Las huestes de Alfonso VI, instaladas en el castillo de Aledo, entre Lorca y Murcia, prosiguieron sus incursiones. El reyezuelo de Sevilla al-Mu'tamid hizo entonces un segundo llamamiento a Yūsuf Ibn Tāšfīn, quien regresó y asedió Aledo. El sitio se prolongó excesivamente, y los musulmanes dieron al sultán almorávide el triste espectáculo de sus desavenencias; ante la inminente llegada de Alfonso VI con un ejército de socorro, Yūsuf tuvo que retirarse a Marruecos sin aceptar la batalla [233, 85-99]. Indignado por los nuevos convenios de los reyes de taifas con el soberano cristiano, Yūsuf Ibn Tāšfīn, a quien los doctores de la ley andaluces habían llamado para que ocupara y administrara al-Andalus, volvió a desembarcar en España en primavera de 1090 y decidió destituir a los emires considerados traidores a la causa del Islam, irreligiosos, corruptos e impíos y culpables de haber recaudado impuestos ilegales. 'Abd Allāh, el zīrí de Granada, abandonado por sus súbditos, se vio obligado a rendirse. Almería, gobernada por los Banū Ṣumādiḥ, ofreció escasa resistencia. En Sevilla, al-Mu'tamid, que había intentado resistir con la ayuda de Alfonso VI, tuvo que capitular en septiembre de 1091, tras seis días de encarnizados combates y fue enviado cautivo, junto con su familia, a Aġmāt [409, I, 258-259], al sur de Marruecos. A la caída de Sevilla siguieron las de Badajoz y Lisboa en 1094. Yūsuf anexionó pura y simplemente las posesiones de los reyes de taifas.

Tan solo quedaba al este de la Península un pequeño reino independiente, creado en Valencia en 1094 por un noble castellano, Rodrigo Díaz de Vivar, quien, primero al servicio de Alfonso VI y luego al de los dinastas hūdíes de Zaragoza, había asolado por cuenta propia toda la región levantina, había impuesto un tributo a los pequeños señores musulmanes de Albarracín, Alpuente, Murviedro, Segorbe, Jérica y Almenara y había conseguido derrotar en la huerta valenciana a un ejército almorávide llegado de Denia. Así pues, Rodrigo Díaz de Vivar, a quien los soldados hūdíes habían designado no hacía mucho con el lisonjero nombre de *sīdī*, «mi señor» (de donde procede el *mío Cid* español), el Campeador de la leyenda,[9] se había convertido en dueño absoluto de Valencia, donde actuaba como un auténtico soberano [373; 273, 189]. El Cid se dedicó, en los últimos años de su carrera, a engrandecer sus posesiones y a luchar, no sin cierto éxito, contra los almorávides, quienes iban preparando metódicamente su venganza [273, 180].

A principios del siglo XII, la España musulmana se había convertido en una provincia almorávide. Los almorávides completaron su dominio sobre al-Andalus con la toma de Valencia, gobernada por Jimena, la viuda del Cid, en el año 495/1102, y con la cesión de Zaragoza por los hūdíes tras la muerte de al-Musta'īn en el año 503/1110. A pesar de la preponderancia social de los alfaquíes, la España musulmana vivió algunos decenios de prosperidad, en los que destacaron las indiscutibles victorias de los ejércitos almorávides; durante el mandato de 'Alī, hijo y sucesor de Yūsuf Ibn Tāšfīn [409, I, 401-402], los gobernadores africanos de Granada, Valencia y Murcia conquistaron (501/1108), en reñida lucha con los castellanos, la pequeña ciudad fortificada de Uclés, situada al este de Toledo [233, 103-134]. Dueños de ambas orillas del estrecho, los almorávides impusieron la defensa de la ortodoxia mālikí y cierta pureza en las costumbres [273, 250-256]; al entrar en contacto con la población andaluza, sus incultos generales se refinaron y se rodearon de hombres eruditos y de filósofos. Cautivados por las riquezas de España, se entregaron al disfrute de los goces que les ofrecía Andalucía, y los gobernadores almorávides, hasta hacía poco muy severos, sucumbieron al lujo y a los excesos. Las exacciones de sus milicias provocaron el desafecto de la población de al-Andalus, y la presión cristiana, si bien desigual y discontinua, reaparecía a medida que se relajaba la presión de los almorávides. A la decadencia moral de los almorávides vino a sumarse cierto declive en sus fuerzas militares. Los castellanos lograron conservar Toledo definitivamente. Entre 1110 y 1120, los aragoneses se apoderaron de la mayor parte de la cuenca del Ebro, incluidas las ciudades de Zaragoza (512/1118) y Tarragona. Alfonso el Batallador recorrió toda la Andalucía oriental y central e hizo regresar a miles de mozárabes que habían tenido que sufrir el odio de los alfaquíes y del populacho, y con ellos repobló los territorios de la orilla derecha del Ebro. Mientras tanto, en Marruecos iba creciendo el peligro almohade. Los almohades, beréberes procedentes de la familia de los maṣmūda, se oponían a los beréberes sanhāŷa, a cuyo grupo pertenecían los almorávides. Los primeros, sedentarios de la zona montañosa del sur de Marruecos, habían apoyado la reforma religiosa del Mahdī Ibn Tūmart, defensor de la unicidad del dogma y de la austeridad en los gustos. Tāšfīn [408, IV, 722] había sucedido a su padre, ʻAlī, en 1143, en el momento en que los almohades conseguían apoderarse, al cabo de diez y siete años de sangrientas luchas, de gran parte del territorio marroquí de los almorávides. Toda la Berbería, desde el Atlántico hasta la Tripolitania, pasó a manos de ʻAbd al-Mu'min [409, I, 80-82], jefe guerrero y organizador de los almohades o unitarios [408, I, 318-321]; y así pues, por vez primera en su historia, todo el norte de África se hallaba bajo el dominio de un solo soberano, el califa mu'miní [273, 256-280].

Al manifestarse la decadencia de los almorávides, se produjo una revuelta contra la presencia de los africanos en España que concluyó con un segundo período de reyes de taifas, de unos treinta años de duración. Surgieron nuevos jefes que intentaron crear estados, con frecuencia efímeros, especialmente en Córdoba y Málaga. Mientras ʻAbd al-Mu'min se apoderaba de Marrākuš (1147) y sus emisarios provocaban una serie de revueltas contra los almorávides en territorio andaluz, los cristianos de España sacaban provecho de esta situación confusa para ganar terreno. En Cataluña, Ramón Berenguer IV, con la ayuda de los Templarios, se apoderó sucesivamente de las plazas de Tortosa (1148) y Lérida (1149), situadas en la Marca superior. En 1147, Almería había sido conquistada después de tres meses de asedio por las fuerzas conjuntas de Castilla, Aragón, Génova y Pisa. El avance de los almohades fue lento: conquistaron Sevilla en 1147, Córdoba en 1149, Badajoz en 1150 y Silves en 1151. Pero no pudieron someter a su autoridad parte del este de la península Ibérica. En Valencia, un jefe local de lejana ascendencia cristiana, Ibn Mardanīš [409, III, 889], se declaró vasallo de Alfonso VII de Castilla, consiguió extender sus posesiones desde Valencia y Murcia hasta Jaén, Baeza, Guadix y Carmona, se apoderó de Écija y entró finalmente en Granada. Con el apoyo de su suegro y lugarteniente Ibn Hamušk, fue un obstáculo para el avance de los almohades. Pero a partir de 1157, ʻAbd al-Mu'min, una vez resueltos los problemas del Maġrib, empleó toda su energía en luchar contra los islotes de rebeldes de al-Andalus. Los almohades tomaron Almería en julio de 1157. Sin embargo, Ibn Mardanīš, el Rey Lobo de las fuentes españolas, no fue reducido hasta 1172 [44², 259-262]. El segundo califa Abū Yaʻqūb Yūsuf pudo restaurar el Imperio español de los almorávides [409, I, 165-166]. Este califa murió de una herida recibida durante el asedio de

Al-Andalus bajo los almorávides y los almohades en el siglo XII **V**

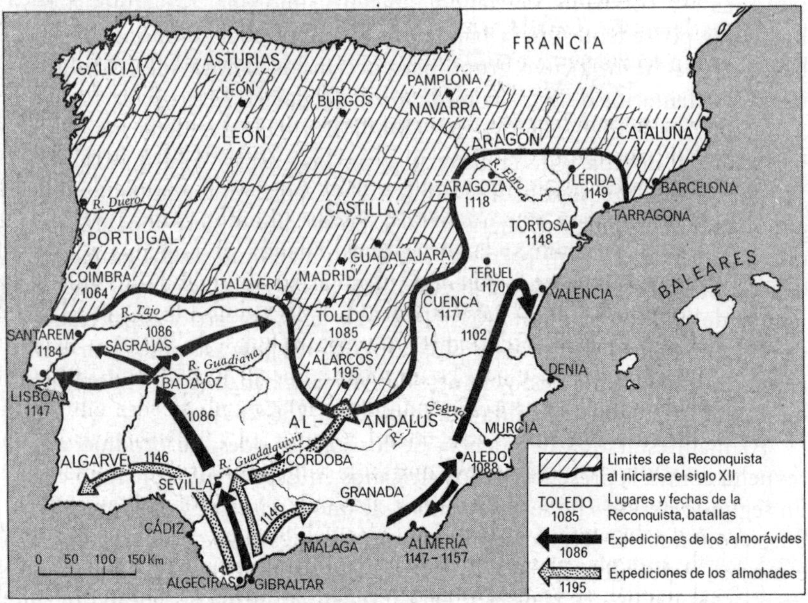

Santarem (1184), cuando intentaba contener el avance de los cristianos por el centro de Portugal y el sur de Extremadura. Los almohades prosiguieron y desarrollaron la labor de sus predecesores en suelo andaluz. Córdoba mantuvo su fama de ciudad consagrada al estudio. Sevilla alcanzó su máximo apogeo cuando los almohades la convirtieron en su residencia española preferida y la dotaron de numerosos edificios religiosos y civiles. La guerra santa se reanudó en tiempos de los almohades. El tercer califa, Abū Yūsuf Ya'qūb al-Manṣūr [409, I, 169-171], logró establecer una alianza con el reino de León, separado por entonces del de Castilla; en Alarcos *(al-Arak)* [409, I, 624-625; 233, 135-216], no lejos de Calatrava, consiguió una aplastante victoria frente a las tropas de Alfonso VIII de Castilla el 8 de ša'bān del año 591/18 de julio de 1195; prosiguió su avance hacia el norte hasta Guadalajara, pero los castellanos lograron conservar Toledo y Cuenca, sus bases de ataque. A principios del siglo XIII, los almohades extendieron su poder hasta las islas Baleares, donde los Banū Gāniya, que habían seguido gobernando las islas en nombre de los almorávides y habían logrado mantener su independencia durante casi medio siglo, se dedicaban a la piratería.[10] Menorca se rindió en 1202, y un año más tarde las tropas de 'Abd Allāh Ibn Gāniya fueron vencidas en Palma de Mallorca.

En la España cristiana parecía que, tras la victoria de Alarcos, el

Islam había recuperado su fuerza ofensiva en tierras ibéricas. Los máximos paladines de la Reconquista, Alfonso VIII y el arzobispo de Toledo, Rodrigo Jiménez de Rada, preparaban la venganza. El arzobispo consiguió la unión entre los estados cristianos del norte de España; recorrió la Provenza y en 1211 logró del papa Inocencio III la proclamación de la cruzada [233, 217 ss.]. Muḥammad al-Nāṣir, cuarto califa almohade, concentró sus tropas en el extremo norte de Andalucía, al abrigo de Sierra Morena, para prevenirse contra el peligro cristiano. Las fuerzas aliadas de Alfonso VIII de Castilla, Pedro II de Aragón y Sancho el Fuerte de Navarra [150, 55-56], engrosadas con elementos portugueses, leoneses y franceses, partieron de Toledo, lograron atravesar la cadena montañosa e impusieron una derrota total a las tropas almohades en Las Navas de Tolosa el 16 de julio de 1212.[11]

La jornada de Las Navas representó una etapa decisiva para la reconquista cristiana de los territorios musulmanes.[12] Los almohades mantuvieron durante dos decenios más un poder cada vez más precario sobre las partes de la península Ibérica que dependían del Islam. Una crisis de sucesión en Castilla y dificultades internas en Aragón aplazaron hasta 1225 la continuación de la Reconquista. Por otra parte, empezaba a decaer el poderío almohade, socavado por las luchas dinásticas que imperaban en Marrakuš y que dislocaban la organización gubernamental. Mientras al-Andalus se dividía una vez más en pequeños principados independientes, principalmente en el este y sur de la Península, dos soberanos de gran valor, Fernando III el Santo de Castilla y Jaime I de Aragón, organizaban la Reconquista. En el transcurso del verano del año 622/1225, las poblaciones musulmanas de Sevilla y Murcia fueron cruelmente diezmadas por las incursiones leonesas y castellanas; Jaime el Conquistador, por su parte, iniciaba la conquista de Levante con el asedio de Peñíscola e imponía al gobernador almohade de Valencia la obligación de pagarle una quinta parte del producto del impuesto en concepto de tributo.

La situación económica de al-Andalus era bastante precaria; a consecuencia de una persistente sequía, se produjo en el año 624/1227 una carestía que provocó una serie de disturbios y el descontento de la población; los musulmanes de España consideraron que la hambruna era un castigo divino del que eran responsables los almohades, culpables, según ellos, de haber establecido alianzas con los cristianos [19^1, 115; 19^3, 525]. Estallaron por entonces una serie de sublevaciones en las regiones fronterizas de al-Andalus, cuyos habitantes eran el blanco de las incursiones cristianas. Dos focos de sedición, Murcia y Valencia, debilitaron el poder almohade. Ibn Hūd, que se hacía pasar por un descendiente de los hudíes de Zaragoza, enarboló la bandera negra de los ʻabbāsíes de Baġdād y tomó Murcia en 526/1228. Zayyān Ibn Mardanīš, descendiente del célebre gobernador que a mediados del siglo XII había frenado el avance almohade en el este de la península Ibérica, se sublevó contra los almohades en Onda y se adueñó de Valencia. [186, 331].

En dos años, Ibn Hūd se apoderó de la casi totalidad de al-Andalus, con excepción de Valencia, pero el reino que había logrado conquistar tan rápidamente mostró pronto su fragilidad. Los cristianos le asestaron los golpes más fuertes: Alfonso IX, rey de León, le impuso una aplastante derrota en las proximidades de Mérida en el año 628/1231;[13] los partidarios de Ibn Hūd fueron derrotados en una sangrienta batalla por las tropas castellanas de Fernando III cerca de Jerez en 1230 [83, 138].

Ibn Hūd fue perdiendo popularidad; por otra parte, las exacciones de sus recaudadores de impuestos habían comprometido ya gravemente su reputación. Los agentes de otro rebelde, Muḥammad b. Yūsuf b. Naṣr, supieron aprovechar hábilmente los fracasos de Ibn Hūd.

7. EL REINO NAṢRÍ DE GRANADA Y EL FIN DE LA RECONQUISTA (1232-1492)

El último reino musulmán de la península Ibérica se constituyó cuando tocaba a su fin la autoridad de la dinastía almohade en España.[14]

En el año 629/1232, los habitantes de la pequeña ciudad de Arjona, en las proximidades de Jaén, proclamaron sultán a Muḥammad b. Yūsuf b. Naṣr, quien se decía descendiente de un compañero del Profeta. Valiéndose del prestigio adquirido con sus hazañas guerreras en el transcurso de las luchas fronterizas, y apoyado por los miembros de su familia, los Banū Naṣr o Banū l-Aḥmar, y por sus parientes los Banū Ašqīlūla, Muḥammad extendió su autoridad a Jaén y Porcuna en el transcurso del año que siguió a su revuelta. Asimismo Guadix y Baza se adhirieron a su causa. Pero el sultán de Arjona desagradó a cordobeses y sevillanos por su dureza, y tuvo que declararse vasallo de Ibn Hūd en 631/1234 [41, 18]. La rivalidad entre ambos rebeldes andaluces se reavivó dos años más tarde, en el momento en que Fernando III, prosiguiendo su avance hacia la cuenca del Guadalquivir, se lanzaba a la conquista de la próspera metrópoli de Córdoba, con la complicidad del naṣrí, en 633/1236. Tras la caída de Córdoba, Muḥammad, juntamente con el rey cristiano, firmó una tregua con Ibn Hūd. El descontento de la población andaluza contra Ibn Hūd fue en aumento, en gran parte a causa de los elevados impuestos que debían pagar sus súbditos para poder satisfacer el enorme tributo exigido por el rey cristiano. Muḥammad b. Yūsuf b. Naṣr supo aprovechar hábilmente esta situación: en el año 634/1237 [138, 57] hizo su entrada en la ciudad de Granada, convirtiendo la antigua metrópoli zīrí en la capital del naciente emirato naṣrí. Tras el asesinato de Ibn Hūd en Almería, esta ciudad fue tomada por Muḥammad I en el año 635/1238; poco tiempo después, Málaga se sometió.

La reconquista aragonesa avanzó en dos direcciones: hacia las Baleares, que fueron anexionadas entre 1229 y 1239,[15] y hacia el país valenciano, cuyos accesos septentrionales hacia la puerta de Valencia fueron sucesivamente reconquistados a Zayyān Ibn Mardanīš entre 1232 y 1237. Valencia capituló el 28 de septiembre de 1238; Alcira y Játiva se sometieron a los aragoneses en 1245. En Levante, Murcia seguía bajo el dominio del hijo de Ibn Hūd. El reino de Granada, el principado musulmán más importante, provocó la codicia de los castellanos, los cuales, después de haber conquistado Córdoba y las tierras bajas del Guadalquivir, solo pensaban en apoderarse de Jaén, cuyas fértiles tierras, posición estratégica y fortaleza inexpugnable la convertían en blanco destacado.[16] Después de una feroz resistencia que se prolongó durante siete meses, Jaén, víctima de un hambre terrible, tuvo que capitular en marzo de 1246, tras una serie de negociaciones que Muḥammad I, con el realismo típico de su política, había decidido llevar a cabo. Con ello esperaba sin duda obtener unas condiciones menos duras que su rival murciano, el cual se había convertido en vasallo de Fernando III en junio de 1243.[17] Según dicho pacto, firmado en campo cristiano, bajo los muros de Jaén, Muḥammad I aceptaba reconocer a Fernando III como soberano y pagarle un elevado tributo. Así pues, el reino de Granada solo pudo existir como vasallo de los cristianos. Bordeado por el Mediterráneo desde Gibraltar hasta Almería, coincidía en líneas generales con las actuales provincias de Granada, Málaga y Almería; su defensa descansaba en una muralla de montañas, ya que por el interior no rebasaba los macizos de la Serranía de Ronda y la agreste Sierra de Elvira [39^2, IV, 74].

En el transcurso de los veinte años de calma que le proporcionó la firma del tratado de paz con san Fernando, Muḥammad I se consagró a la instauración de la autoridad real en su recién creado emirato. La Reconquista produjo un éxodo de musulmanes andaluces hacia el reino naṣrí y hubo que construir en Granada el barrio del Albaicín para dar acogida al flujo de refugiados procedentes de Baeza y Levante. Muḥammad I fijó su residencia real en la antigua fortaleza zīrí de la Alhambra, erigida en la orilla izquierda del Darro [38, VII, 590; 39, IV, 74], e hizo que reinara el orden público en un territorio en que la guerra había favorecido el pillaje y la rapiña. En cuanto a su política exterior, tuvo la habilidad de saber tratar con tino a Fernando III, al tiempo que procuraba establecer relaciones con los dinastas musulmanes del Maġrib y de Ifrīqiya. Durante el sitio de Sevilla, en el año 646/1248, un contingente de granadinos prestó su ayuda a los castellanos de Fernando III contra sus propios correligionarios, los cuales se defendían valientemente en la ciudad y no se rindieron hasta transcurridos seis meses (en ramadán del año 646/diciembre de 1248). No satisfecho con el apoyo prestado por el soberano ḥafṣí de Túnez, Abū Zakariyyā' Yaḥyā I, quien le envió víve-

res y subsidios, intentó aliarse con la dinastía marīní, que por entonces suplantaba a los almohades en Marruecos. Se alió asimismo con los mudéjares de las regiones de Jerez y Murcia, sublevados contra el rey de Castilla Alfonso X, entre 1264 y 1266 [138, 63]. Pero la expansión granadina por estos territorios no duró mucho tiempo. Murcia tuvo que capitular al cabo de un mes de asedio, en 1266, y pasó a obediencia castellana. Las tropas de Alfonso X hostigaron constantemente a los granadinos en el transcurso de las luchas fronterizas y, tras una ofensiva victoriosa, se apoderaron de los últimos núcleos de resistencia musulmana: Jerez y Niebla [135, 63 n. 5], después de haber conquistado Cádiz.

En los últimos años del reinado de Muḥammad I, fundador de la dinastía naṣrí, se sublevaron sus parientes próximos, los Banū Ašqīlūla, gobernadores de Málaga y de Guadix.

Muḥammad II accedió al trono en 671/1273. Deseoso de sacudir el yugo castellano, el sultán de Granada consiguió el auxilio de los marīníes de Marruecos para llevar la guerra santa en España. Un contingente marīní ocupó Tarifa, se hizo entregar Algeciras por un gobernador rebelde y asoló el bajo valle del Guadalquivir en los primeros encuentros con las tropas castellanas. Muḥammad II pronto se dio cuenta de que su correligionario marīní intentaba sacar partido de las disensiones que dividían el emirato naṣrí; poco después actuó enérgicamente contra sus parientes levantiscos, los Banū Ašqīlūla, y llevó a cabo una política oportunista que le permitió contrarrestar la influencia marīní en su propio reino. Se alió sucesivamente con los rebeldes castellanos y con la corte de Aragón, cuyos mercaderes empezaban a penetrar en sus puertos [197, 352].

Desde finales del siglo XIII, los sultanes naṣríes intentaron mantener un difícil equilibrio entre la potencia aplastante de sus señores castellanos y la ingerencia creciente de sus aliados marīníes en los asuntos granadinos. Mientras tanto, se inició la lucha para el dominio del estrecho de Gibraltar. Tarifa fue conquistada en 1292 por un ejército castellano y defendida poco después por Guzmán el Bueno. Durante el corto reinado de Muḥammad III, se concertó una alianza castellano-aragonesa para la prosecución de la Reconquista; la autoridad granadina se reconoció en Ceuta.[18] El joven sultán Naṣr trató de reconquistar la amistad marīnī; tuvo que abandonar Gibraltar a los castellanos; tras la cesión de Ceuta a los marīníes, concluyó un tratado de alianza con sus poderosos correligionarios. Los marroquíes volvían a suelo andaluz y prestaron al granadino una ayuda efectiva. Fernando IV de Castilla levantó el sitio de Algeciras en 709/1310, después de haber negociado con el naṣrí y Jaime II de Aragón salió derrotado de su expedición a Almería [138, 92].

El sultán Ismā'īl I, primo de Naṣr, organizó la defensa de sus fronteras con el fin de prevenir cualquier amenaza cristiana. La batalla de la Vega, que tuvo lugar a las puertas de Granada, finalizó con la victoria del naṣrí, el 26 de junio de 1319. Ismā'īl firmó un tratado de paz de ocho años de duración con los castellanos y renovó las treguas con Jaime II en 1321. La política granadina del soberano de Barcelona sólo había conducido a fracasos diplomáticos y militares.

Durante el reinado de Muḥammad IV llegaron a Granada refuerzos marroquíes. Los contingentes marīníes apoyados por las milicias granadinas y por naves genovesas, recuperaron Gibraltar en 733/1333. La lucha por el control del Estrecho se reanudó en tiempos de Yūsuf I. Mientras en junio de 1340, las tropas zenetas del ambicioso sultán marīní Abūl-Ḥasan acudían a al-Andalus respondiendo al llamamiento efectuado por Yūsuf I para que sitiaran Tarifa, Alfonso XI de Castilla se aliaba con su suegro Alfonso IV de Portugal. La batalla decisiva tuvo lugar a orillas del río Salado en 741/1340, alcanzando los cristianos una aplastante victoria frente a los musulmanes [52, 93]. Tras la jornada de

Tarifa,[19] consiguió Alfonso XI alejar definitivamente a los marīníes de la península Ibérica. El rey de Castilla ocupó Algeciras en 744/1344 y concedió entonces una tregua de diez años a Yūsuf I. El sultán naṣrí, uno de los más dotados de la dinastía, se consagró a dar esplendor a su reino; los monumentos de Granada muestran aún las huellas de este período. Se establecieron excelentes relaciones entre Yūsuf I y Pedro el Ceremonioso de Aragón que se tradujeron en un intercambio de embajadas y de regalos [41, 313]. Los esfuerzos de Yūsuf I en relación al sultán mameluco de Egipto no se vieron coronados por el éxito. Pretextando la defensa de sus propias fronteras amenazadas por los infieles, el dinasta de El Cairo se negó a enviar una expedición de socorro al suelo andaluz.[20]

El reinado de Muḥammad V se inició en 1354 con un período de paz y prosperidad, elogiado por las crónicas musulmanas [45¹, II, 4; 79, I, 206]. Se mantuvieron relaciones amistosas con la Castilla de Pedro I. Pero Muḥammad V fue destronado en 760/1359 por su hermanastro Ismā'īl y tuvo que pedir asilo al sultán de Fās Abū Sālim, quien le dio acogida junto a sus seguidores y su guardia cristiana [45¹ II, 18]. Ismā'īl, príncipe sin personalidad alguna, reinó tan solo algunos meses [46, 115]. Su primo Muḥammad lo hizo asesinar en 761/1360 y subió al trono. Pedro I se erigió en defensor de los derechos de Muḥammad V, el cual había regresado a al-Andalus en el año 763/1361 y se había instalado en Ronda, posesión marīní, y le prestó una ayuda eficaz en su lucha contra el usurpador granadino. Presa del miedo, Muḥammad VI huyó al territorio de la corona de Castilla, donde fue muerto en los campos de Tablada, no lejos de Sevilla, en 763/1362 [45¹, f.° 429; 46, 117].

La hábil política exterior de Muḥammad V en el transcurso de su segundo reinado (763/1362-793/1391) estuvo encaminada a salvaguardar la integridad de su territorio, mediante decisiones tomadas sobre el terreno [138, 116]. Aprovechando la confusa situación en que se hallaba Enrique II de Trastamara tras el asesinato de su hermano Pedro I, el naṣrí consiguió apoderarse de Algeciras (770/1369). Concluyó una tregua de ocho años en Castilla y se inició un largo período de paz con Pedro el Ceremonioso a partir de 1370. Las relaciones de Granada con Marrruecos fueron por lo general amistosas hasta el año 773/1371-1372. La explicación de ello hay que buscarla en las luchas dinásticas que absorbían todas las fuerzas del reino marīní y en la política personal del visir kisān al-dīn Ibn al-Jaṭīb, decidido promarīní. La ruptura entre ambos reinos se produjo algunos años más tarde, cuando las intrigas cortesanas impulsaron a Ibn al-Jaṭīb a refugiarse en Marruecos, donde murió asesinado tres años después, por instigación de los emisarios de Muḥammad V. El soberano naṣrí, que algunos años antes había conseguido ganar definitivamente Ronda, aprovechó la situación reinante en Marruecos para librarse de la presencia africana en España y ocupó

Gibraltar, último enclave marīní en Espña. Muḥammad V estrechó sus lazos con las costas de Tremecén y de Túnez y mantuvo relaciones cordiales con los mamelucos de El Cairo [50, f.° 74 v.°]. Se edificaron en la Alhambra las salas que aún hoy día muestran el florecimiento del arte naṣrí.

En 1391 sucedió a Muḥammad V su hijo mayor Yūsuf II, que reinó por poco tiempo. En el terreno de la política exterior, las relaciones con Aragón siguieron tan cordiales como en tiempos de Muḥammad V, y se mantuvo la calma en la frontera castellana [138, 121].

El reinado de Muḥammad VII, hijo y sucesor de Yūsuf II, coincidió con la minoría de Enrique III de Castilla [304, 85-94]. La turbulenta nobleza castellana inició de nuevo sus intrigas y Muḥammad VII intentó aprovechar esta situación. En los últimos años del siglo XIV, se llevaron a cabo una serie de expediciones de corta duración y objetivo limitado. Pero, tanto del lado castellano como del granadino, estas incursiones tuvieron como finalidad real el botín de guerra, sobre todo cosechas y rebaños. No obstante, y a pesar de las constantes correrías que se producían desde hacía casi cincuenta años, las relaciones comerciales entre granadinos y castellanos seguían siendo excelentes [138, 122-123].

A principios del siglo XV, la Reconquista, que había permanecido estancada durante más de medio siglo, representaba un ideal caballeresco para la nobleza castellana, sedienta de gloria. Por otra parte, el crecimiento demográfico y el desarrollo económico hacían posible la reanudación de las hostilidades. El infante Fernando, hermano menor de Enrique III, que asumió la regencia junto con la reina Catalina de Lancaster durante la minoría de edad de Juan II, obtuvo de las Cortes los subsidios necesarios para la preparación de una lucha a muerte contra Granada. Una campaña minuciosamente preparada permitió la toma de Antequera por el regente de Castilla en 1410. La caída de dicha ciudad puso de manifiesto la vulnerabilidad del reino naṣrí.

Durante el primer tercio del siglo XV, una serie de graves crisis intestinas sacudieron el reino de Granada. Yūsuf III, hermano y sucesor de Muḥammad VII, murió en 1417. Le sucedió su hijo menor de edad, Muḥammad VIII. Los textos castellanos afirman que el poder fue detentado por el visir del monarca fallecido. Una familia árabe, los Banū Sarrāŷ, que la leyenda haría célebres con el nombre de Abencerrajes, empezó a desempeñar un papel esencial en la vida política del reino de Granada: la guerra civil que desencadenaron desangró y por último arruinó el emirato granadino [348]. A partir de 1419, una larga serie de conspiraciones y de asesinatos debilitaron el poder real. La trama de la historia interna de la Granada naṣrí en el siglo XV ha sido pacientemente desentrañada por Luis Seco de Lucena.[21]

Cabe destacar algunos episodios de la pelea con los cristianos, como la batalla de la Higueruela,[22] que tuvo lugar en las proximidades de

Granada en tiempos de Juan II (1431) y la recuperación de Gibraltar por las huestes de Enrique IV (1462). Los castellanos se adueñaron de la plaza fuerte de Archidona en septiembre del mismo año [109³, 30]. Los reyes de Granada siguieron pagando anualmente determinadas cuanṭías de dinero a los soberanos castellanos. Cada tregua renovaba el pago de las parias; la cantidad del tributo fue muy variable en el siglo xv.

La anarquía reinaba desde 1458 en Marruecos, donde el último sultán marīní 'Abd al-Ḥaqq 'Uṯmān intentaba vanamente escapar al yugo de los regentes waṭṭāsíes. Desde hacía dos decenios, los sultanes de Granada tenían las esperanzas puestas en sus hermanos de Oriente, quienes —pensaban— enviarían una expedición de socorro a los musulmanes de al-Andalus. Pero los emisarios granadinos a la corte de los mamelucos de Egipto recibieron como respuesta una negativa basada en el alejamiento de la España musulmana, y tuvieron que contentarse con dinero, armas y suntuosos regalos [138, 145].

Abū l-Ḥasan'Alī, el *Muley Hacén* de las crónicas medievales, subió al trono de Granada en agosto de 1464; actuó con firmeza, dedicó especial atención a la reorganización del ejército y consiguió que reinara el orden en las rutas de al-Andalus [84,2]. Los Banū Sarrāŷ, sublevados en Málaga, fueron duramente castigados. Abū l-Ḥasan llevó la guerra a suelo cristiano en varias ocasiones: no transcurrió prácticamente verano alguno sin que se efectuaran expediciones cortas y de objetivos limitados. En 1469, el matrimonio de Fernando, hijo y heredero del rey de Aragón Juan II, con la princesa Isabel de Castilla, hermana de Enrique IV, anunciaba la unificación de España. No obstante, la delicada cuestión de la sucesión al trono provocó disturbios en Castilla; en la frontera granadina, la situación era confusa: los nobles andaluces, semiindependientes del poder central, se enfrentaban entre sí en una lucha sangrienta. En los anales castellanos aparecen citados múltiples incidentes fronterizos seguidos de treguas [138-149]. La toma del castillo de Zahara por los granadinos, el 27 de diciembre de 1481, coincidió con el vencimiento de la tregua concluida en 1478 entre Granada y Castilla. Fernando había heredado los Estados de la Corona de Aragón a la muerte de su padre Juan II, en 1479. Por el tratado de Alcaçobas (4 de septiembre de 1479) se puso fin a la guerra civil castellana, se selló la reconciliación hispano-portuguesa y se logró la pacificación de Extremadura y la consolidación de Isabel en el trono de sus antepasados. A partir de entonces, los Reyes Católicos consagraron todos sus esfuerzos a la preparación de la guerra de Granada, con el fin de acabar con el último enclave musulmán en España.

La ofensiva castellana se inició con la toma de Alhama, el 29 de marzo de 1482. Las disensiones internas favorecieron sin duda la empresa de Fernando. Para mejorar la situación financiera del reino naṣrí, afectada por las razzias castellanas contra la Vega y por las operaciones militares, Abū l-Ḥasan decidió recaudar nuevos impuestos, creando así el descontento de los granadinos que se agruparon en torno a su hijo Abū ʿAbd Allāh Muḥammad, el *Boabdil* de la historia medieval, proclamado rey en Granada por los abencerrajes el 15 de julio de 1482. El sultán destronado y su hermano Muḥammad b. Saʿd se refugiaron en Málaga. Deseoso de prestigio, Boabdil decidió llevar a cabo una incursión en tierra cristiana y atacó Lucena, pero en el transcurso de la batalla (20 de abril de 1483) sufrió numerosas pérdidas y fue hecho prisionero por los cristianos [84, 12]. Sus seguidores pactaron con los Reyes Católicos. Fernando, cuyo principal objetivo era sembrar la discordia entre los naṣríes, hizo poner en libertad a Boabdil, el cual, por el tratado de Córdoba, se reconoció vasallo suyo y se instaló en Guadix, donde fue reconocido como rey. A pesar de la combatividad del monarca legítimo Abū l-Ḥasan y de los éxitos de su hermano Muḥammad b. Saʿd, llamado *al-Zaġal*, «el Valiente», que pronto se haría con el poder en Granada, la guerra se convirtió progresivamente en una guerra de asedio, gracias a la poderosa artillería de los castellanos. Ronda fue tomada en mayo de 1485 y la fortaleza de Loja capituló en mayo de 1486 tras valerosa resistencia. Poco tiempo antes se había producido en las calles de la capital naṣrí una sangrienta batalla entre los seguidores de al-Zaġal y los de Boabdil. Esta lucha fratricida, que se reanudó en otoño de 1486, permitió a los castellanos coordinar y ampliar su ofensiva. Vélez Málaga y Málaga cayeron en la primavera de 1487 sin que Boabdil, fiel al pacto secreto que le unía a los Reyes Católicos, intentara defenderlas (138, 153-171). Tras un sitio que se prolongó durante cinco meses, Baza se rindió en noviembre de 1489 [247].

Rodeados de enemigos por todos lados, los granadinos pidieron ayuda en 1485 a sus aliados tradicionales, los soberanos de Fez y Tremecén (109^3, 410). Los monarcas de Berbería se limitaron a dar acogida, en las costas africanas, a los emigrantes procedentes de al-Andalus y a entregar algunos subsidios para el rescate de cautivos malagueños. Por otra parte, las gestiones llevadas a cabo por el letrado granadino Ibn al-Azraq cerca del sultán mameluco de Egipto Qāʾit Bāy para salvar el Islam agonizante de España, fracasaron por completo [138, 172].

Después de la caída de Baza, al-Zaġal, completamente desalentado, abandonó la lucha y aceptó entregar Almería y Guadix en 1489. Los Reyes Católicos permitieron la salida hacia África de la población musulmana.[23] Algunos meses más tarde, el emir Muḥammad b. Saʿd se trasladó a Orán juntamente con sus partidarios [84^2, 34; 109^3, 640].

Los combatientes naṣríes prosiguieron una lucha desesperada para defender un territorio cada vez más reducido. No lejos de Granada, en el valle del Genil, Isabel hizo construir a finales de 1491 una verdadera ciudadela sitiadora, Santa Fe [109^3, 641]. El hambre y el desaliento se apoderaron de los habitantes de la ciudad asediada [84, 45]. A finales de

La conquista del reino de Granada por los Reyes Católicos (1481-1492) **VII**

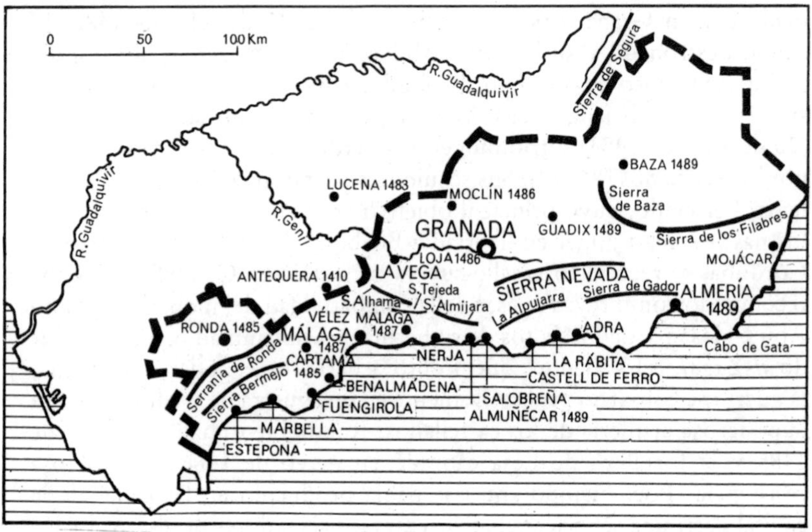

agosto de 1491, Boabdil entabló una serie de negociaciones secretas con los Reyes Católicos para la rendición de la ciudad. La actitud de Muḥammad XII sigue siendo todavía enigmática, debido sobre todo a la escasez de fuentes contemporáneas. ¿Debe considerarse su actitud como una traición o como una prueba de realismo político? El 25 de abril de 1491 se firmaron en Santa Fe los tres documentos que contenían las cláusulas de la capitulación de Granada. El 2 de enero de 1492 Boabdil entregó las llaves de la fortaleza al Gran Comendador de León, Don Gutierre de Cárdenas, en la torre de Comares. Seguidamente, el conde de Tendilla y sus tropas penetraron en la ciudad; Boabdil abandonó Granada junto con su familia a escondidas de sus súbditos y rindió homenaje a los Reyes Católicos a las puertas de la ciudad, antes de partir hacia el señorío de la Alpujarra, cuya propiedad le había sido concedida. Posteriormente pasó a Marruecos donde terminó sus días.

A los granadinos se les permitió conservar sus caballos y sus armas, excepto las armas de fuego, y se les reconoció el derecho a seguir orando en sus mezquitas y oratorios; la comunidad musulmana pudo conservar sus jueces, y sus usos y costumbres fueron respetados.[24] El 6 de enero de 1492 los Reyes Católicos hicieron su entrada en Granada y organizaron allí su administración.

La Reconquista había concluido; se habían necesitado más de dos siglos y medio para reducir el último bastión del Islam en España.

NOTAS DEL CAPÍTULO PRIMERO

1. El *Wādī Lago* de los historiadores árabes, cuya localización ha sido objeto de numerosas discusiones entre los medievalistas, ha sido identificado por E. Lévi-Provençal: se trata del pequeño río de la laguna de la Janda [277, I, 21, notas 1 y 2].

2. El asedio de Covadonga se produciría algo más tarde, en la época en que el gobierno de la España musulmana se hallaba en manos de 'Anbasa (721-726), según C. Sánchez Albornoz, quien se ha dedicado a estudiar los inicios de la monarquía asturiana [406, I-II, 1944, 68-114]. Véase también A. Barbero y M. Vigil [149 bis].

3. El problema de la localización de Bobastro ha sido abordado, en base a las fuentes españolas existentes en los Archivos Municipales de Málaga, por J. Vallvé Bermejo [384]. La fortaleza de 'Umar Ibn Ḥafṣūn se hallaba situada al norte de Ríogordo, en la sierra llamada del Rey y cerca del actual cortijo de Auta.

4. Se le llamó Sanchuelo porque era, por línea materna, nieto de Sancho Garcés II Abarca, rey vascón de Pamplona.

5. Sobre los hūdíes, además de los trabajos ya clásicos de F. Codera [186, 12 ss., 24 ss., 71 ss., 244 ss., 284 ss.; 187, I, 362 ss.] y de A. Prieto y Vives [324, 44-50, 126-131, 199-212], puede consultarse a Muḥammad 'Abd Allāh 'Inān, *Duwal al-Ṭawā'if mundu qiyāmihā ḥattā l-fatḥ al-Murābiṭī,* El Cairo, 1960, 96-99, 260-285, que utiliza una fuente inédita, el tomo III de la *Dajīra* de Ibn Bassām. Recientemente A. Turk ha dedicado un estudio a la taifa hūdí de Zaragoza [380].

6. J. Bosch Vilá ha dedicado un esmerado estudio a los Banū Razīn, vencidos por los almorávides en el año 496/1103 [157 bis].

7. Sobre Barbastro, situada a 50 km al sureste de Huesca, mercado comercial y fortaleza fronteriza del reino hūdí que cerraba hacia el norte el acceso del valle del Ebro, véase, además del artículo *Barbashturu* [409, I, 1072], el estudio de A. Turk [380, 87-100]. La ciudad, completamente saqueada, fue reconquistada un año más tarde por el dinasta hūdī de Zaragoza al-Muqtadir, en 457/1065. Los cristianos no reconquistarían definitivamente Barbastro hasta treinta y cinco años más tarde (18 de octubre de 1100).

8. Los cronistas árabes posteriores a la época de al-Mu'tamid han dejado constancia de las vacilaciones del rey de Sevilla al atribuirle la siguiente frase: «Prefiero ser camellero con los almorávides que porquero con los cristianos» [71, 85/106; 81, I, 113; véase también 190, III, 124; 193, II, 240-241]. El relato más verosímil es el recogido por Ibn al-Jaṭīb según una fuente antigua que no cita [44[1], 281, trad. francesa por H. Pérés: 321, 11].

9. La figura del Cid no tardó en convertirse en legendaria durante la Edad Media. Se le atribuían al perfecto caballero castellano, modelo de virtudes, toda una serie de hazañas sobrenaturales. En el siglo XIX los historiadores reaccionaron en contra de esta imagen. El arabista holandés Dozy presentó al Cid como un mercenario sin fe ni ley y cruel con los vencidos [192³, II]. Se inició la rehabilitación del Cid gracias a los trabajos de Ramón Menéndez Pidal, aparecidos entre 1892 y 1964 [295; 296]; atacó la cidofobia de Dozy y convirtió al Cid en la encarnación del caballero castellano de la Edad Media, símbolo del honor, del valor y de la lealtad. Las contribuciones del arabista francés E. Lévi-Provençal para una mejor comprensión del personaje histórico de Rodrigo no pudieron quebrantar las convicciones de don Ramón [273, 155-185]. A partir de 1957, Antonio Ubieto Arteta ha conseguido desmitificar la figura del Cid y ha señalado el hecho de que el comportamiento del Cid era algo corriente en la España del siglo XI, donde apareció, con la Reconquista, un nuevo tipo de hombre: «el que vivía en la frontera. El hombre de la frontera era capaz de estar bien con cristianos y musulmanes, actuando a favor de unos u otros, según su conveniencia; reservado y cauto por necesidad, podía ofrecer el más alto ejemplo de desprendimiento junto al acto de máxima crueldad» *(Introducción a la Historia de España,* Barcelona, 1965, 117).

10. Los Banū Ġaniya incluso habían atacado a los almohades en su propio territorio del norte de África a finales del siglo XII. Véase A. Bel [152 bis], E. Lévi-Provençal [73, 69-70] y el artículo de G. Marçais [409, II, 1030-1032].

11. A partir del último cuarto del siglo XI, y durante unos cincuenta años, los caballeros franceses participaron en algunas de las grandes batallas de la *Reconquista*. Véase el artículo de J. Lacarra *La Conquista de Zaragoza por Alfonso I* [391, XII, 1947, 66-96]. El papel de los ultramontanos ha sido estudiado por M. Defourneaux [188 b, 157-183].

12. La batalla de las Navas de Tolosa tuvo lugar en realidad a 9 km al noroeste de la actual localidad que lleva dicho nombre (provincia de Ciudad Real). El lugar exacto del encuentro fue la llanura rodeada de colinas (navas), situada a unos cuatro o cinco kilómetros de la actual ciudad de Santa Elena, entre esta y el pueblo llamado Miranda del Rey. El nombre en árabe de la batalla procede de estas colinas rocosas (*ʻiqāb*) [409, III, 1081-1082].

13. Véase *Bayān* [376, 270]. Alfonso IX había tomado también Cáceres y Badajoz. Con la conquista de la actual Extremadura se abría el camino de la baja Andalucía a los cristianos.

14. El artículo *Naṣrides* de E. Lévi-Provençal [408, III, 938-942] se halla sujeto a revisión. Sobre la historia de los naṣríes de Granada, véase R. Arié [138].

15. Sobre la expedición a las Baleares, véase en especial la crónica llamada *Llibre dels Feyts del rei En Jacme,* compuesta bajo la dirección del soberano a finales de su vida, y las referencias que da F. Soldevila [355, I, 215-218; 356, I, 281-283].

16. Las fuentes cristianas alaban las proezas guerreras del rey de Castilla, pero no dicen nada de la resistencia musulmana [125, capítulos 1063, 1069]. Las campañas de Fernando III en Andalucía han sido estudiadas por J. González [217, 95 ss.].

17. Véase [210, 297-299] y A. Ballesteros, *La Reconquista de Murcia* [401, año 1942, CXI, 133-145].

18. Contando con el apoyo de un príncipe marīní disidente, Muḥammad III tramó en 1304 un complot en Ceuta, en suelo marīní y tomó el título de señor

de Ceuta (1307). El artículo de *E. I*[1] [408] sobre Ceuta es algo viejo. El análisis de las fuentes aragonesas en las que se ha basado Ch.-E. Dufourcq *La question de Ceuta au* XIII *siècle* [409, 1955, XLIII, 67-127 y 197] debe completarse con el estudio exhaustivo de los textos árabes llevado a cabo por J. D. Latham [261; 262]. Sobre la familia de los 'Azafíes, gobernadores marīníes de Ceuta, cuyas veleidades independentistas eran evidentes, véase J. D. Latham, *The Later 'Azafids* [419, núms. 15-16, 2.ª sem. 1973, 109-125]. Véase también H. Hila «Quelques lettres de la Chancellerie de Ceuta en temps des 'Azafides», en *Actas del II Coloquio Hispano-Tunecino de Estudios Históricos (Madrid - Barcelona, mayo de 1972)*, Madrid 1973, 41-47.

19. L. Seco de Lucena Paredes ha podido fijar la fecha exacta de la batalla del río Salado, a la que los historiadores árabes llamaron batalla de Tarifa *(La fecha de la batalla del Salado)* [391, XIX, 1954, 228-231]. Véase también el interesante estudio de A. Huici Miranda [233, 342-377].

20. La correspondencia diplomática intercambiada entre las cortes de Granada y de El Cairo aparece reproducida por el letrado egipcio Ibn Faḍl Allāh al-'Umarī en su *Ta'rīf*, ed. Cairo 1312/1895, 26 ss.

21. En varios artículos publicados en *Al-Andalus* [391] entre 1955 y 1959. Véase también H. Livermore, «El segundo Rey Chico Muḥammed XI y la sucesión de la Casa de Abū Naṣr Sa'd, 1452-6», en *Al-And.* [391, vol. XXVIII/2, 1963, 331-348].

22. Sobre esta batalla llamada de la Higueruela por una higuera que se hallaba en el lugar de los hechos, véase [110^2, 132-140; 110^8, 104-105; 109^2, 497-500]. Puede consultarse también el artículo de L. Seco de Lucena Paredes, *Las campañas de Castilla contra Granada en el año 1431* [421, IV/1-2, 1956, 79-120].

23. Los Reyes Católicos se comprometieron, según las Capitulaciones firmadas por entonces, a permitir el paso libre y gratuito de los andaluces a las costas de Berbería durante un año; los emigrantes podían llevarse sus bienes muebles o bien venderlos [112, documentos XIV, XV y XVI].

24. Los documentos de archivos relativos a la rendición de Granada han sido publicados por M. Garrido Atienza [112, documentos LVIII-LXXXI].

CAPÍTULO II

Las instituciones

Describir con cierta precisión el papel y los mecanismos de los servicios públicos del Estado hispanomusulmán es una tarea muy delicada, ya que nos enfrentamos continuamente con una ausencia casi total de documentación. Apenas existen textos oficiales de la alta Edad Media o escritos completos de cronistas hispanomagrebíes; las obras de aduladores al servicio de las dinastías africanas deben someterse a un detenido análisis crítico; los analistas del Occidente musulmán, incluso aquellos cuyas obras son más fidedignas, solo nos ofrecen algunos datos lacónicos sobre los soberanos, exaltando sus cualidades, y sobre los agentes del gobierno que gravitaban en torno al monarca. Raramente se especifican las atribuciones de estos altos funcionarios, y la ausencia de un contexto explicativo dificulta la interpretación de los títulos oficiales que ostentaban. Ante esta escasez de información, no podemos dejar de evocar la abundancia de fuentes árabes sobre la organización interna de los reinos musulmanes de Oriente durante la Edad Media.

No es necesario recordar cuán decepcionante resulta para el historiador la atenta lectura de esos tratados sobre reglas de derecho público, en los que los autores medievales describen un Estado musulmán ideal en vez de plasmar su organización efectiva. Dentro de la tradición iniciada por al-Māwardī, famoso jurista šāfiʿí de Bagdad de principios del siglo XI, se inscribe el *Sirāŷ al-Mulūk (Lámpara de los Príncipes)* [3], texto de filosofía política lleno de comentarios teóricos, compuesto por el español Abū Bakr al-Ṭurṭūšī, originario de Tortosa (m. en el año 520/1126). Durante el siglo XIV, Lisān al-dīn Ibn al-Jaṭīb, consejero de los soberanos naṣríes Yūsuf I y su hijo Muḥammad V, y cuyos escritos históricos son, por otra parte, importantes documentos, expuso sus opiniones sobre el arte de gobernar, utilizando una ficción literaria. En la *Maqāmat al-siyāsa* [78[1], IX, 134-139] imagina que, en una noche de insomnio, el califa Harūn al-Rašid pide a sus familiares que le lleven a un hombre del pueblo, un hombre prudente hallado en las calles de Bagdad. Aparece ante el monarca un viejo de origen persa, alto y de aspecto miserable, al que se le pide su opinión sobre la administración pública. Recomienda al califa que exija a sus súbditos obediencia absoluta basada en la ley religiosa, que elija a un visir leal, humilde y piadoso, que reclute a sus oficiales entre hombres de alto linaje preparados para la guerra santa, y que exija a los gobernadores de provincias obediencia y fidelidad. Aconseja al monarca dar ejemplo de imparcialidad, respetar la justicia y la verdad y practicar el mecenazgo con los letrados que puedan dar realce al reinado y ensalcen las proezas de la persona real. Al no existir texto alguno que nos aclare las intenciones del autor, es difícil saber si Lisān al-dīn intentaba frenar la decadencia del Estado, como ha supuesto Fr. J. Simonet. Parece que el visir naṣrí se limitó a llevar a cabo un trabajo puramente convencional y que decidió optar por un ejercicio de estilo mundano.[1]

Referencias constantes, aunque indirectas, a la administración de al-Andalus jalonan las páginas que el gran político magrebí Ibn Jaldūn consagró a las instituciones magribíes de su época en los *Prolegómenos* a su historia general. Concedemos cierta credibilidad a sus observaciones, ya que se basan en un examen directo de la realidad; nos permitirán, además, en nuestra investigación histórica, completar los datos fragmentarios tomados de las crónicas andaluzas.

Aun siendo escasa nuestra información sobre las instituciones hispanomusulmanas, trataremos de evocar a grandes rasgos el papel del soberano, definir las características del visirato y analizar la organización administrativa de al-Andalus.

1. EL SOBERANO

1.1. TITULATURA

En los comienzos de la conquista musulmana, los gobernadores que se sucedieron en al-Andalus y cuya dependencia de los califas de Damasco era cada vez más teórica, transfirieron a la península Ibérica, y a escala reducida, los cuadros administrativos de la Siria de los omeyas. En el año 716, la capital fue trasladada de Sevilla —ciudad considerada demasiado periférica en relación al resto del territorio— a Córdoba, donde quedaron centralizados los diversos servicios del gobierno. Con el primer omeya, la España musulmana, hasta entonces simple provincia del Imperio musulmán, se convirtió en un principado independiente, que ʻAbd al-Raḥmān I, fiel a la tradición siria de sus antepasados, adaptó a la nueva situación. La enseña blanca de los omeyas ondeó orgullosamente, mientras la bandera negra de los 'abbāsíes era considerada en la España musulmana como un emblema de disidencia [288, I, 131 y n. 1]. Sin embargo, al principio de su reinado, 'Abd al-Raḥmān no se atrevió a suprimir el nombre de los 'abbāsíes de la invocación obligatoria con que se iniciaba en la gran mezquita la oración de los viernes, pese a profesarles un profundo odio por ser los asesinos de su propia familia. Durante el año que siguió a la toma de Córdoba por el emir marwaní, el sermón del viernes siguió pronunciándose en nombre del califa 'abbāsí Abū Ŷa'far al-Manṣūr. Por otra parte, 'Abd al-Raḥmān I nunca se atrevió a adoptar otros títulos que los de «rey» y de «emir», a los que añadía el término «hijo de califas» [288, I, 133]. El mismo respeto por la ficción califal aparece en las monedas, por otra parte bastante escasas, que se acuñaron en España en tiempos de los primeros omeyas [270, 46 y n. 4]. Estos fueron, por lo demás, reyes de temperamento sirio que se consagraron a consolidar la restauración de la dinastía marwaní, emprendida por el Inmigrado con indomable energía. Durante el reinado de 'Abd al-Raḥmān II, en el siglo IX, el emirato hispanomusulmán ya no tenía nada que temer del califato 'abbāsí [288, I, 240]. Pese a ostentar una titulatura bastante modesta, este soberano tuvo en sus manos un poder absoluto; imitó a los 'abbāsíes y adaptó su sistema administrativo al marco étnico y geográfico de al-Andalus [288, I, 255]. Siguiendo el ejemplo de los califas de Iraq, impuso en su palacio una rígida etiqueta que presidía cualquier detalle de su vida cotidiana. En el siglo X, el omeya de Córdoba se asemejará mucho más al soberano de Bagdad o al de Bizancio que a sus antepasados beduinos de Siria. A principios del año 316/929, 'Abd al-Raḥmān III adoptó los títulos supremos de califa y príncipe de los creyentes, que en el Islam suponían independencia de autoridad y añadió a su nombre un sobrenombre honorífico *(laqab)*, al igual que los que llevaban los soberanos de Bagdad y de Kairuán [288, II, 115].

A partir de entonces, el califa de Córdoba, monarca autócrata de poder absoluto, se impuso como jefe espiritual y temporal. Presidía personalmente la oración solemne de los viernes, juzgaba en última instancia, acuñaba monedas con su propio nombre y decidía sobre el gasto público. El califa era, además, generalísimo de los ejércitos y dirigía la política exterior. En tiempos de Almanzor Ibn Abī 'Āmir se respetó la fachada de la monarquía cordobesa, pero el 'Āmirí, una vez hubo alcanzado la cima de su poder, ostentó el título de «noble rey», si bien manteniendo siempre una dignidad califal puramente formal [288, II, 229]. A principios del siglo XI, pretendientes y contrapretendientes omeyas se fueron atribuyendo diversos títulos honoríficos.

La mayoría de reyes de taifas llevaron títulos pseudocalifales y adoptaron sobrenombres honoríficos.[2] Hace ya casi setenta años que el erudito Max Van Berchem señalaba que el vasallaje de los reyezuelos con respecto a los ʿabbāsíes de Bagdad fue más bien «una profesión de fe que un acto de vasallaje directo y permanente» [387 a]. Lo mismo sucedió con los almorávides. Yūsuf b. Tāšfīn y sus sucesores reconocieron la soberanía del califato legal, el de Bagdad, por lo que adoptaron el título de Príncipe de los musulmanes o *amīr al-muslimīn* [14², 41-42; 409, I, 458], emir de los musulmanes, lo que, sin proclamar un anticalifato como hicieran los omeyas de Córdoba y los fāṭimíes de Ifrīqiya, les situaba, sin embargo, por encima de los demás soberanos ortodoxos y acrecentaba su prestigio frente a sus súbditos maġribíes y andaluces. Las investigaciones llevadas a cabo por E. Lévi-Provençal vinieron a confirmar los datos aportados por la numismática y permitieron corroborar el reconocimiento del emirato almorávide por parte de los ʿabbāsíes en tiempos de Yūsuf b. Tāšfīn, a finales del siglo v de la héjira (491/1098) [396, 1955, II, 13, 273].

En el Maġrib, los almohades reivindicaron el título de Príncipe de los creyentes o amīr al-muʾminīm desde el reinado de ʿAbd al-Muʾmin, como lo atestiguan las cartas oficiales de la dinastía muʾminí [73, 1]. A su subida al trono, el segundo soberano almohade, Abū Yaʿqūb Yūsuf no fue aceptado unánimemente, por lo que se hizo llamar durante cinco años «Príncipe de los musulmanes» y sólo se atrevió a tomar el título califal de «Príncipe de los creyentes» [409, I, 458] cuando hubo sometido o eliminado a los rebeldes [409, I, 165]. A principios del siglo VII de la héjira/XIII de J.C., el califa muʾminí al-MaʾmūnʿAbd Allāh b. Yaʿqūb abolió la costumbre de invocar el nombre del Mahdí Ibn Tūmart y el de todos los almohades en el sermón de los viernes [14, 192].

Los naṣríes de Granada basaron su autoridad en el carácter semirreligioso del soberano y se conformaron con el nombre de «Príncipe de los musulmanes», como lo atestiguan las crónicas andaluzas y las inscripciones de las monedas naṣríes.[3] En los documentos reales, en la epigrafía oficial y en las inscripciones funerarias aparece junto a este título el de sultān, que debe tomarse en el sentido de jefe [408, IV, 568-571]. Ya lo ostentaba a finales del siglo XI, el último rey zīrí de Granada, ʿAbd Allāh [236, 133]. En la titulatura oficial adoptada por la cancillería mameluca de Egipto, por lo demás muy apegada a las fórmulas protocolarias, los soberanos naṣríes aparecen con un nombre todavía más simple, «amo o posesor de la Alhambra» [86, VII, 412]. Los documentos diplomáticos cristianos y las crónicas castellanas que relatan los episodios de la Reconquista se limitan a llamar al monarca reinante en Granada «el rey moro de Granada», correspondiente al «rey» de los analistas musulmanes, o bien le dan el título de *Aben Alhamar*, deformación del antepasado epónimo Ibn al-Aḥmar [109¹, 4].

Los sobrenombres en los que entra la voz Allāh, aplicados tan solo a la persona real en la Córdoba omeya a partir del califato de ʿAbd al-Raḥmān III *al-Nāṣir lidīnillāh* (El que combate victoriosamente por la religión de Dios), gozaron de bastante aceptación en la titulatura naṣrí. Textos fundacionales e inscripciones funerarias conservan el recuerdo del sobrenombre del fundador de la dinastía, *al-Ġālib bi-llāh*, el Victorioso por Dios [271, 144/145-146]. Los frisos epigráficos de la Alhambra perpetúan el sobrenombre de *al-Ġanī bi-llāh* (el que se satisface con Dios), adoptado por Muḥammad V al volver de una expedición victoriosa contra Castilla [258, 119-271, 64]. A veces los sobrenombres se creaban en función de algún episodio histórico, como fue el caso de Muḥammad b. Sa'd, quien resistió con energía el avance de los Reyes Católicos y a quien sus contemporáneos llamaron *al-Zaġal*, el Valiente; su sobrino Muḥammad XII, Boabdil, el Rey Chico del Romancero español, despreciado por los granadinos, recibió el apodo de *al-Zuġuybī*, el desgraciado [194, I, 594].

En la correspondencia oficial dirigida al califa omeya, el tratamiento oficial, a partir de al-Nāṣir, era el de tercera persona del singular [288, II, 112 n. 1]. En tiempo de los naṣríes se utilizaba la segunda persona del plural, como era costumbre en las cancillerías del Occidente musulmán. En los diplomas reales y en la correspondencia de los sultanes de Granada, se designa a la persona real, a partir del siglo XIV, con el término de *mawlānā*, «nuestro amo», que también servía para apostrofar al soberano. En el siglo XV, los cristianos de España dieron con frecuencia a los naṣríes el nombre de Muley (138, 177). Las expresiones elogiosas tales como *al-muŷāhid*, «el combatiente de la guerra santa», o los epítetos respetuosos como *sa'īd* «afortunado», *mubārak*, «bendito», *'ādil*, «justo», desbordaron a menudo la persona del soberano; así, por ejemplo, *karīm*, «generoso», se aplicaba, siguiendo la costumbre maġribí, al rescripto que emanaba de su soberanía [51, 432-435]. Ya en el siglo XII, el diploma almohade remitido al claustro de Poblet era designado como *ẓahīr karīm*. [121, VI, 115]. En las crónicas españolas se aplican calificativos lisonjeros a los reyes contemporáneos de los naṣríes: Fernando el Santo, Alfonso el Sabio, en Castilla y Jaime el Conquistador, en Aragón [138, 187].

1.2 INVESTIDURA E INSIGNIAS DE SOBERANÍA

En la Córdoba omeya de los siglos IX y X, la ceremonia de investidura se desarrollaba siguiendo la tradición oriental más pura: se prestaba solemne juramento de fidelidad al soberano cuando accedía al trono y a veces también al presunto heredero cuando era designado, ya fuese en el transcurso del reinado de su predecesor o hacia el final de la vida de este.[4] Para el período califal disponemos de relatos detallados de la ceremonia de entronización de al-Ḥakam II y de su hijo Hišām II; en dichos relatos aparecen citados los dignatarios y magistrados llamados en primer término a jurar fidelidad al nuevo soberano [288, II, 16, n. 1 y 2]. La prestación de juramento de fidelidad por parte de la aristocracia, realizada con arreglo a un protocolo estricto, tenía lugar en una sala de recepción del palacio. En la capital y en las ciudades de provincia más importantes, a esta ceremonia seguía el juramento de la masa popular que podía prolongarse durante varios días: en ella, magistrados y funcionarios recibían por delegación del soberano y en su nombre la declaración de obediencia de los ciudadanos, aldeanos y labriegos, congregados en la mezquita. La fórmula de juramento para la aristocracia venía establecida por la vieja tradición oriental de la palmada: cada participante, poniendo su mano sobre la palma de la del beneficiario, pronunciaba estas palabras: «Alabo pensando en ti a Allāh, único Dios, y reconozco que te demostraré sumisión y obediencia según la norma de la Sunna de Allāh y de su Profeta, en toda la medida de mis fuerzas» [288, III, 17].

La información sobre el siglo XI es muy escasa. Yūsuf b. Tašfīn mantuvo durante el período de los almorávides la tradición oriental: en la Córdoba de 1103 tuvo lugar la ceremonia de juramento a ʿAlī, presunto heredero, ante los notables de la ciudad y en presencia de las diputaciones de al-Andalus. El príncipe heredero almorávide recibió magníficos regalos de ʿAbd al-Malik, hijo del dinasta hūdí de Zaragoza, al-Mustaʿīn [157, 165]. En cuanto a los naṣríes, los historiógrafos oficiales nos informan que a la salida de la oración del viernes del 26 de ramadán del año 629/16 de julio de 1232, el pueblo de Arjona que se hallaba presente en la mezquita proclamó soberano a Muḥammad b. Yūsuf b. Naṣr [83, f.° 38].

A requerimiento de un alto dignatario, los habitantes de Granada enviaron su sumisión al rey de Arjona y de Jaén. Después de ser redactada por Abū l-Ḥasan al-Ruʿaynī, dos dignatarios granadinos remitieron al emir el acta de acatamiento. En la antigua capital de los zīríes, Muḥammad I se presentó en la mezquita de la Alcazaba y, aunque fue ignorado por el *imām* o director de los rezos, los notables lo condujeron hasta el nicho de oración, participó en el sermón y luego entró en el antiguo palacio de Bādīs precedido por un grupo de hombres que portaban antorchas [46, 35]. El homenaje ofrecido a Muḥammad IV por los granadinos el día de la muerte de su padre, el 27 de raŷab del año 725/9 de julio de 1325, es un documento importante por la nomenclatura de las diferentes categorías sociales llamadas a prestar juramento de fidelidad al joven soberano: jueces, predicadores, gramáticos, intérpretes de la tradición, testigos instrumentales, secretarios de cancillería [44^2, 299 ss.]. Al morir Yūsuf I, su hijo mayor Muḥammad recibió inmediatamente el juramento de fidelidad de todos aquellos que habían presenciado el asesinato del sultán: nobles, grandes dignatarios del reino, habituales de la corte [51, 29]. Ibn al-Jaṭīb nos da algunos detalles sobre la declaración de obediencia de la masa del pueblo: tomando a Muḥammad V por la mano, lo presentó él mismo a la población de Granada en tanto que heredero legítimo [44², 29]. Pero no sabemos en qué consistía exactamente esta investidura. Si bien Ibn al-Jaṭīb asegura haber redactado personalmente la fórmula de juramento de fidelidad, no da ninguna información más [44², 305]. Según Ibn Jaldūn, la antigua palmada había sido sustituida en sus días por gestos de respeto por parte de los participantes: se besaba la mano del soberano postrándose ante él.[5]

Hasta mediados del siglo x, los signos externos de soberanía fueron bastante discretos en la España musulmana, siguiendo la tradición de la corte omeya de Damasco cuyo recuerdo perpetuaban los emires cordobeses. No parece que los marwāníes de Córdoba llevasen corona, tocado de sus vecinos, los monarcas de la España cristiana. Su uso se instauraría a partir del siglo x entre los fāṭimíes, durante el reinado de al-Mu'izz, y sobre todo a partir de la llegada de este soberano al trono de El Cairo.[6] El uso de la corona aparece atestiguado en el siglo XIII entre los ḥafṣíes de Túnez y los emires de Bujía, antes de caer en desuso en el norte de África en el siglo XIV (161, II, 23-24). El primer naṣrí iba descubierto [78¹, I, 207-208]. El turbante al uso magribí recobró en la Granada de principios del siglo XIV un nuevo auge; Ismā'īl I iba tocado con un turbante cuando fue asesinado [46, 704]. En el Museo del Ejército de Madrid se exhibe actualmente un turbante de lino blanco que, según parece, perteneció a Boabdil [138, 189].

Al igual que en Oriente, el soberano andaluz se sentaba en un trono durante las recepciones y sostenía en su mano un cetro, largo báculo de bambú con el extremo curvo [288, III, 14]. Sin duda fue una innovación del segundo califa cordobés, al-Ḥakam II. Su padre, 'Abd al-Raḥmān III, recibió al abad de Lorena, Juan de Gorze, legado del emperador Otón el Grande, en Córdoba, el 21 de junio de 956, semitendido en un sofá [288, III, 15]. Los cronistas hispanomusulmanes raramente mencionan el trono. El autor anónimo de los poemas que aparecen en los frisos epigráficos de la Sala de Embajadores de la Alhambra hace alusión al asiento real de Yūsuf I [258, 113]. Cabe preguntarse si el sultán naṣrí recibía en audiencia desde un sitial elevado. Pero ningún texto concreto evoca la forma de este mueble. Una inscripción mural en alabanza a Yūsuf I nos informa de que el trono de los naṣríes se encontraba en la Sala de Embajadores y que se hallaba situado en el profundo vano de una de las ocho ventanas, la que se halla enfrente de la puerta [370, 69-70].

Un signo de realeza muy antiguo, el parasol empleado entre los 'abbāsíes y los fāṭimíes, fue adoptado muy probablemente en el occidente musulmán bastante antes de la llegada de los almohades [288, III, 14, n. 2]. En el siglo XIV, Ibn al-Jaṭīb, en una descripción de la entusiasta recepción de que fue objeto Yūsuf I en Almería, nos habla de un palio de brocado colocado sobre troncos de madera de plátano y levantado sobre el cortejo real [47, 44].

La insignia suprema de soberanía era el sello real, anillo de oro que llevaba grabada la divisa del monarca, una inscripción por lo general bastante corta. La de los primeros califas cordobeses fue la misma que la de sus predecesores: «ʻAbd al-Raḥmān (o al-Ḥakam) acepta el decreto de Allāh»; en la del tercer califa aparece: «Hišām b. al-Ḥakam encuentra su apoyo en Allāh» [288, II, 15]. Esta misma divisa aparecía en los estandartes que se entregaban a los generales cuando salían en campaña; decoraba también la orla de las telas brocadas que se fabricaban en talleres reales tanto en Córdoba como en Bagdad. La tradición cordobesa siguió imperando entre los reyes de taifas [40^{3}, 265]. Los cronistas hispanomusulmanes se limitan a mencionar la divisa de los almorávides, «El reino y la grandeza son de Dios» [14^{2}, 43] y se hacen eco de la austeridad de los almohades, pero son mucho más explícitos en lo que concierne a los naṣríes. Su divisa oficial, «solo Dios es vencedor», adornaba el traje real, figuraba en las inscripciones murales y en monedas, resaltando todavía en la actualidad en las suntuosas bandas epigráficas que recorren las bóvedas de la Alhambra o enmarcan puertas y ventanas [138, 192].

El rojo, color que pareció gozar de la predilección de los andaluces desde el siglo XI [321, 320] fue el color dinástico de los naṣríes, igual que el blanco lo había sido de los omeyas de España [138, 191]. Los estandartes naṣríes fueron desde muy pronto de color rojo.[7] Cuando los granadinos arrebataron Quesada a las tropas castellanas en el año 695/1295, izaron sobre las torres y las murallas de la ciudad sus estandartes rojos en señal de victoria [138, 191]. Un estandarte de paño escarlata, atribuido a los naṣríes, se exhibe actualmente en el monasterio de las Huelgas, cerca de Burgos, y figura como uno de los trofeos conquistados al enemigo por las tropas castellanas [136 *a*, 198].

Entre los omeyas de Córdoba, la ostentación y el fausto fueron un signo exterior de soberanía a partir del reinado de ʻAbd al-Raḥmān II. A semejanza de los califas ʻabbāsíes, este soberano no se presentaba ante su público sino en raras ocasiones, instaurando en el Alcázar de Córdoba un rígido protocolo [288, II; 265, n. 1]. Únicamente el emir ʻAbd Allāh se atuvo a la sencillez de sus antepasados andaluces compareciendo con frecuencia ante sus súbditos sin gran aparato [288, II, 331]; su nieto ʻAbd al-Raḥmān III, una vez ocupado el califato, se destacaba de la masa del pueblo por la dignidad en la apostura, la gravedad de sus palabras y la magnificencia que presidió cualquier manifestación de su vida oficial [288, II, 4]. Desde su palacio de Córdoba o desde su magnífica residencia de Madīnat al-Zahrā', a la que solo accedían los privilegiados, regía a su antojo los destinos de al-Andalus. Una etiqueta minuciosa regulaba recepciones y audiencias [288, II, 117]. A partir de entonces, los actos públicos de la España califal se tiñeron de solemnidad. Los cronistas andaluces alabaron la sencillez y la austeridad del almorávide Yūsuf b. Tāšfīn [14, 94], o el rigor del almohade 'Abd al-Mu'min [14, 179]. Por su parte, el sultán naṣrí en nada se parecía al personaje misterioso, altivo e inaccesible, que, en la época de al-Nāṣir, había impresionado tan vivamente a los hispanomusulmanes. A través de las páginas de los cronistas va surgiendo la piedad de Muḥammad I [46, 30], la ponderación y la profunda cultura tradicional de Muḥammad II, que forjó la estructura administrativa del reino naṣrí [46, 38]. Ibn al-Jaṭīb subraya la moderación de Yūsuf I y su natural conciliador [46, 89]. Muḥammad V acostumbraba cabalgar por las calles de su capital vestido con gran sencillez. El pueblo supo apreciar sus virtudes, que le valieron la confianza y el afecto de la aristocracia [44², 354 ss.]. Ibn al-Jatīb describe con abierto desprecio al usurpador Muḥammad VI, que recorría a pie la ciudad de Granada con aspecto descuidado, la cabeza descubierta y vestido con una pelliza raída y deshilachada [49¹, f.° 68].

1.3. FUNCIONES

En principio, y en tanto que *imāmes* de su pueblo, los dinastas andaluces presidían la oración solemne de los viernes. A partir del reinado del emir Muḥammad I [288, I, 284], se aislaron del resto de los fieles en un recinto de madera labrado situado cerca del nicho de oración en la mezquita mayor de la capital. Los reyes de taifas conservaron esta cotumbre que los almohades reinstauraron y a la que también se ciñeron los nasríes.[8]

Conceder audiencia pública a sus súbditos fue una de las tareas propias del soberano andaluz, al menos en tiempos del emirato cordobés. Una vez por semana, el emir 'Abd Allāh recogía personalmente las quejas de sus súbditos contra los abusos de poder que pudieran cometer sus funcionarios. Para celebrar esta audiencia semanal hizo abrir, en el recinto de su palacio, una nueva puerta, llamada de la Justicia, junto a la cual se sentaba; los cordobeses le remitían sus demandas por escrito [288, II, 331]. En vida de su padre 'Alī b. Yūsuf, el piadoso almorávide Tašfīn, siendo gobernador de Granada, recibía personalmente a sus súbditos: se pedían reparaciones ante las injusticias y los demandantes le exponían sus quejas de viva voz [141, 147]. Ibn al-Jaṭīb cuenta que el sultán naṣrí Muḥammad I acostumbraba recibir a su pueblo dos veces por semana [46, 31-32]. El sultán Yūsuf I recibía a sus súbditos en la Sala del Consejo de la Alhambra. Las demandas eran presentadas al visir, que las entregaba al sultán, a quien asistían los principales miembros de su familia y otros personajes [27, 234].

El emir omeya Muḥammad I comprobaba con tanto celo las cuentas de sus funcionarios fiscales que suscitó las críticas de algunos de sus biógrafos [288, I, 280]. Con frecuencia el naṣrí Muḥammad I y sus sucesores se ocuparon personalmente de la contabilidad [46, 31 y 89].

Los naṣríes, a imagen de los califas omeyas de Córdoba, sus lejanos predecesores, dirigieron en persona la política exterior de su reino. Las diputaciones cristianas siempre habían sido acogidas en Córdoba con gran deferencia [288, II, 144]. El sultán naṣrí recibía a los embajadores extranjeros en la Sala del Trono o Salón de Embajadores que ocupaba el piso alto de un enorme bastión de planta cuadrada, la Torre de Comares, una de las más impresionantes de la Alhambra. Los poetas de la corte no dejaron de componer obras circunstanciales en las que alababan a su mecenas real [207, 219].

Desde un principio, el mando de las operaciones militares estuvo en manos de los soberanos andaluces. ʿAbd al-Raḥmān I, en el transcurso de una campaña de verano contra Aragón, llevó a cabo una incursión en tierras del Rosellón y la Cerdaña en el año 164/781 [288, I, 186 y n. 1]. Su descendiente, el primer califa de Córdoba, al-Nāṣir, no eludió uno de los principales deberes de su cargo: la guerra santa sin tregua contra la cristiandad hispánica [288, II, 47 ss., 56]. Tanto las proezas de al-Muʿtamid en la batalla de Zallāqa como las virtudes guerreras de Yūsuf b. Tāšfīn fueron cantadas en versos [321, 101]. Al igual que su padre Abū Yaʿqūb Yūsuf, muerto en combate ante Santarem, el almohade Abu-Yūsuf Yaʿqūb al-Manṣūr dirigió su atención hacia la península Ibérica, se puso al frente de la contraofensiva musulmana contra portugueses y castellanos y desempeñó un importante papel a nivel personal en la batalla de Alarcos [232, I, 364 ss.]. El naṣrí Muḥammad I se exponía personalmente en combate y diversos narradores loaron la eficacia de su maza [46, 30]. Yūsuf I participó en la batalla de Tarifa al frente de sus tropas [46, 96] y Muḥammad V en persona lanzó al ejército naṣrí contra las posiciones enemigas [50, f.° 36 ss.]. Boabdil fue capturado en Lucena cuando regresaba de una expedición guerrera en el año 888/1483 [138, 160].

1.4. SUCESIÓN

Según los cronistas andaluces, los omeyas nombraban en vida a sus sucesores [357 b, 377]. No se respetaba la primogenitura; así, por ejemplo, ʿAbd al-Raḥmān I, fundador de la dinastía cordobesa, había designado para sucederle no a su hijo primogénito Sulaymān sino al menor, Hišām, ante el cual la población juró fidelidad al día siguiente de la muerte del soberano (172/788); la primera tarea del nuevo soberano fue la lucha contra su hermano mayor, quien reivindicaba el trono y al que no faltaban partidarios [288, I, 139]. Después de un corto reinado de poco más de siete años, murió prematuramente Hišām I (180/796), quien había designado como sucesor al segundo de sus hijos, al-Ḥakam, y no al primogénito llamado ʻAbd al-Malik. Su reinado se inició con una querella dinástica suscitada por sus dos tíos, que se habían ya enfrentado anteriormente con Hišām I cuando este accedió al trono [288, I, 152]. Sangrientos dramas familiares durante el emirato de ʻAbd Allāh fueron causa de que aún en vida de este monarca se nombrara, como presunto heredero, a su nieto ʻAbd al-Raḥmān III, el futuro al-Nāṣir [288, I, 339]. El primogénito de ʻAbd al-Raḥmān III, al-Ḥakam, designado desde muy joven como heredero del trono, durante el largo reinado de su padre estuvo en cierta medida asociado a la administración de los asuntos del reino [288, II, 19]. Al morir al-Ḥakam II, su joven hijo Hišām, un muchacho de unos doce años, fue entronizado tras una serie de intrigas palaciegas [288, II, 206].

En tiempos de los reinos de taifas, los zīríes de Granada eligieron a sus sucesores sin tener para nada en cuenta el derecho de primogenitura, al igual que sus primos de Ifrīqiya [236, 134].

Por su parte, almorávides y almohades se atuvieron a las reglas de la primogenitura. Después de la batalla de Setif (548/1153), seguro de su prestigio militar y político, ʻAbd al-Mu'min consiguió que su hijo primogénito Muḥammad fuese aceptado como presunto heredero y concedió el gobierno de las provincias a sus otros hijos [14, 181; 73, 55 ss./35 y siguientes]. Tras la batalla de Alarcos, el tercer soberano almohade. Abū Yūsuf Yaʻqūb al-Manṣūr, proclamó a su hijo Muḥammad, futuro al-Nāṣir, heredero del trono en Marrākuš y se retiró de la vida pública para consagrarse a sus ejercicios de devoción y a obras pías [232, I, 379].

En la historiografía oficial de la dinastía naṣrí no aparece el tema de las modalidades de sucesión al trono. Incluso un niño podía verse entronizado sin dificultad alguna al morir su padre; así, por ejemplo, Muḥammad IV solo tenía diez años cuando accedió al trono [46, 77]. Un adolescente de quince años, Yūsuf I, sucedería a su padre Muḥammad IV [46, 89]. Yūsuf I, por influencia de una concubina, prefirió en un principio a su segundo hijo, Ismāʻīl, antes que al futuro Muḥammad V. Cuando este subió al trono, el día de la muerte de su padre, la elección había recaído finalmente en él, según Ibn al-Jaṭīb, porque lo acertado de su juicio dejaba presagiar un buen gobierno aunque solo se tratara de un jovencito que apenas había llegado a la pubertad [44², 306]. A pesar de las luchas civiles que desgarraron la dinastía naṣrí desde principios del siglo XIV (Muḥammad III y su sucesor Naṣr tuvieron que abdicar uno tras otro e Ismāʻīl I y Muḥammad IV fueron sucesivamente asesinados) y que prosiguieron durante el siglo XV, la fidelidad de los musulmanes del reino de Granada hacia sus soberanos no varió en absoluto.

2. ḤĀŶIB Y VISIR

En las crónicas andaluzas vemos evolucionar en torno al soberano a los altos personajes de la corte. Conocemos los nombres de algunos de los consejeros áulicos de 'Abd al-Raḥmān I, si bien todavía no llevaban el título de visir. Sabemos que el número de estos *ḥāŷibs*, nombre que se aplicaba, igual que en la corte 'abbāsí, al chambelán o jefe de la casa civil del soberano y que era el encargado de guardar la puerta del monarca y no permitir la entrada más que a las visitas concertadas [409, 47-51]. Este maestro de ceremonias careció de importancia durante el reinado del primer omeya de España, quien siempre se empeñó en respetar la tradición siria de sus antepasados [288, I, 138]. Este soberano se rodeó de nobles árabes y de generales. Durante el reinado de su hijo al-Ḥakam [288, I, 187], el mejor auxiliar de la dinastía fue un nieto de liberto, Ibn Mugīṯ, que ejerció las funciones de *ḥāŷib* durante la mayor parte de su reinado y que dirigió la mayoría de las expediciones militares. El título de *ḥāŷib* fue pronto superior al de *wazīr* (visir), otorgado a simples consejeros de diversos orígenes que ayudaban al monarca en las tareas administrativas y gubernamentales. Durante el reinado de 'Abd al-Raḥmān II, en la cancillería, los secretarios y los visires estaban sometidos a la autoridad de una especie de primer ministro, el *ḥāŷib*, que ocupaba una lujosa sala hecha construir expresamente por 'Abd al-Raḥmān II a la entrada de su palacio. El tataranieto del «Inmigrante» creó una reglamentación sobre la presencia de los visires en el Consejo Real [288, III, 19 n. 3]. Cada uno de ellos recibía una pensión de 300 *dīnārs* [288, I, 258]. El título de visir, poco extendido al principio, se hizo mucho más frecuente a finales del siglo III/IX. Además, el visirato era un título que se añadía a cualquier otro cargo. Aparecen mencionados jefes militares visires o secretarios visires.[9] Pero la única función que iba obligatoriamente acompañada al visirato era la del *ḥāŷib*, elegido siempre de entre los visires, los cuales rivalizaban entre sí para ocupar dicho cargo cuando quedaba vacante, según consta durante el reinado de 'Abd al-Raḥmān II. Cuando este soberano nombró *ḥāŷib* al secretario Ibn Šuhayd, tuvo que elevarlo previamente al cargo de visir (218/833-834) [37^2, II, 84]. Los resortes de la administración central continuaron funcionando bajo el emir Muḥammad I. Al frente de los tres servicios de que esta se componía (casa real, cancillería y hacienda) se encontraba el *ḥāŷib*, portavoz del emir, cargo que también era compatible con diversas funciones militares [288, II, 286]. En la alta administración cordobesa de la segunda mitad del siglo IX, destacaron en el puesto de *ḥāŷib* dos familias pertenecientes a la aristocracia árabe, los Banū Šuhayd y los Banū Abī 'Abda [288, I, 286-287]. Solo hacia finales del reinado del emir 'Abd Allāh podrá un eslavón, Badr, desempeñar las funciones de *ḥāŷib* sin recibir el correspondiente título [288, I, 336-337]. Aunque restablecida por ʻAbd al-Raḥman III cuando accedió al trono, durante su reinado la *ḥiŷāba* quedó sin titular en el año 320/932, siguiendo vacante durante casi treinta años. Su sucesor, al-Ḥakam II, confió el cargo de *ḥāŷib* a Ŷaʻfar el eslavón, y luego a Ŷaʻfar al-Musḥafī, en el año 367/978. En el siglo x, el *ḥāŷib* se había convertido, en la España cordobesa, en un personaje importantísimo al que el califa asignaba una mensualidad y concesiones territoriales [288, III, 20]. Jefe de la casa real, despachaba a diario con el soberano, siendo su principal misión la de sustituirle en el ejercicio del poder. Al-Manṣūr no dudó en hacerse con el poder: en el año 371/981, hizo mencionar su nombre inmediatamente después del del califa en el sermón del viernes y posteriormente se atribuyó dos formas de tratamiento reales. Su hijo, ʻAbd al-Malik, *ḥāŷib* en vida de su padre, conservó este título al sucederle [288, I, 229]. Se ha subrayado con razón la semejanza entre los regentes ʻāmiríes, por una parte, y por otra «los grandes emires» y los príncipes buwayhíes que habían establecido sólidamente su dominio en el oriente ʻabbāsí a principios del siglo IV/X [278, II, 755]. En la España musulmana se mantuvo el prestigio que iba ligado al título de *ḥāŷib*. Algunos de los primeros reyes de taifas lo adoptaron para sí a comienzos del siglo XI, excluyendo los títulos de «rey» o de «sultán» para indicar que se consideraban representantes del califa, hecho que queda atestiguado en sus monedas y protocolos. El título de *ḥāŷib*, en tanto que signo de soberanía, fue adoptado por el primer birzālí de Carmona, el primer dinasta independiene de Badajoz, Sābūr, el reyezuelo de Alpuente, Aḥmad Ibn Qāsim, y por dos hūdíes de Zaragoza [271, 54 y 97]. El rey zīrí de Granada, Bādīs b. Hābūs, aparece algunas veces citado con el título de *ḥāŷib*, y otras, con el de *ra'īs* o arraés [72, 71 n. 27].

El cargo de visir, desprestigiado durante el siglo XI [277, III, 21], reapareció en la época de los reyezuelos, con la acepción corriente de secretario *(kātīb)* [270, 65-69]. Varios poetas, por su cultura literaria, tanto en verso como en prosa, fueron llamados a ocupar ese alto cargo que no solo requería sagacidad política sino también aptitudes para redactar las actas de la cancillería. El cronista al-Marrākušī nos dice que «al-Muʻtamid solo escogía como visires a hombres de letras, poetas, hombres versados en todo tipo de conocimientos, de forma que reunió en torno suyo a un cónclave de ministros poetas como no se ha visto nunca». El soberano llegó a otorgar el título de visir a todos aquellos a los que quería distinguir e incluso acabó por aplicarse, en el siglo XI, a todos «los cordobeses que participaban en las reuniones organizadas por el príncipe o que vivían en su corte» [321, 85].

Se sabe muy poco acerca de las funciones de los visires almorávides. Yūsuf b. Tāšfīn tuvo un visir de nombre Muḥammad b. ʻAbd al-Gafūr y otro llamado Sīr b. Abī Bakr [14[1], 63]. Al primero se le encargó la redacción del acta de nombramiento de ʻAlī b. Yūsuf como presunto heredero, y el segundo sobresalió por sus hechos de armas. Parece que los primeros visires almorávides fueron elegidos entre los oficiales beréberes fieles al soberano. Entre los diversos consejeros andaluces que rodearon a ʻAlī b. Yūsuf aparece un letrado, el visir Mālik b. Wuhayb, que se enfrentó a Ibn Tūmart en el transcurso de la controversia en que se opusieron el Mahdī y los juristas almorávides [231, 7].

Ibn Jaldūn no definió con suficiente precisión las atribuciones respectivas del *ḥāŷib* y del visir en el período del dominio almohade [40³, 240]. El gran historiador magribí afirma que los primeros soberanos desconocían las técnicas administrativas; posteriormente y siguiendo el ejemplo de los omeyas de España, emplearon el término visir para designar al superintendente de palacio que ayudaba al soberano en sus audiencias. Es decir, el nombre de *wazīr* se aplicaba, según su opinión, al chambelán o *ḥāŷib*. A renglón seguido, Ibn Jaldūn declara que la única función conocida por los almohades era el visirato, cargo que fue conferido a una especie de secretario administrativo cuya competencia se amplió posteriormente a los asuntos financieros. Concluye afirmando que en tiempos de los almohades el término *ḥāŷib* era desconocido. Frente a estas afirmaciones tan confusas y a menudo contradictorias, disponemos de las listas casi completas de funcionarios establecidas por los cronistas del Occidente musulmán, contemporáneos algunos de ellos de los mu'miníes; a partir de dichas listas trataremos de deducir la evolución del visirato.

En un principio, el visirato no fue considerado un cargo importante; así tenemos el caso de ʻUmar, el propio hijo de ʻAbd al-Mu'min que, en vida de su padre, fue investido para este cargo y luego, al principio del reinado de su hermano Yūsuf, desempeñó, tras un breve período de tiempo, una función mucho más importante. De ello parece deducirse que el visir almohade fue tan solo una especie de ejecutor; en el siglo XII, cuando el califa tenía que abandonar Marrākuš con motivo de alguna expedición militar, dejaba el poder no en manos de un visir sino en las de un suplente elegido entre los descendientes de ʻAbd al-Mu'min que gozara de su plena confianza. En el siglo XIII, cuando la dinastía almohade empezó a decaer, socavada por las luchas internas, el visir ʻAbd Allāh b. Abī Saʻd alcanzó una posición preponderante durante el reinado de al-Rašīd [231, 11]. En tiempos de ʻAbd al Mu'min no aparece atestiguado el nombramiento de *ḥāŷibs*, pero se mencionan personajes con este cargo durante los reinados de varios de sus sucesores, aunque sus funciones no estén claramente especificadas. Encontramos esclavos y libertos entre los *ḥāŷibs*, lo que parece conferir un carácter servil al cargo. Según el cronista, al-Marrākušī, que vivió en la corte almohade, el *ḥāŷib* era tan solo el jefe del personal doméstico. No se hace mención de ningún andaluz entre los *ḥāŷibs* almohades [231, 16-17].

En tiempos de los naṣríes, el ministro de Estado se llamaba *wazīr*, título que correspondía a un alto cargo mencionado en las crónicas hispanomusulmanas desde el reinado de Muḥammad I [46, 32]. En sus obras de filosofía política, Ibn al-Jaṭīb enuncia las condiciones que debía reunir un visir —alta alcurnia, austeridad, modestia, altruismo— y da consejos y recomendaciones al titular del cargo; pero son escasos los ejemplos concretos destinados a apoyar la argumentación puramente teórica de alguien que estuvo tan estrechamente vinculado al destino político de la Granada naṣrí.[10] Solo los datos dispersos que aparecen en las obras históricas de Lisān al-dīn reflejan la situación real; así, tomando en consideración la pluralidad de visires bajo el primer soberano de los Banū l-Aḥmar, se nota que este cargo fue ocupado por personas que desempeñaban funciones diversas: Ibn Sanādīd, antiguo gobernador de Jaén, Ibn al-Ramīmī, jefe militar granadino, los miembros de una noble familia arabigoandaluza, los Šaybānī [46, 32].

En el siglo XIV aparece el título de *ḥāŷib*,[11] dignidad superior a la de visir que fue otorgada al antiguo preceptor de Muḥammad IV, a quien el soberano dio plenos poderes el 17 de raŷab del año 729/17 de mayo de 1329. Siguiendo el ejemplo de los *ḥāŷibs* omeyas, Riḍwān se convirtió en el intermediario entre el soberano y los demás visires, es decir, en una especie de primer ministro con derecho de precedencia [45[6], I, 545]. Principal colaborador del soberano naṣrí, fue llamado a sustituirle en el mando de las tropas. Después de un corto eclipse en tiempos de Yūsuf I, Riḍwān detentó las riendas del poder durante el primer reinado de Muḥammad V, e Ibn al-Jaṭīb se convirtió entonces en su lugarteniente en calidad de visir [38[4], IV, 390].

No hubo un *ḥāŷib* permanentemente en funciones y parece que se reinstauró este cargo de forma efímera en tiempos de Yūsuf III en honor de Abū l-Surūr Mufarriŷ, gran visir y yerno del soberano [278, I, 300].

Tanto en la España cordobesa como en la de los reinos de taifas, en que los títulos de dualidad eran muy apreciados, el «poseedor de los dos visiratos», pluma y espada, ejercía un cargo puramente nominal.[12] En el reino de Granada, la institución aparece durante el reinado de Muḥammad III; correspondía a un cargo efectivo con el que fue investido el ministro poeta Ibn al-Ḥakīm al-Rundī [46, 50]. En el siglo XIV, Ibn al-Jaṭīb acumuló los visiratos de la pluma y la espada [45[5], II, 15].

Muḥammad I elegía a sus visires entre los dignatarios de ilustre ascendencia que le habían ayudado en su lucha por la conquista del poder. Sus sucesores, a medida que iban consolidando su poder, fueron cada vez más eclécticos. Hombres de origen humilde como Ibn Zamrak, hijo de un modesto herrero del Albaicín [207, 189], e Ibn ʿĀṣim llegaron a granjearse el favor de los príncipes [409, II, 385]. El origen étnico no constituyó un obstáculo para ostentar el visirato, como lo demuestra el caso de Abū l-Nuʿaym Riḍwān, antiguo esclavo cristiano a quien la familia real había conferido la libertad [391, 1956, XXI/2, 285-296]. El sultán Yūsuf IV nombró visir a un señor granadino de origen cristiano, Don Pedro Venegas, como recompensa a sus servicios [258, 43]. Pero no aparece citado ningún visir mozárabe o judío en la época de los naṣríes.[13]

La elección de visir dependía de la voluntad del soberano, y a veces se ofrecía el cargo a algún dignatario recomendado al sultán naṣrí por alguno de sus familiares; así, por ejemplo, al morir Ibn al-Ŷayyāb, en el año 749/1348, su discípulo predilecto Ibn al-Jaṭīb le sucedió en el cargo de visir durante el reinado de Yūsuf I [46, 91].

El cambio de soberano no conllevaba necesariamente la caída del visir; cuando el sultán Muḥammad III accedió al trono, mantuvo en su puesto al visir al-Mun'im al-Dānī, ya en funciones durante el reinado de su padre [46, 39, 50].

Las atribuciones del visir tuvieron un carácter triple: administrativo, político y militar. El visir se encargaba de transmitir las órdenes del sultán y de asegurar que estas se cumplieran. Tanto Riḍwān como Lisān al-dīn ejercieron sus funciones eficazmente [46, 90 y 103]. Ibn al-Jaṭīb precisa que el visir distribuía los diversos asuntos entre los diferentes funcionarios para que estos se hicieran cargo de los casos que caían bajo su competencia [46, 103]. Incluso las peticiones dirigidas al soberano le llegaban por intermedio del visir, que se ocupaba de transcribirlas a un estilo florido [46, 38].

Incumbía al visir la redacción de diplomas reales o *ẓahīrs* que trataban, por ejemplo, del nombramiento de funcionarios, de la exención de impuestos o la autorización para comercializar libremente en el reino naṣrī.[14] Una de las tareas que a menudo recaía en el visir era ocuparse de la correspondencia oficial; este visirato de la pluma queda atestiguado en las elegantes misivas dirigidas por Ibn al Jaṭīb, en nombre de los soberanos Yūsuf I y Muḥammad V, a los monarcas de Berbería y especialmente a los marīníes de Fez.[15] Los documentos árabes de los Acrhivos de la Corona de Aragón contienen muchas cartas dirigidas por los visires naṣríes a los monarcas de Barcelona [4, 41-42, 45-46, 66-69].

Los visires naṣríes desempeñaron asimismo un papel político esencial, ya que eran ellos quienes trataban con los príncipes extranjeros, fueran musulmanes o no. Así, por ejemplo, Ibn Zamrak inició nueve veces conversaciones de paz con los cristianos [207, 210].

Los visires naṣríes no cumplieron de forma continuada con sus atribuciones militares. Durante el reinado de Yūsuf I, Riḍwān detentó de hecho el visirato de la espada: devastó las regiones de Lorca y Murcia (muḥarram del año 732/4-10 de octubre de 1331) y conquistó la fortaleza inexpugnable de Almodóvar (15 de muḥarram del año 732/19 de octubre de 1331); regresó a Granada cargado con el botín y con más de mil quinientos cautivos [391, 1956, XXI/2, 289]. Pero solo ejerció su autoridad sobre las tropas andaluzas, pues el mando de los soldados beréberes siguió en manos de un jefe marīní. Ibn al Jaṭīb hizo que le concedieran en el año 773/1371 la misión de inspeccionar las fortalezas que guardaban la frontera occidental del reino, hacia donde partió al frente de un destacamento de caballería que tenía a su servicio [40⁴, IV, 398]. Durante la segunda parte de su reinado, Muḥammad V puso en 1373 los dos núcleos de las fuerzas armadas naṣríes bajo la autoridad real para poder así librarse de la injerencia africana [78, IX, 49-52]. Se impuso entonces el carácter civil del visirato sobre el visirato de la espada.

El visir granadino, alto dignatario de la corte naṣrí, estaba en contacto permanente con el sultán, mientras que el visir ʻabbāsí solo acudía al palacio los días de audiencia, o sea dos o tres veces a la semana [300, 114-115]. Durante los consejos reales el visir naṣrí se colocaba al lado del sultán y le acompañaba en el transcurso de las comidas y reuniones [46, 193]. En la cumbre de su poder, Ibn Zamrak intervenía incluso en la vida cotidiana de Muḥammad V [207, 40]. Por otra parte, la suerte del visir dependía por completo del humor del soberano, quien podía destituirlo por un motivo insignificante u ordenar su muerte por una simple denuncia. Este fue el caso de Ibn al-Hakīm al-Rundī, asesinado por orden de Muḥammad III, tras una acusación presentada por el príncipe heredero [79, II, 341].

El cargo de visir despertó a menudo graves enemistades. Entre los numerosos enemigos del visir aparece la aristocracia granadina, que creó serias dificultades a los primeros soberanos naṣríes. Varios visires fueron víctimas de las intrigas fomentadas por la nobleza cortesana. Ibrāhīm b. ʻAbd al-Barr, visir de Yūsuf I, fue destituido a instancias del séquito del soberano [46, 90]. Riḍwān murió de forma violenta en el año 760/1358, por orden del usurpador Ismāʻīl II [46, 108; 45⁶, I, 532]. Con el fin de mantener los favores de Muḥammad V, Ibn Zamrak no cejó hasta obtener la caída de su rival Ibn al-Jaṭīb, accediendo entonces al visirato. Transcurridos unos veinte años, el visir poeta se ganó la enemistad de Yūsuf II, pero consiguió volver a ocupar su antiguo cargo. La primera medida que tomó Muḥammad VII en el año 794/1392 fue la de destituir a Ibn Zamrak y reemplazarlo por el jurista Abū Bakr Muḥammad Ibnʻ Āsim. Muy pronto el antiguo protegido de Ibn al-Jaṭīb sería asesinado por orden del monarca [207, 171-271].

En el siglo xv, verdaderas dinastías de cortesanos granadinos estuvieron al servicio de los sultanes naṣríes; sus nombres avivaron la imaginación de los cronistas castellanos y de los poetas anónimos del Romancero. Varios visires fueron elegidos entre los miembros de estas familias ilustres: los al-Amīn, los Banū ʻAbd al-Barr, los Banū Kumāša y los Bannigaš.[16]

3. LA ADMINISTRACIÓN CENTRAL Y LA SECRETARÍA DE ESTADO

La historiografía andaluza no nos proporciona información alguna acerca de lo que los primeros conquistadores de la España musulmana pudieron encontrar y adoptar de la administración civil de los visigodos, inspirada muy posiblemente en el modelo bizantino. En la época de los omeyas, la marcha de los asuntos civiles y la gestión financiera del Estado estuvieron en manos de la administración central, bajo la autoridad del soberano o bien, en ausencia de este, bajo la del *ḥāŷib*. Para este conjunto de oficinas (*dīwān*), enteramente agrupadas en el interior del recinto del palacio califal en el siglo IV/X, se reclutaba a numerosos agentes, quienes, elegidos entre los dignatarios de la corte, formaban un personal jerarquizado.[17] Cabe señalar la frecuencia con que cambiaban los altos funcionarios de la cancillería. Una multitud de agentes ejecutores de condición más modesta mantenía la tradición administrativa introducida en Córdoba por los omeyas, y, sin duda, también por los gobernadores del período preomeya. El jefe de la cancillería era un personaje de rango elevado que ostentaba la dignidad y cobraba el sueldo de visir. Llevaba el título de Secretario de Estado. ʻAbd al-Raḥmān III decidió reducir las atribuciones excesivamente numerosas del Secretario y desdobló el puesto. Se crearon así dos servicios de cancillerría a los que se añadió un organismo de inspección. Las oficinas de la Secretaría de Estado dependían de cuatro altos dignatarios con rango de visir: «cada uno tuvo que ocuparse de una tarea determinada, el trabajo fue repartido equitativamente y los asuntos relativos a los súbditos pudieron tramitarse con mayor facilidad.»[18]

Además de los servicios de la Secretaría de Estado, el soberano cordobés disponía de un secretario particular que anotaba las decisiones o las respuestas que habían de transmitirse a los altos funcionarios del Estado, tanto en Córdoba como en las metrópolis provinciales. Estas anotaciones breves, el *tawqīʻ* [194, II, 831], constituían un borrador que luego era desarrollado por un redactor de oficio, antes de elaborar despachos, cartas, circulares o rescriptos de nombramientos, redactados conforme a las reglas del arte epistolar oficial de moda tanto en las cancillerías musulmanas de Occidente como en las de Oriente. Una sólida cultura previa y un largo aprendizaje eran requisitos indispensables para acceder a la secretaría de administración. Durante el reinado de al-Ḥakam II, soberano meticuloso y burócrata, se fijaron cuidadosamente las reglas de la Secretaría de Estado cordobesa, así como el aspecto formal de los documentos oficiales que salían de su cancillería [277, III, 25-27].

Es posible que se mantuviera en la corte de los reyes de taifas una organización administrativa semejante y que subsistiera, aunque en una forma mucho más simple, entre los almorávides en su capital de Marrākuš. Después de la caída de los reyezuelos, los dinastas africanos tuvieron a su servicio a varios secretarios de cancillería andaluces, pertenecientes a las antiguas familias sevillanas, como Ibn al-Ŷadd y Ibn al-Qaṣīra. Los más ilustres, los Banū Qabṭurnuh [409, I, 837], que habían desempeñado un papel político en tiempos del afṭasí de Badajoz, 'Umar al-Mutawakkil, así como el letrado al-Fatḥ Ibn Jāqān se expresaron en este estilo ampuloso y grandilocuente que había alcanzado su apogeo en la España de las taifas. En cambio, Ibn al-Qaṣīra intentó acabar con la afectación y volver al lenguaje claro y conciso de los antiguos [76[3], 227, 228].

Posteriormente, los almohades introdujeron en la cancillería algunas reformas. Se prohibió, al menos en teoría, utilizar en las oficinas del Estado a escribas judíos y cristianos. Por cierto que los secretarios andaluces, cultivados y buenos calígrafos, como por ejemplo Ibn 'Ayyāš, Ibn al-Murŷī, Abū l-Ḥasan al-Ḥawzānī el sevillano, Abū l-Qāsim Ajyal b. Idrīs de Ronda, Ibn 'Aṭīya y 'Abd al-Salām al-Kūmī, se ganaron el favor de los primeros almohades [231, 13]. Pero el más estricto formalismo presidió la redacción de las cartas oficiales mu'miníes de las que se han conservado una treintena [73]. La prolijidad caracteriza estas misivas, que anuncian victorias o encierran preceptos religiosos y exhortaciones. Algunas de estas cartas eran circulares que el califa almohade dirigía a las provincias de su vasto imperio.

En su anhelo por innovar, los almohades generalizaron el uso de añadir en todos los documentos oficiales una rúbrica o signo de validez, *('alāma)*, que, inscrita en gruesos caracteres, consistía en el trazado estilizado de una fórmula piadosa: «solo Dios sea loado» [409, I, 352]. Escrita en un principio por el propio soberano y colocada a la cabeza de los documentos, la rúbrica fue confiada posteriormente al gran canciller [73, 18].

En lo que se refiere al período naṣrí, las escasas indicaciones que aparecen en las crónicas hispanomusulmanas y en los *Prolegómenos* de Ibn Jaldūn permiten entrever una administración centralizada y agrupada en el interior del recinto de la Alhambra. Las listas de secretarios de Estado elaboradas por Ibn al-Jaṭīb indican que los altos funcionarios de la Secretaría granadina, elegidos entre los musulmanes de ascendencia ilustre, eran revocables a voluntad del príncipe.[19] No estamos en condiciones de poder definir la posición exacta de cada uno de los personajes que atendían las diversas oficinas del Alcázar en tiempos de los naṣríes; parece que en el reino de Granada la Secretaría de Estado era menos compleja que la lenta cancillería de la España omeya, tan amiga del papeleo. Sin duda el *Bustān al-duwal* (Jardín de las Dinastías) de Ibn al-Jaṭīb, que no ha podido ser hallado y uno de cuyos capítulos trataba precisamente el tema de la Secretaría de Estado, contenía bastante pormenor para el conocimiento de los engranajes administrativos del reino naṣrí.[20]

En tiempos de los tres primeros sultanes naṣríes hubo varios secretarios de Estado, si bien Naṣr contó tan solo con uno [46, 40, 51, 58, 81]. Durante el reinado de Yūsuf I, Ibn al-Ŷayyāb ocupó simultáneamente el visirato y la Secretaría de Estado [46, 91]. Ibn al-Jaṭīb debutó por entonces en la cancillería. El último Secretario famoso de la Granada naṣrí, Muḥammad al-'Uqaylī, escribió en nombre de Boabdil al waṭṭāsí de Fez [78[1], VI, 281-302].

Al igual que su lejano predecesor, el omeya de Córdoba, el soberano naṣrí dictaba las órdenes reales a su secretario personal.[21] El sultán Muḥammad II sobresalió en el arte de la apostilla llamada *tawqī'* [46, 38]. A principios del siglo XIV, el visir Ibn al-Ḥakīm el de Ronda supo rodearse de un grupo de brillantes secretarios [46, 51]. Las principales leyes del género, como son el uso de una prosa rítmica y rimada y las frecuentes alusiones literarias y coránicas alcanzaron su pleno apogeo durante el período naṣrí. Lisān al-dīn Ibn al-Jaṭīb tuvo como maestros a prestigiosos secretarios de Estado andaluces [48, 193].

Entre los letrados granadinos que alcanzaron un conocimiento profundo de la lengua y de la historia castellanas, cabe citar al visir de Naṣr, Muḥammad al-Ḥāŷŷ, que solía salpicar su conversación con proverbios de origen cristiano [46, 58; 45, II, 99]. En la Alhambra existía una oficina pública dedicada a traducciones, como atestiguan las cartas bilingües que Yūsuf envió a Pedro IV de Aragón y las instrucciones dadas por Muḥammad V a sus agentes de cancillería.[22] Hace unos años se encontró en el monasterio real de Nuestra Señora de Guadalupe, en la provincia de Cáceres, una carta credencial enviada por Muḥammad VIII al arzobispo de Toledo hacia el año 821/1418, en la que le presentaba a su mensajero granadino, al-Amīn [391, XXVI/2, 1961, 389-396]. Este breve documento, procedente de la Secretaría de Estado granadina, fue redactado en español, sobre papel, con una escritura del siglo XV anterior a la época de los Reyes Católicos. En el año 877/1472, un miembro de la familia granadina de los al-Amīn ocupó el cargo de jefe de la oficina de traducciones de la cancillería real.[23]

En los archivos de la Corona de Aragón de Barcelona hemos podido examinar detenidamente los documentos naṣríes oficiales allí guardados; seguidamente describiremos algunas de las principales características de dichos documentos. El rojo fue el color habitual de las cartas naṣríes, que todavía llevan las señales de un gran sello redondo de cera bermeja.[24] En el interior del círculo del sello aparece una leyenda con el nombre del sigilario y su título.[25] En cuanto al modo de unir documento y sello, los restos de cuerdecilla de seda roja parecen confirmar la versión de Ibn Jaldūn: en su tiempo, en al-Andalus, se cerraban las cartas doblándolas varias veces, a continuación se hacía una incisión que atravesaba todas las dobleces y por la que se hacía pasar una cinta de seda cuyos cabos se soldaban con el sello [40³, 246]. Desde el siglo XIII, este procedimiento era de uso corriente tanto en la España cristiana como en el resto de Europa. Estas cartas, ya fuesen sobre pergamino o sobre papel, se disponían según la tradición mu'miní: hacia la parte inferior se ponía un margen que iba en aumento y cuando el Secretario llegaba al final de la página seguía en el margen en oblicuo con relación al primer trozo; a veces el texto acababa en el reverso, en el que aparecía invariablemente el nombre del destinatario [84].

Las fórmulas de introducción de estos documentos de cancillería contienen generalmente la titulatura del sultán naṣrí, así como la del monarca cristiano a quien iban remitidos; la doxología final va seguida de la fecha según el año de la héjira.[26] Como colofón, la carta acaba con la rúbrica, a semejanza de los almohades. Según Ibn Jaldūn, mientras que los sultanes hafṣíes y marīníes habían encargado a un escriba la *'alāmą*, los reyes de Granada no lo hicieron nunca [40³, 247]. A principios del siglo IX/XV, el príncipe naṣrí Abū l-Walīd Ibn al-Aḥmar, que se había refugiado entre los marīníes, dedicó un breve tratado a las fórmulas de ratificación.[27] Sabemos por él que sus antepasados escribían la *'alāma* de su puño y letra: así, por ejemplo, Muḥammad I escribía personalmente la divisa de los naṣríes, «Solo Dios es vencedor».[28] El tratado de paz concluido el 11 de raŷab del año 695/15 de mayo de 1296 entre Muḥammad II y Jaime II de Aragón lleva la siguiente rúbrica: «esto fue escrito en esta fecha». A partir del siglo XIV, los sultanes naṣríes redujeron esta firma a una simple grafía de validez: «este escrito es auténtico».[29]

4. EL CORREO

No tenemos mucha información acerca de los personajes que estuvieron al frente del servicio de correos *(barīd)*. No parece que el superintendente de correos desempeñara en la España musulmana un papel comparable al del alto funcionario que, en el Oriente musulmán, controlaba a los agentes provinciales y tenía gran influencia.[30] Este cargo aparece, no obstante, atestiguado en el siglo X, cuando 'Abd al-Raḥmān II accedió al trono, y más tarde, al final del reinado de al-Ḥakam II [288, III, 29]. Muy posiblemente la correspondencia era transportada por correos que iban escoltados y viajaban a lomo de mula, y quizá con más frecuencia por negros sudaneses, muy apreciados por sus facultades como corredores y por su resistencia física [288, II, 255 y n. 3, III, 29, 177].

El uso de palomas mensajeras, heredado de los romanos en Oriente y perfeccionado de antaño por los árabes, fue una forma de comunicación especialmente extendida en al-Andalus a partir del siglo XI. Es muy posible que ya durante el califato se usara este medio para transmitir noticias de carácter urgente. En el período de las taifas, al-Mu'tamid, una vez concluida la batalla de Zallāqa, envió un mensaje a su hijo al-Rašīd por medio de una paloma mensajera; al-Rāḍī, otro hijo de al-Mu'tamid, puso sobre aviso a su padre utilizando el mismo procedimiento cuando se vio cercado por los almorávides en Algeciras [321, 244 y n. 5]. En 1279, y hallándose la ciudad sitiada por Alfonso X, los habitantes de Algeciras pudieron comunicarse con sus correligionarios de Gibraltar por medio de palomas mensajeras [19³, II, 622]. El 21 de raŷab del año 708/4 de enero de 1310 llegó a Almería, sometida a un largo asedio por los aragoneses, una paloma mensajera con la buena noticia de que los cristianos aceptaban negociar mediante el pago de una suma de dinero [410, vol. 16, 1933, 122-138].

A partir del califato, se utilizó en las regiones costeras un sistema de comunicaciones muy rudimentario: se podía establecer comunicación entre las diversas torres de vigía que jalonaban todo el litoral utilizando durante el día señales y durante la noche fogatas.[31] Quedó probada la eficacia de este sistema especialmente durante el siglo XIV, cuando los naṣríes tuvieron que pertrecharse ante los preparativos navales de los aragoneses [292, 456].

5. LOS RECURSOS DEL ESTADO HISPANOMUSULMÁN

La administración de las finanzas públicas se fue perfeccionando a medida que el emirato omeya de Córdoba se consolidaba y que sus rentas aumentaban. En tiempos del califato, la organización financiera de al-Andalus estaba fuertemente emparentada con la de los países del Oriente musulmán [277, III, 30 y n. 1]. En sus listas de nombramientos de altos funcionarios, los cronistas andaluces tan solo mencionan una única categoría de funcionarios de hacienda: los tesoreros, pertenecientes a la aristocracia árabe de Córdoba, se repartían entre varios la tarea. Las destituciones eran bastante frecuentes y otros miembros de familias cordobesas eminentes ocupaban los puestos dejados vacantes.

En parte alguna se hallan definidas con precisión ni las atribuciones ni las obligaciones de los tesoreros. Los textos sugieren que existía un sistema de gestión financiera que funcionaba dentro del propio palacio del soberano, y que se hallaba bajo el control directo de estos funcionarios, entre los que abundaban mozárabes y judíos. Así, por ejemplo, el emir al-Ḥakam I había confiado la tarea de cobrar los impuestos al *comes* mozárabe Rabī', hijo de Teodulfo [277, I, 164]. Su nieto, Muḥammad I, fue criticado por los juristas de su capital por la cantidad, en su opinión demasiado elevada, de tributarios empleados en los servicios financieros [277, I, 291]. Durante el reinado de ʻAbd al-Raḥmān III, el médico judío Ḥasdāy Ibn Šaprūt se hallaba al frente de la oficina de aduanas de Córdoba [277, II, 69]. En la Granada zīrí aparece mencionado un tesorero judío, Abū l-Rabīʻ, de la época de Bādīs [236, 85].

Durante el período de dominio de las dinastías africanas, la administración de la hacienda pública se hallaba a las órdenes de un secretario, que llevaba el registro de los ingresos y los gastos; a veces se le llamaba administrador de las rentas fiscales en tiempos de Yūsuf b. Tāšfīn [231, 50-51]. Según el historiador Ibn Saʻīd, que alaba a los almohades por no utilizar jamás la capacidad de los tributarios en materia de finanzas, estaba prohibido que este cargo fuera desempeñado por judíos o cristianos [78[1], I, 202]. Con el primer naṣrí se impuso el empirismo; Muḥammad I administró personalmente sus finanzas y se ocupó de sus negocios con esmero gracias a lo cual se llenaron las arcas del Estado [46, 31]. El administrador de las rentas fiscales que en tiempos de los muʻminíes suplantaba con frecuencia al visir, no aparece mencionado en la nomenclatura de altos funcionarios elaborada por Ibn al-Jaṭīb. Según afirma Ibn Jaldūn, en tiempos de los naṣríes el encargado de la contabilidad privada del soberano y de las finanzas llevaba el título de *wakīl* [40[3], 242]. Muḥammad Ibn al-Maḥrūq fue *wakīl* de los bienes de Ismāʻīl I antes de suceder en el cargo de visir a Abū l-Ḥasan al-Masʻūd, durante el reinado de Muḥammad IV [46, 81]. Los naṣríes, al igual que sus contemporáneos los ḥafṣíes, descartaron a los no musulmanes para el cargo de secretarios del registro de impuestos [161, II, 56]. La acumulación de cargos fue posible en el siglo XIV, al menos en el caso de Ibn al-Jaṭīb, que desempeñó simultáneamente las funciones de visir, Secretario de Estado y superintendente de finanzas. Yūsuf I le confió la administración y gestión de los bienes de las obras pías [46, 91]. No sabemos si gozaba de autoridad absoluta en lo que se refiere a entradas y salidas de fondos, y a la comprobación de las cuentas, ya que los engranajes del aparato administrativo se simplificaron bastante en tiempos de los naṣríes.

Antes de pasar a estudiar con detalle los impuestos que alimentaban al Tesoro público de la España musulmana, es preciso recordar que una parte de los recursos financieros del Estado procedía originalmente de la recaudación de los tributos de vasallaje. Con anterioridad a la instauración de la dinastía omeya, el gobernador ʻAbd al-ʻAzīz, hijo de Mūsā b. Nuṣayr, en su avance por territorio murciano, concertó un tratado con un señor visigodo que había obtenido allí un principado casi independiente. Este príncipe godo, Teodomiro (en árabe Tudmir, nombre que más tarde se aplicaría a la propia provincia de Murcia), vio confirmar sus prerrogativas a cambio del reconocimiento de soberanía y del pago de un tributo anual, así como la entrega inmediata de siete plazas fuertes (raŷab del año 94/abril de 713). Tanto él como sus súbditos debían «pagar anualmente un tributo personal consistente en un *dīnār* en metálico, cuatro celemines de trigo y cuatro de cebada, cuatro medidas de mosto, cuatro de vinagre, dos de miel y dos de aceite». Los esclavos debían pagar la mitad de estas tasas [277, I, 33]. En el año 150/767, Badr, el fiel liberto de ʻAbd al-Raḥmān I, en el transcurso de una expedición por tierras cristianas, exigió a las poblaciones de Álava el pago de un tributo y la entrega de rehenes. En un tratado de armisticio en el que el primer omeya de España concedía una tregua de cinco años a partir de ṣafar del año 142/junio de 759 «a los patricios, a los religiosos y al resto de la población de Castilla y de sus dependencias», se estipulaba la entrega anual de 10 000 onzas de oro y 10 000 libras de plata [277, I, 116-117]. Sin embargo, la autenticidad de este texto parece bastante dudosa, en razón de las cláusulas tan draconianas y de la época en que se concluyó [277, I, 117]. En cualquier caso, la tradición de imponer tributos a los reinos cristianos se mantuvo en vigencia durante toda la dinastía omeya. A finales del reinado de ʻAbd al-Raḥmān III, los dinastas de León, Burgos y Pamplona, y quizá incluso el conde franco del principado de Barcelona, estaban obligados a pagar un tributo de armisticio al Tesorero califal. Al-Ḥakam II y posteriormente los ʻāmiríes de Córdoba volvieron a aplicar esta política de treguas temporales, que suponía para el califato de los omeyas sustanciosas ganancias, si bien los tributarios rompían a menudo estas treguas por su negativa a pagar la contribución impuesta.

Los monarcas cristianos, campeones de la Reconquista, se impusieron por la fuerza de las armas a los reyezuelos desunidos de las taifas y les exigieron a su vez el pago de indemnizaciones en concepto de tregua. El afṭasí de Badajoz, al-Muẓaffar, se vio obligado a pagar un impuesto anual de cinco mil *dīnāres* al rey de Castilla y León Fernando I, quien le había arrebatado (449/1057-1058) varias fortalezas [190, III, 74]. En el año 471/1078, Ibnʻ Ammār, visir de al-Muʻtamid, tuvo que desplegar toda su astucia para que una expedición de Alfonso VI de Castilla contra Sevilla concluyera pacíficamente mediante el pago de un impuesto doble. Al-Muʻtamid se debatió entre graves dificultades. La conquista de Murcia fracasó a pesar de que Ibnʻ Ammār había conseguido la ayuda del conde de Barcelona, Ramón Berenguer II, mediante la entrega de diez mil *dīnāres*, suma que posteriormente fue triplicada [409, I, 6-7]. En el año 475/1082, Alfonso VI, que había emprendido el bloqueo de Toledo, envió una diputación a Sevilla para recaudar el impuesto anual que le debía al-Muʻtamid. Pero la delegación fue mal recibida y el tesorero judío que la acompañaba fue asesinado porque no quiso aceptar la plata de baja ley que le entregaron [44[1], 85, 280]. Alfonso VI organizó seguidamente una incursión contra la taifa sevillana y arrasó las prósperas aldeas del Aljarafe [409, I, 7]. La población de Toledo, presionada por los recaudadores de impuestos de al-Qādir, nieto de al-Maʻmūn el Du l-

Nūní, se vio obligada a pagar sumas cada vez más elevadas —hasta alcanzar los 150 000 *mitqāls*— destinadas a pagar el tributo impuesto por Alfonso VI. Las *Memorias* del emir zīrí de Granada, ʻAbd Allāh, indican que hubo un período de calma durante unos diez años (1075-1085), gracias a la entrega de un tributo anual de 10 000 *mitqāls*. Cuando Yūsuf b. Tāšfīn se hubo marchado, ʻAbd Allāh se encontró frente a la siguiente alternativa: pagar tributo al rey de Castilla traicionando así a sus correligionarios y a los almorávides, o bien sucumbir luchando contra Alfonso VI. Un jefe castellano, Álvar Háñez, que dominaba los confines de los reinos de Granada y Almería, logró una indemnización a cambio de no ocupar Guadix y presionó a ʻAbd Allāh para que se inclinara ante Alfonso. El rey de Castilla preparó una expedición a la que precedía un negociador. Entonces ʻAbd Allāh cedió y firmó un nuevo tratado con el rey castellano según el cual debía pagarle el tributo, o sea tres anualidades vencidas: cuyo importe ascendía a 30 000 *mitqāls*, cantidad que dedujo de su tesoro personal para no exacerbar más a sus súbditos, que ya habían sufrido mucho [236, 101 y 114].

Si exceptuamos el último decenio del siglo XI, durante el cual los pequeños dinastas árabes de Levante se vieron obligados a pagar tributos al Cid por un importe total de 149 200 *dīnāres* de oro al año (295, *passim*), las poblaciones hispanomusulmanas conocieron un período de tregua que se prolongó siglo y medio gracias a los almorávides y a los almohades, que consiguieron contener el avance de los cristianos.

El vasallaje con respecto a los castellanos pesó gravemente sobre los súbditos naṣríes a lo largo de toda su historia. Parece que después de la capitulación de Jaén, Muḥammad I hizo entrega a Fernando III de Castilla de 150 000 maravedís de oro anuales, según unos autores, y de 300 000 según otros; en cualquier caso, la mitad de los ingresos del Estado granadino [125, núm. 1069-1070]. Ignoramos si estas cifras son fiables, pues aparecen en crónicas cristianas posteriores. De ellas puede deducirse, no obstante, que los recursos del reino de Granada permitían, a pesar de lo reducido de su territorio, pagar el exorbitante tributo de vasallaje debido a los monarcas castellanos. Al suceder a Fernando III, Alfonso X el Sabio confirmó las treguas firmadas por su padre con el naṣrí, pero rebajó el tributo a 50 000 maravedís, lo que suponía una reducción de una sexta parte. En 1309, Fernando IV recibió, por levantar el sitio de Algeciras, la suma de 50 000 doblones de oro que le fueron entregados por Abū l-Ŷuyūš Naṣr, quien además se reconoció vasallo suyo y se sometió al mismo tributo que sus predecesores. El naṣrí Yūsuf I entregaba a Castilla un tributo anual de 40 000 *dīnāres;* únicamente la alianza marīní le permitió eludir tan odioso yugo, según un autor egipcio. En 1378, Muḥammad V pagó 50 000 doblones de oro para obtener la prórroga de una tregua de dos años con la Castilla de Enrique II de Trastamara [138, 185 y 214]. Después de la batalla de la Higueruela, los castellanos fijaron el importe del tributo anual en 20 000 doblones. En 1439, Juan II exigió en un principio el pago de 12 000 doblones al año, pero los granadinos lograron que dicha cantidad fuera reducida a 24 000 doblones pagaderos en tres años [138, 215]. Las crónicas cristianas aluden frecuentemente a este tributo, designado con el nombre de parias, al que los granadinos estuvieron continuamente sometidos durante la segunda mitad del siglo xv [138, 215 y n. 1].

5.1. LOS IMPUESTOS

Las rentas del Estado, que en al-Andalus eran conocidas con el nombre genérico de *ŷibāya*, estaban constituidas por los impuestos legales y por las tasas extraordinarias cuyo importe podía variar de un año a otro.

La España musulmana seguía el modelo oriental en lo que se refiere a la percepción de impuestos ordinarios. Al igual que en el resto del mundo islámico, hay que distinguir entre los impuestos pagados por los musulmanes y los ingresos procedentes de los impuestos que gravaban exclusivamente a los tributarios.[32] Según la legislación religiosa musulmana, todo creyente debe pagar una limosna legal *(ṣadaqa)*, consistente en la entrega a la comunidad de la décima parte de sus rebaños, de sus mercancías y de sus cosechas. Este diezmo *('ušr* o *zakāt)*, que originariamente constituyó el único ingreso del presupuesto del Estado, se aplicaba tan solo a los bienes muebles y se pagaba en especie. Entre los tributarios del Islam, pertenecientes a una religión revelada, el equivalente a este impuesto era una tasa personal de capitación *(ŷizya)*, pagadera por cualquier adulto del sexo masculino. En las regiones que habían pasado a poder del Islam mediante un tratado de capitulación, las Gentes del Libro conservaban el usufructo de sus dominios, pero debían pagar un impuesto sobre la tierra, el *jarāŷ*, cuyo importe se fijaba anualmente. En la práctica, dicho impuesto territorial se convirtió en un impuesto permanente aun cuando los ocupantes del suelo renunciaran a su estatuto de tributarios para convertirse al Islam. En cuanto a los territorios conquistados por la fuerza de las armas, se consideraban botín de guerra y sus ocupantes debían pagar determinadas sumas fijadas por el soberano.

A la luz de estos pocos datos puramente teóricos, trataremos de esbozar un breve estudio de la evolución fiscal de al-Andalus. Disponemos de algunas informaciones fragmentarias sobre los tributarios. Los no musulmanes seguían pagando la capitación. En la Córdoba del siglo IX, se exigía a los mozárabes el pago de la capitación por dozavos, que debían hacer efectiva cada mes del calendario de la héjira. En el año 495/1101-1102, Yūsuf b. Tāšfīn exigió, a su paso por Lucena, una fuerte suma de dinero a los judíos que vivían en este populoso burgo andaluz [14², 94]. Dada la escasa población cristiana existente en el reino de Granada, la capitación se aplicó sobre todo a los judíos del emirato naṣrí. Durante el reinado de Muḥammad III, se construyó con el producto de la capitación la mezquita de la Alhambra y los baños adjuntos [46, 50]. La sustancial entrada de fondos que tuvo lugar durante el reinado de Ismā'īl I, se debió al impuesto legal que pagaron los judíos de Granada [46, 71].

Durante mucho tiempo, el impuesto sobre bienes muebles podía pagarse o bien en dinero o bien en especie. En tiempos de Al-Ḥakam I, la *waẓīfa* ascendía a 53 000 celemines de trigo y a 73 000 de cebada; la *waẓīfa* sobre el ganado y las acémilas exigía disponer de corrales especiales, por lo que se suprimió en fecha temprana [277, III, 37]. Durante la regencia de al-Manṣūr Abī'Āmir, los andaluces «entregaban con toda confianza el diezmo de sus bienes en concepto de limosna, en dinero, cereales y ganado. Repartían el importe de todo ello entre la gente pobre de cada localidad y el que detentaba el poder solo tomaba lo que necesitaba para el mantenimiento del ejército y del Estado, base de todo» [236, 41]. El pago del impuesto sobre el grano subsistía todavía a principios del siglo XI: en época de 'Alī b. Ḥammūd, se decidió que en adelante la provincia de Jaén pagaría este impuesto no en especie sino en dinero, para que los contribuyentes no tuvieran la molestia de transportar el grano hasta los alfolíes del Estado [277, III, 38]. En la Granada zīrí, el pueblo llano, oprimido por los impuestos, esperaba que los almorávides se limitaran exclusivamente a la recaudación de los impuestos canónicos: Así, en el año 483/1090, Yūsuf b. Tāšfīn tuvo a bien abolir las tasas e incluso el impuesto territorial, exceptuando la *zakāt* canónica: diezmo sobre los cereales, sobre el ganado y sobre los metales preciosos [236, 86]. En tiempos de los almorávides, los impuestos sobre el producto de la tierra gravaban, especialmente en Andalucía, los cereales y las aceitunas, principales productos del suelo sevillano [75³, 11]. Parece que en España el *jarāŷ* fue sustituido en el siglo IX por una verdadera contribución censual [194, II, 26], pero reaparecería más tarde con la llegada de los almorávides. La única indicación concreta que poseemos acerca de la organización financiera de los almohades es una especie de catastro elaborado por 'Abd al-Mu'min en el año 555/1160 que debía extenderse a todo el Maġrib y servir de base tributaria para la recaudación de un impuesto sobre la tierra [231, 35]. Las rentas procedentes de Andalucía, ya apreciables en tiempos de Yūsuf b. Tāšfīn, engrosaron sin cesar la hacienda de los almohades [231, 35-36].

Los impuestos extraordinarios fueron tan impopulares en al-Andalus como en todas partes [194, II, 210]. Cuando al-Ḥakam II y posteriormente el 'āmirí 'Abd al-Malik subieron al trono, redujeron las contribuciones extraordinarias e incluso la *ŷibāya* en una sexta parte [277,

III, 38]. En el siglo XI, Ibn Ḥazm se lamentaba de que estos impuestos extralegales se hubieran multiplicado tanto, y citaba el *qaṭīʿ* o capitación que debía pagar todo musulmán una vez al mes, y la *ḍarība*, impuesto sobre las acémilas, los ganados y las colmenas [277, III, 39, n. 1]. Dos impuestos no coránicos, la *qabāla* (de donde procede alcabala) [194, II, 305], gravamen sobre cualquier transacción realizada en los zocos, y el impuesto sobre la venta de vino se arrendaban por adjudicación a unos alcabaleros. Ya en tiempos del omeya al-Ḥakam I, el mercado de vinos de Secunda, situado en las mismas puertas de Córdoba, estaba arrendado a un tal Ḥayyūn [277, I, 196]. Entre los muchos impuestos ilegales que recayeron sobre los habitantes de al-Andalus que seguían sometidos a Ibn Mardanīš, a mediados del siglo VI de la héjira, aparece citada una gabela especial que gravaba cualquier fiesta o festejo.[33]

Los impuestos eran exigibles en determinadas épocas prefijadas del año fiscal, que coincidía con el año solar. Para mantener su popularidad, el soberano a veces perdonaba el resto de los impuestos (*bāqiya*, de donde procede albaquía). Se tomaban en cuenta las malas cosechas debidas a la sequía o a calamidades agrícolas, como por ejemplo tormentas, granizadas o plagas de langosta [277, III, 40, 269, 271].

Entre las contribuciones excepcionales a las que recurrían los gobernantes andaluces, sobre todo para garantizar el mantenimiento de los ejércitos cuando se hallaban en campaña, figuraba la *taqwiya*, que parece haber correspondido, hacia finales del siglo X y con los reyes de taifas, al pago por parte de los ciudadanos de una suma global destinada a la dotación de equipo y a la manutención de un soldado [277, II, 331, nota 2].

Conocemos la gestión financiera del reino naṣrí sobre todo gracias a los documentos españoles inmediatamente posteriores a la Reconquista, ya que los Reyes Católicos mantuvieron las tasas impositivas establecidas por los musulmanes y conservaron también su denominación, aunque a menudo deformada. Durante el siglo XV, el sistema tributario naṣrí se había complicado sensiblemente; cabe destacar la notable importancia que se llegó a conceder a las prestaciones en metálico, incluso en lo que se refiere a las imposiciones rurales. Del examen de las consultas jurídicas de los doctores de la ley granadinos se desprende que los súbditos de los naṣríes se veían a menudo sometidos a las exigencias de los recaudadores, que preferían el pago del diezmo en dinero a la entrega en especie del impuesto sobre los productos agrícolas y el ganado [391, 1941, 95-97]. Los impuestos llamados *majzīnī*, es decir, pagaderos al tesoro público o *majzin*, eran ilegales en opinión del jurista Ibn Sīrāŷ, cuando el gobierno los hacía pasar por limosnas legales pero los empleaba de hecho para los asuntos corrientes del Estado.[34]

El alacer mencionado en los documentos de archivos españoles de fines del siglo XV es simplemente el diezmo árabe (*aʿšār*, pl. de *ʿušr*), que se aplicaba a la cebada, al trigo, al cardo, a los olivos y a las viñas [199, 81]. En tiempos de Ibn al-Jaṭīb, este impuesto gravaba catorce mil pies de viña [46, 28]. En la región de Málaga, muy famosa por la calidad de sus frutas, el alacer llegó a ser muy elevado y recaía sobre los higos y las pasas [417, VIII, 1959, 103].

Carecemos de textos que nos permitan aclarar el significado de la alfitra o alsitra que, según el arabista L. Eguilaz y Yanguas, habría consistido en un impuesto sobre las propiedades que se pagaba a razón de un celemín de trigo por hogar y que se destinaba al mantenimiento de las sultanas naṣríes [199, 168]. Este impuesto tuvo sin duda una similitud con la *fiṭra*, que originalmente era un regalo en especie que se hacía a los pobres con motivo de la Ruptura del Ayuno y que los marīníes habían convertido en una donación obligatoria [194, II, 168].

Otro impuesto que aparece también a menudo en los documentos españoles anteriormente citados es la *almaguana* o almogana (la *ma'ūna* árabe), contribución en un principio extraordinaria que el soberano recaudaba cuando los ingresos ordinarios no llegaban a cubrir los gastos; ya se había convertido en un impuesto fijo en tiempos de los omeyas de Córdoba [194, II; 199, 208]. En la época de los naṣríes, la *almaguana* gravaba desde hacía ya mucho tiempo tierras y bienes raíces.

Los impuestos sobre el ganado iban a engrosar la *zakāt*, el *açaque* de los textos españoles, que variaba según las especies y según las regiones, incluso dentro del reino naṣrí. El cequí, también deformación del árabe *zakāt*, podía exigirse en metálico, independientemente del estatuto fiscal personal, y afectaba al territorio urbano de Granada [417, VIII, 1959, 117-119].

Las contribuciones del comercio terrestre y marítimo, y las del artesanado, constituían importantes fuentes de ingreso. Entre los impuestos que gravaban la producción, circulación y venta de la seda estaba el *tarṭīl*, descubierto por el historiador Ramón Carande en un registro de aduanas posterior a la Reconquistta; llamado así porque se pagaban ocho maravedís por cada libra *(riṭl)* de seda, en tiempos de los naṣríes entraba dentro de la categoría de los impuestos directos; posteriormente los Reyes Católicos lo arrendarían.[35] El tigual, un impuesto que recaía sobre la pesca, se aplicaba corrientemente en el litoral andaluz, sobre todo en Málaga y Marbella.

Estos impuestos sobre la fabricación y circulación de mercancías, aunque estaban prohibidos por la religión, se mantuvieron vigentes hasta el final de la dinastía naṣrí: el más frecuente era el *magram*, que el tratado de paz concluido entre Muḥammad II y Jaime II de Aragón en Orihuela el 11 de raŷab del año 695/15 de mayo de 1296, estipulaba respetar aunque sin especificar el importe [4, 2-3].

En documentos españoles que se remontan a 1494 aparecen numerosos testimonios de impuestos especiales para la Alpujarra [107, XIV, 482].

Un texto de 1497 da las primeras instrucciones generales para la defensa de las costas del reino granadino. En él aparece citada la farda (del árabe *farḍa*, contribución), impuesto que los granadinos pagaban desde hacía ya tiempo para la vigilancia del litoral y que los Reyes Católicos percibieron a su vez de las poblaciones moriscas de las regiones costeras.[36]

Los impuestos sobre los derechos de sucesión eran elevados: ascendían a 34,6 % en la Serranía de Ronda y a 17,3 % en la región del río de Almería; según las Capitulaciones concertadas con al-Zagal en 1489, los Reyes Católicos se comprometieron a mantener las tasas en vigor en las regiones recientemente conquistadas.

A estas contribuciones varias [40⁴, II, 83], hay que añadir el impuesto que el Estado percibía sobre los bienes que caían en desherencia, la parte que se reservaba del botín tomado al enemigo en el transcurso de expediciones guerreras, así como ciertos impuestos de carácter provisional entre los que se encontraba el *taqsīṭ*, contribución que no aparece suficientemente explicitada en el *Rawḍ al Qirṭās*, crónica marroquí del siglo XIV [19³, 327], y por fin *el jarāŷ al-sūr*. Este último era un impuesto sobre las murallas que estaban obligados a pagar los habitantes de las zonas fronterizas con vistas a la construcción de muros para proteger sus territorios contra las incursiones cristianas. En varias cartas dirigidas a ricos y a pobres, Muḥammad V exhortaba a su pueblo a participar de esta forma en la guerra santa. Explicaba este llamamiento por la necesidad en que se hallaba de destinar las rentas del Estado al mantenimiento de soldados y voluntarios; se comprometía a velar por la conservación de las murallas y luego repararlas [78, IX, 109-110, y X, 236-239].

En cuanto a la forma de recaudación de los impuestos, debemos conformarnos con algunas indicaciones. Centralizada en Córdoba en tiempo de los omeyas, la administración fiscal andaluza disponía de un personal de agentes que se conocía en su conjunto con el nombre de *'ummāl*, plural de *'āmil*.[37] Estos agentes de la administración financiera estaban bajo las órdenes de cajeros y de inspectores. Al igual que en Oriente, los cajeros se ocupaban personalmente de hacer efectivos los gastos públicos y solo enviaban a la capital el remanente de los fondos percibidos a título de impuesto. Este remanente constituía la renta del Tesoro central.[38] Es muy probable que los reyes de taifas y los almorávides heredaran buena parte del aparato administrativo de los omeyas. En las Memorias del último zīrí de Granada, 'Abd Allāh, aparecen citados los agentes de la administración fiscal [236, 22, 40]. La terminología es poco precisa en la baja Edad Media. En la región sevillana, a principios del siglo XII, los impuestos sobre los productos del suelo se fijaban según las estimaciones de los encargados del fisco *(jāriṣ*, pl. *jurrāṣ)*. Estas estimaciones del rendimiento de la cosecha sobre el terreno se inscribían a nombre de cada agricultor sujeto a imposición en unos registros especiales. El cobro del impuesto correspondiente incumbía a unos recaudadores llamados *qubbāḍ* (pl. de *qābiḍ*) que se desplazaban al lugar, y asistidos por magistrados locales, jefes de los pueblos o de los partidos, cobraban las sumas destinadas al fisco [75¹, 5, 6, 7; 75², 142]. En tiempos de ʿAlī b. Yūsuf, los gobernadores de provincias eran asistidos en sus funciones por inspectores del fisco (*mušrif*) reclutados en al-Andalus [409, I, 401]. En el período de los almohades, había una especie de recaudador general de impuestos para cada gobierno provincial [38, VI, 487]. Las atribuciones de este funcionario provincial no están en absoluto definidas [231, 51-52]. En tiempos de los naṣríes, los agentes fiscales estuvieron estrechamente controlados por Muḥammad I. Entre los altos funcionarios del Estado, aparece, en época de Muḥammad II, un encargado de la *jifāra*, cuya autoridad era considerable, ya que controlaba las entradas en concepto de impuestos y reprimía las negligencias. En el siglo xv, el funcionario encargado de la recaudación de la *zakāt* correspondiente al Tesoro público llevaba el nombre de *mušrif*. En tiempos de Muḥammad VIII, a los agentes de la administración fiscal se les llamaba a veces *juddām al-ŷibāya* [12, 344]. Un texto de época tardía que trata de una partición sucesoria menciona al funcionario encargado de la recaudación de la limosna legal y de los derechos de sucesión [89, 109/118].

5.2. El tesoro privado del soberano

El soberano andaluz disponía de un tesoro privado para sufragar los gastos de mantenimiento de su casa, para pagar a su personal doméstico y a su guardia palatina, para crear fundaciones de utilidad pública y ejercer generosamente el mecenazgo. Con motivo de las dos grandes fiestas religiosas, la Ruptura del Ayuno y la de los Sacrificios, el soberano entregaba a sus panegiristas gratificiaciones en metálico y ofrecía a los dignatarios de la corte o a los poetas regalos consistentes en flores, frutas, libros y vestidos.[39]

Los ingresos personales del príncipe procedían no solo de las propiedades que poseía la corona sino también de ciertas contribuciones estatales que le estaban especialmente reservadas. Entre ellas destaca la que gravaba las transacciones mercantiles *(zakāt al-sūq)*, que, según afirman los cronistas, proporcionaba considerables sumas de dinero en tiempos de ʿAbd al-Raḥmān III, pero no especifican la cantidad; sin duda dicha contribución estaba arrendada. Uno de los últimos naṣríes, Muley Hacén, llevó a cabo una recaudación de impuestos que le valió el odio de sus súbditos: para engrosar su tesoro privado abusó excesivamente de la *zakāt al-sūq* y concedió monopolios con demasiada parsimonia. En un documento de 1498 se nos informa acerca de un impuesto, la hagüela, que de antaño gravaba en Granada molinos, hornos, tiendas y baños públicos. La etimología de la palabra no está bien definida y se ha pretendido ver en ella una deformación del árabe *ŷawāla*, impuesto personal [194, I, 236]. Se trataba, de hecho, de una regalía análoga a la que percibían los emires árabes de Valencia antes de la conquista del reino por Jaime el Conquistador.[40]

En la Edad Media el *mustajlaṣ* era el patrimonio particular del monarca, que procedía en gran parte de las confiscaciones de bienes territoriales, llevadas a cabo por diversos motivos. Entre las propiedades de la corona había numerosas aldeas *(ḍay'a)* [194, II, 16], ubicadas en todas las provincias de al-Andalus, incluidas las regiones fronterizas; estas tierras fueron cultivadas por aparceros que se quedaban con una parte de la cosecha. En la España califal, la vigilancia de estos dominios agrícolas y el examen de las cuentas incumbían a un administrador, el «señor de las aldeas» [277, III, 46]. Al morir al-Nāṣir dejó tal cantidad de aldeas que su hijo al-Ḥakam II decidió asignar una cuarta parte de las rentas que producían a la creación de fundaciones piadosas en beneficio de los pobres de Córdoba [277, III, 46]. Los zīríes de Granada tuvieron a su servicio a un inspector de los dominios reales [236, 77], cargo que también aparece atestiguado en la época almorávide [46, I, 437-8]. En el siglo XIV, el patrimonio privado de los sultanes naṣríes incluía una veintena de propiedades en los alrededores de Granada y extensos vergeles junto a las murallas de la Alhambra que eran la admiración de Ibn al-Jaṭīb; varias de estas propiedades contaban con fortines, molinos y mezquitas [45[6], I, 131]. Además de los palacios de la capital, el *mustajlaṣ* englobaba en el litoral mediterráneo las residencias reales de Salobreña y de Almuñécar, así como explotaciones agrícolas en los alrededores de Motril [47, 81]. El patrimonio de la corona creció sin cesar. En el siglo XV, mandatarios de los sultanes Sa'd, Muley Hacén y Boabdil vendieron a particulares algunos de estos bienes reales situados en la Vega de Granada e inscritos en el registro fiscal del reino [89, 14b, 15b, 26e, 65b a 78b]. Miembros de la familia real, sobre todo la madre, la hermana y la mujer de Boabdil habían comprado propiedades rurales en las cercanías de Granada, molinos, hornos, tiendas y ventas en la Alpujarra. Los Reyes Católicos encontraron ciertas dificultades para la compra de este patrimonio de las «reinas moras» [107, VIII, 415-416]. En 1489, al-Zaĝal había recibido a título de propiedad particular un señorío en la Alpujarra, así como el usufructo de las rentas de la mitad de las salinas de la Malha.[41] Los Reyes Católicos concedieron a Boabdil el señorío de la Alpujarra a título de patrimonio privado [107, VIII, 463 ss.].

5.3. LA POLÍTICA MONETARIA

Según los escritos del geógrafo oriental Ibn Ḥawqal, el producto de la acuñación de las monedas de oro y plata, monopolio del Estado, constituía uno de los principales recursos del Tesoro.[42] Los historiadores de al-Andalus hacen remontar al reinado de ʻAbd al-Raḥman II la fundación de la primera ceca oficial de la capital, que se hallaba situada cerca de la Mezquita Mayor de Córdoba, no lejos de la Puerta de los Especieros [277, III, 44]. Esta ceca se dedicó exclusivamente a la acuñación de monedas de plata. Con anterioridad y desde la segunda mitad del siglo VIII d. J.C., escaseaban las monedas acuñadas dentro de la misma España: dirhemes de plata y óbolos de bronce.[43] Aparte de algunas monedas de oro de acuñación visigoda o franca, se empleaban casi siempre monedas musulmanas de procedencia oriental o norteafricana, traídas por viajeros que llegaban a la península Ibérica para realizar transacciones comerciales, muchas de las cuales debían de efectuarse a menudo por simple trueque. Por este motivo, los barcos magribíes que desembarcaban en los puertos andaluces sus cargamentos de cereales se veían obligados a realizar intercambios directos para poder llevarse a Marruecos las exportaciones de al-Andalus: objetos manufacturados, telas y curtidos [277, II, 257]. ʻAbd al-Raḥman II confió a Ḥārit̠ Ibn Abī l-Šibl la dirección de la ceca cordobesa, donde se multiplicó el número de monedas de plata y de bronce puestas en circulación [270, 75 y n. 2]. Existen numerosos *dirhames* de la época del emirato acuñados anualmente durante el período comprendido entre 146/763 y 279/892,[44] fecha a partir de la cual las acuñaciones se hicieron cada vez más escasas, para desaparecer por completo durante el reinado del emir ʻAbd Allāh y el comienzo del de su nieto ʻAbd al-Raḥmān III. Cuando este soberano restauró el califato omeya, hizo renovar la antigua Casa de la Moneda y ordenó, en el año 317/929, que se acuñasen con su nombre los primeros *dīnāres* de oro, al tiempo que se reemprendía, tras un lapso de treinta años, la emisión de dirhemes de plata. Decidió que las monedas emitidas serían de metal puro, sin aleación alguna. La dirección de la ceca fue confiada a un alto funcionario que estaba autorizado a grabar su nombre en las monedas debajo del del príncipe reinante [270, 75-76]. En el año 336/947, la ceca fue trasladada de Córdoba a Madīnat al-Zahrā' [277, II, 137]. A finales del siglo IV de la héjira (378-384 / 988-995), la actividad de los institutos monetarios del norte de África no había decaído: por esas fechas se emitieron en Siŷilmāssa algunos *dīnāres* a nombre del califa Hišām II; se acuñaron dirhemes en Fez y otros, aunque más escasos, entre 372/982 y 397/1007, en Nakūr, en el litoral del norte de Marruecos [301, 46-53]. El numerario califal seguía siendo todavía la moneda de base para las transacciones comerciales en la Cataluña condal de principios del siglo XI, hasta que se empezó a acuñar moneda propia con Ramón Berenguer I. Las monedas acuñadas en Marruecos, y sobre todo en Ceuta, siguieron circulando por la península Ibérica, incluso por tierras cristianas, como lo atestigua la documentación catalana [391, XI, 1946, 390].

Conocemos la evolución de la amonedación califal en los primeros años de los reinos de taifas gracias al descubrimiento en suelo español de un importante conjunto de monedas. Los ḥammūdíes, que pretendían ser los sucesores de los califas de Córdoba, procedieron a la acuñación de monedas muy parecidas a las de sus antecesores, pero en ellas hacían mencionar el nombre del presunto heredero, de forma que quedase clara la continuidad en el ejercicio del poder. La emisión de monedas estuvo a menudo presidida por el formalismo: después de la muerte del omeya Hišām II, se siguió acuñando moneda con su nombre, como expresión de respeto hacia un califato nominal. La caída del califato de Córdoba supuso la multiplicación de institutos monetarios en las capitales de provincia: Sevilla, Granada, Badajoz, Valencia, Zaragoza, Toledo, Denia y Baleares. La amonedación estaba sujeta al sistema bimetalista: oro y plata [331, 26-32]. Sin embargo, al numerario emitido por los reyes de taifas no fue suficiente para sustituir totalmente el de la España omeya: el hallazgo de 1200 monedas musulmanas en las Baleares prueba que seguían circulando el numerario de Ceuta y las monedas califales [421, IV/1, 1956, 65 y n. 2].

Los almorávides ejercieron su derecho de regalía al proceder a la acuñación de monedas de oro en Siŷilmāssa en el año 450/1058; más tarde emitieron *dīnāres* en Agmat, en Fez, en Marrakech, en Tremecén y en suelo andaluz a partir del 486/1093-94. Progresivamente, el oro había ido desplazando a la plata. En el siglo XI, se abandonó la explotación de las minas de plata de Almería y de Murcia. Sin duda, prosiguió la actividad en los yacimientos auríferos de la España musulmana, pero hay que buscar las razones de estas emisiones de *dīnāres* en que las cecas almorávides utilizaban el oro procedente del Sudán occidental, considerado desde hacía mucho tiempo como el más puro por viajeros y comerciantes árabes. [413, XVII/1, 31-47]. Gracias a que los almorávides se habían asegurado las vías de acceso hacia el Sudán occidental desde 446/1054-55, el ritmo de intercambios se intensificó. El prestigio de los *dīnāres* almorávides —acuñados en su mayor parte con oro sudanés— se extendió por el imperio almorávide y por Egipto, así como por la Europa cristiana.[45] Castilla limitaría en el siglo XII los *dīnāres* almorávides con el nombre de morabetinos o maravedís: en 1174 Alfonso VIII hizo acuñar en Toledo unas monedas llamadas maravedís alfonsis cuya leyenda cristiana estaba escrita en caracteres árabes [331, 171].

Los almohades mantuvieron la tradición de las cecas múltiples, tanto en España como en el norte de África. Los intercambios monetarios con la España cristiana no decayeron. En el principado de Murcia, donde

Ibn Mardanīš, el Rey Lobo, mantuvo a raya a los almohades durante veinte años, se acuñó una enorme cantidad de monedas que circularon entre los cristianos de España. No se sabe si estos morabetinos lopinos fueron emitidos para pagar las parias. Quizá respondiesen a intereses comerciales [292 *a*, 121]. Se han encontrado monedas almohades de la época de Yūsuf II al-Mustanṣir billāh en los territorios reconquistados por su contemporáneo Jaime I [391, XII, 1947, 484]. Además, después de la batalla de las Navas de Tolosa y a medida que el poderío almohade decaía, las cecas fueron reduciendo su actividad. En Tremecén se han descubierto entre un grupo de dirhemes de la época almohade, ciertas monedas imitadas por los cristianos y falsificaciones hechas en las cecas almohades.[46] En el transcurso de este segundo período de taifas, gobernadores andaluces acuñaron monedas en Sevilla, en el Algarve y en Levante [331, 180-183]. En la Valencia reconquistada por Jaime I en 1238, las monedas árabes circulaban en competencia con las cristianas y tuvieron libre curso hasta 1247, fecha en que Jaime I instituyó el sistema monetario del nuevo reino de Valencia.[47]

La acuñación de moneda siguió siendo un monopolio del Estado en tiempos de los naṣríes. Algunos escasos datos tomados de los *Prolegómenos* de Ibn Jaldūn indican que la ceca *(sikka)* de los sultanes de Granada tenía como principal función la inspección de las monedas en curso entre los musulmanes.[48] No conocemos el nombre de ningún funcionario que hubiera desempeñado este cargo. Según afirma Ibn al-Jaṭīb, la moneda de los naṣríes era «de plata pura y de excelente calidad», y añade que «ninguna moneda es superior a la suya» [46, 29], pero no hay que tomar esta afirmación al pie de la letra.

En el siglo XIII, durante el reinado de Pedro IV, la moneda musulmana escaseaba entre los cristianos, quienes llegaron a fabricar piezas falsas para poder comerciar con los países musulmanes [285 bis]. En el siglo XIV, un documento aragonés de la corte de Alfonso IV, contemporáneo del naṣrí Muḥammad IV, menciona una falsificación de moneda cristiana en el reino de Granada.[49] El valenciano Bernard de Pals introdujo en Valencia monedas cristianas falsas emitidas en al-Andalus. No tenemos indicación alguna acerca de la frecuencia y número de tales irregularidades. Es poco probable que esta emisión, efectuada según el texto latino en Granada y Almería donde existían cecas oficiales, pudiera llevarse a cabo sin conocimiento del sultán. Por otra parte, debieron acuñarse monedas en número suficiente como para poderlas pasar a la vecina zona cristiana. Sin duda la moneda falsificada era semejante a la que circulaba por el reino de Valencia, que formaba parte de la Corona de Aragón. La imprecisión de la terminología nos impide conocer el papel exacto de Pals en este asunto. ¿Se trataba de un falsificador notorio al servicio del soberano naṣrí, o bien de un agente de Muḥammad IV? Esta última hipótesis se fundamenta en la elasticidad moral de los hombres de la baja Edad Media. En cualquier caso, el hecho de que se recomendara al juez valenciano encargado de reprimir el delito de introducción de moneda cristiana en el reino que impusiera una pena severa, pone de manifiesto la importancia que el monarca aragonés otorgaba al hecho.

En el siglo xv, la circulación de moneda de oro escaseó en todo el reino de Granada: a raíz de las dificultades económicas, las últimas emisiones de moneda naṣrí no estuvieron cubiertas por reservas de metal suficientes. El penúltimo sultán Abū l-Ḥasan'Alī hizo acuñar doblones de plata y de vellón. El arabista A. Prieto Vives supuso, a principios de nuestro siglo, que estas monedas habían sido sumergidas en un baño de oro y, por consiguiente, falsificadas.[50] Pero esta hipótesis ha sido recientemente rechazada por L. Seco de Lucena Paredes, quien, fundándose en un acta notarial del siglo xv publicada por él, ha podido establecer que no hubo falsificación alguna, ya que las monedas de plata y de vellón se usaban legalmente en las transacciones comerciales, con carácter de moneda fiduciaria y valor de moneda de oro, aunque despreciada [391, IX, 1944, 127].

Además, en el siglo xv, se empleaba corrientemente moneda española en el reino naṣrí, y en un texto de época tardía se estipulaba que el pago del precio convenido se haría en reales españoles [89, introd. XLVIII].

6. LA ORGANIZACIÓN PROVINCIAL

No resulta tarea nada fácil reconstruir con precisión la división administrativa de al-Andalus; podemos encontrar algunas indicaciones en los temas de geografía redactados por viajeros tanto orientales como occidentales, pero a menudo son contradictorias. A veces es útil recurrir a crónicas, a repertorios biográficos y a fuentes literarias.

E. Lévi-Provençal pudo esbozar un cuadro de la organización provincial en tiempos de los omeyas de Córdoba, gracias a la primera descripción que poseemos, la de Aḥmad al-Rāzī y de su hijo 'Isā, altos funcionarios de la España cordobesa, cuyos datos fueron transmitidos por Ibn Ḥayyān. Dicha organización se remontaba al siglo VIII, o sea que era anterior a la llegada de 'Abd al-Raḥmān I el Inmigrado, y se basaba en la circunscripción provincial o cora *(kūra)*, cuya capital era por lo general una ciudad de cierta importancia en la que vivía el gobernador *(wālī)*. Varias de estas circunscripciones habían sido militarizadas cuando el gobernador Abū l-Jaṭṭār al-Kalbī concedió territorios a los *ŷundíes* sirios de Balŷ b. Bišr en el año 125/742 [277, I, 49]. La división en coras tenía como base la situación existente en España antes de la llegada de los árabes, ya que en la mayoría de los casos cada cora correspondía a una diócesis cristiana de la época de los visigodos y el nombre de la capital aparece en una nomenclatura eclesiástica de España, conocida con el nombre de «reparto de Constantino» y redactada durante el reinado de Diocleciano, en el año 297 d. de J.C. [71, 246-249]. Ningún escritor andaluz nos ha dejado una lista completa de las coras de la España califal. En la lista redactada por el oriental al-Maqdisī aparecen dieciocho nombres y según dicho autor la cora andaluza era una subdivisión territorial mayor que la *kūra* oriental. Yāqūt, en su repertorio geográfico, utiliza la descripción de al-Andalus realizada por 'Aḥmad al-Rāzī, incluye cuarenta y un nombres y se detiene en los términos administrativos andaluces, diferenciándolos de los orientales, pero no tiene en cuenta la evolución seguida a través de la historia de la España musulmana. En los fragmentos de la geografía del andaluz al-Bakrī reproducidos por el compilador ceutí del siglo XIV Ibn 'Abd al-Mun'im al-Ḥimyarī, la península Ibérica aparece dividida en siete grandes provincias llamadas *aŷzā'* (pl. de *ŷuz'*, «parte»); de cada provincia dependía cierto número de ciudades. Tras el examen de las obras de los autores citados más arriba, E. Lévi-Provençal pudo establecer que el territorio de al-Andalus en el siglo X se hallaba dividido en veintiuna coras como mínimo, sin incluir las zonas fronterizas [277, III, 50-52]. El arabista francés ha hecho una distinción entre las coras, circunscripciones territoriales del interior —dotadas de un régimen administrativo civil— y las marcas o *t̠uġūr* (pl. de *t̠aġr*), circunscripciones fronterizas semejantes, a escala reducida, a las Marcas del Imperio 'abbāsí en las fronteras con el Imperio bizantino y que dependían de la autoridad militar. En fecha más reciente, J. Bosch Vilà ha examinado la evolución seguida a lo largo de las etapas de la Reconquista por la entidad geográfica llamada *t̠aġr*; en un principio fue una franja de territorio casi desértica situada entre cristianos y musulmanes, que adquirió en los siglos X y XI una marcada realidad política; en esta zona de cobertura, que a menudo escapó al control directo de poder cordobés, se erigieron los reyes de taifas. Este papel protector de las Marcas, que llegaron a garantizar la existencia misma del Estado hispanomusulmán, se prolongó hasta la caída de Granada [279, I, 23-33]. En los escritos de los autores andaluces aparece con frecuencia el término *nāḥiya*, unidad puramente geográfica que equivale, en sentido general, a «región» y que a veces es confundido con el *iqlīm*, en sentido propio «clima», que debe tomarse en su acepción andaluza de «distrito» o «partido», con una superficie inferior a la de la *kūra*. Cada cora comprendía un número variable de *iqlīms*, cuyo conjunto recibía a veces el nombre de *ḥawz* (de donde procede alfoz), *'amal*, o también *naẓar* [270, 119 n. 4]. No obstante, la terminología sigue siendo poco clara. Así, por ejemplo, una fuente geográfica andaluza utilizada desde hace unos veinte años, los fragmentos de la obra de al-'Ud̠rī [91], nos proporciona una lista de las divisiones administrativas de al-Andalus en la segunda mitad del siglo XI, lista que ha permitido a H. Mu'nis redefinir el término *iqlīm*. Según este autor egipcio, el *iqlīm* andaluz formaba parte de una *kūra*, y no hay que confundirlo con el *iqlīm* oriental, territorio más extenso que comprendía varias ciudades e incluso provincias. El *iqlīm* andaluz correspondería al *rustāq* de Oriente, división administrativa más pequeña. El *iqlīm* andaluz era esencialmente una unidad agrícola y financiera que abarcaba una ciudad y varias alquerías y donde los impuestos se fijaban sobre todo el conjunto. Los *aŷzā'* eran amplias extensiones de terreno que el Estado hispanomusulmán ponía a disposición de los ganaderos y que estaban libres de impuestos. Mientras que en Oriente los árabes habían copiado el modelo administrativo persa —basado en la superficie de suelo cultivado—, los musulmanes llegados a la península Ibérica se inspiraron en los precedentes de la antigüedad, ya que, según estipulaba la administración romana, junto a cada ciudad y territorio circundante debía haber una zona de pasto libre de impuestos [305, 116-119].

En contra de esta hipótesis, algunos autores han señalado las dificultades de interpretación con que se enfrenta el historiador cuando analiza los textos geográficos; así, por ejemplo, algunas ciudades o territorios son llamados *kūras* por unos autores y *'amal* o *iqlīm* por otros. Además, como señala J. Bosch Vilá, una cora del interior podía desempeñar el papel de circunscripción fronteriza según las vicisitudes históricas. Así, Valencia, circunscripción interior durante varios siglos, se convirtió, a principios del siglo XIII y como consecuencia del avance cristiano, en una Marca *(taġr)* [16[2], 170, 216, 218]. Por otra parte, no existen datos suficientes para afirmar, como ha hecho H. Mu'nis, que la explotación del *ŷuz'* fuera comunitaria y estuviera libre de impuestos. El análisis de la toponimia tampoco nos permite suponer que cada *ŷuz'* tuviera asignados los rebaños de una tribu determinada [407, 7, 1975-1976, 20-21; 224, 331-332]. Cabe añadir que las obras de geografía no bastan por sí solas para estudiar la organización provincial de al-Andalus; todavía no se han utilizado de forma exhaustiva muchos de los topónimos que aparecen en las crónicas, en las obras puramente literarias y en los repertorios biográficos.

Es de suponer que la tradición administrativa califal se mantuvo intacta en las capitales de las taifas, correspondientes por lo demás a las capitales de coras, o sea Zaragoza, Toledo, Sevilla, Granada, Málaga, Almería, Murcia y Valencia. Para la organización de su imperio, los almorávides adoptaron el modelo andaluz con algunas ligeras modificaciones, especialmente en lo relativo a los títulos de los funcionarios. A principios del siglo XII, los gobernadores de provincias de la península Ibérica eran dignatarios almorávides, emires de la familia reinante [75[3], 141 n. 2b]. Al principio de su reinado, el almohade 'Abd al Mu'min respetó las divisiones administrativas de sus predecesores, pero más tarde llevó a cabo el reagrupamiento en un solo gobierno de las regiones situadas a orillas del estrecho de Gibraltar; la fusión «del país de los Gumāra y de las demás tribus establecidas en los territorios que se extendían hasta Ceuta, Tánger, las Dos Islas (Algeciras y Tarifa) y Málaga tenía la ventaja de permitir la formación, bajo un mando único, de una flota de guerra con vistas a la gran expedición proyectada contra los infieles.» [73, 37-38]. 'Abd al-Mu'min, que en el lejano Maġrib o en el central no había mantenido en su puesto a ningún funcionario almorávide o ḥammādí, conservó sin embargo en Andalucía a los reyezuelos locales que habían rechazado la soberanía almorávide, especialmente a Ibn Maymūn en Cádiz, Ibn Qāsī en Mértola, Ibn'Azzūn en Jerez y Ronda e Ibn al-Ḥaŷŷām en Badajoz. Pero las pequeñas dinastías de al-Andalus no le inspiraban confianza alguna, y tras la sumisión del almorávide Maymūn Ibn Ŷaddār, 'Abd al-Mu'min nombró a su propio hijo, Abū Sa'īd 'Uṯmān, gobernador de Ceuta; al igual que en el Maġrib, asoció a este cargo a un jeque almohade, asistido por un Secretario de Estado. Como consecuencia de una gestión emprendida por los jeques de Sevilla, su otro hijo, Abū Ya'qūb, se convirtió en gobernador de la ciudad, cargo en el que estuvo asistido por jeques almohades y hábiles consejeros [76[1], 223-224]. Al-Marrākušī nos informa asimismo de que el jeque almohade Abū Hafṣ'Umar Intī se hizo cargo del gobierno de Córdoba y de las tierras circundantes.

Los viajeros, geógrafos y cronistas orientales del siglo XIV y principios del XV se preocuparon ante todo de dar una imagen del reino de Granada basada en consideraciones de tipo laudatorio [138, 224]; las escasas informaciones que se hallan esparcidas por las diversas obras deben contrastarse con los datos sacados de las fuentes literarias, ya sea de la *Iḥāṭa* de Ibn al-Jaṭīb, introducción a la amplia monografía de la ciudad de Granada o de la *Lamḥa,* obra de historia regional del visir naṣrí. En época de los Banū l-Aḥmar, la zona fronteriza de las Marcas dependía del mando militar, al igual que en tiempos de sus predecesores. Tras las sucesivas amputaciones territoriales del emirato granadino como consecuencia del avance de la Reconquista, parece que se abandonó el sistema de coras y se adoptó una organización más rudimentaria. La incorporación de Granada a la cora de Elvira por Ibn al-Jaṭīb hay que considerarla tan solo como una reminiscencia literaria: en este pasaje, el polígrafo granadino se basa esencialmente en el *Ta'rīj'Ulamā' Ilbīra* de Abū l-Qāsim Muḥammad b. 'Abd al-Wāḥid al-Gāfiqī, actualmente desaparecido [45[6], I, 191]. Los naṣríes mantuvieron la denominación andaluza del *iqlīm*, «distrito» o «partido», de tamaño inferior a la *kūra*; Ibn al-Jaṭīb no nos da una definición explícita de este término administrativo; divide el reino de Granada en treinta y tres distritos, pero enumera tan solo los de mayor interés [46, 19]; el distrito de la Vega *(iqlīm al-faḥṣ)* estaba subdividido en cinco pequeños partidos.[51]

La nomenclatura administrativa de Lisān al-dīn indica, por un lado, la persistencia de un vocabulario auténticamente árabe, y por otro, la adopción de términos romanos. La denominación de distritos como *Urš Qays* (región de Marchena y de Mondújar) y *Urš al-Yamaniyyīn* (región de Guadix) recuerda las donaciones territoriales hechas por los primeros dinastas omeyas a las tribus de vieja raigambre árabe cuando se instalaron en suelo andaluz [46, 19]. El término *qanb*, que también se aplicaba a un *iqlīm (Qanb Qays, Qanb al-Yaman)*, es tan solo una imitación del latín *campus* o del romance *campo* [46, 18]. En el siglo XIV, la provincia de Elvira estaba sumamente dividida y los distritos repartidos entre las distintas tribus árabes recibían todavía el nombre de *Barŷīla* o *Barŷālla* (del bajo latín *parcella*) [194, I, 65]; así, Ibn al-Jaṭīb cita entre los *iqlīms* más prósperos *Barŷīlat al-bunyūl* (Albuñeles) (46, 18). En la Vega de Granada que rodeaba la ciudad, se apiñaban, cual enjambre, ciento cuarenta alquerías (palabra procedente de *qarya*); Ibn al-Jaṭīb realizó el inventario de la zona siguiendo un orden topográfico perfecto: partiendo de los últimos contrafuertes de Sierra Nevada al sur de Granada, el itinerario continúa hacia el oeste por la Vega, se bifurca seguidamente hacia el norte y se cierra con la enumeración de las alquerías situadas al este de la capital [391, XVII/2, 1952, 369-378]. Sin duda el conjunto de *iqlīms* seguía formando jurisdicciones administrativas *('amal)* [194, II, 175] o *ḥawz*, como *ḥawz al-sā'idīn*, en la actualidad Zaidín [194, I, 335; 45[6], I, 132].

A finales del siglo XV, en un documento notarial del año 1486 aparece atestiguado un vocablo sobre el cual se han formulado diversas hipótesis, la *ṭā'a*, distrito o comarca.[52] Al parecer, dicho término prevaleció en la región montañosa de las Alpujarras, donde, según las capitulaciones de 1492, Boabdil recibió numerosas *ṭa'as*.[53] En el siglo XVI, la población morisca de las Alpujarras que se sublevó en 1568 estaba aún dividida en doce *ṭa'as* [118, 189].

Las circunscripciones provinciales del emirato granadino se hallaban bajo la autoridad de un gobernador llamado indistintamente *wālī* o *'āmil*, el cual tenía amplios poderes y residía en la alcazaba de la capital. Algunos gobernadores de ciudades como Málaga, Almería y Guadix desempeñaron a menudo un papel nefasto en las luchas internas que con tanta frecuencia pusieron en peligro el equilibrio de la dinastía naṣrí. Muḥammad V envió por todo el reino a una serie de hombres ecuánimes y virtuosos cuya misión consistía en controlar la gestión de los gobernadores provinciales [78[1], IX, 109, y X, 246]. En los documentos notariales del siglo XV aparece el término visir *(wazīr)* con una nueva acepción, bastante sorprendente para los historiadores. En 883/1430, Muḥammad VIII se dirigió a los visires de las localidades de Capileira, Julbina y Pago, en el distrito de Berja, y les comunicó la exención de impuestos concedida a las fundaciones pías de la antigua mezquita de Berja [12, 343-344]. En un contrato sobre el rescate de un cautivo redactado el 7 de ša'bān del año 891/7 de agosto de 1486, aparece como testigo el visir de Fiñaña, Muḥammad b'Isā [89, 100/108]. En ambos casos solo puede tratarse de gobernadores locales.

7. LA JUSTICIA

7.1 LA JUDICATURA

Nuestra información sobre la judicatura, cargo religioso que gozó de enorme prestigio en al-Andalus desde la alta Edad Media, se basa en las crónicas musulmanas y, sobre todo, en los repertorios biográficos que dedican a cada juez musulmán una detallada reseña. Los dos principales biógrafos de cadíes andaluces fueron un jurista de Kairuán, Muḥammad Ibn al-Ḥāriṯ al-Jušānī, que vivió en el siglo x en la España califal y redactó, por encargo de al-Ḥakam II, una historia de los jueces de Córdoba [68], y el juez malagueño Ibn al-Ḥasan al-Nubāhī, uno de los principales dignatarios del emirato granadino durante el reinado de Muḥammad V, y autor de una historia de los jueces de al-Andalus desde la conquista arabigoberéber hasta el siglo XIV, algunas de cuyas copias fueron afortunadamente trasladadas de Granada a Marruecos a finales de la Edad Media [82]. Entre estos diccionarios biográficos figura el redactado por el jurisconsulto medinés del siglo XIV, Ibn Farḥūn, de ascendencia andaluza [409, III, 786], consagrado a los sabios mālikíes [28], así como la recopilación del jurista oriental šāfi'í, Ibn Ḥaŷar al-'Asqalānī [409, III, 799-802], importante conjunto de biografías de cadíes, de letrados y de príncipes que sobresalieron en el siglo VIII de la héjira [31].

Recurriremos también a los formularios de contratos redactados para ser utilizados por los notarios en tiempos de los naṣríes e inmediatamente después de la caída de Granada.[54]

Al igual que en el resto del mundo islámico, el jefe supremo de la justicia en al-Andalus era el soberano. En su calidad de *imām* o jefe de la comunidad musulmana, este delegaba parte de su autoridad a funcionarios religiosos que eran juristas con experiencia y a cuyo frente se hallaba el cadí de la capital.

En tiempos de los omeyas y hasta el reinado del emir Muḥammad I, el juez de Córdoba ostentó el título de cadí del ŷund. Al decir del historiador Ibn al-Qūṭiyya, todos los jueces habían sido elegidos dentro de la categoría de los ŷundíes y el que ejercía la judicatura en Córdoba se llamaba cadí del ŷund [277, III, 118]. Al-Jušānī presenta una versión bastante diferente de los hechos: según él, el emir 'Abd al-Raḥmān I «el Inmigrante», una vez dueño de Córdoba, mantuvo en su puesto al cadí del ŷund Yaḥya b. Yazīd al-Tuŷībī, pero con el nuevo título de juez de la comunidad de los creyentes [277, III, 190]. No obstante, se emplearon simultáneamente ambas denominaciones durante bastante tiempo y en pleno reinado de al-Ḥakam I, en la primera mitad del siglo IX d. de Jesucristo [82, 21].

El juez de Córdoba ostentó también el nombre de «juez de la comunidad» *(qāḍī l-ŷamā'a)*, denominación contemporánea al título judicial 'abbāsí de *qāḍī l-quḍāt*, «juez de jueces». E. Lévi-Provençal definió la expresión andaluza del siguiente modo: «A diferencia de la expresión oriental, que indica una cima de una jerarquía entre los titulares de la judicatura», no sucedía lo mismo en Andalucía, diga lo que quiera al-Nubāhī, quien, con bastante ingenuidad, atribuye a la palabra *ŷamā'a* la acepción de asamblea de *qāḍīs* y de ahí deduce que el *qāḍī* de Córdoba tenía la potestad de elegir a sus colegas de provincias. «De hecho —escribe el eminente arabista francés— nada de esto ocurrió hasta la caída del califato, y el *qāḍī l-ŷamā'a*, sólo excepcionalmente y además por orden expresa del príncipe, procedía a investigar la conducta de ciertos jueces, contra los cuales se habían recibido denuncias. Parece más sencillo interpretar el título que en Córdoba llevó el *qāḍī* durante los siglos IX y X como una manifestación más del deseo que tenían los omeyas de España de no copiar servilmente los títulos empleados por sus rivales orientales, y por tanto, no concediendo a la palabra *ŷamā'a* otra acepción que la habitual, pensar que dicha palabra, unida al título del magistrado, indicaba simplemente, y sin mención explícita de jerarquía, que éste era el delegado directo del jefe supremo de la comunidad musulmana andaluza para el cometido de hacer justicia.» [277, III, 119-120].

A principios del siglo XI apareció un cambio en la titulatura del *cadí* de Córdoba; en el período de la decadencia del califato, y a imitación de Oriente, este adoptó el título de «juez de jueces», pero al-Nubāhī precisa que no por ello aumentó la autoridad del juez de la capital sobre sus colegas de las provincias [82, 21].

A través de las colecciones biográficas se puede reconstruir la lista de las circunscripciones judiciales de la España califal; había un cadí en cada capital de cora y en las Marcas. Posteriormente, cuando estas metrópolis provinciales se convirtieron en las capitales de unos reinos a menudo efímeros, los jefes de estos pequeños estados nombraron personalmente a los jueces, quienes adoptaron el título de «juez de la comunidad» o «juez de jueces».

En la época de las dinastías africanas, la judicatura hispanomusulmana llevó el nombre genérico de *qaḍā'*. En tiempos de los naṣríes, el juez mayor de Granada, llamado «juez de la comunidad», delegaba sus atribuciones para el ejercicio de la justicia a los jueces locales que residían en las grandes ciudades provinciales, como Málaga, Almería y Ronda, y en las ciudades fronterizas más importantes. Además, existen testimonios de la presencia de jueces en algunas ciudades de segundo orden, como

Bentomiz, Guadix y Vélez Málaga [82, 126, 137, 151, 171]. Según Ibn Farḥūn, el juez principal, a semejanza del «juez de jueces» de Oriente, ejercía su autoridad sobre los demás cadíes a quienes daba instrucciones y sobre los cuales ejercía un poder disciplinario; además, debía vigilar la conducta de los jueces ordinarios, informarse sobre su moralidad y controlar sus sentencias [137, 278, n. 5]. Pero hay que considerar esta afirmación como una opinión puramente teórica, ya que en realidad los sultanes naṣríes nombraron por rescripto a los jueces provinciales sin consultar al gran cadí de la capital. A pesar de su prestigio como jefe religioso, el juez de la comunidad se hallaba subordinado al sultán, el cual era el árbitro supremo en materia de jurisdicción espiritual y temporal.

Los cronistas nos han dejado constancia de la importancia social de este cargo. El soberano elegía al «juez de la comunidad» de Córdoba, uno de los personajes más importantes del Estado en el siglo x. Gracias a Ibn al-Jaṭīb, conocemos la sucesión de jueces andaluces investidos con el cargo de juez supremo de Granada. Al igual que el visir y el secretario de Estado, el «juez de los jueces» de Granada, alto funcionario del reino naṣrí, era nombrado por el soberano, quien podía también destituirle de su cargo. Pero, en realidad, no se producía una destitución propiamente dicha, sino que el juez presentaba su dimisión, que era aceptada por el soberano [46, 91]. El juez cordobés, revestido de gran autoridad moral, se había convertido de hecho en censor del soberano y no dudaba en recordarle sus deberes hacia sus súbditos. La inestabilidad del cargo en el reino de Granada se debió no tanto a los cambios de humor del príncipe como a la intervención de consideraciones de orden político. A partir de Abū l-Walīd Ismā'īl I, los sultanes nasríes descendientes de la rama menor de la dinastía procuraron elegir para «juez de la comunidad» a hombres completamente afectos a su causa [82, 138-139; 46, 500-508]. El usurpador Ismā'īl II destituyó al gran cadí Ibn Ŷuzayy, que había prestado grandes servicios a la corona naṣrí y era uno de los hombres más prestigiosos de la capital, por sospechar que apoyaba la causa de su hermanastro Muḥammad V [46, 116].

Durante el emirato omeya, los cadíes de Córdoba fueron, en la mayoría de los casos, árabes de pura cepa, pero también hubo entre ellos algún liberto [277, t. II, 3, n. 3]. En el siglo x, 'Abd al-Raḥmān III confió el cargo de juez a un magistrado de ascendencia beréber, el célebre Mundir b. Sa'īd al-Ballūṭī. A partir del reinado de al-Ḥakam II, los cadíes de Córdoba intervinieron cada vez más activamente en la vida política del reino y recibieron la dignidad de visir con todas las prerrogativas que el cargo comportaba [277, III, 137, 139 n. 1]. Algunos de ellos, como Ibn Fuṭays, pertenecían a familias de la aristocracia y uno de los jueces de al-Manṣūr fue precisamente su propio tío materno, Ibn Barṭal [277, III, 138].

Ni los almorávides ni los almohades tuvieron dificultad alguna en aceptar el reclutamiento de jueces andaluces [75[3], XIII, XIV; 82, 115-116]. Durante su juventud, Abū l-Walīd Muḥammad Ibn Rušd, el gran Averroes, ejerció la judicatura en Córdoba, al igual que lo hicieran su padre y su abuelo.

En tiempos de los naṣríes, se eligió a los grandes jueces de Granada entre la población auténticamente andaluza, que, a comienzos del poderío naṣrí, había abandonado las ciudades de la cuenca del Guadalquivir y las de Levante reconquistadas por los cristianos, para refugiarse en el último reino musulmán de la península Ibérica. Yaḥyā 'al-Aš'arī, originario de Córdoba, y que había vivido primero en Sevilla y luego en Málaga, fue nombrado juez en Granada por Muḥammad I [82, 124]. Los soberanos de Granada propusieron para el alto cargo de «juez de la comunidad» a jueces de provincia que, bien por su fidelidad a la persona real o por su capacidad, se habían hecho merecedores de tal ascenso. Así, por ejemplo, Muḥammad b. Hišām se había negado a servir a los Banū Ašqīlūla en Guadix, donde ejercía sus funciones, y Muḥammad II le nombró para que desempeñara este cargo, primero en Almería y luego en Granada [82, 137-138]. Abū l-Barakāt Ibn al-Ḥāŷŷ al-Balafīqī había ejercido como cadí en Juviles, en la provincia de Granada, en el año 705/1305, y luego en Marbella y Estepona, pasando en el año 747/1346 a Málaga y a Almería, donde por su integridad y amor a las buenas letras se ganó la estima de toda la población; en ša'bān del año 747/enero de 1347, Yūsuf I le llamó a la corte de la Alhambra, donde fue investido con la magistratura religiosa más importante del Estado naṣrí [82, 164-165].

En el siglo XIV, los juristas de Granada dieron buena acogida a sus hermanos marroquíes, quienes fueron llamados a la capital por los naṣríes tras estrechar los lazos diplomáticos y culturales con los marīníes. Un jurista de Ceuta, Abū l-Qāsim Muḥammad al-Ḥusaynī, fue uno de los jueces más prestigiosos de la Granada de Muḥammad V [46, 103-104].

En el reino naṣrí se formaron verdaderos linajes de jueces andaluces, a los que pertenecieron los jueces supremos más brillantes de los Banū l-Aḥmar: los Banū l-Nubāhī, originarios de Málaga; Banū Salmūn y los Banū 'Āṣim, granadinos, los Banū Simāk, semigranadinos, semimalagueños.

Se exigía a los jueces andaluces cualidades morales y un profundo conocimiento del derecho canónico; para ser apreciado por el soberano, el cadí debía dar muestras de valor, ecuanimidad, firmeza, elocuencia y respetabilidad en el ejercicio de sus funciones [383, 239]. También debía tener un talante equilibrado y sagacidad [82, 124]. En el siglo XIV, el «juez de la comunidad» Muḥammad b. Yaḥyā b. Bakr al-Aš'arī ejerció sus funciones de tal modo que recordaba al famoso jurista de Kairuán

Ṣaḥnūn b. Sa'īd y ciertamente despertaba la admiración de sus contemporáneos [82, 141].

Los repertorios biográficos están llenos de elogios sobre la probidad del juez andaluz y sobre su tendencia al ascetismo. El juez andaluz se caracterizaba por la sencillez de sus costumbres y de sus relaciones con sus justiciables. Abū Muḥammad 'Abd Allāh Ibn Yaḥyā al-Anṣārī, que ejerció en Baza y en otras localidades andaluzas, llevaba sus escrúpulos profesionales hasta el extremo de prolongar sus audiencias para que los litigantes venidos de lejos pudieran exponerles sus quejas [82, 151]. Musulmanes modelos, algunos grandes cadíes aceptaron la judicatura tras detenida reflexión. Así, por ejemplo, el juez de los ḥammūdíes de Córdoba, Ibn Bišr b. Garsiyya, aceptó la judicatura con cierta reticencia.[55] Muḥammad b. 'Ayyāš al-Anṣārī al-Jazraŷī pidió a Yūsuf I que le relevara de su cargo, que ejercía desde hacía tan solo unos días, para regresar a su puesto en una circunscripción provincial [82, 148].

En principio, y según la antigua tradición musulmana, el cargo de juez no era remunerado, pero en la práctica el cadí andaluz recibía un sueldo, sin duda pequeño, que a veces consideraba un deber rechazar, como fue el caso de Muḥammad b. 'Ayyāš al-Anṣārī [82, 20-21]. Abū l-Barakāt al-Balafiqī Ibn al-Ḥāŷŷ opinaba que una de las condiciones esenciales de la judicatura radicaba en que el magistrado naṣrí gozara de cierto bienestar material que le permitiera una independencia de espíritu a toda prueba [82, 167]. Varios jueces andaluces tuvieron por única fuente de ingresos las rentas de sus tierras, como Abū l-Ḥasan b. al-Ḥasan al-Ŷudāmī al-Nubāhī, a quien los Banū Ašqīlūla habían despojado de sus bienes, conformándose, tras la salida de estos de Málaga, con unos ingresos muy reducidos [82, 129]. Ibn Burṭāl, perteneciente a una acaudalada familia malagueña, no percibió sueldo alguno por el ejercicio de la judicatura [31, II, núm. 898]. Un contemporáneo de Ibn al-Jaṭīb, Abū l-'Ulā b. Simāk, cultivaba sus tierras y el jurista naṣrí se dedicaba a trabajos manuales para ganarse la vida [417, XI/1, 1962, 36-37].

Los escritores andaluces han alabado la franqueza de expresión del cadí. A semejanza del famoso juez cordobés Mundir b. Sa'īd al-Ballūṭī, quien antaño había reprendido duramente al califa 'Abd al-Raḥmān III al-Nāṣir [277, III, 140-141], el juez de la comunidad, Muḥammad b. Yaḥyā b. Bakr al-Aš'arī, conocido por su intransigencia, envió al sultán Yūsuf I una epístola, escrita en estilo florido, para prevenirle contra los dignatarios del reino que dilapidaban el producto del impuesto; además, valiéndose de su prestigio como jefe religioso, le recordaba al soberano naṣrí sus obligaciones en tanto que jefe de la comunidad musulmana [82, 143-145].

El respeto que inspiraba el juez andaluz al bajo pueblo del reino queda reflejado en las numerosas anécdotas dispersas por diversos repertorios biográficos andaluces y orientales. En ellos, el cadí «piadoso y compasivo por naturaleza» [75[3], 14], aparece como el defensor de débiles y oprimidos frente a los aristócratas; y los fallos que pronunciaba se inspiraban en la estricta justicia de Allāh.

El juez andaluz, funcionario incorruptible, debía evitar que le sustituyeran en sus funciones, según rezaba la doctrina, para evitar cualquier posibilidad de componenda [75[3], 17]. En la realidad, muchos jueces fueron reemplazados por suplentes que a veces eran elegidos entre los miembros de su propia familia; así, tenemos el caso de Abū Yaḥyā b. Mas'ūd al-Muḥāribī, quien asumió las funciones de juez supremo de Granada en ausencia de su padre Abū Bakr [82, 139].

Pese a su gran autoridad moral, el cadí andaluz no dejó de aceptar los honores temporales que le fueron concedidos por los distintos soberanos, llegando incluso a ostentar el título de visir y a percibir la correspondiente pensión. El título de visir cadí fue atribuido a un protegido de Almanzor Ibn Abī 'Amir, Muḥammad Ibn 'Amr al-Bakrī [277, III, n. 2]. Ibn Šifrīn, uno de los maestros de Ibn al-Jaṭīb, desempeñó los cargos de juez y de secretario de la cancillería naṣrí [46, 51, 76]. En el siglo xv, Abū Yaḥyā Ibn 'Āṣim, hijo del visir de Muḥammad VII, pasó por todos los escalones de la judicatura: después de haber ejercido como juez ordinario y como juez supremo, Muḥammad X le encargó que llevara a cabo una inspección judicial que abarcaba todo el territorio naṣrí [77, I, 172-179]. Ostentó, además, los cargos de secretario-redactor de los documentos oficiales, canciller del sello y, finalmente, el de ministro del gobierno central [417, II, 1953, 5-14].

El juez andaluz aceptó desempeñar misiones estrictamente políticas. Durante el reinado de al-Nāsir, el cadí Muḥammad Ibn Abī 'Isā recibió en varias ocasiones el encargo de inspeccionar diversas posiciones fronterizas musulmanas [277, III, 124, n. 3]. Muḥammad Ibn 'Amr al-Bakrī dirigió, por orden de Almanzor, las negociaciones de tregua con los monarcas de la España cristiana [277, III, 124 n. 3]. Al producirse la crisis del siglo xi, el cadí andaluz llegó incluso a convertirse en un verdadero jefe de Estado: en Sevilla, el cadí Abū l-Qāsim Muḥammad Ibn 'Abbād se hizo proclamar para tal cargo; en el año 414/1023 en Valencia, y tras el asesinato del último soberano ḏū l-nūní, al-Qādir en ramadān del año 485/octubre de 1092, el cadí Ibn Ŷaḥḥāf se hizo con la soberanía de la ciudad. «Asignó un sueldo a los soldados del ejército regular y a los funcionarios, se rodeó de la pompa real, nombró a los titulares de las distintas dignidades del Estado e imitó el ejemplo de Ibn 'Abbād, en Sevilla». Ibn al-Jaṭīb, autor de este relato, añade que la suerte no acompañó al cadí, ya que fue condenado a la hoguera por el Cid [273, 231-232]. A mediados del siglo vi/xii, al producirse el hundimiento del poder almorávide en España, el juez de Málaga, Ibn Ḥassūn, se declaró independiente en el año 539/1144-1145, tomó las riendas de la administración de la ciudad y adoptó el título de emir, al tiempo que seguía desempeñando el cargo de juez [44², 254-255]. Pero los excesos de su tiranía provocaron su caída nueve años más tarde y la población malagueña acogió favorablemente la llegada de los almohades. Ibn Mahīb, cadí de Almería, desempeñó el papel de mediador y gracias a sus esfuerzos la ciudad se rindió al primer naṣrí en el año 635/1238 [383, 237, n. 1].

Las atribuciones del juez andaluz, minuciosamente definidas por los escritores hispanomusulmanes, eran muy parecidas a las de sus homólogos orientales y magribíes. Dictaba sentencias en materia matrimonial; decidía en las disputas relativas a divorcios, a particiones de bienes, a testamentos, a las sucesiones en caso de ausencia de herederos; se ocupaba de la administración de los bienes de manos muertas, los *waqfs*, cuyas rentas se destinaban a fines benéficos. Protegía los intereses de huérfanos y menores e intervenía en todo tipo de litigios sobre bienes mobiliarios e inmobiliarios. Cuando se trataba de asuntos de poca importancia que afectaban a las clases populares, el cadí recurría a un juez auxiliar, el *hākim* o *ṣāḥib al-aḥkām*, cuya existencia aparece atestiguada en el siglo XI en Córdoba, Toledo y Valencia, y a principios del siglo XII en Sevilla. Este magistrado recibía un sueldo, aunque pequeño [75³, 23-24]. Sus atribuciones no comprendían ni la gestión del Tesoro de la comunidad ni las discrepancias relativas a huérfanos. Ibn Saʿīd, en un breve texto transmitido por el magribí al-Maqqarī, indica que en el siglo XIII los litigios menores eran resueltos en los pueblos por jueces inferiores cuyas atribuciones eran limitadas [78¹, I, 203].

Diariamente, el cadí era asistido en su curia por dos o tres juristas que se turnaban y le aconsejaban para que los fallos fuesen más justos y eficaces [75³, 18]. Estos consejeros eran al mismo tiempo jurisconsultos *(muftī)*, cuyas recomendaciones, consignadas por escrito, se guardaban en los archivos del juez. En el rito mālikí, la presencia de estos hombres de ley en la audiencia era obligatoria, pero tenían prohibido dar consultas en sus propios domicilios.[56] El juez era el único que podía tomar una decisión, y deliberaba con sus consejeros en el mismo lugar en que se celebraba la audiencia. Esta podía mantenerse donde el juez deseara, en un lugar accesible para los justiciables o en su propio domicilio. Según la leyenda, el cadí naṣrí pronunciaba sus fallos y celebraba audiencias bajo la gran puerta de acceso a la Alhambra, llamada Puerta de la Justicia *[Bāb al-šarīʿa)*.[57]

La audiencia principal del juez tenía lugar en la sala de oraciones o en una de las dependencias de la Mezquita Mayor [75¹, 73/19-20]. Durante las sesiones, el cadí permanecía sentado, y tenía a derecha e izquierda a sus consejeros así como al escribano; las audiencias eran públicas y el juez contaba con la ayuda de un ujier; los procuradores presentaban la defensa de los litigantes, quienes se hacían entregar testimonios escritos por testigos instrumentales, conocidos por su gran cultura jurídica. El juez ejercía su oficio dos veces por semana, pero no celebraba audiencia cuando llovía, ni en los días de fiestas religiosas ni durante todo el mes de ramadán.

Esta descripción quedaría incompleta si no hiciéramos referencia, aunque sea brevemente, a las atribuciones religiosas del cadí. Ante todo, tenía a su cargo la administración del Tesoro de la comunidad, el *bayt al-māl* [409, I, 1182-1183]. Las investigaciones realizadas por E. Lévi-Provençal han puesto de relieve que en al-Andalus y durante el califato de Córdoba esta expresión tuvo casi siempre un significado limitado. En efecto, con este término, que aparece a menudo bajo al forma *bayt māl-al-Muslimīn*, Tesoro de la Comunidad musulmana, se designaba el tesoro formado por las rentas de las fundaciones pías, que no debe confundirse con el Tesoro público [277, III, 32, 133]. Los fondos que constituían el Tesoro de la comunidad se guardaban en una dependencia de la Gran Mezquita y solo el cadí podía disponer de ellos para algunos gastos destinados a obras de utilidad pública: ayudas distribuidas entre los pobres, gastos de mantenimiento de las mezquitas y pago de su personal subalterno. El jurista Ibn ʿAbdūn nos informa de que en la Sevilla almorávide el juez podía obligar al príncipe a depositar en el Tesoro de la comunidad las cantidades necesarias para ayudarle a organizar una expedición contra los infieles, para «restaurar alguna fortaleza en las Marcas de su territorio o para defender a los musulmanes contra el enemigo [cristiano]» [75³, 22]. La administración de los bienes de manos muertas corría a cargo de juristas, quienes, bajo la autoridad del cadí ejercían las funciones de inspectores de los waqfs, registraban las entradas y salidas y el destino dado a las cantidades deducidas [277, III, 134, n. 4].

El cadí tenía otra atribución extrajudicial, de la que gozaba por delegación del soberano, jefe de la comunidad, y que consistía en dirigir la oración en común de los viernes en la Gran Mezquita. El juez dirigía asimismo la oración al aire libre que tenía lugar dos veces al año, con motivo de la Fiesta de la Ruptura del Ayuno y de la Fiesta de los Sacrificios en uno de los oratorios dispuestos al efecto en las inmediaciones de la capital. En tiempos de los naṣríes, se confiaba al juez de la comunidad el sermón que se predicaba en la mezquita de la Alhambra o en la Gran Mezquita de Granada [82, 138-139, 148].

A veces el cadí era el encargado de hacer el llamamiento para la oración. En las ceremonias funerarias, el juez recitaba la oración ritual cuando se trataba de las exequias de un personaje importante. En tiempos de sequía, el juez de Córdoba, durante la época de los omeyas, hacía rogativas especiales para que lloviera *(istisqāʾ)* [277, III, 135, n. 2]. Durante el reinado del naṣrí Yūsuf I se cumplió la oración del *istisqāʾ*, pronunciada por el juez de la comunidad Abū l-Barakāt Ibn al-Ḥāŷŷ en el año 747/1347 [45⁵, II, 103].

El cadí era el único cualificado para comprobar la aparición de la luna nueva, al principio y al final del ayuno del mes de ramadán [82, 78].

El juez era también el defensor de la ortodoxia.[58] Cuando en el año 773/1371 Lisān al-dīn Ibn al-Jaṭīb, al darse cuenta de que caía en desgracia en la corte de Muḥammad V, se refugió en el Magrib, en la corte del sultán marīní 'Abd al-'Azīz, sus libros fueron quemados en Granada por iniciativa del gran cadí Ibn al-Ḥasan al-Nubāhī, quien llevaba a cabo una campaña contra los herejes; este desempeñó un papel en la condena de Ibn al-Jaṭīb en Fez [82, 202].

7.2. TESTIGOS INSTRUMENTALES Y MUFTĪS

La función de testigo instrumental (*'adl*, pl. *'udūl*) había sido organizada de forma regular en la España musulmana desde la alta Edad Media [409, I, 214-216]. Tras verificar la buena moralidad de una persona, el juez la consideraba como testigo seguro y fijo, al que se recurría para registrar por escrito las declaraciones de los litigantes y las de sus avaladores. La presencia de este redactor signatario se justificaba por el hecho de tratarse de una sociedad en que se daba preferencia a la prueba escrita frente al testimonio oral. Entre las atribuciones de los testigos instrumentales, llamados también *šuhūd* (pl. de *šāhid*), cabe incluir la redacción de todo tipo de actas, contratos, actas matrimoniales, de repudio, de fijación de dote, de donaciones benéficas, transacciones inmobiliarias, urbanas y rurales, atestaciones de buenas costumbres. En la España califal, y también en épocas posteriores, el testigo se confundía muchas veces con el notario (*wattāq*). Esta institución se identificaba, por tanto, con el notariado, definido por Ibn Farḥūn como la reglamentación de los asuntos de las personas según la ley religiosa, y como la salvaguarda de la vida y los bienes de los musulmanes.[59] Según afirma Ibn Jaldūn, el notariado implicaba el testimonio en el momento de la redacción del acta y también la declaración judicial. A los testigos instrumentales se les exigía que conocieran la lengua árabe, tuvieran buena caligrafía, dominaran el estilo notarial, tuvieran sentido de la ecuanimidad y un amplio conocimiento jurídico para que los documentos redactados no fueran tachados de fraudulentos [75³, 27-28]. El notario debía conocer asimismo los usos y costumbres de la localidad en que ejercía su profesión, y las sutilezas de la ley.[60] Debía tener experiencia en la ciencia aritmética y en las normas que regulaban el derecho sucesorio [31, I, núm. 649].

En cuanto al lugar de ejercicio de la profesión, Ibn Jaldūn precisaba que tanto en los países del Occidente musulmán como en Oriente los notarios se instalaban en tiendas donde recibían a sus clientes sentados en banquetas. Los notarios delegaban a algunos de ellos para asistir a la audiencia del juez con el fin de que su presencia le diera validez. El lugar de emplazamiento de las tiendas de los notarios se elegía en función de la proximidad al cadí. Cuando la audiencia del juez se celebraba en la sala de oraciones de una mezquita, el notario ejercía preferentemente su oficio en las cercanías de esta o bien en su interior, con el fin de reclutar a su clientela entre los litigantes. Pero esta práctica no era obligatoria, y algunos testigos instrumentales redactaban en su propio domicilio las actas que caían dentro de su competencia.

Según el rito mālikí, la presencia de estos testigos instrumentales en la curia del qāḍī era obligatoria, pero su número variaba a voluntad del juez o del soberano. En la España almohade, una sola persona podía ejercer las funciones de notario de una región o ciudad determinada [37^2, I, 212, II, 219]. En el reino naṣrí, el juez tenía poder para decidir sobre esta cuestión y así, por ejemplo, el juez de Granada, Yahyā b. Mas'ūd al-Muḥāribī exigía la presencia de cuatro testigos instrumentales en su audiencia [82, 139]. El juez supremo Ibn 'Ayyāš al-Anṣārī era tan intransigente que no dudaba en considerar sospechosos y rechazar los testimonios de personajes de elevada posición [31, IV, 227]. El juez podía también controlar el comportamiento de los *'udūl* e informarse sobre su moralidad. En la primera mitad del siglo XIV, el gran juez de Granada Ibn Yaḥyā Ibn Bakr no dudó en destituir a más de setenta testigos instrumentales [82, 141]. En una epístola satírica acerca del notariado, Ibn al-Jaṭīb alababa al sultán marīní Abū 'Inān por haber obrado con gran severidad contra un elevado número de notarios, con lo que parecía exhortar a su amo, el sultán de Granada, a actuar de la misma forma.[61]

Oficialmente el notariado era un cargo honorífico y, por tanto, no remunerado. El notario se limitaba a percibir del público la limosna y el diezmo legal. Algunos hombres piadosos se sentían obligados a renunciar a cualquier salario para declarar como testigos. En la Sevilla almohade, los Banū l-Ŷadd vivían de las rentas de sus propiedades, con lo que podían permitirse el rechazar el sueldo de notario. De hecho, desde un principio los notarios cobraron por los servicios prestados unos honorarios cuyo importe era libremente fijado por el cliente.[62] Dos eminentes juristas mālikíes del siglo XIV, el medinés Ibn Farḥūn y el granadino Ibn Salmūn, afirmaban que por pudor los notarios evitaban cualquier tipo de alusión acerca de su retribución por el ejercicio del cargo; sin embargo, los regateos eran bastante frecuentes. Ibn Jaldūn e Ibn Farḥūn, al destacar el elevado rango de la profesión notarial, auxiliar de la judicatura, se abstuvieron de hacer alusión alguna a los abusos que cometían los notarios. Solo Ibn al-Jaṭīb puso una nota discordante en este cúmulo de elogios al acusar a los testigos instrumentales de «vender el testimonio» y al ridiculizarlos. Desde hacía tiempo, se había denunciado en al-Andalus la corrupción de esta profesión [37^2, I, 213], pero ningún autor la había criticado de forma tan virulenta. Ibn al-Jaṭīb opinaba que los regateos degradaban la profesión de notario, censuraba el sistema de gratificaciones en vigor durante su época y se quejaba de la proximidad de las tiendas de los notarios a las de oficios viles en los zocos. Lisān al-dīn señalaba que la única solución para paliar las irregularidades que se producían en el ejercicio de este cargo consistía en asimilar el notariado a la condición del *imām* que pronunciaba la oración en común en las mezquitas y percibía de forma legítima un sueldo pagado por el erario público; así pues, proponía una retribución análoga para el tabelión.[63]

Siguiendo una práctica generalizada en tierras islámicas, la función del notario no era incompatible con otros cargos públicos. A veces los notarios eran nombrados consejeros consultivos cerca de los magistrados y con frecuencia los jueces les delegaban el ejercicio de la justicia [66, 138].

El notariado representaba una etapa en el camino hacia la función judicial o la secretaría de Estado. Aḥmad b. Muḥammad b. Yūsuf al-Ru'aynī, originario de Granada (684/1285-744/1343), había ejercido como notario antes de ser nombrado juez [31, IV, 241]. En Málaga, Aḥmad b. 'Umar al-Ḥašimī al-Ṭanŷālī reunió en su persona el notariado y la predicación. Ibn Maḥrūq destacó en el notariado antes de convertirse en secretario del sultán Naṣr [31, I y III, notas 463 y 963].

Como ya hemos visto, el *muftī*, junto con los testigos instrumentales, colaboraba con el juez en la administración de la justicia religiosa. Cuando los consejeros habituales no eran suficientes, los jueces musulmanes consultaban los problemas de difícil solución a algunos hombres de religión prestigiosos por sus conocimientos, que respondían a las demandas con dictámenes jurídicos (*fatwā*, pl. *fatāwī* o *fityā*). En la España omeya, esta institución había constituido un destacado elemento en la organización del Estado hispanomusulmán. A partir del siglo IX, se fueron haciendo más numerosos los dictámenes de los jurisconsultos; el corpus de *fatwās* más importante fue el recopilado por el cordobés Ibn Sahl (muerto en el año 486/1093) y en el cual se basó la evolución de la práctica jurídica en Occidente durante la alta Edad Media [277, III, 116, n. 2]. Cabe recordar el papel fundamental desempeñado por los hombres de ley andaluces que en sus *fatwās* anatematizaron a los reyes de taifas; activos defensores de la religión, consiguieron ganarse la confianza de los primeros sultanes almorávides y pronto se inmiscuyeron en los asuntos de gobierno. En la Granada naṣrí, el *muftī* desempeñaba un papel relevante a mediados del siglo XIV, al tiempo que Yūsuf I consolidaba la autoridad real, la cual se apoyaba en la creación de una *madrasa* donde impartían sus enseñanzas los maestros del mālikismo granadino. A principios del siglo XV se distinguieron en la función de *muftī* una serie de juristas capacitados, a cuyos dictámenes se recurría cada vez con mayor frecuencia a medida que el avance cristiano se iba haciendo más amenazador y creaba situaciones complejas para el pueblo musulmán de al-Andalus. Estos jurisconsultos dictaminaban sobre diversas cuestiones en litigio e incluso sobre pequeños temas de detalle. Dos *fatwās* de Ibn Manẓūr, descubiertas hace unos veinte años en Baza, recogen la opinión del famoso jurista naṣrí sobre un caso de servidumbre en predio y sobre un asunto de comodato en derecho privado.[64] Transmitidas en su mayoría por el jurisconsulto marroquí del siglo XV Aḥmad al-Wanšarīsī [408[1], IV, 1181], las *fatwās* del reino de Granada, al igual que la recopilación de Ibn Sahl, tienen gran interés tanto para el estudio de la jurisprudencia hispanomusulmana como por la abundancia de datos que aportan acerca de la vida económica y social de al-Andalus, información casi inexistente en las obras de los cronistas.

No hemos hallado en ninguna parte indicaciones sobre la posible existencia de una jerarquía entre los *muftīs*. Los biógrafos de épocas posteriores evocaron el prestigio de este cargo, elogiaron a aquellos fervientes mālikíes que ejercieron sus funciones en la Granada naṣrí y esbozaron algunos retratos de *muftīs* célebres, especialmente de Muḥammad al-Anṣārī al-Saraquṣti [28[2], 319], a cuyas exequias asistió el sultán (en el año 861/1456), y de Ibrāhīm b. Aḥmad Ibn Fatūḥ al-'Uqaylī (muerto en Granada en el año 867/1462), cuya influencia sobre sus discípulos de la *madrasa* granadina fue muy elogiada [28[2], 54]. Conviene señalar que los musulmanes que permanecieron en tierras cristianas mantuvieron durante la baja Edad Media la práctica de la consulta jurídica [12, 266-270].

7.3. MAGISTRATURAS SECUNDARIAS

En la España omeya existieron dos jurisdicciones excepcionales, cuya naturaleza desconocemos todavía en parte, debido a las lagunas existentes en la documentación. En Córdoba, la jurisdicción del *radd*, característica del Occidente musulmán, y la de los *maẓālim*, que tenía su equivalente en Oriente, contaban con sus respectivos titulares; durante el perído de los reyes de taifas y según Ibn Sahl, los titulares de estos cargos tenían entre otras atribuciones el derecho a emitir un veredicto. E. Lévi-Provençal nos informa que «el mismo Ibn Sahl nos indica que el *ṣaḥib al-radd* se llamaba así porque a él se «devolvían» *(radd)* algunas sentencias y porque no dictaba las suyas más que en asuntos que los cadíes desviaban de sí por parecerles «dudosos» [277, III, 114]. Parece que esta institución cayó en desuso a partir del siglo XI en beneficio de los *maẓālim*. Dado el estado actual de nuestros conocimientos, resulta difícil definir las atribuciones del titular del *radd*. E. Lévi-Provençal se pregunta si «tenía potestad para sentenciar o se limitaba a servir de intermediario para pasar a otra jurisdicción un litigio en suspenso» [277, III, 144].

Cualquier musulmán podía invocar un perjuicio causado por una sentencia inicua apelando a un magistrado especial, el titular de los *maẓālim*. La institución de los *maẓālim* aparece atestiguada en la España cordobesa, donde diversos magistrados desempeñaron este cargo en el siglo x y principios del xi [277, III, 142-148]; sin embago, ni siquiera se menciona en la enumeración de los jueces, inferiores jerárquicamente al cadí, que ejercían su oficio en la Sevilla almorávide de principios del siglo xii [75[3], *passim*]; hemos intentado en vano hallar la existencia de esta jurisdicción excepcional en las crónicas hispanomusulmanas de época tardía. Tanto en Occidente como en Oriente, existía la posibilidad de presentar un recurso supremo al monarca, el cual ponía en evidencia en tales ocasiones y con toda brillantez su poder soberano. En la baja Edad Media, los sultanes naṣríes recibían personalmente las quejas y denuncias formuladas por sus súbditos contra los abusos de poder que afectaban a los administrados, y mantuvieron la tradición musulmana de celebrar una audiencia pública semanal. Muḥammad I recibía a los litigantes dos veces por semana; y la audiencia de Yūsuf I se celebraba en la Sala del Consejo de la Alhambra [46, 31; 27, 234].

En una serie de documentos notariales naṣríes del siglo xv queda reflejada la pervivencia, a lo largo de la historia de al-Andalus, de la institución del curador de sucesiones vacantes *(ṣāḥib al-mawārīṯ)*, encargado por el juez de la administración de los bienes caídos en desherencia y del pago de la renta de los mismos al Tesoro público [277, 151-153]. En Granada, en el año 856/1452, Muḥammad b. Muḥammad al-Šuqūq era el encargado de administrar las herencias vacantes [89, 17/7]. Según queda atestiguado en un acta notarial del año 896/1490, en la Andalucía de época tardía este cargo era ejercido en algunos casos juntamente con el de agente del fisco [89, 109/118].

7.4. La ḥisba

Junto con la judicatura, la *ḥisba* es la magistratura hispanomusulmana sobre la cual las fuentes árabes aportan más información [409, III, 503-505]. Desde que W. Bernhauer atrajera la atención acerca de unos pocos tratados de *ḥisba* orientales que había estudiado, esta institución ha sido descrita repetidas veces por la ciencia orientalista.[65] Se ha destacado la dualidad de este cargo: en un principio correspondía a la obligación prescrita por el Corán según la cual todos los creyentes deben ordenar en torno suyo la práctica del bien e impedir el mal,[66] pero en un Estado organizado la *ḥisba* pronto se convirtió en una magistratura especial cuyo titular estaba encargado de la vigilancia de los zocos, de la edilidad y de la censura de las costumbres. No vamos a tratar aquí la tan debatida cuestión de los orígenes de la *ḥisba* en el Oriente musulmán, donde estuvo asociada a la *wilāyat al-Sūq*, especie de prefectura del mercado, a finales del reinado de los omeyas o a principios de la dinastía de los ʻabbāsíes.[67] En un estudio dedicado en fecha reciente a la *ḥisba*, P. Chalmeta atribuye al prefecto del zoco numerosas tareas: recaudación del diezmo, cobro de las rentas de bienes inmuebles, control de pesos y medidas, fijación de precios [184, 336-351]. En vísperas de la conquista arabigoberéber no había en la España visigoda funcionario alguno encargado del control de los mercados urbanos. El cargo de gobernador del zoco aparece atestiguado por vez primera en al-Andalus durante el reinado del emir Hišām I, respetuoso de la tradición omeya de Siria. Las atribuciones del «señor del zoco» *(Ṣāḥib al-Sūq)* parecen limitarse casi exclusivamente a las transacciones comerciales, y la magistratura correspondiente (los *aḥkām al-Sūq*), dependía y se hallaba controlada por el cadí de Córdoba y por los cadíes de las circunscripciones provinciales [277, III, 150]. Hasta la subida al poder de ʻAbd al-Raḥmān II, el «señor del zoco» fue el encargado de mantener el orden público en la capital y de informar al soberano sobre cualquier movimiento subversivo que pudieran tramar las clases bajas de la población [277, III, 150]. En el siglo x, la principal tarea del señor del zoco consistía en vigilar la actividad económica de Córdoba y de las principales ciudades de al-Andalus. Algunos decenios después de la caída del califato cordobés, el «prefecto del mercado» recibió el nombre de *muḥtasib*. A finales del siglo XI y principios del XII, se elaboraron las primeras teorías tanto jurídicas como morales acerca de este cargo y se compusieron los primeros manuales para uso del *muḥtasib*. Las condiciones requeridas para el ejercicio de esta magistratura religiosa eran una sólida cultura, puritanismo religioso, perspicacia, honestidad, celo y una moralidad excelente, condiciones enunciadas por el jurista oriental al-Māwardī[68] y que aún se exigían al titular del cargo a finales de la Edad Media e incluso en el siglo XVII en el Maġrib, donde pervivió dicha institución.[69] A partir de 1931, E. Lévi-Provençal y G. S. Colin descubrieron y publicaron una serie de manuales redactados por tres hispanomusulmanes, el malagueño al-Saqaṭī, el sevillano Ibn ʻAbdūn y el andaluz Ibnʻ Abd al-Raʻūf, y un marroquí, ʻUmar al-Garṣīfī, que permitieron dar un paso decisivo hacia la reconstrucción de la vida social y económica de las ciudades andaluzas en la Edad Media.[70] Mientras que el tratado de al-Saqaṭī «se presenta en forma de un verdadero vademécum del *muḥtasib*, magistrado que se ocupaba esencialmente de la vigilancia de los gremios y de la represión de los delitos de fraude cometidos por vendedores o fabricantes» [75[3], VIII], la Epístola de Ibn ʻAbdūn abarca un campo más amplio, ya que el autor pasa revista a los diferentes cargos o magistraturas ejercidos en Sevilla a principios del siglo XII, en tiempos de los almorávides. El *muḥtasib*, elegido por el cadí con el consentimiento del príncipe, debía ser «un hombre de buenas costumbres, honesto, piadoso y sabio» [75³, 43], con recursos pecuniarios propios que le pusieran a salvo de cualquier sospecha de parcialidad o corrupción. Ibn ʿAbdūn define el papel esencial desempeñado por este en la ciudad hispanomusulmana del siguiente modo: «el oficio del *muḥtasib* es "hermano" del de cadí... Es el portavoz del cadí, su chambelán, su visir y su lugarteniente. Si el cadí se ve impedido por algún obstáculo, el *muḥtasib* debe ocupar su puesto en los asuntos de su competencia y relativos a su cargo. Cobrará un sueldo que será deducido del Tesoro de las Fundaciones pías y que le permitirá cubrir sus gastos personales» [75³, 43-44]. Una de las funciones del *muḥtasib* era dispensar al juez de los casos concernientes a las clases inferiores y al bajo pueblo, a los individuos insolentes e ignorantes de las diversas categorías de artesanos y azacanes [75³, 44]. La mejor manera de resumir la actividad del *muḥtasib* andaluz consiste en ceder la palabra a Ibn ʿAbdūn: lo más importante es «la observancia de las prescripciones religiosas y de los usos fijados por la tradición musulmana» [75³, 45]. El *muḥtasib* de la Sevilla almorávide observaba así la tradición andaluza del siglo XI: la recopilación del jurista cordobés Ibn Sahl, que ejerció el cadiazgo en la taifa zīrí de Granada, atestigua la estrecha colaboración existente en la Andalucía de los reyezuelos entre el *muḥtasib* y el cadí. A menudo, el *muḥtasib* se ocupaba de un caso a petición del juez; al igual que la judicatura, la *ḥisba* recurría a las reglas y a las técnicas de la jurisprudencia.[71]

Las indicaciones fragmentarias que aparecen en los repertorios biográficos andaluces apenas permiten reconstruir la evolución de la institución en tiempos de los almohades [184, 426-428]. El comentario de Ibn Jaldūn nos da una idea de la situación en la baja Edad Media: cargo en un principio religioso, en la España musulmana de la época de los naṣríes la *ḥisba* se había convertido en una institución estatal destinada esencialmente a la vigilancia de la actividad económica de la ciudad musulmana [40³, 251-252]. Su titular no era nombrado por el juez sino por el soberano.

Aunque no existen diplomas de nombramiento del *muḥtasib* para los últimos tiempos de la España musulmana, poseemos, no obstante, testimonios acerca de magistrados naṣríes que accedieron a la judicatura tras haber sido investidos de la *ḥisba* [82, 125; 31, IV, 66, 141]. La denominación que aparece con mayor frecuencia en los escritos de los cronistas y de los biógrafos, la *juṭṭat al-sūq*, o cargo del zoco, ilustra la verdadera naturaleza de esta función tal como la concebían los súbditos de los emires de Granada [46, 40].

En la baja Edad Media, las atribuciones del *muḥtasib*, especie de «preboste de los mercaderes», consistían esencialmente en la vigilancia de las diversas categorías de oficios; en medio del desorden con que se examinan —no sin inútiles repeticiones— tanto profesiones nobles como trabajos degradantes, revive la actividad comercial y económica de las metrópolis hispanomusulmanas. En cuanto al comercio de alimentos, el *muḥtasib* vigilaba a horneros y panaderos, que debían ceñirse a unas reglas de limpieza muy estrictas, cocer bien el pan y no cometer fraudes en la venta [75^{5}, 201-203]. Eran punibles los lecheros que aguaban la leche y no limpiaban adecuadamente sus utensilios [75^{3}, 93]. Se recomendaba a los carniceros no mezclar carne grasa con carne magra y seguir en la matanza las normas tradicionales establecidas por los discípulos de Mālik b. Anas [75^{5}, 204-209]. Se producían frecuentes fraudes en la venta de higos, por lo que el *muḥtasib* debía inspeccionar cuidadosamente las seras y comprobar que no hubiera frutos podridos en su interior [75^{3}, 94]. También se controlaba a los pescadores que mezclaban pescado pasado y fresco [75^{5}, 209]; a los vendedores de frituras que empleaban aceite de mala calidad para freír el pescado; a los figoneros que guisaban restos de carne [75^{5}, 209] y a los vendedores de buñuelos [75^{5}, 350]. Se recomendaba a los comerciantes de aceite, manteca y miel no adulterar los productos que utilizaban [75^{5}, 354]. También se exigía a otros gremios una honestidad escrupulosa; así, por ejemplo, el *muḥtasib* exhortaba a estereros, tintoreros, pellejeros y fabricantes de sandalias a que trabajaran con el máximo cuidado [75^{5}, 350-351]. Se denunciaban los fraudes y las imperfecciones cometidos por peleteros, tejedores e hiladores de lino [75^{5}, 352-353]. Se prohibía a los vendedores de telas aprestar los tejidos, ya que con ello disimulaban los agujeros [75^{1}, 86-87; 75^{5}, 35-38]. Los fabricantes de tejas y ladrillos debían disponer de unos moldes de determinadas dimensiones, cuyos patrones, usados para llevar a cabo comprobaciones, se hallaban colgados en la parte superior del muro de la mezquita mayor en la Sevilla almorávide de principios del siglo XII [75^{3}, 75].

El *muḥtasib* debía examinar los pesos y medidas utilizados por los vendedores detallistas y poner su sello en los patrones usados [75^{5}, 356-360]. Estaba estrictamente prohibido acaparar [75^{1}, 109; 75^{5}, 358-359].

En aquellos casos en que se establecía habitualmente un precio para ciertos artículos de primera necesidad, el *muḥtasib* debía recorrer personalmente los zocos para comprobar los pesos de dichos productos. Así, por ejemplo, el pan debía tener en España un peso determinado, según su precio de venta, de un cuarto o un octavo de dirham; los ayudantes del *muḥtasib* llevaban una balanza para pesar el pan; en la carne debía ponerse un letrero con el precio fijado en la mercurial establecida por el *muḥtasib*.[72]

También competía al *muḥtasib*, especie de edil urbano, el control de las vías públicas. Debía impedir que la gente echara detritus y animales muertos a las calles frecuentemente enfangadas de las ciudades andaluzas; prohibir a los tintoreros que extendieran sus telas en la calle mayor;

impedir el acceso a las callejuelas de todos aquellos que ejercían oficios viles, como leñadores, chalanes y vendedores de cal [75^3, 85; 75^5, 370]. El *muḥtasib* debía vigilar la construcción de letrinas y alcantarillas [75^3, 81] y ordenar la demolición de aquellos edificios que amenazaran ruina [75^5, 368]. Tenía asimismo poder para decidir en aquellos casos en que balcones y voladizos sobresalían excesivamente [75^3, 74].

Cabe recordar también el aspecto moral de la *ḥisba.* Tanto el malagueño al-Saquaṭī como el sevillano Ibn'Abdūn criticaban duramente las costumbres disolutas de sus conciudadanos [87^2, 372; 75^3, 113]. Según Ibn 'Abd al-Ra'ūf, el *muḥtasib* andaluz tenía que velar por el comportamiento de sus administrados y exigir que ambos sexos estuvieran rigurosamente separados en los lugares públicos [75^5, 21]. El *muḥtasib* prohibía las prácticas que podían suponer una profanación de las tumbas, como, por ejemplo, echar basuras y prender fogatas en los cementerios o coger las telas votivas depositadas sobre las lápidas sepulcrales [75^3, 57; 75^5, 307]. No debía tolerarse que la gente se «sentara sobre las tumbas para beber vino o incluso para entregarse al libertinaje» [75^3, 57].

Era responsabilidad del *muḥtasib* el que se cumplieran las medidas discriminatorias aplicadas a los tributarios. Judíos y cristianos tenían prohibido vestir como los miembros de la aristocracia o como los hombres de bien. Ibn 'Abdūn llegaba incluso a prescribir un signo distintivo que permitiera distinguirlos de los demás y que constituía para ellos una marca de ignominia. Acusaba a los clérigos de las peores crueldades y quería que se les obligara a contraer matrimonio. En su opinión, los tributarios debían dedicarse a trabajos viles, como la limpieza de letrinas y la recogida de basuras [75^3, 108-109, 114].

Los autores andaluces se ocuparon también de las atribuciones religiosas del *muḥtasib,* quien debía vigilar rigurosamente las manifestaciones públicas del culto islámico: oración ritual y oración del viernes, prohibición de cualquier negocio después de la llamada a la oración y el respeto de los demás pilares de la fe musulmana, el ayuno y el diezmo *zakāt.* Un buen *muḥtasib* debía controlar el estado de conservación de las mezquitas y velar para que en ellas reinara la mayor limpieza [75^1, 70-74; 75^5, 14-21].

Los autores de obras de *ḥisba* trazaron por supuesto el retrato de *muḥtasib* ideal y promulgaron los estrictos preceptos a que debía amoldarse; pero en la práctica este cargo se convirtió más de una vez en «un objeto de lucro y en una fuente de gratificaciones» [75^1, 119; 75^5, 365]. Sin embargo, hubo magistrados escrupulosos, honestos e íntegros, como pone de manifiesto la carta dirigida pr Ibn al-Jaṭīb a su amigo el *muḥtasib* de Málaga, Abū 'Abd Allāh Muḥammad b. al-Qāsim al-Ŷayyānī al-Mālaqī al-Šudayyid, a quien califica de «maravilla de su tiempo» [391, XXVI/2, 1961, 471-475].

Resulta interesante recordar que en la España cristiana se imitió ya desde principios del siglo XI alguna de las magistraturas musulmanas, como pone de manifiesto la mención en los Fueros del *zabazoque*, que no es otro que el «señor del zoco».[73]

En la baja Edad Media y a medida que la Reconquista avanzaba, el oficio de *muḥtasib* subsistió en las ciudades medievales españolas con el nombre de *almotacén* o *almostaçaf*.[74] Las tareas y prerrogativas de este funcionario municipal eran muy semejantes a las del magistrado hispanomusulmán. Además, sus atribuciones concernían tanto a la vida religiosa como al poder secular. En la vida urbana de la Valencia del siglo XIII al XV, eran de su incumbencia la inspección de los gremios y el control de los productos alimenticios, así como la higiene pública y la supervisión de la construcción de las murallas [350]. Tras la entrada de las tropas aragonesas de Jaime I el Conquistador en esta metrópoli levantina, siguió viviendo allí una comunidad musulmana importante tanto por su actividad económica como por el número de su población que constituyó un fuerte núcleo urbano; en ella el *mustaçaf* se ocupó de promulgar el respeto de las fiestas religiosas: el viernes para los musulmanes y el domingo para los cristianos. Al igual que los tratados andaluces en los que se revive el bullicio de la vida de las ciudades musulmanas, los *Llibres del mustaçaf* valencianos nos presentan el mundo comercial y artesano de la Valencia medieval. La reglamentación del edil urbano valenciano se extendió posteriormente a las principales ciudades dependientes de la Corona de Aragón, o sea Barcelona (1339), Gerona (1351), Lérida y Perpiñán. La intervención del magistrado municipal en la vida cotidiana de Mallorca se remonta a los primeros años del siglo XIV; en 1343, Pedro el Ceremonioso dio a esta institución su forma definitiva. En el *Llibre del Mostassaf*[75] aparecen citadas como funciones esenciales el control de las transacciones comerciales y, en consecuencia, la vigilancia de pesos y medidas, así como el ejercicio de la policía urbana. Esta especie de tratado de *ḥisba* mallorquín estaba destinado a un funcionario civil, dependiente únicamente del gobernador local, que, al tomar posesión de su cargo, juraba aplicar estrictamente los reglamentos. En 1272, durante el reinado de Alfonso X, había en Murcia un almotacén.[76] Las semejanzas entre los *Libros de Ordenanzas*, redactados en varias ciudades españolas a finales del siglo XV, y los tratados de *ḥisba* andaluces ponen de manifiesto que la influencia musulmana era más fuerte que nunca en la Granada de 1500, donde el almotacén Mahomad El Pequenní conservaba el cargo que ejerciera en tiempos de Boabdil, o en Málaga, donde fueron nombrados dos almotacenes tras la conquista de la ciudad por los Reyes Católicos.[77] A principios del siglo XVI, existía todavía entre las comunidades musulmanas de Aragón el cargo de *muḥtasib* [12, 307-308].

7.5. El ejercicio de la represión

El soberano andaluz ha sido descrito en varias ocasiones como un personaje que reunía en su persona todas las facetas del poder público. Podía ordenar —a su voluntad— el encarcelamiento de individuos que habían caído en desgracia o la ejecución de dignatarios que le eran hostiles. En ŷumādā II del año 189/mayo de 805, el emir al-Ḥakam I hizo crucificar a 72 notables cordobeses tras haber descubierto una conspiración [277, I, 160]. Con el fin de cobrar los impuestos, el naṣrí Muḥammad I hizo detener y torturar a los inspectores del fisco hasta que confesaron las extorsiones cometidas; el inspector de Almería, Abū Muḥhammad b. ʻArūs, murió a consecuencia de torturas [37², II, 126].

En materia de jurisdicción represiva intervenía, además del juez, otro magistrado quien, por delegación del príncipe, incoaba los procesos en los que el cadí se delcaraba incompetente y aplicaba las penas correctivas. El ṣāḥib al-šurta, especie de «lugarteniente de lo criminal», tenía libertad absoluta para perseguir y reprimir los delitos que atentaban contra el individuo y contra el interés general. Esta institución se hallaba ya en vigor en la España de los omeyas en el siglo IX [270, 88-93]. Según el cronista Ibn Ḥayyān, el emir ʻAbd al-Raḥmān II la introdujo en la organización judicial de su reino, limitando con ello las atribuciones del señor del zoco, que hasta entonces había sido el único responsable del orden público en la ciudad de Córdoba [277, I, 259]. Según Ibn al-Abbār, hasta el siglo XII la función del ṣāḥib al-šurṭa y la del señor de la ciudad *(sāḥib al-madīna)* o zalmedina, eran distintas [15, 124], pero al decir de Ibn Saʻīd [78, I, 203] e Ibn Jaldūn [40³, 251], historiadores de época más tardía, ambos cargos pasaron a confundirse.[78]

Desconocemos el funcionamiento exacto de esta institución. Ibn Jaldūn señala la existencia simultánea en el califato de Córdoba de una *gran šurṭa*, cuya autoridad se extendía a la aristocracia, y de una *pequeña šurṭa* que tenía únicamente potestad sobre el populacho, pero los cronistas nada dicen sobre este punto [277, III, 155-156]. Sea como fuere, el titular de la *šurṭa* o policía urbana era un personaje de renombre que había logrado subir los peldaños de la jerarquía administrativa. En el reino de Granada, aparece atestiguada en tiempos de Muḥammad I la acumulación de la *šurṭa* y de la *ḥisba* en la persona de Ibn al-Ašbarūn, cuya represión contra los borrachos fue muy alabada [46, 41; 82, 125-126]. Una de las atribuciones más importantes del *ṣāḥib al-šurṭa* consistía en garantizar el funcionamiento de las patrullas o rondas nocturnas, cuyo titular llevaba el nombre de prefecto de las vigilias [78, I, 204]. Ibn Ḥazm nos cuenta que por las noches los barrios de Córdoba cerraban sus puerrtas, una vez pasada la ronda, y que, por tanto, si alguien se entretenía en casa de un amigo, no podía volver a la suya antes del amanecer [391, XV/2, 1950, 359]. En la Sevilla almorávide de los primeros años del siglo XII, las calles eran recorridas en el transcurso de varias rondas por agentes de la patrulla y por sargentos de policía que iban cambiando de recorrido [75, 37]. Ibn Saʿīd afirma que en las ciudades andaluzas del siglo XIII cada calle tenía puertas que se cerraban con cerrojo por la noche; junto a cada una de estas puertas se hallaba apostado un vigilante armado, que llevaba una antorcha y estaba acompañado por un perro [78, I, 204]. La primera guardia empezaba a las diez de la noche, la segunda a medianoche y la tercera a las dos de la madrugada.

Para la aplicación de las penas dictadas por las jurisdicciones religiosa y administrativa, el *ṣaḥib al-šurṭa* y el *muḥtasib* disponían de una amplia gama de sanciones, la más ligera de las cuales era la reprimenda. El castigo corporal por excelencia consistía en la flagelación con un látigo o vergajo [75[1], 123; 75[5], 370]. Los tratados de *ḥisba* indican a menudo que se sometía a los artesanos culpables de fraude al paseo infamante [277, II, 246, n. 2], que consistía en exhibir al delincuente por las calles más concurridas montado de espaldas en un burro y tocado con un bonete hecho con dos trozos de tela de diversos colores y coronado con cascabel; de ahí el nombre de *taŷrīs* frecuentemente empleado [78, I, 204]. Revestían mayor gravedad el destierro, que, según Ibn Saʿīd, el titular de la šurṭa aplicaba a los reincidentes, y el encarcelamiento [78, I, 204]. En la España omeya se encarcelaba a los condenados a cadena perpetua en una prisión subterránea situada en el recinto del Alcázar de Córdoba [277, III, 159]. La cárcel de la capital se hallaba en las proximidades de la Gran Mezquita [277, III, 160]. Ibn ʿAbdūn nos informa acerca de la severidad del régimen penitenciario de una metrópoli andaluza en tiempos de los almorávides [75[3], 39-41]. Los carceleros sevillanos cargaban de grilletes a los presos o los ataban a postes para arrancarles alguna gratificación. Los detenidos recibían víveres del exterior a modo de limosna. En el siglo XV, los sultanes naṣríes utilizaron en varias ocasiones la fortaleza de Salobreña [391, XXVIII/2, 1963, 463-472] para encarcelar a los príncipes de su dinastía a quienes intentaban suplantar [138, 122, 127 n. 4; 132, 145, 165 n. 6].

Había distintas formas de ejecución, entre ellas el estrangulamiento, la decapitación, seguida de la exposición del cadáver, y la crucifixión [277, II, 246 n. 2].

NOTAS DEL CAPÍTULO II

1. Véase el análisis de D. M. Dunlop, *A little-known work on politics by Lisān al-dīn b. al-Khaṭib* [417, 1959, vol. VIII/1, 47-54]. Según Dunlop, Ibn al-Jaṭib plagió y refundió un tratado más antiguo, compuesto por un letrado egipcio del siglo IV/X, Ibn al-Dāya. Sobre Ibn al-Dāya, véase el artículo de F. Rosenthal en *E.I²* [409, III, 768-769].

2. Como, por ejemplo, los 'abbādíes de Sevilla y el dinasta de Almería, Muḥammad Ibn Ṣumādiḥ [192, 81 y n. 2]. Sobre la literatura oriental en los siglos X y XI, véase A. Mez [300, 175-177].

3. El lazo de vasallaje que unió a Muḥammad I con el califa de Bagdad, al-Mustanṣir, en los primeros años del reinado de aquel, aparece en dos monedas naṣríes: un medio dirham cuadrado de Jaén y otro de Granada; ambos llevaban la inscripción «Emir de Granada, lugarteniente del 'abbāsī». El primer naṣrí siguió, pues, el ejemplo de Ibn Hūd, que por aquel entonces dominaba la Andalucía oriental. Pero cuando se produjo un cambio de situación a su favor, el emir granadino consiguió librarse de los lazos de dependencia 'abbāsíes y se sometió a la soberanía de los reyes del Magrib y de Ifrīqiya; durante un corto período de tiempo, hizo pronunciar la plática en nombre de estos, por lo que recibió regalos tanto en subsidios como en ayuda militar [138, 182-184].

4. Así sucedió poco antes de la muerte del emir al-Ḥakam I [288, I, 190 y n. 1]. Sobre el juramento *(bay'a)* en la España califal, véase M. M. Antuña, *La Jura en el Califato de Córdoba* [395, VI/1930, 108-144].

5. Véase Muqaddima, [40⁵, I, 428]. Por lo demás, los reyezuelos habían suprimido la palmada. Véase Idrīs [236, 65].

6. Acerca de la corona, véase el artículo *tādj* de W. Bjorkman, [408, IV, 625-627] y E. Lévi-Provençal [288, III, 14 n. 1].

7. Sobre la importancia de la bandera en el Islam, véase el artículo *'Alam* de J. David-Weill en *E. I²* [409², I, 359-360].

8. Véase *Muqaddima,* texto 40⁴, II, 62, trad. Rosenthal, 40⁵, t. II, 69. El tercer almohade, Ya'qūb al-Manṣūr juzgó que la dinastía estaba suficientemente segura y restableció el empleo de este recinto *(maqṣūra)*.

9. Véase D. Sourdel, *Wazīr et ḥāŷib en Occident* [278, II, 749-755].

10. Claramente inspirada en uno de los apólogos tan apreciados por la antigüedad helenística, la *Išāra ilā adab al-siyāsa* que hemos consultado en el manuscrito de Rabat (folios 63-90), recuerda en cuanto a contenido la *Maqāmat al-siyāsa* de Ibn al-Jaṭīb (véase [78¹, IX, 134-139]).

11. En cuanto a los contemporáneos de los naṣríes, parece que la institución de la *ḥiŷāba* fue llevada de España a Ifrīqiya, en época de los ḥafṣíes. Véase R. Brunschvig, *Berbérie* [161, II, 47 ss.]. Más hacia el Oeste, en Fez, el ḥāŷib

marīní era tan solo un pariente del soberano. En Tremecén, en la época de los 'Abd al-wādíes, el ḥāŷib ejerció simultáneamente las funciones de intendente de palacio y de ministro de finanzas; desapareció casi por completo después del interregno marīní. Véase Ibn Jaldūn, *Muqaddima* [40[3], 242].

12. Parece casi seguro que los titulares de este cargo no ejercieron al mismo tiempo las funciones de espada y de pluma. Hay que relacionar este título con otros «títulos dobles» puramente honoríficos, otorgados a generales victoriosos o elegidos por algunos reyezuelos [277, III, 22].

13. Recuérdese que los zīríes de Granada tuvieron a dos visires judíos, Samuel Ben Nagrālla y su hijo José. Véase H. R. Idrīs, *Les Zīrides d'Espagne* [391, XXIX/1, 1964, 133].

14. Véase J. Vallvé Bermejo, *Un privilegio granadino del siglo XIII*, [391, 1964, XXIX/2, 233-242]. En el *Nafḥ al-ṭīb* de al-Maqqarī (t. IX) aparecen varios *ẓahīrs* redactados por Ibn al-Jaṭīb.

15. La mayoría de estas cartas aparecen en la *Rayḥānat al-kuttāb*, Ms. Escorial núm. 1825 [50] y en la *Kunāsat al-dukkān ba'd intiqāl al-sukkān*, compuesta durante la estancia de Ibn al-Jaṭīb en Salé (hacia el año 760/1358-1359).

16. Véase L. Seco de Lucena Paredes, *Cortesanos naṣríes del siglo XV. Las familias de Ibn Abd al-Barr e Ibn Kumāša* [417, 1958, VII/ 1 1928] y *Alamines y Venegas, cortesanos de los Nasríes* [417, 1961, X/1, 127-142].

17. Los despachos de la administración omeya estaban instalados en las amplias dependencias del palacio que se abrían directamente sobre el *Raṣīf*, la calzada situada junto a la orilla derecha del Guadalquivir. En Madīnat al-Zahrā' hubo anexos de algunos despachos [288, II, 131].

18. Ibn 'Idārī, *Bayan* [37[2], II, pág. 236, trad. 365-366]. Sobre el *kātib* en Oriente, véase el artículo de R. Sellheim D. Sourdel, en *E. I*[2] [409, IV, 785].

19. El Secretario de Estado Muḥammad b. 'Abd Allāh al-Anṣārī fue destituido por el sultán Muḥammad II por un motivo anodino [46, 40].

20. Véase al-Maqqarī, 78[1], IX, 303-304. El tratado de Abū Bakr Ibn Jaldūn, abuelo del célebre historiador, nos informa sobre todo acerca de los servicios de la administración ḥafṣí. Véase E. Lévi-Provençal, *Le traité d'adab al-kātib d'Abū Bakr Ibn Jaldūn* [396, II/3, 1965, 280-288].

21. Ibn al-Jaṭīb ejerció esta función bajo Yūsuf I [46, 91].

22. Véanse los documentos árabes núms. 82 y 84 del ACA [95], transcritos y traducidos por el juez Aḥmad b. Ḥasan b. Ša'sā en el año 754/1344. El tratado de paz concluido entre Muḥammad V de Granada y Pedro IV de Aragón el 18 de ṣafar del año 779/29 de mayo de 1337 fue redactado a dos columnas, una con el texto árabe y la otra con el texto español correspondiente. Véase *Los documentos diplomáticos árabes* [4, 411-415]. W. Hoenerbach ha comparado el *kātib* hispanoárabe con el escribano de los reinos cristianos de España [12, introd., XXVII-XXXVIII].

23. L. Seco de Lucena Paredes, *Alamines y Venegas, cortesanos de los Nasríes*, artículo citado *supra*, 16.

24. Véanse los documentos árabes núms. 15, 36, 43, 137, 138, 139, 161 del ACA [95]. El egipcio al-Qalqašandī [86, VII, 412] reproduce una carta que sabemos procede de la Alhambra por su color rojo; en ella se informaba a la corte mameluca de Egipto de un éxito militar alcanzado por Muḥammad V frente a los cristianos (ŷumādā I del año 765/febrero de 1364).

25. Véase el núm. 142 del ACA [95]: carta de Muḥammad V de Granada a Pedro IV de Aragón con fecha 3 de dū l-qa'da del año 762/4 de septiembre de 1361.

26. En el siglo XIV, se menciona a veces la fecha del año gregoriano. Véase el documento núm. 2873 del ACA [95].

27. El Mustawda' al-alāma wamustabdi'al-'allāma, editado por M. Turkī y M. Ben Tāwīt en Rabat en 1964.

28. *Mustawda' al-'alāma*, 21. Ibn Hūd, el desdichado rival del primer naṣrí, había elegido como *'alāma*: «me he encomendado por completo a la voluntad de Dios», o.c., 22.

29. Véase *Los Documentos diplomáticos árabes* [4, 102-126, 136-138, 142-144, 147, 406, 408, 411].

30. Véase el artículo *barīd* en *E. I²* [409, I, 1077-1078] y A. Mez [300, 99, 585-594]. En la España omeya existía una amplia red de espías y de agentes de información, según el viajero Ibn Ḥawqal que visitó el Occidente musulmán en la segunda mitad del siglo X *(Kitāb al-Massālikwa-l-Mamālik*, ed. por Kramers, Leiden, 1938, I, pág. 116). En Córdoba había un edificio llamado «Casa de Correos» cuya fundación se remontaba a tiempos de 'Abd al-Raḥman I. Al-Ḥakam II se preocupó por el buen funcionamiento del correo y por la rápida transmisión de los mensajes. Durante el reinado de al-Ḥakam II, una carta tardaba de tres a seis meses en llegar a su destino. Véanse los datos proporcionados por E. García Gómez en *Armas, banderas, tiendas de campaña, monturas y correos en los «Anales de al-Ḥakam II» por 'Isā Rāzī*, [391, XXXII/1, 1967, 175-179].

31. En el siglo III/IX, los aglabíes habían perfeccionado hasta tal punto este sistema en la costa septentrional de África que las noticias emitidas desde Ceuta llegaban a Alejandría en el espacio de una sola noche, y las de Trípoli al cabo de tres o cuatro horas [300, 592].

32. Véanse los artículos *ḍarība, E. I²* [409, II, 146-153]; *djizya, E. I²* [409, 573-576]; *kharādj*, E. I¹ [408, II, 955-956]; *ṣadaḳa, E. I¹* [408, IV, 35-37]; *'ushr, E. I¹* [408, IV, 1107-1109]; *zakāt, E. I¹* [408, IV, 1270-1273].

33. En el curioso relato de Ibn al-Jaṭīb, *Iḥāṭa* [45⁶, II, 125] aparece un personaje, el *ṭarqūn* [194, II, 39], especie de recaudador del impuesto establecido sobre los festines, la *qabālat al-lahw* [194, II, 306].

34. Sobre el *majzin*, considerado por Ibn al-Jaṭīb en el sentido de tesoro público, véase Dozy [194, I, 369]. Según J. López Ortiz, esta institución andaluza, sería el antecedente inmediato del *majzin* marroquí.

35. Sobre el *tarṭīl* véase Eguilaz, *Glosario* [199, 533], Dozy y Engelmann, *Glossaire* [195, 350], I. Álvarez de Cienfuegos [417, VIII, 1959, 119-120].

36. El documento es del 13 de septiembre de 1497, *Archivos de la Alhambra*, y fue utilizado por A. Gamir Sandoval, *«Las fardas» para la costa granadina (siglo XVI)*, en *Homenaje de la Universidad de Granada a Carlos V*, 1958, 293-330.

37. Sobre el *'āmil* en Oriente, véase *E. I²* [409, t. I, 447-448]. En los textos históricos de Occidente, este término hace casi siempre referencia no al gobernador sino al agente de la administración financiera.

38. Faltan indicaciones concretas sobre el empleo de la renta del Estado. Acerca de la España cordobesa, véase E. Lévi-Provençal [277, III, 41].

39. Sobre el mecenazgo en época de 'Abd al-Raḥman III, véase E. Lévi-Provençal [277, II, 141-142]. El califa, por su parte, no menospreciaba los regalos que le hacían los grandes dignatarios de su corte, quienes pretendían conservar así el disfrute de sus considerables fortunas. Véase E. Lévi-Provençal [270, 102-103]. Sobre la generosidad de los reyes de taifas, véase H. Pérès [321, 80-81]. Según los cronistas árabes, Yūsuf b. Tāšfīn se apresuró a repartir entre

sus oficiales las riquezas contenidas en el tesoro privado del último zīrí de Granada, 'Abd Allāh [236, 126]. Sobre el mecenazgo del almohade 'Abd al-Mu'min, véase al-Marrākušī, texto, 200; trad., 175. Ibn Zamrak nos cuenta que el sultán de Granada Muḥammad V le entregó un manto de color rojizo, adornado con pájaros [79, II, 141]. El mismo monarca ofreció a Ibn Jaldūn, a su llegada a Granada, un traje de aparato con ricos bordados [42, 84].

40. Sobre la *hagüela,* o *agüela* véase Álvarez de Cienfuegos, artículo citado *supra* [417, VIII, 1959, 103]. Sobre la pervivencia de este impuesto en la ciudad de Granada después de la caída de la dinastía naṣrí, véase C. Villanueva, *Habices de las mezquitas de la ciudad de Granada y sus alquerías,* II, 1966, documento 11, 16.

41. Documento de 10 de diciembre de 1489, núm. 15, en M. Garrido Atienza [112].

42. Véase *Kitāb Ṣūrrat al-arḍ,* ed. Kramers, I, 112.

43. Véase G. C. Miles [301, 39-40]. Más adelante trataremos de las monedas hispanomusulmanas.

44. En San Andrés de Ordoiz, cerca de Estella, se han encontrado numerosas monedas de la época del emirato. Véase F. Mateu, «El hallazgo de dirhemes en San Andrés de Ordoiz (Estella, Navarra)», en *Príncipe de Viana,* XI, 1950, 85 ss.

45. Sobre la circulación de los *dīnāres* almorávides en Egipto a finales del siglo XI, los documentos de la Geniza de El Cairo son categóricos. Véase S. D. Goiten, *A Mediterranean Society* [212, I, 235-236]. Sobre el empleo de *dīnāres* almorávides en Europa occidental, especialmente en Francia, véase J. Duplessy, «Monnaies arabes en Europe Occidentale», en *Revue Numismatique,* 18, París, 1956, 128-133.

46. Véase F. Mateu «Hallazgos numismáticos, en *Al-Andalus* [391, XV, 1950, 219]. En el Mediodía francés, especialmente en Montpellier, Marsella y Arles, y también en Italia, en Pisa, se emitieron de forma fraudulenta dirhems árabes anónimos, iguales a los que acuñaban los almohades en Sevilla, Jaén y Murcia. Véase L. Blancard, *Etude sur une monnaie du XIII*[e] *siècle imitée de l'arabe par les Chrétiens pour les besoins du commerce en pays maure*, citado por Rivero [331, 56].

47. El rey aragonés instituyó el 8 de mayo de 1247 la moneda de vellón, *menuts,* y prometió no introducir en el país ninguna otra moneda de plata o de cobre. La acuñación de monedas de oro no se introdujo en Aragón, Cataluña y Valencia antes del siglo XIV, en tanto que ya existía en Castilla, Portugal y Mallorca. Véase F. Sevillano Colom, *Valencia urbana medieval* [350, 92-93 y nota 12].

48. *Muqaddima,* 40[3], 226. Las voces españolas *ceca, zeca* y *seca,* que designan el lugar en que se acuña la moneda, parecen derivar de la *sikka* árabe. Existen divergencias entre los autores españoles sobre la evolución semántica de esta palabra; véase F. Mateu, *Glosario hispánico de Numismática,* Barcelona, 1946, voces *sicca, ceca* y *seca.*

49. Documento del ACA *Cartas Reales, Caja* II, núm. 1552, editado por J. Lluis y Navas; véase [285 *c.*, apéndice].

50. Véase *Indicación del valor de las monedas arábigo-españolas,* en *Homenaje a Codera,* Zaragoza, 1904, 522.

51. Sobre el vocablo *faḥṣ,* «terreno destinado al cultivo, montañoso o llano», véase Yāqūt, *Mu'ŷam al-buldān,* ed. Wüstenfeld, Leipzig, 1886, III, 852.

52. Sobre la *ṭā'a,* véase Dozy [194, II, 68]. La *ṭā'a* de Laujar *(al-Ŷahwar)*

aparece mencionada en un texto del 7 de ša'bān del año 891/7 de agosto de 1486. Véase L. Seco de Lucena Paredes, doc. núm. 57. Según Pedro de Alcalá, la *ṭā'a* designaba una provincia; sin embargo, para Diego Hurtado de Mendoza era una región.

53. Véase Codoin [107, VIII, 413-414]. Sobre las *ṭā'as* de la Alpujarra, véase M. Gómez Moreno, «De la Alpujarra», en *Al-Andalus,* XVI, 1951, 17-36 (mapa).

54. Véase Rev. Padre José López Ortiz, «Algunos capítulos del formulario notarial de Abensalmun de Granada», en *Anuario de Historia del Derecho Español* [395, IV, 1927, 319-375]; Padre Melchor M. Antuña, «Ordenanza de un cadí granadino para los habitantes del valle de Lecrín», en *Anuario* [395, X, 1933, 116-137].

55. Sobre las dinastías de jueces, véase *Marqaba* para los Banū l-Nubāhī [82, 112-115, 128-129] y los Banū Salmūn [82, 167]. Sobre los Banū 'Āṣim, véase L. Seco de Lucena Paredes, «La Escuela de juristas granadinos en el siglo XV», en MEAH [417, VIII/1, 1959, 7-28]. J. Bosch Vilá ha dedicado a los Banū Simāk un estudio minucioso «Los Banū Simāk de Málaga y Granada: una familia de cadíes», en MEAH [417, XI/1, 1962, 21-37]. Sobre las cualidades morales de un cadí de Málaga, véase María Isabel Calero Secall, «Un amigo de Almanzor: el cadí de Málaga Rayya, al-Ḥasan Ibn 'Abd Allāh al-Ŷuḏāmī», en *Cuadernos de Historia del Islam* [407, núm. 7, 1975-1976, 156]. Sobre la virtud, piedad y ciencia de un cadí del siglo XI, véase el artículo de F. de la Granja «Ibn García, qāḍī de los califas ḥammūdíes (nuevos datos para el estudio de la šu'ūbiyya», en *Al-Andalus* [391, XXX/1, 1965, 70].

56. Véase Ibn Farḥūn, *Tabṣirat al-ḥukkām fī uṣūl al-aqḍiya wa-manāhiŷ al-aḥkām,* impreso al margen del *Fatḥ al-'Alī al-mālik* de Muḥammad Aḥmad 'Illīš, El Cairo, 1937, t. I, pág. 29.

57. En opinión de E. Lévi-Provençal, esta denominación es errónea y aduce para ello que «el sentido corriente de *bāb al-šarī'a* en el Occidente musulmán —en la mayoría de ciudades españolas había puertas con este nombre— es el de «puerta que se abre sobre la explanada exterior *(šarī'a)* de la ciudad» [...] Más tarde se inventó la traducción de esta expresión por «Puerta de la Justicia» [271, núm. 171], texto conmemorativo de la construcción de la gran puerta de la Alhambra, año 749 H.

58. Más adelante se tratará el tema de la enseñanza de la ley religiosa y de las disciplinas relacionadas con ella por los jueces andaluces.

59. En Occidente, la voz *waṯīqa* designaba el documento notarial, *tawṯīq* el notariado y *ṣāḥib al-waṯā'iq* o *waṯṯāq* al notario. Véase Ibn Zubayr [66, 44, 121, 138] e Ibn Farḥūn, *Tabṣira,* I, 173, 178, 204. Para el estudio del notariado en el Islam medieval, véase E. Tyan, *Le notariat et le régime de le preuve par écrit dans la pratique du droit musulman,* Beirut, 2.ª ed., 1959.

60. *Tabṣira,* I, 191.

61. *Mutlā al-ṭarīqa,* ed. A. Turkī, folio 3. Véase *Lisān al-dīn Ibn al-Jaṭīb (713-76/1313-74) juriste d'après son oeuvre inédite: Muṯlā al-ṭarīqa fi ḏamm al-waṯīqa: Introduction,* en *Arabica* [396, XVI/2, 1969, 155-211], texto árabe y glosario en *Arabica* [196, XVI/3, 1969, 279-312].

62. Sobre los Banûi l-Ŷadd, véase *Muṯlā al-tarīqa,* ed. citada anteriormente, folio 42. Sobre las discusiones relativas a la retribución de los notarios, véase *Tabṣira,* I, 192.

63. Véase *Muṯla,* folios 3, 7, 26 y 41, ed. Turkí, citada anteriormente.

64. Estos dictámenes jurídicos han sido editados y traducidos por L. Seco de

Lucena Paredes, «Notas para el estudio del Derecho Hispano Musulmán, Dos fatwas de Ibn Manzur», en MEAH [417, V, 1956, 5-17].

65. Véase W. Bernhauer, «Les institutions de police chez les Arabes», en *Journal Asiatique* (J.A.), V serie, XV y XVI, 1860-1861; M. Gaudefroy-Demombynes, «Sur quelques ouvrages de ḥisba», en *Journal Asiatique,* 1938, 449-457.

66. Véase Corán, III, 100, trad. francesa por R. Blachère, *Le Coran,* París, 1957, 100/104, 89: «que surja de entre vosotros una comunidad [cuyos miembros] llamen al Bien, ordenen lo Conveniente y prohíban lo Censurable».

67. Sobre la filiación grecorromana de esta institución, véanse las referencias dadas por P. Chalmeta [184, 292 n. 89]. B.R. Foster, en su artículo «Agoranomos and muḥtasi», JESHO [413, XIII, 1970, 128 ss.], se ha mostrado contrario a la asimilación del *muḥtasib* con el agrónomo de la Grecia clásica y helenística.

68. En sus *Aḥkām al-sulṭāniyya,* trad. de Fagnan, Argel, 1915, 513 ss.; en cuanto al siglo XII, véase al-Ġazālī, t. II de *Iḥyā 'Ulūm al-dīn,* 309-357.

69. Véase en particular el exordio del tratado de *ḥisba* del marroquí 'Umar al-Garsīfī [75[1], 119; 75[5], 365]; sobre Oriente, véase el t. IV del *Subḥ al-A'šā* de al-Qalqašandī [86, 452], el t. II, 342 de los *Jiṭat* de Maqrīzī (ed. El Cairo 1324 H.). El cadí marroquí Aḥmad b. Sa'īd al-Muŷaylidī exponía en un opúsculo titulado *Kitāb al-Taysīr fī aḥkām al-tas'īr,* las cualidades del *muḥtasib* ideal en el siglo XVII (ed. Mūsā Laqbal, Argel, 1970, 42-43).

70. No se ha llegado a un acuerdo sobre la identificación de Abū 'Abd Allāh Muḥammad b. Abī Muḥammad al-Saqaṭī. Para E. Lévi-Provençal era un hombre de finales del siglo XI [87[1], IX]. La hipótesis de G.-S. Colin (se trataría de un contemporáneo de Ibn al-Jaṭīb, por tanto, de un andaluz del siglo XIV) es difícilmente aceptable, como ha señalado P. Chalmeta [184, 435]. Dicho arabista sitúa la redacción del *Kitāb fī ādāb al-ḥisba* de al-Saqaṭī en el primer cuarto del siglo XIII [184, 431], pero los datos que aporta son demasiado frágiles para apoyar su argumento. Por otra parte, resultan poco convincentes las fechas que propone de los tratados de *ḥisba* de Ibn 'Abd al-Ra'ūf y de 'Umar al-Garsīfī [184, 307, 451].

71. Véase T. Azemmouri (a título póstumo), «Les Nawāzil d'Ibn Sahl, section relative à l'Iḥtisāb, 1.e partie. Introduction, texte arabe et bibliographie», en *Hespéris-Tamuda* [411, XIV, 1973, 20].

72. Texto de Ibn Sa'īd reproducido por al-Maqqarī, *Nafḥ al-ṭīb* [78[1], I, 203]. Sobre la fijación de la cotización de las mercancías, véase *Al-Taysīr fī aḥkām al-tas'īr,* 53-56.

73. Sobre la forma arcaica *çavaçogues* del *zabazoque,* que aparece en el título XXXV del Fuero de León de 1020, véase *El señor del zoco* [184, 498 n. 2].

74. Sobre las variantes de esta palabra, véase A. Steiger [358, 110, 265] y E. Neuvonen [310, 93-94], así como las listas hechas por P. Chalmeta tras un detenido examen de los Fueros españoles y portugueses [184, 500-502].

75. Este texto, hallado en los Archivos Históricos de Mallorca, ha sido editado, con una introducción muy documentada, por A. Pons, *Llibre del Mostassaf de Mallorca* (Mallorca, 1949).

76. Véase J. Torres Fontes «La hacienda concejil de Murcia en el siglo XIV», en *Anuario de Historia del Derecho Español* [395], Madrid, 1956, pág. 3 de la separata.

77. Acerca de este personaje, véanse los documentos granadinos citados en *El señor del zoco* [184, 458, 462, 519]. Sobre el *almotacenazgo* de Málaga, véase [150 bis, 20-22].

78. Tanto en Egipto y Siria como en España, el que detentaba la *šurṭa* llevaba en el siglo XIV el título de *wālī l-madīna*, jefe de la ciudad. Entre los ḥafṣíes de Ifrīqiya, el *ṣāḥib al-šurṭa* se conocía con el nombre de *ḥāfiẓ* [161, II, 1948].

CAPÍTULO III

La guerra y la diplomacia

1. LA GUERRA

La solidez del edificio hispanomusulmán dependía sobre todo del poder militar del soberano; este poder tuvo que reforzarse ante el espíritu de revuelta que a menudo reinaba en el seno mismo de al-Andalus, mientras que fuera de sus fronteras el Estado hispanomusulmán provocaba la codicia de sus vecinos, los Estados cristianos del norte. Para hacer frente a las veleidades ofensivas de leoneses, castellanos, vascones y francos durante la alta Edad Media, y a los deseos de conquista de aragoneses y castellanos durante la baja Edad Media, los musulmanes de España se vieron obligados a construir un sistema defensivo perfeccionado, erizado de posiciones estratégicas que garantizaran la seguridad de sus vías de comunicación y que sirvieran de base de partida a las expediciones de castigo, a las incursiones lanzadas contra el territorio infiel. También tuvieron que organizar la defensa del litoral, armar flotas de guerra y aumentar el número de atarazanas.

1.1. LAS MARCAS

Ya hemos abordado en varias ocasiones el tema de las Marcas que protegían la región de al-Andalus más próxima a los reinos cristianos y cuyos límites geográficos fueron variando a lo largo de las diversas etapas de la historia política. En estas circunscripciones fronterizas se vivía en permanente estado de alerta, detrás de una línea fronteriza de límites a menudo poco precisos; así, por ejemplo, los valles de los ríos más importantes, como el Ebro o el Duero, constituían la línea de demarcación entre las posesiones de los omeyas de Córdoba y las de sus enemigos. Según los cronistas árabes, existían en el siglo IX tres Marcas adelantadas en al-Andalus: la Marca superior, la Marca mediana y la

Marca inferior. Debido al avance cristiano, el emirato de Córdoba había perdido para siempre el control de varias regiones de la península Ibérica: la Marca hispánica al este, el país vasco en el centro y la costa cantábrica al oeste. Así pues, durante el califato había ya una parte de España que el Islam nunca conseguiría ocupar; la espectacular incursión de al-Manṣūr Ibn Abī ʻĀmir contra Santiago de Compostela fue una acción sin futuro alguno. En los textos árabes, las zonas de las Marcas aparecen divididas en dos grupos: la Marca superior o Ulterior, cuya capital era Zaragoza, y la Marca mediana o Citerior, que lindaba con Castilla y el reino de León y cuyo cuartel general pasó de Toledo, demasiado alejada del teatro de operaciones, a Medinaceli. Como ya hemos visto, el papel protector conferido a las Marcas desapareció en tiempos de la sedición. Toledo y Zaragoza, metrópolis intelectuales, se convirtieron en capitales de dos importantes taifas. «Parece incluso que, al menos en Zaragoza, la creación en el siglo XI del principado de los hūdíes, que se mantuvo hasta los primeros años del siglo XII, fue tan solo la consolidación de una situación preexistente» [277, III, 59]. Ya durante el califato de ʻAbd al-Raḥmān III, el jefe militar al frente de la Marca de Aragón manifestaba su sumisión al omeya de Córdoba y no le regateaba su colaboración militar y financiera, a cambio de mantener ciertas prerrogativas señoriales y de seguir siendo el señor feudal efectivo de una serie de jefecillos locales que regentaban una parte de su territorio [277, III, 59, n. 2].

Al-Idrīsī ha señalado la actividad militar de las regiones fronterizas de al-Andalus durante el siglo XII. En los alrededores de Trujillo, «los habitantes ya sea a pie o a caballo se pasan la vida en incursiones contra territorio cristiano. A menudo se les describe como gentes ejercitadas en el bandolerismo y acostumbradas a tender emboscadas» [71, 79]. En el transcurso de la guerra civil que desgarró a la España almohade durante el primer tercio del siglo XIII, violentos hombres de guerra acostumbrados a luchar contra los cristianos gozaron de enorme prestigio entre la población musulmana de las Marcas a las que protegían. La mayoría de biógrafos andaluces dan a los grupos de guerreros el nombre de *ṯagrī* (hombre de la frontera), cuya pervivencia queda atestiguada en la lengua española del siglo XVI con el vocablo *tagarinos*, que designaba a los moriscos de Aragón [194, I, 159]. Frente a estas bandas de guerreros musulmanes, los castellanos utilizaron a las órdenes militares y a un grupo de aventureros, los almogávares o almugávares (del árabe *al-muġāwir*, aquel que realiza incursiones), que se hallaban agrupados en contingentes de mercenarios reclutados entre la población montañesa de Aragón [409, I, 431].

1.2. El sistema defensivo

En el grandioso paisaje ibérico destaca a menudo la silueta de un castillo construido sobre un cerro rocoso de difícil acceso y que domina los campos circundantes. La abundancia de tales castillos, muchos de los cuales son de origen musulmán y han conservado la denominación árabe, ilustra con elocuencia los esfuerzos que tuvieron que desplegar los soberanos de al-Andalus para pacificar al país y consolidar la presencia musulmana en la Península. Ya en el siglo III/IX se construyeron varios castillos fronterizos en los frentes de combate que permitieron mantener durante mucho tiempo la frontera islámico-cristiana en la línea del Duero. Uno de los castillos (en árabe *ḥiṣn*) [409, III, 515-518] más famosos de la época de los omeyas es el de Gormaz, que se eleva sobre un promontorio rocoso situado a 130 metros del fondo del valle del alto Duero, «verdadera llave defensiva de la línea estratégica califal entre Osma y Berlanga» [277, III, 64]. Todavía en la actualidad y pese a haber sido modificada en el transcurso de los siglos por los ocupantes cristianos, la muralla sinuosa de Gormaz, con un trazado que se amolda de forma natural al terreno, sigue siendo una de las construcciones militares más sobresalientes del período omeya [391, VIII, 1943, 431-450]. En el siglo XI, las *Memorias* del zīrí 'Abd Allāh dejan entrever el papel estratégico de las fortalezas que defendían las inestables fronteras de las taifas, cuyos reyezuelos intentaron aprovechar las ventajas del relieve a la hora de construir sus castillos. A unos quince kilómetros al sureste de Sevilla, y en una excelente posición estratégica, los almohades edificaron el castillo de Alcalá de Guadaira. Bañado por el Mediterráneo desde Gibraltar hasta Almería, el reino de Granada coincidía aproximadamente con las actuales provincias de Granada, Málaga y Almería. Para su defensa, este reino contaba con una muralla de elevadas montañas erizadas de castillos y fortalezas; por el interior no rebasaba los macizos de la serranía de Ronda y la agreste sierra de Elvira. Como ya hemos visto, el último bastión del Islam en España pudo hacer frente a los ataques cristianos durante más de dos siglos y medio, gracias sobre todo a la configuración política del reino naṣrí, que impedía la invasión por parte de efectivos militares importantes y facilitaba considerablemente la construcción de una poderosa red de fortificaciones. A finales del siglo XIII, durante el reinado del enérgico Muḥammad II, los granadinos establecieron desde Vera hasta Algeciras una verdadera línea estratégica de castillos fortificados muy bien pertrechados, cuyas guarniciones escrutaban los movimientos del enemigo. Al este de Granada, en las regiones esteparias de Almería, Guadix y Baza, donde los ataques castellanos se limitaban a expediciones de escasa duración, unas pocas fortalezas espaciadas o simples bastiones defendían la entrada del reino naṣrí. Sólidas construcciones jalonaban la frontera septentrional, en la que Muḥammad V había hecho restaurar las fortificaciones de la región de Jaén. Esta red de fortalezas protegía el valle del Genil y luego se desviaba hacia el oeste para dominar la serranía de Ronda y alcanzar finalmente el estrecho de Gibraltar. Pruna, Olvera, Zahara, Teba, imponentes castillos situados en los confines occidentales del emirato granadino y edificados sobre escarpados cerros, dominaban espléndidos paisajes, y si bien no podían bloquear las rutas de penetración, exigían en cambio una larga y difícil guerra de asedio para llevar a cabo cualquier conquista.

Hoy en día subsisten todavía en Andalucía muchos de estos castillos, aunque con evidentes huellas de haber sufrido los estragos de la guerra. En Vejer de la Frontera, cerca del pequeño puerto de Barbate, solo quedan del castillo algunos muros en ruinas. En la provincia de Málaga, Gaucín, desmantelado en la actualidad, ocupaba en la sierra de Hacho una posición casi inexpugnable sobre una cadena rocosa, al este de la ciudad. En el recinto del castillo hay tres cisternas y un pasaje subterráneo.

En las fértiles llanuras expuestas a las incursiones de los enemigos, se edificaron ya en época de los omeyas una serie de castillos-refugio, verdaderas plazas fuertes que solían dominar un pueblo situado bajo su protección. Llevaban el nombre de *qal'a* que, con el artículo delante, dio la forma castellana alcalá. En la España actual existen numerosos topónimos que han conservado el vocablo *qal'a* con o sin el artículo árabe y que perpetúan el recuerdo de la presencia árabe: Alcalá la Real, Calatayud, Calatrava [277, III, 60]. En las puertas más ricas de su reino, expuestas a las frecuentes incursiones castellanas, los naṣríes construyeron numerosos castillos-refugio. Incluso los pueblos de la Alpujarra, situados en profundos valles, estaban protegidos por castillos.

Las grandes vías de comunicación estaban vigiladas por numerosos castillos que garantizaban su seguridad, daban acogida a los viajeros por las noches en sus etapas y a veces servían de posta al sistema de correos oficiales, el *barīd*, en caso de que no pudiera utilizarse una aglomeración urbana fotficiada. Los caminos que desde Córdoba conducían a las principales metrópolis de al-Andalus, estaban jalonados de castillos construidos a lo largo de las distintas etapas. Pequeñas fortificaciones y atalayas vigilaban los desfiladeros montañosos. Los puentes tendidos sobre los grandes ríos se hallaban guardados por una fortaleza, como el Conventual de Mérida, que, construido en el año 835 de la era cristiana por el emir omeya 'Abd al-Raḥmān II, vigilaba simultáneamente el paso del Guadiana y la ciudad. Casi todos los puentes del Tajo estaban flanqueados por una torre.

La agitada historia de las dinastías musulmanas de al-Andalus indujo a los soberanos a construir y a reforzar las murallas que protegían sus ciudades. Tuvieron especial cuidado en ocupar las colinas más cercanas, desde donde hubiera resultado fácil dominar las defensas. En el siglo v/xi, la muralla de Granada llegaba hasta los pequeños fortines que protegían las laderas y la cumbre del cerro de la Alhambra. En el siglo viii/xiv, el *ḥāŷib* Riḍwān hizo edificar la gran muralla que rodea el barrio de Albaicín [45[6], 517]. Muḥammad V ordenó la reconstrucción de las fortificaciones de la Alhambra, destruidas durante los acontecimientos de 1361 [45[5], II, 30]. Para completar el sistema defensivo de la capital naṣrí, se edificaron una serie de murallas que enlazaban los distintos fuertes aislados de la ciudad, se comunicó el nuevo recinto de la Alhambra con el de la antigua fortaleza zīrí, la Alcazaba, y se prolongó el muro que la unía a Torres Bermejas. En Guadix se excavaron fosos para reforzar las fortificaciones de la ciudad [45[5], II, 30]. Con el fin de prevenirse ante posibles incursiones castellanas, se hacían llamamientos a los habitantes de las regiones fronterizas para que participaran en la construcción de las murallas. El letrado naṣrī Abū l-Barakāt Ibn al-Ḥāŷŷ al-Balafīqī cuenta que su abuelo Abū Isḥāq pagó con su propio dinero la edificación de la mayor parte de las murallas de su ciudad natal, Balfīq [78, VII, 398]. Muḥammad V hizo reconstruir veintidós plazas fronterizas [45[5], II, 30] y se ocupó especialmente de Gibraltar, por aquel entonces posesión marīní que Abū'Inān había hecho fortificar sólidamente: el naṣrí hizo enviar grandes cantidades de víveres a la guarnición marroquí y destinó abundantes sumas de dinero a la defensa de la ciudad [45[5], II, 30].

El aparato defensivo del reino de Granada comprendía también una serie de torres vigías o atalayas (del árabe *ṭalī'a*) [194, II, 155], que, construidas en lo alto de promontorios, permitían observar los movimientos del enemigo. Con el fin de consolidar sus posiciones en los territorios fronterizos, los cristianos intentaron apoderarse de estas atalayas con una tenacidad que no disminuyó con el paso del tiempo. Se han conservado muy pocas de estas atalayas y las ruinas que aún quedan en los cerros de Andalucía son un recuerdo de las encarnizadas luchas que allí se desarrollaron y de las que solo mencionaremos los episodios más destacados. En el collado de Lope, cerca de Ilora, en el camino hacia Granada, había una atalaya que los hombres del condestable Álvaro de Luna asediaron inútilmente en 1431; esta torre, llamada Torre de Yesos, no pasó a manos cristianas hasta 1486, después de la toma de Ilora [110[2], 123-124]. En el mismo año de 1431, el condestable consiguió arrasar una de estas atalayas en el transcurso de una incursión por los alrededores de Antequera [110[9], 118]. Dos años más tarde, los castellanos de Fernando Álvarez de Toledo, señor de Valdecorneja, se apoderaron de Benamaurel y de Benzalema y de varias atalayas que amenazaban su retaguardia [110[9], 146]. La Torre de Alhaquín, tomada por Alfonso XI en 1327, fue reconquistada poco tiempo después por los granadinos, siendo recuperada por el regente Fernando en 1407, tres años antes de la caída de Antequera [110[9], 18]. Durante el siglo xv, volvería a pasar a manos de los naṣríes, hasta que en 1485 Fernando el Católico, tras la rendición de Ronda, confió al marqués de Cádiz la tarea de apoderarse de la Torre de Alhaquín, que dominaba la zona circundante. Desde lo alto de esta atalaya, los musulmanes prendían hogueras a modo de señales para alentar a sus correligionarios de las vecinas localidades [127, 195].

Los accesos a la Vega de Granada estaban defendidos por una red de atalayas, entre ellas la de Huécar y la de Roma,[3] situadas en puntos elevados desde los cuales se dominaban amplias extensiones de territorio. A dos leguas de la capital naṣrí, Roma resistió el asalto del condestable Miguel Lucas de Iranzo en 1462 [110[3], 91], siendo tomada en 1490 por los Reyes Católicos, quienes la hicieron derribar [124, 444]. En el año 895/1489, Fernando conquistó la Málaha y la Torre de Alhendín, pero Boabdil las recuperó poco después. Los castellanos lograron apoderarse de ellas en šawwāl del año 895/septiembre de 1490 y las demolieron juntamente con la Torre de Martín [84, 32-33/38-40].

La abundancia de este tipo de torres aisladas evidencia el esfuerzo que debieron de desplegar los sultanes de Granada no solo para hacer frente a la amenaza castellana sino también para garantizar la seguridad de sus súbditos. En el primer decenio del siglo xiv, Muḥammad III hizo levantar cinco torres donde podían refugiarse las gentes que trabajaban en los campos cada vez que los cristianos intentaban devastar la Vega granadina [118, I, 25]. Según cuenta Ibn al-Jaṭīb, en tiempos de Muḥammad V había hasta catorce mil torres en el reino naṣrí [45[6], 130]. En el transcurso de la expedición castellana a la Axarquía de Málaga, en 1483, los musulmanes se refugiaron en sus torres, llevándose allí sus bienes y enseres [127, 162]. Pulgar afirma que cuando, en 1489, los monarcas españoles pusieron sitio a Baza, había en la huerta de la ciudad casi mil pequeñas torres [109[3], II, 372]. A una legua de Granada, en el límite meridional de la Vega, queda todavía en pie, en la aldea de Gabía, una torre de 15 metros de altura y base rectangular en la que pueden apreciarse algunos motivos decorativos de estuco que datan de finales del siglo xiv o principios del xv [391, XVIII/1, 1953, 192-198; 391, XXI/2, 1956, 375-377].

1.3. El ejército

a) Su composición

A juzgar por un tratado sobre la guerra santa islámico, escrito por el granadino Ibn Huḏayl a finales del siglo viii/xiv, la organización militar de la España musulmana durante el califato de Córdoba se inspiraba en la del califato oriental, ya que junto a la pervivencia de la tradición omeya existían numerosas similitudes con el aparato militar de los ʻabbāsíes.[4]

En la época de ʻAbd al-Raḥmān III al-Nāṣir, las fuerzas califales estaban compuestas de tres elementos: los contingentes formados por las categorías de súbditos que debían prestar servicio militar obligatorio, los contingentes extraordinarios constituidos por soldados alistados o voluntarios, reclutados con motivo de las grandes expediciones, y, finalmente, un ejército permanente de mercenarios. En sus *Prolegómenos*, Ibn Jaldūn agrupa bajo una misma rúbrica el *dīwān* del ejército y el de los servicios financieros [40, II, 19], los cuales estaban en realidad estrechamente vinculados, ya que una parte considerable de las rentas del Estado se destinaba al mantenimiento del ejército encargado de su seguridad. Frecuentemente citado a lo largo del siglo x, este *dīwān* militar sería una especie de registro en el que se hallaban inscritos todos los soldados que recibían una paga mensual [194, I, 478]. A fines del califato omeya se inscribieron en este *dīwān* las listas suplementarias de efectivos excedentes [277, III, 67].

Desconocemos con exactitud las modalidades del reclutamiento en la España musulmana. Los habitantes de al-Andalus que estaban obligados a prestar servicio militar eran en primer lugar los árabes de origen sirio descendientes de los *ŷundíes*, de Balŷ,[5] que vivían en las mismas tierras y seguían agrupados en determinadas circunscripciones provinciales dotadas del estatuto especial de los *ŷund* [277, III, 51, 67-68]. Estos *ŷundíes*, a los que se había otorgado concesiones territoriales *(iqṭā)* cuyo usufructo conservaban sus descendientes, estaban obligados a prestar el servicio de las armas permanente y en principio debían responder a la convocatoria del monarca cuando este requería sus servicios sin que recibieran paga alguna por participar en la guerra. Pero, de hecho, los feudatarios sirios no tardaron en recibir, al igual que los demás elementos del ejército omeya, ventajas sustanciales en dinero y en especie. Cabe señalar que, en el siglo x, la denominación de *ŷund* ya no se aplicaba tan solo a los descendientes de los compañeros de Balŷ sino que englobaba a todos los andaluces sujetos al servicio militar obligatorio y en edad de llevar armas. Cuando el soberano organizaba una expedición, procedía a una leva de tropas en el conjunto de coras del reino. Esta leva se llevaba a cabo en dos etapas: por una parte, los gobernadores de provincia agrupaban y conducían a Córdoba a los hombres inscritos en el *dīwān* de la cora; por otra parte, los agentes reclutadores procedían al alistamiento de voluntarios con el fin de que engrosaran el número de efectivos conseguidos a través del reclutamiento normal.

Al decir de Ibn Ḥawqal, viajero oriental que visitó al-Andalus en el siglo x y cuyo relato resulta un tanto parcial, los reclutas andaluces carecían de experiencia; 'Abd al-Raḥmān III, al igual que sus predecesores, no estaría en condiciones de asegurar el reclutamiento, el mantenimiento y la paga de más de 5000 jinetes [277, III, 70].

Sea como fuere, cabe suponer que, lo mismo que en Bizancio o en el Oriente musulmán durante la alta Edad Media, el soberano reinante en Córdoba no tardó en percibir la necesidad de recurrir a mercenarios para reforzar los contingentes procedentes del reclutamiento local. El emir al-Ḥakam I fue el primer soberano de al-Andalus que organizó (entre el año 180/796 y el 206/882) un ejército permanente a sueldo, dotándolo de equipo militar adecuado e instalando arsenales de armas. Estas milicias mercenarias, conocidas con el nombre genérico de *ḥašam*, estaban compuestas de soldados asalariados, reclutados fuera de las fronteras de al-Andalus, ya fueran europeos o africanos, blancos o negros. Al-Ḥakam I creó una guardia palatina permanente formada por 3000 jinetes y 2000 infantes, todos ellos de condición servil. Entre estos reclutas había gallegos, francos y también probablemente eslavones, así como algunos cautivos procedentes de Septimania. Componían la escolta personal del emir 150 narbonenses armados y totalmente fieles a su persona. Los cordobeses dieron a estos mercenarios cristianos, cuya presencia les inquietaba enormemente, el nombre de «silenciosos», porque desconocían el árabe o lo hablaban mal [277, III, 71].

Con la creación de esta guardia personal formada por contingentes no árabes, al-Ḥakam I instituyó en la España musulmana una tradición que se mantendría vigente por mucho tiempo; estos milicianos de origen cristiano se fueron integrando poco a poco en la sociedad andaluza, muchos de ellos consiguieron su manumisión y alcanzaron la condición de liberto.

A partir del siglo IX se creó en el aparato militar hispano omeya una nueva categoría de mercenarios extranjeros: la de los contingentes formados por beréberes de Marruecos y, en menor proporción, por negros de origen sudanés y de condición servil. Estas milicias de complemento, de una resistencia física considerable y acostumbradas al combate en terreno accidentado, constituyeron muy probablemente la mayor parte de las fuerzas de cobertura.

Los soberanos omeyas contaban también con la ayuda de los voluntarios de la guerra santa, procedentes de las provincias y de las Marcas de al-Andalus, así como del otro lado del estrecho de Gibraltar, de Marruecos, elementos deseosos de cumplir con la obligación canónica de la guerra santa contra los infieles. Estas fuerzas complementarias no recibían paga alguna, pero se les concedía una parte del botín. Se conocía a estos voluntarios con el nombre de *ahl al-ribāṭ*, las gentes del *ribāṭ*, porque algunos de ellos, incluso durante los intervalos de las expediciones, se entregaban, en los castillos de las líneas estratégicas, a la vida militar y a ejercicios de devoción.[7]

En los últimos años de la España omeya fue aumentando el reclutamiento de elementos norteafricanos; al final de su corto reinado, al-Ḥakam II tenía a su servicio una fuerza de caballería enteramente beréber, formada por unos 700 hombres, que mantuvo su propia organización interna y su equipo tradicional y a la que el soberano colmó de favores [277, III, 81]. Al-Manṣūr b. Abī'Āmir, que intentaba, por una parte, aumentar los efectivos del ejército para proseguir la lucha contra la España cristiana y, por la otra, reducir el poder de la aristocracia militar árabe y poner un freno a los esclavones de la capital, llevó a cabo un reclutamiento intensivo de milicianos beréberes en el norte de África, tanto en el cercano Marruecos como en la más remota Ifrīqiya. Además, en el año 370/980, procedió a reformar totalmente la organización tradicional del ejército. En primer lugar, puso fin a la antigua división de los efectivos árabes. Hasta entonces, los representantes de un mismo grupo tribal, oficiales y soldados, habían estado agrupados en un mismo cuerpo de ejército. «Pensó en hacer de modo que sus soldados pertenecieran a diversas tribus y a diferentes fracciones [a fin de que] si uno de estos grupos entraba en disidencia, la pudiera yugular con el apoyo de los demás elementos» [236, 40]. El rey zīrí de Granada, 'Abd Allāh, en cuyas *Memorias* aparecen estas precisiones, añade que al-Manṣūr «atrajo a los jefes beréberes, fogosos y valientes, porque sabía que eran intrépidos jinetes. Las gentes hablaron de guerra santa, y del este del Maġrib acudieron para participar en ella todos aquellos que, por sus hazañas, sus proezas y su valor destacaron brillantemente contra los cristianos». Ello supuso un nuevo aflujo de beréberes hacia la península Ibérica que se prolongó durante toda la vida de Almanzor y durante el mandato de sus dos hijos. A principios del siglo XI, los voluntarios que respondieron al primer llamamiento del 'āmirí al-Muẓaffar fueron casi exclusivamente maġribíes [270, 138 y n. 1].

Según las *Memorias* de 'Abd Allāh, el ejército de la Granada zīrí contaba con una guardia palatina cristiana, con esclavones y con sudaneses, pero también con importantes contingentes beréberes: ṣinhāŷa y zanāta. Aunque los dinastas fueran de origen ṣinhāŷa, la mayor parte del ejército regular de la capital lo formaban elementos zenetas, sus adversarios desde hacía mucho tiempo y que contaban con la protección del emir Bādīs. En las plazas fuertes del pequeño reino zīrí había valientes dotaciones, mandadas por ṣianhāŷa o por esclavos negros o blancos. El general zeneta de 'Abd Allāh, Muqātil b. 'Aṭiyya, y sus 300 jinetes pertenecientes a los Banū Birzāl rechazaron victoriosamente a los atacantes cristianos en Nivar, a nueve kilómetros al norte de Granada, poco después de la caída de Toledo [236, 108-109]. Más tarde, 'Abd Allāh, que desconfiaba de los zenetas, trató de restablecer el equilibrio entre ambos grupos beréberes y asoció a los ṣinhāŷa, poco retribuidos, con los zenetas que percibían elevados sueldos, exigiendo a cada uno de estos últimos que pagara el mantenimiento de cinco o seis jinetes, probablemente ṣinhāŷa. A los zenetas no les gustó mucho esta medida y algunos cabecillas intentaron que la población de Granada se amotinara, pero el emir siguió firme en su decisión: en el año 482/1089 expulsó a los zenetas que más habían destacado por su arrogancia, en total un centenar de jinetes, entre ellos a Muqātil b. 'Aṭiyya y una parte de los Banū Birzāl. Los demás contingentes zenetas siguieron siéndole leales [236-117].

Con la reorganización del aparato militar, los almorávides pudieron alcanzar brillantes victorias. Antes de lanzar su primera expedición contra España, Yūsuf b. Tāšfīn preparó a sus tropas y les enseñó a marchar en orden bajo las enseñas y al son de los tambores [120, 50]. Se integraron nuevas unidades al ejército y se constituyeron grandes cuerpos. Yūsuf hizo entrar en el cuerpo de las milicias mercenarias a importantes contingentes de Ŷazūla y de Lamṭa, así como a tribus zenetas y maṣmūda [14, 14]. El sultán almorávide integró en sus fuerzas a 2000 esclavos negros comprados en Sudán y a 240 esclavos adquiridos en España. Además, incluyó a prisioneros de guerra cristianos y a miembros de su corte [14, 21].

En tiempos de los almorávides se amplió el papel de las milicias cristianas. 'Alī, el hijo de Yūsuf, fue el primero en emplear a elementos cristianos como cuadros del ejército en el Maġrib [14, 69]. Según explica Ibn Jaldūn, este tipo de reclutamiento ofrecía la ventaja de que los distintos movimientos religiosos musulmanes no podían poner en peligro la fidelidad de las milicias cristianas; además, en la guerra, estas milicias constituían una sólida guardia que resistía mucho mejor las condiciones del terreno que la caballería ligera de los musulmanes [40, 162]. En tiempos de Tāšfīn, uno de los oficiales más intrépidos del ejército almorávide, el jefe de las milicias cristianas en Marruecos, el vizconde de Barcelona, Reverter,[8] dirigió la resistencia contra los almohades y pereció en el transcurso del combate [38, VI, 231].

Los almorávides introdujeron en España la costumbre de recompensar a los combatientes de la guerra santa que se distinguían por su valor. En lugar de verdaderas concesiones territoriales, se hicieron, según parece, concesiones en usufructo. Posteriormente, 'Alī b. Yūsuf se negó a otorgar feudos a sus soldados y algunos de ellos se vieron obligados a alquilar sus caballos [231, 84].

A principios del califato almohade, el ejército estaba compuesto únicamente de miembros de las tribus del alto Atlas marroquí. Las tribus almohades, siete en total, formaban el ejército regular y, según al-Marrakušī, las demás tribus maṣmūdíes estaban subordinadas a ellas. Este cronista maġribí señala que, en tiempos de al-Nāṣir, se sumaron a las fuerzas mu'miníes gran número de voluntarios que cumplían así la obligación religiosa de la guerra santa. Entre estos había árabes de vieja cepa, descendientes de los hilālíes que 'Abd al-Mu'min había vencido en Setif en el año 548/1153, a muchos de los cuales había decidido asentar en Marruecos para utilizarlos posteriormente contra los infieles en suelo ibérico [231, 79]. En la batalla de las Navas de Tolosa intervinieron contingentes andaluces y la guardia negra de al-Nāṣir, armados de largos venablos. El elemento más característico del ejército almohade en dicha batalla fue el cuerpo de los *aġzāz* (pl. de *ġuzz*) [409, III, 1136-1137]. Estos mercenarios turcos o turcomanos habían penetrado en el norte de África a través de Egipto, primero en el año 553/1158, donde formaron parte del ejército de 'Abd al-Mu'min, y posteriormente, en el año 568/1173, fecha en que hicieron su aparición en Ifrīqiya, bajo el mando de Qarākuš al-Guzzī, aventurero de origen armenio y liberto de un hermano de Saladino. Enviados por el soberano de Egipto y Siria a la conquista del Maġrib oriental, los *aġzāz* fueron vencidos, tras diversas peripecias, por el califa almohade Ya'qub al-Manṣūr, después de la caída de Gabes y de Gafsa en el año 583/1187. Incorporados al ejército del soberano mu'miní, llegaron a Marrākuš, donde constituyeron un cuerpo de élite, recibieron una paga mensual y se les entregaron feudos tanto en España como en Marruecos. El trato de favor que les dio al-Manṣūr despertó los celos de los contingentes almohades que recibían su sueldo tres veces al año [231, 82; 233, 297]. Los *aġzāz*, utilizados por los dinastas almohades en sus expediciones de guerra santa, luchaban valerosamente, armados con arcos que llevaban su nombre *(ġuzzī)*.

Muḥammad b. Yūsuf Ibn al-Aḥmar fundó el reino de Granada gracias al apoyo de combatientes de la Marca fronteriza de Arjona, de la que era jefe. Se le sumaron los miembros de su propia familia, los Banū Naṣr, su cuñado, 'Alī b. Ašqīlūla y los suyos. Más tarde se incorporaron a este núcleo primitivo jinetes y soldados de a pie pertenecientes a dos influyentes familias andaluzas, los Banū Ṣanānīd de Jaén y los Banū l-Mawl de Córdoba, así como soldados originarios de los primeros territorios conquistados por Muḥammad I. El primer naṣrí se hizo cargo personalmente del mando de este grupo de guerreros hasta la toma de Granada, confiándolo posteriormente a 'Alī b. Ašqīlūla. Según nos cuenta el escritor granadino Ibn al-Jaṭīb, estos contingentes permanentes, auténticamente andaluces, fueron puestos más tarde a las órdenes de un jefe perteneciente a la familia real, o bien de uno de los personajes más prestigiosos del emirato [138, 238].

Desconocemos las modalidades que adquirió este reclutamiento andaluz, pero cabe suponer que se ciñó, a grandes rasgos, a la tradición cordobesa. Los cronistas árabes señalan que en la misma Granada había un *dīwān* del ejército donde se trataban los asuntos militares repartidos en circunscripciones militares [138, 239]. En tiempos de Muḥammad V se reorganizó el registro del ejército y, al decir de Ibn Zamrak, se creó en el reino naṣrí un sistema de reclutamiento más equitativo que el anterior [78, X, 62]. El sueldo de las tropas se pagaba en oro y variaba «según los rangos», al decir de al-'Umarī [27, 236].

El segundo núcleo de fuerzas naṣríes estaba compuesto por grupos de beréberes, el cuerpo de los *ġuzāt* (pl. de *ġāzin*) [138, 239, n. 5], procedentes de los estados musulmanes de la Berbería central y de Marruecos. Durante los últimos años de su reinado, Muḥammad I introdujo en al-Andalus a milicias africanas, principalmente zenetas, sacando así partido de las desavenencias existentes entre estos, debidas a querellas sucesorias [138, 239, n. 5]. Muḥammad II acogió favorablemente a los rebeldes zenetas y los utilizó en el conflicto que le enfrentaba con sus parientes los Banū Ašqīlūla.

Cada una de estas unidades zenetas mantuvo su independencia y estuvo a las órdenes del jefe que le había conducido a España. Según Ibn Jaldūn, esta situación se prolongó hasta el año 686/1287. La muerte del sultán Abū Yūsuf y la subida al trono de su hijo Abū Ya'qūb Yūsuf desencadenaron una rebelión de varias facciones zenetas. Vencidos por el marīní, estos grupos no tuvieron otra alternativa que buscar asilo en Granada. Entonces, Muḥammad II confirió a Mūsā b. Raḥḥū un alto cargo, la dirección suprema de los *ġuzāt* [45[1], f.° 299]. Durante casi un siglo, los príncipes marīníes, y especialmente los Banū 'Abd al-Ḥaqq, ocuparían este cargo de forma casi hereditaria [39[2], VII, 366-372]. El jefe de los *ġuzāt* de la metrópoli naṣrí gozaba de enorme prestigio, aunque existían mandos locales en Guadix, Ronda y Málaga, zonas vitales del emirato granadino.

Los sultanes naṣríes dieron un trato de favor a estos mercenarios maġribíes, quienes, generosamente remunerados, estaban además autorizados a percibir una parte importante de los impuestos recaudados; en tiempos de Muḥammad V, se aumentó el sueldo de los combatientes zenetas, siéndoles pagado por adelantado, y se elevó la parte del botín a que tenían derecho. Según al-Umarī, se alojaban en hermosos palacios [27, 236]. En el siglo XVI, Mármol menciona la existencia en Granada de un arrabal llamado Cenete en que habitaban los zenetas en tiempos de los reyes naṣríes.

En el último cuarto del siglo XIII aparecieron en Granada mercenarios zenetas originarios de la Berbería central, atraídos a España por afán de lucro. Tras los maġrawa, enfrentados en luchas intestinas y llegados al reino naṣrí en el año 670/1273, hicieron acto de presencia los Banū Tuŷīn, que habitaban la región situada entre los territorios 'abd alwadíes y marīníes, y los Banū 'Abd al-Qawī, descontentos de la tutela marīní, uniéndose todos ellos en la España musulmana a los contingentes beréberes que se hallaban bajo las órdenes de un príncipe 'abd alwādí disidente, 'Abd al-Malik. A principios del siglo XIV se establecieron en Granada otros miembros de la familia real de Tremecén, que se consagraron a la guerra santa [138, 241]. En las crónicas españolas del siglo XV se dio el nombre genérico de *Gomeres* a estos mercenarios zenetas cuyos lejanos antepasados habían recorrido los montes de Gumāra [409, II, 1121]. En 1485 defendieron valientemente Coín contra Fernando el Católico. En la Málaga asediada por los Reyes Católicos en 1487, el jefe de los Gomeres, Ibrāhīm Zenete se atrincheró en el castillo de Gibralfaro [225, 192-193].

Estos *ġuzāt* hicieron alarde de su valor militar y combatividad en el transcurso de la lucha contra los cristianos de España. Hábiles en tender trampas y emboscadas y en valerse de artimañas de guerra, los zenetas mostraron de lo que eran capaces en las incursiones por suelo castellano [138, 242]. Por su valor, estos mercenarios se ganaron un merecido prestigio en la España medieval. El soberano aragonés Jaime II intentó contar con su colaboración: en el tratado que firmó en 1301 con Muḥammad II, estipuló que a cambio de las galeras prometidas al naṣrí, este le enviaría a la corte de Barcelona un destacamento de jinetes zenetas [4, 7-10]. En el transcurso de la batalla llamada del Campo de la Verdad, el jefe musulmán que dirigió el ataque decisivo contra Córdoba y logró apoderarse de una parte de las defensas de la ciudad, el Abenfaluz de las crónicas cristianas, no era otro que el príncipe marīní 'Abd al-Raḥmān b. 'Alī b. Abī Yaflūsin, a quien Muḥammad V había nombrado jefe de los *ġuzāt* a la muerte de 'Alī b. Raḥḥū, a pesar de la oposición del sultán de Marruecos 'Abd al-'Azīz [138, 242].

El papel político de los jefes militares beréberes no siempre fue muy afortunado, ya que los *ġuzāt* ejercieron una protección a menudo excesiva sobre los sultanes de Granada, según opinión de Ibn Jaldūn, quien trazó penetrantes retratos de algunos de estos auxiliares de los Banū l-Aḥmar [392, IV, 459-486]. La arrogancia de los príncipes marīníes refugiados en Granada había irritado con frecuencia a Muḥammad II. En tiempos de sus sucesores, los jefes de los *ġuzāt* no dudaron en inmiscuirse en los asuntos internos del Estado naṣrí. Fueron los principales artífices de la destitución de Naṣr y manifestaron constantemente su adhesión a Ismā'īl I [138, 93-94, 99].

Los condotieri zenetas pasaron al servicio de los cristianos a merced de las fluctuaciones de la política naṣrí. En 1303, Muḥammad III, que pretendía mantenerse al margen del conflicto castellanoaragonés, decidió licenciar a siete mil africanos que tenía a sueldo; algunos de ellos regresaron a Marruecos, pero otros se alistaron bajo los estandartes del capitán de Castilla Guzmán el Bueno.[9] Jaime II consiguió los servicios de Ibn Raḥḥū, los de su familia y de su compañía; en diciembre de 1303, los instaló en el reino de Murcia, donde les fueron concedidos castillos y propiedades agrícolas [95, Reg. 235, f.° 21]. Algunos meses más tarde, el marīní disidente participó en los combates contra los granadinos (mayo de 1304) [95, Reg. 235, f.° 78 v.°]. En la batalla del río Salado, Sulaymān, uno de los hijos del célebre jefe de los *ġuzāt*, 'Uṯmān b. Abī l-'Ulā, que al igual que sus hermanos se había granjeado la enemistad de Yūsuf I, se pasó al enemigo y combatió ferozmente contra los granadinos en las filas de Alfonso XI [233, 367].

Idrīs b. 'Utmān b. Abī l-'Ulā se había unido, primero, a las tropas de Ismā'īl II, y luego, a las de Muḥammad VI; este capitán zeneta, que estuvo a punto de compartir la suerte del rey Bermejo, consiguió huir de la cárcel sevillana donde se hallaba confinado y llegar a Granada en el año 766/1364-1365. Muḥammad V le perdonó, le nombró jefe de los *ġuzāt* en Málaga y le confió exclusivamente la defensa de las fronteras occidentales del emirato naṣrí. Idrīs, que había vivido en la corte de Barcelona y que contaba con la amistad de Pedro IV, intentó entonces apartar a Muḥammad V de la alianza castellana y comprometerlo, en 1365, en una coalición en la que habrían intervenido el aragonés, el marīní Abū Sālim y el naṣrí contra Pedro I, pero Muḥammad V se negó a cambiar de campo. Seguidamente, Idrīs cruzó el Estrecho para defender la causa aragonesa ante el sultán de Fez, pero allí le consideraron sospechoso de pretender hacerse con el trono de los Banū Marīn y fue asesinado en el año 770/1369 [138, 244].

Durante su segundo reinado, Muḥammad V suprimió el cargo de jefe de los *ġuzāt* para poner fin a la nefasta influencia de los mercenarios africanos. Según cuenta Ibn Jaldūn, en el año 783/1381-1382, el soberano tomó «a este cuerpo bajo sus órdenes inmediatas y se hizo cargo personalmente de todos los detalles». Concedió a los príncipes marīníes «un aumento de honores y nada más» [39^2, IV, 487].

Además del ejército regular andaluz de los mercenarios africanos, el aparato militar naṣrí contaba con la guardia personal de los sultanes de Granada, compuesta de renegados de origen cristiano. Ya en el siglo XIII, un miembro de la milicia cristiana, Ṣābir, había conducido a Granada al agonizante Muḥammad I [46, 36]. Doscientos renegados *(mamālik)* acompañaron a Muḥammad V en su exilio marroquí en 1359 y le manifestaron su inquebrantable fidelidad. El nasrí, una vez recuperado el trono de Granada, intensificó, a modo de recompensa, el reclutamiento de *mamālīk* [78, X, 44; 79, II, 55-56].

A estas tropas de élite se sumaron toda una serie de voluntarios —místicos, ascetas y viajeros— que vivían en los *ribāṭ* o conventos fortificados de los confines fronterizos del reino naṣrí. Su contemporáneo Ibn Hudayl comentó con estas palabras su actuación: «el *ribāṭ* que más mérito tiene sobre la faz de la tierra es el que se ejerce en la península de al-Andalus» [35, 120]. Las gentes del *ribāṭ* formaban pequeños grupos de jinetes que se lanzaban al asalto de las tierras cristianas, donde procedían a audaces golpes de mano y se entregaban al saqueo. Durante el verano de 1308, antes de la expedición de Jaime II a Almería, los *morabitos* se habían puesto en contacto con el jefe de los zenetas al servicio de la corona de Aragón, e incitaron a los mercenarios africanos de Jaime II a que abandonaran el campo del monarca cristiano para que no lucharan contra sus correligionarios del emirato granadino [113, 297].

Las hazañas de algunos musulmanes piadosos les valieron el morir como mártires por la causa de Dios. Así, por ejemplo, el alfaquí Abū Yaḥyā Muḥammad Ibn 'Āṣim al-Garnāṭī demostró en el campo de batalla sus habilidades guerreras y sus cualidades como comentarista del Corán, muriendo como mártir el 6 de mayo de 1410, cerca de Antequera, atravesado por una lanza cristiana [391, XVIII/1, 1953, 209-211].

Los guías *(dalīl,* pl. *adillā'*, de donde procede la voz española adalides) constituyeron valiosos elementos auxiliares del ejército granadino; elegidos exclusivamente entre los musulmanes de las «plazas fronterizas, más sagaces, más experimentados en el arte de la guerra», aquellos que mejor conocían las regiones, el terreno contra el cual iba a dirigirse la expedición, recibían un trato de favor y un sueldo elevado [145, 160-161].

Según fuentes cristianas, también los castellanos utilizaban guías: dos renegados musulmanes mostraron el camino a las fuerzas cristianas que se dirigían al río Salado en 1340: el primero, 'Umar, adoptó el nombre de Juan Martínez; el segundo, Francisco, se convirtió más tarde en un elemento útil para los hombres de Alfonso XI en Tarifa y Algeciras [109[1], 342-343].

En Oriente existen numerosos ejemplos de utilización de espías en las guerras.[10] Al igual que los demás soberanos musulmanes, sus contemporáneos, los sultanes naṣríes recurrieron también a espías. Según cuenta el granadino Ibn Huḏayl, estas funciones eran desempeñadas por comerciantes judíos y por viajeros cristianos, ya que la traición no era bien vista y había que evitar la involucración de los musulmanes. Sin embargo, estos infieles no estaban libres del pago de la capitación, aunque se les suministraban víveres para que no tuvieran que preocuparse por su subsistencia. Con el fin de poner a prueba su buena fe, se evitaba que se conocieran entre sí [35, 160], y luego los altos dignatarios naṣríes cotejaban los informes suministrados por cada espía. En Almería, un cristiano llamado Bartolomé de Bielsa ayudó a los musulmanes a apoderarse de la ciudad [113, 296]. Cabe señalar en el mismo sentido que también los cristianos utilizaron espías a lo largo de la Reconquista. Después de la caída de Salobreña en el año 895/1489, unos renegados musulmanes indicaron a Fernando los puntos débiles del sistema defensivo naṣrí en la Vega de Granada [84, 34/39-40].

Ibn Huḏayl afirma que médicos, obreros y armeros seguían a las tropas naṣríes al campo de batalla. Conforme a la tradición musulmana, poetas y oradores acompañaban a los soldados a la guerra y les narraban las proezas de los héroes musulmanes para exhortarles a la guerra santa [35, 165]. Ibn Jaldūn y su hermano Yaḥyā señalan que unas poetisas entonaban cantos beréberes en honor a los soldados zenetas cuando estos luchaban en suelo andaluz [40, 258-260, 43, II, 182].

b) Efectivos en presencia

Resulta difícil calcular el número total de soldados que componían el ejército regular califal en los tiempos más gloriosos de la Córdoba omeya, es decir, al final del reinado de Abd al-Raḥmān III. Durante el emirato de Muḥammad I, la participación de las coras en una expedición se elevaba a 21 000 jinetes. Si se incluye, además, a mercenarios y a las levas andaluzas, la cifra total asciende de 30 000 a 35 000 hombres; en tiempos del primer 'āmirí, esta cifra se duplicó [277, III, 69, 76].

En cualquier caso, no hay que exagerar la importancia numérica de los efectivos que participaban en cada expedición anual. Por otra parte, las fuerzas cristianas con que se enfrentaban las tropas omeyas eran sensiblemente iguales a las suyas. Gracias al erudito valenciano Ambrosio Huici Miranda, se ha podido desentrañar la historia de las grandes batallas de la Reconquista —en tiempos de las dinastías africanas—, que se hallaba rodeada de múltiples leyendas. Este autor ha demostrado que los ejércitos masivos solo existían en la imaginación de los cronistas. Algunas fuentes cristianas, como por ejemplo la *Primera Crónica General* —inspirada en la crónica latina del arzobispo don Rodrigo Jiménez de Rada— y los relatos musulmanes, también posteriores al hecho, coinciden en presentar la batalla de Uclés (501/1108) como una sucesión de hazañas completamente fantasiosas. De creer al historiador marroquí del siglo XII Ibn 'Iḏārī, las tropas cristianas de socorro estaban compuestas de 7000 jinetes; el cronista Ibn al-Qaṭṭān, siglo y medio después de la batalla, da la cifra sin duda exagerada de 10 000 jinetes en los efectivos cristianos. El *Rawḍ al-qirṭās,* panegírico de las dinastías africanas que fue concluido en el siglo XIV, llega incluso a fijar en 23 000 el número de muertos cristianos. El único documento digno de crédito es una carta oficial que el gobernador de Granada, Tamīm, responsable de la expedición de Uclés, envió a su hermano 'Alī, el segundo almorávide, y en la que cita un total de 3000 muertos cristianos [233, 103-104].

Los cronistas musulmanes nos han dejado una serie de relatos hiperbólicos acerca de la batalla de Alarcos (591/1195). Si bien las fuentes cristianas —bastante objetivas pero breves— no nos proporcionan ningún dato numérico, las fuentes musulmanas exageran de forma ridícula el número de soldados presentes en ambos bandos, el de cristianos muertos y el de castellanos hechos prisioneros en el castillo de Alarcos. Ibn 'Iḏārī se muestra relativamente moderado a la hora de estimar las pérdidas: 30 000 cristianos y 500 musulmanes muertos; además, hace alusión a 5000 prisioneros cristianos. Ibn al-Aṯīr, historiador oriental de principios del siglo XIII, calcula el número de muertos en 146 000 cristianos y 20 000 musulmanes. El egipcio al-Nuwayrī, de principios del siglo XIV, y el compilador al-Maqqarī, de principios del siglo XVII y originario de Tremecén, se limitaron a copiar servilmente la versión de Ibn al-Aṯīr. En cuanto al *Rawḍ al-qirṭās*, «campeón de las cifras» [233, 157], eleva desmesuradamente el número de combatientes cristianos: más de 300 000 en la colina de Alarcos, y asegura que 24 000 de ellos fueron capturados en el castillo. Según el cronista marīní, Ya'qūb al-Manṣūr asoló las tierras castellanas sin encontrar resistencia alguna y llegó incluso hasta la misma Alcalá de Henares. Lo único seguro es que el ejército de Alfonso VIII sufrió graves pérdidas y que no se atrevió a enfrentarse con el almohade cuando este penetró en su territorio un año más tarde, a pesar de que para ello contaba con el apoyo de los aragoneses [233, 157].

La derrota almohade de las Navas de Tolosa (1212) está también llena de exageraciones, de las que son autores los cronistas de ambos bandos. Con el fin de magnificar el triunfo cristiano, Don Rodrigo Jiménez de Rada y Alberico de Tres Fuentes, entre otros autores, afirman que el ejército de al-Nāṣir estaba compuesto de 185 000 jinetes y de numerosos infantes. Según dichos autores, las pérdidas del almohade ascendieron a 20 000 hombres, en tanto que solo murieron 25 cristianos. Al-Marrākušī, cronista oficial de los almohades, no nos aporta ninguna información concreta. Para los historiadores árabes posteriores al siglo XIII, la ruina del imperio almohade fue consecuencia del descalabro de Las Navas. Así, el *Rawḍ al-qirṭās* afirma que de los 600 000 soldados de al-Nāṣir solo sobrevivieron 600, o sea uno por mil. Ibn Jaldūn recuerda vagamente que la rota fue total, pese al valor desplegado por los musulmanes. Según una serie de cálculos aproximativos realizados con cierta prudencia por A. Huici Miranda, los efectivos de al-Nāṣir sumaban apenas de 100 000 a 150 000 hombres, y el total de las tropas cristianas oscilaba entre 60 000 y 80 000 hombres en el campo de batalla [233, 265-271].

Carecemos de datos concretos que permitan hacer una evaluación de los efectivos del reino naṣrí de Granada. Los archivos aragoneses nos proporcionan algunas indicaciones, si bien totalmente fragmentarias, para principios del siglo XIV. En 1317, Jaime II, que había vivido en Sicilia y cuya política exterior estaba esencialmente orientada hacia Italia, donde operaban importantes contingentes, opinaba que era ridículo que las fuerzas conjuntas del adelantado de Murcia, del procurador de Valencia y del rey de Guadix, Naṣr, no fueran capaces de vencer al sultán de Granada, Ismā'īl I, que los mantenía en jaque con solo mil hombres [114, IV, 69]. En 1329, cuando Alfonso XI de Castilla y Alfonso IV de Aragón decidieron atacar conjuntamente el reino de Muḥammad IV, en la zona comprendida entre Vera y Algeciras había en total cuatro mil jinetes, o sea mil andaluces y tres mil zenetas. En cuanto a Granada misma, la defensa de la capital estaba en manos de tan solo mil zenetas y seiscientos andaluces [114, IV, 162].

A mediados del siglo XIV, el viajero egipcio Ibn Faḍl Allāh al-ʻUmarī calculaba que los efectivos procedentes tan solo del barrio del Albaicín ascendían a quince mil guerreros valerosos y bien entrenados [27, 233]. Cincuenta años más tarde, Ibn Huḏayl destacaba la exigüidad de los efectivos naṣríes [35, 119].

Las evaluaciones de los cronistas musulmanes y cristianos deben ser consideradas con las mayores reservas. Al tratar de un encuentro que tuvo lugar en el año 720/1320 entre el ejército regular de Málaga y los «francos», al-ʻUmarī afirma que perecieron cierto número de enemigos, quinientos fueron hechos prisioneros y que murió como mártir un solo musulmán.[11] Merece la pena analizar brevemente el relato de la batalla del río Salado que nos presentan la Crónica castellana de Alfonso XI y la Crónica portuguesa de Alfonso IV. En el transcurso de una revista de tropas que precedió al combate, el ejército castellano contaba con ocho mil jinetes y doce mil soldados de a pie; según el cronista anónimo castellano, la participación portuguesa frente a Tarifa se elevaba a mil jinetes [109[1], 316 ss.]. El cronista portugués ni siquiera menciona las cifras. Defendían la ciudad un millar de hombres en total. Así pues, los ejércitos cristianos no podían contar con más de veintidós mil hombres. Cabe suponer que las fuerzas musulmanas eran mucho más numerosas, pero hay que revisar las cifras que nos proporcionan los panegiristas cristianos. Según el cronista castellano, las tropas de Abū l-Ḥasan que cruzaron el estrecho estaban formadas por setenta mil jinetes y cuatrocientos mil soldados de a pie. Más adelante se habla de cincuenta y tres mil jinetes, a pesar de que el sultán de Granada Yūsuf I se había ya unido al marīní, al frente de siete mil jinetes naṣríes; los soldados de infantería ascendían a setecientos mil hombres [109[1], 324]. El historiador portugués, por su parte, se limita a lamentar las pérdidas cristianas, que ascenderían en total a veinte soldados frente a los cuatrocientos cincuenta mil muertos musulmanes [233, 369]. Un contemporáneo del sultán marīní Abū l-Ḥasan, el dinasta zayyānī de Tremecén, Abū Ḥammū Mūsā II, desmintió para la posteridad tales exageraciones: según él, las tropas marroquíes que desembarcaron en las cercanías de Algeciras en abril de 1340 no rebasaban los sesenta mil hombres, incluidos arqueros y soldados de a pie.[12]

Los cronistas castellanos presentan unas cifras enormemente exageradas al tratar del ataque de los musulmanes contra Córdoba (770/1368). Según algunos de ellos [324 *b*, IV, 124], Muḥammad V contaría con cinco mil jinetes y treinta mil soldados de a pie, según otros, con siete mil zenetas y ochenta mil infantes, entre ellos doce mil ballesteros [109[1], 581-2]. Ibn al-Jaṭīb, contemporáneo de este hecho, no nos proporciona ningún dato numérico, como suele ser costumbre en él [51, 335].

El episodio final de la Reconquista fue ocasión para que el autor anónimo de la relación musulmana titulada *Nubdat al-'aṣr fī ajbār mulūk Banī Naṣr (Fragmento de la época sobre noticias de los Reyes Nāzaritas),* exaltara el valor de los jinetes granadinos, que no solo defendieron Málaga en mayo-junio de 1487 sino que mataron a doce mil asaltantes cristianos en un solo día durante el asedio [84, 24/27], afirmación que solo puede tomarse con el mayor escepticismo.

c) *Los cuadros y la preparación de las expediciones*

Poco puede decirse acerca de los cuadros que formaban el ejército hispanomusulmán ante la imprecisión de los datos suministrados por los cronistas. En la Córdoba omeya, los contingentes de feudatarios sirios iban al mando de generales y oficiales pertenecientes a sus propios grupos que formaban una especie de aristocracia militar árabe. Estos generales dieron pruebas de su lealtad durante todo el siglo IX, si bien algunos de ellos dieron muestras de rebeldía y a veces perdieron parte de sus cualidades guerreras. En cambio, los mercenarios formaban unidades bien organizadas y adiestradas, perfectamente disciplinadas [277, III, 77].

Según Ibn Huḏayl, las tropas estaban divididas en cierto número de unidades, división que se basaba en el número cinco. Cada cuerpo de tropa de cinco mil hombres se hallaba bajo el mando de un general *(amūr),* a quien se entregaba una gran bandera; a sus órdenes había cinco contingentes de mil hombres, cada uno de ellos al mando de un oficial de alto rango *(qā'id)* que llevaba una bandera más pequeña. Cada contingente de mil hombres se subdividía a su vez en cinco grupos de doscientos hombres que dependían de la autoridad de un capitán *(naqīb),* a quien se confiaba un estandarte. Cada grupo de doscientos hombres estaba dividido en cinco secciones de cuarenta hombres, a las órdenes de un oficial subalterno *('arīf)* a quien se entregaba un pendón, fragmentadas en cinco escuadras de ocho soldados al mando de una especie de sargento *(nāẓir)* que anudaba a su lanza un banderín. Dentro del ejército existía una jerarquía muy estricta y las órdenes se transmitían por escalafones [36, 162]. Es muy probable que la nomenclatura citada fuera puramente teórica; las denominaciones de *qā'id* y de *'arīf* tienen para los cronistas el significado de «general en jefe» y «oficial subalterno» respectivamente.

Ibn Huḏayl destacó la importancia de las expediciones de verano, ya que en ellas residían «la coerción del enemigo y la fuerza del Islam». Desde la alta Edad Media se llevaron a cabo, durante el período estival, expediciones anuales [409, III, 1079-1080] contra tierras cristianas, zona casi permanentemente en guerra; estas expediciones eran denominadas *ṣā'ifa*, palabra que los españoles transformaron en aceifa en la Edad Media. Las campañas de invierno, dictadas por las circunstancias políticas y con objetivos limitados, tenían carácter excepcional [277, II, 289].

Los preparativos para la aceifa empezaban en el mes de junio; los créditos necesarios se deducían del pago del impuesto directo y se añadían a las cantidades normalmente disponibles para el mantenimiento de las tropas permanentes y el pago de los sueldos. El soberano en persona se ponía al frente de muchas de estas expediciones, mientras que otras eran dirigidas por sus hermanos o por sus hijos, en cuyo caso el comandante en jefe era un general de oficio. Según Ibn Huḏayl, las aceifas ponían fin «a las ambiciones de los gobernadores de plaza [evitando] rebeldías y enfrentamientos». Cada uno de ellos tenía un mando sin que existiere el derecho de precedencia [35, 165]. Estaban obligados a pasar revista a sus guarniciones, «a ser posible semanalmente o como mínimo dos veces al mes», y a inspeccionar armas y caballos. Se privaba de sueldo a todo soldado que no se ocupara convenientemente del mantenimiento de su caballo y de sus armas, en tanto que aquellos que manifestaban un especial interés por su montura o por su equipo tenían derecho a percibir una recompensa [35, 161]. Se encargaba del reparto de estas retribuciones, ya fueran en dinero o en especie, un intendente militar, que hacía de intermediario oficial entre el ejército y la administración de las finanzas, y que tenía un equivalente, el maestre racional, en los ejércitos de la España cristiana [220, 199]. En tiempos de paz, este funcionario se ocupaba del pago a los contingentes permanentes del sueldo propiamente dicho.

La salida de las expediciones iba precedida de la entrega de los estandartes que se celebraba en la Gran Mezquita de Córdoba el viernes anterior al día fijado para la partida de las columnas. Los jefes del ejército recibían solemnemente las banderas para ser atadas a las lanzas. Cuando regresaban de la campaña militar, estos estandartes volvían a colgarse de los muros de la Gran Mezquita [277, III, 90]. Esta tradición oriental, observada por los dinastas omeyas de Córdoba, se mantuvo vigente en el Occidente musulmán: en el año 586/1190 tuvo lugar una ceremonia de este tipo bajo el reinado del almohade Ya'qūb al-Manṣūr [71, 131 y n. 2].

Con ocasión de cada expedición de cierta importancia contra el territorio enemigo se celebraba un brillante desfile militar, el *burūz* o *tabrīz*. La población de la capital era muy aficionada a los espectáculos militares. Se concentraba en las plazas de la ciudad, desde donde contemplaba el paso del soberano cuando este salía al frente de sus tropas en solemne cortejo para ir a la guerra, o cuando volvía de ella, cargado de botín y de prisioneros [138, 195, n. 1].

d) *Equipo y armamento de las tropas*

Con la incorporación masiva de contingentes norteafricanos, en su mayoría montados, se utilizaron en la España califal de finales del siglo x casi exclusivamente cuerpos de caballería, mientras que la infantería era utilizada para la guerra de asedio y el relevo de las guarniciones de los castillos de las zonas fronterizas. Se procedía a la requisa de caballos en el mes de marzo, para cuyo fin se cursaban instrucciones a los agentes provinciales del Tesoro [277, III, 91]. Durante el reinado de al-Ḥakam II, se compraba regularmente caballos en el litoral atlántico de Marruecos; el historiador Ibn Ḥayyān nos narra la llegada a Madīnat al-Zahrā' de potros y potrancas procedentes de esta zona costera [391, XXXII/1 1967, 171]. En tiempos de al-Mansūr, se recurrió también a los caballos disponibles en las remontas gubernamentales situadas en al-Madā'in, en las islas del valle inferior del Guadalquivir, aguas abajo de Sevilla [277, III, 91].

En sus anales del reinado de al-Ḥakam II, Ibn Ḥayyān nos proporciona algunos detalles acerca de los arreos de estas cabalgaduras. Se utilizaron dos clases de sillas, en general ricamente adornadas: la andaluza y la africana. Esta última, que tenía una perilla y un borrén mucho más cortos que la primera, se generalizó a partir de la dictadura 'āmirí [391, XXXII/1, 1967, 172].

En la columna, acompañaba a cada jinete un escudero que conducía una bestia de carga, caballo o mulo (*zamīla,* de donde procede la voz española acémila),[13] la cual transportaba su equipaje, incluidos una tienda de campaña —de cuero, lana o lino— para él y su sirviente, sus armas defensivas y sus proyectiles.

El ejército omeya disponía de camellos para el transporte del material pesado. En tiempos de al-Manṣūr y en el intervalo de las aceifas, había 3900 camellos en la región esteparia de la provincia de Murcia [277, III, 97 y n. 1]. No aparecen mencionadas las carretas [409, I, 211-212], a pesar de que este medio de transporte era de uso corriente en la España cristiana ya en el siglo x.

El armamento hispanomusulmán en tiempos del califato de Córdoba era similar al que utilizaban las tropas al servicio de los soberanos de la España cristiana. Las principales armas ofensivas eran la lanza y el hacha de arzón con doble filo para los jinetes, y la maza y la pica para los infantes. El alfanje, frecuentemente descrito por los poetas de las taifas, era igual al sable mencionado por los orientales; la empuñadura estaba adornada con dibujos. Se citan a menudo dagas y puñales, y el empleo de hondas aparece ya atestiguado en tiempos de 'Abd al-Raḥmān II contra los piratas normandos; los infantes utilizaban asimismo jabalinas [277, III, 93]. La fabricación de arcos se remontaba a la alta Edad Media. Como arma de tiro, se empleaba el arco árabe, si bien en el siglo

XI los guerreros de al-Andalus utilizaban ya un tipo de ballesta poco perfeccionada que se tensaba con ambos pies. Un cuerpo de 600 ballesteros participó en la toma de Barbastro en el año 457/1065 por las tropas del hūdí de Zaragoza, al-Muqtadir [37[3], III, 227].

La literatura hispanomusulmana menciona frecuentemente las armas defensivas. Los vestidos protectores, hechos con tiras de cuero o fieltro muy gruesos, reforzados con placas metálicas que se fijaban sobre algunas superficies, eran muy similares a las lórigas y perpuntes con mangas que llevaban los combatientes castellanos y leoneses. La cota de mallas era lo suficientemente larga como para cubrir las piernas del jinete sentado en su montura; solo unos pocos combatientes llevaban corseletes de mallas y petos cuyos modelos habían sido copiados en la España musulmana de los 'abbāsíes. Para protegerse la cabeza se utilizaba, en los siglos X y XI, o bien un capuchón de mallas (*miġfar*, de donde procede la voz española almófar) o bien un capacete de hierro. También se empleaban brafoneras y espinilleras [277, III, 94; 321, 353].

Los escudos recibían distintos nombres según su forma y el material con que estaban confeccionados. De forma circular, la rodela del soldado de a pie era un pesado escudo de madera, que a veces iba provisto de placas y salientes de hierro y del que existían diversas variedades [277, III, 95]. Los jinetes iban provistos de broqueles o adargas, escudos de tamaño reducido y bastante ligeros, hechos de cuero grueso. En el siglo XI, el rey de Sevilla al-Mu'tamid dice en un poema que poseía un escudo cuyo fondo era azul lapislázuli, el borde dorado y el centro estaba adornado de clavos de plata; las largas lanzas no podían alcanzarlo [321, 353].

No disponemos de documentación iconográfica para la alta Edad Media. Encontramos a lo sumo algunas armas esculpidas en uno de los costados de una arqueta de marfil del período 'āmirí, fabricada en el año 395/1005 para el hijo mayor de al-Manṣūr, 'Abd al-Malik, y que actualmente se conserva en el museo de Pamplona. En ella se ven escenas de guerra en que los jinetes llevan adargas redondas y anchos estoques que tanto podían servir para la caza como para la guerra.[14]

En el siglo XII, el armamento de los combatientes musulmanes de la España almohade estuvo influido por el cristiano. Ibn Mardanīš, que dominó todo el Levante andaluz desde el año 542/1147 hasta el 567/1172, se vestía para la guerra igual que los mercenarios cristianos que había reclutado en Castilla, en Aragón y en el condado de Barcelona; utilizaba sillas de montar de perilla estrecha [44[2], 271]. En los primeros tiempos de la dinastía naṣrí, los emires de Granada y sus soldados tomaron como modelo a sus vecinos cristianos, adoptando sus capas escarlata [78[1], I, 207]. Casi un siglo más tarde, Ibn al-Jaṭīb afirma que los guerreros granadinos iban antaño equipados de forma parecida a la de sus vecinos y émulos cristianos: llevaban una coraza larga, colgaban sus escudos, tenían cascos no dorados, lanzas de ancho hierro, sillas de montar con horribles borrenes e iban seguidos de un porta-estandartes montado a caballo; «cada uno de ellos tenía un signo propio de sus armas y una marca distintiva que le daba a conocer» [46, 28].

Durante el último cuarto del siglo XIII, el reclutamiento de milicias beréberes comportó una serie de modificaciones en el armamento de las tropas naṣríes. Mientras que el soldado andaluz tenía, según el historiador Ibn Ṣa'īd,[15] dos caballos, uno para él y otro para su escudero, el soldado norteafricano tan solo disponía de un caballo. El jinete andaluz solía llevar cota de mallas y para protegerse la cabeza iba cubierto con un capuchón de mallas de la misma contextura que la armadura. El arma ofensiva más extendida era la lanza gruesa y larga que sostenía con una mano, mientras que en la otra llevaba una rodela para defenderse, al igual que los cristianos contra los que luchaba. Las únicas armas que portaban los jinetes beréberes eran alfanjes y lanzas ligeros con los que atacaban hábilmente al enemigo. Los andaluces se movían con dificultad por el peso de sus escudos y largas lanzas y debían procurar sostenerse firmemente en su silla y formar sobre su caballo una auténtica unidad acorazada.

En el siglo XIV, Ibn al-Jaṭīb precisaba que sus contemporáneos abandonaron los hábitos cristianos en lo que se refiere al equipo militar [46, 28; 45[6], I, 142]. Los andaluces portaban corazas, lanzas cortas y cascos dorados, en tanto que los soldados beréberes iban armados de dardos y largos bastones provistos de otros más pequeños y con un cordón en el centro que manejaban con gran destreza [194, I, 440; 45[6], I, 142].

Ya en el siglo XIII, los infantes andaluces, para enfrentarse al enemigo cristiano, iban armados con el arco «franco», que correspondía a la ballesta [78[1], I, 207-208]. En el siglo XIV se alentaba a los soldados del ejército naṣrí, tanto andaluces como beréberes, que se entrenaran con frecuencia en el uso de la ballesta [45[6], I, 142]. Es muy posible que los granadinos se prepararan constantemente para la guerra debido a las luchas fronterizas que desde el inicio del poder naṣrí se desarrollaban en las Marcas [51, 265]. En el reinado de Muḥammad V, los predicadores, al tiempo que llamaban a los habitantes de Granada para que cumplieran con el deber de la guerra santa, les daban consejos acerca de la forma de aparejar un caballo y de colocar plumas en las flechas antes de dispararlas [78[1], X, 236-239, 246-247]. Más tarde, Fernando del Pulgar, al narrar el sitio de Ronda por los Reyes Católicos en 1485, señaló la habilidad de los habitantes de esta ciudad en el manejo de la ballesta [110[6], 166]. Ibn Huḏayl, que vivió en la corte de los sultanes granadinos Muḥammad V y Muḥammad VII, nos ha dejado numerosas indicaciones acerca del empleo del arco por los combatientes naṣríes; distingue dos tipos de arcos: los que se manejaban a mano, los arcos árabes, y los que se tensaban con el pie, los arcos «francos». Según dicho autor, los primeros eran más adecuados para la caballería por ser «más rápidos y menos costosos» [36, 251]. Los segundos eran de gran utilidad para los soldados de a pie debido a su largo alcance, «sobre todo en los asedios de plazas, en los combates navales y operaciones similares» [35, 251]. Ibn Huḏayl nos ha dejado una detallada descripción de la ballesta; menciona las variedades de manera adecuada para la fabricación de este tipo de arma y da juiciosos consejos sobre el montaje del arco «franco» [36, 254-256]. Es posible que el empleo de la ballesta se generalizara en al-Andalus a finales del siglo XIV: en la Sala de las Batallas del Monasterio de El Escorial aparece un episodio de la batalla de la Higueruela (1431), en el que los ballesteros naṣríes muestran su habilidad en el manejo de su arma.[16]

No se sabe con precisión la fecha exacta de la aparición de la silla con perilla y borrén elevados. En el siglo XIV, los jinetes andaluces montaban con las piernas hacia atrás, como los beréberes zenetas. Al parecer, la silla con perilla y borrén bajos se utilizó en la España musulmana hasta el reinado de Muḥammad V. Las sillas de montar de los jinetes musulmanes que aparecen representados en el techo de la Sala del Tribunal de la Alhambra de Granada son de perilla y borrén bajos, inclinados la primera hacia delante y el segundo hacia atrás.[17] No obstante, Ibn al-Jaṭīb asegura que un príncipe granadino, Abū Sa'īd Faraŷ (m. en 702/1302), ya cabalgaba a la jineta [45[1], f.° 365]. En el último tercio del siglo XIV, Ibn Huḏayl señala la adopción de la nueva silla de montar [36, 149-151]. Según testimonio de las crónicas castellanas, los cristianos españoles imitaron las costumbres granadinas. Ya en tiempos de Pedro I el Cruel, algunos jinetes cristianos cabalgaban a la jineta; en 1364 combatieron contra los aragoneses a las puertas de Valencia, junto a 600 jinetes granadinos puestos a disposición del soberano castellano por Muḥammad V [109[1], 532]. En el siglo XV, el rey de Castilla Enrique IV montaba a la jineta, al igual que su guardia personal [109[3], 101, 106]. El marqués de Cádiz era un experto en la monta a la jineta [109[3], 646]. En la iconografía cristiana puede apreciarse el contraste entre la monta tradicional y la monta a la jineta. En una de las esculturas de la sillería baja del coro de la catedral de Toledo donde se representa la caída de Marbella, el rey Fernando aparece montado a la brida, con las piernas casi rectas; un prisionero musulmán cabalga a la jineta, con los estribos cortos.[18] Un siglo más tarde, la caballería española equipada a la jineta venció en el transcurso de las guerras francoespañolas a los soldados cubiertos de pesadas armaduras y cargados de largas lanzas.[19]

En las colecciones y museos de Europa se conservan preciosos ejemplares de espadas granadinas, muy apreciadas por los soberanos cristianos. En 1333, Muḥammad IV ofreció a su señor Alfonso IX, entre otros regalos, una espada con una vaina adornada de panes de oro, esmeraldas, rubíes, zafiros y gruesas perlas [109[1], 257]. En 1409, Yūsuf III envió a Juan II de Castilla y al infante Enrique unas espadas de plata a la jineta [109^2, 313]. La monta a la jineta comportó una modificación en la fabricación de espadas; más delgadas y cortas que las corrientes, las espadas granadinas tenían una empuñadura más pesada que facilitaba su manejo. Los diez dignatarios granadinos que aparecen en las pinturas de la Sala del Tribunal llevan en sus tahalíes una larga espada de enorme pomo. Al regreso de una expedición militar, la espada granadina iba colgada del arzón de la silla, como puede verse todavía en las pinturas mal conservadas que decoran el muro este de una de las salas de una construcción en ruinas que se halla adosada al Pabellón del Partal de la Alhambra.

Las espadas andaluzas fabricadas en Almería, Murcia y Granada eran muy apreciadas por los cristianos; en los inventarios de bienes de los siglos XV y XVI se mencionan con frecuencia lujosas espadas a la jineta; los diez principales ejemplares conservados hasta nuestros días han sido descritos por Ferrandis [202 *b*]. La empuñadura era corta y permitía apoyar en ella la mano para rematar el golpe; y el pomo podía ser esférico o plano. En la espada llamada de Boabdil que se conserva en el Gabinete de las Medallas de la Biblioteca Nacional de París, el pomo tiene forma de disco y lleva inscritas las primeras palabras de la divisa naṣrí: «Solo Dios es vencedor».

Entre las armas granadinas había también puñales de orejas que se distinguían por la forma del pomo, compuesto de dos discos divergentes, muy próximos por la parte inferior y separados por la parte superior. Al parecer, la fabricación de estos puñales se inició en España en el siglo XIV y prosiguió hasta el siglo XVI.[20]

El escudo siguió siendo el arma defensiva por excelencia de los andaluces. De forma circular, el escudo de madera tenía una parte prominente que servía para desviar los golpes del adversario, y con él se defendía tanto el jinete como su caballo [35, 270]. Los beréberes zenetas introdujeron en España los broqueles de cuero, llamados adargas, fabricados en las provincias meridionales de Marruecos y enviados a España a partir del siglo XI. Según testimonio de Ibn al-Jaṭīb, las tropas naṣríes del siglo XIV adoptaron estas adargas [46, 28], que se hacían con cuero de buey y de onagro, aunque las más apreciadas eran las de cuero de *lamṭ* [149, II, 550], del nombre de un antílope sahariano cuya piel no podían penetrar ni sables, ni lanzas, ni flechas [35, 269-270]. La adarga aventajaba al escudo cristiano por su flexibilidad, ya que estaba compuesta de trozos de cuero pegados y cosidos entre sí y no estaba tensada sobre ningún armazón de madera; en la parte central llevaba dos enarmas rígidos y arqueados que el jinete empuñaba simultáneamente con la mano izquierda. La superficie exterior de la adarga estaba adornada con piezas de metal, generalmente redondas, de las cuales pendían borlas de seda de vivos colores o cordones de bellotas. Existen varias representaciones de este pequeño escudo ligero, de forma ovoide. En las pinturas del Partal aparece una adarga bivalva y en el techo de una de las alcobas laterales de la Sala del Tribunal de la Alhambra, un jinete granadino atraviesa con su lanza a su adversario español mientras se protege el cuerpo con una adarga que sostiene con la mano izquierda. En el famoso cuadro de la Batalla de la Higueruela, los soldados musulmanes llevan adargas. En los episodios de la conquista de Granada esculpidos en las sillerías bajas del coro toledano puede verse una adarga sostenida por un soldado con la mano o sobre el hombro de un señor, musulmán o cristiano.[21] Por lo demás, los jinetes españoles habían adoptado la adarga árabe a finales del siglo XV. En uno de los bajorrelieves de la catedral de Granada, Boabdil hace entrega de las llaves de su capital a los Reyes Católicos; el guarda que le acompaña lleva una adarga bivalva adornada con cordones de bellotas.[22] El Museo de la Real Armería de Madrid conserva una adarga de la misma forma, procedente del siglo XV, y en la que puede leerse la divisa de los sultanes de Granada.

En el siglo XVI, todavía se fabricaban adargas en Fez, como señalaba León el Africano [164, II, 98]. No obstante, las adargas desaparecerían de los campos de batalla europeos a finales del siglo XVI, debido a la potencia de tiro de las armas de fuego.

e) Procedimientos de combate

Los ejércitos árabes de los primeros tiempos del Islam habían practicado la guerra de llanura. En la península Ibérica conservó todo su prestigio la vieja táctica de cargas de caballería, seguidas de bruscos repliegues, el *karr wa-farr*, cuando se trataba de combates en campo raso, sobre un terreno llano. Los cristianos de España adoptaron esta misma táctica, a la que dieron el nombre de *torna fuye* [391, XV, 1950, 154]. Sin embargo, en un país tan accidentado como España era necesario elaborar planes más complicados. Al-Manṣūr b. Abī ʻĀmir puso en práctica estratagemas adecuadas, sobre todo en el macizo montañoso de la Peña Cervera, al norte del valle medio del Duero, donde venció al conde de Castilla Sancho García y a varios señores leoneses y vascones [277, II, 253-4].

Un autor hispanomusulmán de fines del siglo XI, Abū Bakr al-Ṭurṭūšī, el hombre de Tortosa, nos ha dejado, en su *Lámpara de los Príncipes*, la única descripción detallada que poseemos acerca de un combate en al-Andalus.

«Por lo que al modo de resistir el choque se refiere, hay una excelente táctica que observamos en nuestro país, y es la más eficaz de cuantas hemos puesto en práctica en la lucha con nuestros enemigos; consiste en poner en primer término a los infantes con escudos completos, lanzas largas y dardos agudos y penetrantes. Formaban sus filas y ocupaban sus puestos, apoyando las lanzas en el suelo a sus espaldas, con las puntas enfiladas hacia el enemigo. Ellos se echaban a tierra, hincando cada cual su rodilla izquierda en el suelo, y se ponía ante aquellos cuyas flechas traspasan las cotas de malla, y detrás de éstos la caballería. Al cargar los cristianos contra los musulmanes, ninguno de los infantes se mueve de la posición en que se encuentra, ni nadie se pone de pie, y así que el enemigo se aproxima, lanzan contra él los arqueros sus flechas, y los infantes los dardos, y los reciben con las puntas de las lanzas. Hacen después frente a derecha e izquierda y sale la caballería musulmana por entre arqueros e infantes, y consigue contra el enemigo todo cuanto Dios quiere.» [3, II, 332].

En Zallāqa, los almorávides se alzaron con el triunfo gracias a la gran movilidad de la táctica musulmana. En un excelente estudio, el historiador A. Huici Miranda ha reconstruido el desarrollo de las operaciones del modo siguiente:

«La batalla se dio en el gran llano de Zalaca o Sacralias el viernes 12 de šawwāl del 479-23 de octubre de 1086. Las tropas de Alfonso, acostumbradas a atacar y a romper en un empuje decidido toda resistencia de los débiles y acobardados reyes de taifas, recorrieron pesadamente armadas las tres millas que las separaban del enemigo y parece que tuvieron un éxito inicial al caer sobre los contingentes andaluces, que no debían estar mezclados con los magribíes, pero que su empuje quedó luego frenado, no sólo por el cansancio de la carrera y el peso de las armas, sino también por las defensas del campamento musulmán, la combatividad de los almorávides y el número de los enemigos. La línea de defensa almorávide debió mantenerse firme luchando, como explica al-Bakrī, que era su contemporáneo, en filas: la primera con lanzas largas para herir y la segunda con venablos, de los que cada soldado llevaba varios y que arrojaba sin apenas errar en el blanco.

Como Yūsuf disponía de muchas más fuerzas que los cristianos, una vez pasado el primer golpe y mientras seguía luchando ante sus líneas, ejecutó el clásico movimiento envolvente, de tanta tradición entre los magribíes, y asaltó el campamento de Alfonso. Esta maniobra fue decisiva; cedieron los soldados cristianos que luchaban con gran valor y Alfonso fue herido en el fragor de la batalla o al abrirse paso para la retirada» [233, 70-71].

Los relatos musulmanes y las crónicas cristianas ponen de manifiesto las semejanzas existentes entre los procedimientos de combate empleados por ambos adversarios desde el siglo XIII hasta el reinado de los Reyes Católicos. El tipo de expedición más común, la razzia, consistía en una incursión estacional contra territorio enemigo que solía efectuarse en primavera o a principios del verano. Una táctica árabe —imitada por los cristianos *(algara)* —consistía en que un grupo de intrépidos jinetes penetrara en territorio enemigo donde devastaba las mieses y saqueaba todo cuanto hallaba a su paso, si bien evitando cualquier encuentro con el enemigo, a no ser que se tratara de destacamentos muy reducidos. Etas acciones iban acompañadas de una devastación sistemática, ejemplo dado por las expediciones marīníes en España. En tiempos de Muḥammad II, el príncipe heredero marroquí Abū Ya'qūb llevó la guerra a las llanuras y a los valles de la Andalucía cristiana; cerca de Almodóvar, de Baeza y de Úbeda destruyó las mieses, saqueó las casas, barrió los rebaños, mató a los hombres y se llevó a mujeres y niños (rabī'I del año 674/septiembre de 1275). Los habitantes de la zona ni siquiera se atrevieron a sembrar de nuevo [193, II, 605]. En el año 1366, Muḥammad V lanzó algaras contra las tierras de Sevilla, Jaén, Úbeda y Córdoba con el objetivo de apoyar a Pedro I de Castilla y debilitar a las fuerzas cristianas fieles a Enrique de Trastamara, prosiguiendo sus expediciones en 1367 y 1368. Después de haber quemado los olivos, saqueado las cosechas y sembrado la destrucción, Muḥammad V regresó a Granada al frente de su ejército para recomponerlo y reemprender la lucha al año siguiente [51, IV, 318, 343]. En julio de 1477, el sultán de Granada Abū l-Ḥasan 'Alī devastó la campiña de los alrededores de Antequera e hizo talar los árboles frutales [138, 258]. En el transcurso de la conquista de Granada, los castellanos se entregaron con el mismo furor a la devastación *(tala)* de las cosechas; buen ejemplo de ello es la destrucción sistemática de la huerta de Baza.[23]

En cuanto a las batallas campales, carecemos de descripciones suficientemente precisas que nos permitan reconstruirlas. Cabe suponer, en base a las fuentes cristianas, que los zenetas al servicio de los naṣríes siguieron empleando la vieja táctica árabe que consistía en dar vueltas en torno al enemigo, lanzándole jabalinas incluso al galope, para luego replegarse súbitamente. En los combates, la caballería ligera desempeñaba el papel principal, si bien contaba con el apoyo activo de infantes y ballesteros. El relato de la batalla de Córdoba en tiempos de Muḥammad V (1368) prueba que se desarrollaban en el campo de batalla violentos encuentros cuerpo a cuerpo; según Ibn al Jaṭīb, las lanzas quedaban cogidas a las cotas de malla como los peces apresados en las redes [51, IV, 349].

El combate en campo raso solía ir precedido de diversas incursiones devastadoras y múltiples escaramuzas. Buen ejemplo de ello nos lo ofrece el relato de la batalla de la Higueruela [138, 135, 258]. A finales del mes de junio de 1431, advertidos del avance de un poderoso ejército castellano, los campesinos naṣríes abandonaron sus campos y fueron a refugiarse en las plazas fuertes de los alrededores de Granada; el 25, los destacamentos ligeros de Muḥammad IX iniciaron el hostigamiento del enemigo y regresaron a la capital a la puesta del sol. Volvieron al ataque el 28 de junio. Al día siguiente, Muḥammad V envió contingentes granadinos a la parte alta de la Vega, donde tomaron posición entre olivos y viñedos, a través de los canales de riego y de las marismas, con el fin de atraer al enemigo a un terreno poco propicio para las maniobras de la caballería castellana. Pero los cristianos descubrieron la artimaña y se dirigieron hacia la orilla izquierda del Genil, donde llevaron a cabo una algara, a dos kilómetros y medio aproximadamente al oeste de Granada. El 30 de junio, los arqueros granadinos intentaron atraer a una emboscada a los señores castellanos que se hallaban al mando de la guardia real, pero fueron rechazados. Se entabló batalla el 1 de julio de 1431 en la Vega de Granada, donde se hallaba desplegado el dispositivo naṣrí, incluida la infantería. El condestable Álvaro de Luna lanzó entonces sus tropas contra el enemigo, cuya vanguardia derrotó; seguidamente, la caballería castellana se enfrentó a una caballería granadina muy bien adiestrada, en una sangrienta refriega. En el inmenso cuadro de la batalla de la Higueruela, aparecen las operaciones de diversión protagonizadas por anónimos jinetes granadinos. Pero, tras encarnizada lucha, los castellanos lograron romper el frente musulmán y alzarse con la victoria; los musulmanes se replegaron y se vieron obligados a refugiarse en Granada.

La costumbre medieval de los desafíos lanzados por campeones de ambos bandos para enfrentarse en combates singulares parece que ya se practicaba en España a finales del califato omeya, si damos crédito al relato de al-Ṭurṭūšī [3, II, 320-322]. En el transcurso del episodio final de la guerra de Granada, en la campaña de 1491, los jinetes granadinos y los nobles castellanos midieron sus fuerzas en duelos celebrados al pie de las murallas de las plazas sitiadas. El historiador español contemporáneo Juan de Mata Carriazo ha interpretado estas hazañas caballerescas como una especie de prolongado torneo.[24]

Desde muy pronto, la guerra de movimiento estuvo acompañada de la guerra de asedio.[25] El envío de una aceifa a la frontera tenía por finalidad liberar una fortaleza musulmana sitiada por el enemigo o bien asediar un castillo conquistado por los cristianos. Durante el siglo x, gran parte de las expediciones califales tuvieron como principal objetivo el poner cerco a una plaza fuerte del reino de León, del condado de Castilla, del reino vascón o de la Marca Hispánica. Los cronistas nos proporcionan muy poca información acerca de la técnica de la guerra de asedio al final del período omeya. Ibn ʿIḏārī nos da algunos datos breves sobre la expedición del ʿāmirī ʿAbd al-Malik al-Muẓaffar contra Cataluña en el año 393/1003 [277, II, 284-285]. Una epístola del visir granadino Ibn al-Ḥakīm el de Ronda describe, en una prosa florida, el cerco de Quesada por Muḥammad II en el año 695/1295. Los granadinos atacaron con ímpetu a la infantería cristiana que defendía esta ciudad fortificada; un grupo de soldados musulmanes consiguió incendiar la puerta de la ciudad en que el tiro de las flechas cristianas era especialmente nutrido, teniendo que abandonar los cristianos las torres y las murallas. Los musulmanes se apoderaron de ellas e izaron sus estandartes rojos, emblema de los naṣríes. En el interior de la ciudad hallaron víveres, utensilios y muebles, de los que se apoderaron y pasaron a cuchillo a los más enconados defensores [138, 259]. En la primavera del año 699/1299, Muḥammad II puso cerco a la fortaleza de Alcaudete que dominaba fértiles tierras, ricas en aguas salubres, y que permitía la comunicación con otros castillos cristianos. Tras la toma de dicha fortaleza, la hizo reconstruir y participó él mismo en la construcción de un foso [46, 42].

El relato del cerco de Almería en el año 709/1309 aporta algunos datos interesantes sobre las operaciones de asedio [138, 99, 260]. Dado que los medios a disposición de cristianos y musulmanes fueron similares hasta la subida al trono de los Reyes Católicos, el pasaje del letrado marroquí del siglo XVI Ibn al-Qāḍī, completado con algunos párrafos de Ibn Jaldūn, nos informa con detalles concretos acerca del ataque a una plaza fuerte en el siglo XIV y de la respuesta de los sitiados. Los asaltantes iniciaban las primeras operaciones de aproximación con el despliegue de su caballería y de sus infantes por los alrededores de la ciudad. Seguidamente, los defensores hacían derribar y arrasar las construcciones cercanas a las fortificaciones y tapiaban las puertas de la ciudad con obra de albañilería, exceptuando algunas de ellas por las cuales efectuaban operaciones de salida. Se preparaban las fortificaciones de forma que pudieran resistir el asedio y se colocaba en ellas a arqueros e infantes. Los sitiadores, avanzando al son de cornetas y tambores, se enfrentaban entonces a los sitiados en violentos combates que tenían lugar al pie de las murallas de la ciudad. Luego, los sitiados se replegaban hacia sus defensas desde donde rechazaban al enemigo lanzándole flechas. Los asaltantes estrechaban entonces el cerco; para el combate disponían de unas torres altas de madera colocadas sobre carretas que facilitaban su desplazamiento. Estas torres móviles estaban guarnecidas de soldados y se preparaban largas escalas que se apoyaban en la muralla para el asalto. En Almería, Jaime II hizo construir una torre de madera tres toesas más alta que las murallas, la cual fue incendiada por la guarnición [39[3], IV, 204]. Los zapadores excavaban galerías subterráneas para poder llegar a los cimientos de las murallas.[26] Luego, los sitiadores avanzaban, primero infantes y arqueros y después la caballería, según era costumbre en la Edad Media. Estas fuerzas armadas se distribuían en torno a la ciudad cercada y los sitiados les oponían una fuerte resistencia lanzándoles aceite y pez hirviendo desde lo alto de las murallas. En Gibraltar, en el año 733/1333, los granadinos echaron alquitrán hirviendo sobre los soldados de Alfonso XI y lograron incendiar los manteletes de madera que se hallaban situados al pie del torreón [109[1], cap. CXX, 253]. La guarnición solía defenderse ferozmente y los combates proseguían en las calles de la ciudad.

Cuando los sitiadores no podían tomar una fortaleza al asalto, utilizaban sus máquinas de guerra para romper las defensas del enemigo. Entre las armas de asedio había arietes que servían para derribar las puertas de las murallas o de los castillos; almajaneques que lanzaban piedras y proyectiles incendiarios por encima de las murallas, y balistas ligeras.[27] En tierras del Islam estaba permitido utilizar a infieles para el manejo de las máquinas de guerra [36², 166]. Pero estos medios primitivos no fueron los únicos. Según testimonio de Ibn al-Jaṭīb, los granadinos emplearon por vez primera durante el reinado de Ismāʿīl I «el gran ingenio que funcionaba por medio del *nafṭ*» en el cerco de la ciudadela de Huéscar (a 110 km al noreste de Granada), ocupada por los cristianos [46, 72]. Lanzaron contra el torreón de la fortaleza una bala de hierro al rojo que partió soltando chispas y cayó en medio de los asediados, sembrando el pánico entre las filas castellanas [46, 72; 45⁵, I, 231]. A Alicante llegó la noticia de que el rey de Granada contaba entre sus máquinas de asedio con una nueva arma mortífera [138, 261, n. 4]. Diecinueve años más tarde, en el cerco de Algeciras (743/1343), los musulmanes sitiados arrojaron contra los cristianos, por medio de «truenos», grandes y gruesas flechas y pesadas balas de hierro [109¹, cap. 270, 344 y cap. 279, 352]. Pero resulta difícil precisar las características de estos «truenos», pues no se sabe si se trataba de verdaderas armas de fuego o de artefactos parecidos a las catapultas.[28]

Hasta el siglo xv, los medios de ataque contra las plazas fuertes fueron poco potentes y los musulmanes del reino naṣrí, atrincherados en sus castillos, en sus torres y en sus recintos fortificados, pudieron resistir los ataques de los castellanos. Pero desde la subida al trono de los Reyes Católicos y debido al perfeccionamiento de la artillería por iniciativa de Isabel,[29] los defensores musulmanes tuvieron que luchar con gran tenacidad para preservar su independencia gravemente amenazada.

Sin duda siguieron en vigencia los sistemas de combate tradicionales y prosiguieron las escaramuzas al pie de las murallas de las ciudades cercadas. Pero la caballería, que hasta entonces había desempeñado el principal papel en las luchas fronterizas, dejó paso a la infantería y, sobre todo, a la artillería. En las esculturas de la sillería baja del coro de la catedral de Toledo aparecen diversas escenas en que musulmanes barbudos se defienden con piedras, lanzas y adargas contra los infantes cristianos, algunos de los cuales disparan con ballesta. Los nuevos artefactos de guerra no desplazaron inmediatamente esta arma tradicional. Los ballesteros granadinos defendieron tenazmente con sus tiros certeros el acceso a sus aspilleras y sus caminos de ronda. Es muy probable que una de las primeras acciones de los sitiadores consistiera, como en otros tiempos, en cortar el acceso al agua para impedir el suministro de los sitiados. Así sucedió en Ronda y en Baza, donde los arquitectos musulmanes se habían preocupado de garantizar el abastecimiento de agua a las fortificaciones que habían construido en los lugares elevados [103, 158, 208]. Sin duda se continuó usando simultáneamente las nuevas armas y las viejas máquinas de asedio: arietes, almajaneques y cobertizos de madera llamados *gatas*. Pero un nuevo factor iba a trastocar la táctica defensiva de los musulmanes del reino naṣrí, acostumbrados a la guerra medieval. La artillería, que transformó la poliorcética castellana a partir de 1483, creó gran estupor entre los súbditos del sultán de Granada, si damos crédito a la iconografía toledana. Las escenas que Rodrigo Alemán talló sobre madera muestran a los servidores de lombardas y armas de pequeño calibre —ribadoquines, arcabuces y trabucos— protegiendo a los soldados castellanos mientras estos sitúan sus escalas y alcanzan las plataformas almenadas de las barbacanas naṣríes. Pero la sillería baja del coro toledano nos da una visión tan solo fragmentaria y bastante parcial de los acontecimientos. Los relatos detallados de Pulgar, Palencia y Bernáldez, así como la relación musulmana titulada *Nubḏat al-ʿaṣr*, indican que los hispanomusulmanes no estaban totalmente desprovistos de artillería. En Moclín, en 1486, existían reservas de pólvora y se utilizaron los ribadoquines tomados al derrotado conde de Cabra [110[6], 234-5]. En los últimos años del período nāṣrí aparecieron en los textos árabes los términos *bārūd* (pólvora) y *nafṭ* (pl. *anfāṭ*), en el sentido de cañones de fortaleza. En el transcurso del famoso asedio al barrio del Albaicín de Granada, en 1486, se emplearon al mismo tiempo *anfāṭ* y máquinas clásicas del tipo catapulta, como almajaneques. La artillería naṣrí entró en acción, sobre todo en Málaga, en 1487, donde los renegados cristianos que la manipulaban y que habían pasado al servicio de al-Zaġal rivalizaron en destreza con los artilleros castellanos. Pero finalmente sucumbieron ante la superioridad numérica del enemigo.

f) El balance de los combates

Al intentar valorar la actividad militar desplegada por el califato de Córdoba contra la Cristiandad hispánica, E. Lévi-Provençal subrayó la escasez de los resultados conseguidos [277, II, 75-77]. Incluso las expediciones más potentes no consiguieron jamás anexionar territorios, ni siquiera temporalmente, o llevar la frontera más allá de donde tenía sus límites en el siglo x. Para al-Manṣūr Ibn Abī ʿĀmir, la actividad militar de los ejércitos andaluces contra los cristianos de España tenía el valor de una obra pía, la guerra santa o *ŷihād*. Se trataba no tanto de apoderarse de territorios y ciudades enemigos, como de infligir al infiel una derrota humillante. A este impulso místico que atraía hacia los ejércitos de al-Manṣūr a voluntarios tanto andaluces como norteafricanos, se sumaba la esperanza de conseguir una parte del botín. En su antología de la guerra santa, Ibn Hudayl escribe para los defensores de la fe: «Es lícito incendiar las tierras del enemigo y sus granos, matar sus acémilas —siempre que el musulmán no pueda apoderarse de ellos—, así como talar sus árboles, destruir sus ciudades, hacer, en una palabra, todo aquello que permita abatirlo por poco que el *Imām* juzgue adecuadas tales medidas, que permita precipitar su islamización o debilitarlo. Todo ello contribuye, en efecto, a vencer al enemigo por la fuerza o a obligarlo a transigir» [36, 195]. Así pues, el botín de guerra consistía, en primer lugar, en cosechas y rebaños, a los que se sumaban los cautivos, hombres, mujeres y niños. Las evaluaciones que nos ofrecen los cronistas musulmanes resultan con frecuencia exageradas, ya que proceden de historiadores oficiales deseosos de exaltar el triunfo de sus señores. Así, por ejemplo, las tropas del almohade al-Manṣūr se habrían apoderado en Alarcos de 150 000 tiendas, 80 000 caballos, 100 000 mulos y 400 000 asnos. El botín fue tan elevado que se vendía un prisionero por un *dirham* de plata y un caballo por 5 *dirhames* [223, 143]. Las expediciones marīníes en España condujeron en definitiva al saqueo sistemático; si damos crédito al autor del *Rawḍ al-Qirṭās* el número de prisioneros fue tan elevado en la región de Sevilla que se vendía a un cristiano por un *mitqāl* y medio [19[3], II, 605]. El botín reunido tras los combates se repartía conforme a los preceptos del derecho canónico. El soberano percibía una quinta parte del mismo y el resto se distribuía entre las tropas. Al regreso de sus expediciones andaluzas en 1275, Abū Yūsuf hizo recontar su botín en Algeciras: los musulmanes habían hecho 7830 prisioneros. No se pudieron contar las ovejas, pero había tantas que se vendían a un dirham. Los soldados marīníes habían conseguido apoderarse también de una gran cantidad de armas [19[3], II, 603; 39[3] IV, 80].

En el transcurso de sus expediciones, al-Manṣūr b. Abī ʿĀmir, saqueó e incendió diversas iglesias y monasterios; en julio de 981 devastó la ciudad de Zamora y la campiña circundante. Según un cronista de época tardía, el primer ʿāmirí destruyó la plaza de Simancas, capturando a miles de prisioneros [277, II, 234-235]. En tiempos de los naṣríes, los destacamentos andaluces a las órdenes de Riḍwān asolaron las regiones de Lorca y de Murcia, se apoderaron de la fortaleza de Almodóvar, situada a orillas del Segura, e incendiaron las moradas de sus habitantes. Riḍwān logró apoderarse de 20 000 *qafīẓ* de trigo y condujo a Granada a 1500 cautivos y 30 000 cabezas de ganado bovino, según los cronistas [138, 204, 263]. El autor de la *Nubḏat al-ʿaṣr* evoca el reparto del botín transportado a Málaga tras la derrota cristiana de la Axarquía (1483) [84, 11/44]. Por lo demás, cuando los musulmanes perdían una batalla, los cristianos también se apoderaban de armas y rebaños. En 1482, los hombres del marqués de Cádiz hicieron prisioneros a 3000 habitantes de Alhama y consiguieron hacerse con grandes cantidades de víveres —trigo, cebada, aceite, miel, almendras—, de telas de seda y tafetanes, oro, plata, alhajas, animales de monta y acémilas. En Lucena, en 1483, los granadinos tomaron 900 mulos y 400 caballos [138, 160, 264].

¿Qué suerte esperaba a los prisioneros de guerra? Los combatientes de la guerra santa no solían perdonar a sus adversarios más influyentes. El sultán marīní Abū Yūsuf, que venció a los cristianos frente a Écija, envió la cabeza de su jefe, don Nuño González, al naṣrí Muḥammad II [19[3], II, 602]. Concluida una guerra civil, Muḥammad V, una vez recuperado el trono, hizo exponer la cabeza del usurpador Muḥammad VI en las murallas de Granada [51, 17-18].

En tiempos de Almanzor, el mercado de esclavos de Córdoba estaba abarrotado de cautivos. Cuando murió el primer ʿāmirí, los habitantes de Córdoba se lamentaban con estas palabras «¡Murió aquel que nos proveía de esclavos!» [277, II, 223]. Los cautivos españoles pertenecían a diversas clases sociales: nobles, villanos, clérigos. Algunos de ellos se convirtieron al Islam y corrieron una curiosa suerte, como Riḍwān, de ascendencia castellana y catalana, que, capturado en Calatrava siendo un niño, fue educado en la corte de la Alhambra. Gracias a su inteligencia, se ganó la confianza del sultán Ismāʿīl I, quien le encargó de la educación del príncipe heredero Muḥammad. Más tarde, Riḍwān consiguió que Muḥammad IV le confiara el cargo de *ḥāŷib*, y desempeñó, como vimos, un papel notable durante el reinado de Yūsuf I y a principios del de Muḥammad V. Nacido en cautividad en el palacio del sultán de Granada, un liberto de origen catalán, Hilāl, fue enviado a ʿUṯmān b. Yaġmurasān, el monarca ʿabd al-wādí de Tremecén. Más tarde, ayudó a Abū Tāšfīn I a hacerse con el poder, convirtiéndose en su visir [43, I, 133]. Las cautivas cristianas eran especialmente apreciadas en Córdoba, y en diversas ocasiones fueron elegidas por los soberanos omeyas como sus concubinas. El segundo almorávide, ʿAlī, era hijo de una ex cautiva cristiana, mujer de gran belleza. Fueron hijos de esclavas cristianas varios reyes de la dinastía naṣrí, entre ellos Naṣr, Muḥammad IV, Yūsuf I, Muḥammad V e Ismāʿīl II. Isabel de Solís, la madre de Boabdil, logró tener gran ascendiente sobre el sultán Abū l-Ḥasan ʿAlī.

Los jurisconsultos andaluces se plantearon el problema de cómo tratar a las mujeres españolas pertenecientes a las órdenes religiosas y que formaban parte del botín de guerra. Ibn Huḏayl expresaba su incertidumbre con estas palabras: «La primera recomendación es reducirlas a cautividad, dado que las funciones sacerdotales son propias del alma. La segunda recomendación es dejarlas libres, porque viven apartadas de los infieles» [35, 198].

Los prisioneros de guerra eran a menudo objeto de negociaciones entre musulmanes y cristianos con vistas a su intercambio y a su rescate. Durante el reinado del emir Muḥammad I, se celebraron negociaciones para rescatar al general Ḥāšim b. ʿAbd al-ʿAzīz, hecho prisionero en el año 262/878 y retenido en cautividad durante dos años en Oviedo [277, I, 297-298]. Después de una expedición, al-Ḥakam I regaló a los habitantes de un distrito fronterizo cierto número de prisioneros para que con ellos pudieran llevar a cabo intercambios y recuperar por medio de este procedimiento a sus propios parientes, que habían sido reducidos a cautividad por sus vecinos cristianos [277, III, 105, n. 1]. En la correspondencia intercambiada por los monarcas de la Corona de Aragón y los sultanes naṣríes, aparece frecuentemente mencionada la entrega de cautivos musulmanes, sobre todo en el siglo XIV. En enero de 1361, Muḥammad VI, el rey Bermejo, acusaba recibo de una carta de Pedro el Ceremonioso en la que este le anunciaba la puesta en libertad de «zenetas» (los *Janets*) capturados por Pedro de Exerica, así como la de cinco musulmanes del Infante don Fernando y del musulmán que se hallaba en Mallorca. El sultán de Granada le pedía asimismo al rey de Aragón que dejara libre a Yaḥyā «Alhaharay», «un pobre hombre cautivo desde hace diez años, que se hallaba en Mallorca en la alquería Cabacero». Algunos meses más tarde, el 30 de mayo de 1361, Pedro el Ceremonioso ordenaba al valenciano Bernat Costa que dedujera de la donación o ayuda que debía pagarle la Generalidad del reino de Valencia, una cantidad determinada destinada al rescate de siete musulmanes, cautivos en el reino de Valencia, a condición de que fueran auténticos granadinos. El monarca aragonés escribía: «Para rescatarlos, os ordenamos pagar a los propietarios de estos esclavos la cantidad de dinero que abonaron en la primera venta, más lo que hayan podido realmente gastar por ellos desde que los poseen» [197 *a*, 68, 470]. Recientemente se han descubierto numerosos documentos en los archivos sevillanos: demuestran que tras la derrota cristiana de la Axarquía, en 1483, el Concejo de Sevilla se preocupó de facilitar el intercambio de súbditos del sultán naṣrí, cautivos en Andalucía, por cristianos detenidos en Málaga.[30] En 1485-1486, los Reyes Católicos autorizaron el envío de provisiones o de paños a los granadinos con objeto de rescatar a prisioneros cristianos.[31]

E. Lévi-Provençal ha hallado mencionada la existencia de una organización de redentores de cautivos (*fakkāk*, de donde procede la voz española antigua *alfaqueque*) para la Córdoba del siglo X. Dichos redentores, «mediante salario, ofrecían sus servicios a las familias que tenían a uno de sus miembros cautivos en territorio infiel» y se comprometían, «por una suma estipulada», a ir a negociar la liberación del prisionero de guerra y a pagar su rescate [277, III, 105-106]. El jurista Ibn al-Imām, que fue cadí de Tudela de 325 a 337/935 a 948, había sido hecho prisionero juntamente con su hermano y su hijo por los cristianos, y los tres recobraron la libertad mediante el pago de una suma de 15 000 *dīnāres* [29, núm. 952]. Un piadoso musulmán de Huesca, muerto en el año 307/919, rescató a sus propias expensas y a lo largo de toda su vida a 150 cautivos. Un alto dignatario granadino, ʻIsā b. Idrīs (Isça Abenedriz en los documentos aragoneses), permaneció mucho tiempo en manos de los cristianos: capturado antes de 1276, en tiempos de Jaime II, no pudo reunir la suma total de su rescate —valorado en cinco mil doblones— hasta el 8 de abril de 1285 [398, XIII, 1927-1928, 339-340]. Ibn al-Jaṭīb nos ha dejado la biografía de un súbdito de los naṣríes, Muḥammad b. Aḥmad al-Dawsī (nacido en el año 669/1270 y muerto en el 793/1338), versado en cuestiones notariales, que exhortaba a sus correligionarios a recaudar fondos para el rescate de prisioneros [31, III, núm. 969]. La institución subsistió hasta finales del siglo xv. En una escritura redactada para la redención de un cautivo, publicada por L. Seco de Lucena, dos honorables alfaqueques se ofrecen a rescatar a un tal Aḥmad b. Aḥmad al-Basṭī en el plazo de veinte días, a contar desde la redacción del acta (7 de šaʿbān del año 891/7 de agosto de 1486) [89, 100/108]. En un testamento con fecha del 21 de rabīʿ I del año 892/17 de marzo de 1487, se hace donación de 13 *dīnāres*, destinados al rescate de un cautivo [89, 101/109].

1.4. La organización marítima

Debido a su configuración geográfica, a la extensión de su zona litoral, España ha tenido siempre una vocación marítima en el Mediterráneo occidental. En tiempos de los visigodos, mantenía relaciones comerciales por mar con Italia y Provenza. Durante los primeros decenios de la dominación musulmana en la península Ibérica, los gobernadores árabes concentraron todos sus esfuerzos en la pacificación del país y en algunos intentos expansivos al norte de los Pirineos. Así pues, hasta finales del siglo viii y principios del ix, los hispanomusulmanes no empezaron a desplegar su actividad marítima, que en un principio adquirió la forma de guerra de corso, si no fomentada por los soberanos omeyas, al menos tolerada. Entre las poblaciones costeras había buenos marinos, gentes acostumbradas a la navegación de cabotaje que salían en sus barcas de los puertos de Levante para intentar golpes de mano contra las costas de Provenza y de Italia. En el año 798 hubo fechorías cometidas por los piratas andaluces en Mallorca y Menorca; Eginardo señala que, hacia la misma época, Carlomagno adoptó una serie de medidas encaminadas a reprimir las incursiones de la piratería musulmana por las costas narbonenses y de Septimania, así como por todo el litoral italiano hasta Roma [277, I, 200, n. 1]. En el año 812, andaluces y navegantes de Ifrīqiya llevaron a cabo correrías contra Córcega y Cerdeña. Esta última fue nuevamente atacada en el 820 por marineros originarios de Tarragona. En el año 831, un grupo de aventureros andaluces, que vientos contrarios habían llevado hasta las costas de Sicilia, se unieron a las fuerzas navales aġlabíes que tomaron Palermo. Marinos procedentes de Tarragona atacaron Marsella en el año 838 y remontaron el Ródano en el 840 [326 bis, 137; 421, XIV, 1967-1968, 104].

A partir del siglo IX, los cronistas andaluces hacen mención de escuadras armadas por el gobierno cordobés, aunque no dan muchos detalles. En el año 234/848-849, se sublevaron las poblaciones todavía poco islamizadas de Mallorca y Menorca, teniendo que acudir una flota omeya para restablecer el orden en ambas islas [277, I, 260]. Cuatro años antes se había producido la primera irrupción de vikingos en Sevilla (229/844). Cincuenta y cuatro barcos normandos y otras tantas embarcaciones menores, tripuladas por los «hombres del Norte», a quienes los historiadores árabes llaman frecuentemente *Maŷūs* y algunas veces *al-Urdumaniyyūn (Nordomani)*, arribaron primero a la región de Lisboa, donde sostuvieron encarnizados combates.[32] Luego, los filibusteros escandinavos avanzaron en dirección sur, se adentraron por el Guadalquivir y saquearon Sevilla; las fuerzas cordobesas los derrotaron en Tablada, pero la alarma había sido suficientemente sangrienta y ʿAbd al-Raḥmān II decidió armar una flota de guerra y construir astilleros en Sevilla [277, I, 218-225]. Más tarde, Muḥammad I intentó utilizar contra Galicia las embarcaciones musulmanas que navegaban por el océano al acecho de barcos vikingos. La flota omeya se hizo a la mar en el año 266/879, pero tuvo que aguantar un fuerte temporal y resultó casi totalmente destruida [277, I, 321].

En el año 278/891, cerca de Fréjus, en el golfo de Saint Tropez, un grupo de musulmanes de Tortosa fundó la colonia militar de Fraxinetum, la actual La Garde Freinet, que subsistiría durante casi ochenta años [277, II, 157-158].

Mientras tanto iban desarrollándose las fructíferas relaciones comerciales entre los puertos andaluces del litoral mediterráneo y los de los vecinos países musulmanes. Además de las escuadras que patrullaban las aguas y destinadas a contrarrestar el peligro normando, el reino omeya de Córdoba contó desde fecha temprana con una nutrida flota mercante, cuya tripulación pocas veces estaba formada por árabes, algunas por beréberes y la mayoría por españoles de origen muladíes o mozárabes, reclutados entre las poblaciones costeras de las coras de Pechina y de Levante. Un grupo de marinos andaluces eligió como base para su tráfico en España el territorio situado en las proximidades de la torre vigía (en árabe *mariya*) de Pechina. La *mariya* de Pechina, a la que pronto se llamaría Almería a secas, se convirtió, a partir de los reinados de los emires Muḥammad I y al-Mundir, en el puerto mediterráneo más frecuentado de al-Andalus [277, I, 348-356].

Las circunstancias políticas obligaron a los omeyas a reforzar su marina de guerra. A principios de su reinado, ʿAbd al-Raḥmān III ordenó que flotillas ligeras patrullaran a ambas orillas del estrecho de Gibraltar para impedir que Ibn Ḥafṣūn recibiera víveres y refuerzos del norte de África [277, II, 90]. Algunos años más tarde, cuando se dio cuenta del peligro que suponía para él la poderosa marina fāṭimí, heredada de los aglabíes, incrementó su flota de forma que pudo apoderarse de Melilla en el año 314/927, y de Ceuta cuatro años más tarde. El saqueo de Pechina en el año 344/955 por los fāṭimíes desencadenó una serie de represalias. Una escuadra de setenta barcos sobre los cuales iba enarbolada la bandera blanca de los omeyas, incendió el puerto de la Calle en Ifrīqiya y asoló los cultivos de la campiña de Susa y Tabarka [277, III, 108 y n. 1]. El momento culminante del poderío naval de al-Andalus se sitúa en el siglo x. Durante el reinado de al-Ḥakam II, una escuadra musulmana logró dar alcance a un grupo de invasores vikingos en las proximidades de Silves, y los diezmó;[33] al-Manṣūr Ibn Abī ʿĀmir utilizó otra escuadra andaluza en sus expediciones contra los litorales catalán y gallego en los años 374/985 y 387/997 respectivamente.

Resulta difícil calcular el número de unidades pesadas y ligeras que podían reunirse en los puertos andaluces. Según Ibn Jaldūn, la flota omeya contaba con 200 navíos durante el reinado de ʿAbd al-Raḥmān III, y la fāṭimí disponía de un número aproximadamente igual de unidades [270, 153]. En tiempos de al-Ḥakam II, la flota de Almería podía reunir 300 navíos, al decir de Ibn al-Jaṭīb [45[6], I, 306]. Ibn Jaldūn añade que «cada navío iba al mando de un marino, que llevaba el título de *qāʾid* y que se ocupaba únicamente de lo referente al armamento, los combatientes y la guerra mientras otro oficial llamado *raʾīs* dirigía la marcha del navío a vela o a remo y disponía la maniobra de anclaje» [40[4], II, 40-41; 298, V, 62].

En tiempos de los omeyas de Córdoba, el comandante de la flota almeriense era una de las personalidades más importantes del reino. Entre sus almirantes sobresalió, durante los reinados de al-Ḥakam II y de su hijo Hišām II, el célebre Ibn al-Rumāḥis, que, además de las funciones de almirante, desempeñó el cargo de gobernador de las circunscripciones de Pechina y de Evira [277, III, 109]. Según afirmación de Ibn Jaldūn, en esta época «los cristianos no podían ni siquiera hacer flotar una tabla» en el Mediterráneo [40[4], II, 42].

Después de la caída del califato, los reyes de taifas cuyos Estados se hallaban situados a orillas del Mediterráneo y del Atlántico mantuvieron una organización marítima basada en el modelo existente en tiempos de los omeyas.[34] A principios del siglo xi se constituyó, a beneficio del esclavón Muŷāhid, un verdadero principado marítimo que comprendía los territorios del puerto de Denia y las islas Baleares. En 1015, Muŷāhid, que controlaba los puertos de Levante y contaba con 120 navíos, se apoderó de Cerdeña y dirigió una incursión contra el puerto de Luni, situado en el golfo de Spezia [344, 193]. Pero pronto se dejaría sentir la competencia de los cristianos. En 1016, los pisanos, aliados con los genoveses, expulsaron a Muŷāhid de Cerdeña. El constante crecimiento de la actividad marítima de las repúblicas italianas constituía una amenaza indirecta para al-Andalus.

Con la llegada de los almorávides, el poderío naval andaluz pasó a manos de las dinastías africanas. Antes de emprender sus expediciones por suelo español, Yūsuf b. Tāšfīn se aseguró la posesión de los puertos marroquíes del estrecho de Gibraltar y le fue concedida la base andaluza de Algeciras. En el transcurso de la toma de Sevilla, los almorávides incendiaron las galeazas de al-Mu'tamid que se hallaban ancladas en el Guadalquivir [321, 217].

El peligro cristiano aumentaba de día en día. En el año 542/1147, Alfonso VII de Castilla consiguió apoderarse de Almería gracias a las naves que había alquilado a Génova y Pisa. Durante los diez años en que Almería permaneció en manos de los cristianos, los almohades lanzaron diversas expediciones marítimas por el Mediterráneo. E. Lévi-Provençal descubrió, en una recopilación de cartas oficiales almohades, el relato de una incursión naval contra Almería llevada a cabo por los marinos almohades de Ceuta, a bordo de galeras [194, II, 372]. «En primer lugar, la escuadra almohade realizó un reconocimiento de los puertos de Málaga y Almuñécar, pero el dispositivo defensivo de ambos puertos, que todavía no se hallaban en poder de los almohades, impidió que la escuadra los atacara. Seguidamente, esta puso rumbo hacia Almería, ocupada por el enemigo cristiano, y un día, al amanecer, hizo su aparición ante la ciudad. La guarnición, que posiblemente había sido avisada, se mantenía alerta en sus posiciones, pero no había tenido tiempo de descargar los numerosos barcos de transporte que se hallaban fondeados en el puerto. Al llegar los barcos almohades, los cristianos de Almería organizaron su defensa a bordo de estos barcos mercantes, llenándolos de armas y de soldados. Pero varios almohades corrieron a cortar los cables de amarre de dichos barcos: al darse cuenta de ello, sus ocupantes se lanzaron al agua para escapar. Los almohades los persiguieron, procediendo a una gran matanza; seguidamente, pudieron desembarcar, cruzar la puerta del puerto y penetrar en la ciudad, donde llevaron a cabo una rápida incursión, devastando e incendiando todo cuanto hallaron a su paso hasta lo alto de la gran mezquita de la ciudad. Luego volvieron a bordo de sus galeras, se apoderaron de barcos y corbetas fondeados en el puerto, incendiaron lo que no pudieron llevarse y cogieron diversas máquinas de guerra. Seguidamente, se hicieron a la mar, victoriosos y cargados de botín» [73, 25].

'Abd Allāh b. Sulaymān, que dirigió esta operación de desembarco en Almería entre el año 543/1148 y el 546/1151, participó, más tarde, en la expedición de los almohades que les permitió recuperar Almería gracias a un ataque simultáneo por mar y por tierra. En el año 557/1162, 'Abd al-Mu'min hizo construir escuadras en las costas de su imperio y armó 80 navíos en al-Andalus [19, II, 400]. Sin embargo, los almohades no se atrevieron a interceptar las flotas cristianas que cruzaban el estrecho de Gibraltar, ni siquiera cuando los cruzados flamencos y alemanes ayudaron en 1189 al rey de Portugal Sancho I a apoderarse de Silves, en el Algarve [421, XIII, 1965-1966, 139].

En el siglo XIII, los musulmanes fueron perdiendo paulatinamente su supremacía en el mar. En 1229, la flota aragonesa desempeñó un papel esencial en la toma de Mallorca a los musulmanes. Ocho años más tarde y tras la caída de Valencia, los cristianos de Aragón ocuparon el litoral oriental de la Península. Los castellanos de Fernando III que sitiaron Sevilla en 1248 utilizaron una flota constituida en Galicia por el almirante Bonifaz [218, 189-190].

En la segunda mitad del siglo XIII, los musulmanes siguieron siendo bastante fuertes en el estrecho de Gibraltar, lo que les permitía asegurar el paso de cuerpos expedicionarios entre Marruecos y España, y continuaron dominando el litoral mediterráneo desde Algeciras hasta Almería. Durante el cerco de Algeciras, Muḥammad II hizo armar en Almuñécar, Almería y Málaga, 12 naves naṣríes, que se unieron a las 15 naves del sultán marīní Abū Ya'qūb y a las pequeñas embarcaciones tripuladas por voluntarios de la guerra santa, con el fin de romper el bloqueo de Algeciras; en rabī' I del año 678/julio de 1279, las unidades musulmanas derrotaron a la flota castellana en aguas de Gibraltar [19, II, 623-627].

Debido a la propia situación del emirato naṣrí, vasallo de Castilla y dependiente de la ayuda marīní, se imponía el refuerzo de su flota de guerra. En la primavera del año 1304, durante el reinado de Muḥammad III, los granadinos fijaron sus objetivos en el importante puerto de Ceuta, situado a unas pocas millas de Algeciras y convertido antaño por 'Abd al-Raḥmān III en un sólido punto de apoyo omeya [277, II, 96]. En 1304 y en 1305, los granadinos se consideraron suficientemente fuertes para lanzar ataques marítimos contra Mallorca y el reino de Aragón [197, 382]. En mayo de 1306, los naṣríes anexionaron Ceuta y atacaron diversos puntos del litoral norteafricano, entre ellos Ḥunayn [137, 87]. En el verano de 1306, Muḥammad III dominaba el Estrecho y al año siguiente sus naves se aventuraban hasta los puertos de la Corona de Aragón [197, 385]. En 1309, durante el reinado del sultán Naṣr, la flota naṣrí controlaba Ceuta, Algeciras, Gibraltar, Málaga y Almería, dominando no solo el Estrecho sino también las aguas mediterráneas circundantes. Pese a la combatividad de los marinos granadinos, motivo de inquietud para los aragoneses [197, 394], la escuadra naṣrí no pudo impedir que, en el año 708/1307, trescientos barcos de Jaime II, «pequeños y grandes, de guerra y de transporte», llegaran a la costa en las proximidades del cabo al-Funt, al este de Almería, y «echaran anclas en ese lugar» [410, X, 1933, 131]. En diciembre de 1309, el vicealmirante Bellhevi pasó a la ofensiva y persiguió a las naves granadinas hasta Ceuta. Reanudadas las hostilidades entre castellanos y granadinos en

1311, estos últimos pudieron alzarse con una victoria naval en aguas del estrecho de Gibraltar gracias, una vez más, a la ayuda marīnī. Algunos años más tarde, en 1325, la flota granadina, apoyada a la altura de Almería y de Málaga por galeras de Tánger e incluso por algunas embarcaciones de Tremecén, fue vencida por una escuadra castellana, al mando del almirante Jofre de Tenorio [109[1], 209].

Los acontecimientos del año 1340 nos aportan asimismo algunas informaciones. Yūsuf I tuvo que recurrir a la ayuda marīnī para frenar el avance de la Reconquista [137, 102-103]. Escoltado por sesenta buques de guerra, el sultán Abū l-Ḥasan cruzó el estrecho de Gibraltar en la primavera de 1340 para reunirse en España con su hijo Abū Mālik [109[1], 307]. El 8 de abril, la potencia marítima árabe se impuso a la flota castellana, reforzada con cuatro galeras catalanas, en las proximidades de Algeciras. Al mando de un destacado almirante, Muḥammad al-'Azafī, la flota marīnī consiguió una brillante victoria naval, cuyo relato aparece en la Crónica de Alfonso XI [109[1], 307-308]. El marīnī fue dueño absoluto del Estrecho durante los siete meses que transcurrieron entre abril y finales de octubre de 1340, momento en que una coalición de tropas castellanas y portuguesas se alzó con la victoria en la batalla del río Salado (7 de ŷumādā I del año 741/30 de octubre de 1340). Alfonso XI solicitó entonces a los genoveses que le alquilaran quince galeras, pero dichas embarcaciones no estarían disponibles hasta finales del año 1340. No obstante, se ofreció el mando de la flota castellana al almirante genovés Egidio Boccanegra, hermano del dux, en otoño de 1340 [109[1], 309].

Para conseguir las naves que necesitaban, los castellanos negociaron con Pedro IV de Aragón [174 bis, II, 57-59]. En septiembre de 1341, veinte galeras aragonesas se sumaron a las castellanas en las operaciones de hostigamiento del litoral granadino.

Hasta mayo de 1342 no se manifestó el apoyo de la flota naṣrí a su aliado marīnī. En un informe dirigido a Alfonso XI, el almirante Boccanegra calculaba las fuerzas coaligadas de Abū l-Ḥasan y de Yūsuf I en ochenta galeras y otras embarcaciones de guerra dispuestas a atacar a los castellanos. Pero el genovés sorprendió al enemigo, destruyó doce galeras musulmanas que se dirigían a Ceuta y otras veintiséis fueron hundidas o quemadas frente a las costas andaluzas [109[1], 338]. En 1343, los musulmanes habían logrado recomponer su flota. Abū l-Ḥasan contaba con setenta galeras, diez de las cuales procedían de la Málaga naṣrí, si damos crédito al informe de Bernat de Cabrera, que se hallaba al frente de un contingente catalán en Algeciras. Por su parte, el vicealmirante Jaume Escrivá informaba a Pedro IV de que catorce buques de guerra granadinos habían salido de Málaga para unirse a la flota naṣrí [331 bis]. La caída de Algeciras, el 27 de marzo de 1344, después de una encarnizada resistencia, puso fin al conflicto en el mar. Ninguno de los adversarios, ni musulmanes ni cristianos, había tenido un dominio absoluto del estrecho de Gibraltar.

Muḥammad V se preocupó de incrementar la flota del reino de Granada y de aumentar el sueldo de los marinos naṣríes [45[5], II, 30-31]. El mando de la flota de Almería fue encomendado a Ibn Kumāša [78[1], VII, 282], y la de Almuñécar al almirante Abū 'Abd Allāh Ibn Salbaṭūr, originario de Almería [78[1], VIII, 192-193]. En el plano marítimo, el sultán de Granada prestó ayuda a su señor Pedro I de Castilla armando tres galeras bien equipadas y poniendo a disposición de los castellanos —en la lucha naval que sostenían con los aragoneses— algunas bases navales naṣríes, entre ellas Málaga [137, 108]. No obstante, la flota naṣrí no podía compararse con la poderosa fuerza naval catalana de la cual era tributaria. Según las cláusulas de un tratado concluido el 18 de ṣafar del año 779/29 de mayo de 1377 entre Muḥammad V y Pedro IV, el soberano de Barcelona se comprometía a suministrar a su aliado musulmán cuatro o cinco naves con treinta ballesteros y 200 hombres de guerra; por su parte, Muḥammad V prometía pagar 900 *dīnāres* de oro mensuales a la tripulación de cada nave [4, 409-415].

En el siglo XV, la posición musulmana en el estrecho de Gibraltar quedó considerablemente debilitada cuando los portugueses se apoderaron de Ceuta en 1415, Alcazarseguir en 1458, Arzila y Tánger en 1471. Pronto quedaría sellado el destino del reino de Granada. En la última fase de la Reconquista quedó claramente demostrada la impotencia de la marina de guerra naṣrí. En 1482, Diego de Valera, gobernador del Puerto de Santa María, aconsejaba a los Reyes Católicos que atacaran Málaga por mar [248, 147-150]. La actuación de la flota aragonesa, que vigiló el litoral del reino de Granada durante el verano de 1482, y el bloqueo marítimo de Málaga en 1487, fueron sin duda factores determinantes de la victoria cristiana.

a) Los puertos de guerra

A partir del siglo X, Almería constituyó para los omeyas la base naval más importante de la España musulmana. Diversos puertos del litoral de al-Andalus, entre ellos Alcocer do Sal, Silves, Sevilla, Algeciras, Málaga, Alicante y Denia, contaban con astilleros navales llamados *dār al-ṣinā'a* [409, II, 132-134], de donde procede la palabra castellana atarazanas [277, III, 89]. En el año 333/945 por orden de 'Abd al-Raḥmān III, se instaló un astillero en Tortosa, no lejos de Cataluña [277, III, 110]. En tiempos de los reyes de taifas, la actividad marítima constituía la principal fuente de ingresos de algunos pequeños principados, como los de Denia y Almería. Al tratar del tema del territorio marítimo de al-Andalus, el autor egipcio al-'Umarī escribía, a mediados del siglo XIV: «en primer lugar comprende por el este Almería que tiene un puerto en el mar sirio y que fue el primer puerto del país musulmán de Andalucía en este mar [...] Almería tiene un arsenal para la construcción de los corsarios que hacen la guerra santa al enemigo» [27, 239]. Ibn al-Jaṭīb elogiaba las excelencias de la bahía de Almería, donde podían fondear grandes naves [47, 82-93]. Según nos informa un relato cristiano de finales del siglo XV, los arsenales de Almería tenían capacidad para gran número de barcos y se hallaban situados a orillas del mar.[35] A principios del siglo XIX existía todavía en la calle de Atarazanas de dicha ciudad una nave de más de cien metros de longitud por quince de ancho y treinta de altura, vestigio de las construcciones árabes. Estaba formada por gruesos muros de mampostería, con una bóveda de ladrillos que descansaba sobre arcos de piedra. Situada al oeste de Almería, Almuñécar ofrecía un excelente refugio natural, al decir de Ibn al-Jaṭīb [47, 79-80], aunque menos importante que Almería; también en esta ciudad existía un astillero [27, 240]. Costeando el litoral mediterráneo, se llegaba a Málaga, donde, según al-'Umarī, existía un importante arsenal [27, 240]. En 1404, los marineros de las galeras castellanas a las órdenes de Pero Niño, conde de Buelna, pudieron visitar el arsenal de Málaga, cuyos muros estaban junto al mar [110[1], 101-103]. Según Fernando del Pulgar, cuando los Reyes Católicos conquistaron Málaga, en 1487, el arsenal estaba provisto de dos grandes torres a cuyo pie ondulaban las olas. Tras la caída de la ciudad, fue utilizado como depósito durante cierto tiempo. El médico alemán Jerónimo Münzer, que visitó Málaga en octubre de 1494, quedó sorprendido ante la imponente construcción de seis arcos que servía de fondeadero a navíos y galeras. Convertido más tarde en depósito de municiones y gravemente dañado a consecuencia de las explosiones ocurridas en 1595 y 1618, el arsenal conservaba todavía en 1839 una magnífica puerta de mármol blanco y jaspe; este único vestigio, situado actualmente a unos pocos metros de su emplazamiento original, está adornado con dos escudos que enmarcan el arco de herradura y llevan la divisa de los naṣríes: «Solo Dios es vencedor» [225, 328-330]. En opinión de Ibn al-Jaṭīb, el puerto de Marbella, situado al oeste de Málaga, no era seguro [47, 75]. Más lejos, Gibraltar, posesión marīní desde el año 734/1333, había sido fuertemente fortificada por el sultán Abū l-Ḥasan, quien la había reconstruido y elegido «como punto de apoyo para sus tropas cuando vinieron a la Península a combatir al enemigo» (al-'Umarī) [27, 243]. Cuando el tangerino Ibn Baṭṭūṭa desembarcó en Gibraltar en el año 751/1350, no dejó de visitar las fortificaciones del puerto de guerra y el astillero que hizo construir Abū l-Ḥasan para sustituir el de Algeciras después de la toma de la ciudad por Alfonso XI en el año 742/1343 y la victoria cristiana del río Salado [275, 208].

b) La defensa del litoral

Durante toda la Edad Media, la piratería siguió causando estragos en el Mediterráneo. La técnica del corso fue descrita por Ibn Jaldūn en 1390 del siguiente modo: «se organiza una sociedad más o menos numerosa de corsarios: construyen un navío y eligen para tripularlo a hombres de una intrepidez a toda prueba. Estos guerreros desembarcan en las costas e islas habitadas por los francos; llegan allí por sorpresa y cogen todo cuanto cae en sus manos; atacan también los barcos de los infieles, y a menudo se apoderan de ellos, regresando a su tierra cargados de botín y de prisioneros» [39³, III, 117]. La audacia de los corsarios granadinos no iba a la zaga de la de sus hermanos magribíes en el siglo XIV.[36] Al-'Umarī escribió: «En la región marítima existe una flota de corsarios dispuestos a hacer la guerra en el mar sirio; las tripulaciones están compuestas de guerreros de élite, arqueros, bribones y capitanes insignes que luchan contra el enemigo del mar; y son ellos quienes, por lo general, se alzan con la victoria. Llevan a cabo incursiones en la ribera de los países cristianos, o en las regiones próximas a esta ribera; raptan a los habitantes, hombres y mujeres, y los conducen al país de los musulmanes. Los hacen avanzar delante de ellos y los llevan a Granada, al sultán, quien se queda con cuantos desea, los regala y los vende» [27, 237]. Corsarios granadinos atacaban los barcos cristianos que servían de enlace entre España y el Magrib [197, 575]; originarios de Málaga y de Almería, apresaban en los mares de Berbería a los súbditos de la Corona de Aragón [197, doc. 112]. En aguas de Almería, daban caza a *lenys* y *cocas* pertenecientes a valencianos o a cristianos de Ibiza [197 *a*, docs. 137-138, 162-163-165]. Cabe recordar que el espíritu de empresa de los piratas cristianos nada tenía que envidiar al de los hispanomusulmanes.[37] Ibn Baṭṭūṭa nos cuenta que llegó a Málaga en un momento de alarma, pues las tripulaciones de cuatro galeras cristianas habían desembarcado en la localidad de *Suhayl*, situada entre Marbella y Málaga, sembrando el luto entre la población. Los habitantes de Málaga organizaron una serie de colectas para rescatar a sus correligionarios hechos prisioneros [275, 210-211]. En 1415, Yūsuf III dirigió una vehemente protesta al rey de Aragón Fernando I porque los habitantes de Orihuela habían capturado en el estrecho de Gibraltar una nave granadina que transportaba a veintidós pasajeros musulmanes y una importante carga. El embajador naṣrí Sa'īd al-Amīn presentó diversas reclamaciones: marinos barceloneses habían abordado en el Estrecho un navío en el que viajaban trece súbditos del rey de Granada y los habían hecho prisioneros. A pesar de la tregua vigente entre Aragón y Granada, unos alicantinos se habían apoderado, a la altura de Gibraltar, de un barco granadino; habían capturado a veintidós súbditos naṣríes y a tres hombres que vigilaban una playa próxima a Gibraltar. Además, habían apresado una barca de pescadores granadinos en aguas de Ceuta [417, IX/1, 1960, 76-84].

Para prevenirse contra posibles ataques cristianos, los andaluces contaban ya desde el período omeya con todo un sistema de fortificaciones ribereñas, sobre todo atalayas, cuyo vigía se encargaba de avisar a las guarniciones costeras en caso de que el enemigo desembarcara. En tiempos de guerra, se vigilaba desde lo alto de estas atalayas los movimientos de la flota adversaria.[38] Durante el reinado de Yūsuf I se construyeron por iniciativa del *ḥāŷib* Riḍwān cuarenta torres que dominaban el litoral andaluz desde la Marca de Vera hasta los confines occidentales del reino de Granada [45^6, 517]. A lo largo de la ruta costera que une Málaga y Algeciras existen las ruinas de varias atalayas pertenecientes al período naṣrí y que fueron utilizadas por la monarquía española hasta el siglo XVI: Torre Bermeja, a diez y seis kilómetros al oeste de Málaga, Torre de Ladrones y Torre del Duque, en las cercanías de Marbella [417, IX/1, 1960, 135-136]. Una de las fortalezas que dominaban la costa andaluza, Fuengirola, la inexpugnable *Suhayl* elogiada por Ibn al-Jaṭīb [47, 75], fue reconstruida por los Reyes Católicos después de la caída de Granada, conservando sus funciones defensivas. Durante los siglos XVI y XVII sirvió de refugio a la población local frente a los ataques de los berberiscos.[39]

Preocupadas por la inseguridad que reinaba en sus costas, las mismas poblaciones andaluzas se ocuparon de establecer un verdadero frente marítimo. En los puntos más vulnerables del litoral se construyeron recintos fortificados, las *rābiṭas* [194, I, 502] (de donde procede la palabra española rábita), análogos a los de las Marcas fronterizas y donde se turnaban voluntarios que practicaban ejercicios espirituales y vigilaban la costa a un mismo tiempo. El más célebre convento de este tipo en la costa mediterránea fue el del cabo de Gata, en el extremo oriental de la bahía de Almería, que fue visitada por al-Ḥakam II en el año 353/964 [277, II, 170]. Al otro lado del estrecho de Gibraltar, frente a Huelva y en el emplazamiento del actual monasterio de la Rábida, se erigía la rábita de *al-Tawba* o de la Penitencia [391, XIII, 1948, 475-491]. La toponimia andaluza refleja todavía la organización defensiva naṣrí, que fue aprovechada tanto por los Reyes Católicos como por sus sucesores [132 *b*]. No lejos de la aldea de Adra, en la provincia de Almería, dominaba el mar la fortaleza llamada La Rábita de Albuñol, donde piadosos voluntarios llevaban una vida ascética; estaba compuesta originalmente de un torreón rodeado por una gruesa muralla.[40] Más al oeste, entre Castell de Ferro y Adra, La Rábida garantizaba la seguridad de las fortalezas contiguas y vigilaba la entrada marítima de las Alpujarras.[41] En el litoral granadino, antes de llegar a Almuñécar, en la desembocadura del río Jete, existía todavía en 1534 la Rábita de Xarfa. Hubo otra rábita en las proximidades de Málaga, en Torrox.

2. LA DIPLOMACIA

Para los soberanos de al-Andalus, la guerra era un medio de asegurar su poder, acrecentar su Estado o defenderse contra los avances de sus vecinos cristianos. La diplomacia tenía por objetivo el mantenimiento de la paz y la exaltación de su prestigio.

Durante el emirato y, luego, el califato de Córdoba, la España omeya sostuvo relaciones diplomáticas ocasionales con los emperadores de Bizancio. Basándose en el testimonio de analistas andaluces citados por Ibn Ḥayyān, E. Lévi-Provençal ha reconstruido en unas páginas brillantes el intercambio de misiones diplomáticas entre 'Abd al-Raḥmān II y el emperador de Constantinopla, Teófilo, y ha definido con perfección el esttilo de la diplomacia cordobesa, que se hallaba todavía en sus inicios. En el año 225/840, llegó por vez primera a Córdoba una delegación bizantina, a cuyo frente se hallaba un intérprete griego, Kartiyus, que sabía árabe. Traía presentes para el emir omeya y un mensaje oficial en el que Teófilo solicitaba a 'Abd al-Raḥmān II que concertase con él un tratado de amistad. Le incitaba al mismo tiempo «a reivindicar en Oriente el patrimonio de sus antepasados sirios; condenaba la actitud hostil de los 'abbāsíes y de sus vasallos los aġlabíes, enemigos natos tanto de los bizantinos como de los omeyas; y por último, reclamaba para sí la restitución de Creta, pasada a manos del español Abū Ḥafṣ al-Ballūṭī» [277, I, 251-252]. De hecho, Bizancio dejaba así entrever su inquietud ante el creciente avance del Islam por los territorios de su imperio. El monarca de Córdoba recibió al enviado griego con las mayores consideraciones; apreció los regalos de Teófilo y muy pronto despidió al emisario bizantino en compañía de dos embajadores musulmanes, miembros de su propio séquito: el poeta Yaḥyā al-Gazal y otro Yaḥyā; su misión consistía en entregar al emperador de Constantinopla la respuesta del omeya al mensaje de aquel. «Esta respuesta, redactada de un modo estrictamente cortés, oponía una negativa rotunda a las sugerencias de la cancillería bizantina» [277, III, 252]. Contenía muchas buenas palabras pero ningún compromiso ni para el presente ni para el futuro.

Por lo demás, las relaciones entre Córdoba y Bizancio fueron bastante esporádicas. El acercamiento hispanobizantino no se produciría hasta un siglo más tarde, durante el reinado del califa 'Abd al-Raḥmān III al-Nāṣir, que vio en este acercamiento un procedimiento para evidenciar la secesión de su reino respecto al resto del mundo musulmán. En el verano del año 338/949 desembarcó en Pechina una embajada oficial del emperador de Bizancio, Constantino VII Porfirogeneta. A una etapa de Córdoba, se organizó en su honor una parada militar. La audiencia tuvo un carácter de solemnidad tal que sorprendió a los cortesanos. A partir de entonces, el boato presidió las recepciones que el potentado de Córdoba daba a los embajadores de los Estados de la Europa de allende los montes. Enviados para cumplir en un espacio de tiempo limitado una misión concreta, los legados se fueron sucediendo en la corte de Córdoba: legados del emperador Otón I de Germania, de Hugo de Arles, marqués de Provenza, que se había hecho proclamar rey de Italia en Pavía en 926, y de Guido, hijo de Adalberto, marqués de Toscana y hermanastro del anterior. Ibn Jaldūn precisa que a esta última embajada se agregó un diputado del conde franco de Barcelona [277, II, 153].

En tiempos de ʿAbd al-Raḥmān III, la diplomacia omeya estuvo dominada por los tributarios, quienes se mostraron celosos servidores del califa de Córdoba. Recemundo, o Rabīʿ Ibn Zayd [277, II, 161], cristiano de Córdoba, buen conocedor del árabe y del latín y empleado en las oficinas de la cancillería califal, fue encargado de una embajada cerca de Otón I; se trasladó a la corte de Francfort y regresó a Córdoba acompañado de un monje de Lorena, Juan de Gorze, que fue acogido solemnemente en el año 955. Un dignatario judío de la corte de ʿAbd al-Raḥmān III, Ḥasdāy b. Šaprūt, que conocía a fondo el hebreo, el árabe, el latín y las hablas romances, entró en negociaciones con los enviados de Bizancio y de Alemania; acudió a León en calidad de embajador en la corte de Ordoño III, que pedía una tregua en el año 955, y obtuvo del soberano cristiano diversas concesiones. Un tratado de paz, ratificado en Córdoba por el califa, puso fin a las incursiones omeyas por tierras de la corona leonesa. Para acabar con la amenaza cristiana, solo faltaba someter el reino de Navarra. Ḥasdāy, encargado de ir a negociar con la vieja reina Toda de Navarra, fue lo bastante hábil para convencer a la regente de Pamplona de que solo obtendría ventajas, al igual que su hijo García y su nieto Sancho I de León, si emprendía viaje a la corte de Córdoba para la conclusión de una alianza (347/958). A juzgar por el protocolo y el ceremonial desplegados en esta ocasión, la diplomacia cordobesa se había convertido en una poderosa arma de Estado [277, III, 70-74].

Disponemos de muy pocos datos acerca de las relaciones diplomáticas entre los reyezuelos y los príncipes cristianos del norte de España. Se reservó el papel de embajador a los visires y a los notables musulmanes, quienes, en Sevilla o en Toledo, procuraron refrenar las exigencias de Alfonso VI de Castilla. Este monarca contó entre sus servidores a visires judíos, muy valiosos por su conocimiento del árabe y que desempeñaron el cargo de embajadores en la corte de al-Mutaʿmid y más tarde en la de los almorávides [321, 266].

Con el tiempo, los visires y los secretarios de Estado de al-Andalus fueron los encargados de ir de una capital a otra, ya que eran los únicos con capacidad para redactar acuerdos de tregua y tratados de paz, y para intervenir en los delicados tratos con los reyes cristianos. En el siglo

XIV, los jefes de la diplomacia naṣrí fueron personalidades influyentes, pertenecientes a la aristocracia, como por ejemplo los Banū Kumāša. Yūsuf I envió a Ibn al-Jaṭīb como embajador ante la corte del soberano marīní Abū 'Inān, para que transmitiera al sultán de Fez el pésame del granadino por la muerte de Abū l-Ḥasan. El visir granadino unía a sus cualidades diplomáticas las dotes del espíritu. Con el fin de estrechar las amistosas relaciones establecidas por su padre con los marīníes, Muḥammad V encargó una misión a Ibn al-Jaṭīb cerca de Abū 'Inān, en el año 755/1354. Antes de exponer el objetivo de su embajada, Ibn al-Jaṭīb recitó en la audiencia real un largo poema que entusiasmó al sultán y determinó el éxito de la empresa [138, 303]. Durante el segundo reinado de Muḥammad V, Ibn Jaldūn acudió a la corte de Pedro el Cruel para conseguir la ratificación del tratado de paz que el rey de Castilla había concluido con los andaluces; con este fin, entregó al soberano castellano unos presentes del sultán granadino: magníficas telas de seda, caballos de raza con sillas y bridas ricamente bordadas en oro [42, 84-85]. En la baja Edad Media, continuó la costumbre de elegir a los diplomáticos entre los cortesanos, allegados al soberano y al corriente de las difíciles negociaciones con el enemigo cristiano. A principios del siglo XV, los enviados granadinos a la corte de Castilla fueron, en diversas ocasiones, miembros de ilustres familias cortesanas, como los al-Amīn, los Banū 'Abd al-Barr [202, *a*]. Yūsuf Ibn Kumāša, el *Abencomixa* de los romances, desempeñó un activo papel en la política exterior de la Granada naṣrí ya agonizante. El hombre de confianza de Boabdil, el visir Abū l-Qāsim al-Mulīḥ, inició las negociaciones con los Reyes Católicos en enero de 1490. También participaron en las conversaciones Ibn Kumāša y el alfaquí Muḥammad, llamado *Hamete el Pequenni* por los castellanos [138, 177].

No hemos hallado en la historia de al-Andalus indicación alguna acerca del establecimiento de embajadas permanentes, como las que se instauraron en la Europa cristiana a partir del siglo XIV [233 *a*, 216-217]. En las relaciones diplomáticas entre los naṣríes y los soberanos mamlūks de El Cairo apareció, a mediados del siglo XV, un personaje errante, el mercader. En un vívido relato, un negociante del reino de Granada, Muḥammad al-Bunyūlī, cuenta que el sultán Muḥammad el Zurdo le encargó, en el año 845/1441, que suplicara ayuda al mamlūk Abū Sa'īd Ŷaqmaq al-Ẓāhir. El mercader andaluz y sus acompañantes, recibidos con toda pompa en la corte mameluca, no lograron ningún resultado positivo en favor de esta «marca de tierra santa» que era al-Andalus. Veinte años más tarde, y por mediación de un letrado, Muḥammad Ibn al-Faqīh, el soberano naṣrí Sa'd solicitaba la ayuda del sultán Jušqadam, pero nada sabemos del curso seguido por esta gestión [138, 146].

NOTAS DEL CAPÍTULO III

1. Véase *supra* (cap. I, 1, 5; cap. II, 6).

2. Más adelante se tratará del tema de la arquitectura militar (capítulo VI).

3. Acerca de *Huécar-Wakar,* que se hallaba situada no lejos del campo español de Santa Fe, véase L. Seco de Lucena [417, 1955, 65-79].

4. En cuanto al ejército, véanse los artículos de la *E. I*^{2} [409]; *djaysh* [409, II, 517-521], *djund* [409, II, 616] y *ḥarb* «guerra» [409, III, 184 ss.], que tratan especialmente del Oriente musulmán. Acerca de Ibn Huḏayl, véase *E. I*^{2} [409, III, 827-828]. Existe una traducción al francés del *Kitāb Tuḥfat al-anfus,* debida a L. Mercier [35] y una versión abreviada de su primera obra realizada por Ibn Huḏayl a finales del siglo VIII/XIV, ed. y trad. francesa de L. Mercier, trad. española por M.ª J. Viguera [36].

5. Véase *supra,* capítulo primero.

6. ʿAbd al-Raḥmān I había formado ya una escolta personal negra [2, texto, 109, trad. 101].

7. El término *murābiṭ* que se aplicaba a los musulmanes en estado de *ribāṭ* se mantuvo hasta finales del siglo XI para designar a la dinastía fundada al sur de Marruecos por los *Lamtūna,* la de los *Murābiṭūn* o «almorávides». Resulta útil la lectura de G. Marçais [288 bis]. J. Oliver Asín [401, Madrid 1928] opina que la institución islámica del *ribāṭ* tuvo una importante influencia en la organización de las órdenes militares de España, al menos en su origen.

8. Acerca del famoso Reverter, noble catalán capturado por los almorávides en el transcurso de una expedición por España, y sus hijos, véase J. Alemany [132 *a*], E. Lévi-Provençal [69, 86-96], H. Terrasse [364, I, 285-6], Ch.-E. Dufourcq [197, 21, n. 5].

9. Lo que se deduce de una carta de Bernat de Sarria a su soberano Jaime II, con fecha de 10 de septiembre de 1303 [114, III, 306].

10. Acerca de los espías en el Oriente musulmán, véase el artículo *Djāsūs* de M. Canard, en *E. I*^{2} [419, II, 449-450].

11. Véase *Masālik al-abṣār,* manuscrito de la Biblioteca Nacional de París, f.º 142 v.º.

12. Véase *Wāsiṭat al-sulūk,* trad. M. Gaspar Ramiro, Zaragoza 1899, págs. 373-375.

13. Tanto la zona montañosa del norte de Marruecos como la parte meridional de Andalucía suministraban mulos de monta y de carga. Según el historiador Ibn Ḥayyān, en Córdoba había depósitos de mulos.

14. Véase E. Lévi-Provençal [271, núm. 204, 189 y n. 6; 277, III]. Esta arqueta formaba parte del tesoro de la catedral de Pamplona.

15. El pasaje de Ibn Saʿīd ha sido reproducido por Ibn Faḍl Allāh al-ʿUmarī

en sus *Masālik al-abṣār* (Ms n. 62 bis de la Biblioteca de la Real Academia de la Historia, Madrid, folio 48 v.º).

16. El cuadro de la Sala de las Batallas fue pintado en 1587 por artistas italianos al servicio de Felipe II, según una pintura gótica en mal estado hallada en el Alcázar de Segovia, sin duda contemporánea del acontecimiento. Si bien el interés artístico del cuadro es secundario, posee gran valor por la calidad documental.

17. En la Sala del Tribunal de la Alhambra, las bóvedas de las tres recámaras de la pared presentan, en sus partes laterales, escenas de torneos y caza, y, en el centro, un grupo de diez personajes sentados en círculos en los que se ha querido ver a diez reyes naṣríes. Pero según la crítica moderna se trataría más bien de doctores de la ley o de altos dignatarios granadinos. Acerca de estas pinturas ejecutadas en colores albuminosos sobre cuero con el fondo dorado o gofrado y clavadas sobre tablas de madera, y acerca de su fecha, véase R. Arié [396, XII, fasc. 3, 1965, 250 n. 1].

18. Rodrigo Alemán, a petición del cardenal Pedro González de Mendoza, esculpió los episodios de la conquista del reino de Granada en las cincuenta y cuatro sillerías bajas del coro toledano entre 1489 y 1494. Véase [324 *a*; 179 *a*].

19. Todavía en el siglo XVIII se redactó un tratado sobre el arte de montar a la jineta: Tapia y Salcedo, *Exercicios de la gineta,* Madrid, 1941. En cuanto a la etimología de *jinete,* véase C. López-Morillas, *Los Beréberes Zanata en la historia y la leyenda,* en *Al-Andalus* [391, XLII/2, 1977, 310-311] y sobre todo la nota 33, muy bien documentada.

20. Existían diversos tipos de armas granadinas: espadas, puñales, cuchillos. Véase L. Torres Balbás [369, *a.*].

21. Véanse la conquista de Cártama, la toma de Moclín y la rendición de Marbella.

22. Los bajorrelieves de la catedral de Granada fueron realizados en la Capilla Real por Felipe de Bigarny entre 1520 y 1522. Véase A. Gallego Burín [203 *a*; 203 *b*] y M. Gómez Moreno [215 *a*].

23. Véase *supra* (cap. III, nota 19).

24. Véase Juan de Mata Carriazo, *Historia de España dirigida por Ramón Menéndez Pidal,* tomo XVII-1, Madrid, 1969, 801-802.

25. Véase el artículo *ḥiṣār* en *E. I.*[2] [409], t. III, *Occident musulman* por G. S. Colin (486-487).

26. Los sitiados se daban a menudo cuenta de la artimaña y entonces avanzaban desde su posición por caminos subterráneos, produciéndose feroces encuentros cuerpo a cuerpo con el enemigo. Seguidamente destruían los trabajos de zapa de los sitiadores. Acerca de esta maniobra en Almería en 1309, véase Ibn Jaldūn [39[3], IV, 204] y en Málaga en 1487, véase Pulgar [110[6], 310-312].

27. Véase el artículo *'arrāda'* en *E. I*[2] [409, I, 679].

28. Véase el artículo *Bārūd* en *E. I.*[2] [409, I, 1087-1101] y I. S. Allouche, *Un texte relatif aux premiers canons* [410 t. XXXII, 1945, 81-84]. Para el estudio de las armas de fuego utilizadas por los sultanes mamelucos de Egipto, contemporáneos de los naṣríes, véase D. Ayalon [146 bis].

29. Isabel hizo venir de Francia, de Italia y de Alemania a artilleros expertos en la fabricación de pólvora. A Francisco Ramírez, ingeniero madrileño, se encomendó la organización de la artillería española, que se hallaba todavía en sus comienzos.

30. Véanse los documentos del Tumbo de Sevilla analizados por J. de M. Carriazo en *Historia de España,* Madrid, 1969, t. XVII-1 497.

31. Como demuestran los documentos del Archivo General de Simancas [97] *(Registro General del Sello)* citados por Carriazo (*op. cit.*, 525-526).

32. El término *Maŷūs,* utilizado generalmente por los historiadores árabes para designar a los zoroástricos, adoradores del fuego (véase *Madjūs,* en *E.I.*[1] [408, III, 105-106]), fue aplicado a los vikingos porque empleaban antorchas. Véase 'Abd al-Raḥmān 'Alī El-Ḥaŷŷī, *Andalusian diplomatic relations with Western Europe during the Umayyad period (A.H. 138-366/A.D. 755-976),* Beirut 1970, pág. 157 n. 1.

33. Acerca de los ataques de los vikingos, véase A.A. El-Ḥaŷŷī, *op. cit.*, 157-165. Al-Ḥaŷŷī señala que los barcos omeyas eran de forma parecida a los vikingos, si damos crédito al testimonio de un geógrafo de época posterior, al-Zuhrī.

34. La poesía andaluza del siglo XI nos proporciona algunos detalles sobre el tema. Véase Pérès [321, 217].

35. Según el arzobispo de Nebio, Agustín Justiniani (1470-1536) en su *Historia Genovesa,* citada por L. Torres Balbás [391, XI/1, 1946, 175-209].

36. Sobre la actividad de los corsarios magribíes en el primer tercio del siglo XIV, véase Ch. E. Dufourcq [197, 575]. Los descendientes de los piratas andaluces formaron en el siglo XVI las tripulaciones de los barcos corsarios marroquíes que tanto dieron que hacer a la monarquía española. Véase I. de las Cagigas [173 bis].

37. Herederos de los corsarios catalanes de Ampurias y de Barcelona tan temidos por los navegantes del siglo X, los hombres de Roger de Lauria, almirante de la Corona de Aragón en tiempos de Jaime II, piratearon el litoral de Ifrīqiya, a partir del año 1302. Un capitán valenciano, Pere Ribalta, por citar un ejemplo, logró apoderarse de un barco granadino anclado en el puerto de Túnez en 1308 [197, 428-429]. Los piratas catalanes se enfrentaban a veces con otros filibusteros cristianos: sevillanos, murcianos o italianos (genoveses, pisanos y napolitanos). Véase [197, 574-575].

38. Un documento aragonés de 1323, descubierto por A. Masiá de Ros [292, 456] da un elocuente testimonio de la eficacia de las torres vigías del litoral granadino, cuando a los granadinos les inquietaban los preparativos navales del Infante de Aragón.

39. El blasón de dicha ciudad lleva desde hace poco un castillo, como recuerdo del papel histórico que desempeñó Fuengirola durante casi ocho siglos. Véase Leopoldo Torres Balbás [401, 1961, 163]. En 1501, las fortalezas andaluzas fueron sistemáticamente visitadas e inspeccionadas, como subrayan los documentos conservados en los Archivos de la Alhambra. Véase A. Gamir de Sandoval, «Las "fardas" para la costa granadina» (siglo XVI), en *Homenaje de la Universidad de Granada a Carlos V,* 1958, 293-330.

40. Esta rábita fue inspeccionada en 1526, según testimonia una memoria hallada en los Archivos de Simancas. Véase M. Alcocer Martínez [132, *b*, 1-3].

41. Véase M. Alcocer Martínez [132 *b*, 87-88]. La monarquía española la hizo reconstruir para defenderse de las incursiones de los piratas berberiscos.

CAPÍTULO IV

Estructura social y económica

1. LA SOCIEDAD

1.1. COMPOSICIÓN DE LA POBLACIÓN

1.1.1. LOS MUSULMANES

En la baja Edad Media, Ibn al-Jaṭīb afirmaba que la mayoría de los habitantes del reino naṣrí eran de linaje árabe, pero que había entre ellos beréberes e inmigrantes [45^6, I, 108-110]. No vamos a tratar nuevamente el proceso de poblamiento de al-Andalus en el siglo VIII (*supra*, cap. I), pero recordaremos tan solo que a la primera oleada de árabes venidos a la península Ibérica con Ṭāriq y Mūsa b. Nuṣayr siguió el asentamiento de feudatarios sirios u orientales, descendientes de los *ŷundíes* de Balŷ b. Bišr. El *ŷund* del Jordán, se estableció en la región de Reiyo, el de Palestina en Sidonia, el de Emesa en Niebla y Sevilla y el de Qinnasrīn en Jáen. Los egipcios, por ser más numerosos, se asentaron a la vez en Beja y en Ocsonoba, en el Algarve y en la actual región de Murcia, en Tudmir [277, I, 48-51]. El *ŷund* de Damasco arraigó en Elvira y sus descendientes vieron engrosar sus filas posteriormente con la «clientela» *(mawālī)* de ʻAbd al-Raḥmān el Inmigrado [46, 16-17]. Todo parece indicar que el componente árabe no era importante numéricamente, aunque resulta difícil saber el número exacto de combatientes árabes del siglo VIII. En cualquier caso, autores árabes medievales hablan de 18 000 hombres, sin duda en su mayoría árabes alistados en el ejército de Mūsā b. Nuṣayr, y de 10 a 12 000 en los contingentes de Balŷ.[1] La restauración marwānī provocó la salida de Asia de los árabes sirios, que conservaron durante largo tiempo costumbres ancestrales en un marco físico cuya semejanza con el de las regiones más fértiles de su patria de origen evocó Ibn al-Jaṭīb [45^6, I, 109]. Al término del califato, árabes de las regiones más diversas —del Ḥiŷāz, del 'Irāq, del Yemen, Siria, Egipto, Libia, Ifrīqiya, Maġrib y hasta del extremo Sūs [277, III, 172]—, agrupados en las ciudades más importantes, ocupaban altos cargos en el gobierno y la magistratura, se dedicaban a los negocios o al cultivo de sus tierras. Proliferaron aquellos que mediante el matrimonio endogámico y las uniones mixtas, así como en concepto de «clientes», se atribuían, con o sin razón, un origen árabe.[2]

Entre los extranjeros venidos en las sucesivas oleadas de inmigrantes, el elemento preponderante parece haber sido el beréber, asentándose en mayoría en la zona central de al-Andalus y en las sierras de la Andalucía occidental.[3] Todo parece indicar que, una vez establecidos, estos beréberes de la península Ibérica se arabizaron rápidamente, hasta el punto de abandonar incluso sus dialectos de origen. A finales del siglo x se constituyó un gran contingente de extranjeros norteafricanos, debido a un reclutamiento masivo por parte de los califas omeyas, así como de mercenarios beréberes del Maġrib central y oriental a cargo del 'āmirí al-Manṣūr. Los beréberes dominarían en Granada, ciudad que la dinastía beréber de los zīríes prefirió a Elvira como capital del reino a partir de 1012. Por lo demás, el poblamiento beréber de Granada se incrementaría considerablemente en tiempo de los almorávides y almohades. El propio nombre de la metrópoli andaluza *Ġarnāta* o *Aġarnāṭa* parece proceder del topónimo beréber *Kernāta* [67, 56, 79].

Aunque su proporción numérica fue relativamente menor, negros y esclavones constituyen un tercer elemento extranjero en la sociedad hispanomusulmana.

Los negros *('abīd, pl. de 'abd)* del Sudán llegaron a la España califal por los azares de la trata. Los soberanos omeyas tuvieron a su servicio una guardia personal negra; ricamente equipada en tiempo de al-Ḥakam II, vio engrosados sus efectivos con al-Manṣūr, participando su cuerpo de correos sudaneses en todas las expediciones guerreras. Las esclavas negras eran quizá todavía más numerosas que los hombres de color en las ciudades andaluzas [277, III, 177-178]. Reputadas por sus cualidades en las tareas domésticas, eran altamente apreciadas como concubinas por sus amos.[4]

Durante el califato de Córdoba, los esclavos palaciegos, eunucos o no, eran casi exclusivamente de origen europeo. Se les llamaba *ṣaqāliba* (sing. *ṣiqlābī* o *ṣaqlābi*), equivalente de «eslavos» o mejor dicho «esclavones» [408, IV, 78-80]. Se trataba en realidad de cautivos hechos en Europa continental, desde Germania hasta tierras eslavas y que luego eran vendidos por agentes en el mundo musulmán e incluso en el Imperio bizantino. Según Ibn Ḥawqal, viajero oriental que recorrió el occidente musulmán mediado el siglo x, los esclavones de Córdoba no solo procedían del litoral del mar Negro, sino también de Calabria, Lombardía, la Septimania franca y Galicia. A menudo procedían de las expediciones efectuadas por los piratas andaluces en las costas europeas del Mediterráneo occidental y central [277, II, 124]. Se enrolaba a los esclavones en las milicias califales o se les asignaban diversos servicios en los palacios del califa. Algunas casas aristocráticas adquirían esclavos de origen europeo que aprendían rápidamente el árabe y la lengua romance y se convertían al Islam [129]. En el siglo x aumentó considerablemente el número de esclavones en la capital omeya de España; muchos fueron manumitidos por el soberano o por sus amos y consiguieron enriquecerse y poseer amplios patrimonios incluso con esclavos propios. Algunos esclavones dieron muestras de eminentes cualidades políticas y militares, otros jugaron un nefasto papel en los asuntos públicos. Parece que no se mezclaron mucho con el resto de la población andaluza, lo que explica que a la caída del califato decidieran organizarse en una taifa esclavona y agruparse en la parte oriental de al-Andalus, donde acabaron por integrarse en las otras capas de población hispanomusulmana. Entre los cautivos traídos de países próximos a España, había francos originarios de la Gascuña, del Languedoc y de la Marca Hispánica. Estos envíos incluían a mujeres francas, rubias y de tez clara. Emires y califas omeyas escogieron sus concubinas entre ellas y entre las cautivas vasconas, y aquellas que les daban un hijo jugaban un influyente papel en calidad de princesas madres (*umm-walad*) y, con el apoyo de los eunucos esclavones, solían tramar intrigas palaciegas. Cabe pensar que los altos dignatarios de la corte y los mercaderes ricos de las ciudades andaluzas también conseguían cautivas francas a precio de oro [277, III, 178-179].

Formaba la base primordial de la población hispanomusulmana el antiguo contingente de origen hispanorromano y godo de campesinos adscritos a la gleba, de pescadores o artesanos que se habían sometido voluntariamente a los conquistadores y que habían abrazado el Islam en su mayoría. Los *muwalladūn* o *musālima* se arabizaron completa y rápidamente, formando parte integrante de la sociedad musulmana desde el final del siglo VIII. E. Lévi-Provençal ha demostrado cómo el régimen omeya continuó hábilmente la política de conversiones iniciada por los gobernadores árabes de al-Andalus. Para la imponente masa de súbditos andaluces sometidos al yugo del régimen visigótico, las perspectivas de mejora eran ciertas. Gracias a su lealtad, más de una vez los *muwalladūn* supieron «neutralizar los fermentos de disociación política de los elementos alógenos árabes o beréberes y mostrarse, por añadidura, como musulmanes impecables y fervorosos, aun estando en contacto con las comunidades mozárabes, o, en las Marcas, con los reinos cristianos del norte» [277, III, 182].

Los *muwalladūn* conservaron casi siempre sus patronímicos romances, traduciéndolos a veces al árabe. Los repertorios biográficos andaluces correspondientes al período omeya nos dan fe de varios apellidos que indican un origen *muwallad*, como los Banū Savarico y los Banū Angelino de Sevilla, los Banū Carloman *(Qarlumān)*, los Banū Martīn y los Banū García *(Ġarsiyya)*. En su tratado de genealogía titulado *Ŷamharat ansāb al-'arab* [33], el gran pensador andaluz del siglo XI, Ibn Ḥazm de Córdoba, a su vez de ascendencia *muwallad*,[5] reconstruyó la historia de los Banū Qasī, entre las de otros núcleos de población. El antepasado de esta influyente familia *muwallad* de la Marca Superior, Qasī, fue conde *(comes)* en tiempo de los visigodos y se convirtió al Islam a raíz de la conquista árabe [408, IV, 741-42]. Miembros de este linaje tomaron de la onomástica vascona nombres como Fortūn o Lubb (Lope). Algunos *muwallad* reivindicaron un origen vascón, como el historiador Ibn al-Qūṭiyya, «el hijo de la goda», que se proclamaba descendiente de la princesa Sara, nieta del penúltimo rey visigodo Witiza [409, IV, 871-72]. Siguiendo el ejemplo de las familias árabes y beréberes, algunas familias de *muwalladūn* escogieron, durante el emirato de Córdoba, patronímicos provistos del aumentativo español *ūn* (ón), que se añadía a los apellidos o apodos de origen árabe; por ejemplo, Ḥafṣ se transformaba en Ḥafṣūn, Ġālib en Ġalbūn, 'Abd Allāh en 'Abdūn [277, I, 302 n. 1, 358-359, III, 185].

No disponiendo hasta el presente más que de documentación fragmentaria, no podemos analizar con detalle el poblamiento de la España musulmana durante los reinos de taifas y en tiempo de las dinastías africanas. El papel político de los elementos arabigoandaluces, beréberes y esclavones fue esbozado más arriba para el siglo XI (cap. I). Si bien el elemento árabe fue numéricamente escaso desde el principio, hubo una importante corriente inmigratoria de beréberes a partir de la conquista. Los efectivos de Zāwī b. Zīrī —miembros de tribus Ṣanhāŷa que llegaron acompañados de sus mujeres e hijos—, no debieron ser más de unos miles [236, 128], pero se sumaron a los contingentes de Zanāta y terminaron siendo el elemento preponderante. H.-R. Idris señala que la hostilidad tradicional entre Zanāta y Ṣanhāŷa, aspecto clave en la historia del Maġrib en la alta Edad Media, desapareció de España, donde ambos bloques beréberes se fundieron en una comunidad de intereses frente a la bereberofobia sentida por una fracción de la población hispanomusulmana. Se explica, así, que una rama de los Banū Birzāl de Carmona, de origen zeneta, buscara asilo en la Granada zīrī, donde imperaban los Ṣanhāŷa. En el sureste de España, los descendientes de los árabes que intervinieron en la conquista y de los *ŷundíes* sirios, así como los autóctonos islamizados, se habían fundido en la masa de la población andaluza. Cristianos y judíos vivían en Riana y Elvira, en Jaén y en Granada. Los dinastas zīríes de Granada contaron entre sus servidores con esclavones, negros del Sudán y mercenarios cristianos reclutados fuera de al-Andalus que se unieron a los otros grupos de población [236].

Cabe señalar ciertos datos concernientes a la Sevilla almorávide, en que milicianos beréberes de origen ṣinhāŷa y mercenarios negros reclutados por los almorávides se mezclaron con la población arabigoandaluza de rancio abolengo. No llegaron elementos genuinamente árabes antes de los almohades. Una carta de Abū Yaʿqūb dirigida a los notables de Córdoba en el año 576/1181, atestigua el envío de miembros de los Banū Riyāḥ, tribu de árabes nómadas de Ifrīqiya, hacia España, para tomar parte en la guerra santa contra los infieles [73, XXVI]. Muchos de ellos se instalaron en la península Ibérica.

Desde la formación del reino naṣrí, habitaba en el sureste de Andalucía una población compuesta de descendientes de árabes sirios, de mozárabes, beréberes, judíos y esclavones de la región de Almería, a los que se unieron en el segundo tercio del siglo XIII, musulmanes que huían del frente de la Reconquista. Detrás de los refugiados de Baeza y del Levante, que constituyeron la primera oleada de inmigrantes, vinieron los cordobeses y los habitantes de Sevilla, que un destacamento armado acompañó por orden de Fernando III, hasta llegar a los confines del territorio musulmán [71, 24-28]. Gran número de habitantes de Jaén y de musulmanes murcianos completaron este mosaico de pueblos de origen y cultura diversos que constituía el conjunto de súbditos de Muḥammad I. Le confirieron un carácter netamente árabe y contribuyeron a la concentración de esta población en un terreno inhóspito y montañoso, adecuado para su aislamiento y defensa.

A partir del reinado de Muḥammad II, los *Guzāt* afluyeron hacia el territorio naṣrí, integrándose en la población andaluza los nuevos aportes africanos. En tiempo de Ibn al-Jaṭīb, los principales grupos beréberes procedían de las tribus de zenetas, de tiŷānīs, maġrawas, ʿāyisis, emparentados con los sultanes marīníes [45⁶, I, 142; 46, 28]. Durante el siglo XIV formaba parte de este crisol étnico, que era el reino naṣrí en su apogeo, una pequeña colonia de místicos que procedían de la India y del Jurasān, instalada en las inmediaciones de Granada [275, 216] y negros sudaneses que vivían en un *ribāṭ*, cerca de Málaga [45¹, f.º 243]. De la fusión de elementos tan dispares surgió un tipo andaluz que, según Ibn Jaldūn, se diferenciaba netamente de los maġribíes por una singular vivacidad mental, una notable aptitud para instruirse y una clara agilidad física [40⁴, 177-79]. Ibn al-Jaṭīb nos esboza, con su proverbial concisión, el retrato físico de sus compatriotas: los hombres eran de estatura mediana, de tez blanca, cabello negro y rasgos regulares [45⁶, I, 140; 46, 27]. Se habían perpetuado entre los patricios árabes la altivez aristocrática y el orgullo de pertenecer a un antiguo linaje. En una larga enumeración de etnias rememorativas de las tribus árabes, Ibn al-Jaṭīb menciona a los qaysíes, yāmaníes, jazrâyíes, qaḥṭāníes, anṣārīs, yuḏāmīes, a los ġassānīes, considerándolo prueba de la autenticidad y pureza de la estirpe árabe en el reino de Granada [45⁶, I, 141]. Los soberanos naṣríes pusieron todo su empeño en acreditar ante sus súbditos la tradición que atribuía al fundador de la dinastía, Muḥammad b. Yūsuf b. Naṣr, un origen ilustre: este pertenecería, por la rama de Naṣr, al linaje de Sa'd b. 'Ubāda, jefe de la tribu de los jazraŷ, miembro de los *Anṣār*, de los compañeros que ayudaron al Profeta en su huida de La Meca a Medina. Los descendientes de este jefe tribal habían vivido en España desde el final del siglo II de la héjira (siglo VIII d. J.C.).[6] Sin duda habría que tomar esta genealogía *(nasab)* creada por los aduladores de la dinastía naṣrí como un manifiesto de letrados y aristócratas árabes, celosos de su supremacía intelectual [138, 182 y n. 3]. El propio Ibn al-Jaṭīb se jactaba de un origen árabe que se remontaba a la subtribu de los Salmān, rama de los Murād, árabes qaḥṭāníes del Yemen. La familia de Lisān al-dīn, establecida en Siria, había emigrado a España en el siglo VIII d. J.C., residiendo durante largo tiempo en Córdoba; encontró asilo en Toledo después de la revuelta del Arrabal, y más tarde pasó a Loja, fijándose finalmente en Granada [45[1], folios 425-499]. Todavía en el siglo XV, algunos cortesanos naṣríes, los Mufarriŷ, se vanagloriaban de su origen árabe [417, I, 1952, 27-49].

Los pocos datos citados nos llevan a abordar, aunque sea brevemente, el delicado problema de la estructura de esta sociedad hispanomusulmana que a veces ha sido dividida en clases sociales [277, III, 188]. Sería mejor adoptar una terminología más acorde con las naciones fundamentales del derecho musulmán. Para los juristas musulmanes, la condición jurídica básica es la libertad. Por tanto, la esclavitud es una condición excepcional. En cuanto a los no musulmanes, son considerados en cierta forma como ajenos a la sociedad en su conjunto. Así pues, conviene distinguir en la población hispanomusulmana, por una parte, a los hombres de condición libre, y por otra, a los esclavos. Sin embargo, no podemos negar —aun admitiendo, como han hecho recientemente varios autores, que la sociedad musulmana medieval fue una sociedad sin clases— que el Islam clásico concibió la idea de una estratificación de hecho. Esto se desprende de un versículo del Corán [*Coran,* XLIII, 31/32] y de los estudios de filósofos musulmanes de Oriente, como ha demostrado M. Rodinson [332, *a*]. Este autor recuerda que una única capa social, la nobleza, evoca las categorías estamentales de la sociedad europea medieval. El hecho de descender del Profeta, de pertenecer a la nobleza de sangre, conlleva cualidades excepcionales y confiere ciertos privilegios [300, 190].

Partiendo de la noción de categoría *(ṭabaqa)* social, y no de la de clase social, vamos a evocar con brevedad la forma de vida de la capa más elevada de hombres libres, es decir, la aristocracia musulmana o *jāṣṣa*. En tiempo de los omeyas de Córdoba, comprendía patricios de origen árabe y parientes más o menos lejanos del soberano en el poder, aunque todos ellos nacidos, como él, de la rama marwānī de los omeyas.

Eran llamados generalmente *ahl Qurayš*, «las gentes de Qurayš», nombre que indicaba su pertenencia a la nobleza de sangre, según la teoría árabe del *nasab* o ciencia de la genealogía. En la *jāṣṣa* de la Córdoba omeya entraban ciertas categorías de altos funcionarios de la administración central *(ṭabaqāt ahl al-jidma)*, entre las que se incluían aristócratas árabes, funcionarios esclavones, e incluso ciertos ciudadanos de origen beréber que habían accedido a puestos elevados en el Estado [277, III, 194-195]. La *jāṣṣa* proveyó no solo a los omeyas sino también a los reyes de taifas y a los naṣríes de Granada grandes familias *(buyūtāt)* de dignatarios que gozaban de pensiones y rentas del suelo, a menudo exentos de cargas fiscales.

En los textos históricos referentes a la España omeya, aparecen mencionadas categorías de notables *(a'yān)*, hombres de leyes o ricos comerciantes de origen *muwallad* o descendientes de judíos conversos que vivían en aglomeraciones urbanas. En las colecciones biográficas se citan, en las metrópolis de al-Andalus de la baja Edad Media, unas categorías de juristas que pertenecían a las capas medias de la población y que gozaban de claro prestigio.

En el extremo inferior de la escala social se situaba la masa más numerosa de la población urbana de al-Andalus: se trata de la *'āmma*, turbulenta y dispuesta a la revuelta, aficionada a los espectáculos crueles y que a menudo fue menospreciada por los cronistas andaluces, desde Ibn Ḥayyān a Ibn al-Jaṭīb, pasando por los autores de los tratados de *ḥisba*. En tiempo de los omeyas, la *'āmma* se componía casi exclusivamente de artesanos y jornaleros beréberes, *muwallads* y libertos, de mozárabes y judíos de igual condición que llevaban una vida miserable. Los textos suelen ser muy lacónicos al referirse a las capas humildes de la población del reino naṣrí.

En lo que concierne al medio rural de al-Andalus, y al no disponer de suficiente información acerca de los orígenes del estatuto inmobiliario y de las formas de la propiedad rústica, nos hemos ceñido a simples hipótesis. El viajero oriental Ibn Ḥawqal nos dibuja un cuadro desolador al hablar de la condición de los campesinos andaluces de la alta Edad Media. Según este autor, miles de campesinos, a menudo cristianos, se agolpaban en una sola explotación agrícola. Tal afirmación es dudosa [277, III, 208, n. 1]. Los textos andaluces dejan entrever —al menos hasta el siglo x— la precaria existencia de los campesinos *('āmir)* adscritos a la tierra, semejantes a los siervos de la época visigótica; también indican la existencia de colonos *(šarīk)*, ligados a los terratenientes que vivían en la ciudad mediante un contrato de aparcería según el cual solo podían conservar para su sustento y el de sus familias una pequeña parte de la cosecha; además, estaban sujetos a la doble obligación del diezmo, debido al fisco sobre los productos de la tierra, y del reclutamiento [277, III, 206].

Además de los hombres libres, la sociedad hispanomusulmana incluía una importante proporción de esclavos (*'abd*, pl. *'abīd)* de ambos sexos, blancos y negros, cuyo origen esbozamos ya someramente. No entraremos en los detalles de las principales disposiciones del derecho musulmán concernientes a los esclavos.[7] Las esclavas *(ama,* pl. *imā')* se integraban rápidamente en la familia, sobre todo si tenían la suerte de dar uno o varios hijos a su amo. Aún después de manumitidas, seguían unidas al mismo círculo familiar. Los hombres de condición servil trabajaban a menudo en el campo, donde llevaban la misma vida que los campesinos nacidos libres. Los cautivos solían proceder de las expediciones contra los reinos cristianos, sobre todo en la época del regente 'āmirí al-Manṣūr, que no habían podido ser rescatados por sus familias. Mozárabes y judíos tenían derecho a poseer esclavos. Los esclavos se convertían generalmente al Islam, lo que les permitía aspirar a ser manumitidos por sus amos *('itq, 'ataqa* o *'i'tāq)*, hecho considerado como obra pía. Algunos constituían las guardias privadas de los soberanos, como la guardia esclavona o la guardia negra, con lo que gozaban de una situación envidiable.

Después de los esclavos había otra categoría social, la de los *mawālī* (pl. de *mawlā*), es decir, los individuos sobre los que se ejercía un derecho de patronato o *walā'*. Este se aplicaba al esclavo manumitido por su amo, en vida de este o al morir, mediante una disposición testamentaria. El liberto continuaba ligado a su antiguo amo o a sus herederos por lazos casi familiares, que conllevaban ciertas obligaciones a cambio del derecho de protección moral. Al transmitirse el *wālā'* de padres a hijos, los *mawālī* constituían, en al-Andalus al final del califato de Córdoba, como por doquier en la sociedad musulmana, una categoría social numerosa de libertos con sus descendientes. Era muy difícil averiguar su origen ya que adoptaban el patronímico y hasta el nombre étnico de sus amos [277, III, 208-212].

¿Qué características lingüísticas tenía esta sociedad hispanomusulmana cuyo abigarramiento hemos esbozado?

Desde el siglo VIII, el árabe clásico, vehículo de la religión musulmana, se impuso como lengua administrativa y culta: se usó para la redacción de la correspondencia oficial, en epístolas y en poemas. En sus relaciones con los orientales que, o bien seguían en sus países de origen o habían venido a España, el árabe clásico constituía un instrumento de comprensión mutua. El gran arabista contemporáneo Emilio García Gómez señala oportunamente que, en la España musulmana, hasta el siglo XIII existió una especie de «triglosia».[8] Las personas cultas hablaban tres lenguas: el árabe clásico, el árabe dialectal y el romance. Con los españoles neomusulmanes —*muwalladūn*—, así como con los mozárabes, se fijó y perpetuó en al-Andalus el idioma romance hispano desde la alta Edad Media. En una célebre página, Ibn Ḥazm describe los cambios experimentados por la lengua árabe al ser pronunciada por el vulgo *('āmma)* y trata las deformaciones en la pronunciación entre los beréberes y los españoles arabizados. Considera excepcional el caso de los Banū Bālī, tribu de origen árabe que vivía en el siglo XI al norte de Córdoba, ya que habían conseguido evitar cualquier tipo de contaminación: escribe «no hablan bien en romance *(lātiniyya)*, solo en árabe, tanto hombres como mujeres».[9] En el siglo IV/X, los orientales se asombran de las alteraciones en la pronunciación, y, en cierta medida, en la morfología y sintaxis que notaban en los andaluces. El famoso gramático de Baġdād al-Qālī y el geógrafo oriental al-Muqaddasī se hicieron eco de esta extrañeza.[10] También en el siglo X, el filólogo de Sevilla al-Zubaydī escribió un tratado sobre los errores de lenguaje del vulgo de al-Andalus.

Los árabes utilizaron por lo menos dos lenguas hasta el siglo XIII: el árabe y el romance, que empleaban en la vida cotidiana para comunicarse con los artesanos de la ciudad y con los campesinos. Este bilingüismo andaluz se manifiesta en la poesía popular de Ibn Quzmān, en el siglo VI/XII, y en las obras dialectales de esencia mística escritas por al-Šuštarī en la primera parte del siglo XIII. Hacia mediados del siglo XIII se produjo un cambio en la ambivalencia lingüística de la España musulmana. El reino naṣrí, último baluarte musulmán de la península Ibérica, puso especial atención en la conservación de la herencia cultural del Islam. Por ello, los letrados del emirato granadino utilizaron sobre todo el árabe, en tanto que el romance fue considerado como lengua secundaria, cuyo conocimiento respondía a las exigencias del momento. Federico Corriente, que ha consagrado al árabe hispánico un estudio erudito, muestra la aparición de diferencias regionales en los dialectos de Granada y de Valencia, «en puntos tales como la aceptabilidad de la *imāla* en el registro habitual».[11] Conocemos el árabe dialectal que se hablaba en el reino de Valencia reconquistado por los cristianos gracias a la elaboración de un voluminoso *Vocabulista* anónimo, glosario árabe-latín con un índice latín-árabe, imprescindible para la propaganda religiosa entre la población musulmana que había permanecido en la región.[12] Ibn al-Jaṭīb, con una frase algo lapidaria, precisa que los habitantes del reino de Granada se expresaban en un árabe depurado [45^{6}, I, 140 y 46, 27]. No obstante, el fenómeno fonético conocido como *imāla* (tendencia de la *a* larga a pronunciarse como *i* larga) estaba muy extendido [408, II, 502-503, 358; 188 *a*, 22-25, n. 1-8]. Es muy probable que la pureza de la lengua árabe se mantuviese intacta después de más de un siglo entre los medios sociales pertenecientes a la *jāṣṣa* y entre los notables; las capas medias de la población urbana y la plebe utilizaban un árabe dialectal, salpicado de palabras romances. No conocemos prácticamente nada acerca del dialecto hispano-árabe rural. En los últimos días de la dinastía naṣrí, las influencias del romance fueron más frecuentes. F. Corriente atribuye este hecho al prestigio creciente de los vecinos cristianos [188 *a*, 153, n. 252]. Aparecen muchos giros dialectales en la poesía, sobre todo en el *zaŷal*, en la prosa de las actas notariales y cartas familiares e incluso en obras técnicas redactadas en árabe clásico. Poseemos abundante documentación acerca de este árabe hispánico, aún vivo a finales del siglo XV, gracias al inapreciable *Arte para ligeramente saber la lengua araviga*, acompañado de un *Vocabulista aravigo en letra castellana*, compuesto en Granada en 1505 por Fray Pedro de Alcalá, que permite conocer la transcripción romance del árabe [132].

Solo estudiaremos algunas de las principales características de este árabe hispánico que sobrevivió entre la población musulmana del reino de Granada durante el siglo XVI, y que no se extinguió hasta la expulsión, en 1610.[13] En cuanto a la fonética, se conservaron hasta finales del siglo XV las interdentales *(t, d, ḍ)*. En lo referente al *qāf* se menciona una pronunciación hispana débil. El granadino Abū Ḥayyān, afamado gramático y egipcio de adopción, pronunciaba un *qāf* cercano al *kāf* y salmodiaba así el Corán para sorpresa de los auditorios orientales (78[1], III, 295). Era frecuente la pérdida de la *n* final después de *ay*: se pronunciaba *bay* en vez de *bayna* («entre»), por no citar más que este ejemplo. Se tendía a palatalizar la vocal larga *a*, sobre todo en el vocabulario popular: «una puerta» se pronunciaba *bīb* y no *bāb*. El relativo más corriente era *alleḏī*, invariable. La preposición que indicaba una relación de propiedad o posesión más frecuentemente utilizada en el dialecto hispano era *mitā'* en lugar de *matā'*, ya atestiguada en el siglo XI entre los mozárabes toledanos.[14] Nos limitaremos a citar, en cuestión de vocabulario, términos como *uŷŷ*, «cara»; *wild*, «padre»; *akḥal*, «negro»; términos dialectales como *qāmira*, «granero»; *sulūqiyya*, «tipo de antemuro en talud»; *qalahurra*, «torre fortificada».[15]

1.1.2. LOS MUDÉJARES

La mayoría de la población musulmana no se movió de las regiones reconquistadas por los soberanos cristianos; la documentación relativa a los musulmanes vasallos de las coronas de Aragón y Castilla, los llamados mudéjares (del árabe *mudaŷŷan*, aquel que paga el tributo: *daŷan*) [195, 322],[16] se ha enriquecido en estos últimos años gracias al trabajo de los eruditos españoles, aunque también los investigadores extranjeros han aportado su grano de arena.[17] Nos limitaremos en estas páginas a ofrecer algunas indicaciones de conjunto sobre la condición de los mudéjares y sus relaciones con sus hermanos musulmanes, sobre todo en la baja Edad Media.

Los reyes de Aragón y condes de Barcelona tenían súbditos musulmanes desde hacía tiempo. Comunidades musulmanas vivían en Cataluña: en Cervera, en los puertos de Barcelona y de Tortosa; sus miembros gozaban de un estatuto especial; las autoridades responsables encargadas de su administración se reclutaban entre ellos mismos; debían pagar cargas financieras especiales, pero no uniformes [197, 182-190]. En el reino de Aragón, había mudéjares en Lérida, Tarazona, Huesca, Tudela, Calatayud, Daroca y Teruel. Los documentos publicados por J. M.ª Lacarra parecen indicar que, en la alta Edad Media, nada obligaba a emigrar a los musulmanes [245]. En la mayoría de las ciudades reconquistadas por los reyes de Aragón en el siglo XI, y sobre todo en el XII, los mudéjares vivían —especialmente en Tudela y Zaragoza— en aljamas rodeadas por muros de tierra.[18] Pocos textos tratan de las poblaciones de los burgos rurales, pero parece lícito pensar que los musulmanes no estaban excluidos del recinto y que cohabitaban con los cristianos y judíos. Conservaban su estatuto anterior, sus mezquitas, jueces y leyes. Una fuerte densidad de población caracterizaba la región de Tudela, las cuencas del Ebro y del Jalón, el bajo Aragón y los alrededores de Albarracín. Zaragoza experimentó, después de la toma de la ciudad por Alfonso el Batallador, el éxodo de los musulmanes que habían apoyado a los almorávides entre 1110 y 1118: letrados, funcionarios y cortesanos. Les siguieron artesanos y comerciantes, más desfavorecidos que los campesinos. Poco después, los agricultores musulmanes trataron a su vez de emigrar hacia al-Andalus. Sin embargo, el soberano aragonés intentó frenar esta sangría de mano de obra. Para evitar el refuerzo de los territorios musulmanes, se afanó en retener a estos industriosos hortelanos que, con gran esfuerzo, habían creado exuberantes huertas. Se mantuvo la distribución en aglomeraciones urbanas, núcleos rurales y almunias; el sistema de regadío, el reparto de días de riego y los impuestos exigidos como el derecho de toma de agua, siguieron siendo los mismos que antes de la Reconquista. Los mudéjares tuvieron magistrados y funcionarios municipales propios (alguacil, alfaquí, zavalmedina, alamín). Sus propiedades fueron sometidas a censo.

En el siglo XIII, la población musulmana de Baleares, diezmada por los combates a raíz de la expedición de Jaime el Conquistador, ascendía después de 1229 a 10 000 o 12 000 almas en la isla de Mallorca. Posteriormente, un gran número de mudéjares emigró a Menorca donde subsistió un protectorado castellano-aragonés durante más de un siglo, y hacia el Maġrib.[19] En el siglo XIV se mantuvo la presencia de musulmanes en Mallorca gracias a una pequeña colonia que comprendía de 100 a 200 musulmanes libres, a menudo inmigrados de origen norteafricano o granadino, que vivían bajo la autoridad aragonesa y que poseían bienes inmobiliarios, joyas y fortuna [422, núm. 9, 1970, 19-30].

El reino de Valencia, reconquistado por Jaime I de Aragón de 1232 a 1245, contaba con una fuerte proporción de musulmanes agrupados en núcleos rurales o en familias artesanales. Según R. I. Burns, interesado por el destino de los mudéjares valencianos, el soberano de Barcelona tuvo que recurrir a una política de atracción de los vencidos. Todos los esfuerzos del Conquistador por establecer colonos cristianos en los territorios reconquistados, acabaron fracasando. Se esperaban 100 000 hombres, pero, en 1275, tan solo 30 000 cristianos habían aceptado instalarse en el Levante y, por añadidura, habían despreciado el campo. El reino de Valencia, que comprendía las actuales provincias de Valencia, Castellón y parte de la de Alicante, representaba una fuente de riqueza económica para el Estado aragonés, deseoso de alcanzar la preponderancia marítima en el Mediterráneo occidental. En las ciudades, los mudéjares eran hábiles artesanos: albañiles, ceramistas, herreros, tintoreros o tejedores. Los cultivadores musulmanes habían explotado las ricas huertas de la región valenciana durante generaciones. Después de la capitulación de sus jefes, los musulmanes fueron, por tanto, invitados a volver a las ciudades y campos que habían abandonado. Las órdenes militares apoyaron la política real, a pesar de las reprimendas de la Iglesia. Después de la rendición de Chivert en 1234, los Templarios alentaron a los pequeños propietarios agrícolas musulmanes a volver al reino de Valencia en el plazo de un año para recuperar sus casas y tierras. La Corona de Aragón ofreció condiciones igualmente ventajosas a los musulmanes de Eslida que capitularon en 1242. Seis años más tarde, los Hospitalarios asentaron a unas cien familias musulmanas en la laguna de la Albufera, no lejos de Valencia, para que sirvieran de tripulaciones en los treinta barcos pesqueros de su propiedad. En 1258, los Hospitalarios trasladaron a musulmanes de Valencia a Aldea, en el borde septentrional del reino reconquistado. Durante ese mismo año, los Caballeros de Calatrava poblaron con colonos musulmanes sus tierras de Burriana. En los distritos de Onda y de Almizra, los mudéjares vieron confirmada en 1258 su libertad de movimientos y reiterada la garantía de protección oficial. Instrucciones fechadas en tiempo de Jaime I dan fe, en 1279, de la existencia de colonias de poblamiento mixto, donde convivían cristianos y musulmanes, en Denia, Calpe y Alcudia. Pedro III continuó la obra de su padre exhortando a los musulmanes a asentarse en una decena de ciudades de la región de Denia y en el recinto urbano de Valencia. Ejerció con los mudéjares una política por lo general tolerante.

En el reino de Castilla subsistió alguna población musulmana después de la toma de Toledo por Alfonso VI, bajo la égida del *Imperator totius Hispaniae* [193, II, 20]. Aparte de dos o tres dignatarios cuyos nombres figuran en los documentos árabes, en Toledo se agruparon sobre todo artesanos mudéjares; muy pocos musulmanes se quedaron en las zonas rurales, donde el hambre había hecho estragos durante los siete años anteriores a la reconquista. En 1079 y 1082, el ejército cristiano saqueó el territorio de la taifa toledana, incendió las cosechas y destrozó los viñedos [316, 365-366]. Por ello, la mayor parte de la población musulmana intentó hallar asilo en al-Andalus después de la capitulación del 6 de mayo de 1085.[20]

Grupos importantes de mudéjares se concentraban en Córdoba, Sevilla y Murcia, a pesar de la salida con destino a Berbería, en el siglo XIII, de los musulmanes más influyentes y acaudalados. La Corona de Castilla trató de impedir atropellos contra los mudéjares. Gozaban de la protección del rey al que pagaban impuestos. Estaban autorizados a practicar su religión, a condición de no ofender a los cristianos, y conservaban sus usos y costumbres. Alfonso X el Sabio adoptó la actitud condescendiente que plasma en las *Siete Partidas*,[21] a raíz de la conquista del país murciano: el descenso demográfico de la población castellana había dificultado el asentamiento de súbditos cristianos entre 1243 y 1264. Retener a los elementos musulmanes era indispensable para la prosperidad de la fértil huerta murciana.

La rebelión mudéjar de 1264 en Murcia y los levantamientos valencianos de 1258 y de 1275-1276 acabaron con los intentos de los soberanos cristianos y acarrearon el éxodo de los musulmanes con destino al emirato granadino.[22]

No obstante, Alfonso X garantizó a los musulmanes de toda Castilla condiciones de vida tolerables —libre ejercicio de su culto, favor real—, proclamadas en las Cortes de Jerez en 1268. A finales del siglo XIII, auténticos barrios periféricos, las morerías, provistos de muros y puertas, acentuaron, en las aglomeraciones urbanas de Murcia, el aislamiento de los mudéjares. Se formaron colonias agrícolas musulmanas en las encomiendas otorgadas por Alfonso el Sabio a la Orden de Santiago en el reino de Murcia. Como consecuencia de la llegada de población castellana, los mudéjares fueron perdiendo progresivamente privilegios y franquicias, y se convirtieron en *exarici* o en pequeños colonos adscritos a las tierras de los señores. En las ciudades, continuaba la emigración hacia Granada y en las aljamas de moros solo quedaron artesanos o simples jornaleros [379 bis, 57-80].

La anarquía que siguió a la guerra con Aragón durante la minoría de Fernando IV, desencadenó un nuevo éxodo hacia el reino naṣrí, así como un despoblamiento de las áreas rurales. Mientras que en Aragón, desde 1301, los derechos de los mudéjares fueron limitándose gradualmente y que en Cataluña se les obligaba a llevar signos distintivos, en virtud de una ordenanza real, Fernando IV les concedió importantes privilegios en 1305: libertad de movimiento, derecho a nombrar a sus propios representantes y de escoger entre ellos jueces encargados de regular sus diferencias. En Toro, por una ordenanza del 6 de noviembre de 1369, Enrique II otorgó de nuevo a los mudéjares el privilegio de nombrar un alcalde mayor de moros (especie de juez supremo que se ha pretendido identificar con el *qāḍī-l-quḍāt*) [23] y la libertad de comprar tierras sin otra obligación que la del pago de los mismos impuestos (pechos) que los cristianos. Además, la capitación podía ser recaudada por mudéjares para evitar los abusos cometidos por los recaudadores castellanos. Estas ventajosas medidas se explicaban por la nueva orientación de la política castellana: para el fundador de la dinastía de los Trastamara, entronizada hacía poco, Granada no representaba un objetivo inmediato. En cambio, retener a los mudéjares en tierra cristiana era más necesario que nunca: continuaba el descenso demográfico de la población castellana y faltaba mano de obra en ciudades y campos. Entre los mudéjares se reclutaba a pastores, campesinos y hortelanos, además de artesanos de todos los oficios. Escaseaban los médicos y herbolarios.[24]

En Aragón, los mudéjares ejercían más o menos los mismos oficios; en las ciudades, fabricaban espadas y muebles. Tenían gran fama la cerámica y los tejidos salidos de sus talleres.[25] La producción agrícola del reino dependía en gran medida de los mudéjares, hábiles hortelanos.[26]

Los libros de cuentas de los bailes generales de Cataluña, relativos a los siglos XIV y XV, aportan útiles datos sobre los mudéjares de Barcelona. Tras paciente investigación, David Romano comprobó que se exigía el pago de una especie de impuesto de residencia, la *mostalafia,* a los musulmanes libres o esclavos que vivían permanentemente en Barcelona a mediados del siglo XIV y en los primeros decenios del XV, y que ascendía a 5 sueldos barceloneses anuales por persona [391, XLI/1, 1976, 49-86]. Un impuesto más o menos análogo había existido en Mallorca en el siglo XIII. Parece que entre los musulmanes de Barcelona se dio un movimiento emigratorio cuyas causas son difíciles de precisar, desde el año 1335, intensificándose en 1412-1416. Las autoridades catalanas exigían de los que salían un impuesto de emigración o de embarque *(el Dret de la Porta),* que ascendía a 10 sueldos por persona, pagaderos en el puerto de Barcelona. Parecen ser equivalentes de este, las *eixides* de Mallorca y los *passatges de sarrahins* del reino de Valencia. Son variados los lugares de destino: solo el 10 % de los emigrantes llegaba a la Mallorca cristiana, o bien a Chipre o Cerdeña, pero cabe suponer que se trataba más bien de escalas que permitían acceder a países musulmanes. La mayor parte de los emigrantes se dirigía a tierras del Islam. Algunos realizaban su peregrinación a la Meca, otros (120 de un total de 167 en el siglo XIV) se dirigían a Alejandría, a menudo a bordo de naves genovesas; unos pocos alcanzaban el norte de África, sobre todo Bugía, muy pocos se refugiaban en el reino naṣrí de Granada: diez personas solamente en 1361.

En general, los historiadores coinciden al subrayar las buenas relaciones de convivencia existentes entre mudéjares y cristianos en Castilla. En el primer tercio del siglo XIV, según Pascual de Gayangos, se compilaron en romance las *Leyes de Moros*, conjunto de las costumbres mudéjares [121, V, 1-49]. Solo hablaban el árabe los pocos letrados que quedaban a la cabeza de las aljamas de moros. Un curioso ejemplo de entendimiento entre mudéjares y cristianos aparece atestiguado en una serie de documentos de archivos murcianos. En 1400 se constituyó una milicia local (hermandad) en el adelantamiento de Murcia y en el gobierno de Orihuela, dirigida contra los granadinos [375 bis, 52].

La política real se volvió abiertamente hostil a los mudéjares a partir de los primeros años del siglo XV. En 1407, se les prohibió en Castilla abandonar el reino y cambiar de residencia. En 1408, en nombre de su hijo, Juan I, la regente Catalina de Lancaster ordenó el uso entre los mudéjares de un capuchón de paño amarillo o bien de una insignia en forma de luna, en paño turquesa sobre el hombro derecho [201]. La situación de los mudéjares empeoró con Juan I hasta el punto de no poder cohabitar con cristianos ni mantener con ellos relaciones profesionales. En 1417, las Cortes les prohibieron vender alimentos y medicinas a los cristianos, pero no se cumplió esta orden. En Aragón, Fernando I había otorgado a sus súbditos musulmanes numerosos privilegios a principios del siglo XV, pero no sucedió lo mismo con sus sucesores. Las Cortes adoptaron una serie de medidas contra los mudéjares. En 1442, se puso freno a la emigración hacia Granada o el Maġrib, que habría acarreado la despoblación de los campos. También en el siglo XV, los musulmanes de Valencia que intentaban marchar a Granada o a Berbería eran reducidos a esclavitud si no habían solicitado permiso [322, *a*]. Los musulmanes de los reinos extranjeros que solían llegar a hacer la colecta para sus correligionarios, fueron acusados de crímenes y raptos. En 1447, las Cortes de Zaragoza prohibieron a los mudéjares que invocaran el nombre del Profeta desde los alminares o en lugares públicos, so pena de multa de 200 sueldos. Se les respetó el derecho a tocar el tambor delante de la puerta de la mezquita. No obstante, un noble aragonés, don Juan de Mur, barón de Aljafarín, concedió privilegios el 19 de marzo de 1446 a los mudéjares de Nuez, de los que era soberano.[27]

Durante la segunda mitad del siglo XV, las Cortes de 1480, a instancias de Isabel I de Castilla, confinaron a musulmanes y judíos en barrios separados de los cristianos. Se obligó más que nunca a los mudéjares a llevar los distintivos especiales [28] y se les prohibió el uso de patronímicos cristianos y frecuentar a cristianos. A partir de 1479, la emigración hacia el reino naṣrí fue duramente reprimida [253, 21, 88-89]. Se favorecieron las conversiones al cristianismo, como pone de manifiesto un documento de los archivos municipales de Murcia, donde aparecen los relatos del bautizo de dos musulmanes, celebrados, uno en Toledo en 1481 y otro en Alcalá la Real en 1483 [391, IX/2, 1944, 507-512]. Entre los defensores de Zahara, fueron manumitidos aquellos que habían abjurado [253, 98-99]. Se repartía todos los años la capitación (servicio y medio servicio y cabeza de pecho) entre los mudéjares que poseían algunos bienes personales. A partir del reinado de Juan I, se fijó en 50 000 maravedís anuales. Igual que las comunidades judías de Castilla, los mudéjares tuvieron que abonar una contribución extraordinaria (servicio), destinada a contribuir al esfuerzo de Castilla con vistas a la guerra contra el reino naṣrí. Todo mudéjar que tenía una propiedad estaba obligado a entregar un castellano de oro, equivalente a 485 maravedís por año [248, 223].

La densidad de la poblción mudéjar fue aumentando en Andalucía a medida que los castellanos se apoderaban, a partir de 1484, de las posiciones claves del reino de Granada. A excepción de la rendición incondicional de Málaga, en 1487, cuyos habitantes fueron reducidos a esclavitud y vendidos por más de 56 millones de maravedís, las comunidades musulmanas fueron rindiendo vasallaje a la Corona de Castilla.[29] Las capitulaciones de este período han sido el tema de varias publicaciones, con lo que solo indicaremos las cláusulas que definían la condición jurídica de las comunidades mudéjares [112; 308].

Cuando sus ciudades y fortalezas eran tomadas al asalto por los cristianos, los musulmanes que se rendían debían entregar las armas. Se les prohibía comerciar con sus correligionarios en territorio naṣrí y dar asilo a cautivos. Cualquier infracción suponía la confiscación de sus bienes o la pena de muerte. Los Reyes Católicos conservaron los cuadros de la administración local y se abstuvieron de aumentar los impuestos que los musulmanes acostumbraban pagar a los funcionarios del fisco en tiempo de los naṣríes [253, 106-110]. Garantizaron a los mudéjares la libertad personal y la práctica de su religión. No obstante, los matrimonios mixtos fueron estrictamente prohibidos. La burguesía musulmana, sobre todo, emigró hacia Berbería. Los reyes se mostraron tolerantes con los notables musulmanes, a los que colmaron de regalos con la intención de que conservaran sus funciones.

En el afán de continuar la guerra sembrando la discordia en el campo musulmán, las condiciones que se otorgaron a los musulmanes vencidos en las capitulaciones de los años 1488 y 1489 fueron todavía más favorables que las anteriores. La Corona de Castilla respetó las franquicias y privilegios que los monarcas naṣríes habían otorgado a la ciudad de Almería [112]. Los Reyes Católicos mantuvieron los derechos personales de los mudéjares: inviolabilidad de domicilio y respeto a la propiedad. Llegaron incluso a dispensar a los musulmanes del uso obligatorio de signos distintivos y se comprometieron a no perseguir a los cristianos que se habían convertido al Islam antes de la toma de la ciudad. No pusieron impedimento alguno a la emigración hacia el norte de África y las autoridades musulmanas locales recibieron un trato de favor.[30] Los Reyes Católicos recompensaron los servicios prestados por los mudéjares que habían colaborado con los cristianos [251, 415-416].

En su fuero interno, los mudéjares del litoral mediterráneo no perdían la esperanza de ver a sus correligionarios reconquistando el terreno perdido. En agosto de 1490, Boabdil lanzó un contraataque buscando una salida al mar que le permitiera eventualmente recibir refuerzos de África; los mudéjares de Salobreña abrieron las puertas de la ciudad al naṣrí y le suministraron víveres y armas. Atacó la fortaleza donde se habían refugiado los cristianos. Este asalto habría podido triunfar de no haber sido por la noticia llegada al campo musulmán de que Fernando se preparaba con el grueso de sus tropas para socorrer a los asediados de Salobreña. Boabdil, temiendo verse cercado, levantó el asedio y volvió precipitadamente a Granada. Ante el proceder de los musulmanes perjuros y habida cuenta de la agitación reinante en Guadix, Almería y otras ciudades que habían sido naṣríes, Fernando ordenó la expulsión de los mudéjares de estas ciudades andaluzas [84, 33/39; 110[6], 446-449]. Les permitió establecerse en Granada y aun en Castilla o Aragón, ya que el objetivo esencial era alejarles del campo de batalla [101, 379-380]. En junio de 1491, los cristianos de Málaga desconfiaban más que nunca de los mudéjares que pesaban su mercancía en el mercado de granos del arrabal cercano a la Puerta de Granada, pues sospechaban que los musulmanes estaban vendiendo el trigo comprado allí a sus hermanos del reino naṣrí [150 bis, 29].

No repetiremos aquí las cláusulas de la capitulación de Granada. Los Reyes prometieron a Boabdil la exención de impuestos sobre sus propiedades y las de las reinas de Granada (su madre, su mujer y sus hermanas). Sus familiares, los visires Abūl-Qāsim al-Mulīḥ y Yūsuf Ibn Kumāša, recibieron tierras y 20 000 castellanos de oro. Se fomentó la emigración hacia el norte de África, aunque se autorizó a los granadinos a volver a suelo andaluz dentro del plazo de tres años si así lo deseaban. La Corona de Castilla ponía a disposición de los emigrantes naves fletadas ex profeso sin cobrar ningún derecho de pasaje en tres años, pero posteriormente los granadinos tendrían que pagar un doblón *ḥasanī* por persona. La *Nubḏat al-ʿaṣr* relata que, antes de partir de Granada, los musulmanes vendieron a precios muy bajos bienes inmuebles así como joyas y efectos personales a los cristianos y hasta a los mudéjares [84, 43/50]. Relata brevemente el embarco de Boabdil y sus familiares en Adra con destino a Melilla, y evoca el descontento de los granadinos emigrados a Marruecos, donde, por aquel entonces, el hambre y una epidemia de peste hacían estragos. También explica el regreso a Andalucía de gran número de musulmanes y atribuye la existencia de una importante comunidad mudéjar en el antiguo reino naṣrí a las falsas promesas de Fernando. El relato musulmán narra el cruel destino de los mudéjares, agobiados de impuestos, y el levantamiento del año 1499 en Granada, provocado por las reiteradas violaciones de las capitulaciones por parte de los cristianos.

Sin embargo, dos años después de la caída de Granada, había disminuido el ritmo de emigración hacia el norte de África, a juzgar por las impresiones de viaje de un médico de Nuremberg, Jerónimo Münzer, en el transcurso de un periplo por España. En Tabernas, un solo cristiano vivía dentro de esta aldea exclusivamente musulmana. Gran número de mudéjares permaneció en Almería, Granada y Málaga [309², 28-30, 50-51]. Algunos años más tarde, la historia les daría el nombre de moriscos.[31]

1.1.3. LOS TRIBUTARIOS

a) Los cristianos

Al estudiar la sociedad andaluza, no puede olvidarse el papel de los tributarios en el seno de la misma. El nombre que con mayor frecuencia utilizan los cronistas andaluces al referirse a ellos es el de *mu'āhidūn*, «aquellos que han sellado un pacto *('ahd)* que les confiere ciertos derechos y los sujeta a ciertas obligaciones». Es el equivalente a la expresión *ahl al-ḏimma*, que englobaba a los no musulmanes, cristianos y judíos. Parece que, con el tiempo, el nombre de *mu'āhid* se restringió en la España musulmana a los cristianos, y que el de *ḏimmī* pasó a aplicarse a los judíos [277, I, 78].

Hablaremos en primer lugar de los mozárabes (del árabe *musta'rib:* «arabizado»), españoles cristianos que siguieron viviendo entre los musulmanes después de la conquista arabigoberéber y que se mantuvieron fieles a la fe cristiana.[32]

A mediados del siglo VIII, las comunidades mozárabes más prósperas y numerosas eran las de Toledo, Córdoba, Sevilla y Mérida. Hasta el siglo XI, Toledo, antigua capital de los visigodos, seguiría siendo residencia del metropolitano *(maṭrān)* de los cristianos de al-Andalus. Por lo general, siempre les estuvo permitido el uso de sus iglesias. Pero solo en contadas ocasiones obtuvieron permiso para construir otras nuevas. Incluso compartieron algunas iglesias con los musulmanes, como la basílica consagrada a San Vicente, en Córdoba. Pero pronto la capital de 'Abd al-Raḥmān I atrajo a tanta población musulmana que el emir tuvo que comprar a los mozárabes la mitad de su iglesia para ampliar la Gran Mezquita. A cambio, les autorizó a edificar nuevas iglesias en los barrios suburbanos [277, I, 134].

Cabe pensar que los mozárabes constituyeron una parte importante de la población rural, pero fueron reduciéndose a medida que aumentaban las conversiones al Islam y la emigración hacia los reinos cristianos de la península Ibérica.

La historia de los mozárabes ha sido objeto de dos monografías redactadas con medio siglo de intervalo por Fr. J. Simonet [356] y I. de las Cagigas [171], quienes trataron de reconstruir la vida política y religiosa de las comunidades cristianas durante el período de dominación musulmana en España. Por ello, nos limitaremos a dar tan solo algunas indicaciones de conjunto.

Los historiadores no han dejado constancia de oposición mozárabe alguna contra el poder central durante el emirato de Córdoba, al menos hasta el reinado de ʻAbd al-Raḥmān II. Hacia el año 850, y a instancias de Eulogio, clérigo perteneciente a una acomodada familia mozárabe, y de su amigo Álvaro, rico burgués cristiano de origen judío, se constituyó un partido de oposición mozárabe, formado por clérigos y laicos. Entre la comunidad cristiana de Córdoba se desencadenó una oleada de exaltación mística que, del año 850 al 852, arrastró al suplicio a numerosos mártires voluntarios, monjes, diáconos y monjas. La agitación no cesó hasta el reinado de Muḥammad I, después de que Eulogio fuera decapitado en el año 859 de la era cristiana [277, I, 226-238].

Los mozárabes de las serranías de Ronda y de Málaga, al igual que sus hermanos *muwalladūn*, aún poco islamizados, de la misma zona montañesa, participaron en la revuelta que tuvo lugar en el último tercio del siglo IX. Algunos mozárabes granadinos testimoniaron sus simpatías por el rebelde andaluz ʻUmar Ibn Ḥafṣūn, que había vuelto a abrazar el cristianismo, y por sus seguidores. Sin embargo, durante el califato de Córdoba, se inició un largo período de paz como consecuencia del sometimiento definitivo, en el año 320/932, a ʻAbd al-Raḥmān III de la altiva metrópoli mozárabe de Toledo, que tantos problemas había creado a sus predecesores. Las comunidades cristianas de al-Andalus aceptaron entonces la autoridad omeya.

Desde el reinado de Alfonso III se había ido perfilando lentamente un movimiento emigratorio hacia el norte de España [277, III, 216]. El monarca asturleonés había atraído a colonos mozárabes para repoblar los territorios reconquistados. Tránsfugas cristianos procedentes de Toledo tomaron parte en la reconstrucción de la plaza fuerte de Zamora, en el año 280/893. A principios del siglo X, monjes cordobeses repoblaron tres conventos famosos: San Miguel de Escalada, al este de León; San Cebrián de Mazote, al noroeste de Valladolid y San Martín de Castañeda, al suroeste de Astorga. Un abad llamado Alfonso llegó desde Andalucía acompañado de algunos clérigos para fundar el monasterio de San Facundo, en la actualidad Sahagún, consagrado en el año 935 [214 bis, 107]. Alrededor de estos monasterios se fueron estableciendo mozárabes de origen toledano o andaluz, que habían emigrado o desertado de las campañas militares. A partir de entonces, la mozarabización de la España leonesa y castellana se dejaría sentir no solo en la onomástica regional sino también en el vocabulario relativo a muebles, el adorno y el vestido, así como en la terminología de las instituciones [277, III, 217 n. 1 y 2].

Poco a poco, y debido al contacto con los musulmanes y los *muwalladūn,* los mozárabes de la España musulmana se vieron sometidos a una profunda arabización que Álvaro deploraba en su *Indiculus luminosus* [277, I, 233 y n. 2]. Al igual que los *muwalladūn,* los mozárabes hablaban el dialecto romance, pero muchos de ellos, al menos en las ciudades, sabían el árabe y habían aprendido a leerlo y escribirlo. En las oficinas financieras de la administración cordobesa, escribas mozárabes, y también judíos, sirvieron fielmente al poder omeya, sobre todo a partir del siglo x.

En su calidad de tributario, el súbdito mozárabe estaba sujeto al pago anual de un impuesto de capitación, como prescribía la ley musulmana. En el siglo IX, y según el testimonio de Eulogio, se recaudaba una contribución extraordinaria al principio de cada mes del año lunar [277, I, 228, n. 1]. Con el fin de recaudar estos impuestos, las comunidades urbanas de mozárabes se hallaban organizadas bajo la tutela y el control del poder central musulmán, con un jefe responsable a la cabeza, el *comes* (en árabe, *qūmīs*), llamado a menudo *defensor* o *protector.* En el siglo x, vivió un *comes* llamado Abū Sa'īd, descendiente por línea directa del conde visigodo Ardabasto, hijo de Witiza [59[1], 5 y 59[2], 3]. En el año 361/971, el *comes* de Córdoba se llamaba Mu'āwiya Ibn Lope [277, II, 177 n. 1]. El jefe de la comunidad mozárabe era responsable de la recaudación de los impuestos. Le asistía un juez especial, el censor o *qāḍī-l-naṣārā,* el juez de los cristianos, que mediaba en los conflictos entre mozárabes. Se aplicaba el derecho visigótico del *Liber Iudiciorum,* más tarde llamado *Fuero Juzgo.* Cuando se producía algún conflicto entre un musulmán y un cristiano, el proceso era confiado, según los casos, al *qāḍī* o al magistrado de policía encargado de la *šurṭa* [277, III, 126].

Entre la comunidad mozárabe existía una nobleza que se vanagloriaba de su origen godo; en el campo, además de los mozárabes agricultores, vivían otros de condición servil.

Hasta finales del siglo XI, el territorio de al-Andalus estuvo repartido, siguiendo las mismas divisiones eclesiásticas de la época de los visigodos, en tres provincias metropolitanas, con una sede arzobispal y varias diócesis en cada una de ellas: Toledo, Lusitania (con sede en Mérida) y Bética, cuyo metropolitano residía en Sevilla. Conocemos estos detalles gracias a al-Bakrī, en lo que él llamó el «reparto de Constantino». Se conservan algunos nombres de dignatarios eclesiásticos de la España musulmana en tiempos del califato. El más conocido, Rabī' Ibn Zayd, cuyo nombre de pila era Recemundo, ocupó la sede episcopal de Elvira en tiempos de 'Abd al-Raḥmān III. Este culto mozárabe cordobés, al que, como ya vimos [426, XXXII, 69-76], al-Nāṣir confió diversas misiones diplomáticas, fue tenido en alta estima por al-Ḥakam II debido a sus conocimientos de astronomía y filosofía. A instancias de este soberano, redactó para el año 961 el *Kitāb al-Anwā'* *(Liber anoe)*, más conocido con el nombre de «Calendario de Córdoba», del que se hablará en el presente capítulo. Se celebraba el culto conforme a la liturgia gótica isidoriana, aprobada por el papa Juan X después de una consulta en el año 924, y que se conoce actualmente como «rito mozárabe». Había numerosas iglesias en Toledo, Mérida, Sevilla, Córdoba y sus alrededores.

¿Qué suerte corrieron los mozárabes después de la caída del califato de Córdoba? Tanto los documentos latinos como los árabes dan fe de la existencia de estas comunidades y de la libertad de culto de que gozaban. En Córdoba, la pompa de algunos oficios cristianos impresionó vivamente a Abū 'Āmir Ibn Šuhayd en una iglesia cubierta de ramos de arrayán [321, 277]. Según deja entrever Ibn Ḥazm, parece que a principios del siglo XI se revocó la prohibición de tañer las campanas [321, 283]. En las ciudades, algunos mozárabes se mezclaban con las demás capas de la población, mientras que otros vivían en los suburbios, donde poblaban barrios homogéneos, aislados de los de la aglomeración musulmana. En el siglo de las taifas, los mozárabes de Huesca se agruparon en torno a la iglesia de San Pedro el Viejo. Leopoldo Torres Balbás, que ha estudiado las mozarabías, opina que la iglesia de San Ciprián, próxima al actual Barrio Nuevo, también estaba consagrada al culto mozárabe [391, XIX/1, 1954, 179]. José María Lacarra ha descrito la ordenación típica de estos barrios mozárabes, de calles tortuosas y estrechas, a veces sin salida «y en parte cubiertas por plantas altas, uniendo las casas de ambos lados de la calle.»[33] En Zaragoza descubrió el emplazamiento de varias iglesias mozárabes, entre ellas Santa María, llamada más tarde del Pilar, y la iglesia de Santas Masas [245, III, 519]. Supuso que el barrio mozárabe estaba ubicado en la puerta noroeste del recinto, adosado al Alcázar musulmán, la *Zuda* (del árabe *Bāb al-sudda*). De esta próspera comunidad mozárabe de la taifa hūdí surgiría un visir poeta, Abū 'Umar Ibn Gundizalvo, consejero del dinasta Aḥmad b. Sulaymān al-Muqtadir (441/1049-474/1081), el constructor de la Aljafería [171, II, 452].

Cuando, a finales del siglo XI, el Cid entró en Valencia, había en esta capital de taifa dos arrabales habitados por mozárabes: el de al-Ruṣāfa, al sureste, con una iglesia probablemente consagrada a San Valerio, y el de Rayosa, fuera del recinto de la ciudad [71, 48/61]. En Alcira, a orillas del Júcar, el arrabal llamado *al-Kanīsa,* cantado por Ibn Jafāŷa, estaba sin duda habitado por mozárabes [71, 103/126]. En Denia, 'Alī, hijo del dinasta 'āmirí al-Muŷāhid, decidió que todas las iglesias del principado, incluidos los obispados de las Baleares, de Denia y Orihuela, se unieran al obispado de Barcelona; a partir de 1058, todos los miembros del clero que vivían en la taifa de Denia debían ser ordenados por el obispo de Barcelona, quien debía también nombrarlos para los distintos cargos eclesiásticos [356, 651]. Debemos señalar que 'Alī, educado por su madre en la religión cristiana durante su largo cautiverio en la isla de Cerdeña, mantuvo aún después de su conversión al Islam, cierta predilección por las creencias de su juventud [44¹, 252, 253-4].

En Toledo y su provincia hubo de antaño una población mozárabe que se mantuvo durante todo el período de dominación musulmana. En la ciudad del Tajo, los mozárabes eran muy numerosos, y, como en Zaragoza y Córdoba, se mezclaban con los musulmanes. En tiempos del emir Muḥammad I, había una iglesia muy próxima a la Gran Mezquita [277, III, 224]. Durante el siglo XI, los mozárabes tenían un arzobispo y celebraron su culto en seis parroquias intramuros: San Lucas, San Sebastián, Santorcaz (Santo Torcuato), Santa Olalla (Santa Eulalia), San Marcos y Santas Justa y Rufina. Esta última se hallaba emplazada en el centro mismo de la ciudad. En un escrito posterior, el arzobispo Don Rodrigo Jiménez de Rada mencionaría nueve parroquias en la ciudad de Toledo.[34] Existía de hecho una dispersión de mozárabes en Toledo, ya que estas parroquias agrupaban a sus miembros por familias, independientemente de su domicilio. En Toledo, la población mozárabe se dedicaba al comercio y a diversos oficios artesanales, como plateros y herbolarios; en el barrio que después de la Reconquista se convertiría en el barrio de los Francos, había alfareros, bruñidores, drogueros, y peleteros; cerca de la Gran Mezquita, en el emplazamiento de la actual catedral de Santa María, se alojaban los vidrieros y los tintoreros [219, I, 51-58]. En la Toledo asediada por Alfonso VI y privada de abastecimientos, la población se escindió en dos bandos: el de los notables musulmanes decididos a resistir hasta el fin, y el de los partidarios de la rendición, compuesto por una minoría musulmana y buen número de mozárabes. Por lo demás, Alfonso VI confió a uno de estos, el conde mozárabe Sisnando Davidiz, el gobierno de la ciudad durante los días que siguieron a su toma por los castellanos [391, XII, 1947, 27-41].

Desde 1926 hasta 1930, el eminente arabista español A. González Palencia tradujo y editó la mayor parte de los documentos notariales pertenecientes a la comunidad mozárabe de Toledo; dichos documentos se escalonan desde el siglo XI hasta el XIII y prueban que las elites cultas todavía manejaban con soltura la lengua árabe durante los dos siglos posteriores a la Reconquista [219]. Más recientemente, la historiadora argentina Reyna Pastor de Togneri ha señalado que el hábitat rural predominaba entre los mozárabes de la provincia de Toledo en el siglo XI [316, 363; 317, 68]. Se trataba en su mayoría de campesinos adscritos a la tierra. A veces eran vecinos de los musulmanes, y otras vivían en pueblos separados. Así, por ejemplo, en la región toledana, las aldeas Pastor y Zorita estaban habitadas casi exclusivamente por mozárabes.

Eran tan numerosos en el campo que, ya en tiempos de la presencia musulmana, se llegaron a construir iglesias, como la de Melque. En cuanto a la estructura agraria de la provincia de Toledo, Reyna Pastor demuestra que la mayoría de los mozárabes eran pequeños propietarios, dueños de una sola parcela, de un único viñedo. Predominaba la división del suelo: «Establecidos en la región desde hacía mucho tiempo, heredaban las tierras de generación en generación, hasta el punto de que el grupo familiar tenía que mantener indivisa la propiedad, único medio de conservar el mínimo necesario para los trabajos agrícolas» [316, 364].

La existencia de mozárabes en el seno del reino de Granada ha provocado una serie de controversias entre eruditos: así, mientras Francisco Javier Simonet sostenía que existían mozárabes en la Granada naṣrí [356, 791], Isidro de las Cagigas opinaba —más recientemente— que la comunidad mozárabe del emirato se había extinguido por completo a mediados del siglo XIII [171, II, 428]. Así pues, reconstruiremos brevemente el comportamiento de los mozárabes en suelo andaluz antes de la subida al poder de los Banū l-Aḥmar. A pesar de la tendencia de los mozárabes a emigrar hacia el norte de España y los territorios reconquistados por Castilla después de la caída del califato de Córdoba, se celebraba el culto cristiano en Granada, a fines del siglo XI, en una iglesia situada extramuros, no lejos de la Puerta de Elvira [45^6, I, 113-114]. Siguiendo órdenes de Yūsuf b. Tašfīn, los *fuqahā'* granadinos hicieron en 1099 una consulta jurídica que tuvo como consecuencia el derribo de esta iglesia.[35] Los mozárabes de Málaga fueron trasladados al norte de Marruecos en 1106 [98, I, 386]. No obstante, sus hermanos de Granada tenían todavía fuerzas suficientes para apoyar a Alfonso el Batallador en su ofensiva andaluza de 1125-1126. Pero esta expedición no se vio coronada por el éxito, y gran número de mozárabes andaluces, juntamente con sus familias, siguieron en su retirada al monarca aragonés, que los instaló en la Vega de Zaragoza [356, 745-751]. Todos aquellos que no pudieron huir, fueron obligados por el almorávide ʻAlī b. Yūsuf, en el otoño del año 1126, a cruzar el estrecho y establecerse en Salé y Meknés [45^5, I, 41-43; 45^6, I, 199]. Otros constituyeron el núcleo de una milicia mozárabe que más tarde se aliaría con los judíos de Granada contra los almohades. Pero ʻAbd al-Mu'min tomó Granada y, según Ibn al-Jaṭīb, exterminó a los cristianos [192, I, 361, 381; 45^6, I, 120]. A finales del siglo XII, no quedaba más que un puñado de cristianos que se dedicaban a labores agrícolas y, según narra el historiador andaluz Ibn-al-Ṣayrafī, estaban acostumbrados desde hacía tiempo al menosprecio y a la humillación.[36] ¿Acaso Yaʻqūb al-Manṣūr, el vencedor de Alarcos, no se jactaba de haber desarraigado el cristianismo y el judaísmo de la España musulmana y de no permitir que existieran iglesias ni sinagogas? [76^3, 265]. Sin duda habría que incluir a los descendientes de este puñado de mozárabes andaluces entre los infieles *(kuffār)* que a principios del siglo XIV pagaban la capitación *(ŷizya)*, a la que estaban sujetas las Gentes del Libro que vivían en tierras del Islam. Según precisa Ibn al-Jaṭīb, este tributo fue destinado a la constitución en bienes de manos muertas de los baños próximos a la Gran Mezquita de la Alhambra [46, 57]. Entre los cantones de la Vega de Granada, Lisān al-dīn menciona *al-Kanā'is*, lo que da a entender que en este lugar existían iglesias en los siglos anteriores [46, 19]. Unas excavaciones efectuadas por investigadores de la Universidad de Granada en 1968 parecen revelar que en pueblos de montaña tan aislados como los de las Alpujarras subsistieron poblaciones mozárabes hasta los siglos XIV y XV [405, II-III, 1974-1975, 3-35].

Cabe preguntarse si los cristianos del reino naṣrí llevaban el *zunnār*, cinturón que distinguía a sus correligionarios de los musulmanes en Marruecos y Egipto en el siglo XIV [78[1], IX, 197-198]. Nada permite afirmarlo, dado el estado actual de nuestros conocimientos.

Basándose en una crónica del siglo XVII, la *Historia Eclesiástica de Granada* de Bermúdez de Pedraza,[37] el arabista español Francisco Javier Simonet pudo trazar los límites del barrio de la capital del reino de Granada donde pudieron haber vivido los mozárabes, una amplia zona que se extendía entre el Campo del Príncipe y el arrabal llamado El Mauror hasta Torres Bermejas, donde se erigió en 1524, sobre las ruinas de una antigua iglesia, la parroquia de San Cecilio. Parece que el culto cristiano se mantuvo allí durante los ocho siglos de dominación musulmana en Granada. Según Bermúdez de Pedraza, los cristianos podían tañer las campanas el Jueves Santo, media hora antes de iniciarse el sermón. El mismo cronista alude a una tradición oral según la cual en 1450 tuvo lugar el viaje a Granada de Don Gonzalo, quien pagó personalmente la recontrucción de la iglesia de San Cecilio, donde debía ser enterrado [356, 788 ss.]. Debido a las lagunas de la información sobre este extremo, hay que mostrar una gran reserva.

En Andalucía, el cristianismo retrocedió constantemente frente al Islam; sin embargo, gracias a los soldados, a los viajeros, a los cautivos y, como veremos más adelante, a los comerciantes se mantuvo la presencia cristiana a lo largo de toda la baja Edad Media. La guardia cristiana de Muḥammad V le siguió fielmente en su exilio de Marruecos. El secretario de los Reyes Católicos, Hernando de Baeza, que vivió durante mucho tiempo en Granada, afirmaba que los sultanes de Granada disponían aún de una guardia cristiana en la segunda mitad del siglo XV. Aparte estos renegados, Granada constituyó un refugio para los nobles castellanos desde el siglo XIII. Debido a desavenencias con Alfonso X, el infante don Felipe y don Nuño González de Lara se refugiaron en la corte de la Alhambra y ayudaron a Muḥammad II a consolidar su trono. Dos nobles mallorquines, Mossén Bernat Tagamanent y Pere Johan Alberti obtuvieron autorización del sultán de Granada para batirse en duelo en la capital naṣrí, y a tal efecto se preparó incluso una liza.[38]

Nobles cristianos visitaron el reino de Granada en el siglo XV. Un joven escudero venido de Flandes, Ghillebert de Lannoy, que se había sumado a las huestes del infante Fernando de Castilla en sus expediciones andaluzas de 1407 y 1410, obtuvo, una vez firmadas las treguas entre los combatientes, un salvoconducto que le permitió entrar en el emirato granadino. El sultán le brindó una excelente acogida en su capital durante nueve días. Sin embargo, las *Memorias* redactadas en el ocaso de su vida por Messire Ghillebert de Lannoy, caballero del Toisón de Oro, decepcionan por el laconismo de las descripciones. Si bien dejó constancia de la hospitalidad del sultán Yūsuf III y de los miembros de la aristocracia palatina, del encanto de las casas de recreo situadas entre jardines, no aparece indicación alguna sobre los usos y costumbres de los musulmanes en tiempos de los naṣríes [415, n. 2, 1977, 284-302]. Un contemporáneo de Enrique IV de Castilla, viajero alemán anónimo que recorría Galicia y que planeaba llegar a Andalucía pasando por Portugal, tuvo que renunciar a su periplo, ya que la peste causaba estragos en el emirato de Granada. Se lamentaba de no haber podido contemplar los maravillosos palacios del «rey moro», cuya hospitalidad era ya legendaria entre los viajeros cristianos.[39] El relato de viaje más original del siglo XV, el del barón de Bohemia, León de Rosmithal de Blatna, que recorrió España en 1466 con una escolta de cuarenta personas y que se interesó tanto por las costumbres musulmanas como por las de la corte de Castilla, solo hace referencia a los mudéjares, y las escasas anotaciones que da sobre los súbditos del sultan naṣrí —llamados comúnmente sarracenos— pertenecen más al ámbito de la leyenda que a la estricta observación de la realidad.[40]

Nada sabemos de la suerte que corrió, durante este mismo siglo XV, un franciscano heterodoxo, originario de Zamora, fray Alonso de Mella, que buscó asilo en la Granada naṣrí en 1445. Sus primeros sermones, que trataban de la libre interpretación de la Biblia, habían ya provocado su condena en 1434, pronunciada por tres cardenales. En Durango, en los montes de Vizcaya, estalló entre 1442 y 1445 una herejía en la que se vio envuelto Alonso de Mella. La justicia real persiguió implacablemente a los herejes de Durango, precursores españoles de la Reforma [179 *b*, 29]. Mella y los demás religiosos de su orden que habían difundido la doctrina se refugiaron en el emirato granadino. Desde territorio musulmán, el franciscano escribió a Juan II de Castilla, no solo para negar las acusaciones que pesaban sobre él, sino también para congratularse de haber hallado refugio en el seno de una nación tolerante [391, XI/1, 1950, 233-247].

La mayor parte de la población cristiana estaba constituida por cautivos procedentes de las expediciones terrestres y marítimas o de los campos de batalla. En el transcurso de sus incursiones fronterizas, los granadinos capturaban a pacíficos campesinos cristianos a los que sorprendían en sus faenas cotidianas. A veces, los cautivos eran víctimas de emboscadas [418, LXI/1, 1956, 23-51]. Conducidos a territorio naṣrí y reducidos a esclavitud, permanecían allí durante largos años. Conocemos su situación material gracias a los relatos recogidos de boca de los propios cautivos después de haber sido liberados, y gracias a los testimonios de los cronistas cristianos que asistieron a la reconquista de Andalucía por los Reyes Católicos. Uno de los relatos más pintorescos es el que reseña Pero Marín, monje de Santo Domingo de Silos, en los últimos años del siglo XIII.[41]

Los cautivos eran también objeto de un lucrativo comercio que a veces desbordaba los límites geográficos del reino naṣrí. En 1328, los granadinos revendieron en subasta en Tremecén a seis esclavos catalanes de Almería [325, 185-186]. Un habitante de Jaén, Domingo Muñoz, vendido en una subasta de Guadix por cuatro doblones y medio, y posteriormente trasladado a Almería, fue revendido en esta última ciudad a otro súbdito del sultán de Granada [391, VII, 1942, 71]. En 1376, unos mallorquines, súbditos de Pedro el Ceremonioso, fueron liberados de su cautiverio en Málaga mediante el pago de 600 sueldos barceloneses por cautivo «más 30 dineros por libra, destinados a cubrir los gastos de las gestiones efectuadas para esta liberación» por Pere de Manresa, embajador aragonés ante Muḥammad V.[42]

Repartidos en su mayoría por Granada, Ronda, Málaga y Almería, los cautivos efectuaban los más diversos trabajos. Se les utilizaba para faenas humildes, como moler el mijo y el cardo, coser madejas de lino, trabajar el esparto o fabricar sandalias. Repartían la leña y calentaban el horno para el baño del amo [391, VII, 1942, 74-76]. Según una tradición todavía viva en el siglo XVI [292 *b*, 186], en Ronda se imponía a los cautivos una penosa tarea: el aprovisionamiento de agua a la ciudad. El agua era transportada en odres desde el río hasta la *madīna,* por un sendero de 50 metros de altura, excavado en la roca [103, 158]. La mano de obra cristiana desempeñó en Granada un considerable papel en el arte de la construcción; así, por ejemplo, se atribuye a cautivos la edificación de la Torre de los Picos de la Alhambra [391, VII, 1942, 80-81].

En el campo, los cautivos cristianos araban y layaban la tierra, guardaban el ganado y accionaban norias y molinos. Recibían una porción de comida más bien escasa: cebada, mijo y una ración diaria de pan de una libra y media. El castigo más frecuente consistía en la privación de alimentos, y a veces se infligían varios latigazos. Los cautivos estaban sometidos a una vigilancia estricta y por la noche se les encerraba con grilletes en los pies, en unas cuevas más o menos grandes y de techo muy bajo que habían servido de silos durante los primerros tiempos del reino naṣrí. La única luz que recibían estas *maṭmūras* (de donde procede la voz española mazmorra) [194, II, 60] situadas en los castillos penetraba a través de unos tragaluces muy estrechos. Así, en la segunda mitad del siglo xv, el autor anónimo de la crónica del condestable Miguel Lucas de Iranzo afirma que, por la noche, se encerraba a 30 cristianos en la mazmorra del castillo de Montefrío [110[3], 103]. En Granada, había mazmorras en los subterráneos de las torres del recinto: en la Alhambra, en la Torre de la Vela y en la Torre del Homenaje. Entre las *maṭmūras* descubiertas en Granada a principios del siglo xx por el arquitecto Modesto Cendoya, hay tres de importancia excepcional cuya planta fue reconstruida en 1944 por Leopoldo Torres Balbás. Estas cuevas estaban divididas en celdas que podían albergar a 11, 13 y 26 prisioneros cada una. En Málaga, Ronda, Almería y Comares se solía excavar los calabozos en la roca viva, y su único acceso era una estrecha abertura [309[1], 15]. Bernáldez relata que cuando el marqués de Cádiz conquistó Alhama en 1482, encontró cautivos cristianos en una mazmorra.

Estamos bastante mal informados acerca del número de cautivos, ya que variaba enormemente debido a los intercambios establecidos en las treguas y a los rescates. En fuentes cristianas aparecen algunas evaluaciones en relación a la fase final de la Reconquista. En 1485, cuatrocientos cristianos recuperaron la libertad en Ronda y, al año siguiente, fueron liberados 144 cristianos en Loja. La campaña del año 1489 significó la liberación para 1500 cautivos. Un mercenario francés de nombre desconocido que asistió a la toma de Granada en las filas castellanas, vio salir de la ciudad «una larga procesión de cristianos que llegaba a los setecientos prisioneros, hombres y mujeres [...] en penoso estado», con las manos sujetas con los grilletes y cadenas que habían arrastrado durante años.[43] Según Münzer, varios cristianos murieron de hambre durante el asedio de Granada; un religioso que se encontraba entre los supervivientes describió la triste suerte de los cautivos reducidos a comer carne de caballos y asnos muertos. Las cifras proporcionadas por Münzer nos parecen excesivas, ya que, según el médico de Nüremberg, en la Granada de los últimos días del reino naṣrí había 7000 cautivos, repartidos entre la prisión subterránea y viviendas particulares. Solo sobrevivían 1500 de ellos [309, 87].

Más de una vez, los cautivos cristianos abrazaron el Islam para escapar a su triste suerte. Así, en el siglo xiii, un tal Juan Martínez, originario de San Martín del Pino, y sus trece compañeros de infortunio vieron su única salvación en la conversión [391, VII, 1942, 73]. Entre los cazadores y pastores de la Marca de Jaén que se adentraban por los montes cercanos a la frontera naṣrí, hubo algunos que, al ser capturados por los musulmanes, abrazaron la fe de sus nuevos amos. El caso de estos renegados (elches o tornadizos) fue tratado en la correspondencia intercambiada en 1479 entre el Consejo de Jaén y los gobernadores granadinos de Arenas y de Colomera. Los súbditos del sultán naṣrí se negaron a devolver a una cristiana que, capturada por las gentes de

Cambil, se había convertido al Islam por su propia voluntad y se había casado con un musulmán [418, 61, 1955, 31]. Los murcianos sintieron gran alivio cuando murió el renegado Palomares, llamado el Barbudo, que había sembrado la desolación en sus incursiones contra sus antiguos correligionarios [417, X/1, 1961, 96]. En el tratado concluido en 1431 con Yūsuf Ibn al-Mawl, pretendiente al trono de Granada, Juan II de Castilla consiguió la introducción de una cláusula favorable a los cristianos y según la cual el futuro sultán y sus sucesores se comprometían a no obligar a ningún cautivo a convertirse [138, 136].

La suerte de los renegados que caían en manos de los cristianos dependía de la voluntad de los soberanos. En Málaga, los elches fueron inmediatamente encarcelados en 1487 [249, 76]. En Granada, en 1492, fueron arrojados a los mismos calabozos subterráneos en que estuvieron los cristianos en tiempos de los naṣríes. Los documentos que hemos consultado en el Archivo General de Simancas indican que los Reyes Católicos adoptaron una actitud indulgente en casos particulares. Así, María Fernández Morena, capturada por los granadinos cerca de Martos y convertida al Islam *(tornada mora)*, fue comprada al alcaide de Colomera por Isabel la Católica e inmediatamente libertada [97, RGS, 11 de agosto de 1490, f.º 8]. Se menciona incluso el caso de un esclavo portugués llamado Antón, que para escapar de su amo castellano, se había refugiado en el reino naṣrí; después de la Reconquista, Fernando le manumitió y le permitió vivir libremente en Castilla [97, RGS, enero de 1491, f.º 231].

La liberación de cautivos se producía como consecuencia de las negociaciones entre los Estados cristianos de la península Ibérica y Granada. En los tratados concluidos por Aragón y los soberanos naṣríes en los siglos XIV y XV, figuran explícitamente intercambios de cautivos. En ŷumādā II del año 724/mayo-junio de 1324, Ismā'īl I exigía la liberación de sus súbditos detenidos por Jaime II antes de soltar a los cristianos [4, 16]. En el año 728/1328, el tratado de paz firmado por Muḥammad IV y Jaime II estipulaba, entre otras cláusulas, la liberación de los cautivos de ambos campos [4, 58]. En 1413, Fernando de Antequera, rey de Aragón, amenazaba a Yūsuf III con no concluir la tregua si antes no le eran devueltos los cristianos prisioneros en Granada.[44] No obstante, en 1405, Muḥammad VII había prometido a Martín I castigar a los gobernadores de Vera y Vélez si los cautivos aragoneses no eran enviados a Orihuela.

En cualquier caso, las incursiones granadinas no fueron tan frecuentes en los Estados de la Corona de Aragón como en el reino de Castilla, principal enemigo de los naṣríes. A menudo, los castellanos fieles a la religión cristiana tenían que permanecer en esclavitud durante mucho tiempo antes de ser redimidos por su familia o sus amigos, ya que el rescate exigido solía ser muy elevado. Ramiro, capitán de Matrera, no pudo pagar su rescate que ascendía a sesenta maravedís de plata, por lo que los musulmanes lo mantuvieron cautivo en Ronda durante diez años [391, VIII, 1942, 75]. Tenemos un ejemplo de rescate individual en el año 1479: dos comerciantes genoveses *(Miçer Luçia y Miçer Bartolomé, ginoveses)*, establecidos en Granada, se encargaron de rescatar a la hija de Juan de Benavides, vecino de Jaén y de devolverla a esta ciudad. Los dos genoveses obtuvieron del Consejo de Jaén un salvoconducto *(seguro)*.[45]

Es digna de mención la iniciativa de las órdenes religiosas que se consagraron desde el siglo XIII a la redención de cautivos y organizaron colectas para tal fin. Durante los últimos años del siglo XIII, Juan III, abad de Silos, consiguió en cuatro años arrancar de la esclavitud de los granadinos a 250 cautivos cristianos [202, *a*, 110]. Un religioso de la orden de la Merced, san Pedro Pascual, obispo de Jaén desde 1296, fue capturado por súbditos del sultán naṣrí mientras ejercía su ministerio en Arjona en 1297. En Granada, ciudad donde fue conducido, se dedicó a aliviar los sufrimientos de sus compañeros de cautiverio y a avivar su vacilante fe. Irritados por sus predicaciones, los musulmanes le decapitaron en el año 1300 (356, 789). En 1371, Pedro el Ceremonioso envió al sultán de Granada Muḥammad V a dos hermanos de la orden de la Merced, su vicario Montflorit y el comendador de Perpiñán, con el fin de rescatar a cautivos cristianos.[46] Dos años más tarde recomendó al rey de Granada al hermano de Isern Burgunyó, comendador de la orden de la Merced en Tolosa [197 *a*, n. 174, 112]. En 1447, después de la incursión granadina contra Cieza, en tierras murcianas, la población masculina de la pequeña ciudad fue trasladada a Granada. Dos religiosos de Nuestra Señora de Guadalupe, portadores de sumas reunidas para el rescate de los cautivos, consiguieron llevarse a 50 habitantes de Cieza a Extremadura [335 *a*, 96]. Los rescates efectuados por los mercedarios en Granada entre 1218 y 1492 fueron compendiados en el siglo XVIII por fray Fernando del Olmo; solo recordaremos aquí algunos episodios. En 1462, fray Cristóbal Solís y fray Alonso Perero rescataron en Granada a 186 cristianos; en 1478, 56 cautivos recobraron la libertad, y se pagó el rescate de otros 120 en 1482. Dos misioneros redentores, Juan de Zaragoza y Juan de Hueza, volvieron a tierras naṣríes, donde fueron martirizados.[47]

En las provincias castellanas limítrofes con el reino de Granada se crearon en el siglo XIII organizaciones de «redentores» para rescates colectivos, claramente inspiradas en la institución hispanomusulmana de la época califal que hemos mencionado antes. Según la definición formulada en tiempos de Alfonso el Sabio en el *Código de las Siete Partidas*, los *alhaqueques* o *alfaqueques* (del árabe *al-fakkāk*) eran hombres buenos que prestaban juramento para poder negociar los rescates de cautivos. Para llevar a cabo esta obra pía se les exigía una perfecta honorabilidad y una situación financiera que les pusiera a salvo de cualquier posible corrupción.[48] Estos mediadores legales, reconocidos por ambas partes, celebraban entrevistas con sus homólogos musulmanes, por lo que debían dominar la lengua árabe. Juan de Mata Carriazo ha hallado la primera mención de estos *alhaqueques* en Castilla, en el año 1371, y en tierras murcianas. A menudo, se elegía para esta función a musulmanes convertidos *(moros tornadizos)*, renegados cristianos *(elches)*, intérpretes *(trujamán*, del árabe *turŷumān)*, así como a judíos, debido a su bilingüismo [417, X/1, 1961, 103]. Por tanto, las disposiciones teóricas de la legislación de Alfonso X se habían flexibilizado de forma notable. Los archivos españoles demuestran que la institución de los «redentores» *(exeas)*, designados por el soberano y juramentados, apareció en Aragón en el siglo XIII. Su tarea consistía o bien en actuar como intermediarios entre las familias de cautivos y los musulmanes que los tenían prisioneros, o bien en tratar directamente con los cautivos a los que adelantaban el rescate; más adelante, este les era íntegramente devuelto. Por otra parte, los redentores percibían unos derechos por estas transacciones [325 bis, 155 ss.] Los monarcas aragoneses escribieron en varias ocasiones a los soberanos naṣríes para pedirles que los *exeas* o los *alfaqueches* gozaran de plena libertad en territorio del emirato granadino.[49]

Durante los siglos XIV y XV, la actividad de los redentores experimentó un nuevo auge. Los *alfaqueques* castellanos no eran negociantes sino que rescataban a los cautivos cristianos con la ayuda financiera de las ciudades del reino de Castilla. El *alfaqueque* Berenguer Sañana salió de Murcia en 1375 para tratar con los gobernadores naṣríes de Vera y Vélez; para que pudiera desplazarse libremente, el rey de Granada le envió un salvoconducto.[50] Durante la minoría de Juan II y tras la toma de Antequera por los cristianos, Diego Fernández de Córdoba, enviado del regente de Castilla Fernando, firmó la tregua de 1410 con el embajador naṣrí Sa'd al-Amīn, *alfaqueque* mayor de Granada [391, XIII, 1948, 65-70]. Emisario del Concejo de Jaén en 1479, Martín de Lara, *alhaqueque* cristiano, viajó a Granada varias veces para entrevistarse con el *fakkāk* de esta ciudad, Hamete. Un granadino fijó el rescate de su cautivo cristiano en 34 doblas [418, LXI/1, 1956, 39; 417, IV, 1955, 81-125]. En 1476, Fernando e Isabel invistieron a Fernando Arias, conde de Saavedra y mariscal de Castilla, con las funciones de *alhaqueque* mayor; formó parte del Concejo de Sevilla, nombró a sus subordinados (*alhaqueques* menores) y se ocupó de todos los litigios relativos a los rescates de cautivos. La institución fue desapareciendo en el transcurso de la guerra de Granada y, sobre todo, después de la caída de Ronda.[51]

b) Los judíos

Los cronistas árabes se hicieron eco del apoyo activo que los judíos del sur de España, oprimidos por los visigodos, prestaron a los musulmanes durante la conquista [277, I, 22-23, 80]. En la primera parte del siglo VIII, los invasores musulmanes confiaron a los judíos de Granada, establecidos allí desde la época de los romanos, la vigilancia de la ciudad, mientras ellos proseguían su avance.[52] En el transcurso del siglo VIII se permitió a los judíos de al-Andalus, al igual que a los mozárabes, el libre ejercicio de su culto, aunque estuvieron sujetos al pago de los impuestos especiales que recaían sobre los tributarios o *ḏimmíes*. Según parece, al principio solo se convirtió al Islam un pequeño número de judíos procedentes de comunidades establecidas en la Península de antiguo; en cualquier caso, los judíos de la España musulmana adoptaron muy pronto la lengua árabe, al tiempo que el romance. En el siglo X eran tan numerosos en Granada que el cronista al-Rāzī llamó a la ciudad *Ġarnāṭat al-Yahūd*, la Granada de los judíos [74, 67; 71, 233-234/30].

En tiempos de los zīríes, los judíos constituyeron un importante núcleo de población en Granada y desempeñaron un papel fundamental en la vida política de la taifa gracias a dos poderosos visires judíos, Samuel Ibn Naġrālla (m. en 448/1056-57) y su hijo José. La reacción antijudía desembocó en el asesinato de José en el año 459/1066; en el transcurso de la matanza perecieron cuatro mil judíos.[53]

La populosa aldea de Lucena era ya en tiempos de los omeyas y en el período de las taifas la metrópoli del judaísmo andaluz después de Córdoba, y uno de los centros más prósperos del comercio judío hacia la cuenca occidental del Mediterráneo a través del puerto, relativamente cercano, de Almería.[54] Cuando Yūsuf b. Tāšfīn intentó obligar a los judíos de al-Andalus a convertirse al Islam en masa, la comunidad judía de Lucena consiguió alejar el peligro pagando al almorávide una considerable suma de dinero. En 1148, los almohades se apoderaron de Lucena y persiguieron implacablemente a los judíos, hechos que inspiraron una emotiva alegría al poeta hispanohebraico Abraham b. ʿEzra.[55] Muchos judíos de Andalucía no hallaron más alternativa que refugiarse en tierras cristianas, sobre todo en Castilla, Cataluña, Portugal y Francia.[56]

En el año 557/1162, los judíos de Granada, convertidos al Islam por la fuerza en tiempo de los almorávides, intentaron oponerse a la preponderancia de los almohades. Apoyaron a Ibn Hamušku, lugarteniente y suegro de Ibn Mardanīš, señor de Murcia y Valencia (El Rey Lope o Lobo de las crónicas cristianas), que sorprendió a la guarnición almohade en ausencia del gobernador Abū Saʿīd, hijo del califa almohade ʿAbd al-Mu'min. Pero la insurrección fue aplastada y, después de poner en fuga a Ibn Hamušku, los almohades volvieron a tomar Granada y mataron a gran número de judíos [192^3, I, 364-388; 186, 316-319; 391, V,

1936, 162-164]. Según Ibn ʻIḏārī, en el año 595/1199, el califa almohade Yaʻqūb al-Manṣūr obligó a los judíos de su imperio a llevar indumentarias especiales, de color azul, para diferenciarlos de los musulmanes [37³, III, 205].

Tenemos escasa documentación acerca de los judíos del reino naṣrí. Su condición jurídica correspondía a la de las Gentes del Libro, los *ḏimmīs*, a los que el Islam concedía protección; estaban sometidos a ciertas obligaciones, tanto indumentarias como fiscales, que aparecen recogidas en las crónicas hispanomusulmanas. Ibn Saʻīd atestigua la adopción de un vestido especial en el siglo XIII; en su época, los judíos estaban obligados a llevar un gorro amarillo en vez del turbante, como sus correligionarios de Egipto [77¹, I, 208 y III, 113]. Ibn al-Jaṭīb relata que el sultán Abū l-Walīd Ismāʻīl I obligó a los judíos del emirato granadino a llevar un signo distintivo cuya naturaleza no precisa, y un vestido que les diferenciaba de los musulmanes [46-71]. Esta medida, adoptada entre 1314 y 1325 para forzar a los judíos a pagar el tributo legal obligatorio, siguió vigente a lo largo del siglo XIV, ya que el gran *qāḍī* Ibn al-Ḥasan al-Nubāhī señalaba que durante el reinado del nieto de Ismāʻīl I, Muḥammad V, los judíos de al-Andalus llevaban un distintivo amarillo [80, 145 n. 4]. A pesar de estas prohibiciones, Muḥammad V mostró, en suma, una actitud benevolente hacia los judíos y respetó a los de Castilla en el transcurso de sus incursiones fronterizas. Después de asolar Jaén en 1367, volvió a su emirato con 300 familias judías, evitando así que corrieran la misma suerte que sus correligionarios caídos en manos de su enemigo, Enrique de Trastamara [420, XV, 1925, 65; 382 *b*]. En 1391, las matanzas de judíos en Sevilla provocaron en la España cristiana una oleada de persecuciones que se extendió desde Castilla hasta Cataluña y las Baleares. Los judíos que pudieron escapar encontraron asilo en la Granada de Muḥammad V. Los datos referentes al siglo XV son escasos. Cabe preguntarse si en la Andalucía agonizante, los tributarios estaban obligados a llevar una insignia que les distinguiese de los musulmanes, quizá una pieza de tela *(šukla* o *šikla)* para los hombres y una campanilla *(ŷulŷul)* para las mujeres. ¿Les estaba prohibido montar a caballo? [57] ¿Fue tomada al pie de la letra esta prohibición tradicional, enunciada en los tratados de *ḥisba*? Los textos ofrecen escasas precisiones acerca del tema. Sea como fuere, los judíos de Granada decidieron renunciar a los vestidos de seda después de una revuelta acaecida en la capital naṣrí en el último cuarto del siglo XV; también se abstuvieron de montar a caballo.[58]

No pretendemos esbozar aquí un cuadro completo de las comunidades judías de la España musulmana [141]. En las ciudades de cierta importancia, los judíos estaban agrupados en barrios separados de la aglomeración musulmana [391, XIX/1, 1954, 189-197]. Así, en Toledo vivían en la «ciudad de los judíos» *(Madīnat al-Yahūd)*, que, al parecer, fue cercada en el año 204/280 por Muhāŷir Ibn Qātil, quien se había sublevado contra la autoridad omeya [277, III, 228]. Es probable que el emplazamiento de este barrio fuera el mismo que el de la importante judería toledana que se extendía desde la actual iglesia de Santo Tomé y las inmediaciones de San Román hasta el Tajo. Esta judería estaba comunicada con el resto de la ciudad por varias puertas y con el exterior por la Puerta de los Judíos *(Bāb al-Yahūd)*, en el lugar donde se encuentra en la actualidad la Puerta del Cambrón. En Córdoba, todo parece indicar que los judíos, hasta el momento de su expulsión, ocuparon siempre el barrio situado entre la Calle Mayor del Puente, el Alcázar califal y el muro occidental de la *madīna*. Este barrio se llama todavía hoy Judería. Es posible que hubiera otro barrio judío, además del próximo al palacio califal, como sugiere el nombre de una puerta abierta al norte del recinto cordobés, *Bāb al-Yahūd* [277, III, 228]. En Lucena, al final del período almorávide, los judíos acomodados residían, según testimonio del viajero al-Idrīsī, en un barrio protegido por una muralla y bien surtido de agua [67, 191/231]. En la muralla de Zaragoza había también una puerta de los judíos, cuyo emplazamiento resulta difícil de determinar. En Tudela, la ciudad reconquistada por Alfonso el Batallador, en 1119, la judería ocupaba el ángulo sureste del recinto murado. Cuando Jaime el Conquistador entró en Mallorca en 1229, la judería se extendía hacia la parte occidental de la ciudadela, la Almudayna [330, II, 324-325]. En la época musulmana, la judería de Valencia se encontraba en pleno corazón de la ciudad, en el lugar donde se edificó la iglesia de Santa Catalina [391, XIX/1, 1954, 193-194].

El trazado de estos barrios judíos era semejante al del resto del conjunto urbano musulmán: calles muy estrechas *(darb)*, callejones sin salida, casas pequeñas agrupadas en torno a plazoletas. También solían contar con un establecimiento de baños públicos *(ḥammām)*. En Toledo, los baños estaban en plena judería, cerca de la sinagoga de Santa María la Blanca. En Baza, todavía se conservaba en 1947 el *ḥammām* de la judería en el barrio de Santiago [391, XII, 1947, 151-155]. En 1404, el barrio judío de Málaga fue visitado por los marinos castellanos de Pere Niño que guerreaban contra los corsarios en el Mediterráneo, y aprovecharon una tregua con el naṣrí para hacer un alto en el litoral andaluz [110[1], 109]. Es probable que los judíos de Málaga vivieran hacia el este de la ciudad, puesto que sabemos que el cementerio judío se extendía por las pendientes del Gibralfaro [123, V, 302]. En la capital del reino naṣrí, los judíos ocuparon hasta junio de 1492, fecha de su expulsión por los Reyes Católicos, la parte central del barrio de Antequeruela, situado entre la actual Puerta Real y las Torres Bermejas. Fernando el Católico mandó demoler la judería de Granada para levantar en su emplazamiento un hospital y una iglesia consagrada a la Virgen, cuyas bóvedas estaban ya construidas cuando Jerónimo Münzer visitó la ciudad en

1494 [309², 44]. También vivían judíos en otros suburbios de Granada, y sobre todo en el Albaicín, si nos atenemos a las cláusulas de las capitulaciones firmadas en Sante Fe.[59] Los judíos se concentraban en la Alpujarra hasta Almería, donde existía una comunidad judía mencionada en el Repartimiento de esta ciudad [250, 35]. No parece que hubiera judíos hacia el interior del país, a excepción de Baza y Guadix, ciudades que cobijaban a algunas familias.[60] Hubo, sin duda, una comunidad judía de poca importancia en Ronda [417, III, 1954, doc. n. 1]. En general, tanto en el reino de Granada como en la alta Edad Media andaluza, la población judía estaba concentrada en lugares elevados por razones de seguridad.

Tenemos algunas indicaciones acerca del número de judíos que habitaban en la España musulmana a mediados del siglo XI. Calculando el número de habitantes según el método expuesto por Leopoldo Torres Balbás, o sea 5 o 6 personas por hogar, E. Ashtor corrigió las estimaciones de I. F. Baer, concluyendo que había un total de 50 000 a 55 000 judíos en la península Ibérica, de los cuales 10 000 vivían en al-Andalus y una elevada proporción (20 %) en la Granada zīrí. En lo que al reino naṣrí se refiere, J. Münzer afirmaba que 20 000 judíos vivían en la judería antes de la caída de Granada en 1492. Esta estimación parece errónea, ya que en esa fecha había en Granada 110 hogares judíos [254, 335], es decir, 550 personas. En Málaga, en 1487, los cristianos hicieron prisioneros a 450 judíos de ambos sexos.[61] Cuando los castellanos entraron en Vélez Málaga en 1487, quedaban 50 hombres y cinco viudas judíos [111, 373]. A estas personas, habría que añadir algunas familias diseminadas por el resto del reino de Granada. Es probable que el número total de judíos en al-Andalus a finales del siglo XV se elevara a un millar de personas aproximadamente, es decir, una proporción pequeña en relación a la población musulmana del emirato. Algunos meses más tarde entraba en vigor el edicto de expulsión, firmado por Fernando e Isabel el 30 de marzo de 1492 en la Alhambra recién conquistada. El 29 de junio de 1492, todos aquellos judíos de España que rehusaran convertirse al cristianismo debían emprender el camino del exilio.

Estamos mal informados acerca de las relaciones de los judíos de al-Andalus con el poder central. La autoridad omeya les permitía el libre ejercicio de su culto en las sinagogas *(šunūğa)*, a cuyo beneficio podían constituirse bienes de manos muertas *(waqf)* [277, III, 230]. Cada comunidad judía designaba entre sus miembros a un jefe *(nasī)*, responsable de su conducta ante el soberano musulmán, el equivalente, en suma, al *comes* mozárabe. En tiempos de ʻAbd al-Raḥmān III y de su hijo al-Ḥakam II, este cargo fue desempeñado por el célebre dignatario de la corte omeya Ḥasdāy Ibn Šaprūt, originario de Jaén [409, III, 266]. En la Granada zīrí, el jefe del consejo de la comunidad era el famoso visir Samuel Ben Nagrālla; su hijo José se atribuyó el título de *nāŷīd* (príncipe de los judíos) que había caído más o menos en desuso [236, 41]. Había judíos en Jaén y recaudadores de impuestos *('ummāl)* judíos en Granada. 'Abd Allāh relata en sus *Memorias* que, durante su reinado, los judíos de Lucena se sublevaron contra el *amīn* de la población, Ibn Maymūn, nombrado por el emir, y que oprimía a sus correligionarios. Consiguieron que el soberano zīrí suprimiera la *taqwiya*, contribución excepcional que consistía en una fuerte suma de oro y que no aparecía en su derecho consuetudinario; su jefe fue detenido [236, 115]. Las fuentes árabes no son nada explícitas acerca de la vida privada de las comunidades judías durante los períodos siguientes de la historia de al-Andalus.[62] En lo relativo a litigios entre judíos, una consulta jurídica del siglo x transmitida por al-Wanšarīsī en su *Mi'yār*, nos informa que, conforme a la costumbre de al-Andalus, si una de las partes se acogía a la justicia musulmana, y la otra a la de los jueces judíos, debían comparecer ante estos últimos. Otro *muftī* opinaba que en un litigio entre tributarios, estos debían ser juzgados de oficio, aplicando la ley musulmana si existían abusos e injusticias que no contemplara la ley religiosa judía. En caso contrario, había que remitir a los tributarios a sus propios correligionarios [241, 117].

Los judíos españoles manifestaron desde fecha temprana su inclinación por el ejercicio de la medicina. Las dotes médicas de Ḥasdāy, junto con su talento diplomático, le permitieron curar al príncipe leonés Sancho I, obeso y deforme [277, II, 71]. Maimónides (Ibn Maymūn) se formó en Córdoba y fue famoso como facultativo en Oriente. Su obra médica fue divulgada, tanto en caracteres árabes como hebraicos, por copistas no judíos [409, III, 900-902]. Los soberanos de Castilla y Aragón tuvieron a su servicio a médicos judíos. En tiempos de los naṣríes, el hábil médico judío de Muḥammad V, Ibrāhīm b. Zarzār, atrajo a numerosos discípulos; su saber y competencia provocaron la envidia del facultativo de Granada Muḥammad al-Lajmī al-Šaqūrī, autor de una obra de polémica antijudía llamada *Qam' al-Yahūdī 'an ta'addī l-ḥudūd.*[63] Debido a su fama, Ibn Zarzār fue llamado a la corte de Fez en 1358 para tratar al sultán Abū 'Inān. Después del golpe de estado que provocó el exilio de Muḥammad V en Marruecos en 1359, Ibn Zarzār se refugió en Castilla, en la corte de Pedro I [42, 85]. No regresaría a Granada hasta 1363, fecha en que el soberano castellano le mandó al frente de una embajada ante Muḥammad V. Con tal motivo, visitó a Ibn al-Jaṭīb [45^{6}, I, 62]. En 1465, el egipcio 'Abd al-Bāsiṭ, de paso por la Berbería oriental, encontró allí entre los emigrados andaluces al famoso médico judío de Málaga Mošēh b. Šemu'ēl b. Yehūdah, quien sin duda había buscado refugio entre los ḥafṣíes [269, 309]. Isaac Hāmōn, miembro de una eminente familia de letrados judíos de la capital naṣrí, médico privado de Abu l-Ḥasan en 1475, gozaba de enorme prestigio entre la población musulmana.[64]

Los judíos de al-Andalus también vivieron del producto de su actividad económica. Al igual que sus correligionarios de la España cristiana, jugaron el papel de intermediarios en los intercambios comerciales y emprendieron desde el siglo XI largos viajes por la Europa cristiana, y también por el Oriente musulmán. En el siglo XI, y sobre todo en el XII, mantuvieron relaciones económicas con sus hermanos del Maġrib y de Egipto, como lo atestiguan los documentos de la Geniza de El Cairo [213; 214]. A menudo ejercieron oficios manuales: carpinteros en tiempos de las taifas [321, 266], artesanos de la seda, orfebres en la Alpujarra a finales del siglo XV [254, 338]. J. Heers ha demostrado que, a mediados del siglo XV, los judíos del reino de Granada asumieron el papel de intermediarios entre los grandes mercaderes genoveses que traficaban en el emirato y la población local [229, 104]. Entre los nombres de deudores judíos anotados en un registro genovés de 1455 editado por G. Airaldi, aparecen mencionados varios miembros de la familia Lascar, originaria de Granada: Moisé, Juda, Yusuf Lascar, así como Yusuf Pordumil, Isaac Abocar, Abraham Pocolat [131, 38, 40-44]. Algunos mantuvieron contactos con los genoveses durante diez años como mínimo [229, 104].

Por su conocimiento de la lengua árabe, los judíos de al-Andalus, al igual que sus correligionarios de la España cristiana, pudieron ejercer funciones de intérprete.[65] Un tal Ysrael de Ronda actuó como *trujaman de aravigo* en las negociaciones que concluyeron con la capitulación de la ciudad, en 1485 [417, III, 1954, doc. 1, 27]. Ysaque Perdoniel y su yerno Yuda fueron los intérpretes de Boabdil [254, 338].

Las crónicas árabes y las fuentes hispanohebraicas arrojan cierta luz sobre el foco cultural judío que albergó la España musulmana. Ḥasdāy, que poseía una amplia cultura, tradujo del latín al árabe —sobre la versión del texto original realizada por el monje Nicolás— el tratado de medicina de Dioscórides que el emperador de Bizancio Constantino VII había enviado en el año 951 a ʻAbd al-Raḥmān III. Una serie de poemas hebraicos dan fe de sus contactos con los judíos de España, de Oriente, de la Italia bizantina, de Toulouse y del reino de los jázaros. Gracias a su labor, Córdoba se convirtió en un activo foco de estudios talmúdicos; este mecenas protegió a dos poetas judeoespañoles de lengua hebraica, Menaḥem Ibn Sarūk de Tortosa y Dunaš Ibn Labrat. Al parecer, este último conseguiría que sus contemporáneos adoptaran la métrica árabe para la poesía hebraica.

La cultura árabe de los judíos de al-Andalus se reafirmó en el siglo XI. Además del hebreo, lengua culta y litúrgica, conocían el árabe y el romance (*al-rūmiyya*) [277, , 81, n. 1]. Los Banū Naġrālla fueron muy versados en las buenas letras árabes, y según los historiadores árabes, su magnífica biblioteca de Granada contenía todas las disciplinas islámicas

[236, 79]. Donde mejor se patentiza la simbiosis judeoarábiga es en los escritos de tres maestros de la poesía hispanohebraica: Salomon Ibn Gabirol, Mošé Ibn 'Ezra y Yehūdāh Ha-Levi. Lucena fue, hasta la llegada de los almohades, un famoso centro de estudios judíos que encontraría digno sucesor en la academia talmúdica de Toledo [417, IX/2, 1960, 81-98; 417, XI/2, 1962, 121-142].

Entre los judíos del emirato naṣrí encontramos a letrados como Abraham Gavison, autor de la crónica *'Omer ha-Sikšah,* [221 *b*, VIII, 326-327] y cuya familia, originaria de Sevilla, se había refugiado en Granada en 1391; también había grandes especialistas en liturgia, como los dos malagueños Abraham b. Me'ir Abī Simra y Ḥayyim Ibn Asmeliṣ.[66] Este último viajó a Argel en la primera mitad del siglo xv para consultar al célebre rabino Sim'on b. Ṣemaḥ b. Duran, de origen mallorquín [200 *a*, 100].

Conocemos las reglas de la comunidad judía de Málaga gracias a los *Responsa* de los famosos talmudistas de Argel, de reconocida autoridad entre sus correligionarios de la España musulmana. Tomaremos como ejemplo el examen de algunas obligaciones resultantes del contrato de matrimonio *(ketūbah)*, que como sabemos, variaban de una comunidad a otra. En Málaga, cuando el marido moría, la esposa tenía derecho a la mitad del total legado por su esposo en la *ketūbah* y los hijos a la otra mitad. Sin embargo, los bienes adquiridos por la mujer después del matrimonio, aunque estuvieran a nombre de los dos, le eran devueltos íntegramente. Cuando el primero en morir era la esposa, los hijos no heredaban la fracción de los bienes de su pertenencia personal. Tanto los rabinos de Málaga como los de Argel intentaban proteger los derechos de los hijos, al tiempo que evitaban perjudicar al esposo [200 *a*, 87].

Después de la instauración de la Inquisición en los Estados de la Corona de Castilla en 1481, el éxito de judíos y marranos hacia territorio naṣrí presentó una serie de delicados problemas. Uno de ellos se deduce de una consulta de Sa'dyāh Ibn Danān,[67] gran rabino de Granada, planteada por los notables de la comunidad judía de Málaga.[68] En este caso concreto, se trataba de un marrano perteneciente a la tercera o cuarta generación de judíos convertidos al cristianismo como consecuencia de las persecuciones de 1391. Refugiado en Málaga en 1481 y convertido al judaísmo, se había casado por la ley judía con una mujer de la comunidad local y había muerto sin dejar descendencia. Sus hermanos, que seguían en Castilla, eran cristianos. Los notables de Málaga preguntaban lo siguiente: ¿estaba obligada la viuda sin hijos del marrano arrepentido a casarse, según la ley de Moisés, con su cuñado aunque este fuera un converso? ¿Debía considerarse a estos conversos como malos judíos o como auténticos cristianos? ¿Debían de incluirse entre los apóstatas (*mešūmadīm*)? Sa'dyāh opinaba que esta mujer estaba sometida efectivamente al levirato y luego a la ceremonia de *ḥalīṣa* que la liberaba de tal condición, y ello aunque el hermano del difunto fuese un converso. El *responsum* del Gran Rabino de Granada era una vibrante defensa de los marranos, convertidos a su pesar. Algunos practicaban la religión judía en secreto, lo que era muy encomiable en tierras cristianas. Sa'dyāh se apoyaba en la tradición judía *(ḥalakhah)*,[69] basando su argumentación en ejemplos históricos extraídos en su mayoría del *Libro de los Reyes*. Más aún, reivindicaba para los marranos la condición de miembros de la comunidad judía y recomendaba que se les considerara no como extranjeros sino como hermanos.[70] Su indulgencia se fundaba en el drama cotidiano en que vivían los marranos, vejados, recelados y acosados por los inquisidores castellanos. Así pues, en las acogedoras tierras del reino de Granada se encontraban al abrigo de cualquier persecución. Si tenemos en cuenta la severa condena pronunciada ochenta años antes por el Gran Rabino de Argel, Yiṣḥāq bar Šešet Perfet, originario de Valencia, contra los marranos, a los que acusaba de no haber abandonado el suelo español, podemos valorar la evolución, dictada por las circunstancias, que experimentaron las autoridades judías religiosas a fines del siglo XV en relación a los marranos [309 bis, 22-29, 54-65].

1.2. DISTRIBUCIÓN DE LA POBLACIÓN HISPANOMUSULMANA

Después de pasar revista a los componentes de la población hispanomusulmana, no nos arriesgaremos a una evaluación numérica precisa de la misma en las distintas etapas que jalonan la historia de la España musulmana. Debido a la falta de un mínimo indispensable de datos estadísticos y al laconismo de las fuentes árabes, nos mantendremos dentro de la más elemental prudencia. Tampoco las fuentes cristianas nos permiten disipar la oscuridad reinante en cuanto a la demografía de al-Andalus. Los historiógrafos cortesanos que cantaron las hazañas de los soberanos cristianos y de los nobles a su servicio tendieron a exagerar la cifra de adversarios musulmanes para resaltar el heroísmo de sus correligionarios. Resultan más seguros y dignos de crédito los documentos españoles contemporáneos de los últimos tiempos de la Reconquista o inmediatamente posteriores a ella. Algunos de los Repartimientos establecidos por los agentes de la administración real —a medida que capitulaban las ciudades andaluzas— con el fin de distribuir entre los cristianos, por medio de *donadíos*, los bienes inmuebles de los musulmanes vencidos, han sido estudiados desde hace veinticinco años por eminentes historiadores e investigadores españoles. En la actualidad se ha reanudado el interés por su publicación.[71] Pero, por desgracia, estas cartas de poblamiento, si bien resultan de utilidad, no están completas, ya que en la mayoría de los casos hacen referencia a centros urbanos de alguna importancia, sin que por ello resulte fácil extraer datos demográficos de ciertos Repartimientos, como por ejemplo el de Sevilla. En lo que se refiere al reino naṣrí, solo aluden al siglo xv, a partir de la toma de Antequera en 1410.

En lo que atañe a las zonas rurales, los recuentos son escasos y fragmentarios. Si tenemos en cuenta la frecuencia de las guerras, la recurrencia de las epidemias de peste, las migraciones de las poblaciones sobre todo a partir del siglo xv, cualquier evaluación de conjunto resulta especialmente difícil, por no decir imposible.

Sin embargo, daremos cuenta de la sagaz investigación de Leopoldo Torres Balbás basada en el examen topográfico de los núcleos urbanos de poblamiento y en el estudio de la superficie urbana. La fijación de la superficie media de las casas musulmanas exhumadas por él en Málaga condujeron al erudito arquitecto a concluir que cada fuego contaba con cinco o seis personas. Basándonos en el método de Torres Balbás, daremos una serie de evaluaciones, por lo demás aproximadas, sobre algunas de las metrópolis de al-Andalus a partir del siglo xi, con la excepción de la ciudad de Córdoba, a la que no puede aplicarse dicho método [426, III, 1955, 39-59; 371, I, 93-104].

En tiempos del Eslavon Jayrān (muerto en el año 419/1028), Almería se extendía sobre una superficie de 79 hectáreas y contaba con una población de 27 000 habitantes. Al morir Bādīs en el año 467/1075, el recinto de la Granada zīrí abarcaba una superficie de 75 hectáreas sobre las cuales se hallaban repartidos 26 000 habitantes. A finales del siglo xi y a principios del siguiente, la ciudad de Málaga se extendía sobre 37 hectáreas y su población se elevaba a 15 000 almas.

A principios del siglo xi, Toledo alcanzaba una superficie de 106 hectáreas en las que moraban 37 000 personas. En el interior del recinto de Zaragoza, cuyas murallas habían sido construidas en el siglo x sobre restos romanos, 17 000 habitantes se repartían entre las 47 hectáreas de la ciudad cuando, en 1118, esta fue tomada por Alfonso el Batallador. Durante la primera parte del siglo xii, las murallas de Sevilla erigidas por los almorávides, rodeaban 187 hectáreas, donde moraban 83 000 almas. En la segunda mitad del siglo xii, los almohades construyeron las murallas de Badajoz, Écija y Jerez de la Frontera. En la primera de dichas ciudades, 26 000 personas ocupaban 75 hectáreas; en la segunda, 18 000 habitantes se distribuían entre sus 56 hectáreas, y en Jerez, 16 000 almas poblaban 46 hectáreas. En Valencia había 15 650 habitantes distribuidos entre 44 hectáreas, y en Mallorca, 25 000 habitantes sobre una extensión de 90 hectáreas, es decir, el emplazamiento de la futura ciudad de Palma. A finales del siglo xi y a principios del xii había, por tanto, y según los cálculos de Torres Balbás, nueve ciudades como mínimo (Córdoba, Sevilla, Toledo, Almería, Granada, Mallorca, Zaragoza, Málaga y Valencia), cuyo recinto comprendía más de 40 hectáreas y cuya población superaba los 15 000 habitantes. Se han comparado estas cifras con los grandes núcleos urbanos de la Europa medieval de la misma época: en Flandes, Gante y Brujas abarcaban una superficie de 40 hectáreas, al igual que Douai e Ypres. Las ciudades francesas de Reims, París y Ruán ocupaban unas 20 hectáreas aproximadamente y Soissons alcanzaba apenas una superficie de 10 hectáreas. Carecemos de datos relativos a las ciudades italianas, pero se acepta por lo general que no alcanzaron su pleno desarrollo hasta el siglo XIII.[71bis]

En lo que se refiere a las aglomeraciones del reino de Granada, cuando los castellanos entraron en Antequera, en 1410, había 367 viviendas, es decir, a razón de seis personas por fuego, 2200 habitantes. Alhama tenía 3700 almas cuando las tropas del marqués de Cádiz pusieron fin a la resistencia musulmana. Las 1500 casas de Loja daban albergue a una población de 8000 habitantes.[72] Según parece, la población de Málaga se elevó a más de 15 000 almas. Vélez Málaga englobaba en su núcleo central 542 casas, y 104 en el arrabal;[73] así pues, estas 646 casas estuvieron habitadas por unas 3200 personas aproximadamente. Almería, ciudad tan poblada a principios del siglo XII, solo tenía 5000 habitantes en vísperas de su capitulación [391, XXII, 1957/2 452]. En Casarabonela, situada sobre el valle de Cártama, a 45 kilómetros de Málaga, el número de habitantes musulmanes apenas superaba las 400 almas en junio de 1485, cuando se rindió la plaza [152 *c*, 31-32].

1.3. EL MARCO URBANO

La multiplicidad de centros urbanos y de grandes aglomeraciones en la España musulmana había causado una viva impresión en los viajeros árabes desde la alta Edad Media. No obstante, la brevedad de sus indicaciones, unida a las profundas transformaciones que, desde finales del siglo XV, sufrió la fisonomía de las ciudades reconquistadas por la cristiandad, nos impiden, por el momento, reconstruir la topografía de las metrópolis de al-Andalus. Así pues, presentaremos, además de algunas consideraciones generales sobre la configuración de las ciudades hispanomusulmanas y sobre su crecimiento, un estudio de las tres que nos parecen más representativas: la Córdoba califal, la Sevilla almohade y la Granada naṣrí.

Se ha señalado ya en varias ocasiones la prosperidad de las ciudades de al-Andalus en la alta Edad Media [175; 371, I, 105-106]. Desde finales del siglo VIII, las relaciones comerciales e intelectuales, basadas en la comunidad de idioma, de religión y de civilización, unieron la España musulmana y el Oriente mediterráneo. El Occidente cristiano atravesaba por entonces una fase de decadencia como consecuencia de la extinción de la antorcha del Imperio romano; el comercio declinaba, las ciudades se despoblaban y se convertían en centros religiosos y políticos de aspecto semirrural. La economía de tipo agrario simbolizó la decadencia de la vida urbana, especialmente desde el siglo VIII hasta el X. En el proceso de decadencia general del período carolingio, fueron una excepción las metrópolis de al-Andalus, que ya apuntaban hacia su etapa de apogeo total. Ciudades del llano, ciudades de la montaña, ciudadelas y puertos marítimos habían conservado después de la conquista arabigoberéber sus nombres íberos o latinos, ligeramente deformados en sus transcripciones árabes. Solo citaremos algunos ejemplos: Corduba *Qurṭuba*), Hispalis (*Išbīlīya*), Malaca (*Mālaqa*), Illiberris (*Ilbīra,* Elvira), Toletum *(Ṭulayṭula),* Emerita convertida en *Mārida* (Mérida), Valentia *(Balansiya,* Valencia), Caesaraugusta *(Saraqusṭa,* Zaragoza). Algunas ciudades recibieron un nombre puramente descriptivo, como «la isla verde» *(al-Ŷazīrat al-jaḍrā',* Algeciras), la «torre vigía» (Almería, o sea *al-Mariya*); en otros casos recibían el nombre de un personaje histórico, como la «península de Ṭarīf» (*Ŷazīrat Ṭarīf,* Tarifa) y la «montaña de Ṭāriq» (*Ŷabal Ṭarīq,* Gibraltar). Algunas poblaciones de Levante llevan todavía en la actualidad el nombre de las familias árabes o *muwallad* que las habitaron durante la Edad Media, como es el caso de Benicásim *(Banū Qāsim),* Benicarló *(Banū Qārlo).* La abundancia de topónimos árabes en la Vega de Granada y en la región montañosa de las Alpujarras, evoca todavía hoy la presencia de los musulmanes [277, III, 325-328].

Los componentes esenciales de las ciudades hispanomusulmanas se inspiraban en la tradición oriental. Tenían siempre un barrio central, el de los negocios, que se hallaba situado en las proximidades de la Gran Mezquita. En la periferia, una línea de murallas tenía sus correspondientes puertas. Las vías axiales que partían de estas puertas confluían en el núcleo de la ciudad *(madīna),* al que se unían otros barrios secundarios, donde vivía la mayoría de la población dedicada a la artesanía o a otras actividades. En las inmediaciones de la muralla, donde había más espacio libre, se levantaban magníficas viviendas, en que residían la aristocracia y los altos dignatarios del reino. Con frecuencia, la ciudad estaba superpoblada y entonces había que construir zonas de habitación suburbanas, que acababan por integrarse a la ciudad en sí y que obligaban a la edificación de una nueva muralla. Cada barrio nuevo, denominado arrabal *(rabaḍ),* formaba una entidad separada. Este proceso de crecimiento era originario del Oriente musulmán y algunas ciudades marroquíes de tradición andaluza son aún reflejo de este proceso. En el Occidente musulmán, la ciudad comprendía, además de la calle mayor *(sikka kubrā),* un entramado de calles secundarias de tortuoso trazado y que daban acceso a estrechas callejuelas (*darb,* de donde procede la voz *adarve*) que giraban bruscamente en ángulo recto y terminaban en callejones sin salida. Estas calles y callejas podían delimitar barrios o subarrios (*ḥarā* o, con el diminutivo romance, *harella*) que, por lo general, llevaban el nombre de una pequeña mezquita a la que acudían los habitantes para cumplir con sus devociones [391, XII, 1947, 164-193; 273, 43-78; 266].

Las áreas extramuros de las ciudades andaluzas incluían una gran explanada, *la šarī'a,* con una zona reservada al mercado semanal y otra zona, en la que se levantaba un *miḥrāb*, servía de oratorio al aire libre *(muṣallā)* con ocasión de las oraciones públicas. En las inmediaciones de esta explanada había alamedas en las que se daban cita paseantes y ociosos. Los ciudadanos iban a distraerse fuera de Córdoba; Sevilla contaba también con lugares de paseo en sus alrededores, que fueron cantados por los poetas andaluces [321, 130-140]. En Granada, «en la orilla derecha del Genil, extramuros, estaría la alameda de Mu'ammal *(Ḥawr Mu'ammal)*, plantada en los últimos años del siglo XI, bajo el dominio almorávide, por un antiguo liberto de Bādīs de ese nombre (m. en 492/1099)» [391, XV, 1950, 476]. Las *munyas* o casas de campo de los aristócratas andaluces, a veces estaban rodeadas de parques y de avenidas de almendros [321, 132]. Fuera de las puertas de la ciudad se hallaban situados los cementerios y las leproserías *(rabaḍ al-marḍā)*, que en la mayoría de los casos se beneficiaban de las rentas de alguna fundación piadosa [277, I, 188, III, 335].

1.3.1. CÓRDOBA CALIFAL

Cronistas y geógrafos árabes consagraron páginas ditirámbicas a la capital de los emires y de los califas omeyas de España. Así, al tratar de trasponer al plano de la Córdoba actual la toponimia cordobesa medieval, no siempre resulta fácil aprovechar los datos esporádicos que nos proporciona el examen de la historiografía árabe y de los compendios de biografías. Quedan sin embargo algunos hitos importantes: cerca del Guadalquivir, la Gran Mezquita (la *Mezquita Aljamá*) y el emplazamiento del Alcázar, en el extrarradio cordobés: el emplazamiento de la residencia omeya de al-Ruṣāfa, las ruinas de la época omeya de la Sahla y los restos de *Madīnat al-Zahrā'*. Si bien es posible reconstruir el trazado de la muralla de la Córdoba califal y de localizar aproximadamente las puertas de la ciudad, la tarea de los historiadores se ve complicada por las transformaciones sufridas por la ciudad a finales del siglo XIX y por los trabajos de urbanismo y de construcción de barrios nuevos llevados a cabo en el siglo XX. No obstante, los historiadores disponen, por suerte, de un plano de la ciudad realizado en 1811 [270, 294 n. 1].

E. Lévi-Provençal corrigió los cálculos, un poco exagerados, de los autores árabes medievales relativos al perímetro de la ciudad, y llegó a la conclusión de que la aglomeración alcanzó los 22,5 kilómetros. El censo de inmuebles ordenado por al-Manṣūr parece indicar que el número de habitantes de Córdoba, ciudad medieval particularmente extensa y floreciente, alcanzaba el millón, cifra que parece excesiva incluso teniendo en cuenta a los tributarios. Al reconstruir la historia de la Córdoba omeya, Ibn al-Jaṭīb no hace comentario alguno en cuanto a su población. Las estimaciones de Ramón Carande [175] y de Leopoldo Torres Balbás [369 *b*, 8] varían de medio millón de habitantes a 100 000 almas. Jaime Vicens Vives propuso la cifra de 250 000 habitantes a finales del siglo x [389, 101]. De momento, existen pocas posibilidades de evaluar con exactitud la población cordobesa del siglo x.

Tan solo el corazón de la aglomeración cordobesa, la *madīna,* correspondía al emplazamiento de la antigua capital de la Bética. Estaba rodeada de una muralla reconstruida en piedra calcárea procedente de la vecina Sierra. Fue objeto de varias restauraciones o de reconstrucciones parciales hasta la época almohade y todavía en la actualidad se reconocen algunos de sus vestigios. La muralla de Córdoba se extendía a ambos lados de la vía de acceso al puente romano sobre el Guadalquivir y seguía paralela a la orilla derecha del río. Luego, el trazado de la muralla se desviaba hacia el noroeste, se prolongaba en dirección oeste-este y volvía a descender hacia el ángulo sureste sobre el Guadalquivir. En opinión de E. Lévi-Provençal, la longitud total de la muralla cordobesa alcanzaba los cuatro kilómetros [182 *b*]. En el interior de este recinto, un eje de norte a sur servía de nexo entre al-Ruṣāfa y el puente del Guadalquivir.

La muralla de Córdoba tenía siete puertas [270, plano 206; 391, III, 1935, 143-151; 273, 45-78]. En las proximidades del Alcázar califal y de la Gran Mezquita, *Bāb al-Qanṭara* (la Puerta del Puente) daba acceso a la calzada *(raṣīf)* que corría paralela a la orilla del río y permitía la comunicación con la margen izquierda del Guadalquivir, Secunda y la Campiña. Este acceso se llamaba Puerta del Río *(Bāb al-Wādī)* o Puerta de Algeciras *(Bāb al-Ŷazīra),* porque, una vez atravesado el río, partían de allí las rutas hacia la Andalucía meridional. Una segunda puerta en el ángulo sureste del recinto, construida durante el reinado de al-Ḥakam II, llevaba el nombre de Puerta Nueva *(al-bāb al-ŷadīd).* Más al noreste, una tercera puerta, la Puerta de Toledo *(Bāb Ṭulayṭula)* o Puerta de Roma *(Bāb Rūmiya)* desembocaba en la antigua vía romana llamada Vía Augusta; después de la Reconquista, se la conoció durante mucho tiempo con el nombre de Puerta de Hierro. En 1903 existía todavía la cuarta puerta de la muralla de la *madīna,* la Puerta del Osario, que los autores árabes llamaban Puerta de León *(Bāb Liyūn)* y Puerta de Talavera *(Bāb Talabīra)* o Puerta de los Judíos *(Bāb al Yahūd)* o también Puerta de la Recta Dirección *(Bāb al-Hudā).* Daba acceso a la ruta de al-Ruṣāfa y también a la antigua necrópolis romana utilizada por los musulmanes y posiblemente por los judíos de Córdoba. En la cara oriental de la muralla se hallaban situadas las tres puertas restantes: del noreste al suroeste,

Bāb ʻĀmir, Bāb al-Ŷawz y la puerta de Sevilla o de los Especieros *(Bāb Išbīliya, Bāb al-ʻAṭṭārīn).* La Puerta de los Nogales correspondía a la actual Puerta de Almodóvar, cuyos cimientos son de época califal y cuya última restauración se remonta a 1802. Resulta difícil precisar si la Puerta de Sevilla de la época califal era la misma que la actual Puerta, que también parece de construcción musulmana. Se le daba también el nombre de *Bab al-ʻAṭṭārīn,* sin duda porque cerca de la puerta debió de existir un bazar de especias.

Es de suponer que la población cordobesa, apiñada en el interior del recinto romano, había empezado a desbordarlo a principios del emirato omeya, instalándose en barrios nuevos, situados entre la orilla derecha del río y la antigua calzada que partía de *Bāb Ṭulayṭula* en dirección hacia Alcolea. Este anexo oriental de la ciudad antigua se llamaba *al-Ŷānib al-Šarqī,* más tarde *Axerquia,* la actual Ajarquía, que ocupa aproximadamente la mitad de la Córdoba de nuestros días.

El barrio de los bazares de Córdoba se extendía desde el muro oriental de la Gran Mezquita, abarcando una profundidad variable. Este barrio también resultó en seguida demasiado pequeño. Los documentos cristianos posteriores a la Reconquista dan la situación exacta de la *Alcaicería* o *sūq* de telas, y en las inmediaciones de esta, diversas calles llevan el nombre de una categoría de oficio. En la Ajarquía, muchos nombres de calles parecen traducidos del árabe y evocan una actividad comercial. Los autores árabes han dejado constancia de los barrios de Córdoba; había tres barrios fuera de la Puerta de los Judíos, al norte de la *madīna.* El más alejado del centro de la ciudad había sido construido cerca de la residencia favorita de ʻAbd al-Raḥmān I, *al-Ruṣāfa.* Algo más lejos, el *Faḥṣ al-Surādiq* dominaba la llanura de Córdoba; allí era donde se reunían las tropas con motivo de las expediciones. El barrio del oeste, anexo populoso de Córdoba, contaba con nueve *rabāḍ*; uno de estos arrabales llevaba el nombre de *Rawḍa* y posiblemente estaba situado junto a la necrópolis omeya construida en el interior del Alcázar. Concubinas de príncipes omeyas o conocidos personajes erigieron oratorios en los barrios occidentales de Córdoba [277, III, 376].

El puente del Guadalquivir, cuya construcción es atribuida al emperador Augusto, mide 223 metros de longitud y su estrecho piso descansa sobre 16 arcos. Habiéndose hundido parcialmente durante la época visigoda, fue posteriormente restaurado en varias ocasiones por los musulmanes de España. Después de la Reconquista, fue consolidado en los siglos XVII y XVIII y posteriormente a finales del XIX y principios del XX, y por último en 1965.

A ambos lados de la cabeza del puente, por el lado de la *madīna,* se extendía la calzada de fábrica construida a lo largo de la orilla derecha del Guadalquivir, el *Raṣīf,* probablemente de origen romano o visigótico. Aguas abajo del puente, constituía un pasaje muy concurrido que conducía, por el borde mismo del río, a la explanada de *al-Muṣāra* y al principal oratorio *(muṣallā)* al aire libre de la capital [270, 223, n. 3]. Por la avenida se accedía asimismo a los molinos colocados sobre la presa del río. A orillas del Guadalquivir, una gran noria *(nā'ūra)* dio su nombre a una hermosa mansión de recreo construida en medio de un vergel, la *Munyat al-Nā'ūra*, residencia predilecta de los soberanos omeyas, antes de que 'Abd al-Raḥmān III hiciera construir *Madīnat al-Zahrā'*. Una vez franqueado el río más allá de la Puerta del Puente, sobre la orilla izquierda y en uno de los extremos del meandro que traza el Guadalquivir, se llegaba al arrabal de Secunda *(Šaqunda)*, el famoso *Rabāḍ*, arrasado por orden de al-Ḥakam I después de la revuelta del año 202/818, con la prohibición expresa de que se volviera a construir. Las casas edificadas por particulares a principios del siglo XI fueron demolidas por orden del califa Hišām II, en recuerdo de su lejano antepasado al-Ḥakam I. En las proximidades se hallaban también un segundo oratorio al aire libre y una residencia *(munya)* omeya, la *Munyat Naṣr*, en la que se alojó en el año 338/949 la delegación enviada a Córdoba por el emperador de Bizancio Constantino VII Porfirogeneta.

Otro palacio famoso, la *Munyat 'Aŷab*, en recuerdo de la concubina de al-Ḥakam I, se encontraba situado fuera del arrabal, en la margen izquierda del río. Estaba rodeado de una gran finca cuyas rentas se destinaban a la manuntención de los leprosos, que se hallaban agrupados en un barrio aislado situado en las afueras [277, III, 380-382].

Más adelante, al abordar el estudio del auge artístico de al-Andalus, trataremos de la Gran Mezquita de Córdoba.

1.3.2. SEVILLA ALMOHADE

En tiempos de los omeyas, la ciudad más próspera de al-Andalus, después de Córdoba, era Sevilla, que los autores arabigomusulmanes conocen con el nombre de *Išbīliya* [409, IV, 120-123]. Ubicada, al igual que Córdoba, sobre la orilla derecha del Guadalquivir, Sevilla se hallaba situada a 60 millas del Atlántico, según los geógrafos musulmanes, quienes alabaron con unanimidad la fertilidad del suelo de las tierras del interior, la excelencia de los regadíos, la variedad de los cultivos arbóreos y de los pastos. A tres kilómetros al norte de *Išbīliya* se extendía un terreno particularmente rico, el Aljarafe *(al-Šaraf)*. La *kūra* de Sevilla estaba formada por doce *iqlīm*. Después de la caída del califato, Sevilla se convirtió en la floreciente capital de los Banū 'Abbād y experimentó un auge todavía mayor cuando los almohades abandonaron Córdoba, que gozó de prestigio en tiempos de los almorávides, y eligieron a *Išbīliya* como su residencia predilecta en suelo español, haciendo construir en ella una mezquita de grandes dimensiones.

Resultan especialmente interesantes algunos de los datos sobre la historia urbana de Sevilla que aparecen en la obra de al-Bakrī [6, 107, 113], geógrafo del siglo XI. A principios del siglo XII, el *muḥtasib* sevillano Ibn 'Abdūn aporta algunos detalles. Dos cronistas de la época almohade, al-Marrākušī [76] y, sobre todo, Ibn Ṣāḥib al-Ṣalāt [61], nos proporcionan una información de gran valor.

La antigua Hispalis ibérica fue elevada al rango de segunda capital de la Bética por Julio César, quien le dio el nombre de *Rūmiyat Yulīš (Colonia Iulia Romula).* Según al-Bakrī, Julio César fue seducido por la belleza del lugar e hizo nivelar a orillas del «Gran Río» *(al-Wādī al-kabīr),* el Guadalquivir, un espacio de terreno sobre el cual hizo construir la ciudad, rodeándola de una muralla de piedra. Después de la conquista musulmana, Sevilla fue residencia de 'Abd al-'Azīz, hijo de Mūsā b. Nuṣayr, que la convirtió en sede del gobierno arabigomusulmán antes de que el *wālī* al-Ḥurr eligiera a Córdoba como capital de la nueva provincia musulmana (99/717-718). El *ŷund* sirio de *Ḥimṣ* (Emeso) se instaló en Sevilla en el año 125/742-743 y la nobleza visigoda cedió su lugar a una casta militar árabe, en su mayor parte yemení, que inició la explotación agrícola del suelo sevillano utilizando mano de obra autóctona. Sevilla sufrió el desembarco de los vikingos en el año 230/844. Para protegerla de un nuevo ataque de los piratas *maŷūs,* 'Abd al-Raḥmān II hizo rodear la ciudad de una sólida muralla. Por orden del emir se restauró la Gran Mezquita, construida en el actual emplazamiento de la iglesia de El Salvador, y se le añadió una nave y un alminar. Durante el emirato, las luchas que más perturbaron la tranquilidad de Sevilla fueron las provocadas por las ambiciones de las familias árabes, los Banū Ḥaŷŷāŷ y los Banū Jaldūn, propietarias de grandes dominios entre Carmona y Sevilla y en el Aljarafe. La muralla de Sevilla, construida por 'Abd al-Raḥman II, fue derribada a principios del reinado de su descendiente 'Abd al-Raḥmān III en el año 301/913, cuando la ciudad se sometió al soberano cordobés. El gobernador Ibn Sālim hizo construir entonces, para residir en ella, una casa de gobierno *(Dār al-imāra),* rodeada de una muralla con baluartes. Al-Bakrī precisa que en el momento de la caída del califato, Sevilla pudo contar por tercera vez con un muro, aunque en esta ocasión fue construido de tapial. No ha quedado vestigio alguno de los palacios 'abbādíes cantados por los poetas del siglo XI y desde los cuales se divisaban soberbias perspectivas [321, 136-139]. Al-Mu'tamid hizo reforzar la muralla de Sevilla ante la inminencia del peligro almorávide. A principios del siglo XII, «los hombres de la cara tapada» hicieron acto de presencia en la ciudad. En la Sevilla almorávide, en la que se sucedieron catorce gobernadores en el transcurso de cincuenta y cinco años [75³, XXX, n. 10], el comercio era muy activo, sobre todo, gracias al puerto fluvial de la orilla izquierda del Guadalquivir; no existía todavía puente alguno que uniera la ciudad propiamente dicha con su arrabal de la orilla derecha, el barrio mozárabe de Triana [75³, 204a]. Unos barqueros pasaban de una orilla a otra a gentes, animales y mercancías; la vigilancia del puerto se ejercía sobre los navegantes que abastecían a la ciudad por vía fluvial. Algo aguas arriba, allí donde ya no se dejaba sentir el flujo y el reflujo, había un muelle reservado, en principio, a los aguadores, quienes, después de sacar el agua del Guadalquivir, la transportaban y la vendían en los distintos barrios de Sevilla. Los productos y mercancías necesarios para abastecer a los habitantes de la ciudad eran también transportados a Sevilla por las rutas procedentes del norte que, dirigiéndose hacia la ciudad, desembocaban en las diversas puertas de la muralla, cerradas durante la noche y constantemente vigiladas por guardianes. Varias puertas de Sevilla han mantenido hasta nuestros días los nombres que tenían en época musulmana: *Bāb Maqrīna,* de nombre romance tan característico, en la actualidad Puerta de la Macarena [273, 51], y las puertas llamadas de Jerez, de Carmona y de Córdoba.

El almohade Abū Ya'qūb Yūsuf, que había sido gobernador de Sevilla del año 551/1156 al 558/1163, convirtió la ciudad en la segunda capital de su imperio tan pronto como fue nombrado califa. Las fortificaciones de Sevilla fueron reforzadas por el lado del río, ya que las inundaciones del Guadalquivir habían deteriorado la fachada de la muralla (504/1168-1169). El segundo califa almohade ordenó la ejecución de diversas obras de utilidad pública. Así, por ejemplo, se tendió un puente de barcas de una orilla a otra del Guadalquivir; se aseguró el abastecimiento de agua potable a la ciudad mediante la construcción de un gran depósito alimentado por un acueducto que procedía de las inmediaciones de Alcalá de Guadaira, a unos quince kilómetros hacia el este [61, 64-65, 191]. Creció la población de la ciudad, a la que el geógrafo al-Zuhrī llamaría la «novia» de las ciudades andaluzas [94, núm. 230]. Se restauró la residencia del soberano y se reconstruyó la parte alta de las torres. Al describir las viviendas sevillanas en plena época almohade, al-Šaqundī se maravillaba del cuidado con que las mantenían sus propietarios. «En la mayoría de ellas no falta agua corriente ni árboles frondosos, tales como el naranjo, el limero, el limonero, el cidro y otros» (trad. de E. García Gómez) [88, 89]. El califa Abū Ya'qūb Yūsuf mandó construir en el año 567/1171 magníficos palacios llamados de la *Buḥayra,* en las proximidades de *Bāb Ŷahwar*, en el emplazamiento de la laguna desecada por orden de al-Mu'tamid un siglo antes para instalar allí un pabellón y arboledas [391, X, 1945, 189-196].

La Gran Mezquita, construida bajo la dirección del *qāḍi* 'Umar Ibn 'Adabbās en el año 214/829, en tiempos de los omeyas, se había quedado pequeña. Abū Ya'qūb quiso dotar a su ciudad predilecta con una mezquita mayor nueva y de grandes proporciones [61, 195]. Este inmenso edificio de aproximadamente 150 metros por 100 metros fue empezado en el año 566/1172, durante la larga estancia del califa en Andalucía. Las obras proseguirían en el reinado de Abū Yūsuf Ya'qūb al-Manṣūr. El alminar de esta Gran Mezquita almohade —hoy la Giralda— sigue dominando todavía la aglomeración sevillana y testimonia aún el esplendor de la Sevilla almohade.

1.3.3. GRANADA NAṢRÍ

En el siglo XIV, Granada [408, II, 186-187; 409, II, 1012-1020] era considerada como una de las ciudades más pobladas de Europa. En 1311, los enviados aragoneses a la corte pontificia declaraban al papa Clemente XI, con motivo de la celebración del Concilio General, que en Granada vivían 200 000 personas.[75] Esta cifra era obviamente exagerada. En el siglo XV, la presión cristiana obligó a los musulmanes de diversas ciudades reconquistadas a buscar refugio en Granada. Las incursiones llevadas a cabo por Enrique IV de Castilla provocaron un éxodo de musulmanes del reino naṣrí hacia la capital, en cuya parte baja hallaron refugio. En 1462, los gibraltareños buscaron asilo en Granada y en 1485 les tocó el turno a los defensores de Cambiles y de Alhavar; algo más tarde, en 1487, los vencidos de Illora, de Moclín, de Montefrío y una parte de los musulmanes de Vélez Málaga pasaron a engrosar la población granadina. En 1489, Fernando no se opuso a la salida de los habitantes de Guadix con destino a Granada. Después de la colusión de los mudéjares de Salobreña con Boabdil, Fernando les obligó a abandonar la ciudad, y muchos de ellos buscaron refugio en Granada, donde no tardaron en aparecer las privaciones.

Las fuentes árabes se limitan a mencionar la densidad de población de Granada. Según Ibn Faḍl Allāh al-'Umarī, 15 000 valientes guerreros salían del Albaicín para hacer frente al enemigo cristiano [27, 233]. Un siglo más tarde, el egipcio 'Abd al-Bāsiṭ afirmaba que en Granada había 80 000 ballesteros [269, 321]. Los cronistas castellanos de finales del siglo XV dan cifras excesivamente elevadas por razones evidentes de apología. Según Palencia, el Albaicín podía suministrar 20 000 guerreros y, al decir de Bernáldez, Granada contaba con una población de 40 000 habitantes al ser reconquistada. Tan solo Hernando de Baeza confiesa que los castellanos lucharon con un enemigo debilitado: cuando los Reyes Católicos atacaron Granada, a Boabdil solo le quedaban unos 1250 jinetes. A través de un estudio de la superficie urbana, Leopoldo Torres Balbás ha podido afirmar que la población de la capital naṣrí en los siglos XIV y XV era de 50 000 habitantes distribuidos sobre 170 hectáreas [391, XXI/1, 1956, 142]. La mayoría de autores orientales de la baja Edad Media notan que la Granada naṣrí era una ciudad muy agradable y que se parecía a Damasco. Al-'Umarī hace una descripción geográfica de la capital de los Banū l-Aḥmar en 1337; luego menciona las puertas, los puentes y los arrabales de la ciudad [27, 224]. Cuando 'Abd al-Bāsiṭ visitó a su vez el reino de Granada, admiró el emplazamiento de la capital-fortaleza, protegida contra las incursiones cristianas por una barrera montañosa, y la fertilidad de la Vega [269, 321].

La comparación de los valiosos datos aportados por al-'Umarī con las anotaciones de Ibn al-Jaṭīb no hubiera permitido la reconstrucción verosímil de la fisonomía de la Granada naṣrí si no hubiéramos dispuesto de las crónicas castellanas, de los relatos de viajeros y, sobre todo, de documentos de archivo, algunos de los cuales se hallan en el Archivo de la Curia granadina y han sido objeto de una notable edición [389 *b.*].

Poco tiempo después de la entrada de los Reyes Católicos en la capital de los Banū l-Aḥmar, Jerónimo Münzer observaba que Fernando hizo ensanchar las tortuosas callejuelas de la ciudad árabe y derribar algunas casas (309, 83). Sus sucesores construyeron, en la parte baja de la ciudad, iglesias, palacios y conventos. Una pintura flamenca del año 1500, que forma parte de la colección Mateu de Barcelona; un grabado alemán de 1563-1565, obra de G. Hoefnagel; un plano completo y fidedigno, realizado en 1596, la *Plataforma* de Ambrosio de Vico, y un mapa de Granada dibujado en 1796 por Francisco Dalmau constituyen puntos de referencia indispensables.[76]

Granada fue una ciudad fundada por los musulmanes. Tanto en la antigüedad como en los primeros siglos de la presencia árabe en España, el centro urbano de la región era Elvira *(Iliberi)* [408, II, 26-27], situada al pie de la sierra del mismo nombre y a una decena de kilómetros al noroeste de Granada.[77] Pero después de la decadencia de Elvira en el siglo XI, y cuando Granada hubo asumido su papel de capital en tiempos de los zīríes, la ciudad experimentó un crecimiento que atestiguan todavía hoy algunos monumentos [215, 257-260]. Desde un principio, los zīríes rodearon Granada de una alta muralla de tapial que todavía subsiste en parte. Según el *Bayān* de Ibn 'Iḏārī, Muḥammad I, una vez dueño de Granada, se apresuró a reforzar las defensas exteriores de la aglomeración que habían edificado los zīríes en el siglo XI, obra que fue proseguida por Muḥammad II. A fines del siglo XIII se amplió la antigua muralla con la creación de dos arrabales, el del *Naŷd* al sur y el del Albaicín *(rabaḍ al-bayyāzīn)* al norte. El recinto del *Naŷd* incluía también el arrabal de los Alfareros *(rabaḍ al-fajjārīn)*. La cronología relativa a la construcción de las murallas del Albaicín sigue siendo bastante incierta [391, XXI/1, 1956, 133 n. 1]; Ibn al-Jaṭīb la atribuye al *ḥāŷib* Riḍwān, en tiempos de Yūsuf I. Incluso la etimología *rabaḍ al-bayyāzīn* se presta a discusión; algunos autores opinan que se trataba de una especie de «arrabal de los halconeros», otros creen que el origen de esta denominación está en los refugiados árabes de Baeza *(Bayyāsa)*, llegados allí en 1226. Para Luis Seco de Lucena, el Albaicín de Granada musulmana tenía una superficie inferior a la actual; se extendía desde el emplazamiento de la Plaza Larga hasta las faldas del Cerro de San Miguel [403, 2, 1966, 47, n. 15; 416, VII, 1971, 187-221].

En la segunda mitad del siglo XIV, una muralla continua salía de la ciudad alta —es decir, de la Alhambra—, se desviaba hacia el valle de la *Sabīka* hasta Torres Bermejas. Luego corría a lo largo del lugar que luego se llamaría *Corral de los Cautivos*, en recuerdo de las mazmorras en que se encerraba a los cautivos cristianos; descendía hasta las márgenes del Genil, donde se hallaba *Bīb al-Naŷd*. Seguidamente, la muralla se separaba del río, se desviaba hacia el norte y corría paralela al Darro hasta *Bīb al Tawwābīn*. Entre la Puerta de Ladrilleros y la Puerta de Elvira *(Bāb Ilbīra)*, el trazado del muro se confundía con la muralla del siglo XI para continuar hasta el arrabal de *al-Šārī'* (la *Xarea* de los autores españoles), el cual remontaba, y por *Bīb Faḥṣ al-Lawz (Puerta de Fajalauza)*, llegaba a la cima de la colina llamada en la actualidad de San Miguel. Finalmente, la muralla bajaba perpendicularmente al lecho del río Darro y seguía la orilla izquierda del mismo hasta *Bīb al-Difāf*, la Puerta de los Tamboriles, donde se unía a la Alhambra. Gracias a un atento examen del plano de Vico, se puede apreciar una muralla secundaria que protegía la ladera meridional de la colina de la Alhambra y acababa más arriba de la Puerta del Agua, frente al Generalife. En el interior de este sistema de fortificaciones, existían todavía en el siglo XVI las murallas del siglo XI que rodeaban los antiguos barrios zīríes, la *Alcazaba Cadima* y la *Judería*. Según trabajos de investigación recientes, ambas murallas contaban con veintiséis puertas, algunas de las cuales han conservado su nombre árabe, ligeramente deformado [391, VII, 1942, 438-458].

A grandes rasgos, la capital de los sultanes naṣríes presentaba el aspecto típico de las ciudades hispanomusulmanas [391, XV, 1950, 438-486]. El núcleo central de Granada, la *madīna*, se hallaba situado en la parte llana, sobre la orilla izquierda del Darro, al pie de la colina de San Miguel. Una serie de estrechas calles rodeaban la Gran Mezquita, a la cual no había ningún edificio adosado.[78] Las elegantes columnatas que sostenían el techo del edificio albergaban cátedras dispuestas para el estudio de las ciencias religiosas, según testimonio de Ibn Faḍl Allāh al-'Umarī [27, 234]. En las proximidades se hallaban los tenderetes de los testigos juramentados, así como las tiendas de los drogueros. No lejos del lugar destinado al culto se elevaba la *madrasa*, con sus salas de clases y su oratorio; había también una serie de dormitorios destinados a alojar a los estudiantes [45[6], I, 516-517]. En la *madīna* se hallaban agrupados los bazares; el más famoso de ellos, la *Qaysāriyya* (de donde procede la voz española alcaicería), rodeado de muros, era el corazón del comercio granadino de objetos de lujo y telas [409, IV, 873-874]. En él las tiendas daban a una serie de pasadizos cubiertos [391, XIV, 1949, 431-

455]. Por la noche lo cerraban diez puertas, según afirma Mármol, quien, en el siglo XVI, la consideraba tan rica como la *Qayšariyya* de Fez, aunque de dimensiones más reducidas [118, I, 37]. A principios del siglo XVII, Henríquez de Jorquera admiraba la Alcaicería de Granada [115, 82-83]. Se mantuvo intacta hasta el incendio de 1843, siendo parcialmente reconstruida un año más tarde. Se modificó el trazado de las calles y se trató de imitar los temas decorativos árabes. La Alcaicería primitiva era mayor que la actual y se extendía al este de la de nuestros días. La *Qaysāriyya* estaba rodeada al sur por una calle comercial, la calle de los Prenderos *(al-saqqātīn,* nombre que se ha mantenido con la forma de Zacatín), y al oeste por la plaza de Bibarrambla, que desembocaba en la explanada del Darro; en el siglo XVI fue considerablemente ampliada.

No lejos de allí, en la orilla izquierda del Darro, un *funduq*, bolsa de comercio y depósito de mercancías simultáneamente, servía de hospedería a los viajeros extranjeros. Todavía hoy puede visitarse el Corral del Carbón *(funduq ŷadīda);* construido en la primera mitad del siglo XIV, se llamó así a partir del siglo XVIII porque allí se pesaba públicamente el carbón.[79] Un puente *(al-qanṭara al-ŷadīda)* unía el corral del Carbón con la *Qaysāriyya* y la plaza de la Gran Mezquita. Además de este puente nuevo, al-'Umarī enumera otros cuatro sobre el Darro: el puente de Ibn Rašīq, el puente del *Qāḍī* —construido en tiempos de los zīríes en 1055—, que comunicaba la Alcazaba con la Alhambra, el puente del *Ḥammām ŷāš* y *Qanṭarat al-'ūd.* Todos ellos albergaban construcciones permanentes [27, 227].

Entre los barrios del extrarradio de la Granada naṣrí, cuatro arrabales son dignos de mención: en dirección al Genil, el arrabal de los Alfareros *(rabaḍ al-fajjārīn),* el *Naŷd* con sus pabellones y jardines [349, 159-162], el arrabal del Arenal y, finalmente, el populoso Albaicín, que con sus casas modestas de gentes humildes se escalonaba como hoy frente a la Alhambra, sobre la hondonada del Darro. Disponía de una administración autónoma y contaba con sus propios jueces. Los fieles tenían allí una Gran Mezquita que fue admirada por al-'Umarī [27, 232-233]. Transformada en iglesia de El Salvador tras la Reconquista, estuvo abierta al culto cristiano hasta finales del siglo XVI en que fue derribada. La iglesia reconstruida alberga el patio de la antigua Mezquita Mayor del Albaicín. En el siglo XV se formó el arrabal de Antequeruela, donde se agrupó a los refugiados de Antequera a partir de 1410.

Dominando los barrios bajos, la Alhambra ocupaba toda la superficie de un espigón rocoso,[80] rodeado por el Darro en su cara norte y separado de la colina de Mauror al sur, por el profundo valle de la *Sabīka.* En tiempos de los naṣríes se construyó sobre esta meseta una auténtica ciudad con todos los componentes de una urbe del Islam de Occidente.[81]

Desde la «Colina Roja», la vista abarcaba un paisaje verde en que destacaban los palacios, las torres, las blancas casas de recreo diseminadas entre jardines *(ŷanna)*, vergeles y oquedales. Sobre las colinas boscosas de los alrededores de Granada se escalonaban los cármenes *(kurūm)*; en las proximidades de *al-Fajjār*, sobre las laderas de la colina de la Fuente de las Lágrimas *('Ayn al-dama')*, Lisān al-dīn Ibn al-Jaṭīb poseía una lujosa mansión que cantó en sus versos [45[6], I, 127-129].

2. LA VIDA ECONÓMICA

Antes de iniciar la descripción del panorama económico de la España musulmana, analizaremos las fuentes árabes de que disponemos actualmente, ya se trate de la valiosa *Descripción de España* del cronista Aḥmad al-Rāzī [74] o de los itinerarios *(masālik)* tan de moda entre los geógrafos árabes de Oriente y Occidente en el siglo IX: obras de Ibn Jurradādbih, de al-Ya'qūbī, de Ibn al-Faqīh al-Hamadānī y de 'Umar Ibn Rusteh.[82] Los relatos posteriores de al-Iṣṭaīrī, de Ibn Ḥawqal y de al-Maqdisī (siglo XI), contienen algunas anotaciones de interés, aunque a veces se entremezclan con elementos legendarios [277, III, 235-236]. Las aportaciones más interesantes las hallamos en los fragmentos del andaluz al-Bakrī [6] (siglo XI), en el *Tarṣī 'al-ajbār* [91] del geógrafo de Almería al-'Udrī, descubierto hace algunos años, y en los datos detallados de al-Idrīsī [67[1-2]] sobre al-Andalus, sus principales ciudades, sus productos, sus recursos naturales y su actividad industrial en el siglo XII.[83] También hemos utilizado el amplio repertorio histórico geográfico elaborado en Ceuta a principios del siglo XIV por un compilador magribí, Ibn 'Abd al-Mun'im al-Ḥimyarī, el *Kitāb al-Rawḍ al-mi'tār* [71].

En cuanto a los dos últimos siglos de presencia musulmana en suelo español, son de utilidad, por la seriedad de su información, las pocas páginas que el viajero y enciclopedista egipcio Ibn Faḍl Allāh al-'Umarī dedicó al reino de Granada en la primera mitad del siglo XIV [27], aunque por desgracia apenas hace referencia al aspecto agrícola del país. Puede completarse esta información con algunos de los datos que aparecen dispersos en la obra de Ibn al-Jaṭīb [47] y en el relato de viaje del tangerino Ibn Baṭṭūta [25]. También son útiles las informaciones y citas de autores antiguos reproducidos en la amplia antología compuesta en el siglo XVII por al-Maqqarī, originario de Tremecén, el *Nafḥ al-ṭīb min ġuṣn al-Andalus al-raṭīb* [77, 78[1-2]].

Mención especial merece la literatura geopónica en lengua árabe, nacida en España en tiempos de los reyes de taifas y que se desarrolló durante el período de los gobernadores almorávides. En Toledo, en la época del ḏū l-nūní al-Ma'mūn, se encargó al médico Ibn Wāfid [409, III, 987] la creación de un jardín botánico real y, entre otras obras, redactó una Summa (*Maŷmu'*) sobre agronomía. Otro toledano, Ibn Baṣṣāl [22], agrónomo al servicio de al-Ma'mūn, compuso para este dinasta una voluminosa obra de agronomía, el *Kitāb al-Qaṣd wa-l-bayān*, traducido al castellano en la Edad Media, y basado totalmente en las experiencias personales del autor. Más tarde, en la corte sevillana de al-Mu'tamid, creó otro jardín botánico. En Sevilla, Ibn Muḥammad b. al-Ḥâŷŷāŷ al-Išbīlī, autor de varias obras de agronomía, se inspiró en los agrónomos antiguos, especialmente en el célebre Junius Columella de Cádiz, aunque también sacó conclusiones de sus propias experiencias en el Aljarafe. En Granada, Muḥammad b. Mālik al-Ṭignarī compuso para el gobernador de la provincia, Tamīm, hijo de Yūsuf b. Tāšfin, un admirable tratado de agronomía en doce libros. Hacia finales del siglo XII o en los primeros años del XIII, el sevillano Ibn al-'Awwām [20] llevó a cabo una útil recopilación de citas de autores antiguos en su voluminoso *Kitāb al-Filāḥa*, de 35 libros, en el que también aparecen mencionados varios de sus antecesores andaluces, entre ellos Abū l-Jayr al-Išbīli, del que tan solo sabemos que estudiaba en Sevilla en el año 494/1100. Hacia mediados del siglo VIII/XIV, un letrado de Almería, Ibn Luyūn al-Tuŷībī [54], compuso una obra en verso; en el *Kitāb Ibdā 'al-malāḥa wainhā' al-raŷāḥą fī uṣūl ṣinā' at al-filāha* aparecen abreviados tratados de Ibn Baṣṣāl y de al-Ṭignarī, así como datos recogidos por el autor de boca de gentes con experiencia. En estas obras de agricultura *(filāḥa)*, la agronomía ocupa un lugar destacado con el estudio de suelos, aguas y abonos. También aparecen descritas técnicas de arado, la arboricultura, la horticultura y la floricultura, sin olvidar la zootecnia y los capítulos consagrados a la economía doméstica.[84]

La literatura jurídica —formularios de contratos, recopilaciones de consultas a los doctores de la ley— nos induce a prestar especial atención a la triste suerte de los campesinos andaluces que, con su ingenio y habilidad técnica, lograron dar a sus tierras un aspecto alegre. Los tratados de *ḥisba* aclaran algunos puntos del artesanado urbano.

Constituyen una inestimable ayuda las informaciones contenidas en las crónicas castellanas y en las cuidadosas anotaciones del cronista Luis del Mármol Carvajal sobre la Andalucía del siglo XVI y los moriscos del reino de Granada, herederos de la tradición naṣrí. Por último, los documentos de los archivos españoles e italianos nos ilustran acerca de la actividad económica de la Granada musulmana durante su decadencia política.

2.1. La economía agrícola

En diversas ocasiones se ha subrayado el contraste entre la España húmeda y la España seca. En la alta Edad Media, los árabes extendieron su dominio por toda la España seca, por aquellas tierras que solo un tenaz trabajo humano había conseguido hacer fructificar desde la Antigüedad [277, III, 261].

Geógrafos y cronistas musulmanes de la Edad Media describieron con entusiasmo la fertilidad del suelo, la pureza del agua, la frondosidad del Levante y de la baja Andalucía [71, 17, 40, 70, 94]. Si damos crédito a al-ʻUḏrī, el suelo valenciano estaba cubierto de jardines y de fértiles huertas [91, 55]. Al-Ḥiŷārī, citado por Ibn Saʻīd, el autor del Muġrib, elogiaba la belleza del distrito de Toledo, lleno de oquedales [22, 33]. También las tierras aragonesas fueron motivo de alabanza: al tratar de Huesca, al-Uḏrī escribía que estaba rodeada por un cinturón de parques y vergeles [91, 17]. La parte de la península Ibérica que se hallaba bajo dominio árabe, estaba situada en «la zona de los países habitados por el quinto clima», por usar la terminología tan del gusto de los geógrafos árabes [45⁶, I, 101]. Lisān al-dīn Ibn al-Jaṭīb, que, siguiendo a Ibn Saʻīd, suscribía esta opinión tradicional alababa la riqueza del suelo y la abundancia de las aguas con que, gracias al Genil, se beneficiaba la llanura de Granada, situada al pie de Sierra Nevada.[85] Y añadía que sobre una distancia de cuarenta millas se apiñaban en la Vega granadina caseríos y almunias armoniosamente dispuestos y cubiertos de hermosas construcciones, yuxtaponiéndose los lugares habitados como en una colmena y no quedando terreno baldío en parte alguna. Dos siglos más tarde, en pleno levantamiento morisco, Diego Hurtado de Mendoza, que luchaba en las filas españolas, admiraba la paciente labor de los agricultores moriscos, que aprovechaban hasta el último trozo de tierra.[86]

Al igual que los campesinos españoles de nuestros días, los árabes de al-Andalus distinguían entre las tierras de secano (en árabe *baʻl*) y las de regadío (en árabe, *saqy*). «Las primeras estaban especialmente reservadas al cultivo de cereales, lo que era más raro en las segundas» [277, III, 270]. En las zonas secas de al-Andalus, los árabes se dedicaban al cultivo de trigo y cebada y sembraban leguminosas, judías, habas y garbanzos, alimentos básicos de la población andaluza.

Se cultivaba trigo y cebada en Aragón, en el cantón de Tudela, y en Andalucía en Écija, en Jaén, en los alrededores de Úbeda y de Baeza [71, XXIX]. Era muy apreciado el trigo de Sangonera, en la región de Lorca. El de Toledo, una vez ensilado, podía conservarse durante todo un siglo sin que se estropeara [270, 162 y n. 3-4]. Cuando la España musulmana quedó reducida al reino de Granada, hubo que cultivar trigo, cebada y mijo en la Vega y en los distritos situados al noreste de Granada (los *Barāŷilat*) y al noroeste, en la Campiña [45⁶, I, 102]. Fuera de esta «mina de excelentes cereales», según expresión de Ibn al-Jaṭīb [47; 75; 85; 92; 95], se cultivaba cebada en Fuengirola y en Vera, trigo en Alhama y también en Cártama [47; 85; 92; 95]. En Almería, la cosecha de trigo *(burr)* variaba de un año a otro en función de la lluvia caída, y cuando la cosecha resultaba insuficiente, había que importar el trigo del norte de África [27, 239; 47, 84], restableciéndose así una vieja tradición omeya.[87] Se llegó incluso a cultivar trigo en tierras de regadío, en Orgiva, Ferreira, Poqueira, situadas en las Alpujarras. Terminada la Reconquista, los moriscos de la *ṭā'a* de Andarax seguían almacenando sus reservas de trigo en silos subterráneos, como hicieran los súbditos de los sultanes naṣríes [118, libro IV, cap. IX].

Los geógrafos solo hacen referencia a los molinos de viento de Tarragona, instalados allí desde la Antigüedad romana [71, 153]; mencionan el empleo de tahonas (del árabe *ṭāḥuna).* Al describir los paisajes andaluces, los viajeros musulmanes de la Edad Media evocan con frecuencia la existencia de molinos de agua *(raḥā)* instalados a orillas de los ríos. Existían algunos a lo largo del Guadalquivir, entre Córdoba y la región situada aguas abajo de Sevilla; en el río de Baena, en el Tajo a su paso por Talavera, en el Guadalbullón cerca de Jaén [67, 187, 202; 71, 75; 88, 15]. En Granada había más de 300 molinos de agua clara, tanto dentro del recinto amurallado como fuera del mismo [133, 10]; Ibn al-Jaṭīb elogiaba también los de Loja [47, 94].

En tiempos de los omeyas, el cultivo del olivo se extendió considerablemente con los célebres olivares de *al-Šaraf,* el *Aljarafe* de los textos españoles, serie de colinas que se extienden al oeste de Sevila [14, 565; 71, 124]. En aquel entonces, al-Andalus exportaba el aceite de oliva excedente a través de la cuenca mediterránea, tanto al Magrib como a Oriente [71, 27, 125]. Todavía en la actualidad, las palabras aceituna y aceite, derivadas del árabe *al-zaytūna* y *al-zayt*, evocan la influencia musulmana, tan viva en las provincias de Sevilla, Córdoba, Jaén y Málaga. Se pudo afirmar que Jodar, situada al sur de Úbeda, era en el siglo XII la reserva de aceite de la España musulmana [71, 143]. En tiempos de los naṣríes, los musulmanes solo contaban con los ricos olivares de Loja, Pechina y Málaga. Los frondosos bosques de olivos del Aljarafe habían caído en manos de los castellanos en 1248; los súbditos de los sultanes de Granada se vieron obligados a importar aceite, especialmente de Sevilla, a partir de 1405.[88] Durante la guerra de Granada, había todavía en Loja y sus alrededores 4328 olivos, según un cálculo de W. Hoenerbach, basado en el Repartimiento [417, III, 1954, 69]. Ya en tiempos de los omeyas se utilizaba la misma técnica de fabricación de aceite que la empleada hace tan solo unos decenios en el norte de Marruecos y en las afueras de Fez.[89] Era de uso corriente la prensa con husillo, de modelo romano, llamada generalmente *ma'ṣara* (de donde viene la voz española almazarra). Los textos árabes del período naṣrí nada nos dicen sobre este punto, pero cabe suponer que los andaluces empleaban grandes molinos de aceite parecidos a los que viera Jerónimo Münzer en 1491 entre las comunidades mudéjares de Aragón. La primera operación consistía en machacar las olivas por medio de una pesada muela de piedra que era movida por una acémila. Luego, tras amontonarlas, se prensaban, exprimiendo el aceite que era tratado con agua hirviendo para purificarlo y que quedaba depositado en un recipiente colocado debajo de la prensa [309, 275].

En la zona de secano de al-Andalus, los viñedos crecían al pie de las laderas cubiertas de olivos. La poesía hispanomusulmana ha dejado constancia de la gran afición de los monarcas y de la aristocracia árabe a los crudos andaluces [321, 365-377]. En la Andalucía de los últimos tiempos, crecían viñedos en Málaga, Cártama, Almuñécar y Pechina, en las proximidades de Almería [47, 78]. Según Ibn al-Jaṭīb, había viñedos incluso en los alrededores de Granada [46, 14], que también despertaron la admiración de 'Abd al-Bāsiṭ [269, 322]. No existen indicaciones acerca de los procedimientos de vinificación en los relatos de los geógrafos andaluces, quienes, por el contrario, elogiaron la calidad de las pasas de Ibiza y Málaga, de gran consumo en toda la España musulmana [71, 240]. Los textos españoles describen cómo se seleccionaba cuidadosamente los racimos de uva que eran expuestos al sol sobre los tejados de las casas. Los moriscos del reino de Granada perpetuarían las formas de preparación de las pasas, tan apreciadas actualmente en Andalucía.[90]

La fertilidad del suelo de regadío explica la variedad de cultivos hortícolas y la profusión de huertas en la España musulmana. Los árabes de España fueron grandes maestros de la técnica hidráulica agrícola. Por una parte, aprovecharon los sistemas de riego heredados de los romanos que hallaron en la España visigoda al ocuparla, y por otra, se inspiraron en las técnicas asiáticas.[91] Basándose en un excelente trabajo de Leopoldo Torres Balbás [391, V, 1940, 195-208], E. Lévi-Provençal escribía que lo que contribuiría a demostrarlo es la semejanza de las ruedas elevadoras de España y de Marruecos con las que todavía funcionan a orillas del Orontes, en Siria, y del Éufrates, en Iraq, y que parecen haber sido inventadas en una época remota en el mismo Oriente [277, III, 279].

En la Andalucía propiamente dicha y, más al norte, en los valles del Guadiana y del Tajo, solo podía regarse mediante el empleo de ruedas elevadoras, como las de balancín (*ciconia putei* en romance y *jaṭṭāra* en árabe), ruedas con paletas directamente movidas por la corriente del agua (*nā'ūra*, de donde procede la voz noria), y ruedas de funcionamiento circular accionadas por un camello, un asno o un mulo (*dawlāb* o *sāniya*, de donde procede la voz aceña). Estos aparatos vertían en albercones el agua que sacaban del río. No obstante, cabe señalar la imprecisión del vocabulario. La palabra *jaṭṭāra* [194, I, 382] designaba también una rueda hidráulica ligera empleada a orillas de los ríos, especialmente en la región de Sevilla. El autor de un tratado de agronomía del siglo XII menciona en el centro del dispositivo hidráulico una noria que servía para elevar el agua por medio de cangilones (*qādūs*, pl. *qawā-*

dīs) [155, 162-163]. La poesía hispanomusulmana del siglo XI se limita a simples alusiones sobre las ruedas hidráulicas,a veces denominadas *dawlāb* y otras veces *nā'ura*, que existían en Toledo a orillas del Tajo, en tiempos del dinasta ḏū l-nūní al-Ma'mūn [321, 151-152].

Gracias a la actividad de los agricultores musulmanes, hábiles hortelanos, al-Andalus contaba con ricas zonas de regadío. Desde fecha temprana, los árabes se asentaron en el valle del Ebro, en los territorios regados por el Jalón y el Aranda. El sistema de riego más sencillo consistía en numerosas acequias (del árabe *sāqiya*) por las cuales discurría el agua de los ríos aprovechando los desniveles del suelo. Una vez concluida la Reconquista, se preservó la herencia del Islam y así se mantuvieron, como antaño, la distribución de los días de riego y los impuestos exigidos en concepto de derechos de toma de agua. Las autoridades locales encargadas del mantenimiento de los canales siguieron en su cargo.[92] Algunos de los documentos que se conservan en el Archivo Histórico Nacional hacen referencia al tema del régimen de riego y a las modalidades de los derechos de agua en la región aragonesa lindante con Veruela, a finales del siglo XII y a principios del XIII. A continuación se incluye un breve análisis llevado a cabo por el historiador A. González Palencia:

> Después de una pesquisa judicial, por orden del Rey de Aragón, se llegó a un convenio (en septiembre de 1179) entre el Abad y el convento de Veruela con la gente de Trasmoz sobre el agua de Alfara: este pueblo tomaría el agua primeramente tres días y tres noches, por ser la matriz de aquella acequia, y luego la tomarían los de Vera otro tanto tiempo; de manera que Alfara no perdería su *zaiara* hasta el pontarrón donde se junta el agua de Alfara con la de Trasmoz y Veruela. Veruela y Trasmoz tomarían el agua cinco días y cinco noches, y regarían sus mieses en forma que Alfara no perdiese su *zaiara*. Recogidas las mieses, Veruela y Trahit ya no regarían, ni siquiera el mijo, sino con permiso de los hombres de Trasmoz [391, X, 1945, 85-86].

En las zonas litorales del Levante, la agricultura de regadío muestra un rasgo distintivo del paisaje humano. Los árabes perfeccionaron la red de canales de toma fluvial que se remontaban a la época de los romanos. La explotación del suelo y la terminología rural ligada a la huerta valenciana o murciana y a los trabajos que en ellas se hacían proceden del período de ocupación musulmana. El agua bienhechora se repartía según una legislación tradicional que delimita los derechos de los beneficiarios. El Tribunal de las Aguas o Corte de los Acequieros que se reúne todos los jueves frente a la puerta de los Apóstoles de la catedral de Valencia está compuesto de siete campesinos elegidos por sus pares. Zanja los conflictos que puedan surgir en cuanto a la distribución del agua. Se trata del lejano heredero de una institución hispanomusulmana, la inspección de los riegos *(wikālat al-sāqiya)* [270, 167, n. 1] que ya funcionaba en la España califal y en la de las taifas, y que Jaime I el Conquistador mantuvo intacta tras su entrada en Valencia en 1238.

Los autores árabes elogiaron la abundancia de cultivos hortícolas y de vergeles, debida a la fertilidad del suelo irrigado. El toledano Ibn Baṣṣāl describió detalladamente los cultivos de melones y sandías y alabó los de pepinos, espárragos, calabacines y berenjenas [22]. Viajeros y poetas musulmanes se quedaban extasiados ante la calidad de las frutas: manzanas y cerezas de Granada, peras del valle del Ebro, almendras de Denia, granadas y melocotones de Málaga y Elvira, y sobre todo, los higos de Almuñécar, de Málaga y de Sevilla [27, 225; 25, IV, 37]. La crónica castellana de Juan II dedica numerosos elogios al aspecto predominantemente verde de la Sierra de Grazalema y de la región de Málaga [109², 315 ss.].

Los granadinos practicaron la arboricultura en las zonas montañosas de su región; así, en el macizo de la Alpujarra, situado entre Granada y el mar, crecían perales, manzanos y castaños en las altas tierras de Poqueira y de Ferreira. En las zonas más bajas y resguardadas, se cultivaban naranjos, limoneros y cidros. En pleno siglo XVI, en la zona en que se habían refugiado los moriscos, las parcelas de tierra se hallaban escalonadas en bancales regados por canales. El reparto de las aguas se hallaba estrictamente regulado según un sistema rígido brevemente descrito por Mármol en su *Historia de la rebelión* [118].

Los árabes aclimataron en España algunos cultivos exóticos, como por ejemplo el arroz, que, conocido en la España califal del siglo X, constituía a mediados del siglo XI una de las riquezas más importantes de la región valenciana. Al-'Uḏrī especifica que este producto se expedía al resto del territorio de al-Andalus [91, 17]. El naranjo, orgullo de la huerta levantina de nuestros días, se cultivó, en un principio, como arbusto decorativo [277, III, 284 y n. 2]. Durante la baja Edad Media, los naranjos crecían en el litoral andaluz en las zonas próximas a un delta fluvial. En las franjas litorales convenientemente orientadas, ya fuera en el bajo valle del Guadalquivir, entre Sevilla y el mar, o bien al sur de Sierra Nevada, en las zonas de Motril, Vélez Málaga, en Salobreña y en Almuñécar, los platanales lindaban con los campos de caña de azúcar [27, 240]. En tiempos de 'Abd al-Raḥmān I [270, 165-167] se había introducido en España el cultivo de la caña de azúcar *(qasab al-sukkar)* [409, IV, 710-712], que, al parecer, se extendió por al-Andalus desde Valencia y Castellón de la Plana hasta la desembocadura del Guadalquivir. Este cultivo sufrió las consecuencias de la expulsión de los moriscos y, si bien no llegó a perderse totalmente, quedó reducido a la zona comprendida entre Málaga y Almería, la misma que ocupa todavía en la actualidad.[93]

En el siglo X, el geógrafo Ibn al-Faqīh al-Hamaḏānī señalaba la existencia de algunos pequeños palmares en las regiones soleadas [22,

67-68]. El famoso palmar de Elche data de la presencia árabe en España [270, 168].

El cultivo de plantas aromáticas y medicinales ocupaba un lugar importante en las proximidades de Granada. Según Ibn al-Jaṭīb, el servato oficinal, el nardo y la genciana abundaban en montañas y valles [46, 13]. Según cuenta al-'Umarī, en al-Andalus había simples parecidos a los de la India [27, 226]. El comino *(kammūn* o *kāmūn)* [409, IV, 545-546] abundaba en Salobreña [74, 67]. Había también plantaciones de coriandro, condimento frecuentemente empleado en la mayoría de platos de la cocina andaluza. En cuanto a las plantas colorantes, hay que citar en primer lugar el azafrán, abundantemente consumido en materia culinaria, y el alazor o azafrán bastardo, que se empleaba sobre todo para la preparación de afeites y para teñir. Era famoso el azafrán de las tierras de Toledo y el pastel de la misma zona. Al decir de al-'Uḏrī, el azafrán que se producía en suelo valenciano era de excelente calidad; también tenía fama el de Andalucía, que se cultivaba en Sevilla, Priego, Úbeda y sobre todo en Baza [67, 189; 47, 31, 87]. Había plantaciones de granza y de alheña, especialmente en las Alpujarras, donde los moriscos prosiguieron su cultivo durante el siglo XVI.

Las plantas textiles eran a veces objeto de extensos cultivos. El algodón, introducido en España por los árabes, se cultivaba en las regiones de Sevilla y Guadix; se exportaba al Maġrib e incluso al principado midrārí de Siŷilmāsa [71, 27/233]. Los tratados de agronomía andaluces de los siglos XI y XII dan una serie de detalles acerca de los cuidados requeridos por las tierras en que se cultivaba el algodón; en el siglo XVI, los cristianos copiaron estas prácticas en las huertas levantinas, donde vivían importantes núcleos de población morisca que practicaban métodos agrícolas ancestrales.[94]

En la zona de Elvira, a orillas del Genil, se cosechaba un lino que, en opinión de al-Bakrī, era de calidad superior al de Fayyūm, en Egipto, y que se exportaba a Oriente [6, 85]. Se cultivaba asimismo en las proximidades de Almería en el siglo XIV [47, 83].

Eran también florecientes el cultivo de la morera y la cría del gusano de seda. Tres mil aldeas se hallaban casi exclusivamente dedicadas a la sericultura en tierras de Jaén, antes de que esta ciudad cayera en manos de los castellanos [71, 88-90]. Según cuenta al-Idrīsī, seiscientas aldeas se ocupaban de la cría del gusano de seda en las Alpujarras desde la alta Edad Media. En las regiones de Málaga y de Comares, de la serranía de Ronda y de la provincia de Granada, la cría de gusanos de seda era una actividad casi exclusivamente practicada por mujeres.

2.1.1. *LA GANADERÍA Y LA FLORA SILVESTRE*

Los viajeros árabes se muestran parcos a la hora de dar detalles sobre la cría de animales de monta, de tiro y de consumo. Podemos entresacar algunas informaciones en los relatos de los cronistas. Como se recordará, al-Manṣūr b. Abī ʿĀmir había instalado una yeguada y una reserva de caballos de monta en los tupidos pastos del bajo Guadalquivir *(supra,* cap. III). Rápidos y resistentes, los caballos de capas diversas —alazanes, bayos o cuatralbos— eran utilizados como monturas por los personajes importantes y por los hombres de guerra. Los contemporáneos de los naṣríes nos informan de que la cría de caballos se practicaba en las zonas montañosas de la serranía de Ronda y en las regiones esteparias situadas al este del reino naṣrí [27, 244]. La mula era el animal de carga más corriente juntamente con el asno. Según cuenta el oriental Ibn Ḥawqal, se practicaba la cría de mulas, con vistas a la exportación, en la isla de Mallorca; los mulos andaluces eran apreciados por su resistencia y robustez [277, 285 n. 3]. Ibn Baṭṭūta recorrió a lomos de una mula un itinerario tortuoso para ir desde Ronda hasta Málaga [25[1], IV, 332]. ʿAbd al-Bāsiṭ utilizó el mismo procedimiento para trasladarse de Málaga a Granada. La región de Algeciras era famosa por sus animales de carga [27, 243]. Se criaban acémilas en Vera, en la marca oriental del emirato granadino, y en Huéscar, al norte de Baza [47, 40, 84]. El asno, montura a la que podían acceder los pobres, existía ya en España con anterioridad al emirato omeya; era de suma utilidad en las pequeñas explotaciones rurales.

El empleo de camellos en suelo español se remontaba al período omeya. Según testimonio de Ibn Ḥayyān, 130 camellos llegaron a Madīnat al-Zahrā' en ŷumādā I del año 363/marzo de 974, en tiempos de al-Ḥakam II; habían sido enviados allí por los Banū Ŷazar de Berbería.[95] Al-Manṣūr hizo traer camellos del norte de África para el transporte del material pesado, en el transcurso de sus expediciones estivales. Los almorávides utilizaron camellos en la batalla de Zallāqa [233, 72]. Existen testimonios de la presencia de camellos, en número reducido, en los pastos de Vera, no lejos de Almería, en el siglo XIV [47, 84].

Los bueyes se utilizaban preferentemente para las labores del campo en las grandes explotaciones rurales. A través de las crónicas castellanas de la baja Edad Media, puede apreciarse la importancia que se daba a la cabaña bovina; en el transcurso de sus incursiones fronterizas, los súbditos del sultán de Granada se apoderaban de los rebaños de bueyes.

El búfalo, animal de origen indio introducido por los árabes del Sind en Iraq, fue llevado a España por los árabes sirios [300, 542]. En la alta Edad Media se vendía queso de búfala en los mercados de las ciudades andaluzas [75[5], 349].

En la península Ibérica abundaba el ganado ovino, siendo especialmente apreciado el de la sierra de Guadarrama, al norte de Toledo [71, 160]. Las ovejas de las tierras altas de Levante proporcionaban una lana fina que se utilizaba para tejer alfombras y telas. ¿Hubo desde los primeros tiempos de la presencia musulmana en España algún rastro de la trashumancia organizada que existió en Castilla en la segunda mitad del siglo XIII y que perduraría hasta el siglo XVIII? El tema sigue siendo motivo de debate: algunos autores hacen remontar la transhumancia a los visigodos, mientras que otros destacan el papel de los beréberes, quienes serían los introductores en España de esta migración periódica de ganado. Hace ya unos veinte años, Jaime Vicens Vives opinaba que el nomadismo transhumante español existía mucho antes de la llegada de los arabigoberéberes y que se habría desarrollado gracias a los beréberes originarios de Marruecos establecidos en las montañas del centro de la península Ibérica y, posteriormente, en las regiones próximas a Castilla la Nueva y Extremadura [389 *a*, 105-106; 177, 98]. En el reino naṣrí, los corderos se acomodaban en los pastos de Dalías *(Dalāya),* en las proximidades de Almería. En los zocos, se vendía carne de cordero y queso de oveja de Dalāya, a los que los andaluces eran muy aficionados [47, 82]. Desde la alta Edad Media, en la península de Cádiz se criaban cabras de carne muy apreciada [71, 173].

Como ya sabemos, el Islam prohibió el consumo de carne de cerdo, animal impuro por excelencia. Sin embargo, no faltó la carne de cerdo en las tierras altas durante el período omeya de Córdoba. Este animal se seguía criando en el reino de Granada. Un jurista naṣrí del siglo XV, Ibn Sīrāŷ, recomendaba, en una de sus consultas, que se procurara pagar un jornal al porquero ya que esta era una obligación natural que incumbía al propietario agrícola [391, VI, 1941, 68]. No deja de sorprender la indulgencia del jurisconsulto que vivía en el seno de una sociedad estrictamente mālikí como era la del reino naṣrí, y más aún teniendo en cuenta que el número de mozárabes, habituales consumidores de carne de cerdo, era más bien escaso en el reino de Granada.

Se consumía también grandes cantidades de conejos de monte (designados con el nombre romance de *qunilya* [75[3], 95-96]), cogidos con trampa y degollados. Ibn Saʿīd señalaba que el conejo andaluz fue aclimatado en Tunicia a través de Ceuta en el siglo XIII [78[1], 184].

La cría doméstica de pollos y pichones, de delicadas carnes, estaba mucho más extendida que la de ocas [321, 245]. La presencia de cisnes *(qāqannaṣ)* se atestigua solamente en la baja Edad Media [194, II, 296].

La cría de pichones tenía por finalidad el aprovechamiento de la palomina, no solo como abono y como apresto para las pieles [277, III, 287], sino también para el empleo de dichos pájaros en el transporte del correo y en tiempos de guerra (cap. III). Todas las granjas estaban provistas de palomares; en la Vega de Granada muchas de ellas pertenecían al dominio privado del sultán naṣrí [47, 15].

Los andaluces mostraron especial atracción por los pájaros de adorno: tórtolas *(qumrī* o *šifnīn)*, ruiseñores *(bulbul)*, estorninos *(zurzūr)*, mirlos *(šuršūr)*. 'Abd al-Raḥmān III al-Nāṣir hizo construir pajareras en los jardines de Madīnat al-Zahrā' [321, 242].

Basada en antiguas tradiciones mediterráneas, la apicultura era muy apreciada en la España musulmana. Los tratados de agronomía dan algunos detalles sobre la cría de abejas y los cuidados con que se han de rodear las colmenas. Estas se hacían por lo general con placas de corcho, especialmente abundante en el sur de España y de Portugal. Eran famosas por su producción de miel las regiones de Jaén y del este de Andalucía: Cantoría, al sur de Purchena, y Oria [47, 85-86]. Existían numerosas colmenas en Casarabonela, cuando esta pequeña ciudad se rindió a las tropas de Fernando en 1485 [152 *c*, 42].

El olmo, el sauce, el álamo y el ciprés, plantados a orillas de los ríos y de los canales, proporcionaban una nota verdeante al paisaje andaluz. En las regiones de Málaga y de Ronda había muchos bosques. Las murallas de Baza estaban rodeadas de árboles de altos troncos que Fernando hizo talar cuando puso sitio a la ciudad.

Los geógrafos árabes se muestran poco explícitos al tratar la explotación de las zonas forestales de al-Andalus. Abundaban las encinas en el norte de Córdoba, en el *Faḥṣ al-ballūṭ* o «campo de las encinas», y también en la región de Guadix. Los pinares cubrían amplios espacios de la región de Tortosa, en las proximidades de la desembocadura del Ebro, cuya explotación estaba destinada a las construcciones navales, y de las zonas montañosas que dominaban el Levante.[96] En las islas Baleares y en el litoral levantino crecían algarrobos (en árabe *jarrūb*) cuyos frutos servían de alimento al ganado [277, III, 288]. En la campiña toledana abundaban montes y carrascales [316, 361]. Las grandes extensiones esteparias de la provincia de Murcia se hallaban cubiertas de esparto desde la antigüedad.

2.1.2. LOS TRABAJOS AGRÍCOLAS

Las actividades agrícolas de los hispanomusulmanes en la España califal aparecen descritos en el «Calendario de Córdoba del año 961». Dedicado a al-Ḥakam II, este opúsculo contiene, en forma abreviada, la materia de dos calendarios, a la vez astronómicos, agrícolas y meteorológicos, compuestos en la misma época por el secretario 'Arīb Ibn Sa'd y por el dignatario mozárabe Recemundo, más conocido con el nombre de Rabī' Ibn Zayd, a quien 'Abd al-Raḥmān III había encomendado diversas misiones en Bizancio y en Germania.[97] Este texto nos proporciona valiosos datos sobre los trabajos en los campos, agrupados generalmente bajo la misma rúbrica al final de cada mes del calendario solar.

Al filo de las páginas aparecen indicaciones acerca de las actividades en los corrales y de la cría de halcones, la afición por los cultivos de flores, etcétera.

En un calendario popular del siglo xv, de autor desconocido, aparece una breve panorámica de los trabajos estacionales en el reino naṣrí [421, IX-X, 1961-1962, 23-64]. La zootecnia ocupaba un lugar irrelevante, mientras que proliferaban los consejos prácticos de medicina y de higiene popular. En enero se amontonaban las cañas de azúcar; en marzo se plantaban el algodón y la caña de azúcar y nacían los gusanos de seda. En abril hacían su aparición las violetas y las rosas, se plantaban las palmeras, las sandías y la alheña. El campesino andaluz ponía sus esperanzas en la lluvia bienhechora que haría crecer el trigo, la cebada y los demás cereales en abundancia. En mayo cuajaban las aceitunas y hacían su aparición albaricoques, ciruelas y manzanas tempranos, así como los pepinos. Se recogían las habas y las adormideras; se segaba la cebada y se arrancaban los granos de lino; las abejas producían miel. El manuscrito, editado y traducido por J. Vázquez Ruiz, presenta lagunas en cuanto a los meses de junio y julio, pero cabe suponer que estos meses de verano eran de gran actividad para el campesino del reino naṣrí, al igual que para sus antepasados de la campiña cordobesa, ya que era la estación de la siega y la trilla. A finales de agosto, la uva y los melocotones estaban maduros; se recogía la alheña y las nueces; las bellotas cernían. Se sembraban nabos, habas y espárragos. Septiembre era el mes de la vendimia y de la recolección de granadas y membrillos. Las aceitunas ennegrecían y el mirto crecía. En octubre aparecían las rosas blancas; se preparaba la carne de membrillo y de manzana. En noviembre se cosechaba el azafrán. En diciembre llovía copiosamente sobre el suelo andaluz; los narcisos hacían su aparición; se acumulaba el agua de la lluvia en las cisternas. En los huertos se plantaban calabazas y ajos y la adormidera.

En los tratados de agronomía aparecen minuciosamente descritos los cuidados requeridos por el suelo andaluz. En el campo de la edafología, los hispanomusulmanes llegaron a superar sus propios modelos antiguos, y, como ha demostrado L. Bolens [155], dieron pruebas de un espíritu crítico producto de la experimentación y de la observación prácticas. Su técnica de laboreo correspondía a la tradición de la agricultura mediterránea. El rastrillo y el arado eran tirados por una yunta de bueyes. Practicaban la rotación bienal de cultivos [155, 12, 127]. Tanto la arboricultura como la viticultura requerían una labranza profunda del suelo. En los viñedos se procedía a diversas formas de poda e injerto [409, IV, 685-687]. Ibn Luyūn, al analizar los diversos procedimientos agrícolas seguidos por los andaluces en la baja Edad Media, destacaba la importancia de los abonos. «Hace una clasificación de ellos y diferencia los mejores de los peores. Determina la conveniencia del reposo para los estiércoles y va anotando sucesivamente el modo de abonar las tierras con el ganado lanar, con los escombros de viejos edificios, con el cieno que se extrae del fondo de las aguas y con la paja de distintos vegetales. Añade algunas generalidades sobre los estiércoles e indica la aplicación de unos y otros según la clase de árboles y plantas» (Joaquín Eguaras Ibáñez, 54, 26). El trabajo obstinado del campesino andaluz, tal como nos lo describe Ibn Luyūn, es una manifestación más del amor hacia el terruño cantado por los poetas de los siglos XI y XII.

2.1.3. FORMAS DE EXPLOTACIÓN DEL SUELO Y CONTRATOS RURALES

Es de lamentar la grave escasez de textos árabes sobre los orígenes del estatuto inmobiliario de al-Andalus. En cuanto a la alta Edad Media, Dozy tuvo el mérito de ser el primero en descubrir un documento andaluz transmitido por un escritor marroquí de finales del siglo XVIII, al-Wazīr al-Gassānī; este texto procede de un cronista andaluz del tiempo de los taifas, Muḥammad Ibn Muzayn, quien, a su vez, extrajo numerosos datos de un autor anterior [192[3], I, 72 ss.]. Una vez terminada la conquista de la península Ibérica, Mūsā b. Nuṣayr habría repartido entre sus tropas no solo los cautivos y los bienes muebles, es decir, el botín propiamente dicho, sino también las tierras de la llanura. Reservó para el Estado una parte alícuota de un quinto o *jums* de las tierras y edificios que repartió. En este quinto territorial estableció como colonos, para que lo hicieran producir, a cautivos —campesinos y hombres ya mayores— deducidos del quinto del botín. A estos colonos se les llamaría *ajmās* y a sus descendientes *banū l-ajmās.* En cuanto a los cristianos que habitaban en las zonas de alta montaña, habían cedido y entregado a los vencedores una parte determinada de su territorio; Mūsā b. Nuṣayr les permitió seguir en su sitio, conservar una parte y practicar su religión mediante el pago del impuesto de capitación *(ŷizya).* Según Ibn Muzayn, todas las regiones conquistadas a la fuerza *(ʿanwa),* o sea las tierras situadas en las llanuras, fueron repartidas, una vez deducido el quinto, por Mūsā b. Nuṣayr en presencia de los Sucesores del Profeta *(tābiʿūn)* que le acompañaban. Estos dominios territoriales se transmitieron de padres a hijos por vía de sucesión. También según Ibn Muzayn, una parte del *jums* fue distribuida en forma de concesiones territoriales *(iqṭāʾ)* entre los contingentes árabes que llegaron a España en el año 100/719, bajo el mando del gobernador al-Samḥ Ibn Mālik al-Jawlānī.

Según un fragmento de una antigua crónica reproducido por Ibn al-Jaṭīb en el siglo XIV, se procedió al establecimiento de tropas pertenecientes a los *ŷundíes* sirios de Balŷ en la parte meridional de la península

Ibérica a mediados del siglo VIII [45[6], I, 108-110]. Ibn Ḥayyān nos da algunas precisiones sobre esta devolución de tierras. El conde Artobas, uno de los hijos de Witiza a quien los árabes habían otorgado grandes propiedades en los alrededores de Córdoba, aconsejaría al gobernador Abū l-Jaṭṭār Husām b. Dirār al-Kalbī que alejara a los sirios de Córdoba y los estableciera en las provincias meridionales donde vivirían en condiciones parecidas a las que tenían antaño en el Imperio omeya de Oriente. Una vez los *ŷundíes* hubieron aceptado, el gobernador les concedió un tercio de la producción de las tierras de los cristianos. Según Ibn Ḥayyān, los sirios se enriquecieron, los beréberes y los árabes *baladiyyūn* conservaron sus alquerías y sus intereses no resultaron en absoluto perjudicados [192[3], I, 79]. En el siglo XI, Ibn Ḥazm rechazó totalmente la tradición extendida por la España de su tiempo según la cual Mūsā b. Nuṣayr era el artífice del reparto legal del suelo andaluz y el instigador de la deducción del quinto en beneficio del Estado. Reprochó a los conquistadores originarios del Magrib, de Ifrīqiya y de Egipto el haberse apoderado por la fuerza de las armas de la mayoría de poblados agrícolas sin que se procediera a un reparto de tierras. Los sirios habrían expulsado a su vez a la mayor parte de *baladiyyūn* árabes y beréberes de los dominios de que se habían apoderado algunos decenios antes [277, III, 203 n. 3 y 204 n. 1].

Así pues, dado el estado actual de nuestros conocimientos, resulta difícil saber cuáles eran las modalidades de apropiación del suelo. En la España califal existía una propiedad del Estado, pero, debido a la falta de fuentes árabes, no se sabe si procedía del *jums* de la conquista o si se confundía con el *mustajlas* o patrimonio privado del soberano. Ya en el siglo IX, en Andalucía, en la región de Toledo y en el valle del Ebro, la aristocracia de origen árabe, o que alardeaba del mismo, poseía grandes dominios parecidos a los *latifundia* visigóticos. En la España central, la tierra estaba en manos de pequeños propietarios de ascendencia árabe o beréber. Cabe suponer que el régimen inmobiliario se fue diversificando poco a poco gracias al juego de las transmisiones regulares, contempladas por el derecho sucesorio mālikí, tan estricto en materia de propiedad. En el siglo X vivían en Córdoba, a modo de hombres de leyes o de gentes de estudio, pequeños propietarios rústicos que solo acudían a sus alquerías para percibir sus rentas o traer provisiones domésticas [277, III, 207]. A través de una serie de formularios notariales de los siglos X y XI estudiados por E. Lévi-Provençal, puede deducirse que, a partir del siglo X, el aparcero andaluz (*'āmir* o *munāṣif*, mediero, o también *šarīk*, asociado) vio mejorar su condición en las grandes y medianas propiedades gracias a la institución de la aparcería. En tiempos de al-Manṣūr b. Abī'Amir, la reforma militar estuvo acompañada de un registro de bienes. Al-Manṣūr los repartió y les fijó una contribución destinada a cubrir las necesidades del ejército profesional. Según el emir 'Abd Allāh de Granada, este régimen de concesiones, que tuvo como consecuencia el poner fin a las antiguas estructuras territoriales, se desmoronó a principios de la sedición *(fitna)* [236, 41]. El hundimiento del poder central en el siglo XI comportó la creación de medianas y pequeñas propiedades; algunos autores han interpretado este hecho como la aparición de un régimen de propiedad parecido al alodio, pero esta asimilación a la sociedad feudal cristiana nos parece aventurada. Los almorávides volvieron al sistema anterior del *iqṭāʿ* territorial y, al parecer, los almohades mostraron sus preferencias por el *iqṭāʿ* fiscal.[98]

Poseemos algunos datos relativos a la forma de explotación del suelo por parte de los naṣríes. La gran propiedad se extendía por la parte más fértil de la llanura de Granada, el noroeste de la Vega, donde el patrimonio de la Corona era explotado por numerosos colonos sometidos al control de los intendentes reales del *dīwān al-jirṣ*. Ya hemos dicho más arriba que el *mustajlaṣ* comprendía propiedades urbanas y ricas explotaciones en el litoral andaluz, en Salobreña y en Motril. Grandes terratenientes, surgidos de la *jāṣṣa*, poseían en la Vega de Granada cantones y aldeas enteros. En los alrededores de Granada, el parcelamiento del suelo en pequeñas explotaciones, era descrito por Ibn al-Jaṭīb del siguiente modo: había aldeas *(ḍayʿa)* que pertenecían «en asociación a miles de personas» y eran «objeto de numerosos títulos de propiedad privada» [133, 11].

Las consultas jurídicas de los *fuqahāʾ* de Granada en los siglos XIV y XV son una documentación de gran utilidad sobre la práctica del colonato debido a que conceden un lugar importante a las diversas formas de asociación agrícola y a las dificultades que pudieran comportar en un reino de superficie tan reducida como el naṣrí, donde solo el cultivo intensivo de las huertas permitía cubrir las necesidades de una población muy densa.

Los colonos de los sultanes naṣríes estaban obligados a proporcionar las semillas y el material necesario para la explotación de las tierras llamadas *mujtaṣṣ* [194, I, 376]; además del quinto de la cosecha, debían pagar el diezmo o, a veces, el noveno de la renta, en función de la distancia a que se hallaran las tierras. Consultado sobre la licitud de este tipo de contrato rural, el jurista al-Šaṭibī al-Garnāṭī establecía ante todo una distinción entre las dos partes proporcionales que debían pagar los aparceros: el diezmo y el noveno en concepto de limosna legal *(zakāt)* y el quinto en concepto de alquiler de la tierra. Para el jurisconsulto granadino, este contrato era ilegal, ya que implicaba que el alquiler de la tierra se pagaba con parte de la cosecha, lo que suponía la existencia de riesgo, que no era aprobado por el Islam [391, VI, 1941, 98; 28², 46-50].

Los contratos rústicos comentados por los doctores de la ley en el reino naṣrí emanaban principalmente de la *muzāraʿa*, especie de colonato relativo a los cultivos de secano y principalmente a los cereales en tiempos de siembra, de la *musāqāt*, especialmente aplicable a los cultivos de regadío, y la *muġārasa* que afectaba sobre todo la arboricultura. Estos contratos de asociación garantizaban al colono una retribución que consistía en una parte de los productos cosechados. Pero los juristas granadinos consentían en suavizar las modalidades legales, como se deduce de un contrato relativo a cultivos hortícolas. Muḥammad al-Ḥaffār admitía que el propietario suministrara la mitad de la simiente, mientras que el colono proporcionaba la otra mitad, se comprometía a cosechar las legumbres, a su debido tiempo, y a venderlas en el *sūq* de la aglomeración urbana más próxima. El producto de la venta se repartía entre las dos partes contratantes. Esta modalidad nada tiene que ver con la *muzāraʿa* clásica que no dejaba al colono semejante libertad. En otro caso especial, el campesino aparece favorecido por una serie de cláusulas generosas: el propietario —un vendedor de melones— ponía a disposición del labriego el terreno, suministraba toda la simiente y corría con todos los gastos; el cultivador recibía como retribución la mitad de los frutos. Al-Munturī reconocía la licitud de este contrato, aunque sin argumentar su respuesta. En él intervenía el riesgo, tan censurado por el Islam, ya que la remuneración de los trabajadores agrícolas no se fijaba de antemano. Cabe preguntarse si se consideraba esta forma de asociación como una *musāqāt* por el hecho de que el campesino se ocupara del campo de melones. La *fatwā* no nos proporciona solución alguna a este interrogante [28^2, 314; 391, VI, 1941, 107-108].

Tenemos pruebas de la existencia en Granada de diversos modos de asociación agrícola, gracias a las discusiones jurídicas que suscitaban. Así, por ejemplo, llegada la época de la recogida de la aceituna, un contrato estipulaba que la remuneración de la mano de obra agrícola consistiría en cierta cantidad de aceitunas o de aceite. En el siglo xv, el arriendo de agua en la Alpujarra se pagaba con cereales, sobre todo con cebada y trigo [391, V, 1940, 320]. Algunos pequeños propietarios de rebaños tenían por costumbre asociarse y contratar los servicios de un pastor; recogían la leche que proporcionaban los rebaños y hacían queso con ella. Los beneficios de la venta se repartían seguidamente entre las partes contratantes [391, VI, 1941, 109-110].

2.2. LA EXPLOTACIÓN DE LOS RECURSOS NATURALES

Desde época romana, en España se extraían y trabajaban el oro, la plata, el hierro, el plomo y el zinc.[99] Activa todavía en el Bajo Imperio, la extracción de minerales prosiguió en tiempos de los visigodos, si bien a un ritmo más lento [196, 6-7]. Cabe suponer que los musulmanes utilizaron las instalaciones ya existentes y emplearon la mano de obra especializada que hallaron en el país. Los geógrafos se muestran sumamente imprecisos acerca de las modalidades de explotación de las minas.

El mineral de hierro, explotado en época de los omeyas en la región montañosa que dominaba, por el norte, el valle del Guadalquivir entre Córdoba y Sevilla, en Constantina y Castillo del Hierro —la antigua *Firrīš* [78[1], 153 y 277, III, 294— siguió trabajándose en la baja Edad Media en las proximidades de Almería y de Guadix [47, 88]. Los viajeros árabes elogiaban las minas de plomo de la región de Cabra, las minas de plata de Murcia, de Alhama y de Hornachuelos [6, 129; 78[1], I, 186-187].

Se extraía cinabrio en Ovejo, Mestanza y Almadén (de *alma'din* que significa «la mina»), a ciento veinticinco kilómetros al norte de Córdoba. Según al-Idrīsī, que visitó la mina de Ovejo en el siglo XII, trabajaban allí un millar de obreros, «repartidos en cuatro equipos, uno encargado de extraer el mineral, el segundo de transportar el combustible necesario, el tercero de fabricar recipientes para la destilación y purificación del mercurio y el cuarto de construir los hornos y encenderlos. El fondo de la mina —añade— se hallaba a más de cien brazas por debajo del nivel del suelo» [277, III, 295].

La atutía se explotaba en el litoral andaluz, en los alrededores de Salobreña.

Se extraía cobre en las regiones de Toledo y de Elvira, así como de las minas de Río Tinto y de Tharsis, al noreste de Huelva; se explotaba el estaño en Ocsonoba, el alumbre y el sulfato de hierro en Niebla, el antimonio en Tortosa, Baza y Cartagena [71, 31, 160].

El lavado de oro se practicaba a orillas del Segre, que pasa por Lérida, del Ebro y del Genil, y en las arenas auríferas del Darro, en Granada [6, 129; 71, 29; 94, 212].

Entre las piedras preciosas de al-Andalus destacaban el lapislázuli de Lorca y Elvira, los rubíes de Almería, Granada y Baza, las marcasitas de Úbeda, los jacintos de Málaga, las hematitas de la Sierra de Córdoba y las piedras de imán de Murcia [74, 63; 71, 206; 6, 127-128; 47, 13].

Para quitar manchas de grasa y para el cuidado de la cabellera, los hispanomusulmanes consumían grandes cantidades de tierra jabonera *(ṭafl)*, que se extraía sobre todo de las canteras de Magán, cerca de Toledo [277, III, 295]. La piedra para la construcción procedía de las canteras situadas en la Sierra de Córdoba de las que se extrajo el material para la edificación de Madīnat al-Zahrā'. Se explotaban los ónices rojos y amarillos de las tierras de Granada, el mármol blanco de Sierra Morena, de Sierra Nevada y de las Alpujarras [78[1], I, 187]. El mármol blanco más apreciado era el de Macael, en la Sierra de los Filabres, al norte de Almería [47, 83].

Uno de los recursos minerales más importantes de al-Andalus era la sal gema, que se extraía de la región de Zaragoza [91, 23; 71, 121]. En el litoral mediterráneo y en la costa atlántica se recogían cantidades considerables de sal marina destinada a usos culinarios. Las salinas de la isla de Ibiza y las de Alicante, Almería y Cádiz proporcionaban sal suficiente para las necesidades del país [78¹, I, 188; 196, 35-39]. La documentación disponible atestigua que, a mediados del siglo xv, los sultanes de Granada se vieron obligados a importar sal de las marismas de Cádiz que se hallaban bajo el dominio de la Corona de Castilla desde finales del siglo xiii [229, 106].

Sin embargo, en el reino de Granada se explotaban los pozos de agua salada de Loja, en las proximidades de la Sierra de la Torre, los de la Sierra de las Salinas entre Ronda y Setenil, los de la Malá (del árabe *mallāḥa*, «salina» o «mina de sal») [145, 118], situados todos ellos en el surco intrabético. No lejos de la costa mediterránea, los yacimientos de sal de Dalías coincidían con las actuales salinas de Roquetas. También había sal marina en Motril. Los documentos posteriores a la Reconquista, analizados por dos historiadores españoles contemporáneos en un excelente artículo [405, II-III, 1974-1975, 260-296] dejan constancia del establecimiento del monopolio de la sal, en el antiguo emirato naṣrí durante el reinado de los Reyes Católicos. En ellos no aparece dato alguno sobre la forma de explotación, el volumen de producción o el sistema de distribución de la sal durante el período musulmán. Tan solo se recomienda vagamente la venta de la sal al mismo precio que en tiempos de los «reyes moros» y el respeto de costumbres y reglamentos: «la sal vendida no abonará alcabala ni otros derechos, exceptuando los vigentes en época nazarí».[100]

En la España musulmana se consumían grandes cantidades de pescado. Se capturaban esturiones y sábalos en marzo, cuando estos peces remontaban los ríos y sus afluentes para desovar.[101] En el litoral de la Península, las poblaciones ribereñas se dedicaban a la pesca con la ayuda de redes (*šabaka*, de donde procede la palabra española jábega) o de almadrabas (del árabe *maḍraba*), utilizadas especialmente para la pesca del atún [196, 25, 98]. En las ciudades costeras se consumía pescado fresco y en las aglomeraciones del interior, pescado seco o salado. Los rendimientos de la pesca eran elevados en la región de Málaga, en *Bizilyāna* (la actual Ventas de Bezmiliana) y en la isla de Saltés, que abastecía a Sevilla de pescado. Se practicaba corrientemente la pesca del atún a la altura de Sidonia, en el mes de mayo, cuando este pez pasaba del Atlántico al Mediterráneo. En la literatura del Siglo de Oro aparecen evocadas las almadrabas de Zahara, al oeste de Tarifa. Se capturaba excelente pescado en Almuñécar, Salobreña y Fuengirola [71, 225; 27, 240]. En Marbella se pescaba sobre todo sardina, a la que se designaba con el nombre hispánico *(sārdīn)* [47, 75]. La preparación de la anchoa era una industria tradicional en Málaga, hallándose situada en un barrio periférico cercano a la playa; los Reyes Católicos se ocuparon de su desarrollo [151, 39].

Se buscaba ámbar gris en el litoral de Cádiz, en Tarifa [6, 125] y se pescaba coral en Vera *(Bīra)*, en la región de Almería [6, 129].

2.3. EL SISTEMA DE PESAS Y MEDIDAS. LA MONEDA

Tanto en la España musulmana como en el resto del mundo musulmán, la unidad de peso más corriente era la libra *(riṭl)* de 16 onzas *(ūqīya)*. Si aceptamos que la onza pesaba 31,48 gramos, la libra equivalía, en principio, a 504 gramos.[102] El quintal *(qinṭār)* estaba compuesto de cien libras, el cuarto de quintal *(rub')* equivalía a 25 libras, o sea una arroba-peso. Entre 1380 y 1390, el quintal de Almería tenía el mismo valor que el de Génova en el mercado mediterráneo [185, 84]. Los productos alimenticios sólidos, a excepción de los cereales, se pesaban en libras o arrobas. Los tratados de *ḥisba* describían las romanas *(rub')* y las balanzas *(mīzān)* e indicaban que las pesas *(ṣanŷa)* de hierro, de piedra o de vidrio tenían que llevar la marca del *muḥtasib* [414, 23/2, 1978, 283-290].

Para pesar los metales preciosos, las monedas de oro y de plata y las especias se utilizaban el *miṯqāl* (submúltiplo de la onza) para el oro, y el *dirham* para la plata. En cuanto a las pesadas que exigían cierta precisión, se empleaba un submúltiplo, el *qirāṭ*, equivalente a medio dirham, y el grano *(ḥabba)*.

Hasta finales de la Edad Media aparece atestiguada la persistencia del sistema ponderal de la España omeya; *mudd* para los cereales y las harinas, con sus submúltiplos *qafīẓ* y *qadaḥ* para las materias secas. Siguen existiendo numerosas incertidumbres acerca de la relación volumen-peso. Según el oriental al-Muqaddasī, el *qafīẓ* utilizado en al-Andalus en tiempos del califato de Córdoba correspondía a 60 *riṭl*, la *fanīqa* equivalía a medio *qafīẓ*. La fanega se confundía con otro submúltiplo del *qafīẓ*, el *qadaḥ* que, para el trigo y la zahína, correspondía a 30 libras. En tiempos de al-Bakrī correspondería a 15 libras. A principios del siglo XII, el *qadaḥ* equivalía, en la Sevilla almorávide, a una arroba-peso. Dada la imprecisión de este sisema, a veces se decidía, en lugar de rasar las medidas de grano con una regla de madera, dejarlas con colmo a modo de compensación [277, III, 247-248].

Los líquidos, y especialmente el aceite, se medían con recipientes de barro vidriado, controlados por el *muḥtasib*. Para el comercio al por menor, la unidad era el octavo de arroba *(ṯumm)*, que se suponía pesaba para el aceite 2 1/4 *riṭl*, es decir, algo más de 1125 gramos o 122 centilitros. Existían *ṯumm* especiales para la miel, el vinagre y la leche. También se medían con esta unidad las pasas [87¹, 13, 39].

Como unidad de longitud se utilizaba el codo *(ḏirā')*. El codo andaluz era ligeramente superior al iraquí, llamado de al-Ma'mūn *(ma'mū-*

niyya). Recibía el nombre de *al-raššāšīya,* de Muḥammad Ibn Faraŷ al-Raššāši, que había traído a Córdoba la copia del codo tipo utilizado en Egipto para medir la crecida del Nilo; este patrón fue grabado sobre una columna de la Gran Mezquita de la capital. El codo *raššāšiya* tenía dos submúltiplos: el palmo *(šibr)* y el palmo menor *(qabḍa),* equivalentes respectivamente a 237 mm y 79 mm. Puesto que el codo andaluz ascendía a tres palmos, E. Lévi-Provençal calculó que su longitud sería de 0,71 metros. Basándose en un manuscrito árabe del período naṣrí (siglo VII/XIII). J. Vallvé Bermejo estimó que el codo equivalía a 32 dedos y 0,557 metros [387, 345].

Dentro de la terminología de la construcción, se empleaba la *qāla* de siete codos; el *lawḥ,* altura de los encofrados de tapial, equivalía a un codo; la caña o *qaṣaba* correspondía a cuatro codos [277, III, 249].

Para medir distancias, se utilizaba la *marḥaba,* que correspondía a una etapa de una jornada, y la milla *(mīl),* que Ibn al-Ŷayyāb asimila a «mil pasos de camello de cuatro codos manuales cada paso» [387, 346]. Según el letrado naṣrí, esta medida itineraria tenía también 333,33 codos *raššāšíes;* según cálculos de J. Vallvé Bermejo, una milla era igual a 1857,57 metros, o sea el equivalente a una milla marina actual [387, 347]. En cuanto a las distancias cortas, se empleaba una medida de longitud llamada *šaṭr,* con valor de media milla [71, 92, 270]. La medida oriental de distancia llamada *barīd* no está atestiguada en la España califal, pero aparece en las crónicas de Ibn al-Jaṭīb [46, 36] y en los tratados de agrimensura de Ibn al-Ŷayyāb. El *barīd* equivalía a cuatro parasangas *(farsaj)* y cada parasanga a tres millas. La posta castellana de cuatro leguas sería su equivalente. También las distancias marítimas se calculaban en millas. De Denia a Ibiza había una distancia directa de 100 millas; la distancia entre Ibiza y Mallorca era de 70 millas, y de 40 millas entre Mallorca y Menorca [71, 260].

En cuanto a las medidas de superficie, la unidad empleada para la construcción era el codo cuadrado. Como medidas agrarias había el *marŷa',* de donde procede la voz española marjal, y el *zawŷ* del campesino andaluz, así llamado porque la superficie correspondiente equivalía, grosso modo, a la que podía arar una yunta *(zawŷ)* enganchada a un arado. El *marŷa' 'amalī* era corrientemente utilizado en tiempos de los naṣríes. Según el Diccionario de la Real Academia Española, el marjal equivalía en Andalucía, hace algunos decenios, a cinco áreas y 25 centiáreas. J. Vallvé Bermejo calcula el *marŷal* de regadío de la Vega de Granada todavía en uso en 528,42 metros cuadrados de superficie [387, 347]. En Levante, y según Ibn al-Ŷayyāb, se empleaba la *taḥwila (tahulla),* «con una cuerda más larga que la del *marŷal*». En otras regiones se utilizaba la *'arḍa* (campo), medida agraria de 10 codos de *raššāšíes* de lado [387, 345]. La terminología relativa a los pesos y medidas utilizada en al-Andalus sobrevivió en España una vez concluida la Reconquista;

la arroba, la fanega, el cahiz, el palmo, por citar solo unos ejemplos, ponen de manifiesto la influencia del árabe en la lengua castellana.

La numismática nos proporciona una serie de datos acerca del sistema monetario de al-Andalus y nos ofrece precisiones sobre el módulo y el peso de las piezas, y el formulario epigráfico empleado. Se ha conservado solo un reducido número de ejemplares identificados y fechados de piezas divisionarias de cobre *(fals,* pl. *fulūs*) [409, II, 786-788] de una sesentava parte de *dirham,* según el geógrafo oriental Ibn al-Faqīh al-Hamad̲ānī. Las piezas de oro eran, por lo general, de un módulo inferior al de las de plata, pero eran más gruesas. El diámetro medio de un *dirham* del califato de Córdoba variaba de 24 a 26 milímetros, y el peso medio oscilaba entre 2,83 y 3,11 gramos. La ley, tanto para el oro como para la plata, no debía ser elevada [301, 564]. Las piezas de oro de la época omeya, de pesos y módulos muy diferentes, eran todas ellas llamadas *dīnāres* en sus leyendas. El módulo medio oscila entre 12 y 24 milímetros; el *dīnār* pesa de 3,43 a 4,40 gramos, tomando como base las emisiones de Madīnat al-Zahrā'.

Los *dīnāres* y los *dirhames* de al-Andalus llevan en cada faz una leyenda doble, una situada en el centro de la faz y la otra dispuesta circularmente siguiendo el borde exterior. En la parte central del anverso figura la afirmación de la unicidad divina, mientras que en el reverso se menciona la titulatura del soberano reinante. La datación, con todas sus letras, y el lugar de acuñación aparecen en la leyenda circular del anverso; la fórmula de la misión profética figura inscrita en la leyenda correspondiente al reverso. El oriental Ibn Ḥawqal nos da el valor de la plata acuñada en relación al oro acuñado en la España califal: un *dirham* andaluz equivalía a la diecisieteava parte del *dīnār,* mientras que en el Islam de la alta Edad Media se daban entre 10 y 12 *dirhames* de plata por un *dīnār* de oro real [277, III, 256].

En varios textos andaluces, las fórmulas de pago aparecen expresadas ya sea en oro o en plata y suponen de forma implícita una pesada efectiva del metal acuñado. En los siglos x y xi todavía se efectuaban algunos pagos en oro, si bien las monedas de plata tenían mucha mayor circulación. Para las transacciones pequeñas, la unidad empleada era un *dirham* ficticio, el *dirham qāsimī,* de uso tan corriente que incluso los documentos leoneses del siglo x utilizaban esta denominación al hacer referencia a los *dirhames* cordobeses. Para el pago de sumas más elevadas, se empleaba otra unidad de cuenta, el *dīnār de dirham (dīnār darāhim)* que equivalía a 12 *dirhames.* Para los pagos en oro, se usaba en la Córdoba de la segunda mitad del siglo xi una moneda de cuenta llamada *mit̲qāl qarmūnī* o *mit̲qāl d̲ahab qarmūniyya (mit̲qal* de oro carmonés), que ha dado lugar a diversas interpretaciones por parte de los historiadores [277, III, 259-260]. H. R. Idrīs recordaba que la mayor parte de oro bruto de al-Andalus llegaba de Sudán a través de una de las tres rutas saharianas que abastecían el Magrib. La del oeste desembocaba en Siŷilmāsa, que se hallaba en manos de los jāriŷíes. Los birzālíes de Carmona —beréberes jāriŷíes cuya riqueza fue descrita por los cronistas andaluces— desempeñarían el papel de intermediarios, y de ahí vendría el uso por parte de los andaluces del siglo XI del *miṯqāl qarmūnī* [277, III, 259-260].

Las monedas emitidas por las taifas se caracterizan por su diversidad, como ha señalado A. Prieto y Vives [324, 98]. Las monedas de oro emitidas en Sevilla por los ʿabbādíes constituyen una rica y numerosa serie. Por lo demás, la proporción de metal fino era ínfimo «como lo indica el color del metal, blanqueano o rojizo», precisa C. M.ª del Rivero [331, 28]. Entre la abundante serie de monedas de plata hay algunos buenos ejemplares, con un 20 % de plata; posteriormente, se acuñaron con cobre puro. Se han clasificado las monedas de las taifas en dos grupos. En el primero, se incluyen las piezas emitidas por los partidarios de la fidelidad al califa de Córdoba: ʿabbādíes, ḥammūdíes, ʿāmiríes y esclavones; tenían un valor equivalente al de las monedas califales e indicaban la titulatura del soberano de Córdoba, sobre todo su calidad de *imām*. En el segundo grupo, los zīríes, los afṭasíes, los Banū Ṣumādiḥ de Almería, los Banū Hūd de Zaragoza y de Lérida, los Ḏūl-Nūníes de Toledo solo consignaban en la leyenda su propia titulatura. La profesión de fe aparece a menudo abreviada o bien combinada con las primeras palabras de la misión profética.

Entre 486 y 496/1093-1102, los *dīnāres* almorávides sustituyeron las monedas de las taifas. Las piezas de plata, de muy buena ley, empezaron a escasear; pesaban dos gramos solo se han podido encontrar tres ejemplares. En cambio abundaban las monedas de medio *dirham* llamadas *qirāṭ*, e incluso fracciones de 1/4, 1/8 y 1/16 de *dirham*. Algunas de ellas no llevan fecha alguna y la leyenda se reduce a la profesión de fe, al nombre del emir y a veces al del príncipe heredero en los últimos años de la dinastía. Recordemos que el reino aragonés contemporáneo de los almorávides había visto aumentar considerablemente su riqueza a finales del siglo XI; al igual que había hecho el conde de Barcelona Ramón Berenguer I el Viejo, el rey de Aragón acuñó una moneda de oro, un *mancus (mancuso)*, comparable al *dīnār* árabe.[103]

Las correspondencias de las monedas almohades eran, para el oro, el *dīnār* de un peso de 2,32 gramos; para la plata, el *dirham* de 1,50 gramos y el medio *dirham* de 0,75 gramos. Los módulos respectivos eran de 19 a 21 milímetros para el *dīnār*, de 15 a 16 milímetros para el *dirham* y de 12 a 13 milímetros para el medio *dirham*. La forma de estas monedas representaba una verdadera innovación: los *dirhames* eran cuadrados, los *dīnāres* tenían un cuadrado en el interior del círculo. Las leyendas estaban distribuidas entre el área del cuadrado y los segmentos. A menudo ni siquiera se menciona la fecha y se omite el lugar de acuñación.

En el enunciado de la leyenda aparece una alusión al *Mahdī* almohade *(imām al-umma)*, *imām* de la comunidad musulmana [331, 52].

Las acuñaciones de los naṣríes se inspiraron, en un principio, en las de los almohades. Las monedas emitidas en el siglo XIII durante el reinado de Muḥammad I eran piezas de plata o *dirhames* cuadrados.[104] Durante mucho tiempo, las monedas naṣríes conservaron las características de la moneda almohade, ya sea por la forma cuadrada de la pieza —incluso en lo que se refiere a los *dīnāres* de oro—, ya sea por la inscripción de un cuadrado en el interior del círculo.

Gracias a Ibn al-Jaṭīb, disponemos de algunas precisiones en lo que se refiere a nomenclatura, peso y valor de las monedas naṣríes durante el siglo XIV [45[6], I, 143-144]. El *dirham* cuadrado tenía dos submúltiplos: el medio *dirham* o *qirāṭ* (quilate) y el cuarto de *dirham* o *rub'*. Los *dīnāres* de oro, llamados dobla o doblón en los documentos cristianos, y los *dirhames* de plata llevaban en cada faz una leyenda doble. La afirmación de la unicidad divina: «No hay otro Dios más que Allāh», así como diversas alabanzas figuraban en la leyenda central del anverso. La titulatura del soberano reinante aparecía en el centro del reverso. La divisa de los naṣríes, «Solo Dios es vencedor», estaba inscrita circularmente siguiendo el borde exterior. En tiempos de Muḥammad V se mencionaba en los cuartos de *dirham* el lugar de acuñación, enunciado a menudo de la siguiente forma: *ṭubia' bi madīnat Ġarnāta ḥarasahā Allāh*, «fue acuñado en la ciudad de Granada. Dios le guarde».

Si damos crédito al texto de Ibn al-Jaṭīb en la *Iḥāṭa*, en un principio el *dīnār* naṣrí pesaba la tercera parte del *dīnār* y la veinteava parte de la onza *(ūqiyya)*; así pues, la moneda naṣrí se emparentaba con el sistema del almohade al-Manṣur, del que también derivaba la acuñación ḥafṣī [162, 69]. El doblón de Granada pesaba de 82 a 83 gramos.

Estamos mucho mejor informados acerca del siglo XV gracias a los documentos notariados redactados en los primeros decenios del emirato naṣrí, y a los cuales ya nos hemos referido más arriba al tratar de la política monetaria de los sultanes de Granada. En ellos aparecen mencionados tres tipos de *dīnāres:* el *dīnār ḏahabī* o *dīnār* de oro, el *dīnār fiḍḍī* o *dīnār* de plata y el *dīnār 'aynī* o pieza de vellón. Luis Seco de Lucena Paredes ha podido establecer una relación de valor entre algunas de las monedas; así, por ejemplo, en 1485, un *dīnār* de oro equivalía a 75 *dirhames*, unidad monetaria de plata entonces en vigor; por tanto, el *dīnār* de plata equivalía a 10 *dirhames* de plata *('ašriyya)*. No ha podido establecerse el valor del *dīnār 'aynī* o vellón [89, introd., XLVII].

El *dīnār* granadino de oro o doblón de buena ley (22 quilates) pesaba unos dos gramos aproximadamente; eran de forma circular, en tanto que las monedas de plata conservaban todavía a finales del siglo XV la forma cuadrada del *dirham* almohade. Una moneda de oro, el *miṯqāl*, circulaba asimismo en el último cuarto del siglo XV, pero ha sido imposible fijar su relación con las demás unidades monetarias. A todo lo largo del siglo XV fueron apareciendo nuevas denominaciones: *dīnāres* de plata *'ašriyya*, *dīnāres* de oro de nueva o vieja acuñación, *dīnāres* de vellón emitidos por el sultán Sa'd, de donde procede la denominación de *sa'dī; dīnāres* de vellón acuñados por el sultán Abū 'Abd Allāh (probablemente Muḥammad IX), *dīnāres ġālibī* (acuñados por uno de los soberanos que adoptaron el título honorífico de al-*Ġālib billāh*), *dīnāres* emitidos durante el reinado de Abū 'Abd Allāh al-Ṣagīr (Muḥammad VIII el Pequeño) [89, Introd., XLVIII]. Motivadas por las fluctuaciones políticas, estas acuñaciones traducían un debilitamiento de la moneda.

Por otra parte, la depreciación de la moneda naṣrí había ya atraído la atención de los juristas del siglo XIV. Al-Ḥaffār declaraba que era lícito, en materia de contratos, utilizar una moneda débil, sin correspondencia con el peso legal, a condición de que ambas partes tuvieran buena fe. Esta solución se inspiraba en el deseo de no degradar la moneda, en interés público. En el siglo XV, el valor de la moneda naṣrí era aleatorio. Ello se desprende de la consulta dada con rigor por un *muftī* de Granada cuyo nombre nos es desconocido. Un «redentor» de cautivos *(fakkāk)* se había trasladado a tierras cristianas para pagar el rescate de prisioneros musulmanes; la moneda naṣrí tenía tan poco valor que los castellanos exigieron una cantidad doble a la establecida. A su regreso a Granada, el «redentor» reclamó a las familias una indemnización. El jurista estimó que el precio fijado de antemano debía mantenerse y que el *fakkāk* era el único que debía sufrir las consecuencias del debilitamiento de la moneda [391, VI, 1941, 94-95].

A través de las fuentes en lenguas árabe y hebrea, hemos podido obtener algunos datos sobre el coste de la vida; estos datos son mucho más escasos que las informaciones proporcionadas por las crónicas árabes acerca del Oriente musulmán. Nos limitaremos a una simple enumeración y no haremos ninguna interpretación precipitada, ya que no disponemos de elementos suficientes sobre los salarios de la *'āmma* andaluza.

Solo en circunstancias especiales los autores hispanomusulmanes mencionan el precio del trigo, como, por ejemplo, en caso de abundancia, debido a una expedición victoriosa, o de escasez provocada por calamidades naturales. Así, en tiempos de 'Abd al-Raḥmān III, el botín recogido por el ejército tras una campaña por la España oriental (en 920), fue tan abundante que se vendía un *qafīẓ* de trigo por 1/6 de *dirham*. En tiempos de al-Manṣūr, en período de hambre, el trigo llegó a costar hasta dos *dīnāres* la arroba (277, III, 271). En la Córdoba de principios del siglo XI, el precio normal del trigo fue fijado por una ordenanza de 'Alī b. Ḥammūd: un *mudd* de trigo costaba seis *dīnāres*, un *mudd* de cebada, tres *dīnāres*. En 1184, tras una expedición del almohade Abū Ya'qūb a Portugal, los cereales se vendían a bajo precio: 15 *mudd* de trigo por un *dirham* y 12 *mudd* de cebada por un *dirham*. En opinión de E. Ashtor, el trigo costaba menos en el Oriente musulmán durante la alta Edad Media [140, 666].

Los tejidos de seda andaluces y los vestidos, muy apreciados tanto en España como en el resto de países de la cuenca mediterránea, alcanzaban precios elevados. Aparecen frecuentemente mencionados en los documentos procedentes de la comunidad mozárabe de Toledo del último cuarto del siglo XIII [219, I, 387, III, 283]. Si damos crédito a una lista de precios fijada a mediados del siglo XII por un mercader judío de Almería, Isaac b. Baruch, la seda corriente de Almería valía de 2,5 a 3 *miṯqāl*; la de primera calidad se vendía a 4-6 *miṯqāl;* la de calidad superior *(jazz),* llegaba a pagarse entre 9 y 9,5 *miṯqāl* [213, 262].

En el siglo XII, el cobre andaluz valía de 5 a 25 *dīnāres* el *qinṭār*, según la calidad, las circunstancias y el punto de venta [213, 54].

Las casas se pagaban a precios elevados; en Córdoba, la antigua capital de los omeyas, las propiedades urbanas costaban entre 160 y 280 *dīnāres*, durante el período 457/1065-459/1067. A través de los *responsa* de los rabinos andaluces, sabemos que, a finales del siglo XI y en la primera mitad del XII, las viviendas pequeñas costaban en Andalucía de 10 a 20 monedas de oro, las casas medianas valían de 50 a 100 y las viviendas más espaciosas variaban de 150 a 500 *dīnāres* si estaban provistas de tiendas [140, 670]. Entre los mozárabes de Toledo, el precio de las casas variaba de 40 a 41 *dīnāres* durante el período 1093-1121. Resulta difícil determinar el valor de la moneda en curso. E. Ashtor ha podido comprobar que en la región del Ebro el precio de los inmuebles era siempre bajo, al igual que en el resto de la España septentrional, debido a las guerras constantes. Los precios de las casas, fijados en *solidi* de plata de Jaca, que valían la mitad de un *dīnār* musulmán, eran netamente inferiores a los de Toledo y sobre todo a los de Andalucía. Los huertos, que ya valían, en moneda de oro, 240 *miṯqāles*, según el jurista Ibn Sahl, eran muy costosos en toda España en el siglo XI. Los campos y las viñas costaban de 50 a 100 *dīnāres* en Andalucía a principios del siglo XII. Según E. Ashtor, el precio de los inmuebles en al-Andalus era muy módico comparado con el que regía en las ciudades de Egipto, Palestina y Siria durante el mismo período [140, 670-674].

Los datos acerca de los salarios de los jornaleros de al-Andalus son realmente escasos. En tiempos de 'Abd al-Raḥmān III, los albañiles, terraplenadores y arrieros que trabajaron en la construcción de Madīnat al-Zahrā' cobraban un jornal que oscilaba entre 1,5 *dirhames* y dos o tres *dirhames* al día. A razón de 17 *dirhames* por un *dīnār*, según testimonio de Ibn Ḥawqal, los ingresos mensuales de estos obreros se elevarían a 2,6, 3,5 y 5,3 *dīnāres* respectivamente. En Egipto e Iraq, un jornalero cobraba de medio *dīnār* a dos *dīnāres*. Sin embargo, sería prematuro sacar conclusiones de estos datos tan pobres. Se pueden obtener algunas informaciones en el manual de *ḥisba* del malagueño al-Saqaṭī (¿siglo XII o principios del XIII?). Un amasador u hornero cobraba a razón de 0,5 *dirhames* diarios, un herrero o un afollador recibía diariamente un *dirham*. En opinión de P. Chalmeta, el nivel de vida de los hispanomusulmanes de condición modesta era inferior a los de sus hermanos de Siria, Egipto e Iraq [87², 155 y n. 1] por las mismas fechas. Dado el estado actual de nuestros conocimientos, nos abstendremos de hacer ninguna afirmación concluyente.

En el transcurso de su viaje por Andalucía en el siglo XIV, Ibn Baṭṭūta observaba que la fruta era muy accesible en Málaga; en el mercado, la uva costaba 8 *riṭl* el *dirham ṣagīr* [78¹, I, 145]. Tanto Ibn Jaldūn como el *qāḍi* Ibn al-Ḥasan al-Nubāhī dan fe de una clara elevación del coste de la vida en la capital *naṣrí*. La razón de ello era el aflujo de musulmanes que se refugiaban en Granada cada vez que una ciudad caía en manos de los castellanos [138, 359]. Según Ibn al-Jaṭīb, había aumentado considerablemente el precio de los bienes inmuebles [45⁶, I, 128]. El visir naṣrí indica que las tierras de regadío de la Vega costaban hasta 25 *dīnāres* de oro por *marŷa‘ ‘amalī* [45⁶, I, 128]. A lo largo del siglo XV, el precio de las tierras y las casas fue incrementándose. En 1428 se vendió en Granada un huerto por 800 *dīnāres* de oro.[105] En 1470, una tienda en la Alcaicería de Granada costaba 210 *dīnāres* de oro. En 1491, un *marya‘* de tierra bien regada situada en el interior del recinto de Granada costaba 9 *dīnāres* de oro (cerca de 20 gramos de oro de 22 quilates), es decir, 675 *dirhames* de plata [89, doc. 26 c]. En la Vega, cada *marŷa‘* en terreno de regadío costaba 40 *dīnāres* de plata (5,6 *dīnāres* oro = alrededor 13 gramos oro de 22 quilates) o sea 400 *dirhames* de plata; en tierra de secano, el *marŷa‘* bajaba hasta 6 dirhames de plata = alrededor de 0,170 grs. oro de 22 quilates [89, introd. XLVIII].

El rescate de un cautivo oscilaba entre 130 y 200 *dirhames* de plata y los gastos de redacción de un acta de reparto ascendían a 300 *dirhames* de plata [89, introd. XLIX]. Ya en el siglo X, Ibn Ḥawqal había mostrado su sorpresa por el elevado coste de las monturas andaluzas [277, III, 280]. Un asno valía 300 *dirhames* de plata a finales del siglo XV.

Existen datos sobre algunas indumentarias y muebles: 4 *dirhames* por una mesa de madera, 13 *dirhames* por un par de zapatillas de cuero, 130 por un manto y 22 *dīnāres* por una marlota de paño [89, introd. XLIX].

Gracias a un documento del año 1485, poseemos algunos datos acerca del precio de los productos alimenticios: 20 *qadaḥes* de cebada costaban 18 *dirhames* el *qadaḥ*; media libra de manteca y cinco libras de miel valían 30 *dirhames* [89, documento núm. 55]. Tras una razzia de ganado llevada a cabo por los granadinos en el año 896/1491, la carne era tan abundante, que se pagaba a un *dirham* la libra en los zocos de Granada [84, 40/45].

2.4. La producción industrial y los intercambios

2.4.1. *La organización profesional y los oficios urbanos*

A lo largo de toda la Edad Media, los viajeros árabes mostraron su sorpresa ante la proliferación de centros urbanos y grandes aldeas en la España musulmana. La actividad económica necesaria para el mantenimiento de los habitantes y el suministro de productos manufacturados gravitaba en torno a las aglomeraciones urbanas. Allí acudían los campesinos a vender animales y productos del campo. A las puertas de las ciudades, en una explanada llamada *šarīʿa*, se celebraban las ferias al aire libre *(sūq ŷāmiʿa* o *sūq al-ġubār)* [273, 55-56; 391, XV, 1950, 437-486]. Se vendía ganado y cereales en Jaén, Jodar y Carmona; los martes y los jueves se celebraba la feria al aire libre en estas ciudades [71, 89, 143, 191]. En Granada, la feria tenía lugar una vez a la semana frente a la Puerta de Elvira. En el siglo xii había en Toledo una feria de ganado, el *sūq al-dawwāb*, que alcanzó cierta importancia en esta capital de la Marca Inferior, desde donde salían las grandes expediciones musulmanas hacia el norte de la península Ibérica. La mención de este mercado ha quedado perpetuada en la famosa plaza toledana de Zocodover.[106]

En el interior de las ciudades, los negocios se llevaban a cabo en los mercados y en las calles estrictamente especializadas, todos ellos dedicados al comercio al por menor. Tanto los talleres como las tiendas eran bienes del Estado o bienes de manos muertas, por lo que su gestión dependía del Tesoro público o de los *waqf*.[107]

La organización de las diversas categorías profesionales de la ciudad hispanomusulmana, que aparece atestiguada desde el siglo ix para la Córdoba omeya, se mantuvo en la Sevilla de los almorávides y en la Granada de los sultanes naṣríes. Fabricantes, comerciantes o artesanos vendían directamente a sus clientes el producto de su trabajo, en otras tantas «categorías» *(ṣinf)* de oficios a las que no puede darse el nombre de corporaciones por estar desprovistas de las características que estas tenían en el Oriente musulmán o en el Occidente cristiano.[108] Al frente de cada una de ellas había un hombre bueno (*amīn*, a veces llamado *ʿarīf*), cuya autoridad reconocían todos los miembros de la profesión y a la que representaba ante la autoridad civil, y especialmente ante el *muḥtasib*. Así, por ejemplo, el *amīn* de la «categoría» de drogueros ejercía un control riguroso sobre todos ellos y les enseñaba el conjunto de reglas de la profesión; él era el responsable ante el *muḥtasib* de cualquier infracción en cuanto a la probidad comercial [87²].

Cada categoría profesional tenía sus emplazamientos de fabricación y venta fijados en algunos barrios del centro de la ciudad o de la periferia, como pone de manifiesto el estudio topográfico de diversas metrópolis de al-Andalus emprendido por Leopoldo Torres Balbás [371, I, 301-310]. Así, la mayoría de oficios se hallaban agrupados en el mercado que se extendía por las proximidades inmediatas a la Gran Mezquita. En Córdoba, el barrio comercial abarcaba todo el espacio comprendido entre la Mezquita Mayor y el arrabal de la Ajarquía y ocupaba parte de este arrabal. En el *sūq*, calles angostas rodeadas de tiendas bajas estaban reservadas a una profesión cuyo nombre ostentaban. Había también núcleos comerciales secundarios en los que los habitantes podían efectuar sus compras sin necesidad de desplazarse; existía un mercado en pleno corazón del Albaicín, al lado de *Bāb al-Bunūd.*[109]

Los comercios de lujo estaban agrupados en bazares, a los que se daba el nombre de *qaysāriyya* (de donde procede la voz española alcaicería): patios bastante espaciosos rodeados de pórticos a los que se abrían una serie de establecimientos de venta [408, II, 700, 701; 371, I, 345-368]. En la Sevilla almorávide, las tiendas de ropa de ocasión estaban dispuestas de forma parecida y recibían el nombre árabe de *marqaṭāl* (del diminutivo del bajo latín *mercatellus*), palabra de origen romance que se sigue usando en Fez [75³, 161].

El comercio mayorista y semimayorista estaban casi totalmente monopolizados por los vendedores a comisión *(ŷallās)*, quienes recibían de los fabricantes o los importadores los objetos manufacturados que vendían por cuenta propia. En las callejuelas próximas al *sūq* era frecuente asistir al pintoresco espectáculo de los ciudadanos y los campesinos, venidos a efectuar sus compras, formando un círculo para oír la venta pregonada en alta voz por los agentes de almoneda *(dallāl).*[110] La subasta se practicaba no solo con las mercancías de ocasión sino también con las nuevas.

Los comerciantes al por mayor depositaban sus mercancías en unos almacenes llamados *funduq*, en los que se guardaban los granos que los corredores de cereales compraban en el campo, y en los que se subastaba el trigo, convertido o no en harina [204, I, 535; 391, XI, 1946, 447, 480]. Los almacenes de mercancías que servían también de hospedería para los viajeros que venían de fuera, recibían frecuentemente en Andalucía el nombre de *jān*, palabra de origen persa [87¹, 26].

Cabe suponer que los soberanos cristianos mantuvieron la estructura profesional musulmana. En la Valencia reconquistada por Jaime I, los aragoneses se instalaron en las mismas tiendas ocupadas previamente por artesanos árabes. En los repartos ordenados por el monarca, aparecen citadas las calles de los Panaderos, de los Herreros, de los Zapateros, de los Peleteros, cuyo recuerdo ha quedado plasmado en la toponimia actual de Valencia [350, 114]. Tras la reconquista de Sevilla, Fernando III mantuvo la organización musulmana: «mandó y establescer calles et ruas departidas a grant nobleza, cada una sobre sy de cada menester et de cada ofiçio, de quantos omne asmar podríe que a nobleza de rica et noble et abondadaçipdat pertenesçiesen» [125, 770]. Siguiendo la voluntad de los Reyes Católicos, también en Málaga se distribuyeron los oficios por calles [371, I, 304, n. 38]. En Granada, la disposición de los zocos árabes persistió hasta el siglo XVIII: la cuchillería se vendía en la calle de Gomeres, y zapateros y tintoreros tenían sus propias calles [115, I, 19-32]. En las páginas de los tratados de *ḥisba* aparece claramente la diferencia entre oficios nobles y oficios degradantes.[111] Los vendedores de esencias se agrupaban en las cercanías de la Gran Mezquita y los comerciantes de tejidos, en el centro de la ciudad. El comercio de la alimentación ocupaba un lugar importante en cada barrio. Había, además de panaderos, carniceros, pescaderos, lecheros, vendedores de aceite, manteca y miel, comerciantes de frutas y de legumbres.[112] Se vendían en la calle alimentos preparados, como salchichas, diversos tipos de pasteles y frituras [75, introd.]. Solo mencionaremos aquellos oficios artesanos [113] que tenían alguna relación con el mobiliario, la ropa o los utensilios domésticos. Los herreros fabricaban los pesados herrajes de las puertas y los cofres, así como herramientas, clavos y cadenas. Buena parte de la actividad artesanal estaba destinada al trabajo del cuero y de las pieles: fabricantes de pellizas forradas, guarnicioneros, talabarteros y tafileteros trabajaban estos materiales. Los zapateros tenían que enfrentarse a la competencia de los fabricantes de sandalias con suelas de corcho *(qurq,* español alcorque), utilizadas por el bajo pueblo cuando hacía buen tiempo. Los fabricantes de alpargatas (del árabe *barġa*) y los zapateros remendones tenían mucha clientela.

Los estereros utilizaban esparto, palmito y junco para fabricar, ante los ojos de sus clientes, cestos, esteras, cedazos y escobas.

Algunos artesanos se veían relegados a los zocos excéntricos debido a que su oficio era maloliente o exigía grandes espacios. Este era el caso de los curtidores *(dabbāġ)* de Toledo y Granada, los fabricantes de aceite *(zayyāt)* de Almería; los alfareros *(fajjār),* los ladrilleros y los fabricantes de tejas *(tawwāb)* de Granada y los preparadores de tierra jabonera *(ṭaffāl)* de Toledo [273, 51-52; 371, I, 311].

Otras categorías profesionales acogían a trabajadores que ejercían oficios viles: aguadores, mozos de cuerda, chalanes.

Entre los oficios urbanos, no podemos omitir una actividad floreciente en el reino naṣrí; el refinado del azúcar de caña a domicilio en Motril y Granada [290 *c*].

2.4.2. *LOS PRODUCTOS MANUFACTURADOS Y LAS INDUSTRIAS DE LUJO*

Desde la alta Edad Media, gran cantidad de artesanos de al-Andalus se dedicaban al tejido de la lana, del algodón y de la seda. Los sastres y los comerciantes de telas formaban prósperos gremios en las *qaysāriyyas* de las ciudades hispanomusulmanas. Las telas de lino y algodón, así como las mantas y los tapices de lana, se tejían en talleres privados llamados *ṭirāz*, al igual que las manufacturas reales de telas de seda y de brocado. La industria del tejido y las actividades relacionadas con ella, como el cardado, el hilado y el teñido ocupaban a numerosos obreros y aprendices en otras tantas calles que llevaban el nombre del gremio que cobijaban. En la Córdoba omeya, la industria de las telas se desarrolló en un populoso barrio de artesanos mozárabes y *muwalladūn*, *al-Ṭarrāzīn* [277, III, 225, 307]. Las telas se vendían por piezas y el comprador las hacía cortar y coser a los sastres. Pero también podía comprarse ropa confeccionada en el *marqaṭāl* y en Granada se vendía ropa usada en la calle de los ropavejeros *(al-saqqāṭīn)*, cuyo nombre ha quedado perpetuado en la voz Zacatín.

Las telas de lino de Zaragoza eran famosas, así como los brocados fabricados en las manufacturas de la Córdoba califal. Almería producía telas de colores con reflejos dorados; en Baza, provincia de Granada, se fabricaban tejidos sedosos abigarrados de colores espléndidos, destinados a la confección de trajes de aparato y al amueblamiento de los palacios [78[1], I, 187]. En Málaga se tejían túnicas de seda con bordados de oro *(al-ḥulal al-mawšiyya)* para los soberanos y las personas de alcurnia [88[2], 112 n. 161]. En la baja Edad Media había en Almería cien telares en los que se fabricaban brocados y ochocientos para el tejido de la seda [78[1], I, 154].

En el distrito de Jaén, antes de que la ciudad, llamada «Jaén de la seda», pasara a manos castellanas, había unas tres mil aldeas que se dedicaban casi exclusivamente a la sericultura [88[2], 107; 71, 88-90]. Según cuenta al-Idrīsī, seiscientas aldeas de las Alpujarras se ocupaban de la cría del gusano de seda en la alta Edad Media. La especialidad de las regiones de Málaga, Vélez Málaga, Comares, de la Serranía de Ronda, de Casares y de Gaucín y, sobre todo, de las Alpujarras era el cultivo de la morera y la cría de los gusanos de seda. La excelente calidad de los tejidos de seda andaluces inspiró a Ibn al-Jaṭīb, en pleno siglo XIV, el siguiente comentario: «esta seda es solo comparabe a la que produce Iraq, aunque esta sea menos fina, menos aterciopelada y tenga menos cuerpo» [135, 9]. A través de las consultas hechas por los juristas del reino naṣrí sabemos que el propietario de las moreras confiaba al obrero cierta cantidad de árboles y le entregaba los huevos de los gusanos de seda. El obrero se ocupaba de su cría y recibía como retribución una cuarta parte de la seda obtenida [391, VI, 1941, 113]. La seda se hilaba en las zonas rurales, pero se vendía en los centros urbanos, en Málaga, Almería y Granada. Entre los meses de diciembre y abril, cuando los senderos de las Alpujarras se hallaban cubiertos de nieve, solo llegaba a la capital naṣrí una pequeña cantidad de seda, pero entre junio y septiembre las ciudades recibían los dos tercios de la producción anual.[114] En la *qaysāriyya,* los inspectores *(ŷelīs)*[115] comprobaban el peso y la calidad de la seda y vigilaban la regularidad de la venta de almoneda.

Entre las industrias de lujo, cabe citar el trabajo del oro, la plata y las piedras preciosas, actividad en que la España musulmana del siglo x rivalizaba con Bizancio. Córdoba era famosa por su orfebrería y el cincelado de las joyas, por el trabajo del azabache, del cuero repujado y del marfil. Toledo destacaba por sus armas. La Granada naṣrí fue digna heredera de estas dos ciudades hispanomusulmanas por el esplendor de sus alhajas y de sus espadas.

Fue un cordobés, al-'Abbās Ibn Firnās, quien, en la segunda mitad del siglo IX, descubrió el procedimiento de fabricación del cristal y lo puso en práctica en los hornos de los vidrieros cordobeses [277, I, 274]. A lo largo de toda la Edad Media, los talleres de cerámica hispanomusulmanes fabricaron azulejos (palabra que procede del árabe *zellīŷ*) para pavimentos [194, I, 598], platos dorados y esmaltados de Calatayud y de Málaga que ya se vendían en Oriente en el siglo x [25[1], IV, 365]. En el siglo XV, Málaga alcanzó fama por los magníficos platos dorados con reflejos metálicos y los grandes jarros vidriados que eran exportados por todo el Mediterráneo [391, VII, 1942, 253-268; 391, XXIV, 12, 1959, 399-400]. Al-'Umarī alababa la calidad de la alfarería de Andarax [27, 245]. Málaga estaba especializada en objetos de cuero, tales como gualdrapas, cinturones y cojines redondos *(mudawwāra),* y de hierro: cuchillos y tijeras. En el *sūq* se fabricaban bandejas de hojas de palma [27, 241]. En Almería se trabajaba el cobre, el hierro y el vidrio [78[1], I, 154].

Gran número de artesanos se dedicaban a la preparación de pergamino y a la fabricación de papel. El pergamino se hacía con pieles de corderos aprestadas y raspadas, pero ya en la España califal se importaban del Sáhara pieles de cervatillos y de gacelas, que eran más consistentes y adecuadas para hacer pergamino fino. Los andaluces sobresalieron ya desde el siglo x en la fabricación de papel *(kagd* o *waraq),* sobre todo en la región de Valencia, en Játiva. En el siglo XI, el empleo de este papel sustituyó en casi todo al-Andalus el uso de pergamino [196, 81-84; 270, 185; 277, III, 313, 314, n. 1].

2.4.3. LOS COMERCIANTES

Ante todo estudiaremos las personas que se dedicaban al tráfico comercial.

Durante la alta Edad Media, los comerciantes de al-Andalus eran, principalmente, agentes mozárabes que comerciaban con la Galia ya desde la primera mitad del siglo IX, y comerciantes judíos que hacían largos viajes, tanto al Oriente musulmán como a la Europa continental, de donde traían cautivas y pieles para sus clientelas musulmanas. Al otro lado de las Marcas, los mercaderes mozárabes y judíos revendían, en los principados cristianos del norte de la península Ibérica, sobre todo en León, los productos de la industria de lujo del califato de Córdoba y algunos artículos orientales que entraban en la España musulmana [277, III, 232, 309].

Una serie de estudios recientes han puesto de manifiesto el papel desempeñado por los comerciantes judíos de la cuenca mediterránea, sobre todo los egipcios, en la actividad comercial de la España musulmana durante los siglos XI y XII. En los barcos pertenecientes al dinasta de Denia, Muŷāhid, llegaron a Alejandría mercaderes judíos de al-Andalus [213, 169]. A todo lo largo del siglo XII prosiguieron los viajes de los mercaderes judíos, a pesar de la hostilidad que manifestaron hacia ellos las poblaciones musulmanas de Almería y de Marruecos, en tiempos de los almohades [212, II, 78; 213, 50-51]. Abū Sa'īd Ḥalfōn b. Nethanel ha-Levi, infatigable viajero y erudito judío originario de Egipto que comerciaba con la India y Aden, se trasladó a Tremecén, a Fez y posteriormente a Almería y Lucena, donde visitó las comunidades judías. Durante el verano del año 1138, llevó a cabo ventajosas compras de seda en la plaza de Almería, gracias a su representante local, Isaac b. Baruch [213, 261-262].

En el reino naṣrí, el papel de los mercaderes judíos se esfumó en beneficio de sus homólogos musulmanes, al menos en el siglo XIV. Ch.-E. Dufourcq ha demostrado de forma bastante sensata la existencia de un comercio activo protagonizado por hombres de negocio y, a veces, por hombres de Estado granadinos. En enero de 1317, una coca granadina perteneciente al *ra'īs* de Málaga atracó en Mallorca y de allí salió hacia Túnez [197 *b*, 35-36]. Algunos mercaderes granadinos o magribíes fueron copropietarios de barcos italianos o catalanes. En mayo de 1361 había una intensa actividad de comerciantes almerienses en los mares de Andalucía [197 *a*, núm. 9, 69]. Pronto los mercaderes naṣríes tuvieron que hacer frente a la competencia de los súbditos de la Corona de Aragón, sobre todo de mallorquines y valencianos.

Los comerciantes cristianos se establecieron preferentemente en las principales ciudades costeras, provistas de aduanas. Así, en Almería, donde los cristianos pagaban impuestos *(aš'ār)* sobre los productos con que comerciaban, existían relaciones comerciales desde fecha temprana [78[1], IV, 206]. Al-Šaqundī la mencionaba a principios del siglo XIII en su elogio del Islam español [88, 114]. Un grupo de comerciantes cristianos, cuyo origen no cita Ibn al-Jaṭīb, dispensaron una respetuosa acogida al sultán Yūsuf I en el año 755/1354 [47, 44]. A principios del siglo XIV había en Almería una colonia de mercaderes catalanes, y en las deliberaciones del Consejo de Barcelona queda formalmente atestiguada la presencia de un cónsul catalán en esa ciudad en 1326 [96, X, 60 v.º, 61 v.º]. Según un documento de los Archivos Históricos de Mallorca, hallado por Fr. Sevillano Colom, en 1303, los comerciantes catalanes que residían en Málaga tenían como cónsul a Francisco Mersser.[116] En 1327, los catalanes contaban con la presencia de un cónsul en Málaga [104[2], I, 281] y de otro en Granada [95, 1389, f.º 90 v.º]. Según testimonio de Ibn al-Jaṭīb, en la capital naṣrí existía una aduana en la que se percibían los impuestos pagados por los cristianos [45[1], f.º 157]. En las cláusulas del tratado de paz concluido el 8 de raŷab del año 768/10 de marzo de 1367 entre Muḥammad V y Pedro IV de Aragón, al que también fue asociado el sultán marroquí Abū Fāris, se estipulaba la libertad de desplazamiento de los mercaderes catalanes por todo el territorio naṣrí y por el país marīní, así como la facultad de establecerse en ellos y de ejercer su actividad mientras el tratado siguiera vigente y se pagaran los impuestos habituales [4, 147/149]. A principios del año 1375, Pedro IV dio una serie de instrucciones a su embajador en Granada, Pere de Manresa, para que concluyera un nuevo tratado de paz entre la Corona de Aragón y Granada, en el que se concediera a los mercaderes de ambas partes libertad de comercio en los dos Estados y se facilitara a los súbditos de uno y otro reino el acceso a las costas del otro, la venta de sus mercancías y el abastecimiento de agua.[117]

Los comerciantes cristianos residentes en Cataluña y Valencia desde 1393 no tardaron en instalarse en el reino de Granada: a finales del siglo XIV, el florentino Luigi Alberti, exiliado por sus compatriotas, se estableció en Granada, donde residió varios años y donde contó con la protección del sultán.

A principios del siglo XV, los famosos mercaderes de Prato, los Datini, tenían un agente en Málaga, como pone de manifiesto una carta de 17 de diciembre de 1402, atribuida a un miembro de su personal [293, 21]. En 1406, un veneciano, Simone Bonafé, se instaló en Sevilla, mientras que su hermano se establecía en Málaga [293, 159]. Seis años más tarde, la colonia veneciana de Málaga pasó a jurisdicción ordinaria y contó con la protección de un cónsul, Andrea Corner [293, 160].

Fueron los genoveses quienes desempeñaron un papel primordial en la historia de la penetración italiana en tierras andaluzas. Ya a mediados del siglo XIII, en tiempos de Fernando III y de su hijo Alfonso el Sabio, habían conseguido sustituir a los catalanes en el comercio con Sevilla [176, 57-59, 62]. Existían viejas y amistosas relaciones entre Génova y Málaga. A finales del siglo XI, una carraca genovesa había echado anclas en Málaga. El embajador genovés en Granada y Muḥammad II concluyeron un tratado, el 18 de abril de 1279, en el que había una serie de cláusulas comerciales. El sultán naṣrí prometía a los genoveses además de su protección, la exención de cualquier impuesto, y daba una lista de los productos que les permitía exportar. Se autorizaba a los genoveses a abrir un *funduq* en el reino de Granada, a tener una iglesia, un horno, baños públicos y a practicar la caza. Como contrapartida, los genoveses se comprometían a suministrar al sultán, en caso de necesidad, naves contra los «sarracenos» que no estuvieran vinculados a la Comuna de Génova por ningún tratado.[118] Este tratado fue prorrogado en 1295.[119] Las franquicias otorgadas a los genoveses en tierras naṣríes a finales del siglo XIII, preocupaban hasta tal punto a los súbditos del rey de Aragón, que Jaime II tuvo que concluir unas treguas con Muḥammad II en 1300, según las cuales se concedían exenciones análogas a los mercaderes catalanes [104, núm. 61].

En el siglo XV, las grandes dinastías de mercaderes genoveses, los Centurioni, los Pallavicino, los Spinola y los Vivaldi tenían alfóndegas en el reino de Granada. En 1443 residían en este reino cincuenta y ocho comerciantes genoveses, cuarenta de ellos en Málaga, donde poseían seis alfóndegas. En 1452, los genoveses de Málaga eligieron a un cónsul y a cuatro consejeros. En Granada, y quizá también en Almería, residían algunos negociantes; en 1460 había incluso algunos de ellos en Almuñécar. Como ha señalado Jacques Heers, su actitud amistosa hacia los musulmanes se basaba en su deseo de dominar el mercado granadino: una victoria castellana se hubiera opuesto a sus propósitos [229, 94]. En el transcurso del siglo XV, los genoveses extendieron su dominio económico sobre el reino naṣrí, y Granada pronto fue para ellos «un país colonizado explotado por mercaderes para el gran comercio».[120]

Después de la caída del reino naṣrí, quedaban todavía vestigios de la presencia de los genoveses en Andalucía. Jerónimo Münzer afirma haber visitado en Granada la casa de unos genoveses que se hallaba situada en las proximidades de la Gran Mezquita; allí habían vivido los Mendel, grandes mercaderes de Nüremberg que mantenían relaciones comerciales con los genoveses [309[1], 111-112]. En Málaga, donde el médico alemán llegó el 29 de octubre de 1494, se había combatido ferozmente en el Castillo de los Genoveses, que formaba parte del recinto de la ciudad, así como en la Alcazaba y en los arsenales.[121] Tras la rendición de Málaga en 1487, varios genoveses solicitaron a los Reyes Católicos que les permitieran ejercer su actividad en la ciudad como lo hicieran antaño. Se les concedió un emplazamiento extramuros, no lejos del puerto. En 1491, los Reyes Católicos otorgaron el Consulado del puerto de Málaga a Alonso Charino [96, f.º 483]. En 1493, Agustín Italiano y Martín Centurión, dos mercaderes genoveses establecidos en Málaga, renunciaron a su nacionalidad de origen y adoptaron la castellana para poder continuar sus negocios, sobre todo el comercio de la seda [250, 9].

2.4.4. *EL TRÁFICO DE ESCLAVOS*

Tanto en la España musulmana como en el resto del Islam, la esclavitud perduró durante toda la Edad Media. El tráfico de esclavos de raza blanca y negra ha sido citado numerosas veces. Mercaderes especializados en la compraventa de esclavos *(najjās)* disponían en cada metrópoli de cierta importancia de un mercado especial *(ma'riḍ)* donde se ofrecían cautivos de ambos sexos a los posibles compradores, al igual que se hacía en las ciudades del Imperio 'abbāsí [300, 200-212]. Entre las esclavas del sexo femenino, las blancas eran presentadas según su origen; francas, gallegas o beréberes; en cambio, se consideraba a todas las negras originarias de Sudán. Las ventas se hacían al mejor postor, y antes de redactar el acta en que se hacía constar la transacción, el comprador tomaba toda clase de precauciones para evitar un posible fraude. Los autores árabes medievales alabaron las cualidades físicas y la belleza de las esclavas,[122] al tiempo que hacían mención de su elevado precio y del de los eunucos andaluces. En Córdoba, en la segunda mitad del siglo XI, una esclava *(ŷāriya)* costaba 28 *miṯqāles* y por una esclava negra *(ama sawdā')* llegaba a pagarse hasta 160 *miṯqāles* [277, III, 259].

Se pagaban precios todavía más elevados cuando se trataba de esclavas músicas, que durante el emirato omeya eran traídas de Oriente a grandes costes [277, I, 268]. Los reyezuelos de taifas se disputaban las esclavas mejor dotadas de la península Ibérica en el arte del canto; el primer rey independiente de la Sahla, el beréber Huḏayl Ibn Razīn, llegó a pagar por una esclava cantante 3000 *dīnāres* [321, 383-385].

El tráfico servil se practicó en el transcurso de toda la Edad Media en los países de la cristiandad mediterránea, desde Bizancio hasta España. La piratería contribuyó a la captura de esclavos «moros» o «granadinos», que eran trasladados a los puertos de la Corona de Aragón, a Tarragona, Valencia y Mallorca, donde se les obligaba a trabajar bajo una estrecha vigilancia.[123]

2.4.5. *LOS PRODUCTOS COMERCIALES*

Desde fecha temprana, la industria textil y la peletería supusieron para la España califal la entrada de importantes cantidades de moneda extranjera. Los principados cristianos del norte de la península Ibérica por una parte, y el Oriente musulmán por otra, se convirtieron en los mejores clientes de la Córdoba omeya.

Los pañuelos de seda fabricados en Fiñana, al suroeste de Guadix, y destinados al tocado femenino, eran muy apreciados en León, donde recibían el nombre de *alfiniame* [336, 142 y n. 11, 186]. Ibn Ḥawqal ha dejado constancia de la exportación de telas de seda de al-Andalus hacia

Egipto e incluso hacia el Jurasān. Se exportaban telas de lino de Pechina a Egipto, Yemen y La Meca.[124] Zaragoza tenía fama no solo por sus telas de lino sino también por la preparación de las pieles de castor y de marta cibelina, actividades que daban lugar a un activo comercio de exportación. Las pieles de comadreja y de ardilla eran muy buscadas tanto en la corte de León como en la de Córdoba. En el reino de León se llevaban pellizas forradas *(mubaṭṭana,* de donde procede la voz española mobatana), ya fuera de piel de conejo o de cordero como queda atestiguado en una carta del año 944 de la era de Cristo [336¹, 186-187; 336², 76, nota 90, 77].

Entre las cartas comerciales halladas en la Geniza de El Cairo a finales del siglo XIX [409, IV, 1010-1012], escasean las que hacen referencia a los intercambios con la España musulmana durante el siglo V/XI [424, XXIV, 1964, 41-80]; sin embargo, abundan las relativas al siglo VI/XII. Al-Andalus vendía su seda, ya fuera la ordinaria *(ḥarīr)* o la de calidad superior *(jazz)* a la Berbería oriental [213, 262, 284]. Los andaluces exportaban también grandes cantidades de estaño y, sobre todo, de cobre [213, 290, 52]. Importaban de Marruecos antimonio *(kuḥl)* de excelente calidad y alumbre [213, 54, 267]. La España musulmana vendía goma lacada en el mercado marroquí e importaba escamonea *(suqamūniya)* que, después de crecer en los países de la cuenca oriental del Mediterráneo, se vendía en la plaza de Fez [213, 54-55]. Los mercaderes judíos de Egipto eran los encargados de introducir en España las especias de Egipto y Siria y la madera de sibucao *(baqqām)* [409, I, 991-992], procedente de la India, y que se utilizaba en infusiones y como tinte de color rojo [212, I, 214; 213, 29, 33; 327, 139 ss.].

En el reino de Granada adquirió gran importancia la exportación de seda, azúcar y frutos secos. Los comerciantes italianos apreciaban la calidad de la seda granadina, llamada *spagnola, di Málaga, di Almeria* o *moresche* en los documentos italianos del Trecento. Exportada de Málaga y de Almería hacia Cádiz, Alicante y Valencia, «gran mercado de la seda moresche», la seda era en gran parte redistribuida. En 1404, intermediarios genoveses y valencianos vendían a los catalanes seda de Almería a buen precio [179, II, 682]. En 1402, los valencianos vendían seda de Granada a las compañías comerciales de Luca y Florencia, las cuales la revendían en Flandes, Montepellier, Bolonia e incluso Venecia [416, X, 1974, 118]. En la segunda mitad del siglo XV, los italianos todavía importaban seda del reino de Granada.[125] Sin duda las repúblicas italianas hacían uso propio de esta seda, que se hilaba y tejía en Génova [229, III ss.].[126] La seda del reino naṣrí hacía la competencia a la de Oriente.

El azúcar del reino naṣrí, que se cargaba en Málaga, Almuñécar y Almería y que se transportaba en cajas, era exportado por los genoveses, que lo vendían incluso en Flandes [293, 45-52; 229, 110]. A partir de entonces, el azúcar dejó de ser un producto de lujo.

Cabe destacar la importancia que tuvieron florentinos, valencianos y genoveses en la exportación de frutas de Málaga [293, 52-56; 138 bis]. Las almendras, los higos y las uvas pasas eran muy apreciados en los mercados de Southampton y de Brujas. Los Spinola, dinastía de mercaderes genoveses, ostentaron en el siglo xv el monopolio de la exportación de frutos del reino de Granada [229, 109; 314 *a*, 97].

A través de Málaga se exportaba el azafrán de Priego de Córdoba y el de Baza, así como la pez, muy apreciada en las industrias navales de Génova y Venecia [293, 56-59, 139].

Se importaban mercancías de distinto tipo que servían de complemento a la producción local de productos alimenticios: especias de Oriente (pimienta, nuez moscada, canela), arroz de Valencia y, sobre todo, trigo de Orán y de Ḥunayn, que se descargaban en Almería, gracias a la gestión de los genoveses [227, 492-493]. En el siglo xv, los catalanes vendían en Almería y Málaga la sal del delta del Ebro [179, II, 628]. En 1445 los genoveses hicieron transportar cargamentos de sal de Cádiz a Málaga [227, 352].

Según testimonio dejado por el florentino Tuccio di Gennaio en 1402, el reino naṣrí tenía que importar aceite, ya que su producción oleícola era insuficiente para cubrir las necesidades de la población [293, 153-155].

Por mediación de los mercaderes genoveses se importaban también drogas de Oriente (incienso, áleo) y productos tintóreos: agalla oriental, rubia de Flandes.

El reino naṣrí importaba papel, lino e hilaturas de Génova. El algodón de Oriente y los paños de Inglaterra llegaban a las costas de Almería y de Málaga gracias a los genoveses. Los súbditos de los sultanes de Granada apreciaban especialmente el color azul pastel de los paños de Bristol, importados por los mercaderes genoveses en la segunda mitad del siglo xv. Estos paños azules, que eran desembarcados en Málaga, eran a menudo expedidos hacia el Maġrib, donde alimentaban el comercio transahariano [393, año 26, núm. 5, 1971, 1108].

Málaga era, además, un enclave habitual, un centro de distribución de las pieles y cueros procedentes del norte de África, de la cera y de la cochinilla.

Finalmente, hay que hacer especial mención al papel de Málaga como centro comercial del oro. El oro que los genoveses compraban en África, en Ḥunayn o en Orán, llegaba a través de Málaga a Cádiz o a Génova [227, 67 ss.].

2.4.6. *LAS VÍAS DE COMUNICACIÓN TERRESTRE Y MARÍTIMA*

El estudio de la circulación e intercambio de bienes muebles, tanto en la ciudad como en el campo, entre las ciudades hispanomusulmanas y los puertos del Mediterráneo, nos ha llevado a plantear la cuestión de los transportes.

Los andaluces se desplazaban con bastante frecuencia; las cáfilas de bestias de carga recorrían las principales vías de comunicación de la España musulmana, enlazaban unas ciudades andaluzas con otras o se dirigían hacia los puertos de exportación: Málaga, Almería y Algeciras. Las empresas especializadas alquilaban a los viajeros, a los comerciantes o a los correos los animales de silla o las bestias de carga [277, III, 318]. El arriero que acompañaba el convoy se comprometía a seguir un itinerario determinado, a pernoctar en posadas fijadas de antemano y a velar por la seguridad de las personas o de los bienes cuyo transporte corría a su cargo. Como máximo, una jornada cubría unos treinta kilómetros. En tiempos del califato de Córdoba, se tardaba un promedio de semana y media para trasladarse de Algeciras a Córdoba. Al final de cada etapa, el convoy se detenía en una especie de ventas *(manzil)* [67[1], 201, 245], donde se daba albergue y comida a los viajeros. Por la noche, los viajeros de paso, incluso los musulmanes, podían hallar cobijo en los conventos mozárabes.

A su llegada a España, los árabes se encontraron con un sistema de comunicaciones que se remontaba a la época romana y que enlazaba los centros urbanos y los núcleos rurales. El trazado de las rutas árabes siguió en gran medida la red de antiguas vías romanas. Así, por ejemplo, los árabes utilizaron la antigua Vía Augusta que unía Cádiz con Narbona, pasando por Córdoba, Zaragoza y Tarragona [298, II, 269-571; 391, XXIV/2, 1959, 441-448; 416, XII, 1976, 27-67].

Según el geógrafo oriental al-Iṣṭajrī, en la primera mitad del siglo x Córdoba era el punto de partida de catorce caminos. A mediados del siglo xii, al-Idrīsī elaboró un itinerario detallado.[127] En el litoral mediterráneo, Algeciras era el origen de una ruta costera, que desde allí pasaba por Estepona, Marbella, *Suhayl* (la actual Fuengirola) hasta llegar a Málaga. Luego seguía sobre una estrecha faja hacia Bezmiliana [71, 56] y Almuñécar, desembocando en el puerto de Almería; esta ciudad estaba unida por el interior a Lorca y Murcia.

En el reino naṣrí, los hispanomusulmanes se limitaron a utilizar los caminos trazados anteriormente. Los cartagineses y, más tarde, los romanos habían penetrado en Andalucía a través del surco longitudinal penibético [158, 27-28]. La famosa Vía Hercúlea, construida por los romanos al inicio de su poderío, había sido prolongada, en el siglo i de la era cristiana, de Cartagena a Granada y Antequera por Lorca, Baza y

Guadix. Desde esta última se bifurcaba hacia Jaén, donde se unía a la Vía Augusta. Antequera estaba unida a esta ruta por dos ramales, uno de los cuales la comunicaba con Córdoba y la otra con Écija. Entre Baza y Loja, un camino de herradura seguía sin apenas variaciones la antigua calzada romana.

En la alta Edad Media se practicaba la navegación fluvial en el Guadalquivir, entre Córdoba y Sevilla. Marineros de oficio *(nawṯī)* se encargaban del paso del río por medio de barcazas *(qarab)*, en las inmediaciones de estas dos ciudades [277, III y n. 2]. Si damos crédito al *muḥtasib* Ibn 'Abdūn, se recomendaba a estos marineros no sobrecargar sus embarcaciones y no obligar a los pasajeros a remar [75^3, 63-66/127-188].

Desde mediados del siglo IX, el tráfico marítimo de al-Andalus se efectuó con barcos construidos y armados en España, destinados a la navegación de cabotaje por las costas del reino musulmán y a servir de comunicación con las islas Baleares y el norte de Marruecos y con puertos más lejanos, como los de Ifrīqiya y Egipto.[128] De Málaga a Tarifa, en la costa occidental, los puertos ofrecían magníficos abrigos naturales [47, 79-80, 82-93]. Pero el tráfico portuario fue intenso, sobre todo, a partir del siglo IX en Almería: en su excelente bahía podían atracar los barcos comerciales andaluces que transportaban cargas con destino a Berbería y al Oriente musulmán, al tiempo que embarcaban a pasajeros que se dirigían a peregrinar a las ciudades santas del Islam. Este gran puerto comercial era también frecuentado por los barcos procedentes de Alejandría y de los puertos sirios, que desembarcaban allí los objetos importados de Egipto, de Iraq o de Bizancio [77, 221-223]. Tras la caída del califato de Córdoba, el diminuto principado marítimo de al-Muŷāhid, que abarcaba el territorio de Denia y las Baleares, se dedicó esencialmente a la actividad marítima, que le proporcionó la mayor parte de sus ingresos. A partir del siglo XII, cuando los musulmanes perdieron su supremacía en el mar, las relaciones comerciales entre los países musulmanes de la cuenca mediterránea fueron monopolizados por las unidades cristianas, principalmente catalanes, pisanas y genovesas.[129] S. Goiten hace notar que los comerciantes judíos originarios de los países musulmanes, así como los mismos viajeros musulmanes, se veían obligados en pleno siglo XII a embarcarse en barcos italianos [212, 452 n. 17]. Así, por ejemplo, el letrado andaluz Ibn Ŷubayr, que cumplía con su peregrinaje a La Meca, tuvo que viajar a bordo de un barco genovés desde Ceuta hasta Alejandría en el año 1183, pese a la aversión que le producían los cristianos.[130] En Almería, Almuñécar y Málaga, las flotas mercantes cristianas contaban con magníficos puertos; pronto entraron en competencia, y luego suplantaron el tráfico marítimo de al-Andalus. A finales de la Edad Media, los genoveses convirtieron Málaga en «una gran encrucijada mercante» (Jacques Heers), una escala capital en las vías comerciales del Mediterráneo.

NOTAS DEL CAPÍTULO IV

1. Existen diferentes estimaciones acerca de la cifra global de población árabe en la península Ibérica. En opinión de Sánchez Albornoz, no hubo en al-Andalus más de treinta mil árabes en el siglo VIII. Contando tan solo los efectivos militares y omitiendo la llegada de individuos o de grupos de árabes, P. Guichard llegó a la conclusión de que habría unos cincuenta mil [224^2, 217-219].

2. Acerca de la tendencia de algunos *muwalladūn* a renegar de su propio origen español, véase E. Lévi-Provençal [277, III, 182]. Sobre los matrimonios endógenos, véase P. Guichard [224^2, 159-162, 304].

3. P. Guichard [224^2, 275] indica la existencia de núcleos de población beréber en los valles del Guadalquivir y en la llanura levantina.

4. Los autores árabes medievales daban también a los negros el nombre genérico de *sūdān*, porque procedían del «país de los negros» *(bilād al-Sūdān)*, es decir, de Sudán, desde donde atravesaban Marruecos. Sobre el Islam y los prejuicios contra la gente de color, véase el largo artículo de B. Lewis [391, XXXIII/1, 1968, 1-51].

5. En cuanto al contenido de la obra de Ibn Ḥazm, véase J. Bosch Vilá [417, año X/núm. 10, 1961, 107-126] y «Ibn Ḥazm genealogista» en *II Sesiones de Cultura hispano-musulmana*, Córdoba, 1963, separata, 15 páginas.

6. Los analistas andaluces contemporáneos del primer naṣrí nos lo presentan bajo la imagen de un jefe beduino: sus ropas eran bastas, llevaba sandalias remendadas y gustaba de la vida rústica. Ibn 'Iḏārī ni siquiera reconstruye la genealogía de Muḥammad I [*Bayān*, 37^7, 279-280].

7. Véase en la *E. I.*^{2}, el artículo *'abd*, término con el que se designó en todas las épocas a los «esclavos» [409, I, 25-41].

8. Véase el prólogo de E. García Gómez (XIII) al libro de Federico Corriente [188 *a*].

9. Texto traducido por H. Pérès en su artículo «L'arabe dialectal en Espagne musulmane aux Xe et XIe siècles de notre ère», *Mélanges William Marçais*, París 1950, 293-294.

10. *Ibid.* 294.

11. Véase [188 *a*, 2], que define el árabe hispánico como «un haz dialectal y no dialecto».

12. El manuscrito del *Vocabulista*, conservado en la Biblioteca Riccardiana de Florencia, sirvió de base a la edición de C. Schiaparelli, de Florencia, 1871 [346]. G. S. Colin, y más tarde R. Menéndez Pidal, pusieron en duda el origen levantino del *Vocabulista*, inclinándose ambos autores por un origen aragonés [277, III, 266, n. 1]. En cualquier caso, abarca el conjunto de la *koiné* arabigohispánica de la alta Edad Media.

13. Para una visión de conjunto, véase [136, 510-519]. Acerca de las características particulares del árabe granadino, véase G.-S. Colin [187 *a*; 410, 1930, 91; 410, I, 1931, 1-32]. Véase también L. Seco de Lucena Paredes [391, XX, 1955/1, 153-165] y F. Corriente [188 *a*, 157-158] (Aben Aboo's letter).

14. Véase H. Pérès, *artículo citado supra*, 296.

15. Sobre *qāmira, sulūqiyya* y *qalahurra,* véase Dozy [194, I, 676, II, 401]. Estas formas dialectales son empleadas por Ibn al-Jaṭīb en *Mušāhadāt* [47, 58, 60].

16. Véase también Dozy, *Supplément* [194, I, 425]; recuerda que el *Vocabulista in arabico* da la forma *tributarius* para *mudaŷŷan.*

17. La obra de Fr. Fernández y González [202] (Madrid 1886), de gran mérito para la época en que fue escrita, resulta actualmente vieja. La monografía de I. de las Cagigas [172] está consagrada al mudejarismo exterior, es decir, a la historia de los últimos principados musulmanes de la península Ibérica desde el siglo XI —después de la caída de Toledo— hasta la formación del reino naṣrí. No trata en absoluto de las comunidades mudéjares de Castilla y de Aragón. Hace un cuarto de siglo, los trabajos de F. Mateu y Llopis, Fr. Roca Traver y M. Gual Camarena abrieron el camino para un estudio de los mudéjares valencianos R. I. Burns ha dado un nuevo enfoque al delicado tema de las relaciones entre vencedores y vencidos [167, 1.ª parte]. J. Torres Fontes ha escrito varios artículos sobre los mudéjares murcianos; Elena Lourie ha estudiado los mudéjares de las Baleares [infra, nota 19] y G. Liauzu los del valle del Ebro a partir de los documentos publicados por J. M.ª Lacarra [245]. Véase R. I. Burns [167, XV, 127-143].

18. Véase J. M. Lacarra [245 bis]. Guy Liauzu escribió una tesis de doctorado de tercer ciclo (Rabat-Burdeos, 1965) sobre *La Reconquête et le Repeuplement de la Vallée de l'Ebre.* Resulta de utilidad la lectura de su artículo en [411, IX/2, 1968, 185-200].

19. Acerca de los musulmanes de las Baleares, véase Elena Lourie [425, 45, 1970, 624-649]. En el siglo XIV, casi todos los musulmanes que abandonaban las Baleares emigraban hacia el norte de África o hacia Granada; se ha calculado que 10 % de los emigrantes mallorquines se establecían en Valencia. Véase Ch.-E. Dufourcq [394, 7, 1971, 57-58].

20. Los toledanos habían pedido a Alfonso VI —en el transcurso de las negociaciones que precedieron a la rendición de su ciudad— garantías para sí, para sus mujeres y sus hijos. El rey de Castilla se comprometió por juramento a respetar sus vidas, concederles libertad de culto y exigirles tan solo el impuesto de capitación. Dos meses después de la toma de la capital, se transformó la Gran Mezquita en una iglesia, a instancias del obispo de Toledo, dom Bernard, abad de Sahagún [273, 129-130].

21. *Partida VII,* Título XXV, ley 1.

22. Sobre los musulmanes del reino de Valencia después de la revuelta de 1275-1278, véase F. Roca Traver [332] y los artículos de R. I. Burns en [167]. Acerca de los aspectos socioeconómicos de la vida de los mudéjares valencianos, véase R. I. Burns, *Medieval colonialism: Post Crusade Exploitation of Islamic Valencia,* Princeton 1976. En cuanto a los contactos de civilizaciones en el reconquistado reino de Valencia, véase el artículo del mismo autor [167, XIII, 87-105]. Entre el reino de Valencia y el de Murcia, subsistió, de 1296 a 1316, y bajo la dominación aragonesa, un minúsculo enclave musulmán, el señorío de Crevillente. Véase P. Guichard [416, IX, 1973, 283-334].

23. Véase [379 bis, 88-90]. Sobre esta institución véase J. Torres Fontes

[374]. Cabe señalar que eran jueces cristianos quienes examinaban los litigios surgidos entre cristianos y musulmanes.

24. Véase J. Torres Fontes [374, 148]. Sobre la vida de los mudéjares a principios del siglo XV, véase J. Torres Fontes [406, XXIX, 1960, 60-97]. En cuanto a los privilegios concedidos a la comunidad mudéjar de Córdoba por Enrique II el 24 de mayo de 1369 y por Juan I el 2 de enero de 1368, véase M. A. Ortí Belmonte [399, 1954, XXV, núm. 70, 41]. Sobre la actividad de carpinteros y albañiles mudéjares en Córdoba, [*ibídem*, 41-43].

25. Sobre los artistas árabes de Aragón en los siglos XIV y XV, véase J. M.ª Sanz [391, III, 1935, 63-87]. Aparecen mencionados los trabajos ejecutados en Zaragoza por un mudéjar aragonés, Mahoma de Gali, maestre de la Aljafería en tiempos de Juan II en [95, Reg. 3417, folio 38 v.º, 7 de octubre de 1458 y f.ºˢ. 41 r.º - 42 r.º].

26. Era raro que los mudéjares aragoneses viviesen en terreno de secano, como Almonacid de la Sierra. Todavía en el siglo XV, unos mudéjares de Belchite, en Aragón, estaban reducidos a la condición de *exarici*. Véase F. Macho Ortega [285 *d*].

27. El documento publicado por P. Longas en [391, XXVIII/2, 1963, 431-443], proporciona algunos datos interesantes sobre la vida de una comunidad rural musulmana en tierra cristiana a mediados del siglo XV. En cuanto al aspecto jurídico de la vida mudéjar, véase W. Hoenerbach [12, documentos núms. 4, 5, 6, 7, 8, 9].

28. Véase *Archivo General de Simancas* [96], *R.G.S.*, 30 de agosto de 1478, folio 58 (Sevilla), 12 de noviembre de 1478, folio 57 (Córdoba), 1 de diciembre de 1485 (Valladolid).

29. Acerca de la venta de los habitantes de Málaga, véase M. A. Ladero Quesada [249]. Sobre la esclavitud, tan extendida en el mundo español medieval, existen diversos trabajos relativos al período que nos atañe; solo citaremos los más importantes: M. Gual Camarena [395, XXIII, 1953, 247-258]; J. M.ª Madurell Marimon [395, XXV, 1955, 123-188]. Al trabajo ya clásico de Ch. Verlinden [395, XI y XII], cabe añadir el estudio bien documentado de Vicenta Cortés, *La esclavitud en Valencia durante el reinado de los Reyes Católicos (1479-1519)*, Valencia, 1964.

30. Yaḥyā al-Naŷŷār, miembro de la familia real naṣrí que, después de la caída de Almería y Guadix y de Almuñécar y Salobreña en 1489, había conseguido la sumisión de las localidades del Cenete, se convertiría al catolicismo tras la caída de Granada; los Reyes Católicos lo nombraron alguacil mayor de la ciudad en enero de 1492.

31. Véase el artículo *Moriscos* por E. Lévi-Provençal en *E. I.*[1] [408, III, 646-647]. Resulta de gran utilidad la lectura de las páginas dedicadas a la cuestión morisca por F. Braudel [159]; el ensayo de historia social de J. Caro Baroja [177]; el importante estudio de H. Lapeyre [260] y la recopilación de artículos de J. Reglá [326]. En los dos últimos decenios han aparecido numerosos estudios sobre los moriscos. No solo se ha tratado la cuestión desde la óptica de la política y la religión exclusivamente, sino que han sido destacados los aspectos geográfico y demográfico del problema morisco por T. Halperín Donghi [393, XI/2, 1956, 154-182] y A. Domínguez Ortiz [417, XI/1, 1962, 39-54]. Dentro de la misma perspectiva de imparcialidad científica se sitúan las obras de dos arabistas españoles, eminentes lingüistas, el R. P. Darío Cabanelas y J. Martínez Ruiz, que han estudiado la sociedad morisca en la Granada del siglo XVI. Véase R. Arié [141 bis]. En la obra de A. Gallego Burín y A. Gamir [203 *c*],

aparecen numerosos documentos sobre los moriscos granadinos. Recientemente se han publicado varios artículos sobre regiones concretas. Véase B. Loupias [411, VI, 1965, 115-131]; C. y J.-P. Le Flem [263 *a*; 416, 1965, 223-240]; F. Ruiz Martín [335 *b*], J. Ramón Torres [325]. Véase el documento estudio de B. Vincent [416, VI (1970), 211-246]. Sobre la emigración de los moriscos a Tunicia, véase la recopilación de artículos —unos treinta— presentada por M. de Espalza y R. Petit [200]. Finalmente, recomendamos la consulta de la obra de L. Cardaillac [176 bis]; de los libros de M. García Arenal [203 *d*]; de A. Domínguez Ortiz y B. Vincent [188 *d*].

32. La palabra mozárabe no aparece antes de los primeros fueros concedidos a los toledanos por los monarcas cristianos, a principios del siglo XII. En 1101 aparece atestiguada una forma intermedia, *muztarabe,* en un privilegio otorgado por el rey Alfonso VI a los mozárabes de Toledo. La forma actual de la palabra mozárabe fue empleada poco después en un acta dirigida por Alfonso el Batallador a los cristianos de Andalucía [171, I, 72, n. 31; 277, I, 77, n. 2].

33. J. M.ª Lacarra, *El desarrollo urbano de las ciudades de Navarra y Aragón en la Edad Media,* Zaragoza, 1950, 10-11, citado por L. Torres Balbás *Mozarabías* [391, XIX/1, 1954, 179].

34. *De Rebus Hispaniae,* Libro IV, cap. 3.

35. En 1274 se podía todavía señalar el emplazamiento de esta iglesia; se trataba del cementerio de Sahl b. Mālik —santón muerto en 1241—, construido en el siglo XIII, después de la fundación del Albaicín. Véase L. Torres Balbás [391, XII, 1957, 183-186].

36. El texto de Ibn al-Ṣayrafī (siglo XII) no se ha conservado, pero en la *Iḥāṭa* de Ibn al-Jaṭīb [45[6], I, 120] se reproducen fragmentos de su obra *Al-Anwār al-ŷāliyya.*

37. Tercera parte, capítulos VII, XV, XIX y XXIX, Granada, 1638.

38. *ACA* [95] Reg. 3406, f.º 58 v.º, documento del 13 de octubre de 1458, citado por A. Giménez Soler [114[1], IV, 374].

39. El texto de la narración de este viaje fue hallado por Pascual de Gayangos entre los manuscritos del British Museum (Add Ms. 14, 326, in 4.º).

40. Véase A. Fabié, *Viaje por España de Jorge de Einghen, del Barón León de Rosmithal de Blatna, de Francesco Guicciardini y de Andrés Navajero,* Madrid, 1877, págs. 157 ss.

41. La vida de los cautivos y su milagrosa liberación gracias a Santo Domingo, como las que aparecen en este manuscrito *(Miráculos romanzados),* han sido analizadas por J. Cossio [391, VII, 1942, 49-112].

42. Documento del *ACA* [95], analizado por Ch. E. Dufourcq. [197 *a*, 126].

43. Véase Bernáldez [103, 116, 213]. En el mismo año de la toma de Granada, el mercenario francés publicó un relato de los acontecimientos, *«La très célébrable, digne de mémoire et victorieuse prise de Grenade» (escript à Grenade le dixième jour de janvier de 1492),* impreso en París. El ejemplar que poseo no está paginado. En el perímetro exterior del presbiterio de la iglesia de San Juan de los Reyes de Toledo —construida a finales del siglo XV— están colgadas las cadenas de los cautivos cristianos liberados por Fernando en Málaga y Almería.

44. Véase M. Arribas Palau, *Las treguas entre Castilla y Granada firmadas por Fernando I de Aragón,* 12-13.

45. Véase Juan de Mata Carriazo [418, 61, 1955, 44]. En el siglo XV, los genoveses no intervenían solamente en favor de los cristianos. En 1443-1444,

Esteban Doria rescató a unos súbditos del sultán de Granada hechos prisioneros por el rey de Portugal. No logró que los ex cautivos le reintegraran las 1000 doblas pagadas por el rescate [229, 94].

46. Véase el documento n.º 153, 105 en Ch.-E. Dufourcq [197 *a*].

47. Manuscrito del siglo XVIII (21 folios in 8.º) titulado *Genealogía deste convento del Real Orden de Nuestra Señora de la Merced. Redención de cautivos de Granada* (Biblioteca Nacional, Madrid, núm. 8293), escrito en Granada por Fernando del Olmo.

48. Partida II, título XXX, leyes 1-3.

49. Véase *ACA* [95], Reg. 1389, folios 7-8. Sobre los peligros que corrían a veces los *exeas* y sus colaboradores, véase Ch.-E. Dufourcq [197, 76 n. 6] y *Catalogue Chronologique*, documento 151 (con fecha de 10 de junio de 1371), 105.

50. Véanse los documentos de los Archivos municipales de Murcia utilizados por J. Valdeón Baruque en «Una ciudad castellana en la segunda mitad del siglo XIV», en *Cuadernos de Historia*, núm. 3, 1969, 250-251.

51. La abundante documentación contenida en los archivos provinciales sobre incidentes fronterizos y sobre rescates de cautivos ha sido utilizada, en los últimos veinte años, por historiadores españoles en diversos estudios. El *alfaqueque* castellano aparece en dichos documentos como un engranaje de la administración fronteriza. Ya en 1310, en tiempos de Fernando IV, existía un magistrado, el juez de la frontera (alcalde entre moros y cristianos), encargado de solventar los litigios surgidos en tiempos de tregua entre musulmanes de Granada y cristianos de las regiones vecinas. Luis Seco de Lucena ha hallado el equivalente granadino de este personaje. Lleva el título de *qāḍī bayna l-mulūk (El juez de frontera y los fieles del rastro,* en [417, VII, 1958, 140]). J. de M. Carriazo ha señalado la existencia de una tercera institución fronteriza, característica del siglo XV. Cuando los cristianos que vivían en las proximidades del territorio naṣrí sufrían algún tipo de violencia o se les causaba algún daño, intervenían rápidamente los fieles del rastro. Instruidos y juramentados, se consagraban a hallar el rastro de los agresores, a descubrir su lugar de residencia y a pasar esta información a las víctimas. Véase J. de M. Carriazo [418, LXI/1, 1956, 33-36; 417, IV, 1955, 83-84]. En cuanto a la situación en tierras de Murcia, véase J. Torres Fontes [412, LXXVIII, 1960, 55-80; 89-105]; *Notas sobre los fieles del rastro y alfaqueques murcianos,* 89-105.

52. Sobre la situación de los judíos en Granada en tiempos de los visigodos, véase R. Thouvenot [410, XXX/1943, 201-211]. Sobre el papel de los judíos de Granada a la llegada de los musulmanes, véase R. Dozy [192[3], I, 339].

53. Véase H. R. Idrīs [236, 133]. En una célebre *qaṣīda,* el poeta árabe Abū Isḥāq de Elvira hacía un llamamiento a los beréberes Ṣanhāŷa para que aniquilaran a los judíos de Granada [321, 272-273; 207, 119-121].

54. A mediados del siglo XII, el geógrafo al-Idrīsī visitó Lucena, ciudad casi exclusivamente judía, dejándonos una descripción de la misma [67, 205/252]. Véase también [302, 22] y [424, XIII, 1953, 343-354].

55. Acerca de Abraham b. ʿEzra (nacido en 1092 y muerto en 1167), véase F. Cantera Burgos [424, XIII, 1953, 113-114].

56. Sobre la historia de los judíos de la España cristiana, véanse los trabajos de Y. F. Baer [147 bis]. Las obras de Graetz y de Amador de los Ríos resultan ya anticuadas. En la revista *Sefarad* de Madrid se han publicado numerosos artículos acerca de la vida de las comunidades judías de España.

57. Véase *Trois traités hispaniques de ḥisba* [75, texto (75[1]), 122, trad. (75[2])];

véase *Berbérie* [161, I, 404-405]. Recordemos que el cuarto concilio de Letrán, celebrado en 1216, impuso a los judíos de países cristianos que llevaran la *rotella*.

58. Véase la crónica de Salomon b. Verga, *Šebeṭ Yehūdah*, ed. Hanover 1856, 130-131.

59. Véase *CODOIN* [107, VIII, 421]. La presencia de judíos en Granada aparece mencionada, aunque sin detalles, en una crónica judía del siglo XVI, *'Emeq ha-bakha*, escrita por Yōsef ha-Köhën, cuya familia, originaria de Cuenca, salió de España al decretarse la expulsión de 1492. Véase *'Emeq ha-bakha*, traducción anotada de P. León Tello, Madrid-Barcelona 1964, 175.

60. En Guadix existía todavía una sinagoga a finales del siglo XV [251, 157].

61. La redención de los judíos de Málaga fue llevada a cabo por Abraham Senyor, gran rabino de Castilla y principal arrendatario de los impuestos del reino. Las sinagogas de Castilla encomendaron la misión de recoger el dinero destinado a la redención de los prisioneros de Málaga a un médico y letrado de origen sevillano, Salomon b. Verga, quien alude a este episodio en su tratado histórico *Šebeṭ Yehūdah*. Acerca de estos anales de los judíos de España, impresos por iniciativa de su hijo José ben Verga en Andrinópolis en 1554, véase F. Cantera Burgos [420, 1924, XIII-XIV, 85-296, 1925, XV, 24].

62. Las comunidades judías de Aragón y Castilla (aljamas de judíos) confiaban también a sus dirigentes las relaciones con la realeza.

63. Ibn Zarzār aparece calificado como un eminente astrólogo en la *Iḥāṭa* de Ibn al-Jaṭīb [45^{6}, I, 410]. La obra de al-Šaqūrī se menciona en la *Iḥāṭa*, ms. Escorial n. 1673 [45^{1}, folios 146-147].

64. Véase Graetz [221 *b*, VIII, 326]. Acerca de su hijo y de su nieto, importantes médicos de la corte turca, véase el artículo *Moïse Hāmōn*, en [409, IV, 150-151].

65. Entre los intérpretes del árabe de los soberanos aragoneses destacaron los famosos Samuel Abenmenassé y su hermano Yehūdah, de origen valenciano, quienes redactaron la correspondencia en árabe dirigida por Pedro III a los soberanos de Granada y de Túnez; también fue intérprete su sobrino Salomón. Véase J. Vernet [424, XII, 1952, 125-154]; D. Romano [332 *b*]. En 1374, las cartas enviadas desde Murcia al naṣrí de Granada eran redactadas por un judío de dicha ciudad. Véase J. Valdeón Baruque [382 *c*].

66. Acerca de Abū Simra, quien, tras la expulsión de los judíos de España, se marchó a Orán en 1492 y más tarde a Tremecén, véase *Encyclopaedia Judaica*, Berlín, 1928.

67. Este personaje fue a la vez rabino, cronista y autor de un léxico hebraico y de poemas en árabe. Véase M. Steinschneider, *Die Arabischen Literatur der Juden*, Francfort 1902, 172 y Edelman, edición de *Ḥemdah Genūzah*, Koenigsberg, 1856, XVIII, 13 ss, 25 ss. Su último *responsum* data de 1485.

68. Esta consulta, posterior a 1481, aparece reproducida en *Ḥemdah Genūzah*, 13 a-16 b.

69. Sobre el levirato *(yibbūm)*, véase *The Jewish Encyclopedia*, vol. VIII, 1904; sobre la *ḥalīṣa*, *ibíd.*, vol. VI; sobre la *ḥalakhah*, *ibíd.*, vol. VI.

70. *Ḥemdah Genūzah*, 15 b.

71. Véanse las publicaciones [218; 417, III, 1954, 139 ss.; 402, LXIV/3-4, 1962, 216-219; 391, XXXI, 1960/1-2, 1-46; 152; 152 *a*; 152 *b*; 152 *c*; 405, I, 1973, 144-146].

71bis. Véase Henri Pirenne, *Les Villes du Moyen Age*, 17, 90-91, 119 y F. Ganshof, *Etude sur le développement des villes entre Loire et Rhin au Moyen*

Age, 17, 35-38, 45, 58; Pirenne, *La civilisation occidentale*, 148. Véase L. Torres Balbás [371, I, 105-111].

72. Sobre el número de casas en Loja tras su reconquista por los cristianos, véase W. Hoenerbach [417, III, 1954, 68]. Acerca del número de habitantes en las ciudades de Antequera, Alhama y Málaga, véase *Extensión y demografía*, 52.

73. Según el *Repartimiento de Vélez Málaga*, editado en *Estudios Malagueños* (351-413), consultado en el Ayuntamiento de Málaga en 1967.

74. La siguiente descripción se basa esencialmente en los trabajos de E. Lévi-Provençal [277, III, 356-382], de R. Castejón y Martínez de Arizala, *Córdoba califal*, Córdoba, 1930 y *Guía de Córdoba*, Madrid, 1930 y en las investigaciones de M. Gómez Moreno y L. Torres Balbás. Para una visión de conjunto, véase J. Gómez Crespo [397, XIII, 1977, 7-18].

76. Sobre el cuadro de la colección Mateu de Barcelona, véase D. Angulo Iñiguez [391, V/2, 1940, 468-472]. El grabado alemán debido a Hoefnagel ilustra la obra de G. Braun y F. Hogenberg, *Civitatis Orbis Terrarum*, Colonia, 1576. La Plataforma de Vico fue impresa en 1612 por Francisco Heylan.

77. Recientemente, J. Bosch Vilá ha indicado en *E. I.*[2] [409, IV, 769] que no hay que confundir *Kasṭīliya*, localidad y en un principio capital de la *kūra* de Ilbīra, con Granada *(Ilbīra)*. *Kasṭīliya*, antigua fortaleza (sin duda de la palabra latina *castella*), fue la primera residencia del *wālī* o *'āmil* de la *kūra* de Ilbīra y lo siguió siendo hasta el año 400/1010, fecha en que fue destruida por los beréberes, lo que conllevó el desplazamiento del centro político de la *kūra* a Granada. Se hallaba probablemente situada entre Atarfe y Pinos Puentes, al pie de la Sierra de Elvira.

78. En el siglo XVII se edificó la Iglesia de Sagrario en el antiguo emplazamiento de la Gran Mezquita, construida en 1116. En los distintos barrios de Granada existían mezquitas secundarias. Véase L. Seco de Lucena [403, 2, 1966, 47-51].

79. Sobre el *funduq*, de donde procede la palabra del español antiguo *alfondega*, véase L. Torres Balbás [391, XI, 1946, 447-480]. La característica más destacada del Corral del Carbón era su portal monumental, bastante raro en el Islam de España; L. Torres Balbás ha comparado esta entrada al edificio con el *īwān* oriental, que presenta los mismos detalles de construcción y que era bastante común en Egipto en los siglos XIII y XIV. Pero la decoración es claramente granadina.

80. De 740 metros de longitud, desde el sureste al noreste, y de 220 metros de ancho.

81. Evoca la fundación por los dinastas marīníes de Marruecos en 1276, una vez consolidado su poder, de la nueva ciudad de *Fās al-ŷadīd*, al oeste de la antigua; al igual que la Alhambra, se hallaba rodeada por una gruesa muralla, con sus puertas.

82. Acerca de la literatura geográfica sobre la España musulmana, consúltese, además del trabajo ya viejo de J. Alemany Bolufer [420, 1921], los artículos de H. Monès [421, VII-VIII (1959-1960), 199-350, IX-X (1961-1962), 257-372, XI-XII (1963-1964), 7-328], así como J. Vallvé Bermejo [391, XXXII, 1967/2, 241-260]. Los itinerarios de los autores orientales han sido publicados por M. J. Goeje en su *Biblioteca geographorum arabicorum*.

83. J. Vernet ha destacado la importancia de la obra geográfica de al-'Uḏrī para un mejor conocimiento de la historia y la geografía de al-Andalus hasta el siglo XI [421, XIII, 1965-1966, 17-24].

84. Además del artículo *Filāḥa* (agricultura) en *E.I.*[2] [409, IV, 922-923],

véase E. García Gómez [391, X, 1945, 127] y los trabajos de J. M.ª Millás Vallicrosa, cuyas grandes líneas aparecen nuevamente en la introducción al *Kitāb al-Filāḥa* de Ibn Baṣṣāl [22]. Acerca de la literatura agronómica musulmana fuera de España, véase C. Cahen [413, XIV/1, 1971, 63-68].

85. Sierra Nevada era llamada en al-Andalus *Ǧabal Šulayr,* que deriva del antiguo nombre de esta cordillera montañosa, *Mons Solarius* o *Solorius* [71, 131 nota 1].

86. *De la guerra de Granada,* ed. crítica de M. Gómez Moreno, *Memorial histórico español,* XLIX, Madrid, 1948, 29.

87. En el siglo IX, al-Andalus tenía que importar trigo del norte de África, sobre todo de Orán y de Ténès [277, I, 245; III, 272]. En los siglos X y XI, los barcos andaluces iban a cargar trigo en el litoral atlántico del Ġarb marroquí y en la costa tunecina en Ṭabarqa (véase Ibn Ḥawqal, *Surrat al-arḍ*, el. Kramers [81-74].

88. Acerca de Sevilla, principal abastecedor de aceite del territorio granadino a principios del siglo XV, véase el documento del Archivo General de Simancas, citado por E. Mitre [405, I, 1973, 29].

89. Véase A. Bel, «La fabrication de l'huile d'olive à Fès et dans la région», en *Bulletin de la Soc. de Géographie d'Alger,* XXII, 1917, 121-137. Véase también Dubler [196, 56-57]; Brunschwig [161, II, 214].

90. Véase Alonso de Herrera, *Agricultura general de trata de la labranza del campo,* Madrid, 1790, 67, citado por J. Caro Baroja, [177, 91 n. 148].

91. Véase J. Ribera, «El sistema de riegos en la huerta valenciana no es obra de los árabes», en *Disertaciones y opúsculos, II,* 309-319. La obra clásica sobre el regadío sigue siendo la del geógrafo J. Brunhes, *L'irrigation, ses conditions générales, ses modes et son origine dans la Péninsule ibérique et dans l'Afrique du Nord,* París, 1902 [391, V, 1940, 195-208].

92. Sobre la extensión, gracias a los musulmanes, de la agricultura de regadío en la región del Ebro en los siglos XI y XII, véase J. G. Liauzu [411, V, 1964, 5-13]. La pervivencia de esta red de acequias en la Vega de Tarazona a finales del siglo XVI y principios del XVII ha sido descrita por viajeros y letrados españoles. Véase P. Ponsot [416, VII, 1971, 238-262].

93. En opinión de P. Berthier, que ha elaborado una bibliografía completa sobre la caña de azúcar en el Occidente musulman [153 *b*], la variedad de caña cultivada debía ser rústica y solo podía desarrollarse gracias a unos métodos de cultivo muy esmerados (descritos con detalle por Ibn al-'Awwām) y a la utilización masiva del riego. En la aldea andaluza de Frigiliana, entre Málaga y Motril, a la altura de Nerja, P. Berthier descubrió en 1955 una azucarera —fábrica de miel de caña— muy arcaica que funcionaba con norias accionadas por las aguas de un río de la Sierra [153 *b*, I, 25].

94. Véase J. M.ª Millás Vallicrosa [401, t. 139, 463-472]. El cultivo del algodón en al-Andalus ha sido estudiado gracias al *Kitāb al-Filāḥa* de Ibn Baṣṣāl y al tratado del sevillano Ibn al-'Awwām, mencionados *supra.*

95. Véase E. García Gómez, *Armas, banderas, tiendas de campaña,* 173.

96. En una intervención en las *Settimane di Studio del Centro Italiano di Studi sull'alto Medioevo (L'Occidente e l'Islam nello alto Medioevo,* Spoleto, 1965, 507), J. Vernet señaló la dificultad en precisar las diferentes extensiones de zonas forestales debido a los cambios climáticos. Sobre la madera en el Mediterráneo musulmán durante la alta Edad Media, véase M. Lombard [279].

97. El texto árabe del Calendario de Córdoba fue publicado por Dozy en 1873, basándose en un manuscrito en caracteres hebraicos, al igual que una

adaptación más tardía. Ch. Pellat ha realizado una edición árabe mejorada y una traducción al francés del Calendario en Leyden, en 1961.

98. Véanse los artículos *ḍay'a*, *ḳaṭī'a* e *iḳṭā'* en *E.I.*[2] [409]. Acerca de los conceptos de feudalismo aplicables a la España musulmana, utilizar con precaución el artículo de P. Chalmeta [184 bis]. En cuanto a las estructuras territoriales en el siglo XI, véase L. Bolens [426, 136]. La aparcería, surgida con la dominación musulmana, desempeñó un importante papel en la explotación de la Transierra a finales del siglo XI [198, 75].

99. Véase M. Torres, en *Historia de España* dirigida por R. Menéndez Pidal, II, 332-341 y Dubler [196, 6-7].

100. Véase [405, II, III, 1974-1975, 273]. Recordemos que en el transcurso de la alta Edad Media, los pantanos salinos estaban arrendados a los explotadores en virtud de un contrato de gabela *(qabāla,* de donde procede el español *alcabala* y el italiano *gabella*); en caso de que el rendimiento fuera inferior a la media, había exención de pago [277, III, 297 n. 2].

101. Véase *Le Calendrier de Cordoue,* ed. Ch. Pellat, Leiden 1961, 41.

102. Debido a la falta de patrones auténticos, localizados y fechados, nos limitaremos a estimaciones aproximadas. Acerca de la metrología en el Islam medieval disponemos del trabajo de H. Sauvaire, ya algo viejo («Matériaux pour servir à l'histoire de la numismatique et de la métrologie musulmane», en *Journal Asiatique,* 1879-1885). W. Hinz [230, 33] ha corregido las evaluaciones de Sauvaire sobre el *riṭl* y lo ha definido del siguiente modo: «En el occidente musulmán, el *riṭl* era una medida de peso equivalente a 454, 3 gr». C. Álvarez de Morales ha elaborado un cuadro comparativo en su estudio sobre las pesas y medidas empleadas por el toledano Ibn Wāfid en su manuscrito médico, el *Kitāb al-Wisād* (siglo XI). Véase [407, núm. 7, 1975-1976, 161-165].

103. Sobre el origen y significado de la palabra *mancus* y sobre la difusión de la misma en Italia a partir del siglo VIII y en España a partir del siglo XI, véase la discusión sostenida en las *Settimane* de Spoleto en abril de 1964, y la intervención de Ph. Grierson (t. I, 497).

104. Sobre las monedas naṣríes, véanse las obras generales de F. Codera, *Tratado de numismática arábigo-española,* Madrid, 1879 y H. Lavoix, *Catalogue des monnaies musulmanes de la Bibliothèque Nationale,* París, t. II, 1891, 327 ss.; A. Vives y Escudero, *Monedas de las dinastías arábigo-españolas,* Madrid, 1893, 370-889. Véase también L. Mayer, *Bibliography of Moslem Numismatics, Oriental Translation Fund, New Series,* vol. XXV, *Royal Asiatic Society,* 1950, 278 b. Acerca de la influencia de la amonedación almohade en tiempos de los primeros naṣríes, véase A. Bel [410, XVI, 1933, 1-68].

105. En 1330, Muḥammad IV, hermano y predecesor de Yūsuf I, había vendido unas tierras en el cantón de Jerez —situado en Sierra Nevada— por una cantidad de dinero relativamente pequeña, de 40 a 80 *dīnāres* de oro (véase A. González Palencia [391, V, 1940, 109]). En el siglo XV, la venta de bienes rurales en el mismo cantón ascendía a 100 *dīnāres* de oro [*ibid.*, 314]. El elevado precio de la huerta granadina vendida en 1428 ha sido encontrado por L. Seco de Lucena [391, VIII, 1943, 121].

106. L. Torres Balbás ha observado que el *sūq* (de donde procede la palabra española zoco) era un mercado en general, ya estuviera situado en una plaza, en una calle o fuera de las murallas. Véase [371, I, 295, 303].

107. Otra costumbre, específicamente andaluza, consistía en arrendar el mercado a unos concesionarios *(mutaqabbil),* en virtud de una adjudicación. Este procedimiento, al cual ya hemos aludido (*supra,* cap. II, 5.1), fue utilizado

con preferencia al cobro directo por parte de los agentes del fisco de los derechos del mercado *(maks)*. También se arrendaban las naves del mercado [277, III, 301].

108. En cuanto a la tan debatida cuestión de las corporaciones profesionales en la sociedad musulmana de la Edad Media, véase el artículo de Cl. Cahen «Y a-t-il eu des corporations professionnelles dans le monde musulman classique? Quelques notes et reflexions», en A. H. Hourani y S. Stern, *The Islamic City*, Oxford, 1970, 51-63.

109. Como ha demostrado M.ª del Carmen Villanueva Rico, *Casas, mezquitas y tiendas de los habices de las iglesias de Granada*, Madrid 1966, 6. Sobre la descripción de las tiendas enumeradas en el *Libro de Habices, ibídem.*, 109.

110. Acerca de la venta pregonada en la España musulmana en tiempos de los omeyas, véase E. Lévi-Provençal [277, III, 439]. Sobre los agentes de almoneda llamados *simsār* en la Málaga del *muḥtasib* al-Saqaṭī, véase P. Chalmeta [87², 392]. La actividad de los agentes de almoneda en Ifrīqiya en la alta Edad Media ha sido estudiada por M. Talbi [413, V, 1962, 160-184]. La vida de los pregoneros en Marruecos a comienzos del siglo XX ha sido descrita por R. Le Tourneau [265 bis, 114-115].

111. Solo citaremos una breve nomenclatura sin diferenciar los artesanos *(ṣunnā')* de los fabricantes propiamente dichos *(arbāb al-ṣanā'i')* o de los comerciantes al por menor *(bā'a, ahl al-aswāq)* [87¹, 43]. La terminología utilizada por el malagueño al-Saqaṭī distingue, dentro de la organización artesanal, al maestro *(mu'allīm)* del aprendiz *(muta'allim)* [87¹, 49].

112. El mercader de frutas y legumbres, el *baqqāl*, tuvo como digno sucesor en la Granada reconquistada del siglo XVI al *regatón*. Véase el artículo *baqqāl* de G. S. Colin en *E. I.*² [409, I, 990-991] y Mármol [118, libro V, cap. VII].

113. En el *Libro de Habices* estudiado por M.ª del Carmen Villanueva aparecen mencionados cuarenta oficios artesanales ejercidos por los moriscos de Granada a principios del siglo XVI.

114. A mediados del siglo XVI, cuatro mil moriscos se dedicaban a la cría del gusano de seda. En un grabado del alemán Hoefnagel aparece una mujer morisca torciendo ovillos de seda. Sobre el papel de la seda en Granada entre 1500 y 1571, véase K. Garrad [417, V, 1956, 76].

115. Sobre el árabe granadino *ŷelīs*, véase Eguílaz [199, 411-412] y el clásico *ŷalīs*, en Dozy [194, I, 207; 195, 275-276].

116. Véase el documento del Archivo Histórico de Mallorca *(Lletres Reials*, I, 44, 45 y 47) citado por F. Sevillano Colom, *De Venecia a Flandes (via Mallorca y Portugal, siglo XIV), Boletín de la Sociedad Arqueológica Luliana*, núms. 808-809, t. XXXIII, año LXXXIV, 1968, 27-28 de la separata.

117. Véase el documento del Archivo de la Corona de Aragón (30 de enero de 1375) analizado por Ch.-E. Dufourcq [179 *a*, núm. 207, 123]. La libertad de comercio era nuevamente estipulada el 29 de julio de 1382 en las cláusulas del nuevo tratado de paz concluido por cinco años entre el embajador aragonés y el enviado del sultán de Granada, 'Alī Ibn Kumāša [114¹, IV, 349]. El 12 de agosto de 1382, el rey Pedro ordenaba a sus oficiales que protegieran a los musulmanes granadinos llegados a sus estados con el embajador 'Alī b. Kumāša para dedicarse a sus negocios; los gastos de su alimentación y pasaje corrían a cargo de los aragoneses. Véase el documento analizado por Ch.-E. Dufourcq [197 *a*, número 276, 142-143].

118. Véase *Annali di Caffaro e de suoi continuatori*, vol. IV, 1920, 58.

119. *Archivio di Stato*, Génova, *Regesti*, documento 471, con fecha de 21 de enero de 1298.

120. Véase J. Heers [227, 21]. Sobre la formación en Génova de una *Compera Granate*, cuya finalidad era asegurar a todo riesgo a los genoveses que traficaban en territorio naṣrí, y sobre la percepción de un derecho, el *drictus granate*, impuesto del 1 1/4 % «sobre todas las mercancías pertenecientes a genoveses, importadas o exportadas de los reinos de Granada y de Almería», percibido en Málaga y otros puertos del Estado naṣrí, véase J. Heers [229, 93].

121. En el lugar en que se halla emplazado actualmente un moderno muelle, existía el Castillo de los Genoveses, barrio rodeado de altos muros y provisto de seis inexpugnables torres; en tiempos de los naṣríes, vivían allí los comerciantes genoveses.

122. Existían también tratados sobre las cualidades o las taras corporales de los esclavos. Véase E. Lévi-Provençal [277, III, 315]. Véase asimismo el artículo de F. de la Granja, *La venta de la esclava en el mercado en la obra de Abū l-Baqā' de Ronda*, en *RIEI* [421, XIII, 1965-1966, 119-133].

123. Véase Ch. Verlinden [305, XI, 1934]. Para el siglo XIV, véanse los documentos del *ACA*, núms. 209, 246, 247, 277, 283, analizados por Ch.-E. Dufourcq [197, *a*]. Para finales del siglo XV, véase V. Cortés, *La esclavitud en Valencia durante el Reinado de los Reyes Católicos (1479-1516)*, Valencia, 1964, 51 (los moros), 103 (los precios).

124. Véase *Surrat al-arḍ*, ed. Kramers, I, 110, 114.

125. A principios del año 1417, una compañía de mercaderes valencianos dirigida por Juan Martorell y Galcerán de Xarch consiguió que el sultán naṣrí (sin duda Yūsuf III) les concediera el monopolio de la compra de la seda del reino de Granada. Pero el soberano musulmán rompió el contrato. Véase S. Carreres Zacares, «Valencia y Alfonso el Magnánimo» en *Anales del Centro de Cultura Valenciana*, t. XIV, 1946. Acerca de Valencia como centro de distribución de la seda de Almería a finales del siglo XV, véase J. Guiral [416, X, 1974, 118].

126. Véase *Il Libro de Mercatante e usanze de paesi*, atribuido al florentino Giorgio di Lorenzo Chiarini, editado por Franco Borlandi, Turín, 1936, 18, 86, 114.

127. Véase al-Iṣṭajrī, en *Bibliotheca geographorum*, I, 46. Desde hace varios años, F. Hernández Jiménez se ha dedicado a reconstruir los diversos itinerarios de al-Andalus en una serie de estudios muy bien documentados [391, IX, 1944, 71-109; 391, XXIV, 1959, 1-62; 391, XXXII/1-12, 1967, 37-123 y 277-358; 391, XXXVIII, 1973/1-2, 69-185, 415-454]. C. E. Dubler intentó llevar a cabo la reconstrucción de los itinerarios de al-Idrīsī [391, XXX/1, 1965, 89-157].

128. De los formularios notariales andaluces, E. Lévi-Provençal ha podido extraer para la España omeya una nomenclatura de diversos tipos de barcos mercantes: *zawraq*, *šānī*, *ḥarrāq* y *duġayyas*, además de los nombres generales como *markab* o *safīna* [277, III, 323].

129. Sin embargo, todavía se construían en Sevilla barcos *(qārib)* excelentes [213, I, 305]. Y en los documentos de la Geniza de El Cairo aparecen citados patrones de barcos musulmanes originarios de al-Andalus [211, 308 y n. 8]. Un barco pequeño *(šaḥtūra)* tardaba 85 días en ir de Alejandría a Almería [213, I, 324-325].

130. Véase Ibn Ŷubayr, *Voyages*, traducidos y anotados por M. Gaudefroy-Demombynes, París, 1949, 1.ª parte, 34. El viaje de Ceuta a Alejandría duró 30 días, incluidos los 12 días que se tardó en llegar a Egipto desde Cerdeña, donde el barco se había visto obligado a atracar debido a una tempestad.

Capítulo V

Aspectos de la vida cotidiana

1. LA FAMILIA

Los rasgos fundamentales de la familia musulmana en España —patriarcado, licitud de la poligamia, autoridad absoluta del cabeza de familia sobre la mujer, hijos y servidores— coincidían con los de la Berbería medieval y los del Mediterráneo oriental. Recordemos con brevedad que entre los miembros de la aristocracia, el jefe de la casa tenía varias mujeres y concubinas esclavas. Entre estas últimas, había algunas de origen cristiano que, convertidas al Islam, podían alcanzar el codiciado rango de *umm walad.* En cambio, a nivel de clase media y en la *'āmma* se daba una monogamia de hecho, ya que los ciudadanos de al-Andalus raramente disponían de medios suficientes para mantener y vestir a dos o más mujeres.

El ceremonial de boda de los habitantes de la España musulmana no difería en nada del que celebraban sus contemporáneos del Maġrib o del Oriente musulmán [300, 511; 265, 504-533]. En todas las clases sociales, la petición en matrimonio *(jiṭba)* incluía una discusión acerca de la dote nupcial *(mahr),* que el novio se comprometía a pagar a su futura esposa. No se pagaba todo en el momento del contrato.[1] A lo largo de las discusiones preliminares, también se fijaba la composición del ajuar de la novia que proveía la familia de esta; se componía principalmente de ropa de casa y de vestidos, a los que se sumaban joyas y espléndidos tapices en las clases acomodadas.[2] La fecha de la boda se escogía en día fasto, determinado mediante un horóscopo elaborado por un astrólogo profesional *(munaŷŷim).* Se sellaba el contrato, a satisfacción de ambas partes, ante dos testigos instrumentales *('udūl).* Los festejos se desarrollaban durante toda una semana [321, 295], primero en casa de la novia, en la que el atavío y el baño de esta eran motivo de gran regocijo para las mujeres; después, con sus mejores galas, la novia era conducida en solemne procesión *(zifāf al-'arūs)* y acompañada de música, desde la casa de sus padres a la de su esposo, donde, con gran pompa, era presentada a los invitados. El convite de boda *(walīma)* reunía a los hombres de ambas familias.

La mujer casada de clase acomodada salía poco; consagraba varias horas del día a su aseo personal y al cuidado de su belleza. Solo rompía la monotonía de la vida cotidiana la visita de sus compañeras o de los vendedores de almoneda *(dallāla)*. Una de sus pocas distracciones consistía en ir a los baños públicos *(ḥammām)* una o dos tardes por semana, donde se reunía con sus amigas y tomaban la merienda; los viernes iba al cementerio a visitar las tumbas de sus difuntos. Las salidas en familia, al aire libre, solo ocurrían en contadas ocasiones: fiestas canónicas o fiestas del calendario solar.

En el medio obrero y artesano, la mayoría de mujeres trabajaban en casa: hilaban y tejían [89, 143-145]. En la Sevilla almorávide de principios del siglo XII, existían bordadoras entre las mujeres de la *'āmma* [75[3], 105]. La rueca y el telar abundaban en los hogares modestos del tiempo de los naṣríes [138, 376].

En cuanto al aspecto físico, han llegado hasta nosotros descripciones de mujeres andaluzas a través de poemas compuestos, sobre todo, en el siglo XI. Al ideal clásico de la morena de hermosa cabellera, viene a sumarse la admiración por la rubia de pelo corto. En el siglo XIV, según Ibn al-Jaṭīb, las mujeres andaluzas se caracterizaban «por una cierta gordura, formas voluptuosas y largas cabelleras». El visir naṣrí continúa su descripción: «tienen una boca sana, de aliento agradable. Son despiertas, hablan con elegancia y tienen una conversación amena. Sin embargo, escasean las mujeres altas» [46, 29; 133, 11].

La mujer casada, aislada del clan de los hombres, solo podía mostrar su rostro, aparte de a su marido, a los parientes de grado prohibido. No participaba nunca en las recepciones de la *jāṣṣa;* únicamente las esclavas cantantes *(qayna,* pl. *qiyān)* se mezclaban con los hombres en el transcurso de los banquetes. En su tratado de *ḥisba,* Ibn 'Abd al-Ra'ūf criticaba severamente la costumbre que permitía a la esposa quitarse el velo delante de personas que no eran parientes [75[1], 83]. En los barrios pobres de las ciudades andaluzas, las mujeres se quedaban a las puertas de las casas, con la cara cubierta. En estos mismos barrios populares, hombres y mujeres solían encontrarse en los lugares públicos, con motivo de la oración y de las ceremonias nupciales, y ello desde el período almorávide. En Sevilla, el *muḥtasib* Ibn 'Abdūn clamaba contra las mujeres que hasta organizaban fiestas y borracheras a orillas del río [75[1], 128]. No parece que las mujeres andaluzas, a partir del siglo XII, respetaran rigurosamente la costumbre del velo. En Guadix, mediado el siglo XIV, Ibn al-Jaṭīb, testigo ocular, cuenta que mujeres con cara descubierta se agolpaban con los hombres para ver pasar el cortejo real a la llegada de Yūsuf I [755/1354], y que era difícil decir qué era más admirable, si el fulgor de las armas o el brillo de sus ojos, el rojo de los estandartes o el de sus mejillas [47, 50]. El poeta granadino Abū l-Ḥasan 'Alī al-'Abdarī (muerto en el año 761/1359) se extasiaba ante la belleza de su amada cuando se quitaba el velo de seda que ocultaba su cara [45[1], f.º 331].

Lévi Provençal se preguntó si la musulmana andaluza gozaba, bajo el califato y en los siglos siguientes, de una situación más privilegiada que sus hermanas del resto del Islam medieval. En todo caso, el gran arabista francés ha señalado que disfrutaba de una relativa libertad de movimientos, al menos las mujeres de clase media.[3]

«Las causas que permitieron mejorar paulatinamente la condición de la ciudadana andaluza, fueron la desaparición progresiva de la poligamia en primer lugar, y quizá también la influencia de las cortes beréberes del siglo XI, y luego la influencia almorávide, en cuya cultura la mujer, tal vez debido a remotas reminiscencias de un régimen matriarcal, ocupó siempre un lugar preponderante en el medio familiar, así como el aparato social» [277, III, 402-403].

Con toda seguridad, cuando pertenecía a familias de altos dignatarios o letrados, la mujer musulmana recibía una esmerada educación en Córdoba, Sevilla, Granada. Los testimonios que nos proporciona la poesía andaluza confirman que la mujer de al-Andalus vivía con libertad en los medios aristocráticos en el período de los reyes de taifas. La hija del califa omeya al-Mustakfī, Wallāda, conocía a la perfección el arte de las buenas formas y la cortesía. Esta poetisa llevó a Córdoba una vida de mujer liberada, pregonando un amor que prescindía de los escrúpulos de la moral instaurada por los hombres [321, 428]. Durante el agitado siglo XI, el amor rompía cualquier barrera social. Umm al-Kirām, hija del monarca de Almería al-Mu'taṣim, se enamoró de un joven de Denia, conocido con el apodo de *al-Sammār*, el herrador. Tras la toma de Sevilla por los almorávides, un hombre se llevó cautiva a Buṯayna, hija del soberano 'abbādí al-Mu'tamid, e, ignorando totalmente su condición, la vendió a un comerciante cuyo hijo se enamoró de ella. Entonces Buṯayna le pidió a su padre autorización para casarse con el hijo del comerciante, a lo que el rey accedió, ya destronado y prisionero de Yūsuf b. Tāšfīn en Aġmāt [321, 430-431]. La figura femenina más atractiva de la literatura de la España almohade, por su belleza, su distinción y su cultura literaria, fue Ḥafṣa bint al-Ḥāŷŷ al-Rukūniyya, hija de un importante personaje de la España almorávide; sus elegías, llenas de tierna melancolía, cantan trágicos amores [409, III, 68]. También en el siglo XII, Ḥamda y su hermana Zaynab, hijas de un maestro de Guadix, Ziyād *al-Mu'addib*, de tiempos del califa almohade Abū Ya'qūb Yūsuf, cantaron un amor que menospreciaba las reglas sociales establecidas [321, 430]. En el siglo XIII, entre las mujeres granadinas cuya cultura y profundo conocimiento de la lengua árabe elogiaba Ibn Sa'īd, sobresalió

Umm al-ʻAlā' al-Sayyida al-ʻAbdariyya, quien, refugiada en Túnez con su padre, se consagró a la enseñanza de niñas y acabó sus días en la Ifrīqiya ḥafṣí [161, II, 175]. En el reino naṣrí, algunas mujeres unieron a sus dotes humanistas un claro interés por las ciencias. Umm al-Ḥasan, hija del médico de Loja Abū Ŷaʻfar al-Ṭanŷālī (muerto en el año 750/1349), se dedicó simultáneamente a la medicina y a la literatura [45², I, 438]. La esposa de un *qāḍī* de Loja poseía tales conocimientos de derecho que era una ayudante extraordinaria de su marido, situación que suscitaba irónicos comentarios de Ibn al-Jaṭīb [78¹, IV, 30].

Las mujeres alcanzaban prestigio social mediante la influencia ejercida en el medio familiar cuando ocupaban el rango de esposa favorita del soberano o de concubina especialmente considerada. Ya señalamos anteriormente el papel de Ṣubḥ, antigua cautiva vascona de al-Ḥakam II, promovida al rango de *umm walad* gracias al nacimiento del príncipe heredero Hišām. En Sevilla, al-Muʻtamid se paseaba con su visir Ibn ʻAmmār por las márgenes del Guadalquivir, cuando se topó con una joven esclava, al-Rumaykiyya, que más tarde se convertiría en su esposa con el nombre de Iʻtimād [193, II, 151-152]. Durante la dinastía naṣrí, en el año 760/1359, la que había sido concubina preferida de Yūsuf I, Maryam, urdió un complot contra el soberano legítimo, Muḥammad V, en favor de su propio hijo Ismāʻīl, al que hizo proclamar sultán en el palacio de la Alhambra [44², 307]. También fue importante el papel desempeñado por Fāṭima, esposa legítima de Abū l-Ḥasan ʻAlī y madre de Boabdil, en la liberación de su hijo después de la derrota de Lucena [138, 161].

En cuanto a otros aspectos de la vida familiar en al-Andalus, debemos recordar que los nacimientos eran numerosos en las casas de clases acaudaladas, en las que existían gineceos y donde no faltaban prácticas supersticiosas, como la colocación de amuletos profilácticos a los niños después del destete.[4]

La circuncisión, primer evento que consagra la vida del musulmán, se celebraba en el transcurso de suntuosos festines. Como en Oriente, la aristocracia andaluza consideraba una obra pía la costumbre de agrupar a cierto número de jóvenes de la misma edad, de nivel social semejante o inferior, y circuncidarlos a todos al mismo tiempo que al hijo del dignatario; éste último corría con los gastos y convidaba a sus amigos a una comida de circuncisión *(iʻḏār)*. El *iʻḏār* organizado por el ḏū l-nūní de Toledo, al-Ma'mūn, con motivo de la circuncisión de su nieto Yaḥyā, fue una fiesta espléndida. Ibn al-Jaṭīb e Ibn Zamrak compusieron *qaṣīdas* que perpetuaron el recuerdo del *iʻḏār* de los tres nietos de Muḥammad V [78¹, IX, 165-168, X, 155-160; 207, 221-222].

En el séptimo día de vida se imponía el nombre al recién nacido. El primer hijo de sexo masculino recibía el nombre del abuelo paterno con la *kunya* correspondiente: por ejemplo, ʻAlī con la *kunya* Abū l-Ḥasan.

Esta *kunya* se empleaba con más frecuencia que el propio nombre. Durante el emirato, en la Europa cristiana se llamaba a los omeyas de Córdoba por su *kunya* y no por el nombre [277, I, 184]. Los sultanes naṣríes tomaron para sus hijos los nombres propios de Muḥammad, fundador de la dinastía, y de sus allegados: Yūsuf, Naṣr, Qays, Ismā'īl. Fueron frecuentes las *kunyas* de Abū l-Ḥaŷŷāŷ y Abū 'Abd Allāh. El último naṣrí de Granada ha pasado a la posteridad no con el nombre de Muḥammad sino bajo la *kunya* Abū 'Abd Allāh (Bū 'Abdillāh = Boabdil) [138, 368].

La onomástica femenina se inspiró en los nombres de los primeros tiempos del Islam. Fāṭima y 'Ā'iša fueron los nombres femeninos más comunes. En la lista de las hijas del omeya 'Abd al-Raḥmān II, encontramos varios nombres femeninos en sus formas aumentativa y diminutiva, como Fuṭayma, diminutivo de Fāṭima, y 'Ayšūna, aumentativo de 'Ā'iša. Las hijas del soberano naṣrí Yūsuf I se llamaron 'Ā'iša, Fāṭima, Mu'mina, Jadīŷa, Šams, Zaynab (83, f.° 46]. Las chicas, al igual que los muchachos tenían el nombre de su *kunya*, por ejemplo, Umm Kulṯūm, Umm al-Ḥakam, Umm al-'Abbās. En el siglo x se adoptaron nombres descriptivos femeninos para las mujeres nacidas libres, hasta entonces reservados a las esclavas; así, por ejemplo, *Šams* (equivalente a Sol en español), nombres de flores como Narciso (*Bahār*), Junquillo (*Narŷis*) y Violeta *(Banafsaŷ)*, nombres impuestos a tres hijas de al-Manṣūr b. Abī 'Āmir [277, II, 255 n. 2]. Del período de los reyes de taifas nos han llegado los nombres de las favoritas de al-Mu'tamid, gracias a los poemas del príncipe 'abbādí: fueron *Siḥr* (Magia), *Ŷawhara* (Perla) y *Widād* (Afecto).

En tiempos de los naṣríes, las esclavas cristianas, una vez convertidas al Islam, recibían un nombre musulmán auténtico: 'Alwa (esposa favorita de Ismā'īl I y madre de Muḥammad IV), Buṯayna (madre de Muḥammad V).

El funeral se caracterizaba por su simplicidad y su ritual era igual en todo el mundo musulmán [409, II, 453-454]. Se recomendaba a los almuédanos llamar a la gente a funeral solo a la puerta de la mezquita. La poesía andaluza atestigua la costumbre de llevar las angarillas mortuorias a hombros [321, 296]. Cuando moría algún miembro de una familia pobre, las mujeres se embadurnaban la cara con hollín, gritaban y se lamentaban, se laceraban el pecho y las mejillas. El cronista Ibn Ḥayyān nos da algunas indicaciones acerca de los funerales de los príncipes de sangre durante el reinado del emir omeya Muḥammad I: se llevaba a los príncipes difuntos al cementerio sobre parihuelas nuevas previamente untadas con aceite de algalia *(ġāliya)*. Precedía al difunto un cortejo que incluía a sus tíos, sus hermanos, sus hijos y luego los visires, los altos dignatarios y los juristas; seguía una delegación de la *'āmma*, compuesta de comerciantes y artesanos [277, III, 190-191, n. 3]. La costumbre de sahumar el cadáver con un perfumador *(maŷmar)* aparece atestiguada en Córdoba a principios del siglo XI.

En tiempo de los omeyas de Córdoba, el color de duelo fue en un principio el blanco, como reacción contra el negro, color de los estandartes 'abbāsíes [78, I, 364]. Parece que esta costumbre desapareció en la España de las taifas. El color de luto fue el negro desde el siglo XI. Según 'Ibn 'Iḏārī, el azul era color de luto durante la dominación almohade [37[3], III, 205]. Algunas citas poéticas mencionadas por al-Maqqarī ponen de manifiesto que, en el reino de Granada, los andaluces se vestían de oscuro, azul o negro, en señal de duelo. Sin embargo, dos años después de la caída de la dinastía naṣrí, cuando Jerónimo Münzer asistía en Granada al entierro de un musulmán, notó que las mujeres vestían de blanco [309[1], 91].

Los cementerios *(maqbara,* pl. *maqābir)* estaban a menudo situados en los barrios extramuros de las ciudades andaluzas [391, XXII/1, 1944, 130-189]. No era raro que la puerta de la ciudad más cercana al cementerio tomara su nombre. Todavía en la actualidad, en Ronda, la puerta meridional del recinto, *Puerta de Almocobar* o *Almocabar,* corresponde exactamente a la antigua *Bab al-Maqābir,* construida en época naṣrí [391, IX, 1944, 460-461]. En Algeciras y Jaén, una puerta del recinto se llamaba también *Bāb al-Maqābir.*

La fundación de un cementerio era considerada como una obra pía; en la Córdoba omeya existían varios cementerios creados gracias a la iniciativa de princesas o concubinas de los emires. En la populosa Córdoba de los siglos XI y XII había trece cementerios. Toledo, ciudad muy poblada en tiempo de los musulmanes, solo contaba con dos necrópolis, situadas en la Vega, al exterior de la Puerta de Bisagra. Leopoldo Torres Balbás ha atribuido este hecho a que «el hondo foso del Tajo, abierto entre murallas graníticas, impedía los sepelios en el resto de su perímetro». Münzer se quedó admirado ante el cementerio musulmán de la puerta de Elvira de Granada, que se hallaba plantado de olivos y cuya superficie era el doble de la de la ciudad de Nüremberg.[5]

Parece ser que en algunas ciudades de al-Andalus existieron cementerios asignados a ciertas categorías de población; se menciona la existencia de un cementerio para leprosos *(maqbarat al-marḍā)* en Badajoz, a comienzos del siglo XI; por otro lado, no está clara la denominación de cementerio para extranjeros *(maqbarat al-ġurabā')* de Granada en el año 707/1307, en el barrio situado cerca del río, frente al *Naŷd.*

En el interior de las ciudades, los palacios reales tenían su *rawḍa* o necrópolis, situada generalmente en el jardín. Los soberanos omeyas fueron enterrados en el recinto del Alcázar de Córdoba. Muḥammad b. 'Abbād, primer rey 'abbādí de Sevilla, fue inhumado en el año 433/1041-1042 en el interior del palacio real de esta ciudad. En Valencia, poco antes de la conquista de la ciudad por Jaime I de Aragón, el cementerio real se hallaba ubicado cerca de la gran mezquita. Se conocen algunos detalles acerca de dos necrópolis naṣríes. Sabemos por Ibn al-Jaṭīb que el fundador de la dinastía fue enterrado en el cementerio de la *Sabīka,* que ocupaba una plataforma en la parte alta, al sur y fuera del recinto de la Alhambra; allí también reposaron los restos mortales de los sultanes Muḥammad III y Naṣr. Debió de existir una espléndida capilla funeraria, la *Rawḍa,* de la que no queda casi nada, en los jardines de la Alhambra, al este de la mezquita; allí descansaron los restos mortales de los sultanes Muḥammad II, Ismā'īl I y Yūsuf I, hasta el día en que Boabdil se llevó los restos de sus antepasados a su emirato de las Alpujarras y los hizo enterrar al pie del castillo de Mondújar [271, 144-145; 368 bis]. Todo parece indicar que las salas funerarias de la *Rawḍa* quedaron abandonadas y sirvieron posteriormente de alojamiento.

A diferencia de los romanos, que habían construido imponentes mausoleos en sus necrópolis, los musulmanes tenían cementerios muy austeros. Los cadáveres reposaban en estrechas fosas, de costado, y con el rostro hacia La Meca. Las sepulturas de los andaluces más humildes se señalaban con sencillas lápidas rectangulares, sin inscripción alguna. Sobre las tumbas de los ricos se levantaba a veces una pequeña capilla funeraria, cubierta con una cúpula *(turba)* y rodeada de un jardín cerrado; este es el caso de la *turba* de la *sayyida* Murŷān, en el cementerio del arrabal de Córdoba, y de la que erigieron los malagueños sobre la tumba del hombre de letras Ibn al-Qaṭṭān, víctima de la peste en el año 750/1350, esta última en el cementerio situado en las inmediaciones de la puerta del arrabal de Funtanālla, al noreste de Málaga [45[1], I, 55].

En la España musulmana, las lápidas sepulcrales eran o bien losas rectangulares, o bien estelas cilíndricas, sobre todo en Toledo, o bien estelas prismáticas *(maqābiriyya),* muy comunes entre los zīríes y los ḥammūdíes del siglo XI; estas últimas aparecieron en la España oriental a finales del siglo XII, y al parecer fueron sustituyendo poco a poco las estelas almerienses de losas rectangulares. A veces el interesado hacía grabar en vida el epitafio, al que solo había que añadir la fecha del óbito; se escogían citas del Corán adecuadas. Se han encontrado en el suelo de Granada estelas de mármol blanco o alabastro de la antigua *Rawḍa* de la Alhambra, con epitafios en verso y en prosa que cantan las virtudes de los sultanes naṣríes.[6]

No se han hallado en los cementerios naṣríes estelas prismáticas *(maqābiriyya),* corrientes en Marruecos en la baja Edad Media. Las lápidas sepulcrales naṣríes se presentaban en forma de losas rectangulares o bases con inscripciones en dos caras. Los textos funerarios actualmente en museos y colecciones privadas de España y América incluyen el nombre, la filiación y los títulos del difunto, además de la fecha de su muerte; redactados en prosa rimada, grabados sobre la piedra en escritura cursiva en relieve, la llamada escritura andaluza, estos epitafios incluyen profesiones de fe islámica *(šahāda)* y alabanzas en honor del difunto [271; 312, intr., y núms. 111-112-113; 329 bis, 152-157; 371, I, 248-253].

2. VIVIENDA Y MOBILIARIO

Las viviendas hispanomusulmanas de las superpobladas ciudades de al-Andalus tenían ya la misma distribución que las de algunas ciudades del Marruecos actual, como por ejemplo Fez [265, 495-499; 351 *b*, 409, II, 116-118]. En la parte exterior, las casas andaluzas tenían un alto muro en el que se abría una sencilla puerta de dos batientes y provista de una aldaba. Unas celosías de madera protegían las pequeñas ventanas abiertas en el muro exterior de las viviendas urbanas; en las casas de gente acaudalada, que solían tener dos pisos, las mujeres podían mirar a la calle sin ser vistas a través de ajimeces, que todavía existían a finales del siglo XIX en Alhama y en el barrio del Albaicín de Granada.[7]

En las casas de clase media había un vestíbulo a la entrada; en las casas modestas, la puerta de entrada daba acceso a un estrecho corredor acodado que desembocaba en un ángulo del patio.

Los viajeros europeos que a finales del siglo XV y principios del XVI, visitaron la Andalucía reconquistada, se sorprendían de la estrechez de las calles y de lo reducido de las casas árabes. También chocaba a los cristianos su deplorable estado. Jerónimo Münzer cuenta que las casas árabes tenían unas habitaciones muy pequeñas; una sola casa cristiana ocupaba lo mismo que cuatro o cinco casas musulmanas y llegaba a compararlas con nidos de golondrinas [309[1], 95]. Las reducidas dimensiones de las casas de Granada también llamaron la atención del gentilhombre belga Antoine Lalaing, señor de Montigny, que acompañó a Felipe el Hermoso por España en 1502.[8] El embajador veneciano ante Carlos V, Andrea Navaggiero, que recorrió España en 1524, señaló el hacinamiento en que solían vivir los musulmanes.[9] La recontrucción por L. Torres Balbás de los planos de nueve casas de la Alcazaba de Granada confirman estas observaciones: ninguna de estas viviendas supera los 50 m^2 de superficie [391, II, 1934, 380-387].

El patio, casi siempre rectangular, era el centro de todas las viviendas, desde los palacios hasta las casas más modestas. Daba aire y luz a las habitaciones, y las mujeres se hallaban allı al abrigo de miradas indiscretas. Heredados de la tradición arquitectónica grecorromana, en la España almorávide se imitaron los patios de las casas árabes de *Fusṭāṭ* [421, I, 1953, 121]. Cuando la casa dominaba el paisaje, como sucedía en las modestas viviendas del Partal de Granada, carecía de patio y la vista llegaba directamente hasta las colinas circundantes [391, XIV, 1949, 186-197].

El patio estaba rodeado solo en tres frentes por unas galerías cuyas columnas de mármol —o pilares de ladrillos en las casas más pobres— sostenían el techo [391, XII, 1947, 161-164]. Una alberca cuadrada o rectangular adornaba el centro del patio y un surtidor refrescaba el ambiente en la canícula. En Málaga, en que no había agua corriente, un pozo solía ocupar el centro del patio. Bajo las galerías estaban las habitaciones poco profundas y alargadas; la sala central, rectangular, tenía dos alcobas en los extremos.[10] La única abertura de estas habitaciones era la puerta de entrada que daba al patio y que tenía dos ventanitas con celosías de yeso que daban luz al interior cuando la puerta estaba cerrada. Se accedía al piso superior (*ġurfa*, de donde procede el español *algorfa*) [391, XIV, 1950, 181-182], reservado a las mujeres, por una estrecha escalera de peldaños empinados, situada casi siempre en un ángulo del patio.[11]

Esta distribución, herencia de la casa antigua, apenas se modificó en Andalucía después de la Reconquista.[12] La terminología hispánica de las distintas partes de la casa se ha mantenido intacta en las ciudades marroquíes —en que las casas de plano sencillo están inspiradas en la vivienda andaluza—, e incluso ha dejado huellas en la lengua española. Una habitación alta, con su propia escalera de acceso y, a veces, con una puerta especial que daba a la calle se llamaba en Córdoba y en Fez *maṣriya* (en español almacería).

Las salas de recibimiento y las habitaciones comunes acogían por la noche a los diversos miembros de la familia y del servicio doméstico.

En las clases pobres, era frecuente que una familia dispusiera de una sola habitación, con lo que los arrendatarios tenían que vivir en permanente promiscuidad.

Sin embargo, junto a estos hogares misérrimos, las ciudades andaluzas contaban con casas espaciosas con sus jardines, casi siempre edificadas en los barrios de la periferia. El patio, de mayores dimensiones, estaba adornado con arriates de flores *(riyāḍ)*, con césped *(marŷ)* o incluso con un surtidor que caía sobre un pilón. Varios canalillos distribuían el agua sacada del pozo o del aljibe mediante una rueda de cangilones. En algunas viviendas de la *jāṣṣa*, había una serie de cuerpos de edificios separados y esparcidos por un parque *(ḥā'ir)*, plantado de árboles frutales.

Los monarcas y los dignatarios construyeron en las afueras de las ciudades andaluzas lujosas mansiones de recreo, las *munyas*, en las que pasaban la estación cálida [277, I, 136-137 y II, 132-133]. Las *munyas* de las afueras de Córdoba se hallaban situadas a ambas márgenes del Guadalquivir. Al noroeste de Córdoba, en una zona de campo, el primer soberano omeya, 'Abd al-Raḥmān al-Dājil, hizo edificar para su uso personal una gran mansión, la residencia de al-Ruṣāfa, en recuerdo de la *Ruṣāfa* oriental, rodeada de un parque con árboles de Siria, entre ellos granados de sabrosos frutos. Su descendiente, 'Abd al-Raḥmān III al-Nāṣir, hizo construir cerca del Guadalquivir la *Munyat al-nā'ūra*, cuyos jardines se regaban con la ayuda de una máquina hidráulica que hacía subir el agua desde el río [277, III, 379]. En los alrededores de Almería, en el siglo XI, los magnates de la capital solían tener unas mansiones, llamadas *burŷ*, a las que se retiraban a descansar una vez concluidas sus ocupaciones en la ciudad [321, 144]. En general los andaluces apreciaban las construcciones bellas. Los poetas hablan con gran admiración de la residencia que al-Ma'mūn, el dinasta ḏū l-nūní de Toledo, había acondicionado entre jardines a orillas del Tajo, en las afueras de la ciudad; esta *munya* tenía un salón de recibir que se llamaba *Maŷlis al-nā'ūra* o Salón de la rueda hidráulica y que el gramático y filólogo Ibn al-Sīd al-Baṭalyawsī, después de haber pasado allí un día junto al monarca, describía de este modo:

El salón brillaba como si el sol y la luna llena se hallaran en el cenit, como una corona. Las flores perfumaban el aire y junto al agua del río los invitados bebían sin parar. La rueda hidráulica *(dawlāb)* gemía como cuando un camello pierde a su cría o como la madre en la llamada devoradora del dolor después de la muerte de su hijo. El cielo estaba teñido de ámbar por los celajes de finas gotas y el parque *(rawḍ)* estaba sapicado por las gotas de rocío; los leones [de las fuentes] escupían agua por sus enormes bocas [321, 152].

Los almorávides edificaron a finales del siglo XI otras *munyas*, como la *Munyat al-Zubayr* —construida por el gobernador de Córdoba al-Zubayr b. 'Umar al-Mulaṯṯim—, célebre por sus avenidas de almendros [321, 133].

En las afueras de Granada se levantaban lujosas *munyas* diseminadas por la verde Vega.

Ya más modestas eran las casas de campo que permitían a los ciudadanos andaluces disfrutar de los placeres de la vida campestre durante algunos períodos de tiempo. Casas de un solo piso rodeadas de vergeles y de parterres de flores de todas clases, fueron los precedentes del cortijo, construcción tan típica del campo andaluz de nuestros días. Prueba de ello es esta descripción del granadino Ibn Luyūn en su poema agronómico compuesto en el año 740/1348.

Para emplazamiento de una casa entre jardines se debe elegir un altonazo que facilite su guarda y vigilancia. Se orienta el edificio al mediodía, a la entrada de la finca, y se instala en lo más alto el pozo y la alberca, o mejor que pozo se abre una acequia que corra entre la umbría. La vivienda debe tener dos puertas, para que quede más protegida y sea mayor el descanso del que la habita.

Junto a la alberca se plantan macizos que se mantengan siempre verdes y alegren la vista. Algo más lejos debe haber cuadros de flores y árboles de hoja perenne. Se rodea la heredad con viñas y en los paseos que la atraviesan se plantan parrales.

El jardín debe quedar ceñido por uno de estos paseos con objeto de separarlo del resto de la heredad. Entre los frutales, además del viñedo, debe haber almeces y otros árboles semejantes, porque sus maderas son útiles.

A cierta distancia de las viñas, lo que quede de finca se destina a tierra de labor y así prosperará lo que en ella se siembre.

En los límites se plantan higueras y otros árboles análogos. Todos los grandes frutales deben plantarse en la parte norte, con el fin de que protejan del viento al resto de la heredad. En el centro de la finca debe haber un pabellón dotado de asientos y que dé vista a todos lados, pero de tal suerte que el que entre en el pabellón no pueda oír lo que hablan los que están dentro de aquel, procurando que el que se dirija al pabellón no pase inadvertido. El pabellón estará rodeado de rosales trepadores, así como de macizos de arrayán y de toda planta propia de un vergel. Será más largo que ancho, para que la vista pueda explayarse en su contemplación.

En la parte baja, se construirá un aposento para huéspedes y amigos, con puerta independiente, y una alberquilla oculta por árboles a las miradas de los de arriba. Si se añade un palomar y una torreta habitable, no habrá más que pedir.

Para proteger la finca se cercará con una tapia.

La puerta principal tendrá bancos de piedra y un zaguán proporcionado a la capacidad del edificio. Es fundamental para todo lo que se convierta en jardín la proximidad a la vivienda, porque de esta manera estará bien guardado [54, 254-255].

Los interiores musulmanes en España, así como en el Maġrib y en Oriente, tenían un mobiliario muy sucinto. Tratados andaluces de jurisprudencia, algunas indicaciones sueltas en poemas andaluces, documentos notariales granadinos o inventarios de bienes moriscos realizados entre 1557 y 1569 y publicados recientemente nos aclaran algunos aspectos de la vida cotidiana de al-Andalus y nos proporcionan información acerca de las viviendas árabes. En las casas acomodadas se colgaban paños de lana fina *[ḥā'iṭī)* o de seda para adornar las paredes de las salas de recibimiento y de las habitaciones; alfombras de lana de pelo largo o raso *(bisāṭ, ḥanbal)*, o de seda *(qaṭīfa)* de vivos colores cubrían el suelo. Entre la gente humilde se usaban simples esteras *(ḥaṣīr)* de esparto o de junco. A lo largo de las paredes de las habitaciones se hallaban dispuestos largos divanes bajos y se comía en mesas redondas y bajas *(ṭayfūr)*. El dueño de la casa recibía a sus invitados sentado en un estrado en el que se habían colocado cojines rellenos de lana o de agramiza y de tonos luminosos, adornados con borlas o bien bordados de flores y de dibujos geométricos.[13] En verano se colocaban directamente sobre la alfombra unos almohadones redondos de cuero estampado *(miswara mudawwara)* y se usaban también taburetes blandos de cuero *(maq'ad)*. Las camas *(ṭarīma)* se colocaban en las alcobas *(qubba*, de donde procede la palabra española), situadas a los extremos de las salas. Componían la ropa de cama, además de colchones *(maṭraḥ, firāš, muḍarraba)* superpuestos, sábanas *(izār)* bordadas, travesaños, almohadas *(miḥadda*, de donde procede la palabra española), con una orla de seda o de raso entre la gente acomodada, y de tela entre la gente más humilde; sobrecamas *(liḥāf)*; mantas *(taġṭiyya)* de lana, de paño o de fieltro *(labd)*. Los niños dormían en cunas *(mahd)* con una colchoneta *(šādika*, bajo latín *sedica)* y un empapador de cuero [277, III, 415].

No existían armarios como tales. La vajilla y los objetos domésticos se guardaban en pequeños baúles de madera de pino [291 bis], o bien en nichos excavados en los muros. Así, por ejemplo, a la entrada de la Sala de las Dos Hermanas y del pabellón del Generalife, se solían poner, en unos nichos abiertos en las paredes, botijos llenos de bebidas refrescantes destinadas a los visitantes [290, 351-352]. La ropa de la casa y los trajes se guardaban en grandes cofres de madera *(tābūt)*.[14]

En la despensa, cuyas llaves guardaba el jefe de la casa, se colocaban las tinajas de barro vidriado, cuidadosamente tapadas, que contenían las provisiones para el año: harina, aceite de oliva, vinagre, carne acecinada o conservada en grasa, miel, frutos secos [291 bis, 303; 410, I, 1921, 118].

En ninguna casa modesta faltaban ni la rueca ni el telar [291 bis, 303-307].

En la cocina, además de las calabazas llenas de agua, había platos *(ṭabaq)*, utensilios de cocina de barro cocido *(fajjār)*, ollas de cobre, tamices, sartenes, cestos de esparto y servilletas *(mandīl)*, con que se cubría el pan cuando se llevaba al horno público [291 bis, 307].

Los musulmanes de al-Andalus se alumbraban con velas de cera o de sebo y con candiles de aceite *(qandīl)* hechos de barro cocido. En las casas ricas, se encendían por la noche arañas *(ṯurayya)* de bronce con recipientes llenos de aceite o con bujías. En los palacios, el alumbrado utilizado era sin duda más refinado, como por ejemplo los «candelabros semejantes a columnas erguidas sobre pies de cobre amarillo dorado», que Yaḥyā Ibn Jaldūn admiró en el *Mašwar* de Tremecén, en tiempos de Abū Ḥammū Mūsā II [43, II, 46-48].

La calefacción consistía, en las casas acomodadas que disponían de termas privadas, en una instalación de agua caliente que circulaba por tubos de barro. En general, se solía quemar carbón de leña en sencillos braseros de metal, de piedra o de barro cocido, colocados sobre un armazón o un trípode de hierro [391, II-2, 1934, 389-390]. En el valle medio del Tajo y en Aragón, donde el frío era mucho más intenso, se empleaba una especie de estufas a carbón *(kānūn)*, menos rudimentarias, y de las que cada «asistente tomaba su parte de calor» [24[1], núm. 69]. En el siglo XVI, en las casas de los moriscos huidos al extranjero, los alguaciles del rey encontraron la pala *(miġrafa)* y las pinzas de atizar el fuego empleadas desde antiguo por los musulmanes andaluces [89, 88; 291 bis, 303].

3. LA ALIMENTACIÓN

Poseemos abundante información sobre la alimentación en al-Andalus, gracias a las fuentes árabes de que disponemos [409, II, 1081-1097]. Para empezar, las crónicas históricas y los textos literarios andaluces, en verso o en prosa, nos proporcionan indicaciones acerca de los platos más apreciados. No obstante su carácter técnico, los manuales de *ḥisba* aportan datos importantes sobre la comida de la población andaluza; este es el caso también de los tratados de agricultura y de los calendarios hispanomusulmanes. El hallazgo de varios libros de cocina andaluces ha enriquecido nuestros conocimientos de forma inapreciable durante la última década; editados y traducidos por eminentes universitarios españoles, estos libros permiten útiles comparaciones con los libros de cocina orientales exhumados desde 1933.[15] Nos ha sido de gran utilidad la curiosa *Risāla fī-l-agḏiya*, libro de cocina y tratado de dietética a la vez, que hemos encontrado recientemente en España en forma de manuscrito.[16] Compuesto en la primera parte del siglo XV por un letrado del reino naṣrí, Abū Bakr ʿAbd al-ʿAzīz al-Arbūlī, representa uno de los últimos eslabones conocidos de la literatura culinaria de al-Andalus. También hemos sacado información del poema culinario —felizmente transmitido por al-Maqqarī— que el *qāḍī-l-ŷamāʿa* de Granada, Abū ʿAbd Allāh Ibn al-Azraq, redactó al final de su vida en el Egipto de los mamelucos, donde se había refugiado poco antes de la caída de Granada.

Antes de pasar a analizar los componentes de la alimentación andaluza, evocaremos el papel de Ziryāb, a quien los historiadores atribuyen, entre otras innovaciones, la introducción en España de los platos más complicados de la cocina de Bagdad; los cordobeses le deben también una especie de código de la buena mesa. «Les enseñó el orden a seguir en las comidas elegantes; ya no se podían servir los manjares sin orden, había que empezar por las sopas, seguir con los platos de carnes y los principios de aves fuertemente sazonados, para terminar por los platos dulces, pasteles de nueces, de almendras y de miel, o pastas de frutas aromatizadas con vainilla y rellenas de pistachos y avellanas. En lugar de paños de lino grueso, recomendaba manteles de cuero fino; demostró asimismo que las copas de precioso cristal combinaban mejor que los cubiletes de oro o de plata con la decoración de la mesa» [277, I, 271].

A lo largo de todos los períodos de la historia de al-Andalus, la base de la alimentación fue el trigo *(ḥinṭa),* cereal panificable que formaba parte de los muchos preparados. Se utilizaba sobre todo el candeal *(burr),* cuya calidad era famosa: candeal de Sangonera, cerca de Lorca, de Toledo, de la fértil vega granadina, de Cartama y de Almería. Sin embargo, Ibn al-Jaṭib y al-Arbūlī, que escribieron en los difíciles tiempos de los siglos XIV y XV, precisaban que los pobres se alimentaban, sobre todo en invierno, de un excelente pan hecho a base de panizo.[17]

En cuanto a la preparación del pan, la mejor información que poseemos nos la proporcionan los tratados de *ḥisba*. La primera ocupación de la cocinera —la dueña de la casa en las clases media y baja, la criada en la aristocracia— consistía en amasar y elaborar el pan necesario para el consumo de la familia. Cubierto con servilletas, el pan era llevado al horno público. Los escasos documentos iconográficos de que disponemos (bien es verdad que son de origen cristiano) muestran cómo el mozo de la tahona pasaba por las casas a hora fija para llevarse la tabla en que se hallaban colocados los trozos de masa leuda, en los que se marcaba con un instrumento de madera, un signo distintivo; algo más tarde volvía para traer el pan ya cocido, que solía tener forma redonda.[18] El panadero se quedaba, como precio de la cocción, con unos panecillos *(buya* en árabe hispánico, en castellano *poya)* que cocía y vendía a los jornaleros en el zoco y en las puertas de la tahona.

Además del pan, las clases humildes se alimentaban de sopas espesas de harina, de sémola *(samīd)* [19] o de otras féculas, mezcladas a veces con carne picada. El plato más popular de al-Andalus era la *harīsa*, papilla compuesta de carne picada y trigo cocidos con grasa [75³, 153 y 13¹, 190-2; 13², 215-217]. Añadiremos los purés de lentejas *('ads)*, de habas *(fūl o baqilla)* o de garbanzos *(ḥumus)*,[20] las sopas de levadura y hierbas: hinojo, ajo y alcaravea, y sobre todo el *ŷašīš*, sopa de trigo y verduras; estos platos se servían con cucharas de madera y se presentaban en escudillas de loza en unas mesas bajas.[21] En su *urŷūza*, Ibn al-Azraq evoca el sabor del *bulyāṭ*, especie de papilla que se preparaba con aceite, y el del *ṯarīd*, pan migado y remojado en un caldo de carnes y verduras. Un plato muy corriente era la *'aṣīda*,[22] papilla de harina de trigo, cocida en un potaje de verduras frescas: espinacas *(salla)*, lechuga *(jaṣṣ)*, por ejemplo. El cuscús *(kuskusu)*, desconocido en la España omeya y en la de los reinos de taifas, fue adoptado por los hispanomusulmanes, con algunas variedades, a principios del siglo XIII, durante la dominación almohade [13¹, 181; 13², 203-4]. Este plato occidental por excelencia, que Ibn Baṭṭūṭa podía tomar en Sudán en el siglo XIV, se difundió ampliamente en tiempo de los naṣríes [194, II, 468; 408 II, 1227-1228; 25, IV, 394; 278 *a*, 158-159]. Citado elogiosamente por al-Arbūlī,[23] Ibn al-Azraq calificó de plato «noble» *(šarīf)* esta sémola cocida al vapor y rociada con caldo.

Los andaluces apreciaban asimismo las hortalizas que la fértil tierra de la España musulmana producía con profusión. En la Córdoba omeya, Ziryāb había proporcionado una receta de un plato de habas saladas y asadas que llevaba el nombre de *ziryābī*. El Petronio oriental, para usar la expresión de Lévi-Provençal [272, 72], enseñó a los andaluces las diversas maneras de guisar los espárragos trigueros *(asfaraŷ)*. En tiempo de los almohades, un plato *(lawn)* especialmente apreciado en las tardes de primavera y verano y que se preparaba en los jardines (de donde procede la denominación de *ŷanāniyya)*, consistía en una macedonia de verduras, a base de verdolaga *(raŷla)*, espárragos, calabaza, pepinos e hinojo *(basbās)*, todo ello sazonado con aceite y cocido en agua previamente salada [13[1], 172; 13[2], 193]. A partir del mes de marzo, la comida preferida eran los entremeses fríos *(bawārid)*, condimentados con salsas picantes y vinagre. En abril se tomaban rábanos *(fiŷl)*, en mayo aceitunas *(zaytūn)* y pepinos variados *(jiyār* o *faqūs*, pepino muy largo que se solía comer crudo). La comida de mediodía era particularmente frugal en verano: pan, ensalada de lechuga, aceitunas, queso, en especial el queso de oveja de *Dalāya*, la actual Dalías. Los andaluces también apreciaban las alcachofas *(jaršūf)* y las berenjenas *(bāḏinŷān)* [13[1], 51-52, 93, 121; 13[2], 52, 53, 101, 102, 135]. Por la noche se tomaba melón y se bebía leche *(dāyyib)*.

En primavera y verano se saboreaban las frutas frescas, cuyas cualidades alababan los viajeros árabes de la Edad Media: ciruelas y melocotones, albaricoques, sandías, granadas y membrillos. Ibn Faḍl Allāh al-ʿUmarī alabó las excelencias de las manzanas y de las cerezas de los alrededores de Granada; las naranjas y cidras, los limones, los plátanos de Almuñécar, las uvas de Cártama y de Málaga eran muy apreciados por los hispanomusulmanes [27, 240]. El fruto más corriente era el higo de Málaga, cuyo sabor era objeto de la admiración de los habitantes del Maġrib; según el testimonio de Ibn Baṭṭūṭa, tenían un precio módico [25, IV, 367]. Ibn al-Jaṭīb asegura que los habitantes del reino naṣrí se deleitaban con pasas, castañas, nueces y almendras [46, 28].

Los andaluces fueron siempre grandes aficionados al pescado de mar, sobre todo sardinas y boquerones. En Córdoba y Sevilla, a principios del siglo XIII, tanto cristianos como musulmanes cocinaban el esturión *(šūlī)* y el sábalo *(šābal)* al horno, de consumo muy difundido. El mújol *(qabṭūn)* se condimentaba hábilmente, y en el oeste de al-Andalus se comía un pescado llamado *al-murāwaŷ* [13[1], 173-178; 13[2], 194-198].

Por supuesto, la alimentación variaba esencialmente según la categoría social. La alimentación de los ricos se caracterizaba por lo rebuscado de los platos. Mientras que la carne siempre fue un lujo para las clases más modestas (solo se comía carne con ocasión de fiestas religiosas y familiares), se consumía en abundancia entre las clases acomodadas, sobre todo en invierno: carne de cordero lechal y cabrito. La carne entraba en varias sopas que se preparaban con vinagre y flor de harina, parecidas a la actual *ḥarīra* de Marruecos [225 *a*, 28-30]. Los granadinos ricos tomaban un manjar exquisito, la *murūziyya*, más comúnmente denominado *al-ʿāṣimī* (color de ámbar oscuro) y que se solía preparar en Ifrīqiya y en Marruecos desde la baja Edad Media, con motivo de la Fiesta de los Sacrificios [13[1], 41; 13[2], 39-194, II, 585]. Se trataba de carne preparada con sal, aceite, cilantro *(kazbār)*, dos masas de almidón, un poco de miel, almendras picadas y nueces verdes maceradas en vinagre. Entre los andaluces tenía especial aceptación un plato a base de carne llamado en España *tafāya* (el *isfidabāŷ* oriental), que podía ser verde o blanca según si el cilantro que entraba en su composición era seco o fresco, y cuya invención parece deberse a Ziryāb [277, III, 420 y n. 5]. El guisado oriental de carne o pescado en escabeche llamado *sikbāŷ* (en España *al-mujallal*), a la vinagreta, se servía frecuentemente en las comidas nupciales en Córdoba y Sevilla [13¹, 94; 13², 103]. Las albóndigas de carne picada ensartadas en un pincho y asadas a la parrilla *(saffūd*, pl. *asfida)* y las salchichas muy picantes *(mirkās*, actualmente *mergez* en el norte de África) tenían gran aceptación entre los hispanomusulmanes [75³, 100, 154]. Eran platos de lujo las tortas *(ṯurda)* con croquetas de pollo, el hojaldre relleno de carne picada de pichón mezclada con pasta de almendra, los pasteles de ave o de caza *(bilāŷa)* [13¹, 49; 13², 49-50]. Cuando se quería obsequiar con platos verdaderamente seleccionados, se servían criadillas de tierra *(tarfās)* asadas debajo de la ceniza y un cuarto de cordero estofado y sazonado con especias *(ibzār)* y con comino *(kammūn)* [75³, 96, 152-153].

Los días de fiesta se servían alimentos de origen animal:[24] para empezar, las aves de corral, pollos y pichones de carnes delicadas, y de entre las aves silvestres, perdices *(ḥaŷal)*, tórtolas *(yamām)* y alondras *(qanābir* o *quba')*. En los libros de cocina andaluces abundan las recetas complicadas, como la *ŷa'fariyya*, a base sobre todo de pollo [13¹, 39; 13², 37-38]. La *lamtūniyya*, llamada así en recuerdo de los almorávides, era un plato de ave picante a las finas hierbas, con aceitunas, ajo, cebolla y pimienta [13¹, 187; 13², 211]. Como antaño los romanos, los andaluces empleaban el almorí *(mury*, de donde procede la palabra española) [13¹, 82; 13², 88]; las especias eran de uso corriente: jengibre *(zanŷabil)*, cilantro, azafrán *(za'farān)*, canela.[25] La liebre asada al horno *(narŷisiyya)* se sazonaba también con vinagre *(jall)* y especias [13¹, 43; 13², 42].

Los fritos desempeñaron siempre un papel importantísimo en la cocina hispanomusulmana, a todos los niveles sociales. Se cocinaban excelentes buñuelos de berenjena, de los que tenemos varias recetas en los libros de cocina andaluces; suculentas tortas de queso blanco *(muŷabbanāt)*,[26] especialidad de Jerez, que se servían muy calientes y se espolvoreaban con canela y luego se bañaban en miel. Citaremos algunas de las principales variedades de pasteles que paladeaban los andaluces: los *jubayz*, panecillos fritos con huevo que se preparaban, sobre todo, en Niebla [13¹, 209; 13², 237]; la *qayŷāṭa*, especialidad de Quesada, un pastel de queso perfumado con agua de rosas [13³, 202; 13², 228]; buñuelos de harina y agua *(isfanŷ)* o a base de trigo *(zulābiyya)* [13¹, 216; 13², 245-246], de los que quedan claros vestigios en el norte de

África actual.[27] Entre otros dulces, señalaremos las tortitas de mantequilla *(musammanāt);* las galletas *(kaʿk)* rellenas de miel, almendras mondadas o adornadas con dátiles deshuesados; los pasteles de pasta de almendra fritos en aceite, espolvoreados con azúcar y perfumados con almizcle; las tortas de piñones, de nueces picadas o de pistachos; el pastel de pasta de avellanas y de miel llamado *zabāzīn* [194, I, 579], además de una clase de turrón *(ḥalwā)* de almendras, avellanas, piñones y granos de sésamo.

En la Córdoba omeya se bebió vino en todas las categorías sociales, a pesar de la prohibición del Corán. Cuando, en el año 964, al-Ḥakam II trató de desarraigar esta costumbre, se enfrentó a tal resistencia que tuvo que renunciar a ello [277, II, 169 núm. 1]. Muchos poemas loaron los caldos andaluces en la España de los reyes de taifas [321, 365]. Todo hace pensar que en la época de las dinastías beréberes el consumo de vino quedó restringido a las clases acomodadas y que esta situación se mantuvo en tiempo de los naṣríes. Los textos andaluces que hemos consultado indican que las bebidas más corrientes eran la leche, el agua a veces aromatizada con esencia de azahar o de rosa, el jarabe de membrillo, de manzana, de granada y el jugo de limón. El jarabe de horchata se servía en las fiestas [13^1, 236-248; 13^2, 267-282].

Al término de esta breve exposición sobre la alimentación en al-Andalus, podemos constatar que las afinidades que presenta con la tradición oriental se traducen en una variedad de platos entre las clases pudientes y en lo costoso de la cocina aristocrática. Ziryāb fue el introductor en España de los platos más difundidos de la cocina de Bagdad, los *bawārid* y el *isfidabāŷ;* posteriormente, la influencia oriental parece difuminarse, al menos hasta donde sabemos. Los andaluces nunca compartieron el desprecio de los orientales por las pasas, los higos y las castañas.[28] En lo que al pan se refiere, es necesario hacer una aclaración: en la España musulmana, al igual que en el Próximo Oriente medieval, la clase media y las clases humildes se alimentaban con pan de trigo en tiempo normal, y con pan de cebada o de mijo en tiempos de carestía, mientras que los europeos de cualquier condición social consumieron pan de centeno y cebada casi hasta la época moderna.[29]

Todo esto nos permite trazar una comparación entre la alimentación hispanomusulmana y la de la España cristiana. En la península Ibérica, el consumo de pan durante toda la baja Edad Media fue enorme, como lo atestiguan los tratados de gastronomía catalanes y los *Llibres de la Cort,* en los que aparecen los menús diarios preparados en la corte de Aragón, descritos con todo detalle. Tras una serie de minuciosos cálculos, el historiador Soldevila ha evaluado la ración cotidiana de pan en Cataluña en un kilo por persona. Tanto en la comida como en la cena, se consumían muchas frutas frescas (higos y uvas), lo mismo que frutos secos como, por ejemplo, nueces.

Cabe señalar asimismo el predominio en toda España del arroz, difundido por los árabes en todas las categorías sociales. Desde el período almohade hasta finales del siglo xv, los libros de cocina revelan que los habitantes de al-Andalus apreciaban el arroz preparado de diversas formas [13^{1}, 190; 13^{2}, 214, 216], y en particular el arroz con leche.[30] Sin embargo, la paella valenciana, una de las especialidades culinarias del Levante español en la actualidad, apareció sin duda mucho después de la presencia árabe en España [234, I, 71]. No se parece, en cualquier caso, a ninguno de los platos preparados con arroz en al-Andalus durante la baja Edad Media.

Los gustos culinarios de las clases altas de ambas religiones eran idénticos. Así, por ejemplo, la carne que se servía en la corte de Aragón era de cordero. En tiempos del infante Pedro de Aragón, futuro Pedro el Grande, la ración cotidiana de carne de cordero por persona equivalía a medio kilo actual. El consumo de carne de cabrito y el gusto por las aves quedan atestiguados en el siglo xiii. El pescado era un plato común, así como el pollo. La comida se completaba con verduras, todo ello sazonado con pimienta, jengibre y azafrán. Otro rasgo común entre cristianos y musulmanes es la abundancia de salazones y salsas y el empleo de especias y de hierbas aromáticas.

Los menús de nobles y burgueses no diferían mucho de los de los príncipes de la España cristiana, pero a medida que se descendía en la escala social, la frugalidad se hacía cada vez más patente. Eiximenis, autor catalán de los siglos xiv y xv, constataba, sin disimular cierta satisfacción, que la gente más modesta se limitaba a comer carne o pescado o incluso huevos en la comida de mediodía; los asados y los cocidos solo se preparaban para banquetes. El consumo de vino era asimismo frecuente, pero los cristianos también gustaban de beber jugo de uva o de agraz. Según el testimonio de Eiximenis, la austeridad de los musulmanes de Cataluña era todavía mayor, ya que se contentaban con tomar un poco de pan, con ocho o diez higos secos, y bebían agua. El mismo autor atribuye la longevidad de los musulmanes españoles a esta frugalidad. Algunos decenios más tarde, a finales del siglo xv, el viajero alemán Jerónimo Münzer, en su viaje por la Andalucía reconquistada por los Reyes Católicos, notó que los moriscos que habitaban en la Vega de Guadix se alimentaban con poca cosa y solo bebían agua.

Los historiadores de la civilización de épocas posteriores, han podido comprobar que la frugalidad era un rasgo todavía persistente entre los españoles en pleno Siglo de Oro, y nunca dejó de sorprender a los viajeros del norte de Europa que recorrieron el reino de Felipe II. En los relatos de viajes del siglo xvi se destaca la ausencia de una comida caliente para cenar en todas las clases sociales, y el abundante consumo de verduras y quesos entre la gente humilde.[31] Al igual que los andaluces de la baja Edad Media, los españoles de clase acomodada sentían predilección por los platos complicados y abundantemente especiados y aderezados; les gustaban mucho las frutas, y sobre todo, los pasteles variados a base de pasta de almendra frita con aceite y azucarada [194, II, 328; 343, 426; 22bis, 33-35].

Una contemporánea de Felipe II, la infanta María de Portugal, nieta de Don Manuel, nos ha dejado un inapreciable testimonio sobre los gustos culinarios de sus compatriotas. Duquesa de Parma tras su matrimonio con Alejandro Farnesio, celebrado en Bruselas en 1565, escribió un *Livro de Cozinha,* hallado en la Biblioteca Nacional de Nápoles y publicado recientemente bajo el patrocinio de la Universidad de Coimbra.[32] En dicho libro aparece atestiguado, entre otros ejemplos, la predilección de los portugueses por el arroz y la pastelería; aparecen citados los buñuelos de queso *—almojávenas—*, que son exactamente los *muŷabbanāt* árabes, y las recetas de confituras y mermeladas, análogas a las que deleitaban a los habitantes de al-Andalus.

Como ha demostrado Américo Castro [183[2], 92], la lengua es el elemento más revelador de la mezcla de culturas. Tanto en la actualidad como en la baja Edad Media, encontramos en el idioma español y en el portugués vocablos relativos a la alimentación de claro origen árabe. Citaremos aquí tan solo los más sobresalientes: acebibe (esp.), acepipe (port.), pasas; azúcar, del árabe *sukkar*; altramuz, del árabe *tarmus*; albaricoque, del árabe *al-barqūq*; alcachofa (esp.), alcachofra (port.), del árabe *jaršūf;* alfóncigo, del árabe *fustuq*; albóndiga (esp.), almondega (port.), del árabe *al-bandaqa;* limón, del árabe *laymūn;* naranja (esp.), laranga (port.), del árabe *naranŷ;* sandía, del árabe *al-sandī* [391, VIII, 1943, 383-413]. No queremos alargarnos en tediosas enumeraciones, pero sí recordar que el vocablo árabe *bāḏinŷān* [391, VII, 1942, 367-389], de origen persa, ha dado en castellano berenjena y en catalán albergínia; el vocablo fue introducido en la lengua francesa en 1750. El árabe *urz* ha dado la forma castellana arroz, y la catalana y mallorquina arròs. En Guadix, Eguílaz y Yanguas —en el transcurso de una encomiable encuesta lingüística que llevó a cabo en el siglo xix— descubrió en las almojábanas la larga tradición de las *muŷabbanāt* árabes. El *sikbāŷ* árabe, al que se ha hecho alusión repetidas veces, ha dado el vocablo portugués escaveche y el castellano escabeche. El árabe *šarāb* ya aparecía en 1505 como *xarabe;* en la ortografía moderna se ha sustituido simplemente la *x* por la *j*. Sin querer hacer interpretaciones apresuradas, es posible, sin embargo, encontrar en el campo de la alimentación cierta continuidad entre la España musulmana y los otros territorios de la península Ibérica a lo largo de los siglos.

4. LA INDUMENTARIA, EL ADORNO Y LOS CUIDADOS CORPORALES

Hace unos quince años, E. Lévi-Provençal se lamentaba de la falta de una investigación profunda en el terreno de la indumentaria de los musulmanes de al-Andalus, desde los lejanos tiempos del emirato de Córdoba hasta la dinastía naṣrí de Granada. Atribuía esta laguna a la escasez de documentación iconográfica árabe y subrayaba las dificultades de interpretación que se repiten constantemente en cuanto a la terminología sobre indumentaria andaluza, debido a la imprecisión de las fuentes árabes y cristianas y a la ausencia de un contexto explicativo. No trataremos en absoluto de trazar un cuadro completo sobre la vestimenta árabe en la España medieval, ya que las dificultades señaladas por el célebre arabista siguen subsistiendo; por tanto, nos limitaremos a exponer algunos puntos que aclaren la cuestión de la indumentaria de los hispanomusulmanes a lo largo de su historia.

En el Islam medieval, y particularmente en el Occidente musulmán, muchas prendas de vestir de idéntico tejido, forma y nombre eran comunes a hombres y mujeres. Así, los musulmanes de ambos sexos se ponían encima de la piel una camisa *(qamīṣ)* de lino o de algodón y unos calzones largos *(sarāwīl)* que se ajustaban al talle con un cordón *(tikka)* o un cinturón. Se podía sustituir la camisa por una amplia túnica de tela blanca, la *ẓihāra,* sobre la cual se ponía una blusa de tela fina *(ġilāla).* En invierno, hombres y mujeres usaban sobre esta ropa ligera una pelliza enguatada *(maḥšuw* o *miḥša)* o bien un chaquetón de piel de oveja o de conejo *(farw).*

Las mujeres se envolvían en un manto *(burd* o *miṭraf)* que cubría la parte superior del cuerpo o bien se envolvían en un amplio trozo de tela *(izār* o *milḥafa),* cuyas puntas se liaban a la cabeza *(ta'ḏīb).*

Niños y niñas iban vestidos iguales. Protegían sus pies y sus piernas con unas medias calzas *(ŷawrab)* de lana que llegaban hasta la rodilla. En invierno se usaban unos ligeros botines forrados de fieltro *(juff),* que en verano eran sustituidos por chapines con suela de madera *(ŷanka)* o por alpargatas con suela de esparto *(balġa)* o de corcho *(qurq).*

A primera vista, los hombres se distinguían de las mujeres por el tocado. Los hombres iban descubiertos o llevaban en la cabeza un simple gorro de lino *(kūfiya)* o un casquete de fieltro *(šāšiya).* Las mujeres se tocaban con un trozo de tela *(lifāfa)* y ponían encima un velo más amplio, la *miqnaʿa,* cuyas puntas caían sobre el pecho. El *jimār* era una especie de pañuelo de gasa que se ataba a la nuca y cubría el rostro por debajo de los ojos.

En las zonas rurales se utilizaban atuendos aún más sencillos; la gente se vestía allí con unas sayas *(šāya* o *ŷubba)* de grueso sayal, sobre una camisa de algodón *(durrāʿa)* o unas túnicas de lana abiertas por delante parcialmente *(ŷallābiyya)* o por completo *(silhāma)*. En invierno usaban un chaleco, probablemente de piel de cordero, el *tašmīr*. En los pies llevaban almadreñas *(qabqāb)*, rústicas botas de piel de conejo o de oveja *(hirkāsa)*, o bien sandalias *(na'l)*. En verano se protegían del sol con sombreros de paja muy altos y de alas anchas *(qunzu')*.

Desde el siglo IX, la moda de Bagdad marcó la pauta entre la gente acomodada por influencia de Ziryāb. La reforma de la indumentaria adoptada por los cordobeses de la *jāṣṣa*, siguiendo la iniciativa de Ziryāb, repercutió no solo en la forma del corte sino también en la adopción del color blanco durante tres meses al año a partir de junio. Durante el resto del año se siguieron usando ropas de color; los vestidos de color *(muṣabbaġ)* utilizados en primavera comprendían túnicas de seda cruda *(jazz)*, telas con urdimbre de seda *(mulḥam)* o de lana mezclada con seda *(muḥarrar)*, además de *durrā'as* sin forro que eran reemplazadas en verano por finas túnicas blancas *(ẓihāra)*.

En tiempos de 'Abd al-Raḥmān II, y sobre todo de su hijo Muḥammad I, viajeros y negociantes andaluces e iraquíes introdujeron en Córdoba los productos del *ṭirāz* bagdadí. Los andaluces, que disponían de una seda de excelente calidad, no tardaron en hacer trajes de gala para las familias de la aristocracia con los brocados *(dībāŷ)* y los pesados tejidos de seda cruda.

Aparecieron nuevos tocados: altos gorros iraquíes de seda cruda llamados *qalansuwa*, gorros cónicos de terciopelo bordado o incrustado de pedrería *(uqrūf)*, tocas de brocado *(tāq* o *tāqiyya)* o de fieltro *(ṭurṭūr)*, adoptadas pronto en la corte de León, al igual que los demás vestidos de lujo: adorras, algupas o almexías [277, III, 427 n. 3].

En un estudio ya superado en algunos puntos, Dozy destacaba las diferencias que existían en el Islam español entre los vestidos de los diferentes grupos humanos que componían la sociedad musulmana. Uno de los ejemplos que viene a confirmar lo acertado de esta aseveración es la adopción del turbante *('imāma)*, a partir del siglo IX, por parte de los hombres de leyes cordobeses. Posteriormente, se generalizó el empleo de este tocado con la llegada de los beréberes de Ifriqīya, Ṣanhāŷa y Zanāta, que lo usaban. Para complacer a los jefes norteafricanos que formaban buena parte de los cuadros de su ejército, 'Abd al-Raḥmān Sanchuelo hizo saber a los dignatarios de la corte que era conveniente que cambiasen sus *qalansuwas* orientales por turbantes a la moda beréber. Esta medida, tomada en el año 399/1009, logró exasperar a la multitud de descontentos. Los beréberes también introdujeron en al-Andalus el amplio albornoz *(burnūs)* de lana, hasta entonces reservado en España a las mujeres de la *jāṣṣa* en sus salidas a lomo de mula [290 *a*, 12-23]. Ya en el año 352/963, al-Ḥakam II ofreció a Ordoño IV un albornoz con hilos dorados entretejidos en su viaje a Córdoba. Abd al-Raḥmān Sanchuelo utilizaba un albornoz cuando estaba en su harén

[44[2], 90]. Con los almorávides se extendió aún más el uso de este traje; el mismo turbante, de uso corriente en la España de los reyes de taifas, se generalizó y lo llevaban tanto los soldados como los jinetes.[33] Los almohades continuaron usándolo y además obligaron a los tributarios a llevar vestido de un color especial y el fajín, un cinturón llamado *zunnār*.

Sin embargo, los hábitos en la indumentaria de los siglos anteriores no fueron abolidos. De los talleres de Almería salían, en tiempos de los reyes de taifas, el *'attābī* y el *siqlāṭūn*, ricos y hermosos tejidos que habían sido una especialidad de Bagdad y de Antioquía. En el siglo XII, al-Zuhrī constató que en Almería se fabricaba un brocado *(dībāŷ)* de calidad y vestidos de una tela fina de seda blanca *(sundus)*. Los lujosos vestidos de tafetán de Almería se caracterizaban por un corte y un acabado muy cuidados [94, 205-206]. En Valencia se hacían vestidos caros de lino [94, 205].

Al principio del dominio naṣrí, el atuendo de los andaluces sufrió la influencia de los países cristianos vecinos. Un testigo ocular, el letrado al-Basṭī, nos narra que Muḥammad *al-Ġālib billāh*, cabalgó por Granada —a su entrada en la ciudad en el año 635/1238— vestido con una saya *(šāya)* de paño *(malf)* listado, igual a las que usaban los campesinos castellanos. El historiador Ibn Sa'īd, contemporáneo del primer naṣrí, señalaba que por entonces en Levante se abandonaba el turbante *('imma* o *'imāma)*, de uso corriente durante la dominación almohade. Ibn Hūd no lo usaba y 'Azīz b. Jaṭṭāb, gobernador de Murcia, llevaba la cabeza descubierta «aunque tuviera el pelo cano». Muy pocas veces se veía a un andaluz con turbante, ya fuera en el este o en el oeste [78[1], I, 207]. Ni el primer naṣrí ni sus soldados llevaban *'imāma*, solo lo seguían usando los *qāḍīs* y los juristas. Tanto los musulmanes ricos como el pueblo se echaban a los hombros una especie de velo llamado *mi'zār* o *ṭaylasān*, que se enrrollaba en uno o en los dos hombros «con gracia» [189, 278-280; 27, 235; 14, V, 271]. El tocado más corriente era el casquete de lana *(ġifāra)* [189, 312-317], de color rojo o verde; el color amarillo estaba reservado a los judíos, quienes tenían prohibido llevar turbante. El atuendo de los oficiales andaluces se parecía al de los cristianos del norte en la capa *(qabā')* de escarlata (46, 28). Los andaluces miraban con curiosidad a los viajeros orientales: conservaban su propia moda y el corte de sus prendas de vestir *(tafṣīl)*, que difería algo del de sus hermanos orientales.

En cuanto a los musulmanes en tierras cristianas, tenemos un interesante documento iconográfico sobre el atuendo de los mudéjares de Aragón, en la segunda mitad del siglo XIII. En Teruel, los concienzudos artistas que decoraron el artesonado de la iglesia de Santa María de Mediavilla —la actual catedral— representaron a artesanos musulmanes [308 bis, 47-55]. Las mujeres mudéjares que se dedicaban a humildes trabajos en la alfarería de Teruel, se vestían con sayas de colores oscuros, malva o gris, y se tapaban la parte inferior del rostro con una punta del velo. Los hombres llevaban sobre unas sayas ordinarias unas túnicas sin mangas de tela listada.

La pervivencia de los elementos tradicionales de la indumentaria musulmana en el seno de las comunidades mudéjares de Castilla, aparece atestiguada en dos documentos iconográficos cristianos que datan de la segunda mitad del siglo XIII. Se trata de las miniaturas que iluminan uno de los manuscritos de las *Cantigas*,[34] cánticos a la Virgen atribuidos a Alfonso X y redactados en gallego, con melodía y ritmo árabes; las otras miniaturas aparecen en un manuscrito de la época del Rey Sabio, compuesto en Sevilla en 1283, el *Libro del Ajedrez* [223 *c*, 23-24; 416, II, 1966, 61, n. 1]. Las constantes relaciones entre cristianos y musulmanes aparecen evocadas en sus más diversos aspectos: escenas de épocas de paz y escenas de guerra, transacciones comerciales y contactos amistosos en las fronteras. Los musulmanes de España aparecen también reflejados en su vida privada: ricos y pobres, jóvenes y viejos, mujeres y niños, ciudadanos y campesinos, soldados, comerciantes y músicos. Los musulmanes de las capas sociales más altas llevaban la *ŷubba*, amplia túnica de encima con mangas anchas ricamente bordada, adornada con galones en cuello y manga y que usaban tanto mujeres como hombres.[95] Los atuendos de las clases humildes eran más modestos: *ŷuba* de lana o de algodón en las ciudades, y una simple saya de borra en el campo. Para viajar se utilizaban los mantos de lana con capucha *(burnūs)*. Los súbditos musulmanes del rey Alfonso sentían, al igual que sus correligionarios de Granada, una gran predilección por el *ṭaylasān*, que los teólogos llevaban en la cabeza.

Los miniaturistas cristianos nos presentan a sus contemporáneos musulmanes tocados con turbantes, de los que sobresale un bonete oscuro de forma puntiaguda entre la pieza de tela blanca que rodea la cabeza, velos que, a la manera nómada, envuelven el cuello y las mejillas y se enrollan en la cabeza cubriendo la mitad de la cara. Se trata de un testimonio auténtico, nacido de la observación de las aljamas de moros en Sevilla, Toledo y Murcia, donde sin duda vivieron los miniaturistas anónimos, a juzgar por la frecuente representación de estas ciudades en las *Cantigas* y en el *Libro del Ajedrez*. La pervivencia de este tipo de tocado tradicional parece una muestra indiscutible del apego de los mudéjares por la religión de sus antepasados.

También están representadas mujeres musulmanas ricas. Agrupadas en torno a un tablero de ajedrez, aparecen envueltas en amplias *ŷubbas* de vivos colores, con media cara cubierta por un fino *jimār*, y las piernas ceñidas con bandas de colores que se enrollan hasta la pantorrilla y que ya se llevaban en el siglo XII, en la Sevilla almorávide. Algunas aparecen con la cara descubierta, con el pelo sujeto con una sencilla cinta *(wi-*

qāya) o bien recogido en un pañuelo a listas *(mandīl)*. Una de ellas está tocando la viola y lleva una cinta de telas que ciñe sobre su frente un amplio velo finamente ribeteado *(miqnaʿa)*, cuyas puntas caen en franjas sobre sus hombros. Todas ellas lucen collares, pesados brazaletes y pendientes.

Tanto los hombres como las mujeres calzan borceguíes negros de punta curvada, que eran de uso corriente en la Castilla del siglo XIII.[36]

A través de los textos cristianos que se remontan a la segunda mitad del siglo XIII, sabemos que los moros tenían prohibido, en el interior de las aglomeraciones urbanas cristianas, vestir paños de colores en blanco, rojo o verde, y llevar vestidos de cendal o de piel, y zapatos dorados o blancos, según reza el *Ordenamiento de Sevilla*, promulgado por Alfonso X el Sabio en 1252. Se prohibía asimismo a las mujeres musulmanas llevar camisas con bordados de oro, de plata o de seda en el cuello (camisa margomada). En las Cortes de Jerez, reunidas en 1268, se prohibió el uso de armiño, de telas de color escarlata o anaranjado, así como de cadenas de oro. Pero, a juzgar por el testimonio que nos ofrecen los miniaturistas de la Casa Real, parece que la austera reglamentación cristiana nunca llegó a cumplirse.

Si tomamos como referencia los documentos notariales de la comunidad mozárabe de Toledo, vemos que esta seguía utilizando el atuendo musulmán. En un contrato de matrimonio fechado en 1285 se hace un inventario de vestidos y alhajas muy parecidos a los de las mujeres sevillanas mudéjares: una túnica bordada con hilos de seda, un collar de plata, pendientes de oro y perlas. En un testamento de mayo de 1281 se menciona un velo *(miqnaʿa)* murciano de oro con un ribete de tafetán amarillo [219, I, 287 y III, 283].

Durante el siglo XIV prevalecieron en la Granada naṣrí las modas importadas del Magrib y de Ifrīqiya, debido a las contingencias políticas. En invierno, los habitantes del reino de Granada se vestían con paños de color cuya calidad variaba en función del rango social y de la fortuna. Durante el verano llevaban «vestidos de lino, seda, algodón y pelo de cabra», mantos *(ardiya)* de Ifrīqiya, telas tunecinas *(al-maqāṭīʿ al-tūnisiyya)*, velos *(maʾāzir)* que se ponían por pares [46, 27]. Ibn Zamrak cantó en sus versos el regalo que había recibido de Muḥammad V, un manto *ṣanhāŷī* de color púrpura, bordado con pájaros. Sin embargo, se fabricaban telas puramente andaluzas cuya perfección causaba sorpresa en los orientales: así, por ejemplo, en Almería y en Málaga se hacían telas de colores con reflejos dorados *(al-mawšī al-muḏahhab)*, y en Granada y Baza una clase de tejido sedoso *(mulabbad mujattam)*, en el que se mezclaban espléndidos colores [78[1], I, 187].

Intentaremos completar los escasos datos que nos proporcionan los textos árabes a través de los documentos iconográficos, sobre todo de las pinturas que adornan los muros y los techos de la Alhambra. Los hombres de alto rango se ponían encima de la camisa *(qamīṣ)* una larga blusa recta sin aberturas, con mangas anchas, la *durrā'as* [189, 177 y 134, I, 434; 290 *a*, 70]. Los doctores de la ley reunidos en aerópago que aparecen en el techo de la Sala del Tribunal visten *durrā'as* de vivos colores, rojo y verde, y en cuatro de ellos estos colores aparecen combinados mitad y mitad. La adopción del vestido de dos colores es de clara influencia cristiana: con la moda gótica se había generalizado esta costumbre en Castilla durante el siglo XIV. En una de las bóvedas laterales de la Sala de los Reyes, un jinete que está atravesando con su lanza a su presa, lleva una *ŷallābiyya* [409, II, 415-416; 290 *a*, 13; 160 bis, I, 93], con capuchón y mangas cortas y anchas. Los personajes que figuran en las pinturas del Partal se cubren con un *burnūs* de fina lana blanca, igual al que llevaban el sultán y los hombres de leyes en tiempos de los naṣríes en la primera parte del siglo XIV, según el testimonio de al-'Umarī.

Las gentes de la *'āmma*, representadas como guardas y ballesteros en el muro este de la casita del Partal, se contentaban con un atuendo más modesto: una saya de anchas mangas cuyos faldones se recogían bajo la cintura, y unos calzones *(sarāwīl)* de color blanco que les llegaban hasta los tobillos [408, IV, 471-473; 290 *a*, 67].

Tanto para viajar como durante la guerra, los nobles y la plebe calzaban botas altas de cuero *(ajfāf)* [161, II, 282; 27, 125] que aparecen representadas en el Partal, al igual que las que usaban sus correligionarios de Ifrīqiya y de Marruecos.

En cuanto al tocado masculino, la *'imāma* no era de uso muy común entre los habitantes de Granada. Según Ibn al-Jaṭīb, el turbante se había convertido en un atributo distintivo de algunos profesores, de los *qāḍīs*, de los sabios y de los soldados del cuerpo del ejército magribí. Lisān al-dīn señalaba que en Purchena, donde acompañó a Yūsuf I, el *qāḍī* de la ciudad, Jālid Ibn Abī Jālid al-Balawī, personaje muy prestigioso entre sus conciudadanos por haber cumplido el peregrinaje, se dirigió al encuentro del huésped real tocado con un enorme turbante y revestido con un *ṭaylasān* blanco.

Las pinturas del Partal y las de la Sala del Tribunal muestran las diferentes formas de *'imāmas* durante el siglo XIV: turbantes que cubrían los hombros y se enrollaban alrededor del cuello, como en el Magrib, *'imāmas* preconfeccionadas que se encajaban en el cráneo y se colocaban como un sombrero, turbantes esféricos cuya altura indicaba la importancia de los guerreros que los lucían.[37]

En cuanto al traje femenino, Ibn al-Jaṭīb nos cuenta que las mujeres granadinas de su tiempo habían llegado «al límite máximo en el arte de engalanarse, de obtener coloridos armoniosos mediante la superposición de vestidos de distintos colores, rivalizando en el empleo de telas bordadas con hilos de oro y de brocados y en el uso de adornos provocativos» [45⁶, I, 146]. Los artistas que pintaron el Partal representan a las mujeres musulmanas con el rostro descubierto, envueltas en una *milḥafa* de listas rojas, sin que pueda precisarse su condición social, o bien con el aspecto de músicos tocando el laúd o la guitarra, vestidas con *ŷubbas* vaporosas cuyo cuello y mangas aparecen adornados con franjas doradas; llevan la cabeza cubierta con un curioso turbante o con un pañuelo *(mandīl)* ceñido con un grueso cordón y las piernas recubiertas con unos *sarāwīl* blancos.

Llegamos al siglo xv. Las crónicas castellanas y los textos literarios nos muestran la aceptación que tuvo todo lo árabe entre los soberanos cristianos y los nobles de sus cortes,[38] lo que se tradujo en algunas modificaciones del atuendo de los nobles españoles. En una carta procedente de la corte de Granada durante el reinado de Muḥammad VIII (30 de mayo de 1418) y dirigida a Alfonso V de Aragón, se enumeran entre los ricos presentes enviados al soberano cristiano una *ŷubba* con motivos dorados, una *ŷallābiyya* de seda, una *durrā'a,* un *burnūs* y dos tocas bordadas de seda [114, 340-341]. El barón Leon de Rosmithal, viajero procedente de Bohemia que visitó España en 1466, narra que fue acogido en Burgos por un poderoso señor en cuyo palacio damas y damiselas iban ricamente ataviadas «a la moda morisca». El rey de Castilla Enrique IV, que le recibió en Segovia, «comía, bebía y vestía a la manera musulmana» [200 *b*, 157 ss.]. Su favorito, el condestable Miguel Lucas de Iranzo, cabalgaba a la jineta vestido con una *ŷubba* de seda y de vivos colores [121, VIII, 1853, 262].

¿Influyó, recíprocamente, el atuendo cristiano en el musulmán? Tenemos que recurrir una vez más a la iconografía cristiana, dada la escasez de textos árabes sobre el tema. En el famoso cuadro de la batalla de la Higueruela, no parecen haber variado mucho los elementos tradicionales del vestido musulmán. El *burnūs* conserva toda su importancia. Lo llevan los jinetes granadinos que rechazan el ataque de los castellanos. Los ancianos que esperan detrás de las torres de Granada el resultado del combate, visten el *burnūs* con capuchones de borlas o se envuelven en el clásico *ṭaylasān.* Pero sorprende la sencillez del atuendo de los combatientes musulmanes: los ballesteros llevan, bajo la cota de mallas, una túnica corta que no impide la libertad de movimientos y van calzados con botines que les llegan hasta las pantorrillas. A no ser por el tocado, sería difícil diferenciarlos de sus enemigos cristianos [396, XII-3, 1965, 257].

Hacia esta época el turbante se renovó. Aparte del grueso turbante esférico blanco o a listas que se encajaba en el cráneo, a menudo preconfeccionado, vemos que los musulmanes van tocados con un alto gorro puntiagudo o en forma de tronco de cono que sobresale de la pieza de tela que constituye la *'imma.*[39] Esta modificación en el tocado se produjo sin duda en el Magrib durante el siglo xv; estas formas de turbantes inspiraron sin duda al artista que plasmó los principales episodios de la expedición de Alfonso V de Portugal a Marruecos (1471), en los cinco tapices tejidos en Tournai que podemos admirar actualmente en la Colegiata de Pastrana, en la provincia de Guadalajara.[40] Este tocado se mantuvo hasta el final de la dinastía naṣrí: en las esculturas de las sillas bajas del coro de la catedral de Toledo, especialmente en la escena que representa la entrada de los Reyes Católicos en Almería en diciembre de 1489, tanto los musulmanes de alto rango que se dirigen al encuentro de Fernando el Católico en el momento de la rendición de la ciudad, como los humildes guerreros que aparecen detrás de las murallas, llevan diversas clases de *'imāmas*.

Por efecto de las circunstancias históricas, la influencia cristiana se manifestó en el atuendo de hombres y mujeres de Granada en el transcurso de la segunda mitad del siglo XV. Apareció una nueva prenda sobre la cual carecemos de detalles: la marlota *(mallūṭa),* que aparece con frecuencia mencionada en los documentos notariales granadinos, en las crónicas españolas y en los textos históricos portugueses, y que subsistió en la literatura arabófila española del siglo XVI.[41] Se trataba de una prenda de vestir que usaban tanto hombres como mujeres; en el *Romancero* aparece citada una reina de Granada «vestida con una marlota de brocado».

Existe diversidad de opiniones en cuanto a la forma de la marlota. Robert Ricard opina que se trataba de un traje exterior, parecido a la *ŷallābiya,* «traje cerrado, con mangas, relativamente corto y probablemente con capuchón». Adoptada por cristianos y por musulmanes, la marlota era «un traje de gala y de lujo, casi siempre de un color vivo: amarillo, rojo, verde o azul» [402, LIII-2, 1951, 131-156]. Por encontrarse una marlota en el inventario del guardarropa del príncipe don Juan, hijo de los Reyes Católicos, en 1486, R. Ricard opinaba que el término había pasado al castellano en el transcurso de la guerra de Granada. Este autor, siguiendo la opinión de Dozy, añadía que los musulmanes de España se ponían la marlota debajo del capellar, manto con capuchón más corto que el albornoz.

Según Carmen Bernis, que ha encontrado mencionadas tres marlotas en el inventario de los bienes del conde de Plasencia, fechado en 1456,[42] la marlota cristiana era un traje de lujo, confeccionado con telas ricas como el brocado, el terciopelo o el damasco, y que llegaba a veces a media pierna y a veces al tobillo; no era siempre ajustada y solía ponerse encima del sayo. La marlota árabe se caracterizaba por un corte más amplio, pero igualmente holgado, a veces hendida por delante, con mangas anchas. En el museo del Ejército de Madrid hay una marlota de terciopelo escarlata, con adornos dorados, que perteneció a Boabdil.

Entre las ilustraciones de marlotas árabes que aparecen en los bajorrelieves del coro toledano, destaca el suntuoso traje que lleva Boabdil debajo del capellar bordado y engarzado con pedrería, en el momento de hacer entrega de las llaves de Granada a Fernando en el episodio de la rendición de la ciudad, el 2 de enero de 1492.

En cuanto al vestido femenino, no parece haber cambiado mucho en el transcurso de más de doscientos cincuenta años. Jerónimo Münzer señalaba en 1494 que «las mujeres todas llevan calzas de lino, holgadas y plegadas, las cuales se atan a la cintura, cerca del ombligo, como las monjas. Sobre las calzas vístense una camisa larga de lino, y encima, una túnica de lana o de seda, según sus posibilidades. Cuando salen, van cubiertas de una blanquísima tela de lino, algodón o seda. Cubren su rostro y cabeza de manera que no se les ven sino los ojos» [309², 51]. Algunos años más tarde, en 1526, Johannes Lange, viajero alemán, daba una descripción similar del atuendo de las musulmanas que seguían viviendo en Granada, las moriscas. Señalaba que las mujeres y las muchachas llevaban unas calzas blancas y cubrían su cuerpo y la cabeza con un paño blanco que les llegaba hasta las pantorrillas —«al igual que nuestros pastores en las aldeas»— y ocultaban la parte inferior del rostro.[43]

En estas pintorescas descripciones podemos reconocer los *sarāwīl,* y la ancha pieza de tela con que se cubrían las moriscas granadinas es la *milḥafa,* que se sostenía con la mano derecha a la altura de la nariz.

Los documentos ilustrados españoles relativos a la conquista de Granada nos presentan a los jefes árabes calzados con botas altas de cuero, y los guerreros que abandonan la ciudad llevan zapatos de cuero *(rīḥiyya),* de uso corriente en Ifrīqiya en la baja Edad Media. En la calle, hombres y mujeres calzaban unos zapatos de gruesa suela de corcho *(qurq)* [391, XXIV-1, 1959, 125-181] o zapatos bajos sin talón que dejaban la garganta del pie totalmente al descubierto *(subbāṭ)* [194, I, 625; 89, doc n. 92, 144; 290 bis; 79]. En el interior de la casa y en los baños, llevaban unas sandalias de madera con correas *(qabqāb)* [290 *a*, 79; 161, II, 282], cuya persistencia queda ilustrada y atestiguada en un libro de 1529.

Las musulmanas de Granada usaban a menudo las *šarbīl,* elegantes chancletas de cuero fino y de colores vivos, que a veces estaban bordadas de plata, de oro o forradas de seda.[44]

Tanto las fuentes cristianas como las musulmanas atestiguan el aprecio que los musulmanes de España sentían por las joyas. Poseer alhajas suntuosas era un privilegio de las mujeres de casas ricas. Parece que las primeras joyas de al-Andalus fueron diseñadas por artesanos mozárabes según la tradición visigótica y, más tarde, siguiendo la moda iraquí. Los cofres de marfil de las damas de la *jāṣṣa* estaban llenos de collares *(ʿiqd),* de perlas y de piedras preciosas, de sortijas *(jatam),* de pendientes *(qurṭ),* de pesados brazaletes *(siwār, dumluŷ),* anillos de tobillo, diademas *(tāŷ),* fíbulas, pectorales y broches de filigrana de oro con engastes de rubíes y zafiros. Entre las joyas de Bagdad introducidas en la península Ibérica en el siglo IX, los cronistas citan el famoso collar de al-Šifā' (*'iqd al-Šifā'*), regalo de 'Abd al-Raḥmān II a su favorita de turno; este collar había pertenecido a Zubayda, esposa de Harūn al-Rašīd y madre de su sucesor al-Amīn, y lo compró el emir omeya de Córdoba por diez mil *dīnāres*, eligiéndolo entre otros objetos que provenían del saqueo de los palacios de Bagdad [277, I, 264]. Expertos joyeros (*ṣā'iġ*), a menudo judíos, fabricaban aderezos de plata y oro para las mujeres de la aristocracia cordobesa. Se ha encontrado en Loja un lote completo de joyas de oro y plata del siglo X, que incluye unas láminas con cabujones y pequeños medallones en los que se incrustaban piedras preciosas. Un lote de joyas de plata encontrado en Garrucha, en la provincia de Almería, nos informa asimismo de los gustos de las mujeres omeyas al producirse la sedición en el siglo XI; este lote incluye brazaletes y anillos para los tobillos, además de unas piezas tubulares en filigrana que constituían piezas de collares.

Los reyes de taifas, en sus cortes efímeras, sintieron predilección por la cornalina, el circón y la crisolita. En la baja Edad Media, Ibn al-Jaṭīb señalaba la afición de Yūsuf I a coleccionar alhajas. Este soberano regaló al emir marīnī 'Abd al-Ḥaqq 'Alī un par de babuchas con decoración de pedrería, cuando desembarcó en Salobreña. Lisān al-dīn precisa que entre sus compatriotas abundaban las piedras preciosas, como el circón (*yāqūt*), el topacio (*zabarŷad*), las esmeraldas (*zumurrud*), las perlas, en las familias de rancio abolengo y entre los cortesanos. En el retablo de la catedral de Granada, en el episodio de la rendición de la ciudad a los Reyes Católicos, el turbante de Boabdil aparece adornado con pedrerías.

Las mujeres musulmanas de cualquier condición social tenían muy buen gusto para el adorno personal. En el siglo XIV, al evocar la coquetería de las granadinas, Ibn al-Jaṭīb señalaba que sus joyas—collares (*qalā'id*), brazaletes (*damāliŷ*), anillos para los tobillos (*jalājil*), pendientes (*šunūf*) —eran de oro puro entre las mujeres de la nobleza, y de plata entre las musulmanas pertenecientes a clases modestas. Para Lisān al-dīn, este aspecto era reflejo de la superioridad sobre las mujeres de Meknés, que tenían que alquilar joyas con motivo de las ceremonias de matrimonio o para las fiestas familiares [49[1], f.° 260; 277, III, 433].

Dos lotes de joyas de oro, exhumados uno en Bentaurique (provincia de Almería) y otro en Mondújar (provincia de Granada) —en el emplazamiento del cementerio real naṣrí— y que en la actualidad se hallan expuestos en el Museo Arqueológico de Madrid, ponen de manifiesto el perfeccionamiento alcanzado por los orfebres granadinos [242 bis; 391, VII, 2, 1942, 281]. Se trata de un brazalete de oro macizo y de rosarios de perlas con pendientes de oro que se remontan al siglo XIV, y un collar de filigrana de oro y de piezas tubulares en ovoides que formaban parte de un pectoral del siglo XV, elementos constitutivos del aderezo de las mujeres de la nobleza.[45] En el Museo Lázaro Galdiano de Madrid se exhibe un bello collar de oro del siglo XIV, formado de glóbulos de filigrana y de colgantes piramidales. En los cofres de la burguesía rural se guardaban aderezos de plata, como ponen de manifiesto los contratos de matrimonio establecidos en los últimos días de la dinastía naṣrí. Las mujeres moriscas del reino de Granada, cuya imagen llena de encanto hemos evocado más arriba, nada tenían que envidiar, en cuanto a elegancia, a sus antepasadas del reino naṣrí. Los inventarios de bienes moriscos requisados por los alguaciles reales en la segunda mitad del siglo XVI y conservados en los archivos de la Alhambra, nos informan con todo detalle sobre el aderezo de las moriscas granadinas, que Christoph Weiditz nos había ya presentado en sus célebres dibujos. Estos documentos, de uso puramente administrativo, ponen de manifiesto la existencia de una gran variedad de joyas: *caçab* (en árabe *qaṣab*, brazalete), *mecli (iqlīl,* diadema), *canidil* (pendientes), *çebadillas* (colgantes parecidos a los granos de cebada).[46]

Los musulmanes de España, de cualquier condición social, usaban normalmente perfumes y ungüentos. Tanto hombres como mujeres sintieron predilección por las esencias a base de limón, de rosas y de violetas, y por el ámbar: ámbar gris o *'ābīr,* ámbar natural *('anbar),* desmenuzado o molido, y ámbar negro *(nadd).* El perfume de almizcle *(misk)* parece haberse impuesto en al-Andalus como atestiguan varias poesías; el almizcle se guardaba en vejigas para perfume *(nāfiŷa,* pl. *nawāfiŷ);* los perfumes más preciados se guardaban en perfumadores *(šammāma)* y los ungüentos se conservaban en unas cajas llamadas *mudhun* o *mudhana,* pl. *madāhin.*

Las musulmanas de al-Andalus pertenecientes a la aristocracia dedicaban largas horas al día a su aseo y a los cuidados de belleza. La cordobesa refinada disponía de toda una serie de cepillos y peines de marfil para alisar su cabello; guardaba sus afeites y el colirio de sulfuro de antimonio *(kuḥl)* [194, II, 446-447; 161, II, 181], que aplicaba a sus cejas y pestañas, en cajas y estuches labrados. Los aceites perfumados y las esencias de flores se conservaban en frascos de vidrio y cristal. Ibn Ḥazm nos cuenta que las cordobesas de su tiempo pasaban largo tiempo mascando goma *(mustakā)* para perfumar su aliento.

Los documentos ilustrados ponen de manifiesto que las mujeres mudéjares castellanas se teñían las uñas con alheña, costumbre que se remontaba al califato de Córdoba y que se mantuvo durante el emirato naṣrí de Granada [119, II, f.° 103 v.°]. Seguía existiendo todavía en el siglo XVI, cuando el embajador veneciano ante Carlos V, Andrea Navaggiero, visitó Granada en 1524.[47] Cuando la monarquía española tomó medidas contra los moriscos en el siglo XVI, tuvo buen cuidado en prohibir el teñido con alheña.

En los retratos llenos de gracia de la mujer andaluza que van surgiendo a lo largo de los siglos, poetas e historiadores han alabado a la morena de larga cabellera, ideal clásico. Sin embargo, en el siglo XI, se prefería la morena de pelo corto. Ibn al-Jaṭīb fue un gran admirador de las frondosas y largas cabelleras de las mujeres granadinas.

Según el oriental Ibn Faḍl'Allāh al-'Umarī, los andaluces del siglo XIV cuidaban mucho su pelo; se lo teñían con alheña mientras no fuera totalmente blanco. Muḥammad VI era llamado el Rey Bermejo por los cronistas castellanos, debido al color de su pelo y de su barba. Un contemporáneo de Ibn al-Jaṭīb, el *qāḍī* de Purchena, Ibn Abī Jālid al-Balawī, llevaba la barba teñida con alheña y cártamo *(qurṭum)*.[48]

En cuanto al corte de pelo, los andaluces siguieron durante mucho tiempo la moda antigua de llevar raya en medio y dejar caer los mechones *(aṣdāġ)* sobre las sienes por encima de las orejas; los barberos *(ḥaŷŷām)* trabajaban a domicilio o se instalaban al aire libre, bajo una tienda, o en los vestíbulos de los baños públicos. La influencia de Ziryāb fue decisiva en cuanto al corte de pelo: se empezó a llevar corto y redondeado, dejando ver las cejas, la nuca y las orejas. En el siglo XIII, Ibn Sa'īd nos cuenta que únicamente los sabios podían dejarse crecer un mechón de pelo *(ḏu'āba)*; «no lo dejaban colgar entre los hombros sino que lo hacían deslizar por debajo de la oreja izquierda».

La reglamentación castellana en cuanto a los mudéjares parece haber sido especialmente formal. Estos habían adquirido la costumbre de llevar un flequillo rizado, a imitación de los súbditos cristianos de Alfonso X el Sabio. Cuando las Cortes de Valladolid se reunieron en 1258, decretaron que, en adelante, los musulmanes deberían separar sus cabellos con una raya y llevar barba larga, de acuerdo con su propia ley. Las Cortes reunidas en Palencia en 1312 renovaron este edicto [107 bis, I, 59, 245].

En el siglo XIV, Ibn al-Jaṭīb censuraba a su contemporáneo Ismā'īl II, príncipe indolente y afeminado, por hacerse trenzas entre las que intercalaba hilos de seda y que le llegaban hasta la cintura [46, 117].

Los soldados andaluces llevaban barba; según afirma Lisān al-dīn, se las cortaban cuando eran culpables de cobardía o de traición. De los diez personajes que aparecen en el techo central de la Sala del Tribunal de la Alhambra, ocho llevaban barba y dos son lampiños. Puede apreciarse el mismo eclecticismo en las pinturas de las bóvedas laterales. Por el contrario, la iconografía cristiana se limitó a representar a musulmanes melenudos y barbudos en diversas escenas: en el acto de entrega de las llaves de la ciudad a los monarcas cristianos Fernando e Isabel, o en el momento de dirigirse a la pila bautismal, después de la rendición de Granada.

5. LOS BAÑOS PÚBLICOS

En lo que se refiere al cuidado que ponían los habitantes de al-Andalus en su aseo, al-Maqqarī señalaba que «de entre los seres vivos, son los más cuidadosos con la limpieza de sus vestidos», de su ropa de cama y de todo lo relacionado con ello. Algunos no tenían casi qué comer, se apretaban el cinturón y ayunaban, pero compraban jabón para lavar sus ropas. «Nunca se presentarían con una apariencia desagradable» [78, I, 208; 27, 235 n. 3].

Además, como señala Lévi-Provençal, «la limpieza del cuerpo, en el mundo islámico, es una obligación religiosa: las abluciones que debe realizar todo musulmán antes de cada una de las cinco oraciones diarias, el hábito de lavarse las manos, o incluso de enjuagarse la boca, antes y después de cada comida, son prácticas que se remontan en Occidente a una época muy lejana» [277, III, 429]. La plebe se lavaba utilizando un aguamanil con agua templada y un barreño. En las casas ricas se usaban verdaderas bañeras, denominadas con el nombre persa *abzān*, o bien se empleaban sarcófagos antiguos de mármol *(pilas)*. Los príncipes y los miembros de la aristocracia tenían termas en sus lujosas mansiones. Los andaluces de clase media o de condición modesta iban a los establecimientos abiertos al público, los *ḥammāms*, tanto en las aglomeraciones rurales como en las ciudades.

El *ḥammām* [409, 145-149], adaptación musulmana de las termas romanas, estuvo muy en boga en la península Ibérica ya desde la alta Edad Media. Los numerosos vestigios de baños musulmanes que quedan en la actualidad en España no son más que una pequeña muestra de la gran multitud de *ḥammāms* que existían en al-Andalus. En Córdoba hubo 300 o incluso 600 establecimientos de baños públicos a finales del siglo x. A veces, arrendatarios alquilaban un *ḥammām* que por lo general era propiedad de los *waqfs*. Entre el personal había masajistas *(ḥakkāk)*, mozos de baños *(tayyāb)*, vestidos tan solo con taparrabo *(mi'zar)*; en el vestidor, un encargado vendía a los bañistas tierra de batán *(ṭafl)* que utilizaban para lavarse el pelo; también se podían alquilar batas de baño y toallas.

La distribución de los establecimientos de baño reflejaba a grandes líneas la disposición clásica de las termas del Occidente musulmán; no obstante, predominaban en ellas la elegancia y el confort.

Después de atravesar un estrecho vestíbulo, los que acudían a los baños se desnudaban en una primera sala con cabinas y colgaban sus ropas en un guardarropa *(bayt al-maṣlaj)*. Luego pasaban a la sala fría *(frigidarium)*, que tenía una alberca; esta sala estaba a veces decorada con estatuas de mármol antiguas —al igual que en las termas romanas—, procedentes de las ruinas de Mérida o de Itálica. De allí se pasaba a la sala templada *(tepidarium)* y, luego, a la sala caliente *(caldarium)*, que era doble: en la primera habitación, los bañistas se hacían enjabonar y friccionar por los mozos y los masajistas en dos alcobas provistas de bancos de piedra *(maṣṭaba)*. La segunda habitación daba a la sala de calderas, de cuya caldera de mampostería se iba sacando agua con cubos de madera *(kūb)*. El agua era transportada por una rueda de cangilones, conectada a un pozo o a una cisterna, o bien mediante una noria fluvial; el fuego era alimentado con estiércol. Una pequeña habitación añadida sobre la sala de calderas hacía las veces de letrina. En cada baño había varios barberos que pagaban un alquiler al arrendatario del *ḥammam* para ejercer su oficio.

Los baños, desprovistos de ventanas, recibían la luz del día a través de unos ojos de buey abiertos en las gruesas bóvedas, en las que se hallaban empotradas las tuberías de barro.

Los baños naṣríes, algunos de los cuales han podido ser parcialmente exhumados, como los de Gibraltar y Ronda [391, XVII-2, 1952, 433-438; 391, IX-2, 1944, 475-477; 391, VII-1, 1942, 206-210], o totalmente restaurados, como las termas del palacio real de la Alhambra, perpetúan la distribución de los *ḥammāms* de la Granada zīrí, que ya se caracterizaban por sus tres salas paralelas, abovedadas, dispuestas en hilera e inscritas en un rectángulo alargado, como en el Bañuelo [215, IV, 257-260; 366 bis]. No todas las salas tienen la misma anchura: en Ronda, el *frigidarium* y el *caldarium* tenían las mismas dimensiones y estaban adornados con pequeñas galerías. En el siglo XIV, el *apodyterium*, cantado por los poetas hispanomusulmanes del período de los reyes de taifas, se convirtió en una amplia sala para desvestirse y descansar, rodeada de una galería a nivel del suelo, donde sin duda se colocaban las colchonetas en las que se tumbaban los bañistas para descansar después del baño. En los baños de la Alhambra, esta habitación, bellamente decorada con cerámica, madera y estuco esculpido, se transformó en un pequeño pabellón cuyo patio central tenía esbeltas columnas; el agua caliente y el agua fría corrían por dos estanques de mármol; en la pared de uno de los dos estanques de la Sala de las Camas puede leerse un epígrafe poético que canta las virtudes de Yūsuf I [370, 74-78; 391 X, 1945, 196-214 y IV, 156-157].

Los habitantes de las zonas rurales frecuentaban el *ḥammām* con la misma regularidad que los de las ciudades. El viajero al-Idrīsī señalaba en el siglo XII la existencia de *ḥammāms* rurales en el Aljarafe de Sevilla. Se han encontrado unas pequeñas termas en los alrededores de Valencia, en Torres Torres, posiblemente de la primera mitad del siglo XIII [391, XVII-1, 1952, 176-186]. En la provincia de Granada, al oeste del pueblo de la Zubia, todavía quedaban algunos vestigios de baños musulmanes a finales del siglo XIX; también los había en Churriana, en la Vega de Granada.

Las mujeres eran los clientes más asiduos de las termas, a las que solo podían acudir por la tarde. Tomaban allí la merienda y se encontraban con sus amigas; se ponían en manos del personal femenino y de las maquilladoras *(māšiṭa)*, que las depilaban, les aplicaban alheña, les untaban el pelo con aceites perfumados, en especial aceite de algalia *(ġāliya)* y les vendían ungüentos de todas clases para el cuidado de la piel.

Cabe recordar que en las ciudades españolas medievales el uso de los baños públicos estaba muy extendido tanto entre cristianos y judíos como entre los mudéjares y en todas las clases sociales: reyes, nobles, monjes y gente humilde. En los siglos XII, XIII y XIV, ir a los baños públicos era una costumbre casi general en toda la España cristiana, incluso en la parte septentrional y en los lugares más recónditos del país. Los baños públicos eran por lo general de propiedad real, aunque algunos pertenecían a las ciudades o a particulares. Ya fuesen reales o particulares, los baños de la España cristiana tenían la misma distribución que los *ḥammāms*. La pervivencia de la influencia musulmana queda atestiguada en la construcción de los baños de Barcelona —a mediados del siglo XII, en época de Ramón Berenguer IV— y de Gerona, a finales del siglo XII, construidos en el interior del convento de Santa María. Musulmanes granadinos construyeron los baños reales del palacio de Tordesillas, hechos edificar por el rey de Castilla Alfonso XI, después de la batalla del río Salado (1340).[49]

A partir del siglo XII aparece en los fueros toda una serie de detalladas disposiciones sobre el uso de los baños municipales por los fieles de las tres religiones; este era el caso de Toledo, Sepúlveda, Cuenca, Calatayud, Teruel y Albarracín. En Tortosa, según el *Libro de las Costumbres* (1279?), sarracenos, judíos y cristianos podían bañarse día y noche «sin reserva de días especiales».[50] En tierras de Aragón, en Tarazona, el *ḥammām* situado en los límites del barrio musulmán o morería, y cerca del río Selcos, del que tomaba el agua, pertenecía a un musulmán en 1375. Los cristianos no podían acudir a los baños los viernes y durante los días de las fiestas musulmanas [394, IX, 1944, 218-226]. En pleno siglo XIV, los baños públicos de Mallorca y los de Madrid, situados en las proximidades de San Pedro, estaban arrendados a mujeres mudéjares.[51]

Sin embargo, a partir del reinado de Alfonso X el Sabio, los cristianos castellanos dejaron de frecuentar los baños públicos; en el transcurso de la baja Edad Media empezó a considerarse esta costumbre como una causa de molicie y de afeminación. Además, el apego de los moriscos a la costumbre ancestral de acudir a las termas suscitó, en el siglo XVI, la repulsa de los teólogos españoles y de los defensores de la expulsión. Refiriéndose a los moriscos de Granada, Bermúdez de Pedraza expresaba su indignación en estos términos: «Lavabaunse aunque fuesse en Diziembre».[52] En tiempos de Felipe II, en una Pragmática del 17 de noviembre de 1566, elaborada por una Junta reunida en Madrid, se prohíbe a los moriscos el uso de baños públicos. En nombre de sus correligionarios, el caballero morisco Francisco Núñez Muley protestó contra esta medida y reclamó el libre acceso a los *ḥammāms*, ya que, según su criterio, no había en ello más que una ancestral medida de higiene que, además, era indispensable para la masa de artesanos moriscos que manipulaban sustancias a menudo nocivas.

La Pragmática de Madrid, promulgada el 1 de enero de 1567, dio lugar a una serie de negociaciones que se prolongaron durante un año y que finalizaron con un rotundo fracaso. Los baños públicos edificados en tiempos de los naṣríes fueron sistemáticamente cerrados en Granada.

En cuanto a la hidroterapia, los andaluces mantuvieron viva la tradición medieval. El monarca ʻabbādí de Sevilla, al-Muʻtaḍid, acudía con frecuencia a los baños de aguas calientes naturales *(ḥāmma)*. En tiempos de al-Idrīsī, enfermos de todas partes acudían a los baños de Alhama de Almería, situados a seis millas de Pechina: «Permanecían allí hasta que aliviaban sus males». Las fuentes termales de las provincias de Zaragoza y Murcia, cuyo emplazamiento queda atestiguado en la toponimia actual (Alhama de Aragón, Alhama de Murcia), eran famosas por sus aguas ferruginosas y bicarbonatadas cálcicas cuyas propiedades terapéuticas ya habían sido utilizadas por los romanos [196, 35-39]. A un kilómetro al norte de Alhama de Granada, las aguas termales gozaron de idéntica reputación entre la población andaluza, como atestigua Ibn Baṭṭūṭa durante su viaje por el reino de Granada en 1350. En su visita a al-Andalus durante el reinado de Abūl-Ḥasan ʻAlī, el egipcio ʻAbd al-Bāsiṭ se quedó maravillado ante las instalaciones de las termas naturales de Alhama de Granada y precisó que el acceso a las mismas era gratuito.[53]

6. LA SALUD PÚBLICA

En las aglomeraciones urbanas de al-Andalus, en las que un gran número de familias vivían hacinadas en humildes viviendas sin ventilación ni luz, las epidemias eran frecuentes y podían diezmar en pocas semanas a una población cuya promiscuidad y falta de higiene aumentaban el peligro de contagio. Los cronistas señalan la más grave de estas epidemias, la peste, a la que dan el nombre genérico de *wabā'*. Los letrados andaluces de la baja Edad Media hacen alusión a la terrible plaga que devastó el reino de Granada y al indeleble recuerdo que dejó la peste negra.[54]

Surgida en Asia central hacia 1334, la gran peste había alcanzado Crimea en 1345 y se había propagado a través de los puertos del Mediterráneo por toda Europa occidental; de 1347 a 1352 llevó la desolación a

Francia, Italia, a la península Ibérica, a Inglaterra, Alemania y Escandinavia [322 *b*, 14; 390 bis; 387 *b*].

En mayo de 1348, la peste se declaró en Barcelona y Valencia, ciudades en las que provocó una grave mortandad; aparece citada en Mallorca el 20 de mayo e hizo su aparición en Almería, a principios de rabīʿI del año 749/junio de 1348, donde alcanzó gran virulencia, sobre todo a partir de septiembre de 1348, prolongándose hasta el invierno de 1349.

La peste negra se había declarado en el pueblo de *al-Jawām,* en el extremo oriental de la provincia de Almería, y se había propagado con rapidez a los miserables núcleos de población de los alrededores, donde se hacinaban indigentes y mendigos. Además, el terreno era propicio en esta provincia, cuyos habitantes habían estado subalimentados durante dos decenios: el hambre de 1329 había obligado a las gentes humildes a alimentarse con granos de trigo y cebada podridos, almacenados durante años. Según nos revela el poeta Ibn Jātima, que ejercía la medicina en Almería, la peste causó hasta setenta víctimas diarias en esta ciudad andaluza.[55] Las demás ciudades del reino naṣrí no corrieron mejor suerte: en Málaga llegaron a morir más de cien personas al día y la mayoría de sus habitantes, presas del pánico, huyeron. Hasta mediados del siglo XIV, la peste se había presentado en su forma bubónica; en 1348, se sumó a ella la infección pulmonar, haciéndola aún más peligrosa, ya que era de rápida evolución y se transmitía por el aire. En las ciudades, más afectadas por la peste negra que las zonas rurales, la mortalidad fue especialmente elevada en los barrios pobres. Sin embargo, la epidemia no perdonó a ninguna categoría social: los biógrafos andaluces y magribíes dan cuenta de los letrados víctimas de la peste en Almería, Granada, Málaga, Vélez Málaga, Antequera y Comares [45[1], f°s. 109-111, 117, 147, 120, 236, 339, 366; 56, I, 68-69, 196, II, 458-9, 488:78[1], VIII, 204, 237-238]. Ya hemos señalado (138, 104) las incidencias de la peste negra en el desarrollo de la lucha fronteriza que enfrentaba a granadinos y castellanos, en las proximidades de Gibraltar, desde 1349.

Más de dos tercios de la población mundial desaparecieron debido a la gran peste. La falta de textos no nos permite apreciar las consecuencias sociales y demográficas de la epidemia en el reino naṣrí [393, 1962, 1062-1092; 228, 90].

Al igual que sus contemporáneos del Occidente cristiano, los musulmanes de España sentían gran temor ante el mal incurable que afectaba a las poblaciones medievales, la lepra, designada con el nombre genérico de *maraḍ* [194, I, 178]; los leprosos eran aislados en las leproserías *(rabaḍ al-marḍā),* ubicadas fuera de la ciudad y mantenidas con los fondos de una fundación pía, como fue el caso, en la Córdoba califal, de la leprosería cercana a la *Munyat ʿAŷab,* en la orilla izquierda del Guadalquivir. Según parece, a principios del siglo XII, se confinaba a los leprosos en un barrio aislado. El *muḥtasib* Ibn'Abdūn recomendaba a los sevillanos que no compraran ni huevos, ni pollos ni leche ni producto alguno a los leprosos; estos solo podían comerciar entre sí [75³, 112, 113, 157]. Dado el estado actual de la documentación, ignoramos si hubo en Granada una leprosería análoga a la que el sultán marīní Abū Ya'qūb Yūsuf había establecido en Fez en 1260 [264, I, 229].

Como en todo el mundo islámico, los enfermos mentales circulaban libremente, a menos que fuesen peligrosos. Las severas advertencias que hacía el *muḥtasib* 'Umar al-Garsīfī, ordenando atar a los deficientes y enfermos mentales que vagaban por los mercados, parecen puramente teóricas [75¹, 123; 75⁵, 370].

En la España califal se hacía una distinción entre el médico cualificado *(ṭabīb)* y una especie de enfermero *(mutaṭabbib)* que trataba las enfermedades más corrientes de forma bastante empírica, aplicaba ventosas y cauterizaba llagas [277, III, 434]. En los tratados de *ḥisba* aparece a menudo el sangrador *(faṣṣād)*, a quien se recomienda prudencia en las sangrías y evitar extracciones de dientes innecesarias. Los médicos escribían las recetas *(ṣifa)* y los boticarios *(ṣaydalānī)*, que exponían sus productos en las plazas públicas, vendían drogas —minerales o vegetales— y se dedicaban a preparar pastas farmacéuticas *(ŷawāriš)*, electuarios *(murabba)*, jarabes, pomadas y ungüentos [75, 104]. Uno de los más grandes médicos musulmanes de la Edad Media, Abū Marwān 'Abd al-Malik Ibn Zuhr, el famoso Avenzoar, manifestó en su juventud su interés por la cosmética *(ṭarīq al-zina)*, tema que trata en un opúsculo dedicado al príncipe almorávide Ibrāhīm b. Yūsuf b. Tāšfīn, entonces gobernador de Sevilla. Rosa Kühne, que se ha dedicado a estudiar pacientemente el *Kitāb al-Iqtiṣād* de Avenzoar, analiza así su contenido: Ibn Zuhr «propone pomadas y ungüentos contra determinadas afecciones de la piel (como granos, rojeces, pecas, etc.), polvos dentales, colirios, tintes para el cabello y la barba (o para disimular cicatrices), productos para fortalecer el pelo y las uñas, depilatorios, desodorantes, perfumes y fumigaciones» [244 bis].

La literatura médica del período naṣrí da algunas indicaciones acerca del tratamiento de las inflamaciones, en particular la gota *(niqris):* los médicos andaluces utilizaban cataplasmas compuestos a veces de cólquico *(suranŷān)*, aplicado fresco o, cuando estaba seco, incorporado a una pasta. A finales del siglo XV se aplicaban siempre emplastos *(ḍimād*, pl. *aḍmida)* —en cuya preparación se incluía el mastuerzo *('uṣṣāb)*— en el tratamiento de los enfermos de ciática.[56]

Los practicantes andaluces adquirieron una extraordinaria destreza en la cirugía menor, sobre todo en la extracción de flechas y en el arte del *ŷabr*, es decir, la reducción de fracturas *(ŷabr al-kusūr)* y luxaciones *(fakk)* [410, XX, 1935, fasc. 1, 20; 194, II, 275]. La habilidad del médico granadino Abū l-Ḥasan 'Alī Muḥammad Ibn Muslim en este terreno aparece atestiguada en un curioso documento de principios del siglo XVI, que es un compendio de ingenuos testimonios de los habitantes del Albaicín [417, III, 1954, 23-40]. Los oculistas del reino de Granada tenían, entre otros muchos méritos, el de operar las cataratas por medio de la extracción o por resorción mediante agujas metálicas huecas.[57]

No se ha encontrado indicio alguno, para la alta Edad Media andaluza, sobre la existencia de hospicios públicos, donde pudieran ingresar los enfermos y recibir tratamiento adecuado, como sucedía en el Oriente musulmán en la misma época. En el transcurso de su segundo reinado —a partir de muḥarram del año 767/septiembre-octubre de 1365—, Muḥammad V hizo edificar en Granada un espléndido hospital *(māristān)* [409, II, 1259-1262], «signo de gran compasión por los enfermos pobres musulmanes» [271, I, 164-166]. En el Museo de la Alhambra, una inscripción fundacional en cursiva andaluza trazada sobre el mármol conmemora la construcción del *māristān* de Granada, que fue acabado en el espacio de veinte meses, es decir, en el año 768/1367.[58] Se asignaron rentas a esta fundación pía, bello edificio cuyo patio rectangular albergaba un gran estanque en su parte central, alimentado por los surtidores que actualmente adornan el Partal de la Alhambra. El patio estaba rodeado por galerías repartidas en dos pisos y sostenidas por columnas de ladrillos. La riqueza decorativa de este hospital, sobre todo su notable policromía, impresionó sin duda a los granadinos del siglo XIX, quienes se resignaron a demolerlo en 1843, debido al estado de abandono en que se hallaba [391, IX, 2, 1944, 481-498; 369, 160].

Resulta difícil reconstituir la distribución interior del *māristān* de Muḥammad V; sin duda tenía, al igual que los hospitales de Oriente, una sección para hombres y una parte reservada a las mujeres. Según la hipótesis de L. Torres Balbás, contaba con una serie de celdas, y el hospital primitivo, destinado a los indigentes, se convirtió en asilo de dementes. Posiblemente hubo allí locos encerrados en mazmorras provistas de gruesos barrotes de hierro o bien atados a los muros con cadenas terminadas en un anillo que se cerraba en torno a su cuello.[59]

7. LAS DIVERSIONES

7.1. LAS FIESTAS

Al igual que sus correligionarios de Oriente, los musulmanes de al-Andalus, ricos o pobres, tenían costumbre de celebrar las dos grandes fiestas canónicas del Islam: la Fiesta de la Ruptura del Ayuno *('īd al-fiṭr)*, que en el calendario musulmán señala, con la aparición de la Luna nueva del mes de šawwāl, el final del ayuno anual del mes de ramadán, y la Fiesta de los Sacrificios *('īd al-aḍḥā)* [409, III, 1032-1033].

En el transcurso de la noche del 27 de ramaḍān, en las mezquitas iluminadas, en las ermitas *(rābiṭa)*, en los palacios y en las más humildes moradas, los súbditos de los soberanos andaluces escuchaban sermones y lecturas piadosas, y recitaban pasajes del Corán. En la Gran Mezquita de la capital se pronunciaba una plegaria solemne, la *ṣalāt al-'īd.* Como era costumbre en todo el mundo islámico, los poetas dirigían elogios a sus mecenas el primero de šawwāl. El secretario de la cancillería, Ibn al-Ŷayyāb, recitó un poema loando la prodigalidad del visir Ibn al-Ḥakīm al-Rundī, quien se había rodeado de los letrados más distinguidos de al-Andalus en el siglo XIV [79, II, 342-344]. En la obra poética de Ibn Zamrak abundan las *'īdiyyas,* compuestas en honor de Muḥammad V, para conmemorar el día de la Fiesta de la Ruptura del Ayuno [207, 219].

El 10 del mes de ḏū l-ḥiŷŷa, las familias de cualquier condición social debían celebrar dignamente la Fiesta de los Sacrificios, que, siguiendo la vieja costumbre árabe, consistía en el sacrificio ritual de al menos un cordero. Entre la gente del pueblo, esta ceremonia no dejaba de crear dificultades pecuniarias para el cabeza de familia, quien además se endeudaba en la compra de trajes nuevos para la mujer y los hijos. Los musulmanes de clase media que poseían una alquería recibían de sus colonos no solo un cordero engordado sino también diversas vituallas, como huevos, verduras o frutas. En el siglo XII, el cordobés Ibn Quzmān describía, dirigiéndose a un mecenas, los problemas que le causaba al cabeza de familia la adquisición de un cordero cada año, y también la alegría de la casa en la que reinaba el jolgorio durante varios días; el poeta mendigo esperaba también obtener para sí higos, castañas, frutos secos y pasas [60, I, 250-253, 357, 402-411, 461].

Un letrado de provincia de la primera mitad del siglo XIV, Ibn al-Murābi' al-Azdī, [60] en la *Maqāmat al-'īd* que dirigió al gobernador de Málaga, Abū Sa'īd Faraŷ, con la intención de recibir un cordero para la Fiesta de los Sacrificios, narra, con un estilo «vivo y ágil» [396, II, 1955, 121-122], las tribulaciones de un pobre diablo metido a pícaro que, a instancias de su mujer, compró un carnero. Esta sabrosa narración evoca el ambiente de las fiestas religiosas en los medios populares andaluces durante la época de los naṣríes.

Según parece indicar un testimonio de época tardía, se consumía, con motivo de la Fiesta de los Sacrificios, una serie de platos especiales; así, por ejemplo, se cocía especialmente para este día trigo con leche, en recuerdo del primer alimento tomado por Amīna, la madre del Profeta, tras el nacimiento de Mahoma [282, L].

Las dos fiestas canónicas se celebraban con una oración en común al aire libre, en un oratorio campestre *(muṣallā)* instalado fuera de la ciudad; el *qāḍī* o el *ṣāḥib al-ṣalāt* dirigían la plegaria. Todos los hombres acudían en masa al oratorio y escuchaban la plática *(juṭba).* Después volvían a la ciudad, donde los festejos populares continuaban hasta entrada la noche. La muchedumbre se apretaba en las calles de la capital, donde hombres y mujeres se rociaban con agua perfumada, se lanzaban naranjas, limas y ramos de flores, mientras gritos, canciones y danzas impedían el reposo de la gente pía.

En la España musulmana se celebraba una tercera fiesta religiosa, la *'Ašūrā'*, que caía en 10 de muḥarram y consistía en un ayuno ritual.[61] Muchos textos de consultas jurídicas mencionan los regalos que los maestros de escuela recibían de sus alumnos en esta fecha, en lo que los juristas no veían mal alguno.[62] Varios poemas de Ibn Zamrak están dedicados a Muḥammad V, como agradecimiento por los presentes recibidos por el visir poeta con motivo de la *'Ašūrā'* [207, 220].

En una obra titulada *Kitāb al-Durr al-munaẓẓam fī-mawlid al-nabī al-mu'aẓẓam*, el gobernador de Ceuta, Abū l-Qāsim al-'Azafī —que concluyó la obra de su padre el *faqīh* Abū l-'Abbās Aḥmad— expresaba, en la segunda mitad del siglo VII de la Hégira/siglo XII d. J.C., su indignación ante el comportamiento de sus correligionarios andaluces que festejaban la Navidad y el Año Nuevo del calendario cristiano, imitando a sus vecinos castellanos.[64] Este docto personaje nos cuenta que, con motivo del primero de enero del calendario juliano, es decir, *Yannayr (Ianuarius)*, los andaluces tenían la costumbre de intercambiar regalos, y que preparaban para ese día pasteles en forma de «ciudades» *(madā'in)* que anuncian la costumbre moderna de los roscones de Reyes para el día de la Epifanía, pero sin habas en su interior [291, XXIV, 1, 1969, 34 y n. 2]. He aquí la descripción detallada de estos pasteles, en la excelente traducción que realizó Fernando de la Granja.

> Nos ha contado más de un viajero que en algunas ciudades de al-Andalus (Dios la asista y la tenga de su mano) estos puestos llegan a valer setenta dīnares o más, por los quintales de azúcar que contienen, las arrobas de alfeñiques, la variedad de frutas secas, bolsas de dátiles, sacos de pasas e higos, de diferentes clases, especies y variedades, y toda suerte de cascajo: nueces, almendras, avellanas, castañas, bellotas y piñones; amén de caña de azúcar, y toronjas, naranjas y limas de la mejor calidad. En algunas ciudades hacen cazuela de pescado en salazón, en la que gastan hasta treinta dirhemes y otras comidas por el estilo» [391, XXIV-1, 1969, 35 y n. 1].

El *šarīf* Abū l-Qāsim al-'Azafī tuvo el honor de introducir en el Occidente musulmán la celebración de la fiesta más solemne de la baja Edad Media, el aniversario del nacimiento del Profeta, el 12 de rabī' I *(al-mawlid al-nabawī)*. Desde entonces, el *Mawlid* se convirtió en una tradición que los naṣríes de Granada, siguiendo el ejemplo de los sultanes de Fez y de Tremecén, respetaron solemnemente y conmemoraron con gran pompa en sus palacios. Se ofrecían fastuosos banquetes —tanto en la *jāṣṣa* como en la *'āmma*— que se prolongaban hasta la oración de la mañana e incluían distribuciones de víveres entre los necesitados.

Los poetas recitaban sus versos y los cantantes entonaban himnos a la gloria del Profeta.[65] Pero el elogio al sultán reinante era el tema principal de esta poesía circunstancial, hasta tal punto que en el transcurso del *Mawlid* del año 768/1366, Muḥammad V aconsejó a sus cortesanos que dirigieran sus elogios al Profeta y no a la persona real [79, II, 51].

Además de estas fiestas específicamente musulmanas, que eran reflejo de la afirmación de los valores espirituales de al-Andalus, se celebraban en la península Ibérica, a lo largo de las distintas épocas, dos fiestas estacionales fijadas por el calendario juliano que señalaban —como ya hemos visto— los diferentes períodos del año fiscal y agrícola; estas fiestas se conocían con sus nombres persas: el *Nayrūz*, día del año nuevo iraní [408, III, 949-950] y el *Mahraŷān* [408, III, 511; 270, 172 nota 1], que caía en 24 de junio; ambas daban lugar a festejos y diversiones en los que participaban, tanto en pueblos como en ciudades, todas las capas sociales.

El día de la fiesta del *Nayrūz* o *Nawrūz*, que conmemoraba originalmente el primer día del año solar persa, sufrió varias modificaciones tras su adaptación al mundo del Islam. Parece que en España coincidía con el equinoccio de primavera. Se solían hacer costosos regalos, aunque los juristas desaprobaran formalmente esta costumbre. Al-Muʿtamid recibió de Ibn ʿAmmār un traje de seda azul marino *(ṣūf baḥrī)* [11, 85]. Se elogiaba en verso a los altos dignatarios. Para la celebración del *Nayrūz* se instauró la costumbre de fabricar, desde principios del siglo XII, juguetes en forma de animales, especialmente jirafas, a pesar de la prohibición de los juristas.[66] En las excavaciones emprendidas hace unos quince años en Almería y en la Alhambra de Granada se hallaron unos juguetes de terracota o de loza vidriada, en forma de caballos o de cuadrúpedos con cabeza pequeña y cuello largo, vasijas de barro y unos minúsculos candiles que atestiguan la persistencia de esta costumbre en época naṣrí [391, XXXV-2, 1956, 373-375].

El *Mahraŷān* (o *Mihraŷān)*, de origen persa como el *Nayrūz*, se celebraba en España no en septiembre como en Oriente sino en el solsticio de verano. Desde el siglo X, el nombre de *ʿAnṣara*, todavía existente en el norte de África, prevaleció sobre la denominación persa para designar esta fiesta esencialmente estacional, que era celebrada tanto por mozárabes como por musulmanes. Los andaluces, cualquiera que fuera su condición social, intercambiaban regalos. En una anécdota citada por el famoso *qāḍī* ʿIyāḍ de Ceuta, se cuenta que el califa omeya ʿAbd al-Raḥmān III al-Nāṣir había ordenado a los poetas de su corte asistir a las carreras de caballos organizadas con motivo del *Mahraŷān* y participar en justas oratorias [391, XXXV-1, 1970, 127]. En el siglo XI, el príncipe de las Baleares, Mubaššar, organizó con ocasión del *Mahraŷān* unas regatas [321, 216-217]. Los poetas cantaban el florecimiento de las plantas y la riqueza de la tierra andaluza, en el transcurso de esta fiesta esencialmente agrícola. En esta especie de «noche de San Juan», se encendían grandes hogueras en los campos, pese a la censura de los *fuqahā'* andaluces.[67] Según nos cuenta un piadoso musulmán de Tortosa, Abū Bakr Muḥammad al-Ṭurṭūšī (siglo XII), se compraban unas tortas de queso blanco *(muŷabbanāt)* y unos buñuelos llamados *isfanŷ*, que se comían especialmente ese día [391, XXXV-1, 1970, 122].

En el transcurso de estas fiestas, como más tarde en el Maġrib, la gente humilde de las ciudades se disfrazaba de carnaval y salía a la calle a divertirse. Esto es lo que parece deducirse de una frase de 'Umar al-Garsīfī en que ordena al *muḥtasib* andaluz castigar a los jóvenes que rociaban con agua calles y mercados el día del *Mahraŷān*, convirtiéndolos en lugares resbaladizos [75^1, 124; 75^5, 370].

En otoño, los granadinos ricos celebraban la fiesta de la vendimia *('aṣīr)* [194, II, 134]. Dejaban durante algunos días sus viviendas de la ciudad y se trasladaban a sus casas de campo en la Sierra. Se vestían con sus mejores galas y todos —hombres, mujeres y niños— se entregaban a la música y al baile. Pero, dada la proximidad de la frontera, no descartaban nunca el peligro de un ataque cristiano, y aun en esta ocasión iban armados, en previsión de eventuales incursiones castellanas.

A principios del siglo XVII, los moriscos de Granada, Murcia y Jaén seguían celebrando esta fiesta estacional, con el nombre de fiesta de la *Pascua de los alaceres* o *alerces*. Esto parece desprenderse de la investigación llevada a cabo por un alto dignatario de la corte de Felipe III, don Gregorio López Madera, cuando fue promulgado el edicto de expulsión de los moriscos, el 9 de diciembre de 1609 [282, L].

7.2. La caza

La caza, muy apreciada por los andaluces, fue una de las distracciones favoritas de los soberanos, de sus cortes y de la aristocracia.

Fuentes iconográficas, tejidos, bajorrelieves y cofres de marfil, cerámicas granadinas, textos poéticos, crónicas árabes y documentos de archivo atestiguan que los monarcas y sus cortes se entregaban a los placeres de la montería y la cetrería.

En las regiones boscosas de Sierra Morena, los omeyas practicaban la caza mayor; jabalíes, ciervos y corzos que los criados dirigían, una vez levantados por la jauría de perros, hacia un calvero, donde eran muertos con un venablo. A veces, 'Abd al-Raḥmān II se pasaba una semana acosando a los ciervos en las laderas de Sierra Morena [277, III, 265]. En el transcurso de una partida de caza en un día lluvioso, Abū Marwān Ibn Razīn cayó de su caballo, hiriéndose tan gravemente que tuvo que guardar cama durante algún tiempo [44^1, 239]. Para al-Mu'tamid, el amor por la caza era «una de las cualidades naturales de los hombres nobles». Los cronistas han alabado la pasión del naṣrí Muḥammad IV por la caza, y en especial por los sacres [46, 77]; en sus poemas cinegéticos *(ṭardiyya)*, Ibn Zamrak evocaba el gusto de Muḥammad V por la caza [207, 219].

En 1494, Jerónimo Münzer se quedó maravillado ante la abundancia de caza mayor (osos, jabalíes, ciervos y gamos) en las montañas que dominaban Granada [309, 53].

En 1499, una ordenanza de Fernando el Católico [403, 3, 1967, 50-51] prohibió formalmente la caza del oso, del jabalí y del ciervo en un radio que, a partir de Granada, abarcaba hasta Sierra Nevada y se prolongaba hasta Loja, Moclín e Iznalloz. La presencia de osos así atestiguada en los bosques del reino de Granada solo unos años después de la caída de la dinastía naṣrí, indujo a E. Molina Fajardo a un detallado examen de las escenas de caza que, si bien deterioradas, aparecen en las pinturas del Partal de la Alhambra, reconociendo en ellas a un oso pardo considerado hasta entonces como un león.[68]

En una de las bóvedas laterales de la Sala del Tribunal, un jinete granadino persigue a un jabalí en la espesura y lo atraviesa con una lanza, mientras dos perros muerden al animal. Seguido de cinco criados que transportan en una mula el jabalí muerto, el jinete se dirige luego hacia un pequeño castillo. Entonces, dos escuderos granadinos depositan el animal a los pies de la señora del castillo. Ibn al-Jaṭīb cuenta que un príncipe de la dinastía naṣrí cercenó con su espada las defensas de un jabalí, en el transcurso de una batida. Después de la caída de Granada, los conquistadores cristianos cazaron también jabalíes; Jerónimo Münzer fue uno de los invitados del gobernador de Fiñana a la cacería que se desarrolló en las montañas situadas al oeste de la fortaleza. Los muros de este castillo estaban adornados con pieles de jabalí.[69]

A menudo se cazaban ciervos en el recinto de la propia Alhambra, es decir, en el bosque real que documentos de archivo posteriores sitúan en la colina cuyas laderas dan al valle del Darro; este amplio parque se extendía entre la Torre de las Armas y la Torre de los Picos, como demuestra un texto encontrado en los archivos municipales de Granada [403, 3, 1967, 34 n. 9]. Los artistas anónimos que decoraron los techos de la Sala del Tribunal pintaron un ciervo acosado por perros de caza, mientras un jinete árabe se dispone a atravesarlo con su lanza. En la torre edificada por orden de Abū l-Haŷŷāŷ Yūsuf I, llamada Torre de Comares, existen dos azulejos con representaciones de ciervos. También aparecen unos corzos algo estilizados en un magnífico jarrón naṣrí del siglo XIV, expuesto en una sala del Museo de la Alhambra.

La presencia de cérvidos en los alrededores de Granada en el siglo XVI inspiró al grabador alemán Jorge Höfnagel el elegante dibujo de dos ciervos al pie de la Torre de Comares.[70]

Manadas de lobos y zorros rondaban el recinto de Granada algunos meses después de la toma de la ciudad por los Reyes Católicos [403, 3, 1967, 40]. Cabe suponer que estos carnívoros hambrientos se acercaban a la capital naṣrí en las frías noches de invierno, aunque las fuentes árabes conocidas no señalan en parte alguna que se cazara estos animales. Conejos y liebres abundaban en el territorio del reino naṣrí; aparecen entre las matas de hierba en las pinturas de la Sala del Tribunal; corren a lo largo de los frisos del Partal; conejos de orejas desmesuradas destacan por sus vivos colores sobre el fondo blanco de los fragmentos de cerámica expuestos en el Museo Arqueológico de Granada. La población hispanomusulmana siempre había sabido apreciar la carne de estos animales. El *muḥtasib* de la Sevilla almorávide, Ibn ʿAbdūn, había establecido una severa reglamentación para la venta de conejos [75[1], 96]. Capturados vivos por cazadores furtivos, conejos y liebres solo podían venderse después de ser degollados ritualmente; en atención a la importante población morisca de Granada, fiel a sus ancestrales costumbres, el Capítulo de la ciudad, reunido el 3 de agosto de 1500, prohibió el uso de trampas de lazo para la caza de estos roedores [403, 3, 1967, 42].

Los cronistas mencionan, durante el emirato omeya, las largas cabalgadas de al-Ḥakam I por la campiña cordobesa o camino del fuerte de Almodóvar del Río, donde iba a cazar grullas y animales acuáticos [277, I, 189]. ʿAbd al-Raḥmān II cazaba con halcón en el valle del Guadalquivir, zona de paso de las grullas, el ave de caza más apreciada desde el siglo IX [277, I, 265].

En al-Andalus se consumía gran cantidad de aves de caza; como perdices, faisanes, patos salvajes y palomas torcaces, ocas salvajes que se cazaban con aves de rapiña, sobre todo buitres *(nasr)*, águilas *(ʿuqāb)*, sacres *(ṣaqr)*, halcones *(bāz=bāzī)*, y gerifaltes *(šāhīn)*.[71]

El ave de presa por excelencia era el halcón. La cría de halcones se desarrolló mucho en la península Ibérica, siendo los más reputados los de los alrededores de Lisboa, así como los de las islas Baleares; especialmente famosa era la variedad que se criaba en la región de Niebla, de donde les viene el nombre de *nablī* o *lablī* [194, II, 513 b]. Por el *Calendario de Córdoba del año 961* sabemos que la especie llamada *šuḏāniq* era originaria de las islas próximas a Valencia [277, III, 290]. En la corte de los afṭasíes de Badajoz, el visir secretario Abū Bakr Ibn al-Qabṭurnuh pidió a al-Manṣūr Ibn al-Afṭas que le regalara un halcón *(bāzī)*, «espécimen de largas alas» en cuyas «patas traen el viento del Norte» [321, 348]. No solamente diversos textos poéticos dan fe del gusto por la cetrería, sino que la toponimia de la península Ibérica lleva su huella, como por ejemplo Alvayázere = *al-bayāzira*, localidad situada al norte de Portugal, cerca de Leiria.[72] Se ha intentado identificar la denominación del Albaicín de Granada con la deformación de *Rabaḍ al-bayyāzin*, el barrio de los halconeros.[73] Existían barrios con este mismo nombre en Alhama, Antequera y Baena.

En una caja cilíndrica de marfil del siglo XII que se conserva en el Museo del Louvre, aparecen representadas partidas de caza con aves de presa.[74] En esta píxide aparecen pintados dos jinetes, uno de los cuales sostiene en su mano izquierda un halcón y el caballo del segundo lleva a la grupa una onza. En el Museo de Telas de Lyón,[75] una tela de seda que puede fecharse en el siglo XII presenta una escena de caza en la España musulmana: sobre un fondo rojo vivo, una gran águila bicéfala de color beige y negro sujeta en cada una de sus garras sendos íbices levantados sobre sus patas traseras.

En las pinturas del Partal, cuatro halcones de gran envergadura intentan dar alcance a su presa. En una de las bóvedas de la Sala del Tribunal, gerifaltes y halcones se disponen a lanzarse sobre unas aves zancudas. Sabemos que, desde los tiempos de los califas omeyas, estuvo muy de moda en al-Andalus la caza de la garza real y de la grulla *(ġirnīq)*.

Exiliado en su principado de las Alpujarras después de la caída de su reino, Boabdil, escoltado por servidores fieles y seguido de sus galgos, cazó todos los días con sus azores, en los campos de Dalías, durante el mes de diciembre de 1492.[76]

Los árabes de condición humilde utilizaban gavilanes y empleaban ballestas en lugar de lanzas.

7.3. JUEGOS, MÚSICA Y BAILE

El ajedrez *(šiṭranŷ)* fue un juego muy apreciado en la España musulmana a partir del siglo IX; había sido introducido en Córdoba por el músico Ziryāb o por algún otro emigrado iraquí [277, III, 443]. La corte leonesa lo adoptó muy pronto con toda la terminología sobre normas del juego y piezas, con su nombre oriental algo deformado (ajedrez).[77] Entre los andaluces amantes del ajedrez, el cronista Ibn Ḥayyān cita al emir Muḥammad I y a su *fatā*, ʿAydūn, que era un gran jugador. En el siglo XI, al Muʿtamid poseía un tablero cuyas piezas eran de ébano y de madera de sándalo, con incrustaciones de oro.

Han llegado hasta nuestros días dos peones de marfil, uno de los cuales es del año 460/1067 y el otro posiblemente de la misma época [321, 345-346].

En tiempos de Alfonso X el Sabio, el juego del ajedrez fue el pasatiempo favorito de los castellanos; el rey y su esposa, doña Violante de Aragón, caballeros y damas de la corte, monjes y soldados, nobles y villanos, judíos y mudéjares, todos eran fervientes aficionados al ajedrez. Un letrado granadino del siglo XIV, Muḥammad b. Aḥmad b. Quṭba al-Ru'sī, era un famoso especialista de ajedrez [45[5], II, 182]. Un célebre romance de la época de Enrique IV de Castilla nos presenta a

Fajardo el Murciano jugando al ajedrez con un rey de Granada, «el rey moro» [165 bis; 372 bis].

Tanto durante el emirato como bajo el califato de Córdoba, los nobles se entregaban a una de sus distracciones favoritas, el polo *(ṣawlaŷān)*, muy apreciado también en el Oriente ʻabbāsí en la misma época. Al-Ḥakam I fue un experto en este juego [277, III, 443]. Pese a la ausencia casi total de textos poéticos, cabe suponer que el polo siguió practicándose en tiempos de los reyes de taifas [321, 345].

El arte de la equitación no se difundió en la península Ibérica hasta el período de la decadencia del califato omeya, cuando los jinetes magribíes, y especialmente los de Ifrīqiya inmigrados a al-Andalus, lo enseñaron a sus correligionarios andaluces, según los métodos norteafricanos. Parece, pues, que la moda de las carreras de caballos fue posterior al siglo x; experimentó cierto auge en época de los reyes de taifas y los naṣríes lo convirtieron en su pasatiempo favorito. Muḥammad IV era un jinete consumado y un buen conocedor de las capas de los caballos; los cronistas musulmanes pusieron de relieve su habilidad en montar al galope los pura sangre [46, 77]. Según atestiguan varios poemas de Ibn Zamrak, Muḥammad V asistía con asiduidad a las carreras de caballos [78[1], X, 30-36, 44-48].

Un juego al aire libre, llamado la tabla, no parece que se practicara antes de los naṣríes; dicho juego atrajo a numerosos espectadores en el transcurso de los festejos que se celebraron con motivo de la circuncisión de un hijo de Muḥammad V: los jinetes lanzaban con destreza unos palos sobre un blanco de madera [78[1], 165].

Los combates entre animales eran muy apreciados en el Occidente musulmán. Ibn al-Jaṭīb, embajador en la corte marīní en el año 755/1351, asistió, en presencia del sultán Abū ʻInān, a una pelea entre un león y un toro que acabó con la muerte del primero, gravemente herido por el toro [78[1], VIII, 46]. Esta moda magribí fue imitada en Granada, donde se organizaban peleas entre toros y perros, evocadas por Ibn al-Jaṭīb, y que fueron los antecedentes de las corridas.[78] En una palestra *(maydān)* rodeada de una empalizada, unos perros entrenados hostigaban a un toro, le mordían las orejas; luego salían unos jinetes que excitaban al animal con unas picas cortas y, finalmente, le daban muerte [45[1], f.º 441; 78[1], IX, 165-168, X, 157].

A Muḥammad V le gustaba asistir a las peleas de animales, y, según afirman sus poetas, a veces llegaba incluso a participar en ellas [78[1], X, 16; 79, II, 106].

Desde principios del siglo xiv, los granadinos destacaron en los torneos a campo cerrado. Muḥammad V, siendo todavía un adolescente, frecuentaba las palestras y exigía que le entregaran lanzas cortas para medirse con los jinetes más diestros [45[6], I, 54[1]].

La *ḥalqa* —batida en círculo cerrado, muy en boga entre los mamelucos de Egipto, Siria e Iraq en el siglo XIV—, con las evoluciones ecuestres que conllevaba, no fue practicada por los musulmanes del Maġrib y de al-Andalus; ni siquiera Ibn Huḏayl la menciona en su antología de veterinaria de los caballos, la *Ḥilyat al-Fursān wa-šiʿār sukkān al-Andalus,* de finales del siglo XIV.

Las justas ecuestres se celebraban en las plazas públicas de Granada, especialmente en *Bāb al-Ramla,* que daba al paseo del Darro y cuyo nombre se ha perpetuado en la actual plaza de Bibarrambla; en *Bāb al-Tawwābīn,* la Puerta de los Ladrilleros, actualmente llamada Carrera de la Virgen, y en la misma Alhambra, en la explanada llamada la Tabla, situada no lejos de la Puerta de los Aljibes, llamada hoy en día Torre de los Siete Suelos [391, VII, 1942, 449-451; 84, texto 3, trad. 4-5].

No era raro que caballeros cristianos se desafiaran en tierra musulmana. En el Museo de la Alhambra se guarda un fragmento de un panel, de madera de peralejo, pintado «a tempera» y hallado en 1863 en un pasaje que conducía al Patio de los Leones. Sobre un fondo que representa una fachada de la Alhambra que se extendía desde la Puerta de la Justicia hasta la Puerta de los Aljibes, se enfrentan dos guerreros vestidos con cotas de malla y sobrevestas, que desenvainan sus estoques; solo son visibles la cabeza y los bustos de los guerreros y su ropa parece inspirada en la moda cristiana del siglo XV.[79] Por ello, Leopoldo Eguílaz Yanguas lanzó, a finales del siglo XIX, la hipótesis de que este fragmento podría representar la escena del duelo que tuvo lugar en Granada en 1414, en época de Yūsuf III, entre don Juan Rodríguez de Castañeda y don Diego Ortiz de Zúñiga.[80] Durante el reinado de Abū Al-Ḥasan, un señor andaluz, don Diego Fernández de Córdoba, hijo mayor del conde de Cabra, retó a su enemigo don Alonso de Aguilar en suelo granadino. El sultán de Granada se ofreció como mediador.

En realidad estamos muy mal informados acerca de los duelos que se produjeron en la Vega entre castellanos y granadinos, en el transcurso de los últimos episodios de la Reconquista. Hay que tomar con cierto escepticismo los brillantes relatos del siglo XVI español, ya que es posible que la imagen de los héroes engalanados que caracolean ante los ojos de nobles damas granadinas, entusiasmadas con sus proezas, sea producto de la fértil imaginación de Ginés Pérez de Hita.[81]

En la región de Jaén, el día de san Juan, los señores andaluces se entregaban con entusiasmo al juego de cañas [110³, 65]. Los musulmanes no solo lo practicaban sino que eran grandes expertos. Una embajada granadina ante la corte del rey Juan II consiguió un enorme éxito practicando este tipo de juego en presencia del soberano castellano [100, 4]. En tiempos de Muḥammad VIII, una carta procedente de la corte naṣrí, fechada el 30 de mayo de 1418 y dirigida a Alfonso V, enumera entre los regalos destinados al rey aragonés un equipo para el juego de cañas [95, Reg. 266, f.° 3].

Jerónimo Münzer nos ha legado una hermosa descripción del juego de cañas al que asistió en Granada el 26 de octubre de 1494, víspera de la fiesta de los apóstoles san Simón y san Judas [309¹, 108]. El conde de Tendilla, primer gobernador español de la fortaleza, había convocado a los cien jinetes más diestros «en cierta explanada de más de ciento treinta pasos de longitud que hay en la Alhambra destinada a este género de ejercicios. Divididos en dos cuadrillas, comenzaron los unos a acometer a los contrarios con largas cañas,[82] agudas como lanzas; otros, simulando una huida, cubríanse la espalda con adargas y broqueles, persiguiendo a otros a su vez, y todos ellos montados a la jineta en corceles tan vivos, tan veloces, tan dóciles al freno, que no creo que tengan rival. El juego es bastante peligroso, pero con este simulacro de batalla acostúmbranse los caballeros a no temer las lanzas de veras en la verdadera guerra. Después, con cañas más cortas, a modo de flechas, y a todo correr de los caballos, hicieron tiros tan certeros como si las dispararan con ballesta o con bombarda. Nunca vi tan bizarro espectáculo».[83]

El pueblo bajo andaluz practicaba juegos más sencillos. Los jóvenes formaban bandas, y los de una calle peleaban con los de la calle vecina, armados con palos y garrotes *(miqra')*. El *muḥtasib* censuraba esta clase de distracciones, ya que a menudo degeneraban en riñas [75¹, 177; 75⁵, 370]: los jóvenes se exaltaban y pasaban a tirarse piedras o se mataban unos a otros [264, I, 214].

Los juegos de azar *(qimār)* estuvieron siempre de moda, aunque estaban prohibidos por la ley musulmana porque apartaban a los fieles del cumplimiento de sus obligaciones religiosas; muchos andaluces rodeaban en los mercados a los jugadores de dados *(nard)*, pese a los anatemas lanzados por el *muḥtasib*. Según parece desprenderse de una frase de Ibn 'Abdūn, en el siglo XII se practicaba en Sevilla, y sin duda en el resto de al-Andalus, una especie de juego de damas *(qirq)* en el que los aficionados apasionados perdían a veces hasta el último dirham [75¹, 118].

A partir del siglo IX, el canto, la música y el baile fueron entretenimientos muy apreciados tanto en España como en el resto del mundo musulmán.

No vamos a examinar aquí con detalle el papel determinante desempeñado por el bagdadí Ziryāb en la evolución de la música andaluza a partir del siglo IX, tema brillantemente tratado por Lévi-Provençal.

Ziryāb creó una especie de conservatorio en el que la música andaluza, en un principio tan emparentada con la escuela oriental representada por Isḥāq al-Mawṣilī, cobró pronto un aspecto original cuya tradición sigue viva en todo el Occidente musulmán; se le deben varias invenciones técnicas, como por ejemplo la transformación del laúd tetracorde, el único empleado hasta entonces, en el laúd de cinco cuerdas, o la sustitución del plectro de madera por otro hecho de garras de águila [277, I, 270-1].

Durante el emirato y el califato, la corte omeya asistía a sesiones de música y danza en las que una sencilla flauta de agudos sonidos, el *būq*, acompañada de una pandereta, reemplazaba los complicados instrumentos de las orquestas al estilo iraquí. El emir Muḥammad I tenía a su servicio a unos cuantos virtuosos del *būq*, y él mismo tocaba un *būq* de ébano con incrustaciones de oro y pedrería [277, III, 450]. Los cortejos nupciales recorrían las calles de Córdoba al son de bocinas y panderetas *(duff)*,[84] también utilizados por los saltimbanquis para atraer la atención de los transeúntes.

No vamos a entrar en los detalles de las discusiones jurídicas relativas a la licitud del canto y de la música. Los musulmanes de España debatieron este tema desde el período omeya: en el siglo x, Ibn ʻAbd Rabbih le consagró un capítulo de su famosa antología *al-ʻIqd al-Farīd*, en el que exponía las diversas opiniones de teólogos y juristas de Oriente sobre este tema.[85] Ibn Ḥazm expuso el punto de vista ẓāhirí en una epístola sobre la licitud del canto acompañado de música instrumental.[86] Después de declararse a favor de la licitud del canto, Ibn Ḥazm expone textualmente las tradiciones contrarias a esta licitud, negando acto seguido su validez. Comenta algunos textos que corroboran su opinión y concluye, de acuerdo con un «dicho» del Profeta, que las acciones humanas solo pueden valorarse en función de las intenciones que encierran. Precisa que el famoso jurista mālikí Ibn ʻAbd al-Barr, a quien presentó su epístola, no formuló objeción alguna.

Según los tratados de *ḥisba*, el mālikismo andaluz fue especialmente rígido en cuanto a los instrumentos musicales. Ibn ʻAbd al-Raʻūf prohibió, en las ceremonias nupciales *(ʻurs)* y de otro tipo «los instrumentos musicales como el laúd» *(ʻūd)*, con excepción de la pandereta que se parece a un tamboril *(ġirbāl)*». Añade que existen opiniones divergentes en lo que se refiere «al tambor conocido con el nombre de *kabar*» [75^1, 83; 75^5, 32]. Sea como fuera, estas restricciones fueron inútiles: los textos literarios e históricos, así como algunos documentos iconográficos, permiten pensar que la música acompañaba en España cualquier festejo y celebración. En el transcurso de las fiestas nocturnas organizadas por la *jāṣṣa* en Córdoba, Sevilla y otras ciudades, se obsequiaba a los invitados con un espectáculo de cante y baile, a los sones de una orquesta *(sitāra)* formada por hombres y mujeres.

En una de las caras de la arqueta de marfil dedicada a ʻAbd al-Malik, hijo de al-Manṣūr, en el año 395/1005 y expuesta actualmente en el Museo de Pamplona, hay un medallón en el que aparece representada una orquesta formada por tres personas sentadas. El músico situado a la izquierda está tocando una flauta de dos tubos claramente separados (el aulos de los griegos); el del centro, oculto por la cerradura, parece estar tocando el laúd; resulta difícil precisar si el tercero, bastante deteriorado, tiene en sus manos una flauta o un tamboril.[87]

Al-Rašīd, hijo de al-Mu'tamid, tocaba el laúd a la perfección [193, II, 71-72]. Más adelante, los aduladores de los almorávides, historiadores o poetas, reprocharon a menudo a los reyes de taifas su afición a escuchar canciones y a tocar la flauta *(samā 'al-zamr)* o el laúd [193, II, 15-16].

La música no fue patrimonio exclusivo de reyes y altos dignatarios de la corte, sino que tuvo gran aceptación entre el pueblo, los poetas o los artesanos. Durante el siglo XI, se desarrollaron el género poético del *muwaššaḥ* y la poesía popular del *zaŷal,* ambos destinados a ser cantados. A finales del siglo XII, al-Šaqundī alababa la habilidad de los habitantes de Sevilla en el uso de instrumentos de cuerda y de viento, como el laúd *('ūd),* la cítara *(rūṭa),* el rabel *(rabāb),* el arpa *(qānūn),* la guitarra *(qiṭār),* una variedad de cítara *(kanīra)* y dos clases de flautas, la *šuqra* y la *nūra* [88, 98 y n. 132]. Según este mismo autor, la pandereta *(duff)* fue introducida por los beréberes, aficionados a los instrumentos de percusión, y parece que en las ciudades solo tuvo éxito entre las gentes de la *'āmma.*

La enseñanza de la música formó parte de la educación general de las muchachas a partir del siglo XI. Ibn Ḥazm, que considera lícitos la música y el canto, nos informa de la costumbre introducida en algunas familias nobles de Córdoba de hacer cantar una a una a las jóvenes durante las fiestas íntimas. En esta misma época, los andaluces, que hasta entonces habían traído de Oriente y luego de Berbería a sus cantantes y músicos femeninos *(qayna,* pl. *qiyān),* empezaron a formar en la misma España a mujeres artistas. Según testimonio de sus contemporáneos, Córdoba tuvo el monopolio de las esclavas cantantes. La que le fue vendida a Huḏayl Ibn Razīn, príncipe de la Sahla, por la suma total de tres mil *dīnāres,* era, además, una excelente calígrafa y poseía una dicción muy pura. Aparte de ser bailarina *(rāqiṣa),* «sobresalía en el manejo de las armas, en los ejercicios acrobáticos con escudos de cuero y en los juegos malabares con sables, lanzas y puñales afilados» [321, 385 y n. 3]. al-Šaqundī atribuyó un siglo más tarde las mismas cualidades a las bailarinas de Úbeda:

«También hay en Úbeda ciertas histrionisas *(al-malāhī)* y bailarinas célebres por la viveza de su ingenio y por su arte, pues son las más hábiles criaturas de Dios en esgrimir espadas, manejar dados y cubiletes *(dakk)* y en otras especies de juegos de manos *(ijrāŷ al-qarawī),* pasapasas y nexos de danzantes *(al-marābiṭ)* y mascaradas *(al-mutawaŷŷah)*» [88, 107].

Un pasaje de los *Prolegómenos* de Ibn Jaldūn precisa que en la España musulmana «se sentía gran interés por los accesorios *(ālāt)* del baile, por los vestidos que se llevaban, por los instrumentos de acompañamiento *(quḍbān)* para las poesías que se cantaban. Se convirtió en un arte especial. También se gozaba de otros accesorios llamados *al-ku-*

rraŷ» [40[4], II, 421]. He aquí la descripción de este baile: «Se atan unas figuras de caballos de madera, ensillados, a los faldones de las chaquetas *(aqbiya)* que llevan las mujeres. Estas simulan montar los caballos. Atacan, huyen y luchan entre sí». Esta especie de ballet, cuyas figuras se movían al ritmo de un antiguo instrumento de percusión, el *qaḍīb*, muy de moda en Medina en el siglo VIII, tuvo gran aceptación en la corte ʻabbāsí desde comienzos del siglo IX, extendiéndose luego a otros países. En 1068, Ibn ʻUqāša tomó por sorpresa Córdoba, mientras que el gobernador de la Alcazaba, Muḥammad Ibn Martīn, asistía a un *kurraŷ*. Este tipo de caballo faldón seguía todavía en moda un siglo más tarde en Marrākuš, en el palacio de Ibn Ŷarīr, visir de los príncipes almohades: «había un patio en el que quinientas esclavas jóvenes podían evolucionar en sus caballos de madera y luchar con lanzas» [210 *b*].

En tiempos de los naṣríes, la música estuvo asociada a cualquier festividad. Es de lamentar la pérdida del *Kitāb al-musīqī* de Ibn al-Jaṭīb, que nos podría haber ampliado la información acerca de los diversos instrumentos de música de su tiempo [78, I, 190]. En la *Lamḥa,* el visir granadino se limita a una breve alusión al canto, «difundido hasta en las tiendas», en las que se reunían numerosos jóvenes [46, 27, 135-139].

El laúd tuvo una gran aceptación, no solo en al-Andalus sino también en el seno de las comunidades mudéjares de Castilla. Varias miniaturas de las *Cantigas* y del *Libro del Ajedrez* atestiguan la presencia de músicos mudéjares en las cortes cristianas de España, donde difundieron el uso del laúd en el siglo XIII [330 *a*; 330 *b*; 223 *b*; 13, nota 6; 201 *b*; XXII]. En el siglo XIV, este instrumento seguía aún presente en la poesía hispanomusulmana y, sobre todo, en los versos del visir Ibn Zamrak, que describen a «un mancebo cantor pulsando el laúd» [207, 240].

En las fiestas familiares, los andaluces tocaban la flauta de madera *(yarāʻa)* y un caramillo llamado *šabāba* (de donde procede el castellano axabeba), que habían sido formalmente prohibidos por los medios ṣūfíes de Granada, especialmente estrictos, en sus conciertos espirituales [275, 218]. En los festejos públicos, los andaluces mostraban sus habilidades con la flauta *(mizmār)* y la bandola *(ṭunbūr).* En la poesía esencialmente aristocrática de la Granada naṣrí no se mencionan instrumentos de percusión. Además de la música refinada de la corte, se organizaban sesiones musicales más sencillas *(zamra,* de donde procede la voz castellana *zambra)* en las que se empleaban castañuelas *(šīz)* y una especie de tambores *(nuqra, ṭabl)* y tamboriles con laminillas *(bandayr),* cantadas por Ibn Quzmān a principios del siglo XII y que gozaban todavía del favor popular. Un curioso grabado del alemán Weiditz,[88] llamado *Danza Morisca,* pone de manifiesto la pervivencia de estas *zamras* andaluzas a principios del siglo XVI. Entre los moriscos representados por el orfebre de Augsburgo aparecen dos bailarines: un hombre y una mujer que «castañean con sus dedos», según se precisa en el pie de la ilustración.

La música andaluza emigró con los últimos moriscos a Fez y a Túnez donde ha conservado hasta nuestros días el nombre de «canto andaluz» *(al-ginā' al-andalusī)* o «palabras de Granada» *(kalām Garnāṭa)*.

7.4. El espectáculo callejero

En las páginas de los tratados de *ḥisba* aparece descrito el ambiente populoso de las ciudades andaluzas medievales. En sus estrechas callejuelas, las ventas se realizaban bajo las arcadas y galerías de los *sūqs*, donde los mercaderes pregonaban a porfía sus productos para atraer a la clientela. Por la tarde, una gran muchedumbre acudía allí para oír las pujas anunciadas en voz alta por los agentes de almoneda *(dallāl)* y se apiñaba en torno a los feriantes instalados bajo un parasol. El *muḥtasib* debía hacer uso de su autoridad para evitar que los campesinos llegados a la ciudad para hacer sus compras penetraran en el bazar *(qaysāriyya)* a lomos de sus animales; les prohibía detenerse en los callejones y dejar en ellos a sus animales sin haber sido previamente trabados.

En las plazas, gentes de la ciudad y del campo se agolpaban en torno a faranduleros *(mubahriŷ)*, funánbumos y equilibristas que divertían a la muchedumbre. Según se desprende de una frase del *muḥtasib* Ibn 'Abd al-Rā'uf, los andaluces de su tiempo gozaban especialmente de los pasapasas *(qalb al-'ayn)*. En Sevilla, Córdoba y Almería, los malabaristas *(mulhī)* participaban en las diversiones de los príncipes, amenizándolas con diversos trucos, como por ejemplo haciendo desaparecer frasquetes. En las calles abundaban los vendedores de amuletos, que utilizaban cabezas de águila y de otras aves de presa para embaucar a sus clientes, y también había prestidigitadores *(lā'ib)*, presentadores de sombras chinescas *(ahl al-tajyīl)*, ventrílocuos y escamoteadores [75[1], 147, 159 y 321, 391-392].

Ibn Jaldūn ha demostrado su desprecio por los astrólogos *(munaŷŷim)* y por los echadores de la buenaventura *(ḥāsīb)*, que se instalaban en tiendas y recibían a lo largo de todo el día a gentes crédulas, mujeres, niños e «individuos de espíritu débil», que intentaban averiguar el giro que iban a tomar sus asuntos y si el futuro les depararía amistad u odio». Unos trazaban líneas sobre arena, otros esparcían piedras pequeñas por el suelo y había otros que fijaban sus miradas en líquidos o espejos. El *muḥtasib* condenaba esta última práctica, ya que el reflejo del sol sobre los espejos podía provocar un incendio. Vigilaba también a los adivinos *(kāhin)*, a los herbolarios *('aššāb)* y a los bufones *(mahhān)* que contaban sandeces al público.

Los fabricantes de férulas y triacas, los vendedores de plantas medicinales y los preparadores de ungüentos *(duhn)* y de galena *(kuḥl)* [194, II, 446-7] vendían sus mercancías sentados en el suelo, y a pesar de las estrictas órdenes del *muḥtasib* se producían frecuentes fraudes en estos oficios.

Los cuentistas callejeros *(qāṣṣ)*, que poseían una gran imaginación, narraban historias en las que aparecía el Profeta [75[1], 113; 75[5], 362]; según Ibn ʿAbd al-Rāʾūf, estaba permitida la presencia de cantantes de *zaŷal* cuando estos llamaban a la gente para ir a la guerra santa o cuando invitaban a los fieles a participar en la peregrinación del Ḥiŷāz.

Los exhibidores de monos intentaban a veces penetrar en las casas particulares, asustando así a las mujeres embarazadas y a los niños.

Enfermos y mendigos formaban una auténtica Corte de los Milagros. Algunos se revolcaban por el suelo de los mercados y hacían creer a los transeúntes crédulos que sufrían ataques de epilepsia *(ṣarʿ)*, otros gimoteaban porque tenían, según ellos, cálculos, en tanto que otros, afectados de abscesos y pústulas horribles, pedían limosna, cosa que también hacían los falsos lisiados. Algunos se provocaban heridas en las manos para simular lepra y ser motivo de la conmiseración pública. Pese a las severas censuras del *muḥtasib*, era frecuente este tipo de artimañas y subterfugios [75[1], 113; 75[5], 363].

Entre la masa de curiosos se mezclaban aguadores, perfumistas *(bajjār)* —quienes, a cambio de una retribución, perfumaban a sus clientes en los lugares públicos con fumigaciones de incienso o de maderas aromáticas, o con aspersiones de agua perfumada—, fulleros que intentaban arrancar algunas monedas a los transeúntes. Se producían frecuentes disputas, formándose aglomeraciones de gente que eran dispersadas por los exentos del lugarteniente de policía [75[1], 115, 158].

Los espectáculos que más atraían al público, aparte de las ejecuciones y de la exposición de los cadáveres de los ajusticiados en la horca, eran los grandes desfiles militares *(burūz* o *tabrīz)*, que se celebraban con motivo de la llegada de algún embajador o de la partida del soberano para una revista de tropas o una expedición. En Córdoba, estos desfiles se desarrollaban por lo general en el camino que conducía a la residencia real de Madīnat al-Zahrāʾ. Los cortejos suntuosos fascinaban a los cordobeses en tiempos del sucesor de al-Manṣūr, ʿAbd al-Malik al-Muzaffar, quien, montado en un pura sangre, se rodeaba de una guardia personal rutilante [277, III, 440-441].

En Granada, el pueblo, agolpado en las plazas públicas, admiraba al sultán cuando este salía de la ciudad al frente de sus tropas para ir a la guerra o cuando volvía de ella cargado de botín y de prisioneros.

En la *Nubḏat al-ʿaṣr* aparece una descripción de una solemnidad militar del año 882/1477. Se celebró en la Alhambra, en el lugar conocido con el nombre de la Tabla, cerca de la Puerrta de Algodor, llamada en la actualidad Puerta de Siete Suelos. Se preparó la explanada y se instaló una tribuna desde donde el sultán Abū l-Ḥasan y su séquito pudieron asistir a las evoluciones de la caballería y admirar la habilidad de los zenetas. Durante un mes desfilaron uno tras otro los grupos de la caballería andaluza. La *'āmma* de Granada y la de los alrededores se trasladaron diariamente hacia la *Sabīka* y las proximidades de la Alhambra para asistir al brillante espectáculo, al que pusieron fin bruscamente las inundaciones producidas el 22 de muḥarram del año 883/1 de enero de 1478, tras unas copiosas lluvias que hicieron desbordar las aguas del Darro [84, 4-5].

8. LA MORALIDAD PÚBLICA

A través de anécdotas contadas por los historiadores musulmanes y de una serie de alusiones poéticas, sabemos que el consumo de vino estaba muy extendido en al-Andalus, pese a estar prohibido. Era fácil hallar vino en las ciudades andaluzas y beberlo hasta la embriaguez. En el siglo IX existía en Secunda, en las proximidades de Córdoba, un mercado de vinos arrendado a un mozárabe; tras un breve período de cierre se permitió su reapertura, y proporcionó abundantes beneficios al Tesoro Público; dicho mercado de vinos abastecía a numerosas tabernas *(jāna)*, autorizadas o clandestinas, en las que se reunían los bebedores de los distintos barrios de la Córdoba omeya. Algunos de estos despachos de bebidas estaban regidos por taberneras *(jammāra)* [321, 368]. Según cuenta el poeta Abū 'Āmir Ibn Šuhayd, la clientela musulmana era tan numerosa como la mozárabe y parece que en la época de las taifas hubo tabernas en las proximidades de los conventos cristianos de los alrededores de Córdoba. El vino más famoso en Córdoba, en el siglo XII, era el llamado «vino del convento» *(jamr al-dayr)*. Según los turiferarios de los almorávides, los andaluces bebían hasta emborracharse escandalosamente: así, por ejemplo, los hijos de al-Manṣūr b. Abī 'Āmir estaban dominados por la bebida; al-Mu'taḍid b. 'Abbād alardeaba de beber abundantemente. En su exilio de Zaragoza, el visir Ibn 'Ammār intentaba hallar en el vino consuelo a sus penas [321, 360-361].

A principios del siglo XIII, el letrado Abū Walīd Ismā'īl b. Muḥammad al-Šaqundī cantaba en su *Risāla fī faḍl al-Andalus* el vino de Málaga, muy apreciado por varias generaciones de andaluces [88, 111-112]. Las viñas del reino naṣrí eran famosas; sus vides producían una uva sin pepitas de la que se extraía zumo, o la cual se dejaba fermentar para obtener vino [46, 28].

En sus disposiciones oficiales, los soberanos andaluces no dejaron de reprimir los abusos a que podía conducir el consumo de vino. El visir ṣanhāŷí Simāŷa, que durante su vejez fue preceptor de los príncipes zīríes de Granada y tutor de 'Abd Allāh, daba muestras de una severidad ejemplar contra los consumidores de vino: los culpables solo podían escapar a la muerte si podían pagar una fuerte multa *(ġarīma)* [44[1], 269]. Según Ibn Zaydūn, Ibn Ŷahwar trataba de que en Córdoba se rompieran las ánforas de vino [321, 366]. En diversas ocasiones, el almohade Ya'qūb al-Manṣūr adoptó una serie de medidas rigurosas para evitar el consumo de vino en sus estados. Ha llegado hasta nosotros el texto de una carta que este personaje dirigió en tal sentido a los notables y al conjunto de la población de Sevilla en el año 580/1185. El gobierno almohade había permitido hasta entonces el consumo de *rubb* (zumo de uva) en forma de jarabe hervido, pero no el de vino propiamente dicho. Esta tolerancia había provocado fraudes y mezclas prohibidas por las leyes. Así pues, el soberano decidió prohibir pura y simplemente el consumo de *rubb* y *a priori* de vino. Se dio la orden de vaciar las tiendas en que se vendía el mosto cocido, cerrar las tabernas *(diyār)* y derramar todo el vino que pudiera hallarse disfrazado bajo esta denominación. Decidió que se aplicaran las penas previstas por la ley coránica *(šar')* contra todos aquellos cuyo aliento oliera a vino [73, 57]. En un edicto que ha llegado hasta nuestros días, Muḥammad V censuraba la tendencia de sus súbditos a beber vino hasta la embriaguez y hacía un llamamiento a los habitantes del reino de Granada para que denunciaran la existencia de despachos de bebidas [51, 391-393].

Sin embargo, no parece que estas medidas cambiaran los hábitos, y siguió tolerándose el consumo de vino. A través de las páginas de los tratados de *ḥisba* andaluces se perfilan las rigurosas ordenanzas del *muḥtasib* y del *zalmedina*, encargados de prohibir el comercio de vino y de castigar a los bebedores culpables del delito de embriaguez. Ibn 'Abdūn escribía, en la Sevilla almorávide de principios del siglo XII, que los mercaderes que vendieran vino serían castigados y sus recipientes destruidos. Se prohibió asimismo a los barqueros dejar cruzar al otro lado del Guadalquivir a los sevillanos que llevaran recipientes para comprar vino a los cristianos mozárabes instalados en Triana, en la otra orilla del río [75[3], 127-128, 160]. No solo se debía romper los recipientes sino también castigar a los barqueros. En los medios almorávides de Sevilla se producía una clara discriminación acerca de los castigos a aplicar a las personas de condición elevada y a las clases más menesterosas de la población.

> A nadie absolverá [el zalmedina] por falta contra la ley religiosa, más que si se trata de personas de elevada condición, a quienes se les absolverá según el *ḥadīṯ:* «Perdonad a las gentes de condición elevada, pues para ellas la reprimenda es más dolorosa que el castigo corporal». Se limitará, pues, a reprenderles y prohibirles que reincidan; pero si reinciden deberá aplicárseles la pena».[89]

En la baja Edad Media se lanzaban anatemas contra los taberneros *(jammār)* y los borrachos que vagaban por los mercados, los cuales podían padecer castigos corporales. Los tributarios solían abastecer de vino a los musulmanes, por lo que la amenaza de sanciones recaía principalmente sobre cristianos y judíos [75¹, 123 y 75⁵, 370].

Al consumo de vino se sumó pronto el uso de *ḥašīš*, narcótico a base de cáñamo indio. Ignoramos quien lo introdujo en al-Andalus, donde era desconocido en el siglo XIII a juzgar por el testimonio de dos letrados hispanomusulmanes, el botánico de Málaga Ibn al-Bayṭār y el historiador y geógrafo Ibn Sa'īd, quienes vieron por primera vez a fumadores de *ḥašīš* en su viaje a Egipto.[90]

Parece, pues, que el *ḥašīš* no hizo su aparición en el Occidente musulmán hasta principios del siglo XIV. El poeta Ibn Jamīs, que formaba parte del séquito del visir Ibn al-Ḥakīm al-Rundī, establecía un parangón entre el vino y el *ḥašīš* y mostraba sus preferencias por este último, comparándolo por su color con las esmeraldas [56, I, 164]. Una anécdota narrada por Ibn al-Jaṭīb pone de manifiesto que el *ḥašīš* se fumaba corrientemente en Granada, tanto en los medios de la *jāṣṣa* como en la *'āmma*. En una ocasión en que el lugarteniente de policía de Muḥammad VI se vanagloriaba de haber extirpado los vicios de la capital, el soberano le indicó con toda precisión los lugares en que se reunían los fumadores de *ḥašīš*. Así, el *ṣāḥib al-šurṭa* pudo darse cuenta de que el mismo sultán había frecuentado asiduamente estas reuniones [49², 183].

Los censores más puritanos, frecuentes entre los *fuqahā'* de las ciudades andaluzas, estigmatizaron en todas las épocas la inmoralidad de muchos de sus compatriotas. Ya en el siglo IX, la sociedad andaluza podía rivalizar con la bagdadí de su tiempo por lo disoluto de sus costumbres. Los cronistas andaluces han señalado la tendencia a la pederastia *(ḥubb al-walad)* del califa al-Ḥakam II [277, II, 218, n. 2]; según ellos, el libertinaje se había extendido tras la desaparición de al-Manṣūr b. Abī 'Āmir y en la época de los últimos omeyas [321, 360-361]. A principios del siglo XI y tras una inundación y un período de carestía, solo se veía en Córdoba a libertinos haciendo alarde de sus bajezas; la sodomía aparecía a la luz del día. Se ha reprochado a menudo a los reyes de taifas el haber permitido que se desarrollara en suelo andaluz el espíritu de desobediencia y el libertinaje. Posiblemente, la división de España en pequeños principados y el relajamiento de la autoridad agravaron la corrupción moral. Sin embargo, cabe señalar que las acusaciones de inmoralidad contra los príncipes andaluces proceden de historiadores posteriores, pagados por los almorávides o los almohades, quienes alardeaban, al menos en un principio, de la austeridad de sus costumbres y de su puritanismo moral. En realidad, los reyes de taifas se entregaron a los placeres tanto como sus predecesores o los gobernadores almorávides y almohades que les sucedieron.

No hace falta recordar que el Corán y los *ḥadīṯs* prohibieron formalmente la sodomía; sin embargo, sobrevivió a las prohibiciones y fue práctica corriente en la España musulmana [321, 341]. Tanto en Córdoba como en las demás grandes ciudades andaluzas no faltaron homosexuales profesionales (musulmanes, judíos o cristianos). Los tratados de *ḥisba* condenaban la conducta de los cantantes afeminados y de los homosexuales *(ḥāwī* o *mujannaṯ)* que frecuentaban medios equívocos [75[1], 123; 75[5], 370]. La sodomía estaba presente en todos los niveles sociales [321, 379] y hacía estragos en la corte de los reyes de taifas. Ibn al-Jaṭīb, en el vivo retrato que trazó del usurpador Muḥammad VI, condenaba su villanía y señalaba que el soberano naṣrī se entregaba a la pederastia [45[2], I, 531]. Varios poetas cantaron en sus versos sus relaciones con homosexuales surgidos de medios modestos de la población andaluza, como tejedores o sastres.

La prostitución femenina se ejercía particularmente en las metrópolis andaluzas; su clientela estaba formada por la plebe urbana y, sobre todo, por los campesinos llegados a la ciudad a hacer sus compras. Era frecuente que las prostitutas fijaran su domicilio en las ventas *(jān)*. En Sevilla, el *muḥtasib* almorávide les prohibía llevar la cabeza descubierta fuera de los lupanares [75[3], 157]. En ellos, debían pagar una contribución al fisco, de donde procede el nombre con que las designan varios autores andaluces: *jarāŷiyyāt*, obligadas al pago del *jarāŷ* [75[2], 266].

Según el *Cancionero* de Ibn Quzmān en que exponía las indecencias y el desenfreno de la vida aventurera, en la Sevilla de pleno siglo XII se daba rienda suelta a la inmoralidad de las costumbres *(muŷūn)*, organizándose fiestas y borracheras a orillas del Guadalquivir [60, I, 104-113, II, 704-707]. Los poetas mendigos que formaban parte de la truhanería de la baja Edad Media invocaron a este cantante menesteroso que en las callejuelas de Sevilla, Jaén o Granada asediaba a bailarinas, a mujeres de mala vida y también a las viudas o esposas de sus vecinos. Una de las figuras más sobresalientes de esta bohemia miserable fue el letrado de Vélez Málaga Ibn al-Murābiʿ al-Azdī, bajo cuyo aspecto vulgar se escondían un amplio saber y una aptitud natural a escribir en verso o en prosa [409, III, 95 y nota 60]. Un siglo más tarde, el *faqīh* ʿUmar al-Mālaqī, un adepto a los medios de falsos mendigos, no contento con alardear de su propia lujuria, intentó estrechar los lazos que unían a los miembros de la cofradía de los vagabundos, la *ṭarīqa sāsāniyya*,[91] dejando un vivo testimonio sobre este aspecto de la moralidad pública en el reino de Granada [79, I, 116-117; 78[1], VI, 345].

NOTAS DEL CAPÍTULO V

1. Acerca de las estipulaciones del contrato de esponsales, véase [89, texto 8-9, 104-106, trad. 7-8, 113-114; 12, documentos 3, 4 y 5]. Véase también [239, 157-165].

2. En tiempo de los almohades, y debido a la abundancia de esclavas cristianas, los musulmanes donaban a sus hijas un rico ajuar: además de vestidos y de joyas, las novias disponían de casas *(dūr)* [76², 31].

3. La mujer andaluza no era una reclusa como sus hermanas de Oriente. Al-Ramādī, paseándose un viernes por los jardines de los Banū Marwān, en Córdoba, entabló conversación con una joven, Jalwa, y no la dejó marchar hasta no haber obtenido una cita para el viernes siguiente. En varias escenas contadas por poetas desde el siglo XI, aparecen tanto la mujer campesina como la artesana sin velo o con la cabeza cubierta pero con la cara al descubierto [321, 398-399].

4. No solo se usaban amuletos durante la infancia, las mujeres también los llevaban. Tenemos una idea de qué eran estos amuletos *(ḥirz,* pl. *ḥurūz)* gracias a los escasos ejemplares que han llegado hasta nosotros. Véase J. Millás Vallicrosa [391, VI, 2, 1942, 317-326]. Acerca de los amuletos de Marruecos en nuestros días, véase M. Ibn 'Azzuz Ḥakim, *Diccionario de supersticiones y ritos marroquíes,* Madrid, 1958, 9, 31, 41.

5. Véase [309, 90]. No puede ser otro que el cementerio del *faqīh* Ibn Mālik que ocupaba un amplio terreno en la puerta de Elvira; estaba protegido por una muralla con puertas coronadas de torres [45⁵, I, 56, II, 150].

6. Los textos grabados en losas de mármol descubiertas en 1574 en la antigua *Rawḍa* no pueden ser otros que los epitafios de los sultanes Muḥammad II, Ismā'il I y Yūsuf III, textos copiados por el morisco granadino Alonso del Castillo, intérprete de Felipe II, en la segunda mitad del siglo XVI. Mármol escribió una traducción castellana en 1600 [118]. Si bien no conservamos hoy más que la cara posterior de los epitafios de Muḥammad II y de Yūsuf III, y fragmentos de la cara anterior del de Yūsuf I —debido a mutilaciones y pérdidas—, las copias de Castillo y los textos reproducidos por Ibn al-Jaṭīb en la *Iḥāṭa* y la *Lamḥa* permitieron a E. Lafuente y Alcántara [258] y a E. Lévi-Provençal [271, n. 3, 273] reconstruir varias inscripciones funerarias, dando respectivamente una edición y una traducción española, una reedición y una traducción francesa con un aparato crítico. D. Cabanelas Rodríguez, O. F. M., ha realizado una interesante puntualización del tema (169, 25-55).

7. Los ajimeces (sing. ajimez), del árabe *šimāsa,* ventana [195, 219-220], eran una adaptación, según L. Torres Balbás, de las *mašrabiyyas* que todavía hoy adornan las fachadas de las viejas casas de El Cairo. Parece que esta tradición se introdujo en la España musulmana en el siglo XIV. Véase *Ajimeces* [391,

XII-I, 1947, 415-427]. En cuanto a la adopción de los ajimeces en Aragón, en Levante e incluso en Toledo y en el sur de Portugal, véase L. Torres Balbás [421, I, 1953, 120].

8. Véase «Voyages des souverains des Pays-Bas», en *Collection des chroniques belges* publicadas por Gachard, Bruselas, 1876, I, 208.

9. Véase *Viaje a España del magnífico señor Andrés Navajero* (1524-1526), trad. J. M.ª Alonso Gamo, Valencia, 1951, 73-74.

10. Véase L. Torres Balbás [391, X-1, 1945, 170-177]. Esta distribución, típicamente andaluza, no existía en las casas egipcias de *Fusṭāṭ*; tiene su origen en la casa hispanorromana de la época imperial de los siglos II y III. Parece que surgió en la España musulmana en el siglo XIV. En cualquier caso, esta sala central con alcobas no existía en las casas malagueñas cercanas a la *Qaṣba*, cuyos planos ha reconstruido hábilmente L. Torres Balbás [391, X, 1945, 408-409].

11. En cuanto a las analogías de las casas de la Fez marīní del siglo XIV con las de Granada, véase G. Marçais [290, 313-314]. Una casa que parece ser de la primera mitad del siglo XIV, bellamente decorada, fue estudiada por B. Maslow y H. Terrasse, *Une maîson marīnide de Fès, Deuxième Congrès des Sociétés Savantes de l'Afrique du Nord*, Tremecén, 1936, II, 503-510.

12. En la España del Siglo de Oro, se conservó la distribución árabe en los edificios de Levante y sobre todo de Andalucía, según nos narran los autores llamados costumbristas. Las habitaciones del piso bajo daban a un patio con una fuente. Cuando la casa tenía un piso, se accedía a las habitaciones por un balcón corrido. En Granada, las descripciones de Bermúdez de Pedraza y Henríquez de Jorquera nos dan idea de las transformaciones que sufrió el habitat urbano. Se empezaron a construir casas cristianas más amplias que las casas árabes. Se conservó el patio y se procuró que el agua estuviese bien distribuida por la casa. La fusión de la tradición arquitectónica musulmana y del estilo renacentista español se consiguió plenamente en la Casa del Chapiz, palacio morisco del siglo XVI que, en el corazón del Albaicín, alberga en la actualidad la Escuela de Estudios Árabes de Granada. El balcón sigue formando parte de la arquitectura de las casas granadinas ricas del siglo XVII, como una supervivencia morisca.

13. Cuando el gusto por lo árabe fue de buen tono en el siglo XV en la corte de Castilla, los nobles adoptaron esta moda andaluza. Se mantendría en pleno siglo XVI con Carlos V. Las damas de la alta sociedad preferían sentarse en unos cojines (almohadas de sentar), a la manera morisca, en vez de en las sillas reservadas al dueño de la casa o a los invitados de categoría. Véase G. Hardendorff Burr, *Hispanic furniture from the 15th through the 18th century,* Nueva York 1964, 22, 25.

14. En el castillo de Segovia se elaboró el inventario de los bienes de Isabel la Católica, después de su muerte: en él se hace mención de unas cajitas con adornos de nácar y suntuosos cofres de marquetería, procedentes de los talleres granadinos e incluidos en el botín de guerra. Véase L. Torres Balbás [369 *a*, II, 119].

15. Sobre libros de cocina orientales, véase M. Rodinson, «Recherches sur les documents arabes relatifs à la cuisine». *Revue des Etudes Islamiques*, París, 1949, 95-165. Además del libro de cocina almohade editado y traducido por A. Huici Miranda, hemos consultado el resumen de la tesis todavía inédita de F. de la Granja, *La cocina arábigo-andaluza según un manuscrito inédito*, Madrid, 1960, depositado en la Biblioteca de la Escuela de Estudios Árabes de Madrid (signatura:1/caja 14). Se trata de una traducción al español de la *Faḍālat al-jiwān fī ṭayyibāt al-ṭa'ām wal-alwān*, obra de Abū l-Ḥasan 'Alī b. Muḥammad b. Abī

l-Qāsim b. Muḥammad b. Abī Bakr b. Razīn al-Tuŷibī al-Andalusī, originario de Murcia, que parece haber sido un contemporáneo del primer naṣrí. Por último, un manuscrito de época almohade, el *Kitāb al-Agdiya* de Abū Marwān 'Abd al-Malik Ibn Zuhr, fue exhumado recientemente por Concepción Vázquez de Benito de la colección Gayangos, de la Real Academia de la Historia. Ha realizado un análisis de este texto de 81 folios, de escritura magribí, que se inserta en la tradición culinaria del Islam occidental. Véase *El manuscrito Gayangos,* núm. CXXVII [397, XII, 1976, 149-157].

16. *La Risāla fī l'agdiya,* acabada en 1428 durante el reinado de Muḥammad VIII, forma parte del manuscrito núm. 5240 de la Biblioteca Nacional de Madrid.

17. Véase Ibn al-Jaṭīb [46, 28]; al-Arbūlī, *Risāla fī l-agdiya* (f.° 88).

18. El documento iconográfico más preciado en la materia es *Das Trachtenbuch des Christophen Weiditz von seinen Reisen nach Spanien (1529) und das Niederlanden (1531-1532),* manuscrito ilustrado del Museo Nacional de Nüremberg, publicado por Th. Hampe, Berlín-Leipzig, 1927 (véase lámina LXXXIX).

19. Sobre *samīd,* de donde procede el español acemita, acemite, véase Dozy [194, I, 682], al-Arbūlī (f.° 89).

20. Véase al-Arbūlī (f.° 88).

21. Sopas y papillas rudimentarias constituyeron la alimentación básica de las poblaciones rurales de la Europa cristiana hasta el siglo XVIII. Véase F. Braudel, *Civilisation matérielle et Capitalisme (XVe-XVIIIe siècles),* I, París, 1967, 103.

22. Al-Arbūlī toma muy en cuenta la *'aṣīda* (f.° 89).

23. Al-Arbūlī (f.° 90).

24. Véase al-Arbūlī (f.° 92).

25. Sobre condimentos, véase C. Vázquez de Benito, *El manuscrito Gayangos,* núm. CXXVII, 151.

26. Acerca de las *muŷabbanāt,* además de las referencias citadas por Pérès [321, 316], véase al-Arbūlī (f.° 90) sobre la pervivencia de las *muŷabbanāt* en Testour bajo el nombre de *Kiŝales,* véase E.-G. Gobert, «Les références historiques des nourritures tunisiennes», *Cahiers de Tunisie,* 12, Túnez 1955, 530.

27. Sobre *isfanŷ,* véase Ibn al-Azraq, en [78¹, IV, 279], al-Arbūlī (f.° 90). Acerca de la preparación de estos buñuelos en Marruecos *(sfenj),* véase [225*a*, 154-155]; se conocen actualmente en Tunicia *(sfenẓ* o *ftayer),* véase F. Skiri [355 bis].

28. Véase A. Mazaheri, *La vie quotidienne des Musulmans au Moyen Age (X^e au XIIIe siècle),* reed., París, 1964, 87.

29. Véase F. Ashtor, *Essai sur l'alimentation des diverses classes sociales dans l'Orient médiéval,* 393, septiembre-octubre 1968, 1021; F. Brandel, o.c., I, 103.

30. Acerca de las preferencias de los andaluces sobre el arroz con leche, véase al-Arbūlī (f.° 88).

31. Véase M. Defourneaux, *La vie quotidienne en Espagne au Siècle d'Or,* París 1965, 176.

32. Edición y notas de Gracinto Manupella y Salvador Dias Araut, Coimbra, 1957.

33. Véase los versos de Ibn Ṣāra en las *Qalā'id* [11, 269].

34. El manuscrito de El Escorial núm. T-I-I es, según el criterio del historiador de arte marqués de Lozoya, una de las obras capitales de la miniatura europea del siglo XIII. Es de gran provecho el estudio consagrado a las 1262 miniaturas de las *Cantigas* por J. Guerrero Lovillo [223 *b*].

35. Este traje de gala fue adoptado poco después por los cristianos de España bajo el nombre de aljuba. Véase don Juan Manuel, *El conde Lucanor,* ed. Julia, Madrid, 1933, 126.

36. Se han encontrado zapatos puntiagudos en las tumbas reales de finales del siglo XIII, en el Monasterio de las Huelgas, cerca de Burgos. Véase J. Puiggarí, *Estudios de indumentaria española concreta y comparada,* Barcelona, 1890, 20.

37. En Oriente, los *qāḍis* y los hombres de leyes usaban voluminosos turbantes. Véase Gaudefroy-Demombynes [210 *a,* 93]. En el Magrib, el turbante era más alto que en Oriente y menos voluminoso. Véase la biografía de Abū'Abd Allāh Ibn'Abd al-Muhaymin al-Jaḍramī, que fue juez en Ceuta en 683/1284 [82, 132]. Además, el turbante magribí era a menudo de color verde [86, V, 205].

38. La maurofilia se manifestaba ya mediado el siglo XIV, en la *Crónica de Don Alfonso el Onceno.* Véase Diego Catalán Menéndez Pidal, «Ideales moriscos en una Crónica de 1344», *Nueva Revista de Filología Hispánica,* VII, 1953, 570-582.

39. Debido a la influencia musulmana, se llevaban en Castilla, a finales del siglo XV, unos gorros en forma de tronco de cono, así como alharemes y almizares, tocados largos y estrechos que se enrollaban en la cabeza, imitando los turbantes. Véase C. Bernis Madrazo, «El tocado masculino en Castilla durante el último cuarto del siglo XV», *Archivo Español de Arte,* 86, 1949, 111-135.

40. Estos cinco tapices góticos, encargados en Tournai por Alfonso V de Portugal, fueron tejidos con arreglo a unos cartones que se han querido atribuir al célebre pintor portugués Nuño Gonçalves. Véase Alfonso de Dornellas, *As Tapeçarias de D. Alfonso V foram para Castela por oferta deste Rei,* Lisboa, 1926; Luis María Cabello Lapiedra, «Excursión a Pastrana», *Boletín de la Sociedad Española de Excursiones,* XXVII, 1919, 167-171; E. Lafuente Ferrari, *La tapicería en España,* Madrid, 1943, 17. Los duques del Infantado han legado los tapices a la Colegiata de Pastrana.

41. Véase G. Pérez de Hita, *Guerras civiles de Granada,* ed. P. Blanchard-Demouge, II, 56.

42. Véase C. Bernis [401, CXLIV, 1959, 199-226], *Indumentaria medieval española,* Madrid 1956, 39 y 174 (lámina XLV). La marlota aparece ya en la lista de presentes que el naṣrí Muḥammad VIII envió a Alfonso V de Aragón en 1418 [114, 340-341].

43. La descripción de J. Lange ha sido extraída de un compendio de Ch. Weiditz (citado *supra* nota 18, 146).

44. Además de Dozy [189, 224; 194, I, 742], véase acerca del vocablo que la lengua española ha transformado a mediados del siglo XVI en servillas, serbillas, xerbillas, xervillas, J. Albarracín de Martínez Ruiz, *Vestido y adorno de la mujer musulmana de Ŷebala* (Marruecos), Madrid 1964, 56-57. Acerca de la continuidad en el uso del *subbāt* entre los moriscos granadinos, véase J. Martínez Ruiz, «Una zapatería morisca del Zacatín en el año 1564», *Patria,* Granada, 16 de enero de 1964. Acerca de la continuidad en el uso del vestido musulmán en la Andalucía reconquistada por los Reyes Católicos, véase R. Arié [421, XIII, 1965-1966, 103-117].

45. Este collar, formado de piezas tubulares u ovoides, es exactamente el *jayṭ,* de uso corriente entre las mujeres naṣríes. Lo usaron las moriscas y luego lo adoptaron las mujeres del norte de África. Véase P. Eudew, *Dictionnaire des bijoux de l'Afrique du Nord,* París, 1906, 33-35, 90. Los collares con filigrana de

oro *(qannūta)* se han llevado en Tunicia hasta hace poco. Véase C. Suger, «Les bijoux de la mariée à Moknine», *Cahiers des Arts et Traditions populaires,* Túnez, 1968, 1.er año, núm. 1, 153-154.

46. La literatura española del siglo XVI difundió la imagen de la burguesa morisca luciendo en el pelo una diadema de perlas, en el cuello un collar de oro, con los dedos cargados de sortijas y las muñecas de brazaletes de oro. Véase J. Martínez Ruiz [403, 3, 1967, 55-124]. Después de la caída de Granada, los musulmanes del emirato naṣrí que emigraron al Magrib pudieron llevarse, entre otros efectos personales, sus joyas de oro y plata. Véase M. Gaspar Remiro [420, 1912, II, 1-13]. La influencia andaluza fue patente en el adorno de las ciudadanas de Fez en el siglo XVI. Véase J. León el Africano [264, I, 208]. Aparece atestiguada actualmente en las mujeres marroquíes de Yebala por J. Albarracín de Martínez Ruiz, o.c. 88.

47. Véase *Viaje a España del magnífico Señor Andrés Navajero (1524-1526),* trad. J. M.ª Alonso Gamo, 73.

48. Además de *Mušāhadāt Lisān al-dīn Ibn al-Jaṭīb* [437, 36], véase ver del cártamo o alazor, H. P. J. Renaud y G. S. Colin, *Tuḥfat al-aḥbāb,* artículos 66, 132, 306, 348.

49. Véase L. Torres Balbás [391, XI, 1946, fasc. 2, 443-445] y *Algunos aspectos del mudejarismo urbano medieval,* 46-68.

50. Véase L. Torres Balbás, *Algunos aspectos del mudejarismo urbano medieval,* 56.

51. Véase L. Torres Balbás, *Algunos aspectos del mudejarismo urbano medieval,* 53.

52. *Historia eclesiástica de Granada,* Granada 1638, f.º 238 r.º.

53. Véase G. Lévi Della Vida, artículo citado anteriormente, 320. Construidos en tiempos de Yūsuf I, los baños de Alhama presentan hoy, en el interior del establecimiento termal moderno, una sala central fuera de uso, iluminada mediante unos ojos de buey situados en una cúpula octogonal rodeada de alcobas. Véase R. Manzano Martos [391, XXIII-2, 1958, 408-417] y L. Torres Balbás [369, 156-158].

54. La peste se reiteraba sin duda con más frecuencia de lo que lo indican los autores andaluces. En el primer cuarto del siglo XIV, había peste en Guadix, donde reinaba el sultán Naṣr, destronado por Ismā'īl I [*Iḥāṭa,* 45[1], f.º 147]. Después de su campaña por Andalucía, sobre todo en Jaén, Muḥammad V se retiró a su capital en ṣafar del año 769/sept.-oct. 1367, pero la epidemia que acababa de declararse le impidió festejar su triunfo [*Iḥāṭa,* 45[1], II, 53]. La enfermedad *(al-maraḍ al-wāfid)* era sin duda la peste. La peste apareció en Granada en el año 844/1440, bajo Muḥammad IX llamado el Izquierdo. En una epidemia de peste, en ramadán del año 871/abril-mayo de 1467, murió el príncipe naṣrí Yūsuf b. Sa'd, hermano de Abū l-Ḥasan 'Alī, cuyo epitafio ha sido encontrado en Betanzos.

55. Véase *Taḥṣīl ġaraḍ al-qāṣid fī l-maraḍ al-wāfid,* manuscrito de El Escorial 1785, folios 56 v.º, 57 r.º y 57 v.º. Las regiones mediterráneas pagaron un enorme tributo: 1202 muertos en un día en Túnez, más de 700 en Tremecén, 1500 en Valencia y 1252 en la isla de Mallorca el día 20 de mayo de 1348. En esta isla parece que solo sobrevivió un cuarto de la población.

56. Acerca de *suranŷān,* véase *Tuḥfat al-aḥbāb,* nota 365.

57. Véase Ibn al-Jaṭīb, *'Amal man ṭabba liman ḥabba,* ed. C. Vázquez de Benito, Salamanca, 1972, 59-61.

58. Ibn al-Jaṭīb no menciona la fundación del *māristān* de Muḥammad V en

la *Lamḥa* [46]; alude a él en la *Iḥāṭa* [45[1], II, 29]. La inscripción fundacional, traducida por E. Lévi-Provençal [271, I, núm. 176, 164-166], afirma que Muḥammad V realizó una obra pía con esta construcción, sin precedente desde la introducción del Islam en la península Ibérica. De hecho, los términos *marastān* y *malastān*, *hospitale*, aparecen ya en el siglo XIII en el *Vocabulista* valenciano [346]. En el norte de África, el almohade Ya'qūb al-Manṣūr [580/1184-595/1199] y el marīní Abū'Inān —contemporáneo de Muḥammad V— crearon en Marrākuš y en Fās respectivamente establecimientos sanitarios donde se trataba a los enfermos y a los lisiados de su reino. Acerca del *māristān* de al-Sūs de Marruecos, dirigido en el siglo XIV por un letrado de Algeciras, véase *Nufāḍat al-ŷirāb* [49[2], 72]. Acerca de los célebres hospitales orientales, véase Aḥmad 'Isā bey, *Histoire des Bimaristans (hôpitaux), à l'époque islamique*, El Cairo, 1928, 116 págs., 5 láminas. Sobre el *māristān* fundado en Túnez por el ḥafṣí Abū Fāris en 1420, véase Brunschwig [161, II, 375].

59. La sórdida descripción que nos ha dejado León el Africano [264, I, 188] del *māristān* de Sīdī Fredj, en Fez, cuya fundación se remonta al tiempo de los marīníes, también se podría aplicar al hospital naṣrí y a los *māristānes* magribíes y orientales.

60. Nació en el último tercio del siglo XIII en Vélez Málaga *(Ballīš)*, localidad de la costa andaluza situada a unos treinta kilómetros de Málaga, y murió en su ciudad natal a mediados del siglo XIV. Véase la biografía de este autor en la *Iḥāṭa* de Ibn al-Jaṭīb [45[1], folios 226-230]. La *Maqāma de la Fiesta* está relatada por Ibn al-Jaṭīb; A. M. al-'Abbādī ha realizado una excelente edición: *Maqāmat al-'īd li-Abī Muḥammad 'Abd Allāh al-Azdī, ṣūra min ṣuwar al-ḥayāt al-ša'bīya fī Garnāṭa* [421, II, 1954, 159-173] (parte árabe), resumido en la parte española [168-169]. Traducción al español de F. de la Granja [278, II, 591-603; 222, 187-199].

61. Parece seguro que la *'Ašūrā'* se celebraba con ciertas prescripciones en la alimentación y, como más tarde en Marruecos y en Ifriqīya, con disfraces de carnaval. Véase el artículo *'Ašūrā'* [409, I, 726-727] de Ph. Marçais y el artículo de Alya Bairam, «Notes sur les rites traditionnels de la 'ašūrā' à Tunis», *Cahiers des Arts et Trad. popul.*, 5, Túnez, 1976, 39-46. Recordemos que había otro día de fiesta en al-Andalus: el de mediado *ša'bān*, es decir, dos semanas antes del comienzo del ayuno de Ramadán. En esta ocasión, como en las dos grandes fiestas rituales, se redimían algunas condenas [75[3], 145 nota 27 *a*]. No debemos olvidar la popular fiesta marroquí llamada *ša'bāna*.

62. Véase F. de la Granja [391, XXXV-1, 1970, 131 y n. 2]. Al-Wanšarīsī reprodujo una *fatwā* de un tal Abū l-Ṭayyib con este tema. Sin embargo, el mismo jurista, citado por al-Wanšarīsī, declaraba lícita esta costumbre si se aplicaba a las fiestas cristianas. El maestro de escuela *(mu'allim)* debía entonces devolver los regalos a los niños.

63. Pertenecía a la célebre familia de los Banū l-'Azafī que hostigó tanto a naṣríes como a marīníes. Véase *supra*, cap. I.

64. Se recomienda la lectura del documentado artículo de F. de la Granja [391, XXXIV-1, 1969, 1-53]. Ya en el siglo XII, el jurista Abū Bakr Muḥammad al-Ṭurṭūši censuraba la celebración del día de año nuevo cristiano y del Jueves Santo entre los musulmanes de al-Andalus, que compraban dulces con esta ocasión. Véase F. de la Granja [391, XXXV-1, 1970, 132]. Las referencias a fiestas religiosas cristianas, sobre todo de Semana Santa, frecuentes en la poesía andaluza de los siglos XI y XII [321, 305; 464-465], se espacian cada vez más a partir de finales del siglo XIV. El autor anónimo del calendario popular granadi-

no no menciona en el siglo xv más que una sola fiesta cristiana, la de la Navidad, que sitúa extrañamente el 10 de mayo. Véase J. Vázquez, artículo citado *supra*, 25.

65. Al-Maqqarī nos ha transmitido largos extractos de poemas andaluces compuestos con ocasión del *Mawlid al-nabawī* [78[1], VIII, 294 ss., X, 315-317]. El mismo autor ha descrito largamente la ostentación de la corte de Abū Ḥammū, rey de Tremecén, con motivo del *Mawlid* [78[1], I, 243-245]. Después de volver a Granada, Muḥammad V celebró el aniversario del nacimiento del Profeta en el *mašwar* construido en el año 764/1363 y que se inauguró con este motivo. Más tarde, en el siglo xvi, León el Africano describe la celebración en Fez; no había variado desde la época de los marīníes [264, I, 214].

66. El *qāḍī* de Córdoba Ibn Rušd, abuelo de Averroes, y el jurista Ibn al-Munāṣif (569/1169-620/1233), que ejerció la judicatura en Valencia y en Murcia, condenaron formalmente esta costumbre.

67. Véase [391, XXXV-1, 1970, 139]. En el Occidente cristiano, en la Edad Media, la Iglesia se esforzaba en controlar ciertas ceremonias rituales (como la Danza de los Brandones en la noche de San Juan), que conservaban las huellas del paganismo. Véase J. Heers [229 bis, 53].

68. Esta hipótesis ya había sido formulada por M. Gómez Moreno, *Pinturas de Moros en la Alhambra*, 12 y por G. Mehrez, *Las pinturas murales musulmanas en el Partal de la Alhambra*, 8, 45.

69. *Viaje por España y Portugal* [401, 83]. No parece que se tomara al pie de la letra la ordenanza de Fernando el Católico; en todo caso, fue revocada en 1505 por su hija Juana la Loca, que autorizó la caza del jabalí. Las manadas de jabalíes afluyeron a las regiones esteparias que rodean Guadix, en el momento de la rebelión morisca en 1568.

70. Esta perspectiva de «Granada vista desde el este» aparece en la obra de G. Braun y F. Hogemberg [159 bis]. A principios del siglo xvii, los ciervos del parque de la Alhambra se alimentaban de los frutos de arbustos como chaparros y madroños. Véase E. Molina Fajardo [403, 3, 1967, 36].

71. Entre Vera y Almería, escribe J. Münzer (artic. cit., 53) «levantamos de cuatro a seis bandadas de perdices».

72. Véase D. Lopes «Toponimia árabe de Portugal», *Revista Lusitana*, XXIV, Oporto 1926, 264.

73. Véase M. Asín Palacios [146]. La caza con halcón estaba tan de moda en las cortes cristianas como en las árabes. El rey Alfonso III de Portugal tenía tres halconeros a su servicio (D. Lopes, *artic. cit.* 264). Después de la conquista por Fernando III de la cuenca baja del Guadalquivir, los castellanos imitaron de los árabes este deporte; según cuenta el infante D. Juan Manuel *(Libro de la Caza*, capítulo XI), los señores castellanos adoptaron el halcón en vez de otra ave rapaz, el azor. Para el Oriente medieval musulmán, véase el artículo *Bayzara* de F. Viré [409, I, 1186-1189].

74. Véase J. Ferrandis, *Marfiles árabes de Occidente*, II, Madrid 1940, núm. 26, 149.

75. Acerca de esta tela de 0,270 m de largo y 0,350 m de ancho, véase F. May, *Silk Textiles of Spain*, Nueva York, 1957.

76. Según una carta de Hernando de Zafra, dirigida a los Reyes Católicos en diciembre de 1492. Véase E. Molina Fajardo [403, 3, 1967, 46]. Sobre el galgo *(salūqī)*, véase Dozy [189, I, 676] y el artículo de A. Grohman [408, IV, 122-123].

77. Un tratado de ajedrez muy detallado, según un manuscrito del British

Museum y redactado por un autor hispanomusulmán no identificado, ha sido traducido y editado en español por F. M. Pareja Casañas [314 *b*].

78. *Los Exercicios de la Gineta,* de G. Tapia Salzedo, ilustra la corrida como se practicaba en el siglo XVII (ver *supra,* cap III), láminas 7-13.

79. Este fragmento de panel, en madera de peralejo pintado «a tempera», fue encontrado en 1863. Un año más tarde R. Contreras le consagró un estudio [187 *c*]. R. Amador de los Ríos lo cita en [136 *c*, 63]. M. Gómez Moreno resaltaba en 1904 la importancia del friso dorado que corre encima de la imagen y reproduce el lema de los sultanes de Granada: «No hay más vencedor que Dios», escrito en castellano y en gótico cuadrado. Investigó el origen del artista que lo pintó: ¿era italiano, como parece indicarlo la técnica empleada? Véase [215 *b*.].

80. *Estudio acerca de las pinturas de la Alhambra,* Granada, 1896, 55.

81. Véase G. Pérez de Hita, *Guerras civiles de Granada,* ed. P. Blanchard-Demouge, I, 25-34.

82. Estas cañas, de seis palmos de largo, llevaban el nombre de *bohordo* o *bofordo*. En torno a este término atestiguado en Castilla desde mediado el siglo XIII, en gallego y en bajo latín portugués en la misma fecha, y en aragonés en el siglo XIV, véase J. Corominas [188, 480, s.v.] Cf. con el francés antiguo *behorder*.

83. Alonso de Palencia relata brevemente la táctica del juego de cañas al evocar una justa disputada en Jerez en honor de los Reyes Católicos *(Crónica de Enrique IV,* trad. esp. Paz y Meliá, v. 456-457). En 1643, G. de Tapia y Salzedo consagró a las cañas «donde se fingen militares reencuentros con tal cabal armonía y corage», el capítulo XVI, *Del modo de tirar las Cañas,* de su libro *Exercicios de la Gineta,* 87-89.

84. Acerca de *duff,* véase el artículo de H. G. Farmer [409, I, 635-637], Brunschwig [161, II, 411] y W. Marçais, *Textes arabes de Tanger,* París, 1911, 298-299, *Textes arabes de Takrūna,* París, 1958-1959, II, glosario, III, 1288.

85. Este capítulo titulado *Kitāb al-yāqūta al-ṯāniya* (libro del segundo rubí) ha sido traducido con notas por H. G. Farmer [201 *a*].

86. *La Risāla fī l-ġinā'al-mulhī, a-mubāḥ huwa am maḥẓūr* de Ibn Ḥazm fue traducida y comentada por E. Terés, *La epístola sobre el canto con música instrumental de Ibn Ḥazm de Córdoba* [391, XXXVI-1, 1971, 203-214]. Acerca del canto en Oriente, véase *Ghinā'* [409, III, 2097-1100].

87. Véase una reproducción de esta caja de marfil en J. Ferrandis, *Marfiles y azabaches españoles,* Barcelona, 1928, lám. XIV, R. Menéndez Pidal [295, 74] y E. Lévi-Provençal [277, III, lám. XIV].

88. En el compendio citado más arriba, nota 18. Las zambras de moriscos desfilaban con el consentimiento del arzobispo Hernando de Talavera, en las procesiones del Corpus Christi en Granada y contribuían a la pompa del culto católico en la ciudad reconquistada. Véase Mármol [118, I, 157].

89. Véase E. García Gómez [391, XXXVI-1, 1971, 72]. La misma discriminación en los castigos aparece en un documento valenciano del año 1410, lo que es un ejemplo más que corrobora la tesis del autor sobre la influencia musulmana en las costumbres españolas.

90. Véase F. Rosenthal, *The Herb. Hashish versus Medieval Muslim society,* Leiden, 1971, 55-56.

91. Sobre Sāsān, patrón de los vagabundos y de los falsos mendigos, véase el artículo de J. H. Kramers [408, IV, 1850] y C.E. Bosworth, *The Banū Sāsān in Arabic Society and Literature,* Leiden, 1976. Sobre los mendigos profesionales en la sociedad mameluca de Egipto y en Siria en los siglos XIII, XIV y XV, véase el artículo de W. M. Brunner, *Ḥarfūsh* [409, III, 211-212].

Capítulo VI

La vida religiosa e intelectual El desarrollo artístico

1. LA VIDA RELIGIOSA

En las páginas siguientes daremos una breve perspectiva histórica de la actividad religiosa en la España musulmana, desde los orígenes hasta la toma de Granada. No vamos a entrar en consideraciones de tipo técnico, ya que ello supondría rebasar el marco de este trabajo [259 bis; 285 *a*; 342 bis; 345 *a*; 345 *b*].

Desde la alta Edad Media se manifestó el fervor religioso de los musulmanes, tanto en el seno de los estratos sociales más modestos como en el de los más ricos. La religión musulmana fue el aglutinante de los elementos socioétnicos de la península Ibérica. Junto a una minoría de rancio abolengo árabe, los andaluces de origen beréber y los neomusulmanes nativos del país se esforzaron, generación tras generación, en mantener intacta la asiduidad religiosa, en practicar el culto con el mayor celo y en transmitir, sin alteración alguna, su forma de vida, tal como la habían fijado los conquistadores arabigoberéberes en el siglo VIII. La religión musulmana se instauró en un país sumamente urbanizado, mientras que las zonas rurales siguieron habitadas en su mayor parte por mozárabes. En las ciudades, la mezcla étnica, producto de la arabización y de la islamización, conllevó la formación de una clase media compuesta de mercaderes, artesanos y pequeños propietarios. De este medio urbano surgió el grupo social de los hombres de religión, orgullosos de sus conocimientos y del prestigio que les conferían sus estudios. Los alfaquíes se infiltraron en los séquitos de los soberanos para influir en sus decisiones. Esta oligarquía religiosa persiguió sin tregua a todos aquellos que consideraba culpables de tibieza en su comportamiento religioso. El aparato judicial actuaba con extrema firmeza contra los sospechosos de crímenes de lesa fe y castigaba duramente la heterodoxia. Se instruyeron procesos contra aquellos que blasfemaban o insultaban a los Compañeros del Profeta, mientras que las gentes de religión reclamaban sin piedad la condena a muerte de los inculpados [277, III, 460-461].

No vamos a referirnos al culto practicado por los musulmanes andaluces, ya que apenas difería del de sus correligionarios orientales. Para reconstruir el ambiente religioso de al-Andalus, recordaremos que existían numerosos lugares de culto, es decir, mezquitas. En cada ciudad de la España musulmana había, además de la Mezquita Mayor, varios oratorios de barrio. La mayoría de estas mezquitas, de dimensiones a veces muy reducidas, se construyeron gracias a los fondos que musulmanes acaudalados cedían con fines piadosos, ya fuera en vida o en virtud de disposición testamentaria. Dichas mezquitas contaban con su pequeño alminar para llamar a la oración y su interior era sumamente sencillo: una sala rectangular, orientada hacia la *qibla*, o sea, hacia La Meca, daba a un patio con un pozo y un pequeño cuarto para las abluciones rituales. El suelo del oratorio estaba cubierto con esteras de esparto.

Entre las obligaciones fundamentales impuestas por la religión musulmana a sus adeptos, la guerra santa, o *ŷihād* [409, II, 551-552], adquirió en al-Andalus una importancia primordial. Jurídicamente, el *ŷihād* consiste en la acción armada con vistas a la propagación del Islam. Es una obligación religiosa que incumbe a todos los musulmanes libres, sanos de cuerpo y de espíritu; nada tiene que ver con la guerra normal, ya que se trata de una guerra en cierto modo legítima [416, IX, 1973, 336-371; 307 bis]. Tanto por su situación histórica como geográfica, la España musulmana era un lugar idóneo para la guerra santa, puesto que había una frontera móvil entre los territorios conquistados por los musulmanes y el resto del país cristiano. Los geógrafos árabes de la Edad Media califican a España como la tierra de la guerra santa por excelencia para todo el Occidente islámico [277, I, 79 n. 1]. Un impulso de fervor místico animaba a voluntarios de todas las capas sociales que, llegados de los más diversos lugares de al-Andalus, e incluso del otro lado del estrecho de Gibraltar, se unían a las columnas regulares para emprender las aceifas anuales y luchar contra el infiel. No tenían derecho a paga alguna, pero podían percibir parte del botín tomado al enemigo. Entre los voluntarios que buscaban en el campo de batalla la muerte por la fe, había hombres de religión [277, III, 465-466]. Los generales omeyas y, posteriormente, al-Manṣūr b. Abī ʿĀmir contaron entre sus huestes con varios alfaquíes, quienes se establecieron en *ribāṭ* en la frontera, donde, juntamente con las guarniciones de los castillos, contribuyeron a mantener a los atacantes cristianos más allá de la línea del Duero. La batalla de *Zallāqa*, llamada de Sagrajas por los cronistas latinos, aparece en la poesía árabe del siglo v/xi como el triunfo de unos musulmanes piadosos y valerosos, los almorávides, frente a los cristianos tras una espantosa carnicería [321, 101]. En el siglo xiv, los poetas acompañaban a los soldados a la guerra santa para alentarles con sus cantos y relatos de las hazañas de los árabes de Oriente en los primeros tiempos del Islam [35, 165]. Unas poetisas entonaban cantos beréberes para infundir ánimos a los soldados zenetas cuando estos peleaban en suelo andaluz [40^3, 258-260; 43, II, 182].

Otra obligación fundamental del Islam, la peregrinación *(ḥāŷŷ)* a los Lugares Santos de Arabia [409, III, 33-39], representaba para los musulmanes andaluces una larga ausencia. Debían expatriarse durante varios meses y arrostrar los numerosos peligros que comportaba el atravesar, por tierra o por mar, toda la cuenca mediterránea hasta llegar a Oriente. Pese a las dificultades de la empresa, la peregrinación atrajo, desde la alta Edad Media, a numerosos andaluces deseosos de cumplir en los lugares mismos los ritos sagrados y visitar en Medina el sepulcro del Profeta. También se desplazaron numerosos sabios «en busca del saber» movidos por el deseo de seguir los cursos de los más famosos maestros orientales, de lograr sus diplomas y aumentar así su prestigio entre sus compatriotas. El sabio itinerante es uno de los rasgos familiares de las sociedades musulmanas de la Edad Media. Las biografías de sabios y de santos están llenas de relatos de reuniones instructivas en las ciudades santas y en las regiones recorridas tanto a la ida como a la vuelta. Gracias a la peregrinación, además de intercambios culturales, se establecieron relaciones económicas entre países musulmanes orientales y occidentales. La peregrinación podía combinarse con un viaje de negocios. A partir del siglo XIII se produjo una clara reactivación de la peregrinación a La Meca y a Medina. Según señala Ibn Jaldūn, en tiempos de los marīníes, numerosos magribíes (a los que sin duda se unieron peregrinos andaluces), «viendo que las comunicaciones eran tan seguras que las caravanas llegaban a su destino sin problemas, proyectaron llevar a cabo la peregrinación y solicitaron al sultán permiso para embarcarse hacia La Meca. Hasta entonces, los caminos resultaban tan peligrosos para los viajeros, y la autoridad de los gobiernos africanos era tan poco respetada, que desde hacía tiempo no se había presentado la ocasión de cumplir con este santo deber» [39^1, II, 330-332, 39^3, IV, 153-154]. Varios letrados andaluces hicieron una serie de observaciones en sus relatos de viaje, a los que haremos referencia más adelante.

En los primeros tiempos de la dinastía omeya de España prevaleció la doctrina del jurista de Damasco al-Awzā'ī [409, I, 796], introducida por uno de sus discípulos cordobeses, Sa'sa' ibn Sallām. En al-Andalus existían condiciones idóneas para la buena acogida de esta tradición jurídica siria: establecimiento de los contingentes sirios de Balŷ, estancias de andaluces en Damasco, fundación del reino de Córdoba por un auténtico omeya. Sin embargo, 'Abd al-Raḥmān I, absorbido por las luchas políticas, no prestó mucha atención a los problemas religiosos, pero la situación cambió radicalmente durante los reinados de su hijo, Hišām I, y de su nieto, al-Ḥakam I. En vida de Mālik b. Anas, *imām* de Medina, el rito mālikí empezó a sustituir al de al-Awzā'ī [395, VII, 1931, 1-169]. Una serie de doctores de la ley andaluces, de origen árabe o beréber, se habían iniciado en el sistema de la escuela medinesa en la ciudad del Profeta, y trajeron a la capital del reino de Córdoba copias de un voluminoso trabajo jurídico de Mālik, el *Muwaṭṭa'*. Entre estos hombres de religión figuraban Ziyād ibn 'Abd al-Raḥmān, llamado Šabaṭūn (muerto en el año 204/819), y al-Gāzī Ibn Qays (muerto en el año 199/815), quienes poco a poco formaron una escuela jurídica en torno suyo. De Oriente regresó una segunda oleada de *alfaquíes*, entre ellos Yaḥyā b. Muḍar (muerto en el año 189/805), 'Īsā b. Dīnār (muerto en el 212/827) y, sobre todo, Yaḥyā b. Yaḥyā al-Layṯī (muerto en el 234/848), de origen beréber, quien apoyó con todo su prestigio al poder reinante, llegando a dictar a los emires omeyas la elección de sus jueces e incluso a imponer su destitución. En el siglo III/IX, la escuela mālikí española renunció al estudio del *ḥadīṯ*, es decir, de los «dichos» del Profeta y de sus Compañeros, que constituía la esencia misma del sistema mālikí, y se limitó a la elaboración de manuales de jurisprudencia. A partir de entonces quedó proscrito cualquier esfuerzo de reflexión personal y el mālikismo andaluz quedó reducido a una simple imitación servil, cayendo en la rutina y el inmovilismo [277, III, 473-476].

Sin embargo, durante el reinado de Muḥammad I, el rito šāfi'í se infiltraría en el Islam andaluz, bastión de la ortodoxia mālikí. Este soberano adoptó una actitud liberal cuando nombró notario particular suyo al cordobés Qāsim b. Muḥammad Ibn Siyār, quien era objeto de los ataques de los mālikíes por haber abrazado, en Oriente, la doctrina de Muḥammad b. Idrīs al-Šāfi'ī. Las enseñanzas de Ibn Siyār se inspiraban esencialmente en el recurso a los procedimientos de deducción de las reglas jurídicas por el estudio del Corán y de la Sunna. Al igual que su maestro al-Šāfi'ī, el sabio andaluz estableció un principio formal, el consenso de los doctores de la ley. Muḥammad Ibn Waḍḍāḥ, que había asistido en Oriente a las sesiones de los grandes tradicionistas y adoptado el método de al-Šāfi'ī para la crítica del *ḥadīṯ*, fue la máxima figura del retorno a la tradición profética. Hombre de carácter timorato, piadoso y escrupuloso, Ibn Waḍḍāḥ no tuvo problemas con los mālikíes, ya que su papel, según escribe H. Mu'nis, no dejó de ser el de un precursor [426, XX, 1964, 66-67]. La reforma de la ciencia jurídica estuvo protagonizada, en tiempos de Muḥammad I, por un hombre de gran personalidad, Baqī b. Majlad. Tras una larga estancia en Oriente, este doctor de la ley reunió en torno suyo, en la Mezquita Mayor de Córdoba, a un círculo de oyentes cada vez más numeroso. Este erudito restableció en la España musulmana el estudio de los «dichos» del Profeta. Algunos de sus biógrafos lo consideran un šāfi'í, pero, hombre de espíritu independiente, actuó sobre todo de forma aislada.[1] Varios juristas šāfi'íes permanecieron en la sombra durante el reinado de 'Abd al-Raḥmān III, califa que dejó sentir el peso de su autoridad sobre todos sus súbditos, incluidos los alfaquíes. El šāfi'ismo se enseñó, aunque tímidamente, durante el reinado del piadoso al-Ḥakam II. Simultáneamente, se infiltraba en al-Andalus la escuela ẓāhirita, que tuvo que hacer frente a la abierta hostilidad del mālikismo oficial. Fundado en Iraq en el siglo x por Dāwūd b. 'Alī (muerto en el año 270/833), el ẓāhirismo, llamado así por su apego al sentido literal o aparente *(ẓāhir)* del Corán y de los «dichos» del Profeta considerados como fuente del derecho, fue introducido en Córdoba por un discípulo andaluz de Dāwūd, 'Abd Allāh Ibn Qāsim, en tiempos de Muḥammad I. En el siglo x, el ẓāhirismo consiguió la adhesión del juez cordobés Mundir b. Sa'īd al-Ballūṭī, conocido por su independencia de carácter, su competencia como jurista y teólogo y su afición por las buenas letras [277, III, 139-141]. En Oriente, donde había completado sus estudios, abrazó la doctrina de Dāwūd, a la que permanecería fiel hasta su muerte, en el año 355/966. Mundir tuvo buen cuidado en no practicar abiertamente el ẓāhirismo en el ejercicio de la judicatura; actuó como un mālikí, pero basando su juicio en un esfuerzo de reflexión personal. Tras su muerte y durante la regencia autoritaria de al-Manṣūr b. Abī 'Āmir, el cerco del mālikismo se fue estrechando. Al producirse la caída del califato omeya, el ẓāhirismo encontró un destacado representante en la persona del célebre Ibn Ḥazm de Córdoba, quien, después de iniciarse en el rito mālikí, profesó durante algún tiempo el de Šāfi'ī, antes de adherirse a la escuela de Dāwūd.

El estricto respeto de la ortodoxia, que caracterizó a la España musulmana durante la dinastía omeya, tuvo como consecuencia el sofocar, desde la época del emirato, las pocas tentativas de implantación de tendencias heréticas en suelo andaluz. Así, por ejemplo, al-Ḥakam I hizo reprimir las revueltas de los jāriŷíes de Morón y Algeciras en el año 200/815-816 [277, I, 160 y n. 1]. Cuando 'Abd al-Raḥmān III al-Nāṣir estableció el califato de Córdoba, se proclamó campeón de la ortodoxia para contrarrestar la propaganda ismā'īlí que emisarios secretos de los Fāṭimíes del norte de África intentaban introducir en las regiones de Andalucía y de Levante [277, III, 480]. En España, el šī'ismo fue tan solo un movimiento esporádico [421, 1954, 93-149; 391, XXIII-1, 1958, 97-106]. Al-Qāsim b. Ḥammūd, que ocupó el trono califal durante algunos meses (412/1021), profesaba el šī'ismo, aunque no dejó traslucirlo [277, II, 332 y n. 1]. En el siglo xi, en Velefique, al norte de Almería, hubo un núcleo de población šī'í, sobre el cual apenas estamos informados [277, I, 161]. El mu'tazilismo, profesado por los teólogos de Iraq desde la primera mitad del siglo IX, consiguió infiltrarse en España. Varios andaluces lo habían estudiado en Oriente y no parece que la penetración del mu'tazilismo en España se debiera a la difusión de las obras literarias del polígrafo 'abbāsí al-Ŷāḥiẓ, sospechoso de simpatizar con las ideas mu'tazilíes [391, XXI-2, 1956, 277-284]. Los conservadores mālikíes denunciaron la heterodoxia de una doctrina que exaltaba el libre albedrío. A finales del siglo IX, juristas distinguidos como Ibn Wahb de Córdoba abrazaron el mu'tazilismo. Un contemporáneo de Baqī b. Majlad, el cordobés Jalīl b. Kulayb, se declaró abierto seguidor del mu'tazilismo, pero eludía cuestiones tan delicadas como la de la creación del Corán. Después de Ibn al-Samīna, mu'tazilí declarado, que al regresar de Oriente formó un grupo de adeptos, no aparecen en la España califal rastros frecuentes de mu'tazilismo. Algunos mu'tazilíes que habían intentado propagar la doctrina en tiempos de al-Ḥakam II, fueron invitados a abandonar el reino omeya, una vez comprobada su obediencia al mu'tazilismo [277, III, 482-483]. Toda la población de un valle andaluz, Wādī Banī Tawba, es considerada mu'tazilí en el siglo XI, lo que parece indicar que el movimiento tendía a enraizar en medios populares, además de los letrados [277, I, 161 n. 1]. El masarrismo, del que trataremos más adelante, fue el heredero espiritual del mu'tazilismo.

El hundimiento del califato omeya no supuso, en modo alguno, un freno a la especulación jurídica ni a la actividad filosófica entre los medios eruditos. Al-Andalus sobresalió en el campo del pensamiento durante el siglo V/XI, en que destacó la fuerte personalidad de Ibn Ḥazm de Córdoba, jurista, teólogo, filósofo, historiador y poeta convertido en portavoz de la escuela ẓāhirí, cuyo método aplicó al conjunto de las ciencias coránicas [409, III, 814-822]. Se decía descendiente de persas, pero en realidad era de origen *muwallad* y pertenecía a una familia autóctona de Niebla. Su abuelo se había convertido al Islam y se había establecido en Córdoba [277, III, 182 n. 1]. Su padre, Aḥmad, logró ascender en la jerarquía administrativa omeya y se convirtió en visir del primer 'āmirí y de sus hijos. Nacido en el año 384/994, Ibn Ḥazm pasó su infancia y parte de su adolescencia en el harem de su padre, en Córdoba, donde vivió sin problema alguno. Más tarde sufrió las consecuencias de las luchas políticas que enfrentaron a andaluces, beréberes y esclavones después de la caída del último 'āmirí. Los bienes de la familia de Ibn Ḥazm, fiel a la legitimidad omeya, fueron confiscados. Tras la muerte de su padre en el año 402/1012, Ibn Ḥazm vivió días amargos. Al año siguiente tuvo que abandonar Córdoba y refugiarse en Almería. Pero sus simpatías omeyas infundieron sospechas al gobernador de la ciudad, partidario de los beréberes. Encarcelado y luego expulsado de la ciudad, Ibn Ḥazm se marchó a Valencia, donde pasó al servicio del pretendiente omeya, ʿAbd al-Raḥmān IV al-Murtaḍā, quien le nombró visir de Córdoba. Ibn Ḥazm luchó en el ejército de este soberano ante las puertas de Granada, donde fue hecho prisionero y posteriormente liberado. En el año 412/1022 se retiró a Játiva, donde comenzó la redacción de su obra literaria, el *Ṭawq al-ḥamāma (El Collar de la Paloma)* [34]. Reapareció en la escena política en Córdoba en el año 414/1023, al ser nombrado visir por su amigo el califa ʿAbd al-Raḥmān V al-Mustaẓhir, quien acababa de derrotar a los beréberes. Pero este príncipe fue asesinado al cabo de siete semanas e Ibn Ḥazm fue encarcelado. Lo volvemos a encontrar en Játiva en el año 418/1027. A partir de entonces decidió alejarse de la política y consagrarse al trabajo intelectual, al estudio de la teología y de la jurisprudencia, así como a la enseñanza. Su espíritu combativo y su deseo de contrarrestar a los alfaquíes mālikíes que imperaban en las escuelas en tiempos de los reyes de taifas, le indujeron a convertirse en defensor del ẓāhirismo. Por sus violentas diatribas contra los teólogos ortodoxos y los reyezuelos que los apoyaban, se ganó tantos odios que fue expulsado de un reino tras otro y se le prohibió enseñar. En Sevilla, el dinasta ʿabbādí al-Muʿtaḍid hizo quemar sus libros en público. Abatido ante tantas desgracias y amargos desengaños, se retiró a su propiedad rural de *Manta Lišām,* cerca de Huelva, donde murió en el año 456/1064, dejando, según su hijo Abū Rafīʿ, 400 escritos.

Ibn Ḥazm recibió una esmerada educación. Era un hombre ávido de saber que mantuvo relaciones con gentes de letras y sabios de su tiempo. Su gran sensibilidad y la dolorosa experiencia de la actividad política se traslucen en el *Kitāb al-ajlāq wa-l-siyar (Libro de los caracteres y de la conducta),* especie de confesiones autobiográficas que redactó al final de su vida. El carácter sentencioso de la obra denota un sentido psicológico agudo y un profundo conocimiento de la naturaleza humana. La moral de Ibn Ḥazm se basa en la acción al servicio de Dios. En cuanto a las fuentes del derecho, Ibn Ḥazm mostró gran habilidad en la utilización de los textos; interpretó el Corán en sentido liberal y amplio, y a partir de varios versículos que parecían tener un alcance solo limitado, sacó una serie de ideas que le permitieron elaborar una doctrina jurídica. Llevó a cabo una estricta crítica del *ḥadīṯ,* desplegando en este campo cierto rigor histórico. Sus simpatías šāfiʿíes no duraron mucho, ya que derribó una de las bases del šāfiʿismo, el razonamiento analógico, al denunciar el carácter indefinido de la noción de semejanza y la arbitrariedad a que puede llevar la analogía. En cuanto al consenso, Ibn Ḥazm lo limitó al de los Compañeros del Profeta, en su opinión el único verdadero. En calidad de jurista, Ibn Ḥazm fue un abierto adversario del mālikismo; según Roger Arnaldez, su adhesión al ẓāhirismo fue tan solo un medio para liberarse de la tiranía de los doctores de la ley mālikíes [409, III, 818]. Ibn Ḥazm se esforzó en reconstruir el derecho musulmán según fuera establecido en tiempos del Profeta y de sus Compañeros, eliminando todos aquellos elementos que en su opinión habían sido añadidos por juristas posteriores. Consideraba la Ley como una realidad religiosa que inducía al hombre a obedecer a Dios. A veces se ha reprochado al campeón del ẓāhirismo andaluz cierta estrechez de miras por no haber tenido en cuenta el desarrollo del derecho en función de la evolución política y social. Sin embargo, supo atenuar la rigidez de sus consideraciones doctrinales al ampliar el campo de la iniciativa humana en algunos casos concretos. Según definición de Miguel Asín Palacios, Ibn Ḥazm fue «el historiador de las ideas religiosas» en el *Kitāb al-Fiṣal fī l-milal wa-l-ahwā'wa-l-nihal (Historia crítica de las religiones, sectas y escuelas)*. Esta obra fue escrita en forma de enciclopedia de conocimientos religiosos relativos a las distintas religiones que tienen alguna relación con el Islam. Obra histórica por la abundante documentación que contiene, este tratado sobre religiones y sectas es en realidad un estudio de las herejías. Su autor describe los diversos sistemas filosóficos y religiosos para poder así criticarlos mejor: religiones astrales, metempsicosis, doctrina cristiana trinitaria, concepciones de la profecía en el judaísmo y el cristianismo. Seguidamente destaca las ideas teológicas y jurídicas, dejando de lado la historia de las sectas. El *Fiṣal* es también un tratado de apologética, ya que aborda y resuelve los distintos problemas controvertidos de la teología musulmana según la propia doctrina del autor, es decir, según sus convicciones ẓāhiríes. El carácter violento de Ibn Ḥazm le llevó a polemizar con el visir judío de la Granada zīrí, Ibn Nagrālla. Tanto en el *Fiṣal* como en otros textos, tomó la iniciativa de la polémica anticristiana en al-Andalus en el siglo v/xi.[2]

Deseosos de mantener la unidad política y la rectitud moral, los alfaquíes mālikíes encargaron al teólogo Abū l-Walīd Sulaymān al-Bāŷī (402/1012-474/1081) que sostuviera, en la isla de Mallorca en el año 439/1047, una controversia pública con Ibn Ḥazm (142, I, 200-208) sobre los principios de la ley musulmana [380 bis]. Al ẓāhirismo sistemático de Ibn Ḥazm se opuso el mālikismo erudito y militante de al-Bāŷī (409, I, 889). El jurista de Beja es autor de varias obras de derecho mālikí y de algunas páginas de polémica anticristiana escritas entre 1070 y 1078, como respuesta a una carta que un «monje de Francia» escribiera al soberano hūdí de Zaragoza, al-Muqtadir billāh, en cuya corte vivió al-Bāŷī durante bastante tiempo [428, II, 1954; 391, XVII, 1952, 259-310; 391, XXVIII, 2, 1963, 249-269; 391, XXXI/1-2, 1966, 73-158].

Ibn 'Abd al-Barr al-Numayrī, originario de Córdoba y amigo de Ibn Ḥazm, abrazó fugazmente el ẓāhirismo. Nunca estuvo en Oriente, ya que realizó sus estudios en su ciudad natal, destacando en derecho religioso y en la ciencia de las genealogías. Después de haber mostrado su inclinación por el ẓāhirismo y luego por el šāfi'ismo, se convirtió al mālikismo y desempeñó el cargo de juez en Lisboa y Santarem, muriendo en Játiva en el año 463/1070. Entre sus obras cabe citar unas biografías de los Compañeros del Profeta y unos manuales de derecho mālikí. El mālikismo de Ibn'Abd al-Barr difiere del conformismo del siglo x por su rechazo de la sumisión servil a la autoridad.

En su retiro de Niebla, Ibn Ḥazm apenas tuvo discípulos. El más fiel de ellos, al-Ḥumaydī, nacido en Mallorca, se dedicó al estudio de la teología, del derecho y de las tradiciones. En su cátedra de Bagdad (donde murió en el año 488/1095), y gracias a su piedad, a su erudición y a su equilibrio emocional, logró evitar las persecuciones de que había sido víctima Ibn Ḥazm en España. Otro mallorquín, 'Alī al-'Abdarī (muerto después del año 491/1098), abandonó el ẓāhirismo cuando se exilió a Bagdad [391, XXVII/1, 1972, 103].

Los alfaquíes mālikíes de al-Andalus, que habían apoyado la intervención almorávide en suelo español, tuvieron una creciente influencia en la vida política y religiosa del Imperio creado por estos, especialmente durante el reinado del segundo sultán de esta dinastía, 'Alī, quien, al igual que ellos, se encerraba en una devoción estricta. En un momento en que el estancamiento de los estudios teológicos en el Islam occidental iba a favorecer la predicación del reformador almohade Ibn Tūmart, se produjo la quema de las obras del ilustre teólogo del Islam al-Gazālī (Algazel). Este sabio y místico oriental [409, II, 1061-1063] desenmascaró el formalismo de la ortodoxia y predicó el culto divino del corazón en su monumental obra *Iḥyā''Ulūm al-dīn (Vivificación de las ciencias de la religión).* Los juristas del Occidente musulmán consiguieron que 'Alī condenara a la hoguera todos los ejemplares de la *Iḥyā'*. En el año 503/1109, en la pequeña plaza situada frente a la puerta occidental de la Mezquita Mayor de Córdoba, un ejemplar encuadernado de la obra, previamente untado en aceite, fue quemado en presencia de los alfaquíes mālikíes [157, 248-249]. Tres decenios más tarde, los almohades se apoderaban de la España musulmana, que se vio poco afectada por su propaganda y donde siguió imperando el mālikismo.

El florecimiento de la filosofía *(falsafa)* andaluza en el siglo VI/XII tuvo tres destacados protagonistas: Ibn Bāŷŷa, Ibn Ṭufayl e Ibn Rušd.

Ibn Bāŷŷa, el Avempace de la Edad Media, nació a finales del siglo V/XI en Zaragoza, donde, al parecer, pasó su juventud. No poseemos muchos detalles sobre su vida [409, III, 750-2]. En el año 503/1110, cuando Zaragoza cayó en manos de los almorávides, pasó al servicio de los nuevos amos del país y se convirtió en el visir del gobernador beréber Ibn Tīfalwīt. Vivió varios años en Sevilla y Granada, muriendo —envenenado, según algunos autores— en Fez en el año 533/1139.

Este filósofo era también famoso como poeta, músico y compositor de canciones populares. Estudió matemáticas, botánica y astronomía. Se ha conservado un reducido número de manuscritos de sus obras en su idioma original y algunas traducciones al hebreo. Miguel Asín Palacios publicó ediciones de la *Carta de despedida,* y del *Tratado sobre la Unión del Intelecto con el hombre.* La obra más famosa de Ibn Bāŷŷa, el *Tadbīr al-mutawaḥḥid (Régimen del Solitario),* fue asimismo editada por Miguel Asín Palacios y publicada con una traducción al castellano después de su muerte. En estas tres obras, Ibn Bāŷŷa hacía hincapié en la posibilidad de unión del alma con la Divinidad, lo que consideraba la actividad humana más elevada y la felicidad suprema, así como el objetivo final de la existencia humana. Según Ibn Bāŷŷa, esta unión del alma con Dios es la última etapa de una ascensión intelectual. Sin pretender entrar en un análisis minucioso de las concepciones filosóficas de Ibn Bāŷŷa, destacaremos el carácter neoplatónico de esta teoría. Sin duda, Ibn Bāŷŷa había leído un tratado de Alejandro de Afrodisia impregnado de neoplatonismo y del que existía una traducción al árabe. Ibn Bāŷŷa presagia al hombre virtuoso la emigración hacia las ciudades ideales, y en caso de que no existan, el sabio debe retirarse de su existencia especulativa al interior de las ciudades imperfectas.

Es posible que el concepto del sabio solitario inspirara a Ibn Ṭufayl su novela filosófica *Ḥayy b. Yaqẓān* [409, II, 341-344], considerada por algunos como una de las obras más curiosas de la Edad Media [408, III, 451-452]. Abū Bakr Muḥammad Ibn Ṭufayl nació en Guadix en los primeros años del siglo VI/XII; ejerció la medicina en Granada y posteriormente fue secretario del gobernador local. En el año 549/1154 desempeñó las funciones de secretario del gobernador almohade de Ceuta y Tánger. Luego llegó a ser el médico del soberano almohade Abū Ya'qūb Yūsuf; gozó del favor de este califa y posteriormente del de su sucesor Abū Yūsuf Ya'qūb. Ibn Ṭufayl murió en Marrakech en el año 581/1185-1186 [409, III, 981-982]. Médico y astrónomo, Abubacer, como le llamaron los escolásticos cristianos, legó a la posteridad sus ideas filosóficas en la novela titulada *Ḥayy b. Yaqẓān (El Viviente, hijo del Vigilante).* Después de un preámbulo en que resume la historia de la filosofía musulmana, Ibn Ṭufayl relata la vida de Ḥayy, quien, desde su primera infancia, se halla abandonado en una isla desértica de la India, situada bajo el Ecuador. Una gacela lo adopta y le sirve de madre. Al hacerse mayor, se pone a observar y a reflexionar. Dotado de gran inteligencia, logra cubrir todas sus necesidades y, utilizando solo la razón, este joven descubre las verdades físicas y metafísicas más complejas. Ḥayy representa El Viviente, símbolo de la razón; es hijo del Vigilante *(yaqẓān),* o sea Dios. Ibn Ṭufayl muestra, a través de su héroe, las concomitancias entre religión y filosofía que tanto preocupaban a los pensadores musulmanes. En efecto, Ḥayy consiguió reconstruir todo el sistema neoplatónico musulmán.

Esta novela, escrita probablemente entre los años 565/1169 y 581/1185, fue traducida al hebreo por un autor desconocido y comentada por Moisés de Narbona en 1349; en 1671, Edward Pocock la tradujo al latín en Oxford con el título *Philosophus autodidactus*, y posteriormente se hicieron varias traducciones a lenguas europeas. Es muy posible que el *Robinson Crusoe* de Daniel Defoe, cuya primera parte apareció en 1719, se inspirara de algún modo en la traducción inglesa de la novela de Ibn Ṭufayl, realizada por Ockley a partir de la versión latina de Pocock y publicada en Londres en 1708. En los últimos años, la crítica orientalista se ha ocupado del *Ḥayy b. Yaqẓān*. Emilio García Gómez opina que el cuadro general de esta novela deriva del *Cuento del ídolo y del rey y su hija*, relacionado en las historias fabulosas de Alejandro Magno, que sería popular en España y utilizado en forma alegórica. «Este tema literario —escribe E. García Gómez— dio a Abentofáil una ocasión de desenvolver, junto con otras tesis filosóficas, la teoría del pensador solitario, ya latente en los escritos de Avicena y Avempace, y una trama admirablemente plegable a su pensamiento».[3] Anne-Marie Goichon rechaza la hipótesis del arabista español, quien, según ella, no explica las referencias de Ibn Ṭufayl a los filósofos anteriores y menos aún los numerosos pasajes de la novela inspirados en las obras de los médicos árabes, sin indicación alguna de fuente, pero perfectamente identificables. Sin duda, Ibn Ṭufayl tomó el título de su obra de un opúsculo alegórico del filósofo y médico oriental Ibn Sīnā (Avicena) [409, III, 965-972], pero las similitudes entre ambos relatos se limitan a este único punto. Según A.-M. Goichon, el objetivo del libro de Ibn Ṭufayl es poner de manifiesto la capacidad de la inteligencia humana, apta no solo para descubrir las ciencias y la existencia del alma, sino también para «presentir a Dios más allá del mundo corruptible y aferrarse solo a Él una vez ha sido encontrado». El itinerario espiritual de Ḥayy aparece narrado en función de las ciencias y de la filosofía conocidas en su época y responde a las controversias en que se debatía el mundo musulmán de entonces [409, III, 343].

Abū l-Walīd Muḥammad Ibn Rušd nació en la Córdoba almorávide en el año 520/1126, en el seno de una familia de distinguidos juristas mālikíes [409, III, 934-944]. Recibió una esmerada educación y fue discípulo, en el terreno de la medicina, de destacados facultativos. Sus biógrafos alaban su sólido conocimiento del pensamiento griego antiguo. En el año 548/1153, el futuro comentarista de Aristóteles se hallaba en Marrakech, donde Ibn Ṭufayl le presentó al califa almohade Abū Ya'qūb Yūsuf. Con motivo de una discusión filosófica, Ibn Rušd puso de manifiesto la amplitud de sus conocimientos, gozando a partir de entonces del favor del soberano.

En el año 565/1169 ejerció la judicatura en Sevilla, y dos años más tarde, en 567/1171, regresó a Córdoba, su ciudad natal, en calidad de cadí. Pese a sus numerosas obligaciones, visitó varias ciudades del Imperio almohade, especialmente Sevilla, donde fechó varias de sus obras entre 1169 y 1179. En el año 578/1182 sucedió a Ibn Ṭufayl en calidad de médico personal de Abū Ya'qūb Yūsuf. Posteriormente fue investido del cargo de juez mayor de Córdoba. Durante el reinado de Ya'qūb al-Manṣūr, Ibn Rušd siguió gozando del favor del califa, pero cayó en desgracia en los últimos años (1195-1197). Al parecer, el soberano almohade, que combatía a la Cristiandad, quiso servirse de los juristas ortodoxos de al-Andalus. Ibn Rušd fue exiliado a Lucena, en las proximidades de Córdoba, y se ordenó mediante edicto, que quemara sus libros de filosofía, denunciados como peligrosos para la religión musulmana. El filósofo tuvo que hacer frente a los viperinos ataques de sus adversarios doctrinales, pero poco después regresó a Marrakech, donde recuperó el favor del soberano almohade. Murió en esa ciudad en el año 595/1198. Más tarde, su cuerpo fue trasladado a Córdoba. De la abundante obra de Averroes, nombre con el que se le conoció en el mundo latino, solo queda un reducido número de obras en árabe, ya que la mayoría de ellas se conserva en traducciones al latín o al hebreo. En algunos manuscritos, el texto árabe aparece en caracteres hebreos. Averroes abordó la filosofía a través de las ciencias jurídicas. Su conocimiento detallado del rito mālikí le llevó a interesarse por las divergencias entre escuelas juridicorreligiosas y a demostrar sus motivaciones [278, I, 35-38]. En uno de sus tratados de teología y de filosofía, el *Faṣl al-maqāl (Concordancia entre la religión y la filosofía),* expone su metodología. Ibn Rušd se inserta en el pensamiento musulmán, pero basándose en el cuadro lógico del *Organon* de Aristóteles. En el *Tahāfut al-tahāfut (Destructio destructionis),* Averroes ataca a al-Ġazālī y desarrolla sus propias concepciones sobre la armonía entre la religión y la filosofía. Algunas de sus obras son tratados sobre medicina, opúsculos varios sobre matemáticas, astronomía, ética y política. En el siglo XIII, los escolásticos latinos adoptaron las ideas de Ibn Rušd, que ejercieron gran influencia en Santo Tomás de Aquino. En el siglo XIX, el francés Ernest Renan negó la originalidad del pensamiento de Averroes, pero a principios del siglo XX la crítica orientalista le hizo justicia demostrando que sus comentarios de Aristóteles, traducidos al latín y al hebreo por los cristianos y judíos de España, tuvieron gran resonancia en la Europa medieval y que la obra de Ibn Rušd es la de un auténtico filósofo.[4]

En los primeros tiempos de la conquista y en la época de los emires omeyas, se había manifestado en la España musulmana una serie de tendencias ascéticas. Hubo «una turba de autores devotos, imitadores de las privaciones y penitencias del monacato cristiano oriental» [146, I, 35-36, 184-191]. Desde los albores del siglo II de la héjira, algunos eremitas se entregaron a mortificaciones corporales y a la pobreza voluntaria en el sur de la Península y en los confines del reino omeya, en Huesca y en Zaragoza. No tuvieron prosélitos, pero, poco a poco, la veneración con que les rodeó el pueblo les hizo más comunicativos. Los textos árabes presentan a los ascetas del siglo III de la héjira como hombres cultos, conocedores de las diversas ramas de la ciencia musulmana. Como ha demostrado Asín Palacios, todo aquel que en la época califal quiso escapar de la tutela de los alfaquíes mālikíes y difundir sus enseñanzas entre un reducido número de discípulos, tuvo que refugiarse en la vida eremítica. Por la misma época, los conventos situados en las sierras andaluzas albergaban a cenobitas mozárabes. Los biógrafos representan a los ascetas musulmanes como individuos solitarios, retirados a cierta distancia de las ciudades y que vivían en montes y bosques. Estos eremitas, precursores del movimiento místico llamado *taṣawwuf* [408, IV, 715-719], se limitaban a hacer penitencia, destacando por la originalidad de su manera de vestir y por ejercer los más humildes oficios manuales para poder subsistir [277, III, 484]. A finales del siglo III de la héjira, apareció en España el calificativo *al-ṣūfī* (el que se viste de lana), que indica una franca filiación mística [288[1], 221].

En los primeros años del siglo X, Muḥammad b. ʻAbd Allāh Ibn Masarra se retiró a una pequeña ermita de la sierra, situada a pocas leguas de Córdoba [409, III, 892-896]. Este piadoso asceta, consagrado a la devoción, empezó a meditar un sistema filosófico y teológico totalmente nuevo para los cordobeses y a enseñarlo a un reducido número de discípulos. En un principio, sus virtudes morales le ganaron el respeto de los andaluces, pero posteriormente se le consideró sospecho de heterodoxia. Ibn Masarra debió sentirse sin duda amenazado. Su padre, ʻAbd Allāh, que profesaba el muʻtazilismo, había tenido que tomar muchas precauciones para poderlo enseñar. Sea como fuere, Ibn Masarra consideró prudente marchar a Oriente, donde cumplió con la peregrinación, regresando luego a Córdoba. No estamos suficientemente informados acerca de la biografía de Ibn Masarra, pero sabemos que reanudó la vida monacal en su ermita de la sierra de Córdoba y se dedicó a enseñar a un público bastante amplio, al que recomendaba la práctica del ascetismo. La iniciación a los símbolos quedaba reservada a un reducido número de discípulos. No se ha conservado ninguno de sus numerosos escritos. Acosado por las penalidades y las privaciones, Ibn Masarra murió en el 319/931, cuando contaba menos de cincuenta años. En una atractiva monografía dedicada a Ibn Masarra [142], Miguel Asín Palacios opinaba que la originalidad de la filosofía masarrí habría consistido en la explotación de una teoría neoplatónica, atribuida al Pseudo-Empédocles en las *Enéadas* de Plotino: «la existencia de una materia espiritual de la que participan todos los seres, excepto Dios». Ibn Masarra basó en esta teoría su concepción cosmológica del universo y la doctrina del libre albedrío. M. Asín Palacios describió las características esenciales de la enseñanza del místico cordobés de la siguiente forma: para alcanzar la liberación y la purificación del alma, había que entregarse a la mortificación, a la pobreza voluntaria, a la observancia del silencio y a la práctica de una serie de virtudes, entre ellas la humildad, el perdón de las ofensas, el amor hacia los enemigos. A través de un examen de conciencia diario, el alma se eleva progresivamente hacia el estado místico de la sinceridad. En un principio, los discípulos de Ibn Masarra propagaron sus ideas sin grandes dificultades, pero en el año 350/961 el califa ʻAbd al-Raḥmān III al-Nāṣir concedió plenos poderes para combatir el masarrismo al jurista cordobés Ibn Zarb, quien acababa de realizar una refutación del sistema de Ibn Masarra. Ibn Zarb dio la orden de detener a los principales seguidores de Ibn Masarra, les obligó a renegar públicamente sus opiniones e hizo quemar sus copias personales de las obras del maestro [277, III, 487]. No obstante, estas medidas no consiguieron extirpar el masarrismo de la península Ibérica. En el año 368/979 y en la misma Córdoba, uno de los hijos del célebre cadí Mundir b. Saʻīd al-Ballūṭī —muerto quince años antes— fue condenado a muerte y crucificado tras el descubrimiento de una conjura contra la corona. Al parecer, este ʻAbd al-Malik y tres de sus hermanos, entre ellos Ḥakam, poeta y teólogo, fueron propagandistas activos del masarrismo durante ese período. En el siglo XI, un núcleo de adeptos convencidos de la ermita de la sierra de Córdoba se instaló en Pechina, donde el muladí Ismāʻil al-Ruʻaynī se convirtió al masarrismo con toda su familia [409, III, 793-794].

Las ideas de Ibn Masarra ejercieron una profunda influencia en los medios ṣūfíes andaluces, hasta el momento en que la difusión de las doctrinas de al-Ġazālī dio nueva vitalidad a la escuela esotérica española. En la primera mitad del siglo VI/XII, Almería se convirtió en el centro del misticismo andaluz. Allí, Ibn al-ʻArīf, originario de esa misma ciudad, llevaba una vida ejemplar; este respetado ṣūfí contó con numerosos discípulos, atraídos por su gran inclinación por la meditación y la ascesis [409, III, 734-735]. Estaba estrechamente vinculado a Ibn Barraŷān, que enseñaba en Sevilla [409, III, 754-755]. Los fragmentos de una correspondencia intercambiada entre ambos, hallados y publicados por Paul Nwiya [411, XLIII, 1956, 217-221], ponen de manifiesto que Ibn al-ʻArīf se dirigía a Ibn Barraŷān como maestro. Este último parece más comprometido en la acción que su compañero. La agitación que se desencadenaba en torno suyo en la metrópoli sevillana y en las aldeas vecinas, despertó las sospechas de los agentes locales del poder almorávide. El sultán ʻAlī b. Yūsuf, alertado por ellos, hizo llamar a Ibn al-ʻArīf, a Ibn Barraŷān y al místico de Granada Abū Bakr al-Mayurqī a Marrakech, donde los juristas almorávides examinarían su caso conjuntamente. Al-Mayurqī logró huir y refugiarse en Bugía, trasladándose desde allí a Oriente, donde ya había vivido con anterioridad. Ibn al-ʻArīf recibió un trato de favor: el soberano le hizo quitar las cadenas que le habían colocado, y le recibió en la corte con todos los honores, pero murió al poco tiempo (536/1141), sin duda envenenado por instigación de su enemigo, el juez de Almería Ibn al-Aswad. Su opúsculo (los *Maḥāsin al-maŷālis)* narra las diversas etapas de su vida mística. En cuanto a Ibn Barraŷān, conminado a explicar algunas de sus posiciones consideradas herejes, fue encarcelado y murió en prisión el mismo año.

En tanto que *ṣūfī,* Ibn Barraŷān ofrece el ejemplo de una vida austera, dedicada al culto divino. Escribió un comentario del Corán inspirado en su doctrina esotérica. Surgido de la escuela de Ibn Masarra, estuvo influido, al igual que los demás místicos andaluces, por Gazālī. Ibn Jaldūn lo sitúa en la categoría de las gentes de la «irradiación divina», que opone a la de los teóricos del monismo para los cuales Dios es la única realidad, la totalidad del mundo revelado y no revelado.

Un año después de la muerte de Ibn Barraŷān, Ibn Qasī organizó una rebelión abierta contra los almorávides en el Algarve [409, III, 839-840]. Había hecho construir una rábita en las inmediaciones de Silves para reunir a sus seguidores, los *murīdūn,* o «aspirantes a la vida mística», agrupados en milicias religiosas. Se las daba de santo y realizaba falsos milagros. Todo induce a pensar que Ibn Qasī había sido influido por la escuela de Almería y que pertenecía al clan de ṣūfíes antialmorávides. La rebelión estalló en un clima político y social caracterizado por la descomposición del poder almorávide [157, 287 ss.]. En el año 539/1144, un destacamento de setenta adeptos de Ibn Qasī se apoderó de la fortaleza de Mértola; tras tomar posesión de la plaza, dos jefes rebeldes apoyaron la causa de Ibn Qasī. Este «personaje ambiguo que se pretendía a la vez político y ṣūfī» (A. Faure) consiguió crear un frágil reino que abarcaba las ciudades de Évora, Beja, Huelva, Niebla y Silves. Pero en el año 540/1145 surgieron discrepancias e Ibn Qasī buscó el apoyo de los almohades, a quienes indujo a desembarcar en España. El Algarve y la Andalucía occidental capitularon en seguida. Con el fin de resistir a sus poderosos aliados, Ibn Qasī llevó a cabo numerosos tratos con los portugueses de Coimbra, lo que despertó el recelo de los habitantes de Silves. Un grupo de individuos dispuestos a acabar con él penetró en su casa y lo asesinó en el año 546/1151. Se le atribuye la disertación titulada *Jal ʻal-naʻlayn,* comentada por Ibn al-ʻArabī, nacido en Murcia catorce años después de la muerte de Ibn Qasī.

Según Miguel Asín Palacios, pueden identificarse ciertas influencias masarritas en la obra de uno de los mayores místicos del Islam, Muḥyi al-dīn Ibn al-ʻArabī [409, III, 729-734], perteneciente a una familia murciana varios de cuyos miembros eran ṣūfíes. Fue educado en Sevilla, donde, al parecer, desempeñó desde su adolescencia el cargo de secretario de varios gobernadores. Durante una enfermedad, tuvo una visión que cambió el rumbo de su vida, y buscó la compañía de varios maestros del ṣūfismo. Ibn al-ʻArabī pasó unos diez años en diversas ciudades de España y el norte de África con sus maestros, aunque siguió vinculado a

Sevilla hasta el año 590/1194. Luego se trasladó a Túnez y Fez, regresó a España y volvió a Túnez en el año 598/1202. Emprendió la peregrinación a La Meca, pasando por El Cairo y Jerusalén. El resto de su vida transcurrió en Oriente, y murió en Damasco en el año 638/1240. No vamos a analizar aquí la obra del autor ṣūfí más prolijo. En opinión de Miguel Asín Palacios, Ibn al-ʻArabī fue discípulo y continuador de Ibn al-ʻArīf, quien supo sacar partido de las más audaces tesis del panteísmo y del monismo. Las obras de Ibn al-ʻArabī se enseñaron en Oriente, y parece que ejercieron cierta influencia en la Europa medieval, especialmente en el misionero mallorquín Ramón Llull (1235-1315). Miguel Asín opinaba que la descripción que hizo Ibn al-ʻArabī de la leyenda del viaje nocturno y ascensión de Mahoma a las mansiones de ultratumba inspiró a Dante en su *Divina comedia.*[5]

En el año 614/1217-1218, nació en Murcia el filósofo peripatético y ṣūfí Ibn Sabʻīn. Estudió en España, donde se le apreciaba por su gran cultura religiosa y sus conocimientos de alquimia y medicina, pero en cambio se hizo sospechoso de ṣūfismo.

Hombre de espíritu atormentado, tuvo una vida infeliz, marcada por controversias y adversidades. Se vio obligado a abandonar su patria a los treinta años para escapar a las persecuciones de sus adversarios. Seguido por algunos de sus discípulos, los *Sabʻīniyya,* gentes de condición modesta y corazón humilde, se estableció en Ceuta, donde alcanzó cierta notoriedad, pero se vio obligado a exiliarse una vez más. Antes de marchar a Oriente, pasó por Bugía, donde coincidió con el andaluz al-Šuštarī, místico nacido cerca de Cádiz que se convirtió en su más fiel discípulo. Ibn Sabʻīn llegó a Túnez, donde nuevamente tuvo que enfrentarse con la hostilidad de los juristas ortodoxos; luego prosiguió su viaje hacia Oriente por Gabes. Tras una corta estancia en El Cairo, se refugió en La Meca, donde murió en el año 668 o 669/1270. En este filósofo se unen el helenismo y el ṣūfismo musulmán. Ibn Jaldūn lo sitúa entre los monistas. Su soledad —escribe A. Faure— en el mundo de los teólogos y de los jurisconsultos, resulta en cierto modo desgarradora [409, III, 946].

No deben ignorarse los vínculos existentes entre el misticismo andaluz y el del norte de África. En España, Ibn Sabʻīn tuvo como maestro a un cadí sevillano, al-Šūḏī, quien tuvo que huir a Tremecén para seguir su vocación de ṣūfí. Uno de los fundadores del movimiento místico de los *šāḏiliyya,* Abū Madyān de Tremecén (muerto en el 588/1193), era originario de España. Abū l-Abbās al-Mursī (muerto en el 686/1287), uno de los continuadores de al-Šāḏilī, procedía de Murcia [391, IX a XVI, 1944-1951].

El tipo de misticismo que imperaba en los medios populares andaluces, al producirse la decadencia del poder almohade, en el primer tercio del siglo XIII, puede analizarse en un edificante texto recientemente editado por Fernando de la Granja en Madrid. Redactada por Aḥmad al-Azdī al-Qaštālī, originario de Castril, provincia de Granada, la *Tuḥfat al-muġtarib bi-bilād al-Maġrib* es una recopilación de los milagros realizados por un santón andaluz nacido en Yuhānis —la actual Ohanes, en la provincia de Almería—, Abū Marwān 'Abd al-Malik al-Qaysī al-Yuhānisi, que murió en una rábita de las cercanías de Ceuta en el año 667/1268-1269. En esta obra se describen las virtudes del santón, su espíritu de sacrificio y de renuncia y su lucha contra Satán [90].

El fervor místico de letrados y poetas hispanomusulmanes había ido en aumento hasta principios del siglo XIV. Ibn Jamīs, originario de Tremecén y granadino de adopción, se inclinaba hacia el ṣūfismo. El abuelo del juez en jefe de Granada Abū l-Barakāt Ibn al-Ḥāŷŷ, Sīdī Abū Isḥāq Ibrāhīm [391, XVIII/2, 1963, 385-388], se ganó en Almería fama de santón gracias a su bendición. Imbuido de una profunda piedad, Abū Isḥāq menospreciaba los bienes de este mundo. Se le atribuían varios milagros, entre ellos la curación de un niño que sufría litiasis y a quien los médicos no habían sabido atenuar el mal. Estos hechos le valieron la veneración popular. Es indudable que la escuela masarrí contó en Almería con sus más famosos discípulos, quienes, perseguidos por el mālikismo oficial, se veían obligados a disimular sus convicciones [391, XVIII/2, 1963; 390-391].

Durante el reinado del segundo soberano naṣrí, vivió en Málaga un santón ṣūfí, Abū 'Abd Allāh al-Sāḥilī, que se ganaba la vida trabajando de sastre; no tardó en seguir el camino del ascetismo y del misticismo, en consagrar sus días a la oración, al ayuno y a las letanías *(ḏikr)*, consiguiendo atraerse a una multitud de seguidores. Murió en Málaga en el año 1334, rodeado de la devoción popular. Le sucedió su hijo, Abū'Abd Allāh al-Sāḥilī, como director espiritual de los candidatos a la regla teosófica [391, XXXV/I, 1970, 225-226].

Exigente consigo mismo, indulgente con los demás, justo, desinteresado y buen conocedor del Corán, el místico andaluz, cuya fisonomía aparece descrita en los textos árabes, prefería una existencia solitaria a los honores [31, I, núm. 71, núm. 175]. Se imponía a sí mismo numerosas privaciones y se retiraba a menudo a un *ribāṭ*, cercano a la frontera. Este hombre, que vestía con ropas de lana basta y se entregaba a los ejercicios del ṣūfismo, únicamente se ausentaba para participar en la guerra santa. No tendría interés alguno enumerar aquí a todos los ascetas, cuya austeridad, virtudes y biografía aparecen recogidos en los textos. Nos limitaremos a señalar que pertenecían a todos los estratos sociales de la población y a mencionar, para el siglo XIV, a Ibn al-Zayyāt, letrado ṣūfí de Vélez Málaga, a quien Ibn Jaldūn atribuye una profunda cultura [45, I, 265 y 48, 34-37], y al predicador de la mezquita mayor de Granada, Ibn Aḥmad al-Qurašī [48, 51-52; 28², 77]. 'Abd Allāh Ibn Fāris Ibn Zayyān pertenecía a la familia real de los zayyānies de Tremecén; siendo un niño, llegó a España con su padre, que se estableció en Cantoria. En Málaga se convirtió al ascetismo, eligiendo el camino de la pobreza y la soledad. Durante muchos años vivió en una cueva de la región [45^6, III, 461-463]. Un alto dignatario de la cancillería naṣrí, Ibn Abī l-Maŷd al-Ru'aynī, originario de Archidona, participó en las reuniones de un grupo cuyos componentes se autodenominaban *fuqarā'* (pobres) [45^6, III, 459-461; 48, 52-53].

Ibn al-Jaṭīb nos habla de la existencia en el Albaicín de Granada de una rábita fundada por el grupo familiar de los Banū Sid Būna, quienes, ante el avance cristiano, habían huido de Levante, donde sus antepasados, originarios de Bona, habían dejado descendientes [45^6, I, 469-471]. En la capital del reino naṣrí se dedicaron a hacer propaganda ṣūfí. Uno de ellos, Abū Aḥmad Ŷa 'far Ibn Sīd Būna, ejerció una profunda influencia moral en Granada hasta el final de su vida en el año 765/1364 [330, II, 264-265; 417, XII-XIII, 1963-1964, 48-52]. Los miembros de esta cofradía ṣūfí se reunían todas las noches: en el transcurso de sus ejercicios espirituales recitaban pasajes del Corán, a los que seguían letanías; luego entonaban a coro los poemas esotéricos del famoso mártir del Islam oriental al-Ḥallāŷ. «Entre los miembros de la reunión, que no tardaban en caer en éxtasis místico, surgían cantores que modulaban versos iluminados; una especie de furor sagrado colectivo se apoderaba de los allí presentes, los cuales, despojándose de sus bastas y remendadas vestiduras hasta quedar casi desnudos, iniciaban una especie de danza arrítmica, sin medida alguna del canto y que se prolongaba hasta el agotamiento» [275, 213]. A veces, el sultán naṣrí llamaba a la cofradía a su palacio de la Alhambra para participar en este ambiente sobrenatural [45^6, I, 468].

Algunos místicos ejercían, en Granada, oficios humildes y pertenecían a los estratos más modestos de la población: hortelanos, pequeños artesanos, tejedores, jornaleros, vagabundos. Seducidos por la belleza del lugar, un grupo de faquires procedentes de la India y de Irán se establecieron, a mediados del siglo XIV, en Granada, donde se dedicaron al pequeño comercio. El viajero tangerino Ibn Baṭṭūta, que los vio en la capital de los naṣríes, menciona los nombres de estos hombres de Samarcanda, de Konia, de Jurasán y de la India. Ibn Baṭṭūta estuvo en casa de los Banū l-Maḥrūq, tío y sobrino, dos juristas pertenecientes a una familia granadina de gran nombradía, los cuales, por vocación, habían renunciado a cualquier dignidad y se habían retirado a sus respectivas ermitas. Abū l-Ḥasan 'Alī Ibn al-Maḥrūq, que había sido maltratado por un pretendiente naṣrí, se convirtió en el jefe espiritual de los faquires, que llevaban una vida errante [275, 217-219].

A partir de los datos de Ibn Baṭṭuta y los de Ibn al-Jaṭīb, se puede precisar el emplazamiento de las ermitas de la aglomeración granadina, a las que se trasladaban los habitantes de la capital con motivo de las fiestas canónicas, sobre todo para la celebración de Natividad del Profeta Mahoma [51, 17]. La rábita, lugar de oración donde residían los ascetas y que corresponde a la *zāwiya* marroquí, daba también cobijo a viajeros, pobres o ricos. Ibn Baṭṭūta se albergó en la rábita de ʿUmar Ibn al-Maḥrūq, situada en las afueras de Granada. Al oeste de esta ciudad se hallaba la famosa rábita de *al-ʿUqāb*, que dominaba el emplazamiento de la antigua Elvira; Ibn Sabʿīn y al-Šuštarī vivieron en ella [275, 220]. En lo alto del arrabal del *Naŷd* se hallaba emplazada la ermita llamada *rābiṭat al-Liŷām*, donde estuvo Ibn Baṭṭūta.[6]

En la obra histórica de Lisān al-dīn Ibn al-Jaṭīb puede vislumbrarse la existencia de esta corriente ṣūfí en Granada [45[6], I, 467-468, III, 459-461]. Uno de sus maestros, Abū ʿAbd Allāh Muḥammad al-Maqqarī, nacido en Tremecén, antepasado del letrado Aḥmad b. Muḥammad al-Maqqarī, conversaba de buen grado acerca del ṣūfismo y escribía opúsculos sobre el tema. Además, Ibn al-Jaṭīb recopiló poemas místicos de al-Maqqarī, en los que destacaba la viveza de su inspiración, si bien el autor mostraba una prudente moderación.

Por la misma época, el ṣūfismo gozaba de gran popularidad en los medios religiosos del Marruecos marīní, donde recibió la adhesión de varios juristas mālikíes [310 bis]. Ya a principios del siglo XIV, el polígrafo y matemático de Marrakech, Ibn al-Bannāʾ, había escrito un notable texto sobre la unión mística [411, 1938, 13-42]. Un contemporáneo de Ibn al-Jaṭīb, Ibn ʿAbbād [409, III, 692], nacido en la Ronda naṣrí en el año 733/1333, emigró siendo aún joven a Marruecos, donde se inició en el mālikismo oficial, en el año 760/1359, y debido a su inclinación por la meditación, se trasladó a Salé, convirtiéndose allí en el más prestigioso discípulo de Ibn ʿAšīr [409, III, 742], asceta de origen andaluz al que acudían caravanas de peregrinos marroquíes. Algo más tarde, los reveses políticos obligaron a Ibn al-Jaṭīb a buscar asilo en Marruecos; encontró al hombre santo de Salé en el interior del recinto, en un cementerio cercano a la mezquita mayor, donde Ibn ʿAšīr se retiraba en solitario a meditar [310 bis, 59]. La influencia de los místicos andaluces y magribíes llegó hasta el visir de los sultanes de Granada, como pone de manifiesto su tratado sobre el amor divino que contribuyó a la ejecución de Ibn al-Jaṭīb en Fez.[7]

La vida ṣūfí alcanzó su apogeo en la Granada de la segunda mitad del siglo XIV; en las consultas jurídicas [*fatwā*, 409, II, 886] dirigidas a los doctores de la ley y en las respuestas de estos, aparecen algunos datos acerca de la legalidad de las reuniones ṣūfíes. En las frecuentes descripciones de los adeptos a la cofradía, estos aparecen recitando conjuntamente sus letanías, cantando, aplaudiendo y cayendo en trance hasta el amanecer [92, XI, 31-33]. Más de una vez se traslucen los apuros de los juristas mālikíes, guardianes de la ortodoxia musulmana. Abū l-Barakāt al-Balafīqī respondió, a propósito de una ermita construida para extranjeros en la que se daban cita los ṣūfíes, que, en España y Marruecos, había la costumbre de mostrarse indulgente con las desviaciones de los faquires debido a la hospitalidad que se daba a los viajeros en las *zāwiyas*, donde estos hallaban refugio y ayuda [92, XI, 31]. Por la misma razón, Abū Sa'd Ibn Lubb toleraba el balanceo del cuerpo en la letanía. A causa de esta desviación, no se podía prohibir la construcción de los asilos para extranjeros, que servían de puntos de reunión para los desvalidos [92, XI, 29-30]. Las prácticas ṣūfíes eran motivo de crítica. Abū Isḥāq al-Šāṭibī, al ser preguntado sobre el tema, se limitó a responder que en las reuniones de ṣūfíes tomaban parte alfaquíes; al pedírseles a estos explicaciones acerca de su conducta, contestaban que «si sus reuniones estuvieran prohibidas, los doctores de la ley no asistirían a ellas» [92, 31-32]. En cambio, Abū 'Abd Allāh al-Ḥaffār, jurista granadino de finales del siglo XIV, opinaba que el ṣufismo dañaba enormemente a la religión, sobre todo en las ciudadelas y pueblos alejados de Granada, donde difundía la corrupción y hacía alarde de todo aquello que tenía de soterrado en materia de errores y licencias [92, XI, 34].

Hacia el año 775/1373 aparecieron en el seno de la comunidad ṣūfí de Granada una serie de disensiones acerca de la iniciación mística. Para algunos bastaba la iniciación a través de la lectura individual de las obras místicas, mientras que para otros esta lectura no podía eximir legalmente de la enseñanza oral de un maestro. La compenetración entre los medios religiosos de Granada y de Fez era tal que Abū Isḥāq al-Šāṭibī escribió a los juristas marroquíes Abū l-'Abbās Aḥmad al-Qabbāb [92, XI, 91-96] e Ibn Abbād para exponerles la polémica. El primero respondió que, al igual que sucede con el derecho, la medicina y la gramática, el ṣūfismo no puede asimilarse con la sola lectura de los libros, sin la ayuda de un maestro que transmita la tradición oral. Por lo demás, en su época, los ṣūfíes menospreciaban el estudio de las obras didácticas. El segundo jurista no apoyaba abiertamente a los ṣūfíes de Granada que sostenían la necesidad de un maestro; sin embargo, hacía una distinción entre dos tipos de maestros espirituales: aquellos cuya misión consistía en enseñar y aquellos que eran pedagogos [92, XII, 210].

La pervivencia de las cofradías ṣūfíes populares en el reino de Granada hasta finales del siglo XV aparece atestiguada en el relato del viajero egipcio 'Abd al-Bāsiṭ y en los documentos cristianos posteriores a la Reconquista. Gracias a los textos que se conservan en los archivos de la catedral de Granada, Carmen Villanueva ha podido identificar el emplazamiento de treinta y siete rábitas granadinas y delimitar su disposición [417, III, 1954, 79-86]. En las inmediaciones de Granada, más allá del puente que atraviesa el Genil, hay una ermita musulmana consagrada actualmente a San Sebastián.

Según la tradición oral, Boabdil entregó las llaves de Granada a los Reyes Católicos delante de este edificio de planta cuadrada y cubierto por una cúpula [391, XIII/2, 1948, 491; 403, 13, 1978, 129-159].

Ibn al-Jaṭīb, en su momento literario erigido a la gloria de la Granada naṣrí, se congratula del fervor religioso de sus compatriotas y afirma que entre ellos no hubo herejías [46, 27]. Es indiscutible que el mālikismo desempeñó un papel esencial en la estructura del último estado hispanomusulmán y que los alfaquíes, cuyos nombres aparecen en los diccionarios biográficos y en las recopilaciones de consultas jurídicas, ocuparon un lugar primordial en las metrópolis andaluzas y, sobre todo, en Granada por sus conocimientos, su prestigio social y la influencia que tuvieron en los medios allegados a los sultanes naṣríes.

Sin embargo, el mālikismo no fue tan poderoso como afirma la literatura de época naṣrí. En los escritos de los autores orientales se traslucen algunas alusiones a la persistencia de la escuela ẓāhirí. El famoso gramático Abū Ḥayyān de Granada, mālikí en un principio, se convirtió al ẓāhirismo en su juventud [56, IV, 308, 78[1], III, 296]. Aparecen mencionados algunos šī'íes en el siglo XIV. La cuestión del šī'ismo es planteada por un poeta cuyo papel y rango políticos no predisponían en favor de esta observancia: varias obras en verso compuestas a principios del siglo XV por el sultán de Granada Yūsuf III llevan la huella de la contaminación šī'í.

No obstante, a través de las fuentes árabes, el mālikismo aparece triunfante en todo al-Andalus, no solo por el reclutamiento de los maestros sino también por la elección de las materias enseñadas y el papel esencial que se concedió en la especulación jurídica a la *Mudawwana* del jurista mālikí de Kairuán, Ṣaḥnūn. En los siglos XIV y XV alcanzaron fama en Granada jurisconsultos tales como Ibn Lubb y sus discípulos, al-Šaṭibī, Ibn Sirāŷ y al-Ḥaffār. En la primera parte del siglo XV, el estandarte del mālikismo fue enarbolado por Muḥammad al-Saraqusṭī [78[1], 314].

Cabe preguntarse si el mālikismo andaluz del período naṣrí seguía dando pruebas de aquel conservadurismo y de aquella intransigencia contra los que Ibn Ḥazm había dirigido sus aceradas críticas tres siglos antes. Nos inclinamos a pensar que esta ortodoxia, por muy estricta que fuera en un principio, supo adaptarse a las exigencias de la época. El estado de inferioridad militar en relación a los castellanos debía inducir a los juristas de Granada a aceptar ciertas componendas que el mālikismo habría sin duda censurado en otros lugares fuera de España. Una prueba de ello la encontramos en las respuestas que dieron los jurisconsultos de Granada en una serie de consultas jurídicas transmitidas por el magribí al-Wanšarīsī a finales del siglo XV.

En primer lugar, pasaremos a analizar la situación de los musulmanes en Galera y Castillejar, caídas bajo el yugo cristiano, en tiempos de

Juan II de Castilla [109², año 1436, 528]. Estos mudéjares consultaron a los juristas de la capital naṣrí sobre la licitud de comprar a los cristianos los bienes que estos habían tomado como botín de guerra. En principio, al-Saraqusṭi respondió que los cristianos no podían vender estos bienes, puesto que no les pertenecían. Los bienes seguían siendo musulmanes y, por tanto, no estaba permitido comprarlos. Sin embargo, el caso de Galera no formaba parte de los litigios corrientemente examinados por los doctores de la ley musulmana. Los habitantes de esta pequeña ciudad se hallaban bajo la protección de los cristianos, o sea, en una situación análoga a la de los tributarios que vivían en tierras musulmanas. Pero los cristianos habían violado el pacto que unía los mudéjares a los vencedores; en consecuencia, la situación se había degradado debido a las hostilidades desencadenadas por los cristianos. La apropiación de los bienes de los habitantes de Galera tenía lugar en una situación jurídica nueva, como si nunca hubiera habido pacto. Así pues, los bienes musulmanes habían sido tomados como un botín normal; en tal caso, era lícito adquirirlos y los habitantes de Galera podían comprarlos.[8] De esta forma, quedaba considerablemente atenuada la rigidez de la doctrina.

Sucedía a veces que el jurista afirmaba la estricta observancia de la ley. Al-Šaṭībī fue consultado sobre la licitud de la venta de armas a los cristianos, a quienes, por otra parte, había que comprar víveres con frecuencia. Al-Šaṭībī se esforzó en mantener la pureza de la doctrina en su respuesta: no había que vender armas a los cristianos [229, 99-100].[9]

Los *responsa* de los juristas granadinos dejan traslucir cierta angustia ante los acontecimientos políticos. Los doctores de la ley se esforzaron, sobre todo, en conciliar los principios y las decisiones inspirados en el interés general; más de una vez se inclinaron ante la necesidad pública que se imponía como fuerza mayor.

A Ibn Sīrāŷ le fue planteada la siguiente pregunta: ¿qué decisión tomar si cautivos musulmanes se escapan de un barco de guerra cristiano amarrado en un puerto musulmán? Por supuesto, no había ni que pagar rescate ni que entregar los cautivos a los cristianos. La consulta concluía con una evocación sobre la posición teórica del mālikismo: era necesario impedir que los barcos cristianos que llevaran a bordo prisioneros musulmanes salieran de los puertos musulmanes; Mālik había insistido en la obligación de rescatar a los cautivos [92, II, 112].

En la Granada naṣrí, que debía hacer frente a la penosa realidad de la guerra con Castilla, la práctica jurídico-religiosa había experimentado numerosas modificaciones. Ya hemos ilustrado este hecho con casos concretos relativos a la actividad económica. Dichos casos ponen de manifiesto la indiscutible flexibilidad del mālikismo andaluz durante los últimos siglos de la presencia musulmana en España.

2. LA PRODUCCIÓN INTELECTUAL

En las páginas siguientes pasaremos revista a las distintas facetas de la producción intelectual y trazaremos una semblanza de las figuras más salientes en el campo de la literatura hispanomusulmana.

2.1. La enseñanza y las bibliotecas

Los cronistas y los autores de diccionarios biográficos mencionan como principales centros intelectuales andaluces las grandes aglomeraciones urbanas: Córdoba, Sevilla, Toledo, Zaragoza, Granada, Málaga. También Almería y Guadix parecen haber ocupado un buen puesto [330, I, 229-259]. Las aldeas y pueblos contaban con escuelas primarias.

En el Occidente musulmán, la enseñanza elemental, que impartía en escuelas modestas un instructor pagado por los padres de sus alumnos [330, I, 229-259; 330, I, 240], estaba orientada en torno al Corán. Su finalidad era que los niños tuvieran «una buena escritura, una buena dicción, recitaran correcta y armoniosamente el texto coránico y supieran marcar las pausas y los acentos al hablar» [75[3], 25/25]. Ibn Jaldūn, al hacerse eco de las opiniones de Ibn al-ʻArabī sobre la enseñanza, nos informa acerca de los métodos pedagógicos vigentes en al-Andalus en la época de las taifas y de los almorávides. La lectura del Libro revelado iba precedida del estudio de fragmentos poéticos y epistolares. El alumno se entregaba seguidamente al cálculo, y además debía saber de memoria los elementos de la gramática árabe. Este aprendizaje preliminar facilitaba el estudio del Corán y constituía un excelente método para pasar seguidamente a una enseñanza más compleja [40[4], III, 288-299]. Ibn Jaldūn afirmaba no haber encontrado jamás maestros marroquíes tan competentes como los andaluces para enseñar el Libro de Sībawayh [79, I, 27].

El alto nivel alcanzado por la enseñanza, característica predominante de la cultura andaluza, quedó también patentizado en la corte desde la subida al poder de los soberanos omeyas. ʻAbd al-Raḥmān I veló por la educación de sus hijos. La amplia cultura de Hišām I le inclinó a frecuentar los círculos de juristas cordobeses. Su nieto, ʻAbd al-Raḥmān II, recibió una educación muy sólida teniendo en cuenta la época en que vivió. Versado en ciencias religiosas, el emir ʻAbd Allāh recitaba diariamente una parte del Corán que había aprendido totalmente de memoria, así como varias poesías clásicas [277, I, 139, 195, 331]. Al-Ḥakam II, hijo del califa ʻAbd al-Raḥmān III, tuvo como preceptor al gramático y poeta al-Zubaydī. Los reyes de taifas se preocuparon de favorecer los estudios literarios. Al-Muʻtamid de Sevilla era hombre de grandes dotes intelectuales. El afṭasí de Badajoz, al-Muẓaffar, tenía fama por su amplia cultura y afición literaria. En el siglo XIV, los hijos del naṣrí Yūsuf I tuvieron como preceptor en la Alhambra a Riḍwān; el futuro Ismā'īl II aprendió griego a través de un liberto de origen cristiano, 'Abbād [49², 104]. Muḥammad V confió a Abū 'Abd Allāh al-Šarīšī, discípulo de Ibn al-Jaṭīb, la educación de sus hijos, los príncipes.

Entre los maestros más famosos que, en el siglo XIII, se dedicaron a la formación de estudiantes andaluces en las mezquitas y *zāwiyas*, cabe situar en un primer plano a Muḥammad al-Raqūṭī, originario de Murcia, donde permaneció después de la toma de la ciudad por las tropas de Alfonso X en 1266. Hombre de gran prestigio, siguió enseñando en una escuela fundada por el Rey Sabio y abierta a cristianos, musulmanes y judíos [45³, II, f.° 153 v.°]. Más tarde se trasladó a la Granada del naṣrí Muḥammad I, donde promovió una serie de controversias de las que salió vencedor [31, 3, 374-375]. Los andaluces de todas las clases sociales sintieron un vivo interés por el estudio, pese a que la enseñanza fuera de pago y que obligara, por tanto, a duros sacrificios económicos para hacer frente a los gastos que implicaba. Al contrario, los estudiantes egipcios del siglo XIII recibían una ayuda económica que les permitía consagrarse al estudio con toda tranquilidad [78¹, I, 205].

Aunque la institución de la *madrasa* o universidad islámica se impuso en Oriente a partir del año 475/1065 con la *Niẓāmiyya* de Bagdad, al parecer no existió una fundación similar en la España musulmana antes del siglo XIV [300, 223-228; 333 bis, 426, 1970, 256-264]. En el año 750/1349, Yūsuf I, protector de las letras, hizo erigir la *madrasa* de Granada, cuyo objetivo era consolidar el prestigio del soberano en el mundo musulmán [78¹, IX, 309, VII, 376]. Estudiantes del reino naṣrí y maestros magribíes afluyeron a esta escuela de ciencias religiosas atraídos por la munificencia del soberano.[10] El predicador marroquí Ibn Marzūq [409, III, 890-892] enseñó en ella en el año 754/1353; el letrado marroquí 'Abd al-Qādir b. Siwār al-Muḥāribī dio allí unos cursos de literatura que alcanzaron gran fama [45¹, folios 121-130, 279-280].

Nada sabemos acerca de la duración habitual de los estudios. La asistencia a los cursos era recompensada con la entrega de una *iŷāza*, autorización escrita que facultaba para enseñar ya fuera una obra o bien un conjunto de materias. Se podían obtener varias *iŷāzas*. El visir Ibn al-Ḥakīm al-Rundī se trajo diversas *iŷāzas* de Oriente, donde había permanecido durante dos años [45³, folios 260-263]. El famoso gramático Abū Ḥayyān de Granada acumuló, al parecer, gran número de *iŷāzas*.

Las materias religiosas y disciplinas afines ocupaban un lugar primordial dentro de esta enseñanza. En los repertorios de nombres de profesores *(barnāmiŷ)*, aparece el elenco de libros que se estudiaban en al-Andalus y los nombres de los maestros que garantizaban su transmisión. Entre estos catálogos *(fahrasa)* [409, II, 762], hay varios documentos de primera importancia sobre los estudios realizados en España.[11] Se estudiaban las siete «lecciones» coránicas; se aprendían las tradiciones en las grandes recopilaciones clásicas y se daba preferencia al *Muwaṭṭa'* del *imām* medinense Mālik en la recensión de Yaḥyā b. Yaḥyā, como era lógico en tierra andaluza, profundamente mālikí. Se enseñaba el derecho musulmán a los estudiantes en la famosa *Epístola* de Ibn Abī Zayd al-Qayrawānī. En el reino naṣrí del siglo xv se compuso un tratado mālikí de cierta importancia, la *Tuḥfat al-ḥukkām* del juez de Granada Abū Bakr Ibn 'Aṣim, cuya influencia doctrinal se dejó sentir tanto en el norte de África como en España. El historiador Ibn Sa'īd admiró el dominio de la lengua árabe alcanzado por los profesores andaluces, discípulos del famoso gramático de Salobreña Abū 'Alī al-Šalawbīnī [78[1], I, 206]. Ibn al-Jaṭīb aprendió gramática con Abūl-Qāsim Ibn Ŷuzayy y Muḥammad Ibn al-Fajjār al-Ilbīrī, decano de los gramáticos granadinos a quien se debían reformas destacadas de la enseñanza de la gramática [31, IV, 57].

En los programas de enseñanza andaluces se incluía también el estudio de las buenas letras, como pone de manifiesto la *Fahrasa*[12] o *Index librorum de diversis scientarium ordinibus* de Abū Bakr Ibn Jayr (502/1108-575/1179) [409, III, 861]. Estas comprendían, entre otras disciplinas, las poesías preislámicas, las misceláneas, las monografías lexicográficas y las curiosidades filológicas. Entre las obras que sirvieron de base a la enseñanza durante el siglo XI, cabe citar el florilegio poético elaborado por el sirio Abū Tammām, los poemas cortesanos del oriental Mutannabī, muy apreciados por los andaluces, así como las colecciones poéticas del sirio Abū l-'Alā' al-Ma'arrī.[13] A los auditores se les enseñaba rudimentos de cálculo, necesarios para la fijación de los repartos de herencias.

Los cronistas se han hecho eco de la extraordinaria riqueza de la biblioteca de al-Ḥakam II a finales de su reinado. El catálogo de la colección del califa contaba con cuarenta y cuatro registros de cincuenta folios cada uno. Ya antes de subir al trono, el hijo de al-Nāṣir había hecho copiar a varios escribas profesionales los manuscritos que faltaban en la biblioteca real. Se asignó a otros letrados la tarea de cotejar los originales con las copias a fin de asegurarse que estas no presentaran errores ni lagunas [330, I, 181-228]. Al-Ḥakam había adquirido uno de los primeros ejemplares del famoso *Kitāb al-Agānī (Libro de Canciones),* historia de las poesías árabes con música que acababa de componer el literato oriental ambulante Abū l-Faraŷ al-Iṣfahānī.

En la Córdoba del siglo x había famosas bibliotecas pertenecientes a letrados de la capital [277, III, 498-499]. Algo más tarde, al-Manṣūr b. Abī 'Āmir, con el fin de atraerse a los intolerantes círculos de juristas mālikíes, hizo expurgar la rica biblioteca creada por al-Ḥakam, y ordenó que se quemaran o echaran a los pozos del Alcázar de Córdoba todos aquellos libros que trataran de ciencias consideradas ilícitas por la mayoría de la población. A la caída del califato, el *ḥāŷib Wāḍiḥ* vendió en subasta pública una parte de la biblioteca de al-Ḥakam II para proporcionar nuevos fondos al erario. El resto de la espléndida biblioteca califal fue saqueado por los beréberes algo más tarde, cuando se apoderaron de Córdoba [277, II, 218].

Cabe suponer que el patrimonio cultural amasado en la Córdoba omeya no desapareció totalmente. La biblioteca de al-Ḥakam II se hallaba dispersa en las colecciones particulares de los reyes de taifas y de los letrados de la época [321, II, 303]. Los repertorios bibliográficos andaluces contienen los nombres de numerosos bibliófilos toledanos y valencianos, de letrados almerienses que gustaban reunir códices de gran valor. Destacaron varios copistas libreros por la hermosura y perfección de sus copias caligráficas [330, I, 208-215].

Son escasos los datos recogidos sobre la formación de las bibliotecas de los sultanes o privadas en tiempos de las dinastías africanas. Si bien el gobierno almorávide destacó por su rigorismo y hubo saqueos de algunas bibliotecas, no cesó ʻAlī, hijo de Yūsuf b. Tašfīn, de recoger libros de todas las provincias de España para formar su propia biblioteca [76[1], 170-172]. Los almohades utilizaron a copistas y calígrafos andaluces. Uno de ellos, Ibn al-Ṣaġīr, originario de Almería, fue nombrado por Abū Yaʻqūb bibliotecario suyo [45[3], I, fol. 32 v.º]. Sin embargo, la intolerancia de los almohades o unitarios se ejerció contra los libros mālikíes, que mandaron quemar, y con frecuencia contra las obras de filosofía.

Al-Zubaydī, hombre de letras originario de Jaén que se había refugiado en el reino de Granada, logró formarse una rica biblioteca a fuerza de copiar las obras. Los Banū Ašqīlūla la saquearon, pero el sultán Muḥammad II les obligó a devolver la mayor parte del fondo a su legítimo propietario [45[3], I, fol. 34 v.º]. Las hermosas colecciones de libros amontonadas en su casa por el visir Ibn al-Ḥakīm al-Rundī fueron entregadas a manos del populacho amotinado [45[3], II, f.º 110].

2.2. LA GRAMÁTICA Y LOS COMENTARIOS

Los estudios filológicos y la especulación dieron lugar en la España musulmana a la aparición de numerosas obras, muchas de las cuales se han perdido. A finales del siglo II/principios del IX, se introdujeron en España para ser enseñadas las primeras obras orientales de gramática. La filología y la lexicografía recibieron nuevo impulso tras la llegada a Córdoba, en el año 330/941, del filólogo iraquí Abū ʻAlī al-Qālī, a quien el califa ʻAbd al-Raḥmān III confió la educación del príncipe heredero, al-Ḥakam [409, III, 522-523]. Al-Qālī escribió y enseñó en al-Andalus durante unos veinte años. Al emigrar a Córdoba consiguió traer gran parte de su biblioteca; en cuanto a los libros que no pudo llevarse o que perdió a su paso por Kairuán antes de responder a la llamada del califa de Córdoba, los dictó de memoria o, basándose en el conocimiento que tenía de ellos según la tradición iraquí, dictó comentarios y descripciones de redacciones transmitidas por otro lado. Murió en Córdoba en el año 356/967, colmado de honores. Poco ha quedado de sus numerosos escritos. Su obra más conocida es el *Kitāb al-Amālī (Libro de los dictados),* dedicado a su protector 'Abd al-Raḥmān III. En esta obra miscelánea que dictaba a sus discípulos andaluces, al-Qālī recogió numerosas tradiciones relativas al Profeta, «notas sueltas acerca de los árabes, su lengua, poesía y proverbios, anécdotas históricas de poetas árabes de la época del Califato, trozos en verso y en prosa que el autor aprendiera de sus maestros» [221, 115-116]. Su gran diccionario, *El Libro de las rarezas de lenguaje,* estaba probablemente compuesto de unos 4500 folios.

Entre los eruditos que se movieron en torno a al-Qālī,[14] destacaron dos discípulos: el historiador Ibn al-Qūṭiyya (m. en 367/977) [409, III, 871-872] y el gran gramático Abū Bakr al-Zubaydī (m. en 378/989), preceptores del príncipe heredero Hišām. El primero escribió una serie de obras de gramática y filología que fueron especialmente apreciadas por las generaciones posteriores. Se le consultaba acerca del significado o la idea de tal o tal frase desde el punto de vista gramatical y lexicográfico. Al-Zubaydī compendió el diccionario del oriental al-Jalīl titulado *Libro de la Consonante 'ayn,* que se hizo clásico en al-Andalus. A. González Palencia describía el orden que seguía este léxico con estas palabras: «es el de los órganos con que las letras se pronuncian, comenzando por las guturales *('ayn)* y acabando por las labiales y enfermas (semi vocales)» [221, 139].

A principios del siglo XI, un filólogo y hombre de letras cordobés, Ibn al-Iflīlī [409, III, 830], se hizo famoso por su gran conocimiento de la lengua árabe. Su comentario de la obra poética del oriental al-Mutanabbī tuvo gran resonancia. Enseñó gramática a numerosos alumnos, entre los cuales alcanzó celebridad Yūsuf al-A'lam al-Šantamarī, originario de Santa María de Algarve, en las proximidades de Silves, cuyos habitantes tenían fama dentro de la península Ibérica por la pureza con que hablaban árabe. Al-Šantamarī (m. en 486/1083) hizo comentarios a una serie de tratados orientales y a una colección de poemas árabes cuya composición se hacía remontar a la época preislámica.

En la España de las taifas, la obra magistral en gramática fue la del filólogo ciego de Murcia Ibn Sīda [409, III, 964-965] (398/1007-458/1066). Estudió con su padre y con Ṣā'id de Bagdad, el filólogo iraquí que en tiempos de Almanzor desempeñó un papel parecido al de al-Qālī en la época del califa al-Nāṣir [410, X, 1930, 15-36]. Posteriormente recibió las enseñanzas de Abū 'Amr al-Talamanqī. En una fecha que desconocemos, se marchó de Murcia a Denia, donde contó con la protección del reyezuelo ʿāmirí Muŷāhid. Ibn Sīda, que nunca salió de España, es autor de una obra considerable de la que solo nos han llegado dos diccionarios. En el *Mujaṣṣaṣ* (o Libro «especializado»), inmenso diccionario analógico en diecisiete volúmenes, consagrado a la búsqueda del término concreto, sigue fielmente la tradición de los grandes lexicógrafos orientales; en él no aparece recogido ninguno de los vulgarismos que tanto abundaban en el lenguaje hablado de los musulmanes de España. En cuanto al *Kitāb al-Muḥkam* (Libro perfecto) se trata simplemente de un diccionario clásico, por orden alfabético.[15]

El erudito y geógrafo andaluz Abū ʿUbayd al-Bakrī, que vivió en Córdoba, Sevilla y Almería, fue también filólogo. Entre sus cuatro obras de filología se le atribuye un comentario y una crítica del *Libro de los dictados* de al-Qāli, un comentario de una recopilación de proverbios, así como otra obra semihistórica, semifilológica sobre los nombres de las tribus árabes.

Uno de los gramáticos más famosos de al-Andalus fue Ibn al-Sīd al-Baṭalyawsī, nacido en Badajoz en el año 444/1052. Tras haberse ganado la enemistad de Ibn Razīn de Albarracín y refugiarse en Zaragoza, se estableció finalmente en Valencia, donde contó con numerosos alumnos y murió en el año 521/1127 [409, I, 1125]. Escribió muchas obras, de las que solo citaremos el comentario del *Adab al-Kātib* (conocimientos necesarios para el escriba), famoso manual del escritor oriental del siglo IX Ibn Qutayba.

En la primera mitad del siglo XIII, la gramática andaluza tuvo un prestigioso representante en la persona de ʿUmar al-Šalawbīnī, originario de Salobreña, que enseñó en Sevilla y formó una brillante escuela de filólogos [28, 185]. El gramático sevillano del siglo VII/XIII, Ibn ʿUṣfūr, discípulo de al-Šalawbīnī, abandonó su ciudad natal a raíz de una desavenencia con su maestro, recorrió al-Andalus, permaneciendo en diversas ciudades en las cuales enseñó gramática y el Corán. Después de una serie de peregrinaciones a través de la Ifrīqiya ḥafṣí y del Magrib, se instaló en Túnez, donde murió en el año 670/1271. Es autor de dos tratados de gramática. Ibn ʿUṣfūr dictó también comentarios sobre obras de gramática orientales tan conocidas como el *Kitāb (Libro)* de Sībawayh y el *Kitāb al-Ŷumal (Libro de las frases)* de al-Zaŷŷāŷi [409, III, 987].

Ibn Mālik, originario de Jaén (600/1203-672/1274), recibió una sólida educación, contando entre sus maestros en Sevilla a al-Šalawbīnī; viajó por Oriente, estudió en Damasco y enseñó en Alepo y Ḥāmat. En Damasco, donde finalmente fijó su residencia, gozó de gran prestigio por sus conocimientos filológicos. Se consagró a coordinar las reglas de la gramática árabe y a simplificar los enunciados en un célebre poema didáctico de 1000 versos, la *Alfiyya,* a menudo poco clara y de la que los musulmanes han hecho glosas con bastante frecuencia [409, III, 885-886].

En El Cairo se establecieron dos ilustres letrados del siglo XIV, que se desvincularon de la influencia andaluza. Discípulo asiduo de los maestros orientales, Abū Ḥayyān al-Garnāṭī [409, I, 129-130], nacido en las proximidades de Granada en el año 653/1256, se instaló en El Cairo en el 678/1280, donde enseñó a sus alumnos el *Libro* de Sībawayh, los tratados de gramática de Ibn Mālik y sus propias obras. Fue una autoridad en el campo de la ciencia de las tradiciones, y dejó una obra considerable. Murió en El Cairo en el año 744/1344. El filólogo de Almería Ibn al-Ṣā'iġ se instaló en El Cairo después de haber cumplido con la peregrinación [56, I, 191-192].

El gusto por los comentarios se hizo patente en Granada en la obra de Ibn Ŷuzayy al-Kalbī [160, s. II, 377]. El polígrafo de Almería, Ibn Luyūn al-Tuŷībī, y el predicador granadino Ibn Lubb, eligieron una forma versificada para expresarse. El juez Ibn 'Āṣim [409, III, 743], autor de la *Tuḥfa,* llegó incluso a tratar cuestiones jurídicas en obras en verso de metro *raŷaz.*[16] Su hijo Abū Yaḥyā Ibn'Āsim, visir y secretario de Estado, compuso un comentario de la *Tuḥfa* [79, I, 186; 56, II, 495].

2.3. LAS RECOPILACIONES BIOGRÁFICAS

El género biográfico se desarrolló a partir del siglo X en la Córdoba califal. Muḥammad b. al-Ḥāriṯ al-Jušānī, jurista originario de Kairuán que se estableció en España durante el reinado de al-Ḥakam II a instancias de este califa, redactó una historia de los jueces de Córdoba *(Ta'rīj quḍāt Qurṭuba)* que abarcaba hasta el año 968. En esta obra aparecen valiosos datos acerca de la judicatura cordobesa durante casi dos siglos y medio.

A finales del siglo X, la literatura de las recopilaciones biográficas tuvo un continuador en la persona de Ibn al-Faraḍī (351/962-403/1013). Este letrado cordobés viajó a Oriente en el año 382/992 para cumplir con la peregrinación y, a su paso por Kairuán, siguió los cursos de famosos maestros. Estudió en El Cairo, la Meca y Medina. Solo nos ha llegado una de sus obras, el *Kitāb Ta'rīj 'ulāmā' al-Andalus (Historia de los varones doctos de al-Andalus),* cuya amplia información y minuciosa exactitud han sido especialmente apreciadas por los eruditos en nuestros días [409, III, 785].

Un jurisconsulto y tradicionista mallorquín emigrado a Oriente, Abū 'Abd Allāh al-Ḥumaydī (420/1029-488/1095), quien se había convertido al ẓāhirismo por influencia de Ibn Ḥazm, escribió de memoria en Bagdad la *Ŷaḏwat al-muqtabis (la Brasa ardiente)* que llegaba hasta el año 1058. Dedicó especial importancia a una serie de eruditos irrelevantes, sus colegas, y, al no tener a mano obras de referencia, dio fechas aproximadas y cometió numerosos errores. A las duras opiniones de Dozy sobre al-Ḥumaydī se ha sumado recientemente Ambrosio Huici Miranda, quien, si bien admite la imparcialidad del jurista de Mallorca, lo considera «un hombre que no pasa de lo vulgar» [409, III, 593-594].

El andaluz al-Ḍabbī (siglo vi/xii), originario de Vélez, al oeste de Lorca, viajó por el norte de África y Oriente, pasando luego la mayor parte de su vida en Murcia; es autor de un diccionario biográfico de los sabios andaluces titulado *Buġyat al-multamis fī ta'rīj riŷāl al-Andalus (Deseo del que investiga sobre la historia de los hombres de España)* que se basa en la *Ŷadwat al-Muqtabis* de al-Ḥumaydī y la completa gracias a las obras biográficas aparecidas posteriormente [409, II, 73].

Hay que vincular a la península Ibérica una de las figuras más famosas del Occidente musulmán. Nacido en Ceuta, el cadí 'Iyāḍ vino a España a perfeccionar sus estudios en lugar de trasladarse a Oriente. Se distinguió en gramática, filología y tradiciones. Juez de Ceuta en el año 515/1121-1122, fue posteriormente investido con la judicatura en Granada (531/1136). Ferviente mālikí que resistió con todas sus fuerzas a los almohades, escribió, entre otras obras, una recopilación biográfica de los juristas mālikíes,[17] *Clases de los malekíes* [409, III, 302-303].

El continuador de la obra de Ibn al-Faraḍī fue un sabio andaluz, originario de la Vega de Valencia. De ascendencia española como indica su apellido, «hijo de Pascual», Ibn Baškuwāl nació en Córdoba en el año 493/1102 y murió en la misma ciudad en el 578/1183. Tradicionista y notario público, no tardó en renunciar a sus cargos para dedicarse a la enseñanza y a la continuación del trabajo de Ibn al-Faraḍī. Llegó incluso a titular su obra *al-Ṣila (Continuación)* en la que incluyó 1400 biografías de hombres de letras de los siglos v y vi/xi-xii, o sea que habían vivido entre el final del califato de Córdoba y el hundimiento almorávide. En sus datos sumamente minuciosos, aparecen, además de las listas de los maestros y alumnos, numerosas indicaciones inéditas sobre la historia de la administración y la toponimia de gran número de ciudades y localidades de al-Andalus [409, III, 756]. Ibn al-Abbār prolongó a su vez esta *Continuación*, en su *Takmilat al-Ṣila (Complemento de la Continuación)*, que se cierra a mediados del siglo vii/xiii. Después de haber desempeñado el cargo de secretario de los gobernadores mu'miníes de Valencia, este tradicionista valenciano se refugió en la corte ḥafṣí de Túnez tras la caída de la ciudad de Valencia en poder de Jaime I de Aragón. Es autor del *Kitāb al-Ḥulla al-siyarā'*, («la túnica recamada»), biografías de poetas y otras obras [409, III, 684-685]. Esta serie de continuaciones de la Historia de Ibn al-Faraḍī alcanzó su punto culminante en la obra de Ibn al-Zubayr (627/1230-708/1308), gramático y tradicionista de Jaén que residió en Granada, donde fue uno de los maestros de Ibn al-Jaṭīb [409, III, 1000-1001]. Desempeñó el cargo de *imām* y de predicador en la mezquita mayor y escribió una colección de biografías de juristas andaluces de los siglos XII y XIII, concebida como una continuación de la *Ṣila* de Ibn Baškuwāl.[18]

Pueden obtenerse interesantes comprobaciones en la obra de su contemporáneo Ibn ʻAbd al-Mālik al-Marrākušī (634/1237-703/1303-1304), juez mayor de Marrakech en tiempo de los marīníes [409, III, 696-697]. El diccionario biográfico titulado *al-D̲ayl wa l-takmila likitābayn i l-mawṣūl wā l-ṣila (Continuación y complemento de las obras de Ibn al-Faraḍī y de Ibn Baškuwāl)*, parcialmente publicado en la actualidad, es una obra fundamental para el conocimiento de los hombres ilustres del Occidente musulmán, especialmente de la segunda mitad del siglo XIII. Tanto Ibn al-Jaṭīb como el letrado marroquí Ibn al-Qāḍī utilizaron esta obra por la precisión de sus detalles.[19]

En la segunda mitad del siglo XIV fue compuesto un repertorio de jueces andaluces al que hemos recurrido con frecuencia: el *Kitāb al-Marqaba al-ʻulyā* o *Libro del Cargo Mayor* [82], del que es autor el juez de Granada Ibn al-Ḥasan al-Nubāhī y que esclarece aspectos de la vida jurídica del reino naṣrí.

2.4. LA HISTORIA

Desde fecha temprana, los árabes de Oriente pusieron de manifiesto una gran afición por la historia, interesándose especialmente por las hazañas de sus antepasados y por sus genealogías. La historiografía árabe medieval se consagró en un principio al estudio de los «dichos» del Profeta y de sus primeros compañeros, así como al relato de las conquistas árabes. Luego, el interés se centró en la historia universal, es decir, la historia de los pueblos que habían precedido a los árabes, o sea, los judíos y cristianos. En Oriente, la actividad historiográfica se manifestó en tres direcciones: por una parte, algunos historiadores, siguiendo las huellas de los *Anales* del tradicionista ʻabbāsí Ṭabarī (m. en 923), escribieron historias universales que llegaban hasta su época; otros se ciñeron a un período determinado; finalmente, un tercer grupo se inclinó por la historia de una ciudad o de una región, haciendo hincapié en la biografía de los personajes famosos que habitaron o pasaron por ella [408; 332 *c*; 278 *b*; 323].

En España, en el siglo VIII y sobre todo en el IX, algunos analistas ocasionales recopilaron relatos anónimos y más o menos legendarios en los que abundaban los recuerdos de la época lejana de la conquista. Apenas ha quedado nada de esta historia tan pobre, cuyo valor documental es mínimo [277, III, 504].

La tendencia a reconstruir la historia universal se inició con Ibn Ḥabīb, jurista mālikí de Elvira (m. en 238/852). Formado en la escuela egipcia y sobre todo en Medina, 'Abd al-Mālik Ibn Ḥabīb gozó del favor de 'Abd al-Raḥmān II. Poco nos ha llegado de la inmensa obra del polígrafo andaluz. De su *Historia* solo queda un único manuscrito en la Bodleyana de Oxford, cuyos capítulos relativos a la conquista de España han sido editados por Maḥmūd 'Alī Makkī [287]. En ellos se recogen diversas leyendas que corrían por Oriente, sobre todo por Egipto, acerca de la aparición del Islam en la península Ibérica y de la vida de Mūsā b. Nuṣayr. Ibn Ḥabīb sigue fielmente la tradición del medinés al-Wāqidī al exponer el período de los gobernadores árabes de España; los reinados de los emires omeyas de Córdoba y las fechas en que gobernaron aparecen sin más detalles. La obra no fue totalmente escrita por Ibn Ḥabīb, pues el final de la narración fue, seguramente, añadido por algunos discípulos del jurista andaluz e incluso otros autores mucho más tardíos, ya que el relato concluye con el reinado del emir 'Abd Allāh (275/888).

El carácter legendario de los comienzos de la historiografía musulmana aparece en el *Futūḥ Miṣr (Conquista de Egipto)* del egipcio Ibn 'Abd al-Ḥakam [409, III, 695], miembro de una influyente familia de juristas e historiadores, muerto en el año 257/871. El relato de la conquista del noroeste de África y de España pertenece más a la tradición religiosa que a la historia.[20]

El primer verdadero historiador de al-Andalus apareció en el siglo x, durante el reinado de 'Abd al-Raḥmān III al-Nāṣir, y fue un oriental, Aḥmad al-Rāzī (m. en 344/955), cuyo padre, Muḥammad Ibn Mūsā, mercader originario de Rayy, en Persia, se había establecido en la península Ibérica. Su gran historia de al-Andalus fue proseguida y completada por su hijo 'Īsā, quien a su vez iba a destacar como historiógrafo oficial de la dinastía omeya durante el reinado de al-Ḥakam II. De la obra histórica de Aḥmad al-Rāzī solo ha llegado a nuestros días la descripción de España que había redactado a modo de introducción a su *Historia* [74]; por lo demás, se ha conservado en parte a través de una adaptación al castellano, publicada en 1852 por Pascual de Gayangos, con el título *Crónica del Moro Rasis*.[21] Esta adaptación procede de una retraducción española de una versión portuguesa, actualmente perdida, que llevó a cabo, a principios del siglo XIV y por orden del rey Dionís de Portugal, un clérigo llamado Gil Peres.[22] La obra de 'Īsā b. Aḥmad al-Rāzī, tanto su *Historia de España* como su libro sobre los *ḥāŷib* de la corte omeya, se ha perdido.

Una crónica anónima que comprendía desde la conquista árabe hasta el reinado de 'Abd al-Raḥmān III, *al-Ajbār maŷmū'a* o *Colección de tradiciones*, se caracteriza por el poco orden de la composición. Julián Ribera la definió como «una serie de notas o apuntes históricos que se irían redactando sin intención de referir los sucesos metódica y cronológicamente» y situó su redacción en tiempos del califa al-Nāṣir. E. Lafuente Alcántara, basándose en la opinión de Dozy, fechaba el *Ajbār maŷmū'a* en el siglo XI, o sea en el momento del derrumbe del califato omeya, gracias a un pasaje en el que se alude a la trágica situación de los musulmanes españoles.

Ibn al-Qūṭīyya, «el hijo de la goda» (m. en 977), escribió el *Ta'rīj Iftitāḥ al-Andalus*, que comprende la historia de al-Andalus desde la conquista hasta el fin del reinado del emir omeya 'Abd Allāh. El autor, descendiente de la nobleza visigoda, más concretamente de Sara, nieta del penúltimo rey visigodo, Witiza, se estableció en Córdoba tras haber concluido sus estudios en Sevilla, su ciudad natal. Bibliófilo, jurista y tradicionista a un tiempo, escribió una serie de obras muy estimadas y fue presentado al califa al-Ḥakam II como el más grande filólogo de su tiempo. Su crónica fue dictada en la segunda mitad del siglo IV/X y escrita por uno de sus discípulos. En opinión de J. Bosch Vilá debieron existir diversas redacciones o copias realizadas por otros alumnos [409, III, 871-872]. Este arabista destaca el interés de la obra para la historia de la España musulmana del siglo III/IX por recoger una serie de anécdotas, observaciones e impresiones personales sobre la vida de la corte cordobesa. Sin embargo, la primera parte de la historia de la conquista elaborada por Ibn al-Qūṭiyya ofrece una información bastante pobre e imprecisa.[23]

Solo han llegado hasta nosotros fragmentos de la *Crónica* de 'Arīb b. Sa'd (m. en 370/980), cordobés y secretario de al-Ḥakam II, que continuó los *Anales* de Ṭabarī hasta la época de 'Abd al-Raḥman III al-Nāṣir. Esta obra es una fuente histórica fundamental para el estudio de la vida cordobesa, y en especial de los círculos palatinos, en tiempos de 'Abd al-Raḥmān III. E. Lévi-Provençal se preguntaba si los pasajes andaluces de la crónica de 'Arīb no fueron plagiados de la *Historia* de Aḥmad b. Rāzī [277, III, 506].

El gran desarrollo de la cultura en tiempos de los reyes de taifas tiene un hito en el campo de la historia en la obra magistral de Ibn Ḥayyān. Considerado actualmente como el mayor historiador de la Edad Media hispánica tanto musulmana como cristiana, Ibn Ḥayyān nació en Córdoba en el año 377/987-988. Su padre, que fue secretario de al-Manṣūr b. Abī 'Āmir, le procuró una excelente educación. Ibn Ḥayyān sintió gran amargura ante la anarquía que reinaba en suelo andaluz. Gracias a la protección del notable de Córdoba Abū l-Walīd Ibn Ŷahwar, pudo desempeñar funciones de redactor en la cancillería de Estado, lo que le permitió tener acceso a las obras de sus predecesores y reconstruir la historia del agitado siglo en que le tocó vivir. Murió en el año 496/octubre de 1076. Dentro de la abundante producción del historiador cordobés sobresalen dos obras: el *Matīn* (lo sólido), que no ha llegado a nuestros días, contenía casi toda la historia del siglo V/XI, en sesenta partes o volúmenes, con «una rara comprensión de los acontecimientos»

[409, III, 812-813], a juzgar por los extensos pasajes que su admirador Ibn Bassām conservó en la *Ḏajīra* (Tesoro). En cuanto al *Muqtabas fī tarīj riŷāl al-Andalus (lo que se selecciona de la historia de los hombres de al-Andalus)*, hallado en parte, se trata de una amplia historia de al-Andalus que Ibn Ḥayyān se proponía escribir.[24] Para los hechos anteriores a su siglo, el historiador se limitó a recoger los relatos de autores que le precedieron, sin llevar a cabo ninguna investigación personal. E. García Gómez opina que *el Muqtabas* es «una pura edición de los cronistas anteriores: reunión, y no siempre, de los pasajes concordantes o discordantes de los diferentes autores: indicación de lagunas; alguna nota, aclaración o comentario» [391, XI, 1946, 414-415]. En cambio, E. Lévi-Provençal consideraba que, gracias a la hábil labor compiladora de Ibn Ḥayyān, nos hallamos en condiciones de valorar la producción de anales de al-Andalus dentro de su verdadero marco político y social; definía este fresco histórico como una «historiografía de corte, centrada en la persona del soberano, esencialmente subjetiva y que dejaba deliberadamente a un lado cuanto podía quebrantar el prestigio de la dinastía» [277, III, 505]. Es totalmente imposible modificar esta visión de la historia por medio de documentos de archivo o de escritos de adversarios políticos y religiosos del régimen omeya. E. Lévi-Provençal concedía gran valor al testimonio de la obra de Ibn Ḥayyān: «Casi siempre que se dirige la vista a un aspecto, sea el que sea, de la historia hispano-omeya, se tropieza uno con Ibn Ḥayyān» [277, III, 505].

Un contemporáneo famoso de Ibn Ḥayyān dejó una obra de historia política, basada en las genealogías. En los últimos años de su vida, Ibn Ḥazm compiló en su *Ŷamharat ansāb al-ʿarab* las genealogías de los principales grupos árabes que se asentaron en la península Ibérica. Determinó su habitat y dio una localización análoga de los beréberes y de ciertas familias influyentes de muladíes como los Banū Qasī de la Marca Superior [277, III, 176, n. 1]. J. Bosch Vilá ha hecho resaltar el minucioso trabajo de compilación que llevó a cabo Ibn Ḥazm tomando numerosas referencias de las obras de la biblioteca califal de Córdoba. En su opinión, el gran pensador andaluz ejerció asimismo en algunas ocasiones su espíritu crítico. Sea como fuera, la *Ŷamhara* es indudablemente una aportación positiva sobre el poblamiento de al-Andalus y constituye una fuente histórica de importancia primordial [391, VI, 1941, 357-375; 391, XXII, 1957, 55-111 y 337-376; 417, X-10, 1961, 107-126; 157 *b*].

El toledano Ṣāʿid (419/1069-463/1070), a cuyo interés por la historia de las ciencias nos referiremos más adelante, estudió la cultura de pueblos tan diversos como los griegos, los romanos, los egipcicios, los persas, los indios y los judíos, y también los árabes, en el capítulo 9 de sus *Categorías de las Naciones*.

También en el siglo XI cabe destacar las *Memorias* que redactara el último soberano zīrí de Granada, el emir ʿAbd Allāh —tras su destitución en el año 483/1090—, en Aġmāt, en el sur de Marruecos. En un vibrante alegato en favor de su actuación política, aprovechó la ocasión para relatar, con sencillez y claridad, los orígenes del reino zīrí, esbozar la personalidad de sus predecesores y describir la vida palatina y la organización gubernamental [72].

Es de lamentar que no nos haya llegado completa la historia de España de Muḥammad ibn Muzayn. Hijo de un principillo de Silves que fue destronado por el ʿabbādí de Sevilla, al-Muʿtaḍid [323, 171], parece que sacó los datos que proporciona acerca del reparto de tierras en al-Andalus en el momento de la conquista musulmana, de un *Libro de las Banderas,* opúsculo de Muḥammad al-Rāzī que descubriría en una biblioteca de Sevilla en el año 471/1078 [277, III, 201, n. 2].

En tiempos de los almorávides y de los almohades, la historia de al-Andalus y la del norte de África aparecen imbricadas en las crónicas dinásticas.

Buen conocedor de la lengua y la literatura árabes, el granadino Ibn al-Ṣayrafī, nacido en el año 467/1074, fue el secretario de Tāšfīn. Le dio fama su historia de la dinastía almorávide que en un principio se extendía hasta el año 530/1135-1136 y que posteriormente el propio autor continuaría hasta una fecha próxima a su muerte, ocurrida en Orihuela sin duda en el año 557/1162. Algunos fragmentos de su crónica aparecen en las obras de historiadores posteriores [409, III, 957].

Ibn Ġālib, historiador y geógrafo que vivió en la Granada del siglo VI/XII y estuvo al servicio del gobernador almohade de la provincia, escribió una gran obra histórica que abarcaba desde la creación del mundo hasta la historia de España bajo la dinastía mu'miní, y se detenía en el año 565/1169-1170. El texto se ha perdido, pero en antologías de época tardía aparecen reproducidos muchos de sus pasajes [409, III, 795].

Apenas sabemos nada de la vida de Ibn Ṣāḥib al-Ṣalāt [409, III, 949], autor de una interesante historia de los almohades que lleva el título de *al-Mann bi-l-imāma (El don del imamato),* en la que se evidencia su implicación en los hechos que narra. Puede deducirse de la obra que el autor todavía vivía en el año 594/1198. El fragmento que nos ha llegado de esta crónica comienza en el año 554/1159 y termina en el 568/1172. Originario de Beja, en el Algarve, Ibn Ṣāḥib al-Ṣalāt, secretario del gobernador almohade Yūsuf b. ʿAbd al-Mu'min, tuvo acceso a una serie de documentos oficiales, como pone de manifiesto la copia de quince cartas remitidas por el poder central. A. Huici Miranda ha dicho que esta monografía consagrada exclusivamente al Imperio almohade contrasta con las historias generales, que «resumían excesivamente los sucesos de esa época, dentro del extenso panorama del Islam en general e incluso del Islam de Occidente» [61, 6]. El erudito valenciano criticaba al cronista la «adulación cortesana con que exalta los méritos de Yūsuf I al elogiar sus obras y paliar sus fracasos» [61, 7]. En conjunto, el estilo de Ibn Ṣāḥib al-Ṣalāt es fluido y claro, si aceptamos el tono verboso de los elogios serviles que salpican su obra.

Un letrado de Fez, de ascendencia cordobesa, Ibn al-Qaṭṭān, contemporáneo del califa almohade al-Murtaḍā, fue probablemente quien redactó, a mediados del siglo XIII, el *Kitāb Naẓm al-Ŷumān (Libro de la disposición de perlas)*, crónica de al-Andalus y del Maġrib que comprendía siete partes, de las cuales solo la segunda ha sido encontrada y editada por el profesor egipcio Maḥmūd ʻAlī Makkī [58]. En esta historia escrita en forma de anales entre los años 500/1106-1107 y 533/1138-1139, aparece una compilación de escritos anteriores, especialmente de extractos de una obra histórica redactada por Ibn al-Ṣayrafī y algunos pasajes de las *Memorias* de al-Bayḏaq, panegirista del reformador religioso Ibn Tūmart. En esta obra se hace muy evidente la alabanza de los almohades, mientras que las victorias de los cristianos aparecen minimizadas. Pero dado que Ibn al-Qaṭṭan manejó documentos oficiales, su crónica sirve como fuente histórica.

Dos obras de una envergadura muy distinta dominan el siglo XIII. Un historiógrafo de los almohades, originario de Fez, ʻAbd al-Wāḥid al-Marrākušī, que había vivido en Sevilla y Córdoba y viajado por Egipto, Ḥiŷāz y Siria, se estableció en el año 613/1217 en Bagdad, donde redactó, por encargo de un dignatario deseoso de conocer la historia del Occidente musulmán, el *Muʻŷib fī taljīṣ ajbār al-Maġrib* o *Libro admirable en el resumen de las noticias de Occidente* [76]. En esta obra recurrió a fuentes anteriores y puso de manifiesto cierta imparcialidad por el hecho de haber sido liberado de la tutela de los sucesores de ʻAbd al-Mu'min, pero las informaciones que proporciona en tanto que testigo ocular son a menudo escuetas e inseguras.

Sobre Ibn ʻIḏārī al-Marrakušī sabemos muy pocas cosas [409, III, 828-829]. Vivió en Fez durante la segunda mitad del siglo VII/XIII y a principios del siglo VIII/XIV. Todavía seguía escribiendo en el año 712/1312-1313. Era un buen conocedor de la historia del Oriente musulmán, que se proponía plasmar en una obra que no ha llegado a nosotros. Su crónica, titulada *al-Bayān al-muġrib fī (ijtiṣār) ajbār mulūk al-Andalus wa-l-Maġrib* [37], se divide en tres partes. La primera abarca la historia de Ifrīqiya, desde la conquista árabe de Egipto hasta la toma de al-Mahdiyya por los almohades en el año 602/1205. La segunda parte está dedicada a la España musulmana desde la llegada de los arabi-gobereberes hasta la caída de los reinos de taifas en el año 497/1086. En la última parte se recogen una serie de datos acerca de la dinastía almorávide, los almohades, los ḥafṣíes de Ifrīqiya, los inicios de la dinastía naṣrí y el desmoronamiento del Imperio almohade. Fiel al enfoque analista de toda su obra, Ibn ʻIḏārī recopiló numerosas crónicas y antologías, muchas de las cuales han desaparecido; utilizó igualmente las informaciones orales transmitidas por jeques contemporáneos de los acontecimientos.[25] En cuanto al período anterior a los almorávides, el método empleado por Ibn ʿIḏārī ha motivado en nuestros días una serie de críticas por parte del gran medievalista español Claudio Sánchez Albornoz [337, II, 327-335]; no obstante, el *Bayān* sigue siendo un compendio de suma utilidad. En cuanto a la época almorávide, Ibn ʿIḏārī se basó en una serie de fuentes dignas de crédito para relatar la génesis y desarrollo de este movimiento [410, XLVI, 1959, 155-162; 411, II/1, 1961, 43-111; 391, XXVIII, 1963, 313-330]. El *Bayān* almohade, a pesar de sus lagunas y su forma de resumen histórico, sigue siendo el texto más minucioso y fidedigno para cualquiera que estudie la historia del Occidente musulmán durante los siglos XII y XIII. Excelente conocedor de las crónicas hispanomaġribíes de la baja Edad Media, A. Huici Miranda [13 bis, II, XI, XII], al tiempo que señalaba los defectos de la obra, opinaba que rectificaba los fallos de memoria que estropean el *Muʿŷib* de al-Marrakušī; según él, el *Bayān* almohade relegaba «al último plano el desacreditado y fantástico *Rawḍ al-Qirṭās* o *Jardín del papel* [19] del cronista marroquí Ibn Abī Zarʿal-Fāsī [409, III, 717], escrito igualmente en el siglo XIV.[26]

No podemos dejar de mencionar el papel atribuido a la historia de al-Andalus por dos letrados tunecinos del siglo XIII. En la historia general del Islam, redactada por Ibn al-Kardabūs, oriundo de la pequeña ciudad de Tawzar, al sur de Túnez, que vivió entre la segunda mitad del siglo VI y la primera mitad del siglo VII de la héjira (siglo XIII), aparece una historia completa de al-Andalus desde la conquista musulmana hasta los principios del reinado del tercer soberano almohade, Yūsuf al-Manṣūr (558/1182-3—580/1184). El profesor egipcio A. M. al-ʿAbbādī, quien ha publicado una edición comentada de este último fragmento, ha señalado la riqueza del texto en datos inéditos. Ibn al-Šabbāṭ (muerto en el año 681/1282), también natural de Tawzar, y conocido con el sobrenombre de al-Miṣrī (el egipcio) porque tanto su padre como su abuelo habían estudiado en Egipto, incluyó en su obra filológica una descripción de al-Andalus que añade nuevo material sobre el tema de la conquista musulmana; este autor nos transmite una serie de historias locales ya perdidas, sorprendiendo su preocupación por la precisión [421, XIII, 1965-1966, 7-126; 421, XIV, 1967-1968, 99-163].

No hay que vincular a la España musulmana al historiador y geógrafo Ibn Saʿīd al-Maġribī, nacido en Alcalá la Real en el año 610/1213, que salió de al-Andalus en el año 638/1241 después de haber pasado su juventud en Sevilla. El autor del *Kitāb al-Muġrib fī ḥulā-l-Maġrib (El extraordinario sobre las galas del Occidente)*, residente primero en Oriente y luego en la Ifrīqiya ḥafṣī, nos ha legado una serie de datos de gran valor sobre la geografía y las instituciones de su tierra natal, que aparecen citados con deferencia en los textos posteriores [396, XIII/2, 1966, 142-167].

Varias obras de historia de la época naṣrí que no han llegado hasta nuestros días hacían referencia a la historia local en forma de repertorios biográficos, a juzgar por los pocos fragmentos transmitidos por los contemporáneos o por autores de antologías, como la historia de Almería de la que es autor Ibn Jātima, muy apreciada en el siglo XVII por al-Maqqarī, quien, después de haber leído la obra íntegramente, recopiló varios párrafos [78[1], VII, 395; 79, II, 252-255, 303]. Abū l-Barakāt Ibn al-Ḥayŷ al-Balafīqī, juez mayor y originario de Velefique, es autor de una historia inacabada de Almería [391, XXVIII/2, 1963, 422-424]. En la segunda mitad del siglo XIV, un letrado granadino llamado Abū Bakr Ibn Jamīs escribió una historia de Algeciras [45, I, 91]. Era la continuación de la obra de su tío, el malagueño Ibn 'Askar, la *Historia de Málaga,* recientemente descubierta en Marruecos.[27]

La historiografía oficial estuvo representada por el gran juez Ibn al-Ḥasan al-Nubāhī, originario de Málaga [28] y autor de la *Nuzhat al-baṣā'ir wa-l-abṣār* o *Recreo de las inteligencias y de los ojos,* un elogio de los monarcas de la dinastía naṣrí. Se desconoce la fecha en que se escribió esta obra, impregnada de espíritu cortesano, y que llega hasta el reinado de Muḥammad V. Son de destacar las informaciones que nos proporciona sobre los sultanes de Granada y sus círculos más inmediatos; esta obra permite útiles verificaciones tras confrontarla con la de su ilustre contemporáneo Ibn al-Jaṭīb y con las crónicas cristianas.

A la segunda mitad del siglo XIV pertenece también la obra histórica más notable de la Granada naṣrí, la de Lisān al-dīn Ibn al-Jaṭīb [409, III, 859-860].

No vamos a hacer un relato detallado de las vicisitudes que llevarían a Muḥammad Ibn al-Jaṭīb —nacido en la Loja de los naṣríes en 713/1313, en el seno de una familia de letrados y de altos dignatarios del reino— a la corte de Granada, en la que desempeñó las funciones de secretario de la cancillería y luego de visir durante los brillantes reinados de Yūsuf I y de Muḥammad V, para pasar finalmente al exilio en la Fez marīní, donde, víctima de una serie de intrigas políticas, pereció estrangulado a finales del año 776/mayo-junio de 1375.[29]

Calificado por Francisco Javier Simonet como el «Salustio del reino de Granada» y como «príncipe de la literatura arábigo-granadina», Ibn al-Jaṭīb, que fue a la vez estadista, literato, filósofo y médico, pasó a la posteridad sobre todo como historiador, gracias a las cinco obras que escribió en este terreno. Dos de estas obras pertenecen al campo de la historia regional: la *Lamḥa al-badriyya fī l-dawla al-naṣriyya* o *El resplandor del plenilunio acerca de la dinastía naṣrí* [46], detallada crónica de los reyes de Granada hasta el año 765/1364, y la *Iḥāṭa fī ta'rīj Ġarnaṭa (Enciclopedia sobre la historia de Granada)* [45[6]], obra capital de Lisān al-dīn escrita en forma de monografía histórica y bibliográfica de Granada, cuya redacción, iniciada en el año 761/1357-1360, duró diez años.

Ambas obras se inspiran en una misma preocupación por el rigor en la composición. Después de una descripción historicogeográfica de Granada y su provincia, bastante escueta en la *Lamḥa* y admirablemente documentada en la *Iḥāṭa*, Ibn al-Jaṭīb esboza un estudio de la región granadina antes de la formación del reino naṣrí. En la *Lamḥa* traza la historia de los Banū l-Aḥmar o naṣríes, analizando por orden cronológico un reinado tras otro. A lo largo de sus capítulos van desfilando, con notable precisión, el rey, su familia, sus ministros, los secretarios de la cancillería, los jueces, los soberanos reinantes en la España cristiana y en el norte de África. Renunciando en la *Iḥāṭa* al relato histórico, Ibn al-Jaṭīb da, por orden alfabético, una serie de detalladas biografías de reyes y emires, de personajes destacados que se distinguieron en cada reinado: jueces, doctores de la ley, tradicionistas, poetas, gobernadores provinciales, ascetas y ṣūfíes.

El mismo Ibn al-Jaṭīb nos informa acerca de las fuentes en las que se fundó para componer estas dos obras [46, 15, 17-18; 45[6], I, 80]. Lisān al-dīn utilizó ampliamente la obra de sus predecesores: la *Historia* de Ibn al-Qūṭiyya; la obra hoy perdida de los dos Rāzī; el *Muqtabas* de Ibn Ḥayyān; el *Bayān* de Ibn'Iḏārī; el *Rawḍ al-Qirṭās* de Ibn Abī Zar'al-Fāsī. En cuanto a los almorávides, tomó datos de la historia de Ibn al-Ṣayrafī. En sus biografías utilizó ampliamente los *Collares de oro* del andaluz al-Fath Ibn Jāqān, la *Hulla al-Siyarā* de Ibn al-Abbār, la *Ṣila* de Ibn Baškuwwāl y la *Ṣilat al-Ṣila* de Ibn Zubayr.[30] Ibn al-Jaṭīb cita a menudo su propia recopilación biográfica, continuación de la obra de Ibn Zubayr, así como su historia detallada de la dinastía naṣrí titulada *Novedades contemporáneas sobre la historia de la dinastía naṣrí,* que se han perdido [78[1], IX, 303-308; 79, I, 189-190]. Historiógrafo oficial, Ibn al-Jaṭīb, debido al cargo de visir que desempeñaba, estaba especialmente cualificado para utilizar los documentos reales y recopilar abundante información. Su principal mérito reside en el hecho de habernos dejado un cuadro factual de la historia política de los naṣríes, especialmente válido por la fiabilidad de la datación, que llega hasta el reinado de Muḥammad V, del que fue testigo ocular. Gracias a los fragmentos esparciados en la *Lamḥa* y la *Iḥāṭa,* podemos reconstruir la organización administrativa del reino de Granada. Por la abundancia y precisión de sus datos, ambas obras siguen siendo básicas para los estudios de historia social y económica, y las investigaciones sobre toponimia de Granada y su región durante la época en la dinastía naṣrí. Aportan asimismo una serie de referencias útiles sobre el aspecto físico, el carácter, los usos y costumbres, la pronunciación y la indumentaria de los compatriotas de Ibn al-Jaṭīb. Este polígrafo recoge numerosos datos sacados textualmente de recopilaciones biográficas actualmente desaparecidas, y transmite los testimonios oculares y orales reunidos entre sus contemporáneos en los círculos más inmediatos —padres y alumnos—, ayudándonos así a entender las grandes corrientes de la vida religiosa que agitaron al Islam naṣrí durante los siglos XIII y XIV.

La historia diplomática está representada en la obra de Ibn al-Jaṭīb por la *Rayḥānat al-kuttāb* o *Yerba olorosa de los secretarios* [50 y 51], recopilación de cartas escritas por el visir naṣrí por orden de los soberanos Yūsuf I y Muḥammad V a los monarcas de Berbería, y en especial a los sultanes de Fez, con el objetivo de conseguir su apoyo contra los reinos cristianos de España. Así pues, Lisān al-dīn nos ha legado una serie de materiales que hacen las veces de material de archivo. Si se cotejan con las crónicas cristianas, permiten verificaciones fundamentales. De este modo ha podido desentrañarse la hábil política exterior de Muḥammad V —durante su segundo reinado— con respecto a la Castilla de Pedro el Cruel, desgarrada por constantes luchas intestinas.

El *Raqm al-ḥulal fī naẓm al-duwal* o *Las vestiduras bordadas acerca de la serie de las dinastías musulmanas* [52], poema histórico relativo a los soberanos musulmanes de Oriente y de Occidente, compuesto en el año 765/1364, e interrumpido con numerosas digresiones en prosa, proporciona una larga lista de nombres y hechos, pero no aporta nada nuevo.

Dentro del marco de la historia general hay que incluir el *Kitāb A'māl al-a'lām fīman būyi'a qabl al-iḥtilām min mulūk al-Islām.* Hacia el final de su vida y hallándose ya refugiado en Marruecos, Ibn al-Jaṭīb dedicó esta obra al joven sultán marīní Abū Zayyān Muḥammad al-Sa'īd; su propósito era dedicar la obra a las relaciones de los reinados de todos los soberanos musulmanes que habían sido investidos antes de llegar a la pubertad. Pero, como ha señalado E. Lévi-Provençal, este «limitado marco histórico fue rebasado por el propio autor; quizá el propósito de Ibn al-Jaṭīb era escribir una gran historia musulmana universal, en la que tanto el Maġrib como España desempeñarían seguramente un papel primordial». No vamos a detenernos sobre la primera parte del *Kitāb A'māl al-a'lām (Hechos de los hombres eminentes)*, que, redactado de forma apresurada, trata del Oriente musulmán hasta la época del autor. La segunda parte está dedicada a la historia de al-Andalus desde la conquista árabe hasta el siglo VIII de la héjira. En la tercera, el autor se centró sobre la historia del Maġrib árabe, deteniéndose desgraciadamente en la época de los almohades, ya que de no haber fallecido, la obra hubiera llegado hasta la dinastía marīní. Ibn al-Jaṭīb se apoyó en Ibn al-Ṣayrafī e Ibn 'Iḏārī en lo que se refiere a los acontecimientos de España anteriores al siglo X; trata, no obstante, la historia de los almorávides y de los almohades con «una abundancia y una precisión a las que todavía no nos habían acostumbrado las crónicas publicadas hasta ahora» [44 introd. II]. Además, Ibn al-Jaṭīb se apartó de las fuentes históricas tradicionales, y en la segunda parte del *A'mal al-a'lām* nos ofrece una historia de la España cristiana inspirada en la *General Estoria* del rey de Castilla Alfonso X el Sabio, conocida por el polígrafo granadino a través del médico judío de Toledo Yūsuf b. Waqqār, enviado castellano a la corte de Granada [138, 444, n. 1]. Así pues, el aspecto más valioso de la obra reside en la panorámica de la historia española que nos ofrece por vez primera un historiador árabe, un hombre del siglo catorce andaluz, en el que se produjeron tantos y tan frecuentes contactos entre las civilizaciones musulmana y cristiana.

Aunque Ibn al-Jaṭīb se mantuvo fiel a la concepción de la historia en forma de anales, tan cara a los árabes desde Ṭabarī, cabe señalar en su favor la riqueza informativa del texto y la autenticidad de los datos recogidos. No obstante, su obra carece de aquella investigación de las causas, de aquellas observaciones profundas y de aquel análisis crítico que dieron originalidad a su coetáneo Ibn Jaldūn, situándolo entre los mayores historiadores de la humanidad. El destino de la Granada naṣrí, cercada por el mar y el enemigo cristiano, no inspiró a Lisān al-dīn reflexión alguna. En ninguno de sus escritos Ibn al-Jaṭīb justifica su política promarīní [79, I, 204]. Sin embargo, la orientación literaria del Ibn al-Jaṭīb historiador fue mucho más marcada que la del autor de los *Prolegómenos*. Gracias al arte de narrar de Lisān al-dīn, poseemos algunos breves cuadros, como el de la entrada de Muḥammad I en Granada [46, 35-36], valiosos por su detallismo; vigorosos retratos de soberanos naṣríes, como el de Muḥammad IV, a quien la naturaleza había colmado de dones, o el de Muḥammad VI, el monarca vicioso [45[6], I, 531-532, 540-552; 44[2], 308-309]. La revuelta palatina que terminó en el destronamiento de Muḥammad V y su exilio a Marruecos en 1359, está descrita como si se tratara de un drama histórico en el que los protagonistas, Ismā'īl II, su madre y su primo, el futuro Muḥammad VI, se mueven con toda soltura por el escenario de la Alhambra [45[6], I, 532-535]. Señalemos que en el *A'māl al-'alām* predomina el discurso incisivo [44[2], 306-307].

La crónica anónima que lleva por título *al-Ḥulal al-mawšiyya*, o *Vestidos bordados*, erróneamente atribuida a Ibn al-Jaṭīb, data en realidad del año 1391 y nos relata la historia de al-Andalus y del norte de África en tiempos de los almorávides y de los almohades. Se trata de un libelo a favor de un pretendiente marīní, según Robert Brunschwig [165, 147-155]. Sea como fuere, esta obra fue escrita por un granadino, súbdito de Muḥammad V y partidario de una política proafricana. En hipótesis de María Jesús Rubiera, el autor sería Muḥammad Ibn Simmāk, secretario de la cancillería naṣrí en tiempos de Muḥammad V, miembro de la familia andaluza de los Banū Simmāk y discípulo de Ibn al-Jaṭīb [335; 391, XL/2, 1976, 461-465].

Como crónica del siglo xv, citaremos, a título de información, una obra menor, el *Kitāb al-ŷumān fī ajbār al-zamān*, del andaluz al-Šuṭaybī, originario de Játiva. En ella aparece un resumen de la obra del mismo título escrita por un letrado de Fez, Sihāb al-dīn Aḥmad al-Fāsī. La narración está dividida en tres partes: la primera abarca desde la creación del mundo hasta Mahoma; la segunda se centra en la vida del Profeta, y la tercera recoge la historia de las dinastías musulmanas de Oriente y Occidente hasta el año 845/1441, incluida una relación de tribus berébe-res y una nota cronológica de los soberanos omeyas que reinaron en España. El valor documental de esta crónica para el estudio de al-Andalus es ínfimo.[31]

2.5. LA LITERATURA GEOGRÁFICA

Antes de abordar el estudio de la literatura geográfica árabe de la Edad Media, debemos dejar de lado las divisiones introducidas en la actualidad en el campo de la geografía que consideran separadamente la geografía física, la geografía humana, histórica o económica. La palabra *ŷuġrāfīya* representa no la idea que los árabes se hacían de esta ciencia sino la concepción de los geógrafos griegos, especialmente la de Marino de Tiro y la de Claudio Ptolomeo, cuyas obras llevaban este título, traducido al árabe por «mapamundi». El empleo actual de la voz *ŷuġrāfīya* en árabe para designar la geografía considerada en su totalidad es relativamente moderno [409, III, 590-602].

En la época preislámica, las especulaciones cosmológicas y geográficas se limitaban a algunas nociones tradicionales, a topónimos de Arabia y de los países vecinos, los cuales aparecen recogidos en el Corán, la Tradición profética y la poesía árabe antigua. Desde principios del califato ʿabbāsí y tras la transferencia de la capital del Imperio a Bagdad, los árabes enriquecieron sus concepciones primitivas con datos nuevos sacados de la ciencia geográfica india, irania y griega, cuyas obras estudiaron. El califa al-Ma'mūn se rodeó de un grupo de sabios y alentó sus actividades. Además de las nociones científicas que provocaron cierta curiosidad en los medios cultos, la organización de la administración de las provincias, sobre todo el servicio de correos, obligó a los secretarios del gobierno a adquirir unos conocimientos más concretos acerca de los itinerarios, las postas y el producto de los impuestos. En el transcurso del siglo III/IX, las primeras obras de geografía fueron, por tanto, manuales para uso de escribas, compuestos por los jefes de los servicios de correos o secretarios, que eran también hombres de ciencia. Este género literario, subordinado a las necesidades prácticas, recibió el nombre genérico de *al-Masālik wa-l-Mamālik (Libro de las Rutas y de los Reinos)*. Solo citaremos las características fundamentales de esta literatura geográfica que se desarrolló en Oriente desde el siglo IX al XI y que serviría de modelo a los letrados de al-Andalus. Señalaremos en primer lugar las obras relativas al mundo en general pero en las que los autores estudiaban de forma más detallada el Imperio ʻabbāsí. En ellas aparecen descritos el sistema de comunicaciones y la topografía de este Imperio. Entre los representantes de esta tendencia cabe citar a dos personas, Ibn Jurradāḏbih e Ibn Rusteh, y a un funcionario de Bagdad, un cristiano convertido, Qudāma. En los tiempos en que el género misceláneo de la literatura llamado *adab* estaba en auge, letrados como Ibn al-Faqīh al-Hamaḏānī y al-Masʻūdī tomaron algunos de los datos geográficos existentes y los pusieron al alcance de los hombres cultivados. Introdujeron en sus relatos leyendas y anécdotas, consiguiendo así instruir divirtiendo. La obra de al-Yaʻqūbī, descripción ordenada del Imperio que había recorrido en gran parte, entra todavía en la categoría de manuales con indicación de los itinerarios, pero sin fábulas. Al-Iṣṭajrī y el mercader erudito Ibn Ḥawqal limitaron sus relatos al mundo del Islam y a las regiones colindantes con los países no musulmanes. La obra de al-Muqaddasī (o Maqdisī) pertenece al género de la geografía descriptiva, pero destaca por la amplitud de la materia geográfica empleada y a veces adquiere el aspecto de una obra verdaderamente científica. El respeto por el ambiente local y el empleo de una prosa adornada y a menudo rimada le dan un tono literario.[32]

En el siglo X, Aḥmad al-Rāzī fue el artífice de la eclosión de la geografía andaluza; su descripción de España contiene una parte geográfica. En su obra, la península Ibérica aparece dividida en dos partes: oriental y occidental, según la dirección de los vientos y la trayectoria de los ríos. Estas breves nociones climatológicas se combinan con elementos referentes a la geografía humana. Un contemporáneo de al-Rāzī, Muḥammad b. Yūsuf, llamado *al-Warrāq* (el Librero) (292/904-363/973), originario de Guadalajara, vivió varios años en Kairuán; posteriormente, atraído por el prestigio del culto monarca al-Ḥakam II, compuso por encargo del omeya varias obras de geografía sobre el norte de África, y una importante obra titulada *Las Rutas y los Reinos,* de la que solo nos han llegado algunos fragmentos reproducidos en obras posteriores [160 *b*]. En ella la narración histórica aparece salpicada de descripciones geográficas. Un viajero judío originario de Tortosa y posiblemente mercader, Ibrāhīm b. Yaʻqūb al-Isrāʼīlī al-Ṭurṭūšī, realizó hacia el año 354/965 un largo periplo por Europa occidental, central y oriental [409, III, 1015-1016]. A juzgar por los pasajes que nos han llegado de su obra, en su relato combinó la información directa y la oral, constituyendo un testimonio de primer orden sobre la forma en que un súbdito de al-Ḥakam II veía la naciente Europa [409; 278, II, 503-508; 393, 1966, 1048-1064].

En el Occidente musulmán, el género de «rutas y reinos» sobreviviría gracias a la obra del andaluz Abū 'Ubayd al-Bakrī (m. después de 487/1094), y sobre la cual conviene detenerse [409, I, 159-161]. Este compilador documentado y serio pertenecía a una familia de dignatarios de origen árabe que, en tiempos de las taifas, habían conseguido hacerse con un principado en Saltés y Huelva. Los 'abbādíes de Sevilla se apoderaron sin grandes dificultades de este pequeño estado. Refugiado en Córdoba, al-Bakrī continuó sus estudios, que terminó en Almería donde formó parte de los círculos cortesanos. Después de la conquista almorávide, regresó a Córdoba. Lo mejor de su obra son dos producciones geográficas: un Diccionario de nombres geográficos de un vocalismo dudoso,[33] y una geografía universal titulada *Kitāb al-Masālik wa-l-Mamālik (Las Rutas y los Reinos)* [6], que contenía una descripción del mundo conocido en el siglo XI. Se han conservado algunos pasajes sobre Iraq y España, la sección relativa a Egipto y una parte detallada e interesante sobre el norte de África y Sudán. Al-Bakrī, que nunca abandonó suelo andaluz, escribía con la ayuda de documentos recogidos por él personalmente o por otros autores y que transmitía al tiempo que los completaba. Su libro se presenta en forma de manual destinado a secretarios de cancillería: estilo seco, énfasis en los itinerarios, detallismo. Las numerosas e interesantes disgresiones acerca del estado de las poblaciones estudiadas convierten a este andaluz del siglo XI en un continuador del oriental al-Ya'qūbī.[34]

En un pueblo de la provincia de Almería —Dalāya, la actual Dalías—, nació en el año 393/1002-1003 Aḥmad Ibn 'Umar al-'U̱drī. El universitario egipcio 'Abd al-'Azīz al-Ahwānī, que ha editado fragmentos de la obra geográfica de al-'U̱drī, afirma que este era de viejo origen árabe [91]. Una de las pocas cosas que sabemos sobre su vida es que realizó con sus padres un largo viaje por Oriente, donde siguió las enseñanzas de reputados maestros en el Ḥiŷāz. De vuelta a al-Andalus, contó con numerosos discípulos, entre ellos al-Bakrī e Ibn Ḥazm. Murió en el año 478/1085, durante el reinado del reyezuelo tuŷībí de Almería al-Mu'taṣim. La obra de al-'U̱drī, que nos ha llegado incompleta, el *Tarṣī' al-ajbār*, pertenece al campo de la historia y la geografía. Por el detalle con que narra los acontecimientos, el relato de al-'U̱drī [55] resulta a menudo más completo que el de Aḥmad al-Rāzī, del que se sirvió. Sin embargo, el libro es esencialmente una obra geográfica, y constituye un eslabón dentro de la lista de obras de «rutas y reinos». Cada capítulo está dedicado a una *kūra* (circunscripción provincial) de al-Andalus. Se indican los itinerarios que unían las capitales de estas coras y las distancias aparecen en millas, en parasangas o en etapas. Al parecer, la mayoría de estas etapas sirvió para los soldados y estadistas. Se trataría, por tanto, de los principales itinerarios de al-Andalus en el siglo V/XI. Al-'U̱drī menciona seguidamente, una a una, las ciudades que formaban parte de la cora con sus peculiaridades, añadiendo a los datos tomados de Aḥmad al-Rāzī una serie de precisiones que ponen de manifiesto su gran capacidad de observación. Además, al-'Uḏrī enumera los distritos de cada cora con sus subdivisiones y, a diferencia de sus predecesores, indica la naturaleza de los impuestos.

Dentro del campo de la geografía descriptiva de los árabes, ocupa un lugar importante el occidental Muḥammad al-Ḥammūdī, famoso con el nombre étnico de al-Idrīsī, originario de Ceuta, y que hizo sus estudios en Córdoba; siendo aún joven, realizó largos viajes por Asia Menor, norte de África y España y dio la vuelta a Francia [409, III, 1058-1061]. Con anterioridad al año 548/1154, fue llamado a Sicilia por el rey normando Roger II, que había convertido su corte de Palermo en un brillante centro de estudios. A petición de este soberano, al-Idrīsī hizo preparar un planisferio de plata que contenía la configuración de siete climas con la posición de los continentes, los mares, los ríos, los desiertos, las ciudades y las vías de comunicación. En base a sus observaciones personales, y a las sacadas de otros viajeros, acometió la redacción de una amplia obra de geografía que concluyó en el año 548/1154, la *Nuzhat al-Muštāq fī-jtirāq al-āfāq (Diversión para aquel que desee recorrer el mundo)*, llamada a veces *El Libro de Roger*. Se ignoran los detalles relativos a los últimos días de al-Idrīsī; algunos autores afirman que murió en el año 560/1165. Según su contemporáneo, el poeta siculo-árabe Ibn Bašrun o Bišrun, al-Idrīsī compuso para el rey de Sicilia Guillermo I, hijo de Roger II, otra obra de geografía, el *Rawḍ al-uns (Jardín de la Diversión)*, de la cual no se ha encontrado gran cosa.

En el *Libro de Roger*, al-Idrīsī adoptó una forma de exposición distinta a la de sus predecesores. Partiendo de una división del mundo en siete climas que procedía de Oriente,[35] estudió las regiones que se hallaban dentro de cada clima, empezando por las del oeste y terminando por las del este. Cada país fue tratado por separado e indicó la extensión de los mares, los ríos, los lagos más importantes y las montañas; estudió asimismo la fauna, la flora y las minas y dio cuenta de las importaciones y exportaciones. Las regiones occidentales son las que describe con mayor profundidad. En la obra de al-Idrīsī aparecen informaciones de primer orden sacadas de trabajos anteriores y completadas con notas personales; en cuanto a Europa, apoyó el texto en investigaciones realizadas cerca de los normandos de Sicilia. Literariamente, la obra se asemeja a la de al-Muqaddasī, aunque el estilo no alcanza el mismo colorido.

El *Libro de Roger* se difundió rápidamente por Europa y en 1592 se imprimió en Roma un texto abreviado del mismo. Desde hace algunos años se está llevando a cabo una edición crítica de la *Nuzhat al-muštāq* a cargo de un grupo internacional de orientalistas, bajo los auspicios de un comité mayoritariamente italiano [67^2].

A mediados del siglo XII destacó otro gran nombre, el de al-Zuhrī, posiblemente originario de Almería, sobre el cual carecemos de datos biográficos a excepción de los contenidos en su propia obra y que permiten situarlo en el espacio y en el tiempo. Murió después del año 549/1154 y antes del 556/1161. Su *Kitāb al-Ŷa'rāfiyya* se presenta en forma de comentario del mapa mundi del califa 'abbāsí al-Ma'mūn.[36] Al-Zuhrī utilizó diversas fuentes, que van desde al-Rāzī hasta Ibn Ḥayyān y al-'Uḏrī. Resulta sorprendente constatar que no recurrió ni a las obras de al-Bakrī ni a las de los orientales, a excepción de al-Mas'ūdi. Muchos de los datos contenidos en la obra fueron recogidos por el propio al-Zuhrī, ya fuera *de visu* o de boca de algunos informadores. El autor visitó personalmente diversas regiones de al-Andalus y contempló la estatua de la cumbre del faro de Cádiz, el olivo milagroso de Monte Sacro, cerca de Guadix, la Cueva de los Siete Durmientes en Loja, el estrecho de Gibraltar. En base a sus experiencias personales, rectificó afirmaciones de algunos geógrafos anteriores. M. Hadj Sadoq, quien ha editado el *Kitāb al-Ŷa'rāfiyya,* ha señalado con razón que en la obra del andaluz el interés por suministrar información geográfica prevalece sobre el deseo de entretener al lector. S. Maqbul Aḥmad opina que la obra de Muḥammad b. Abī Bakr al-Zuhrī se basa en el sistema griego de los *iqlīm* y representa la tendencia al acercamiento entre la geografía astronómica y la geografía descriptiva [409, III, 509]. La atracción por lo irreal y lo maravilloso ocupa un lugar destacado en el *Kitāb al-Ŷa'rāfiyya,* sobre todo la parte que trata de Egipto, Siria, la India y China.[37] En cuanto al Occidente musulmán, la obra constituye una fuente de datos no solo sobre la concepción que tenía un andaluz del siglo XII acerca de la geografía y del mundo, sino también sobre la vida económica, social, política e incluso cultural de la península Ibérica en su época.

A partir del siglo XII apareció en el Occidente musulmán un género original: el relato de viajes *(riḥla).* Las narraciones de los viajeros pertenecían a la tradición oriental, y sobre todo al viejo fondo cultural de la cuenca del Mediterráneo oriental. Los escritos de los marineros en particular habían tenido una notable influencia en el desarrollo de la literatura geográfica en el siglo X.[38] Sin embargo, el diario de viaje nació en tierras andaluzas, en una época en que se llevaba a cabo, bajo la égida de los almorávides y de los almohades, la unificación del Occidente musulmán; este nacimiento se debió a los letrados que llevaban a cabo la peregrinación a los Lugares Santos del Islam y, atraídos por la búsqueda de saber, frecuentaron los medios eruditos de las grandes metrópolis del Oriente musulmán: Bagdad, Damasco, El Cairo. Anotaron sus impresiones de viaje día a día, a veces hora a hora, en una especie de diario de ruta en el que se hicieron eco de las sorpresas y dificultades que hallaron. El prototipo de viajero occidental está representado por el granadino Abū Ḥamīd al-Garnāṭī (473/1080-565/1169-1170), que abandonó su país cuando contaba unos treinta años, vivió varios años en Oriente y nunca regresó a su país de origen [409, III, 125-126]. Su espíritu aventurero le llevó a los confines más remotos de las tierras islámicas. En el año 524/1130 lo encontramos en Irán, y luego, en la desembocadura del Volga. Bastantes años después, visitó Hungría, donde permaneció por espacio de tres años, hasta el 548/1153. Luego atravesó «el país de los *Saqāliba» (eslavos)*, se dirigió al Jwarizm y desde allí, a través de Bujāra, Marw, Nisābūr, Rayy, Iṣfahān y al-Baṣra, llegó a Arabia para efectuar la peregrinación. Seguidamente residió en Bagdad y en Moṣul, y luego se estableció en Siria, terminando sus días en Damasco. A petición de sus protectores y mecenas iraquíes, Abū Ḥāmid al-Garnāṭī escribió dos obras, una sobre algunas maravillas del Magrib y la *Tuḥfat al-aḥbāb wa nuŷ'at al-a'ŷab (Regalo a los amigos y fragmentos de cosas admirables)*, que contienen interesantes datos y observaciones precisas sobre los poblados y habitantes de los territorios recorridos por él. El autor introdujo en su relato de viaje numerosas narraciones legendarias y maravillosas. César E. Dubler ha notado, por su parte, una comprensión humana y una ausencia de presunción personal que hacen de Abū Ḥāmid «un curioso etnólogo y folklorista de su época» [1 *a*, 175].

El relato de viaje tuvo su primer maestro en Ibn Yubayr (540/1145-614/1217); este letrado valenciano recibió la educación tradicional de los secretarios andaluces, es decir, se inició simultáneamente en el campo de las ciencias religiosas y en el de las buenas letras y aprendió la forma de expresar su talento poético [409, III, 777-778]. Su fama se debe al accidentado relato de su peregrinación a La Meca. Salió de Granada el 19 de šawwāl del año 578/15 de febrero de 1183, se trasladó a Ceuta por Tarifa y embarcó para Alejandría a bordo de un barco genovés que pasó por Cerdeña, Sicilia y Creta. Visitó El Cairo, efectuó la travesía del mar Rojo y desembarcó en Djedda. Permaneció en La Meca más de nueve meses, visitó Medina y prosiguió su viaje por el desierto hasta Kūfa. Llegó seguidamente a Bagdād y a Siria; en Damasco vivió durante dos meses y medio. Luego pasó de Tiro a San Juan de Acre, donde se embarcó en raŷab del año 580/octubre de 1184 en un barco genovés rumbo a Sicilia, con la intención de regresar a España. Atracó en Mesina después de una penosa travesía que terminó en un naufragio; permaneció tres meses y medio en Sicilia, se hizo nuevamente a la mar en Trapani y llegó a Cartagena en ḏū l-ḥiŷŷa del año 580/15 marzo de 1185; regresó a Granada, donde gozó de gran autoridad moral, y se convirtió en profesor de tradiciones y de ṣūfismo. No nos dejó ningún relato de su segundo viaje a Oriente, que duró de 585/1189 a 587/1189-1191. Volvió a partir en el año 614/1217, se estableció en Alejandría, donde se consagró a la enseñanza, y murió en esta ciudad algunos meses más tarde. El relato de viaje de Ibn Ŷubayr sirvió de modelo a otros peregrinos y de fuente de varios autores posteriores. El autor andaluz hace observaciones sobre la vida cotidiana, describe los paisajes que atravesó y enumera los monumentos que visitó; proporciona informaciones esenciales sobre las poblaciones que conoció —lo que convierte su obra en una de las fuentes esenciales de la historia de las Cruzadas—, la situación política y social de las regiones que recorrió, la peregrinación a La Meca y los peligros de la navegación por el Mediterráneo durante la Edad Media. Ibn Ŷubayr sobresale por su buen sentido y su espíritu equilibrado y ávido de información. Su sensibilidad religiosa queda patente en algunos pasajes en que el ex secretario del gobernador almohade de Granada, que tenía una confianza absoluta en la misión universal de los mu'miníes, muestra su inquietud ante el avance de los cristianos en Siria y en Sicilia. No se interesó en absoluto por la situación del pueblo y de los campesinos del Oriente musulmán. Su estilo es ágil, conciso y vivo en los pasajes narrativos que prefiguran las formas estilísticas de los trotamundos modernos. Ibn Ŷubayr utiliza un lenguaje lleno de florituras y recurre a la prosa rimada para describir las ciudades y las características generales de un país. Buena muestra de su simplicidad de sentimiento y expresión son sus versos de carácter sentencioso y tradicional [65², 7, 19-20].

Los relatos de viaje adoptaron nueva forma en la segunda mitad del siglo XIII por iniciativa de un letrado marroquí, Ibn Rušayd, jurista nacido el año 657/1259 en Ceuta, donde estudió las ciencias de la tradición y de la gramática [409, III, 933-934]. En el año 683/1284 decidió trasladarse a Oriente para cumplir con la peregrinación a los Santos Lugares y perfeccionar sus conocimientos. Se embarcó en Almería, donde coincidió con el visir naṣrí Ibn al-Ḥakīm al-Rundī, y ambos recorrieron durante tres años Ifrīqiya, Egipto, Siria y el Ḥiŷāz. Ibn Rušayd siguió las enseñanzas de maestros famosos en Berbería y en Oriente. De regreso a Ceuta, llevó una vida oscura durante algunos años, hasta que en el 692/1292-3 y gracias al apoyo de Ibn al-Ḥakīm al-Rundī, pudo acudir a Granada, donde asumió, entre otras, las funciones de predicador de la Mezquita Mayor de Granada. Tras el asesinato de su protector en el año 708/1309, Ibn Rušayd llegó a la corte del marīnī 'Utmān, quien le confió la dirección de la oración en la vieja mezquita de Marrakech. Murió en Fez en el año 721/1321, gozando de la estima general. En la Biblioteca de El Escorial se halla la mayor parte de su diario de ruta, cuyos fragmentos son todavía inéditos. El autor describe sus estancias en Túnez, Damasco y El Cairo, caracterizándose el relato por su escasa información geográfica y sus citas poéticas. Las fuentes coinciden en ensalzar la amplia cultura de Ibn Rušayd [79, II, 347-356], quien enumera las cuestiones que provocaron controversias entre él y los letrados con quienes se encontró.[39]

Jālid al-Balawī, contemporáneo de Ibn al-Jaṭīb y nacido en Cantoria, provincia de Almería, es el autor de un diario de viaje a los Santos Lugares en el que queda patente el abuso de obras en verso y el estilo ampuloso y pretencioso.[40] El autor, juez del reino naṣrí, abandonó el emirato granadino en el año 1336, vivió en Tremecén, Bugía y Argel y luego se embarcó para Túnez y Alejandría. Posteriormente se trasladó a El Cairo, Jerusalén y La Meca. Un año más tarde, reemprendió la marcha y llegó a Trípoli; vivió dos años en Túnez y regresó a su Andalucía natal en 1339. En la narración de este hombre del siglo XIV no aparece observación alguna sobre los lugares que visitó o sobre la historia de los países por los que viajó, y tan solo recoge sus conversaciones con los letrados occidentales y orientales que conoció.[41]

Ibn al-Jaṭīb narró sus viajes a través del Marruecos marīní en la *Nufāḍat al-ŷirāb fī 'ulālat al-igtirāb*, redactada entre los años 760/1359 y 763/1362 [49[1] y 49[2]]. En esta obra aparecen descritos el Monte Hintāta —el Alto Atlas central—, donde murió el sultán marīní Abū l-Ḥasan, y Aġmāt, donde el visir naṣrí visitó monumentos, mezquitas, escuelas y cementerios, conoció a personajes eminentes y oró sobre la tumba del rey-poeta al-Mu'tamid. Seguidamente, Ibn al-Jaṭīb pasó por el territorio de los Dukkāla y por Azammūr antes de regresar a Salé, donde residió en un *ribāṭ* cercano a la necrópolis marīní. En este relato instructivo, aparecen cuidadosamente anotados los itinerarios y se mencionan las conmociones políticas que se produjeron en Marruecos durante el viaje del autor. La *riḥla* del polígrafo granadino es, pues, un documento histórico y geográfico de notable interés [409, III, 803; 323 bis].

Sería injusto omitir a un contemporáneo de Ibn al-Jaṭīb, que dio nuevas dimensiones al género del relato de viajes. Tras realizar sólidos estudios jurídicos, en el año 725/1325 el tangerino Ibn Baṭṭūta [409, III, 758-759] llevó a cabo su primera peregrinación a La Meca, y viajó por África oriental, Egipto, Siria y Asia Menor. Parece que llegó hasta los territorios de la Horda de Oro, visitó Transoxiana y Afganistán, alcanzó el valle del Indo y permaneció en Delhi, a orillas del Ganges. Posteriormente habría visitado China. En el año 750/1349 regresó al Occidente musulmán y visitó el reino de Granada, que, por aquel entonces, se hallaba gobernado por el sultán naṣrí Yūsuf I [275]. Entre los años 753/1352 y 754/1353 recorrió el Sáhara y la región del Níger y regresó a Marruecos, que, al parecer, no abandonaría hasta su muerte, acontecida en el año 779/1377. Un secretario de la cancillería granadina, que pasó del servicio de Yūsuf I al del sultán marīní Abū 'Inān, fue el encargado de consignar por escrito, en la corte de Fez, la narración de Ibn Baṭṭūta. Ibn Ŷuzayy [409, III, 779] salió honrosamente del compromiso. Continuador de Ibn Ŷubayr por la curiosidad que sentía hacia los hombres y las cosas, Ibn Baṭṭūta elevó la *riḥla* a la categoría de «una verdadera pintura del universo» (A. Miquel).

2.6. El «adab»

Los inicios de la literatura árabe de España siguen estando oscuros. Cuando las primeras oleadas de conquistadores musulmanes llegaron a suelo andaluz a finales del siglo I / principios del VIII, la literatura árabe de Oriente estaba representada por el Corán, las ciencias religiosas y por la poesía viva. Cabe suponer que los guerreros árabes, al igual que sus correligionarios orientales, se limitaron a componer algunos poemas destinados a ensalzar su tribu, a celebrar sus hazañas militares y a honrar a sus muertos. Estos textos no se han conservado, pero según precisa una información tardía, los habitantes de al-Andalus cantaban en los tiempos antiguos como los cristianos o con el estilo de los camelleros árabes [206 *b*, 30-31].

Sin embargo, gracias a la creación del emirato omeya de Córdoba, se establecieron fructíferos contactos con Oriente, sobre todo a partir del siglo III/IX; las obras maestras de la literatura oriental, apenas conocidas en al-Andalus, se difundieron rápidamente y fueron imitadas y comentadas. Por aquel entonces, el Oriente árabe ejerció una especie de soberanía espiritual sobre al-Andalus.

El *adab*, género literario que comprende el conjunto de conocimientos de un hombre culto y que pretende, a la vez, instruir y distraer, alcanzó popularidad en la España del siglo IV/X gracias a la obra de un cordobés, Ibn ʻAbd Rabbih (246/860-328/940), uno de los panegiristas oficiales de la dinastía omeya desde el reinado de Muḥammad I hasta mediado el del califa ʻAbd al-Raḥmān III al-Nāṣir [409, III, 698-699]. El *ʻIqd (Collar)*, al que los copistas dieron el nombre de *al-ʻIqd al-Farīd (El Collar Único)*, está formado por veinticinco libros, cada uno de los cuales se halla subdividido en dos partes. El autor dio a cada uno de estos libros el nombre de una piedra preciosa; el libro treceavo se denomina «la joya central» y los doce últimos libros llevan el mismo nombre que los doce primeros, pero en orden inverso. La materia de esta obra de *adab* está sacada de otras obras orientales, las del escritor oriental al-Ŷāḥiẓ (m. en 253/868), del prosista de origen persa Ibn Qutayba (212/828-275/889) y de otros autores de menor importancia pertenecientes a la edad de oro de la literatura ʻabbāsí. *El Collar* es una especie de enciclopedia de los conocimientos útiles para un hombre instruido y un intento de ordenar las nociones que forman la cultura general; trata sobre todo temas de gobierno, la guerra, la generosidad humana, los conocimientos religiosos y las normas de conducta, los proverbios y el arte oratorio y epistolar. Sin embargo, Ibn ʻAbd Rabbih da prueba de su gran capacidad de discernimiento en lo que se refiere a la elección de los materiales. Como buen cortesano que era, añadió al final de su obra una de sus composiciones personales, un poema didáctico sobre la historia del Islam que denota cierta banalidad. En dicho poema, el autor alaba a sus amos omeyas, pero no aporta gran cosa, ni siquiera sobre España. Aparte de este poema, no aparece en el *Collar* ninguna tradición andaluza. Esta enciclopedia intenta adaptar para España una serie de datos puramente orientales; así se explica la reflexión que se hizo el célebre visir būyí de la segunda mitad del siglo x, al-Ṣāḥib Ibn ʻAbbād, quien, después de haber leído el *Collar* que tanto le alabaran, exclamó, decepcionado: «¡Nos remiten nuestro propio producto!».

Ibn ʻAbd Rabbih no fue imitado durante el siglo siguiente y ni siquiera aparece mencionado por Ibn Ḥazm en su carta apologética titulada *Epístola de la excelencia de España,* en la que se pasa revista a las glorias literarias hispanomusulmanas [391, XIX/1, 1954, 53-102]. La influencia oriental hizo de nuevo su aparición en otra obra de *adab,* compuesta por un jurista de Tortosa, Abū Bakr al-Ṭurṭūšī, quien había estudiado en Zaragoza y Sevilla. Llevó a cabo su peregrinación a La Meca y viajó hasta Siria. Se instaló en Jerusalén, donde atrajo a numerosos estudiantes. La *Lámpara de los príncipes* [3], redactada antes de morir en Alejandría en el año 520/1126, pone en escena a una serie de personajes históricos a través de anécdotas edificantes y graciosas. En dicha obra aparecen relatos concernientes a diversos reyes y eruditos árabes, persas, griegos e indios, y una serie de anécdotas sobre batallas, el ejército, la administración y la justicia.

El género del *adab* sobrevivió en la baja Edad Media gracias a la recopilación de proverbios llevada a cabo por un cordobés, Abū Yaḥyā ʻUbayd Allāh al-Zaŷŷālī (617/1220-694/1294), siguiendo un orden alfabético e imitando al oriental Ṯaʻālibī. No obstante, abundan los ejemplos sacados de la sabiduría popular a lo largo de los ochenta y siete capítulos que forman esta colección.[42]

En el siglo XIV, una obra anónima, escrita en Granada y dedicada al sultán Muḥammad V, el *Kitāb al-Zahrāt al-manṯūra,* se presenta en forma de libro de anécdotas.[43] Un fiel servidor de los naṣríes, el jurista Abū Bakr Ibn ʻĀṣim (760/1358-829/1425), autor de la *Tuḥfa* sobre derecho mālikí, no desdeñó el escribir una antología de apólogos, cuentecillos chistosos e historias jocosas, el *Kitāb Ḥadā'iq al-azāhir,* o *Libro de los huertos de flores,* en el que reconstruye el clima social del reino de Granada, y en el que son patentes las semejanzas entre los proverbios andaluces y los refranes castellanos.[44]

El juez malagueño Ibn al-Azraq nos dejó una obra en prosa, *Badā'iʻ al-silk,* que no parece haber gozado de la estima de al-Maqqarī. Aparentemente, el autor se limitó a recoger fragmentos de los *Prolegómenos* de Ibn Jaldūn a los que añadió breves pasajes personales.[45]

2.7. La poesía

Carecemos de la documentación básica acerca de los inicios de la poesía árabe en España, debido esencialmente a la pérdida de una de las antologías más antiguas, el *Libro de los huertos* [391, XI/1, 1946, 131-157], escrito por un poeta de Jaén vinculado a la corte del califa omeya al-Ḥakam II, Ibn Faraŷ al-Ŷayyānī, quien compuso la obra en doscientos capítulos en los que exaltaba la madurez intelectual de al-Andalus [409, III, 785-786].

La poesía arábigo-española no hizo su aparición hasta una treintena de años después de la conquista musulmana; había algunos personajes cultos en la segunda oleada de árabes sirios que formaban el ejército de Balŷ. Los pocos versos, transmitidos por al-Ḥumaydī, de Ŷa'wana Ibn al-Ṣimma (m. antes del 138/755), quien manejaba perfectamente el vocabulario árabe, reflejaban la poesía siria puramente clásica. Dedica sus panegíricos al jefe de los qaysīes, pues había participado en las luchas tribales. Uno de los gobernadores de al-Andalus, el kalbí Abū l-Jaṭṭār al-Ḥusām ibn Ḍirār (125/742-128/745), utilizó en sus versos el estilo guerrero de los poetas orientales de los omeyas. Ambos autores practicaron la sátira en favor de su propia tribu [288[1], 133-134]. El poema más famoso de este siglo II/VIII fue el del primer soberano omeya de España, 'Abd al-Raḥmān el Inmigrante, consagrado a la palmera de su Siria natal y adaptada al clima de Córdoba. Uno de los mejores representantes de la poesía arábigo-española de este período, Abū l-Majšī 'Āṣim ibn Zayd de Elvira (m. en el 180/796-797), se inclinó por el clasicismo conservador, inspirado en los modelos orientales [288[1], 135]. Durante el reinado de 'Abd al-Raḥmān II, la poesía andaluza estuvo influida por los temas modernistas de la poesía iraquí. El primer poeta báquico de la España musulmana, Yaḥyā ibn al-Ḥakam —llamado *al-Gazāl*, «la gacela», por su esbeltez [409, II, 1062]—, enviado como embajador a Constantinopla por el emir, se inspiró en el oriental Abū Nuwās. Sabemos también que se dedicó a una forma menor de la epopeya utilizando el metro *raŷaz*. El mismo metro fue empleado por Ibn 'Abd al-Rabbih en su *Collar*, en el que incluyó poemas históricos, ascéticos, satíricos y panegíricos de su composición. Sus poesías amorosas siguen la tradición oriental del amor cortés debido a lo convencional de su inspiración.[46]

Los andaluces conocían bien las obras orientales, desde las odas *(qaṣīda)* [409, IV, 742-743] preislámicas —estudiadas en tanto que vestigios antiguos— hasta las recopilaciones de poemas *(diwān)* de los poetas neoclásicos. Todas estas composiciones sirvieron de inspiración a los poetas hispanomusulmanes. Córdoba, capital de la España omeya, se convirtió en un foco de intensa actividad intelectual y, en su corte, los poetas contaron con el mecenazgo de los califas, quienes les concedieron pensiones para que cantaran alabanzas de los soberanos y evocaran el boato de la vida oficial. La figura más cabal de todos estos poetas cortesanos es el visir de al-Ḥakam II y de su hijo Hišām, Ŷa'far al-Mushafī (m. en el 372/982) [206 *a*]. Uno de los más antiguos poetas andaluces, el sevillano Ibn Hānī', contemporáneo de 'Abd al-Raḥmān III al-Nāṣir, salió de España siendo bastante joven y, hostil a los omeyas por sus simpatías šī'íes, se puso al servicio del soberano fāṭimí de Ifrīqiya, al-Mu'izz, del que se convirtió en ardiente panegirista; se inspiró en el poeta sirio Abū Tammām y en los poetas preislámicos [409, III, 808-809].

En el campo del panegírico destacó Ibn Darrāŷ al-Qasṭallī [409, III, 765-767], originario de la provincia de Jaén, quien permaneció durante diez y seis años al servicio de los 'āmiríes, cuyas victorias cantó. Aunque vivió hasta el tiempo de las taifas (murió en el año 421/1030), Ibn Darrāŷ fue un producto intelectual de la España califal. Gran admirador del oriental al-Mutanabbī, conservó los cánones de la poesía clásica: técnica cuidada, riqueza de vocabulario, corrección del lenguaje, gran conocimiento de la literatura árabe. La parte más sincera de su poesía está consagrada al relato de los horrores de la guerra civil que se produjo a la caída de los 'āmiríes. Además, su *Dīwān* tiene un notable valor documental.[47]

Otro protegido de los 'āmiríes, el poeta cordobés Ibn Šuhayd [409, III, 963-964], perteneciente a una familia árabe de altos funcionarios del gobierno omeya, a principios del siglo V/XI se convirtió en el representante de la poesía neoclásica, cuya única ambición era superar los modelos orientales recurriendo a la inspiración. Su gran sensibilidad se evidencia en las descripciones; en la poesía amorosa da prueba de su gran delicadeza, y en el panegírico conserva su dignidad natural y cierta nobleza de carácter. Postrado en el lecho del dolor por una cruel enfermedad, Ibn Šuhayd dio libre curso a sus emociones personales en un largo y hermoso poema, dirigido a su amigo de siempre, Ibn Ḥazm; purificado por el dolor, el libertino pide a Dios que le perdone sus pecados [188 *c;* 320 bis].

Ibn Ḥazm, hombre de carácter ecléctico, fue un versificador de gran talento. La colección más numerosa de sus versos se encuentra en *El Collar de la Paloma* [34], estudio psicológico del amor. Ibn Ḥazm improvisaba fácilmente y criticaba las formas artificiosas de sus contemporáneos. No abusaba ni de las alegorías, ni de las comparaciones ni de las figuras de retórica. Los elegantes versos intercalados en su tratado en prosa sobre el amor, *El Collar de la Paloma,* reflejan el estado del alma en toda su espontaneidad, así como las escenas vividas, delicadamente expresadas.

Con la caída del califato de Córdoba y la división de al-Andalus en reinos de taifas, la poesía alcanzó su pleno apogeo. La descentralización política hizo posible el desarrollo de la inspiración provincial y local durante el siglo v/xi, que fue la «gran época» de la poesía hispanomusulmana, según expresión de Emilio García Gómez. El insigne arabista español, gran conocedor de la literatura árabe, definió de forma excelente la condición del poeta en estos tiempos turbulentos:

> Los poetas cruzan toda España visitando las cortes, donde hay a su servicio aposentadores, alojamientos, gratificaciones, protocolos de audiencias, escalafones y cátedras: un *impromptu* puede valer un vizirato [308, 32].

Pero esta poesía convencional, hecha de elogios ditirámbicos, queda borrada ante la que lleva la huella del medio andaluz, de la que Henri Pérès ha esbozado un cuadro de conjunto y entresacado los temas esenciales [321]. Escrita en versos neoclásicos —y a menudo en forma de oda, lo que traduce la reaparición de la influencia oriental—, abordó todos los temas: cantos de amor y de guerra, canciones báquicas y eróticas, panegíricos, sátiras, poemas ascéticos y elegías. Se emplearon todos los géneros poéticos y se cantaron en verso los hechos más insignificantes de la vida cotidiana. Sin embargo, en las descripciones se manifiesta un sentimiento muy vivo de la naturaleza. Abundan las evocaciones de paisajes urbanos y rurales, de las casas de campo. Los andaluces sintieron especial predilección por la poesía de los jardines, género de inspiración persa que ya había sido tratado por los orientales. Los diálogos de flores, tan en boga en la corte de al-Manṣūr al-Āmirī, dieron lugar a delicados poemas. Abū l-Walīd al-Ḥimyarī (m. hacia el año 440/1048) compuso una antología sobre las flores de la primavera [321, 52].

Miles de versos fueron recitados en las cortes de los reyezuelos, quienes también compusieron versos. «Los altos personajes —reyes, visires, magnates, embajadores— se invitan, se excusan, se insultan, se envían regalos, se autobiografían siempre en billetes poéticos en que se comparan con los astros o con las flores» [308, 33].

Córdoba se enorgullecía de ser la ciudad natal de Ibn Zaydūn (394/1003-463/1070). Hijo de un miembro del Consejo de gobierno de Córdoba en tiempos de los Ŷahwaríes, este delicado poeta recibió en dicha ciudad una esmerada educación. Su carrera política se truncó debido a su pasión no compartida por la poetisa de sangre real Wallāda, hija del califa omeya al-Mustakfī. Esta le abandonó por otro poeta, el visir Ibn ʿAbdūs, que hizo encarcelar a su molesto rival. Ibn Zaydūn logró evadirse y buscó refugio al principio en las cortes de los príncipes de Valencia y de Tortosa y luego en la del dinasta afṭasí de Badajoz, para encontrar finalmente asilo en la corte más brillante de todos los reyezuelos, la de los ʿabbādíes de Sevilla. Al-Muʿtaḍid nombró a Ibn Zaydūn visir y poeta oficial. Pero su hijo, al-Muʿtamid, influido por sus cortesanos, retiró su confianza a Ibn Zaydūn al cabo de dos años. Ibn Zaydūn cayó en desgracia como consecuencia de una serie de intrigas cortesanas, y murió en Sevilla en el año 463/1071 [409, III, 998-999]. En su obra quedan claramente reflejadas las dos etapas de su agitada vida. Como poeta oficial, resulta un autor concienzudo de obras laudatorias, hiperbólicas y a menudo alambicadas, donde predomina la erudición pedante. Los versos aparecen a menudo recargados con proverbios y alusiones a las leyendas de la Arabia preislámica o a episodios de la vida de viejos poetas árabes. La originalidad de Ibn Zaydūn aparece con todo su esplendor en los poemas descriptivos, en los que canta con melancolía a Córdoba, su patria, a las ruinas de Madīnat al-Zahrā' y los sitios de placer, y sobre todo en las composiciones personales en las que exhaló su pasión por Wallāda, pasión que nunca le abandonaría. El lamento sordo de un hombre subyugado por una mujer confiere a su poesía en semitonos una extraña languidez y un impulso de sinceridad que se expresan en un arte muy sutil. Esta poesía humana hace las delicias de la juventud árabe actual, que recita de memoria algunos fragmentos de la famosa oda inspirada en la ausencia y menosprecio de Wallāda [409; 230 bis; 396, XXIII/1, 1976, 69-76; 396, XXV/1, 1978, 10-17].

Contemporáneo de Ibn Zaydūn, aunque unos treinta años más joven que él, el rey de Sevilla al-Mu'tamid [408, III, 832-834], cuya vida fue «pura poesía en acción» [208, 33], reunió en torno suyo a una pléyade de poetas andaluces. Mecenas ilustrado, recibió en la opulenta corte de su padre una amplia formación lingüística y literaria, que estimuló la eclosión de sus dotes poéticas. La pasión por su esposa predilecta, I'timād, le inspiró una serie de elegantes composiciones, en las que la búsqueda de la expresión verbal no empañó la armoniosa virilidad de las palabras. Los poemas compuestos durante los días dichosos de su reinado dejan traslucir cierto gusto por los placeres en sus diversos aspectos: gusto por el vino y las mujeres, por los alegres círculos de amigos en los fastuosos palacios sevillanos, las tendencias hacia las libaciones, la música y el canto. Algunas de sus composiciones describen paseos por las orillas del Guadalquivir o la campiña sevillana en compañía de algunos de sus íntimos. Aunque nunca llegó a sentir un profundo amor, al-Mu'tamid supo apreciarlo en las reuniones con sus mujeres y amigos. Su talento se revela con toda plenitud en las producciones de exilio. De su alma atormentada e inquieta surgieron poemas llenos de conmovedora melancolía. Sacado de su fastuosa vida y lanzado a la dura condición de prisionero encadenado en Aġmāt, donde terminaría sus días en medio de la soledad y la miseria en el año 488/1095, al-Mu'tamid llegó al colmo de la desesperación. Vino a su memoria con profunda pena el recuerdo de sus hijos muertos en la lucha contra los almorávides en Andalucía; se lamentó de la triste suerte de su mujer I'timād y de sus hijas, obligadas a tejer para mantenerse y recordó su glorioso pasado contraponiéndolo a la injusticia del destino. La simplicidad del lenguaje, la claridad y la fuerza lírica hacen de este príncipe andaluz de la época de las taifas la personificación de una especie de romanticismo poético andaluz, impregnado de un tono sincero y conmovedor [243 bis; 357 *b*; 345 *c*; 396, XXIII/1, 93-98].

Una serie de poetas de la península Ibérica y de Sicilia se sintieron atraídos por el ambiente literario de la Sevilla ʻabbādí, donde su talento podía reportarles fama y bienestar material. Miembro de una humilde familia de Silves, Ibn ʻAmmār [409, III, 727-728], ambicioso e inteligente, logró ganarse el favor del rey al-Muʻtaḍid gracias a unos panegíricos en que ensalzaba el valor del soberano y las victorias conseguidas frente a los beréberes. La amistad que le otorgó el príncipe Muḥammad, el futuro al-Muʻtamid, le permitió desempeñar un papel político, no siempre muy afortunado. Su poesía, al principio sutil e ingeniosa, se fue transformando, en el transcurso de su carrera de visir, en pura virtuosidad verbal propia de los poemas de circunstancia. Sin embargo, su vena poética no se había agotado. En las últimas composiciones dirigidas a al-Muʻtamid para implorarle perdón, sus dotes como poeta son indiscutibles y dejan traslucir un gran dominio de la lengua árabe.

Un murciano de origen humilde, Ibn Wahbūn [409, III, 987-988], que había realizado sólidos estudios en Sevilla, destacó en la corte de al-Muʻtamid por su capacidad para improvisaciones de gran brillantez. Sus reflexiones poéticas llevan la impronta de su formación filosófica y lógica. Después de la muerte de Ibn ʻAmmār, Ibn Wahbūn se convirtió en el panegirista oficial de al-Muʻtamid. La solidez de su estilo y la habilidad técnica quedan patentes en el elogio y la adulación. Algunas descripciones de un palacio de al-Muʻtamid están muy logradas, gracias a un metro sin tacha y a una acertada elección de las palabras. Los poemas que Ibn Wahbūn compuso hacia el final de su vida expresan un sombrío malestar interior y una filosofía pesimista.

Originario de Denia, donde su madre era lechera, Ibn al-Labbāna [409, III, 876-877] vivió al principio como poeta errante. Después de haber dedicado alabanzas en verso a los reyezuelos de Badajoz, Toledo y Almería, contó con el mecenazgo de al-Muʻtamid y de sus hijos, exaltando su valor en el campo de batalla. El sincero agradecimiento y el leal afecto que sentía por los ʻabbādíes le inspiraron poemas de gran emotividad. Cuando los almorávides destronaron a al-Muʻtamid en el año 484/1094, Ibn al-Labbāna describió con tonos de profunda tristeza la marcha hacia el exilio del soberano y su familia. Siguió siempre fiel a su protector y continuó glorificándole, llegando incluso a visitarle en su exilio marroquí de Aġmāt. En sus poemas, que se hallan dispersos en diversas antologías, no aparece la búsqueda del vocabulario antiguo, de los giros complicados que caracterizan la poesía de Ibn ʻAmmār, ni la profunda cultura de Ibn Wahbūn, pero en su producción predomina lo natural y la espontaneidad. Ibn al-Labbāna era especialmente sensible al encanto de la naturaleza, que está presente en sus metáforas, sus comparaciones, sus alabanzas y su poesía amorosa.

Ibn Ḥamdīs [409, III, 806-807], poeta de la Sicilia musulmana, dejó su isla natal en el año 471/1078-1079 para trasladarse a la Sevilla ʻabbādí, donde fue acogido por al-Muʻtamid en su círculo literario. Ibn Ḥamdīs participó en la vida de placeres y siguió los acontecimientos políticos y militares que tenían lugar ante sus ojos. Tras la caída de al-Muʻtamid, abandonó Andalucía y pasó a Ifrīqiya y al Maġrib, llevando una vida itinerante antes de acabar sus días en Mallorca, en el año 527/1132-1133. A excepción de la sátira, género por el que sentía gran aversión, su *dīwān* comprende diversas composiciones: poemas circunstanciales, epístolas poéticas, elegías, poemas didácticos, canciones báquicas. El poeta supo conjugar simplicidad léxica y sintáctica con el uso frecuente de un vocabulario sumamente preciosista. Andalucía aparece como tema en varios fragmentos de su obra y su temática abarca motivos tan variados como la naturaleza, la guerra, los animales y la caza. Su obra revela su verdadero talento, bajo la influencia del medio andaluz.

El rey poeta de Almería, al-Muʻtaṣim (m. 484/1091), acogió bondadosamente en su corte a varios poetas, y su gusto por la poesía le llevaba a perdonar las ofensas cuando estas eran excusadas con versos hermosos. En su corte vivió el poeta originario de Guadix, Ibn al-Ḥaddād, que se consagró a la música y a la prosodia y de quien se ha conservado, entre otros, un encantador poema en el que canta su amor puro y sincero por una joven cristiana, Nuwayra [409, III, 799-800]. Los hijos de al-Muʻtaṣim estuvieron también dotados de talento poético. Así, la princesa Umm al-Kirām expresó su amor por un adolescente de Denia en términos sencillos pero conmovedores [321, 429].

En Denia el reyezuelo Muŷāhid, quien había recibido en la corte de los ʻāmiríes una sólida cultura filosófica, literaria y jurídica, era el animador de tertulias literarias, en cuyas discusiones intervenía para señalar una impropiedad del lenguaje, corregir una falsa rima o denunciar un plagio. No nos ha llegado la obra compuesta por Muŷāhid sobre la métrica [344 bis, 597-622].

La Granada zīrí contó con escasos poetas. El alfaquí de Elvira, Abū Isḥāq al-Ilbīrī (m. 459/1067), conocido por una larga invectiva contra los judíos en la que hacía un llamamiento al pueblo para que los exterminara, nos ha dejado un *dīwān* en el que, aparte de dos elegías, dos panegíricos, algunos poemas circunstanciales y la famosa oda política, destacan casi exclusivamente los temas ascéticos. El alma dura, intransigente de Abū Isḥāq queda al desnudo en estas composiciones, en las que arremete contra los ricos y ataca las seducciones y tentaciones de este mundo. Este tipo de poesía resulta bastante insólito en una época tan licenciosa como la de las taifas. Cabe, por tanto, destacar aquellos versos en que el alfaquí de Elvira describe el carácter transitorio de la vida terrenal, elogia la pobreza y el ascetismo y subraya la igualdad de todos los hombres ante la muerte [207, 138-139; 409, I, 134].

En la parte occidental de la península Ibérica, los afṭasíes de Badajoz se las daban de eruditos. Uno de ellos, Muḥammad, más conocido con el sobrenombre honorífico de al-Muẓaffar, menospreciaba a los poetas de su época, incapaces, según él, de igualar ni de lejos la producción de los orientales al-Mutanabbī y al-Ma'arrī. Escribió, al parecer, una voluminosa obra, sin duda una antología, de 50 tomos: *al-Muẓaffarī*. Su hijo, 'Umar al-Mutawakkil, tomó en calidad de secretario-redactor a un poeta originario de Évora, Ibn 'Abdūn [409, III, 702], quien poseía una amplia cultura literaria. Después de la caída de los afṭasíes, Ibn 'Abdūn compuso una larga oda, considerada una obra maestra por los críticos árabes. Tras algunas generalidades sobre las vicisitudes del destino y la enumeración de grandes personajes y pueblos de la antigüedad que corrieron una suerte trágica, el poeta cita los nombres de los soberanos musulmanes que perecieron de muerte violenta. Luego aborda el período de los reyes de taifas, y en forma de elegía, dedica los últimos versos a los afṭasíes. Este poema de 75 versos carece de inspiración lírica, pese a cierto valor literario, y, debido a la acumulación de nombres propios, su lectura resulta pesada. Un contemporáneo de Ibn 'Abdūn, Ibn Badrūn, originario de Silves, realizó un comentario histórico de esta obra.

La conquista almorávide puso fin, a veces bruscamente, a la carrera de los poetas andaluces, quienes tuvieron que luchar contra la miseria y la ignorancia. En Sevilla, donde «había quebrantado la espléndida tradición del mecenazgo 'abbādí» hubo, según palabras de E. García Gómez, «un eclipse de la poesía».[48] Los dinastas africanos se mostraron más interesados por la religión que por la literatura. Se han conservado algunos versos de Ibn 'Abd al-Ṣamad [409, III, 699], poeta que se había beneficiado de la generosidad de al-Mu'tamid, y que se lamentaba de la avaricia de los almorávides para quienes escribía panegíricos; y de sus peregrinaciones a través de al-Andalus, en el transcurso de las cuales no encontró ni un solo amigo. Fiel, al igual que Ibn al-Labbāna, al rey-poeta, Ibn 'Abd al-Ṣamad se trasladó a Aġmāt tras la muerte de al-Mu'tamid y recitó al pie de su tumba una larga y conmovedora elegía. Los poetas y secretarios de la época de las taifas hallaron una forma de subsistir trabajando en las cancillerías almorávides. En España sobrevivió la tradición poética. En Zaragoza, el filósofo Ibn Bāŷŷa dio muestras de sus dotes poéticas. Abū Salṭ de Denia se exilió a Egipto y, posteriormente, a Túnez, donde recopiló una antología de poetas andaluces y compuso poesías descriptivas y amorosas. Por aquel entonces floreció en la corte almorávide una poesía puramente convencional. Pero la tradición poética del siglo V/XI se mantuvo en la región de Valencia con Ibn Jafāŷa, originario de Alcira [409, III, 846]. En su retiro provincial, este amante de los jardines cantó apasionadamente a la naturaleza. Los paisajes le sirven de marco a idilios o a escenas báquicas; su descripción de ríos, lagunas, jardines, árboles, frutas y flores deja traslucir una verdadera sinceridad [225 *b.*]. Ibn Jafāŷa, que se inspiró en gran parte en los poetas orientales, vivió una larga vida, exenta de problemas. Murió en el año 533/1139. Ejerció una fuerte influencia en su sobrino, Ibn al-Zaqqāq [409, III, 995-996], poeta de vida efímera (murió en el año 528/1133 o 530/1135, cuando apenas contaba cuarenta años), quien no se limitó a una simple imitación servil. Su poesía, menos brillante que la de Ibn Jafāŷa, pero más depurada, sorprende por su riqueza metafórica. E. García Gómez, que ha editado y traducido al castellano los poemas amorosos y báquicos, los poemas descriptivos —siempre importantes en la inspiración levantina—, y los madrigales de Ibn al-Zaqqāq, les encuentra acentos dignos de un Góngora [234 bis]. La dominación de los almorávides es la época de las grandes antologías, en las que los tesoros de la poesía andaluza se conservan con auténtica veneración para preservar del olvido la herencia espiritual de la España musulmana. A principios del siglo XII, el poeta y antólogo de Santarem, Ibn Bassām [409, III, 756-757], emprendió en Sevilla la redacción de su *D̲ajīra fi maḥāsin ahl al-ŷazīra (El tesoro que encierra las bellezas de los habitantes de la Península)* y la recopilación de *dīwānes* de algunos poetas famosos del siglo V/XI: al-Mu'tamid, Ibn 'Ammār, Ibn Wahbūn. La *D̲ajīra* contiene versos y pasajes en prosa escritos en España desde la época de la sedición andaluza y en la época de las taifas, y que gracias al buen gusto de Ibn Bassām ha podido llegar a la posteridad. En una serie de notas de extensión variable, Ibn Bassām (m. 543/1148) ofrece algunos datos biográficos en una prosa florida; por otra parte, recoge citas de autores y de historiadores más antiguos, especialmente de Ibn Ḥayyān, y fragmentos escogidos en verso y en prosa. A lo largo de toda su obra, Ibn Bassām no deja de proclamar la superioridad de los andaluces frente a los orientales. Aunque se vio obligado a aceptar una retribución de los personajes a los que dedicaba algún comentario para poder asegurarse así su subsistencia, su juicio era en general más honesto que el de su contemporáneo al-Fatḥ Ibn Jāqān (m. 529/1134). Originario de Alcalá la Real, al-Fatḥ, cuya biografía apenas nos es conocida, recorrió gran parte de al-Andalus durante su juventud aventurera y acabó obteniendo un puesto de secretario del gobernador almorávide de Granada, Abū Yūsuf Tāšfīn, puesto que no le duró mucho, trasladándose posteriormente a Marrakech, donde murió asesinado [409, II, 857-858]. Cuando decidió componer su primera antología, *Qalā'id al-'iqyān (Collares de oro)*, dedicada al hermano del sultán almorávide 'Alī, escribió a varios dignatarios, que también eran hombres de letras, para pedirles documentos personales, y aquellos que le respondieron afirmativamente y que le enviaron regalos, aparecen tratados con grandes alabanzas, mientras que los otros fueron silenciados o criticados. Ibn Jāqān no dudó en plagiar otras antologías para reproducir los pasajes dedicados a autores más antiguos. Los *Collares de oro* están divididos en cuatro partes: príncipes, visires, jueces y juristas, poetas y literatos. De su segunda antología, solo nos ha llegado una versión abreviada que consiste en una especie de complemento de la primera antología, en tres partes: visires, jueces y juristas, hombres de letras. Las notas fueron redactadas exclusivamente en prosa rimada, formada por cláusulas breves; los compiladores de época posterior elogiaron la elegancia del texto, pero, según la crítica moderna, el estilo de al-Fatḥ Ibn Jāqān impide a menudo valorar adecuadamente el fondo. Las dos antologías de este autor están llenas de datos biográficos e históricos, y gracias a la reproducción de obras poéticas andaluzas, constituyen una fuente de primer orden para el conocimiento de la poesía arabigoespañola durante su período de apogeo.

En la primera parte del siglo XII destacó un género típicamente andaluz: el *muwaššaḥ* u oda compuesta en árabe clásico y destinada a ser cantada, llamada así por comparación con el *wišāḥ*, es decir, un cinturón doble adornado con perlas y rubíes o un echarpe hecho de cuero incrustado de perlas [408, III, 849-851]. La originalidad del poema reside en la disposición de sus estrofas. Mientras que la composición de verso clásico, la oda o casida, se hallaba sujeta a unas normas estrictas en cuanto al metro —siempre uniforme— y la rima —igual a lo largo de todo el poema—, la nueva forma poética admitía el uso de metros no clásicos y la combinación de diversas rimas dentro de una misma composición poética. El *muwaššaḥ* estaba formado por un dístico introductorio de dos versos que rimaban entre sí y que anunciaba el tema general de la composición; le seguían luego dos estrofas de cuatro versos cada una; los tres primeros rimaban entre sí, mientras que el cuarto rimaba necesariamente con los dos versos del dístico. El esquema de estos versos era el siguiente: *a-a; b-b-b-a; c-c-c-a;* etc. Se admitían otras formas estróficas. Una estrofa final llamada *jarŷa* y en la que se entremezclaba árabe y romance, representa un ejemplo único de fusión de dos civilizaciones y una combinación de dos líricas. Hace unos treinta años, los trabajos del arabista inglés S. M. Stern pusieron de manifiesto la existencia de estas *jarŷas* o versos finales de los *muwaššaḥāt* árabes y estimularon las investigaciones posteriores acerca de la poesía arabigoespañola [359]. Algunos años más tarde se descubrieron varios fragmentos que permitieron a los especialistas profundizar sobre la cuestión. Emilio García Gómez llevó a cabo una serie de densos estudios sobre las *jarŷas* romances [208 bis]. En realidad, el *muwaššaḥ* se remontaba a la época omeya, en que fue iniciado por el poeta Muqaddam b. Muʻafā, nacido en Cabra y muerto hacia el año 299-300/912. La forma estrófica, en un principio simple, fue evolucionando hacia esquemas más complicados en el siglo V/XI con ʻUbāda Ibn Mā'al-Samā' (m. en 419-420/1028 o 1030), primer poeta del que tenemos *muwaššaḥāt*. Se han conservado numerosos textos de la época de las taifas con *jarŷas* romances: los de Ibn al-Mu'allim, que fue el visir de al-Mu'taḍid, rey de Sevilla, los de dos visires de al-Ma'mūn de Toledo, de Ibn al-Labbāna, del zaragozano al-Ŷazzār (el carnicero) y del extremeño al-Kumayt al-Ġarbī (del Algarve) o al-Baṭalyawsī (de Badajoz). En la época almorávide hallamos dos de los mejores poetas del siglo XII, al-A'mā al-Tuṭīlī, «El Ciego de Tudela», e Ibn Baqī. El primero, aunque tudelano, se educó en Sevilla; este poeta itinerante, que murió en el año 520/1126, es autor de varios *muwaššaḥāt*. Cordobés de nacimiento y autor de poemas cortesanos sobre temas clásicos, Ibn Baqī (m. 540/1145) destacó en el campo del *muwaššaḥ* [409, III, 752]. Ibn Ruḥaym, poeta puramente al servicio almorávide y almojarife de Sevilla —aunque era de Levante—, se consagró también al género del *muwaššaḥ* [208 bis, 402]. Añadamos además que, temáticamente, el *muwaššaḥ* incluye numerosos poemas de amor y algunos panegíricos. Los poetas judíos de España que siguieron las distintas corrientes de la poesía árabe se inspiraron en temas parecidos; pertenecen a la misma generación que los poetas árabes ya citados toda una serie de autores de *muwaššaḥ* hebreo que se ciñeron más estrictamente a las reglas del género: Yehuda Halevi (m. hacia 1140), Mošeh ibn 'Ezra (m. en 1139), Yosef ibn Saddiq (m. en 1149), Abraham ibn 'Ezra (muerto en 1167).[49]

En la mitad inicial del siglo XII se alzó la voz callejera de Abū Bakr Ibn Quzmān, uno de los mayores poetas medievales, nacido después del año 470/1086 y muerto en Córdoba en el 555/1160 [409, III, 873-876]. Las indicaciones precisas sobre la vida de Ibn Quzmān son escasas, pero sí sabemos que vivió en una época en que habían desaparecido las fastuosas cortes de los reyes de taifas y los poetas se encontraban en una difícil situación. Los nuevos dueños de al-Andalus —sultanes almorávides y gobernadores provinciales— eran saharianos que hablaban el beréber y a quienes poco debían gustar las sutilezas de la poesía árabe clásica. Ibn Quzmān abordó en primer lugar la poesía de tipo tradicional en lengua árabe, hasta que se dio cuenta de que no podía rivalizar en este campo con poetas de su tiempo como Ibn Jafāŷa y se pasó a un género popular llamado *zaŷal*, es decir, el *muwaššaḥ* escrito en dialecto vulgar. Su éxito fue tal que mereció el título de «príncipe de los zejeleros». Los poetas podían esperar cierta prodigalidad solo de los miembros de la aristocracia urbana hispanoárabe, pero su generosidad era más que incierta. Así, Ibn Quzmān, que siempre andaba escaso de dinero, se vio obligado a dedicar obras a los representantes de las grandes familias cordobesas: los Banū Ḥamdīn, los Banū Rušd, entre otros, y a recurrir a otros mecenas fuera de su ciudad natal; realizó numerosos viajes a Sevilla, donde vivían dos de sus principales protectores, y a Granada, a cuyo gobernador local dedicó varios panegíricos. Al igual que aquellos a quienes ofrecía sus zejeles, Ibn Quzmān debía ser un buen conocedor del romance que se hablaba corrientemente en Andalucía. En sus composiciones poéticas hay numerosas palabras o frases cortas en romance, mientras que en algunos de los poemas dirigidos a los dignatarios almorávides aparecen palabras en beréber. Este poeta de vida disoluta nos ha legado una obra en la que predominan los zejeles. Se han conservado muy pocos de sus versos clásicos, que, por lo demás, son bastante mediocres. Solo nos ha llegado un *muwaššaḥ* suyo. El *Cancionero* de Ibn Quzmān, obra capital de la literatura hispanomusulmana, ha atraído la atención de los especialistas desde 1912. En opinión de Ribera, se trata de «canciones y baladas para ser dichas a plena voz, ante público callejero o abundante» [207, 156]. En fecha más reciente, el arabista checo Nykl opinaba que se trataba de zejeles escritos para asambleas de mozos elegantes y libertinos. He aquí la definición que E. García Gómez hizo de la obra de Ibn Quzmān: «Son poemas espontáneos, juguetones, desvergonzados, llenos de burlas y diminutivos, escurridizos, en estilo un poco *coq à l'âne*. Frente a la literatura de salón, son, en todo caso, una *voz en la calle*, que nos sirve para humanizar por contraste la lírica algebraica de los poemas clásicos.» [208, 40]. La edición completa y la traducción rítmica de la obra de Ibn Quzmān fueron llevadas a cabo por E. García Gómez en 1972 [209]. En los zejeles cortos que no están dedicados, cinco o seis estrofas tienen como temática tertulias de borrachos o el amor libertino y adúltero. Los que están dedicados, de extensión variable —de cinco a nueve estrofas—, están escritos en árabe dialectal y adoptan metros no siempre clásicos; se trata de piezas de alabanza a magnates de Córdoba, de Sevilla o de Granada, en las que se exaltan la belleza, la sabiduría y, sobre todo, la generosidad del destinatario de la dedicatoria; su interés es secundario. En cambio, las introducciones a los poemas dedicados constituyen la parte más original del *Cancionero* de Ibn Quzmān: las escenas en que se describe la vida pública y privada de los ciudadanos andaluces contienen numerosos detalles acerca de la vivienda, el mobiliario, la vestimenta y la alimentación, y son un testimonio evidente de las dotes de observación de su autor, quien aparece a menudo en estos pequeños cuadros donde lo licencioso raya en lo burlesco. La fuerte originalidad del *dīwān* de Ibn Quzmān ha sido puesta de relieve por E. García Gómez en los siguientes términos: «Los filólogos ven en él uno de los pocos textos sobrevivientes y útiles para el estudio de los antiguos textos arábigo-españoles. Los técnicos de la prosodia, una colección de zejeles única por su importancia y su antigüedad, para desentrañar el secreto de esta fórmula poética. Los historiadores de la literatura y de las costumbres, la perla rara de una lírica atrevida, que suena de modo distinto y puebla de sombras las ruinas andaluzas. Los romanistas, en fin, espigan palabras de un antiquísimo romance español y descubren con estupor en estas canciones amorosas un prototipo —en tono, métrica, personajes y temas— de poesía de los trovadores de Occitania» [207, 166].

Ibn Quzmān se burlaba del amor cortés o platónico. Ya en el siglo XI, Ibn Ḥazm, en su fino análisis del amor *El Collar de la Paloma* [34], había desarrollado una teoría sobre el amor espiritualizado que se inspiraba en la obra de un teólogo de Bagdad, Ibn Dāwūd, nacido en Ispahan y muerto en el año 909. Este escritor estudiaba en el *Libro de la Flor*, en cien capítulos, el comportamiento amoroso de los Banū 'Uḏra —tribu beduina del norte de Arabia—, que se basaba en una especie de idealismo erótico [273, 292-293]. En su obra de juventud, Ibn Ḥazm analiza, en treinta capítulos, los motivos y la evolución del amor, las circunstancias en que nace y los peligros por los que atraviesa. El autor hace referencia a las cualidades propias de algunos amantes, a la fidelidad y a la infidelidad, a la separación. En las anécdotas que nos va contando, aparecen toda una serie de personajes secundarios: los mensajeros, los guardianes, los calumniadores, los celosos, los censores y también los amigos serviciales [273, 295].

La disposición de las estrofas y la temática del amor son elementos que aparecen en la Edad Media a ambos lados del Pirineo. Vamos a abordar solo superficialmente la espinosa cuestión de las relaciones que pudieron haber existido entre la poesía árabe de España y la que, a partir de finales del siglo XI, se extendió primero por el sur y centro de Francia y luego por la península Ibérica. En 1912, Julián Ribera propuso la hipótesis de que la lírica hispano-árabe ejerció una influencia sobre las canciones de los trovadores de Aquitania y Provenza; en su opinión, no era fruto del azar el paralelismo de la disposición estrófica y de la alternancia de las rimas que puede observarse en ambas poesías. Diversos arabistas, como el checo A. R. Nykl, se mostraron partidarios de la teoría del origen árabe. En 1929, un erudito portugués, Rodrigues Lapa, en una obra sobre los orígenes de la poesía lírica en Portugal, rechazó resueltamente esta tesis: citando cierto número de estrofas monorrimas de tres versos hallados en la poesía latina del siglo XI, intentó demostrar que las combinaciones métricas del *zaŷal* ya existían en Europa mucho antes de Ibn Quzmān. Dos ilustres provenzalistas, el alemán Appel y el francés Jeanroy, si bien no rechazaban categóricamente la teoría de la influencia árabe, la encontraban poco sólida; también ellos sostuvieron que la poesía de los trovadores podía simplemente estar vinculada a ciertas producciones monorrimas de la poesía latina medieval [273, 288-289]. El gran romanista Ramón Menéndez Pidal publicó en 1941 una obra titulada *Poesía árabe y poesía europea*, en la que exponía una tesis contraria a la de Appel y Jeanroy. En su opinión, el *zaŷal* árabe hispánico se había extendido tan rápidamente por la Europa occidental como por el Oriente árabe. El cuadro estrófico del zejel está presente en la obra del primer poeta lírico francés que escribió en un dialecto neolatino, Guillermo IX, duque de Aquitania. La forma del zejel aparece todavía con su estribillo —un siglo después de la época de los más antiguos trovadores provenzales—, en rondeles del siglo XII o en el que figura en el *Jeu de Robin et Marion* de Adam de la Halle (siglo XIII). En España, la estrofa árabe estuvo en boga tanto en la poesía cortesana como en la popular. El rey de Castilla Alfonso X utilizó la forma del *zaŷal* andaluz en muchas de las composiciones que constituyen su recopilación de las *Cantigas de Santa María.* En 1954, el medievalista francés P. Le Gentil formuló la hipótesis de una génesis, más o menos concomitante en diversos lugares de la Europa medieval, de la disposición estrófica del zejel [263 *b*, 263 *c*]. E. Lévi-Provençal opinaba que, si bien no se había establecido de forma evidente la similitud entre la poesía árabe de España y la de los trovadores, desde el punto de vista morfológico existía entre ellas cierto aire de parentesco y destacaba las semejanzas en el contenido temático. En el tratamiento de los temas amorosos, tanto los trovadores como los compositores de zejeles celebraron el amor cortés, y cantaron asimismo el amor sensual, en un lenguaje a menudo bastante crudo [273, 294-297]. Un argumento más en favor de la influencia andaluza fue formulado por Lévi-Provençal en 1948 y desarrollado en 1954: en una canción de Guillermo IX que relata su encuentro con dos damas en el transcurso de un viaje por Auvernia, aparecen cuatro versos, considerados por los eruditos como galimatías. Según E. Lévi-Provençal, Guillermo IX sabía árabe y lo empleaba para disimular expresiones crudas [273, 399]. Al parecer, lo aprendió de los prisioneros árabes capturados en Barbastro en 1064 por los príncipes cristianos que tomaron la ciudad, entre los que figuró Guillermo IX. El debate sigue abierto, como ponen de manifiesto las discusiones que con tanto apasionamiento sostuvieron los participantes en la *Settimana di Studio del Centro Italiano di Studi sull'alto medioevo,* celebrada en Spoleto en abril de 1964, después de que S. M. Stern, el mismo a quien se debe el hallazgo de la *jarŷa*, se mostrara en contra tanto de las tesis árabes como romances, e intentara dar cierto equilibrio a la controversia.[50]

El entusiasmo por la poesía se mantuvo vivo en tiempos de los almohades. El primer califa de esta dinastía, ʻAbd al-Mu'min, manifestó su generosidad hacia los poetas, como lo demuestra el hecho de que estos acudieran a Gibraltar a recitarle versos en una nueva villa adornada con amplios jardines, que se había hecho construir al final de su reinado. En el curso de estas justas literarias, destacó Muḥammad b. Ġālib al-Ruṣāfī, poeta valenciano que practicó el panegírico y la descripción de la naturaleza [391, XXXIII/2, 1968, 473, nota 1]. En las provincias, los gobernadores locales protegían a los poetas. Tres poetisas famosas florecieron en Granada en el siglo VI/XII. Recogiendo la antorcha de la poesía femenina que llevara Wallāda en tiempos de las taifas, Nazhūn Ḥafṣa, de la que se enamoró profundamente el gobernador de Granada Abū Ŷa'far ibn Sa'īd, y Zaynab, originaria de Guadix, cultivaron sobre todo los temas amorosos. En sus composiciones surge también la libertad que poseía la mujer andaluza, unida al orgullo por su belleza, a los celos y sufrimientos [410, XXXIV/1, 1947, 9-101; 421, XVI, 1971, 71-109; 187 *b*; 382 *b*]. En Sevilla nació uno de los poetas más auténticos de la España almohade, Ibn Sahl (609/1212-649/1251). De origen judío, se convirtió al Islam durante su juventud. Cuando su ciudad natal fue tomada por Fernando III, Ibn Sahl se estableció en Ceuta, donde se convirtió en uno de los secretarios del gobernador de la ciudad [409, III, 949]. Su *dīwān* está formado casi exclusivamente, por poemas amorosos y *muwaššaḥāt*, que revelan un temperamento artístico. Su fe musulmana se expresa en una serie de poemas llenos de ardiente piedad y dedicados al Profeta.[51]

La expatriación definitiva de varios letrados andaluces hacia Oriente o el norte de África, privó a la España musulmana de muchos de sus ingenios [208, 42-43]. Un poeta y filólogo nacido en Valencia a mediados del siglo VI/XII, Ibn Diḥya [409, III, 770] que había ejercido el cargo de juez en Denia, emprendió la peregrinación a La Meca y, de regreso, se estableció en Egipto, donde el soberano ayyūbí al-Malik al-Kāmil le nombró preceptor de su hijo. En ese país, escribió una larga antología de poetas árabes de Occidente [421, I, 1953, 161-190; 421, 1954].

Algunos poetas cordobeses, cuyas obras nos han llegado solo en forma fragmentaria, partieron de al-Andalus, atravesaron los mares y se establecieron en Alejandría, El Cairo, Alepo, Mosul, Bagdad o Damasco. Entre ellos destaca Ibn Jarūf, nacido en Alcaudete, quien, tras una breve estancia en Ceuta, se estableció cierto tiempo en Marrakech y luego partió hacia Oriente, después de 587/1200. Finalmente se convirtió en el panegirista del cadí de Alepo, Ibn al-Šaddād, consejero del hijo de Saladino, al-Ẓāhir [391, XXXIX, 1-2, 1974, 458-462].

El avance cristiano por Levante produjo una nueva oleada de emigración andaluza [138, 160 ss]. Los soberanos ḥafṣíes de Túnez acogieron en su corte a varios letrados hispanomusulmanes [161, II, 370-389]. El poeta, antólogo y tradicionista valenciano Ibn al-Abbār, enviado en misión a Túnez para solicitar ayuda, recitó a la corte un poema en el que describía de forma conmovedora la dramática situación de su ciudad natal, asediada por las tropas de Jaime I de Aragón [78[1], III, 346-347]. De regreso a Valencia, volvió a marcharse algunos días después de la caída de la plaza, en el año 636/1238, se detuvo en Bugía y finalmente se estableció de forma definitiva en Túnez.

En el siglo XIII, el polígrafo Ibn Sa'īd —digno representante de la famosa familia de los Banū Sa'īd, originaria de la provincia de Granada, que se había puesto al servicio de los almohades— salió de al-Andalus, en el año 638/1241, con el fin de cumplir con la peregrinación; recorrió

Egipto, Siria e Iraq y vivió en Túnez [409, III, 950-951]. Su diván se ha perdido, pero las pocas muestras conocidas de su poesía dejan traslucir emociones personales cuando, estando en Oriente, expresa la nostalgia que le inspira la España musulmana, su lejana patria. Del *Kitāb al-Muġrib* ya se habló en páginas anteriores; extractando de esta obra histórica los materiales de su antología titulada *Kitāb Rāyāt al-mubarrizīn (Libro de las Banderas de los Campeones)* [62], Ibn Sa'īd nos ha legado un valioso resumen de la poesía arábigo-andaluza desde los tiempos del califato de Córdoba (siglo x) hasta mediados del siglo xiii. Esta obra comprende en total 145 poesías y 314 fragmentos poéticos. En la primera parte se reúnen autores andaluces; en la segunda, el volumen atiende a poetas de Berbería y Sicilia.[52]

En tiempos de los soberanos naṣríes florecieron las formas habituales de la poesía clásica, entre las que destacó la larga oda. En el campo de la poesía de circunstancia y entre los letrados acogidos por Muḥammad I, ocupa un lugar importante Abū l-Ṭayyib Ṣāliḥ b. Yazīd b. al-Šarīf al-Rundī [45^6, III, 360-373], quien compuso varios poemas de alabanza a su protector, hizo poesía descriptiva y se lamentó de la suerte del Islam andaluz.[53] Este prolífico literato —a veces llamado Abū l-Baqā' de Ronda— escribió un tratado sobre el arte de componer versos *(El Libro cumplido sobre las leyes de la rima)*, donde define ante todo las excelencias y virtudes de la poesía; varios de sus capítulos están dedicados a la inspiración y al ingenio en poesía, la división temática de la poesía, los adornos retóricos, los defectos de la poesía, la métrica. El autor cita versos de algunos de sus contemporáneos e incluye en su obra unas veinte páginas de su propia composición [421, VI, 1958, 205-220; 222, 145-146 notas].

Durante el reinado de Muḥammad III proliferaron en Granada los poetas gracias a la generosidad de un mecenas, el visir Ibn al-Ḥakīm al-Rundī, quien también era poeta. Ibn al-Jaṭīb, que admiraba al visir como prosista, no nos ha dejado ningún comentario elogioso de su poesía [45^6, II, 444-476]. Los temas en los que se expresa no aportan en realidad nada nuevo: nostalgia por Ronda —cuna de la familia de los Banū l-Ḥakīm—, panegírico de Muḥammad III [391, XXXIV/1, 1969, 105-121]. Entre los poetas que frecuentaron la corte literaria del visir naṣrí destaca la figura de Ibn al-Jamīs, originario de Tremecén y que vivió en Granada a partir del año 706/1306-1307 [409, II, 857-858]. El poeta áulico de los 'Abd al-Wādíes o Zayyaníes de Tremecén, supo expresar, pese a las hipérboles que tanto abundan en sus panegíricos y al tono convencional de su poesía amorosa, de forma conmovedora y sincera la nostalgia por Tremecén, su patria chica, asediada y lastimada [78^2, 363-378].

El *dīwān* de Ibn al-Ŷayyāb, uno de los visires más sobresalientes de los sultanes naṣríes de la primera mitad del siglo xiv, fue recogido por su discípulo Ibn al-Jaṭīb [45⁶, IV, 125-152]. En él se entremezclan los temas místicos, las adivinanzas y los panegíricos. Abundan, además, los poemas que conmemoran las victorias, los desfiles, las fiestas religiosas, como el de la Fiesta de la Ruptura de Ayuno. María Jesús Rubiera, que ha llevado a cabo una edición crítica de la colección poética de Ibn al-Ŷayyāb [334], tuvo la suerte de hallar en el manuscrito el texto de varios poemas del visir que adornan las paredes de la Torre de la Cautiva y las hornacinas del Generalife [391, XXXV/2, 1970, 453-473; 391, XLI, 1976, 207-211; 391, XLII/2, 1977, 447-451].

Durante los prósperos reinados de Yūsuf I y de Muḥammad V, la poesía naṣrí alcanzó gran brillantez. Incluso los juristas se expresaban en verso. Originario de Ceuta, al gran cadí al-Šarīf al-Ḥusaynī vivió en Granada, donde recopiló sus versos en un *dīwān* [82, 173-176] que se ha perdido.[54] El juez mayor Abū l-Barakāt Ibn al-Hāyŷ se dedicó a la poesía y, aunque no nos haya llegado su *dīwān,* sus contemporáneos Ibn al-Jaṭīb y al-Nubāhī nos han transmitido muchos de sus poemas. En las analectas de al-Maqqarī aparece reproducido un corto poema sobre las almojábanas, las tortas de queso que tanto apreciaban los andaluces [78¹, VII, 404]. Según Soledad Gibert, los temas místicos tratados por el juez de Almería se entroncan con la inspiración del poeta oriental del siglo XIII Ibn al-Farīd. Sus poemas didácticos expresan escepticismo y traslucen cierta ironía y una nota de tristeza producida por la versatilidad de sus compatriotas. En una composición en verso describe las cualidades del perro, compañero fiel del poeta, poema que, por su sinceridad, se aparta de la tradición andaluza sobre los animales y confirma las tendencias ṣūfíes de Abu l-Barakāt [391, XXVIII/2, 1963, 417-424, 321, 237].

Un poeta granadino del siglo XIV, Ibn al-Ḥāŷŷ al-Numayrī [45⁶, I, 350-371], a quien los naṣríes encargaron diversas misiones diplomáticas, se consagró a la poesía cortesana. Su obra, aún no editada y titulada *Kitāb qarā' in al-qaṣr,* es un elogio de Muḥammad V [231 bis].

Los letrados andaluces cultivaron también la figura retórica llamada *tawriya* (silepsis), tan apreciada en Oriente en los siglos VII y VIII de la héjira por al-Qādī l-Fāḍīl, Ibn Sanā' al-Mulk y Ṣafī l-dīn al-Hillī para la expresión del panegírico y de la sátira. El poeta almeriense Ibn Jātima, hombre de letras, médico, historiador y gramático, explotó la riqueza de la lengua árabe con una soltura que ponía de manifiesto sus conocimientos gramaticales, literarios y jurídicos. Su recopilación de poemas con silepsis fue compilada por uno de sus discípulos, Ibn Zarqāla [278, II, 543-557]. Su *dīwān* fue compuesto en Almería en el año 738/1337-1338. Soledad Gibert, quien ha realizado recientemente una excelente traducción al castellano de esta obra, señala que Ibn Jātima, a diferencia de los demás poetas del siglo XIV, no dedicó sus panegíricos a un soberano o a un magnate de su tiempo: «todas sus alabanzas las dedica a Dios y al Profeta» [211, 31]. La obra abarca también otros temas, como la poesía amorosa, agudezas y donaires, recomendaciones y máximas. En cuanto a las *muwaššaḥāt,* todas son de tema descriptivo y amoroso. Su estilo se distingue por el empleo de silepsis, por las variedades y combinaciones del *taŷnīs* (paranomasia), los procedimientos caligráficos como la escritura de tijera (empleada en la España cristiana en poesías de Semtob de Carrión) y los ejemplos de poesía concatenada [211, 41, nota 30; 391, XXXIII/1, 1968, 95-122].

En el siglo XV, la España musulmana contó con dos poetas de gran talla, Ibn al-Jaṭīb y el que fuera su protegido hasta que le suplantó en el vizirato, Ibn Zamrak.

Desde hace algunos años, el aspecto poético de la obra de Lisān al-dīn ha despertado el interés de numerosos eruditos, quienes hasta fecha reciente habían centrado la atención, sobre todo, en su producción histórica. Dos antologías son buena prueba del eclecticismo de sus gustos: la *Katība al-kamina* o *Colección recóndita,* recopilación de versos del siglo octavo de la héjira, acompañada de ciento tres notas biográficas y verdadero eslabón dentro de la historia del movimiento literario hispanomusulmán, y el *Kitāb al-siḥr wa-l-ši'r (Libro de la magia y de la poesía),* recogido para su hijo 'Abd Allāh. Con el fin de perfeccionar la educación del joven, a quien se proponía destinar al oficio de secretario poeta en la cancillería granadina, Ibn al-Jaṭīb eligió temas descriptivos y panegíricos, además de trenos y fragmentos impregnados de ascetismo. Entre los poetas de Oriente, citaba a Abū l-'Atāhiya e Ibn al-Rūmī, junto a Abū Nuwās e Ibn al-Mu'tazz. En el programa de estudios del joven 'Abd Allāh, los occidentales ocupaban un lugar preferente: Ibn Rašīq, al-Mu'tamid, Ibn 'Ammār, Ibn al-Labbāna, Ibn 'Abdūn, Ibn Sahl e Ibn Ḥamdīs precedían a los contemporáneos y a los maestros del polígrafo naṣrí: Ibn al-Ŷayyāb, Abū l-Barakāt Ibn al-Ḥāŷŷ e Ibn Huḏayl [391, XXXVIII/2, 1973, 393-414].

Ibn al-Jaṭīb, cuyo *dīwān* ha sido encontrado y editado recientemente,[55] abordó también formas poéticas más específicamente andaluzas, como el *muwaššaḥ y el zaŷal,* renovando el esquema de las estrofas del primero e inspirándose en el místico ṣūfī al-Šuštarī en cuanto al segundo.[56] A las *muwaššaḥat* transmitidas por Ibn Jaldūn y por al-Maqqarī, cabe añadir el *Ŷayš al-tawšīḥ,* antología del *muwaššaḥ* andaluz. Emilio García Gómez, que ha estudiado la métrica de esta composición, señala que Lisān al-dīn no siguió un orden cronológico.[57] En la primera parte, el autor consagra dieciséis capítulos a autores de *muwaššaḥāt* muy conocidos, como Ibn Baqī, el Ciego de Tudela, Ibn al-Labbāna, Ibn al-Ṣayrafī, Ibn Lubbūn, Ibn Zuhr —el nieto del famoso médico Avenzoar—, que comprenden el período que va desde el siglo V/XI hasta principios del VII/XIII. Varios textos contienen la *jarŷa* romance. La segunda parte del *Ŷayš* contiene los poemas anónimos: entre las 17 *mu-*

waššaḥāt anónimas, 10 son andaluzas y siete orientales, según la identificación propuesta por E. García Gómez. Ibn al-Jaṭīb, quien nos ha dejado alabanzas del zejel de Ibn Quzmān [45², folio 59], dejó la huella de su profunda cultura filosófica y jurídica en esta forma hasta entonces popular, y le imprimió un sello *ṣufī* muy marcado, que fue realzado por al-Maqqarī [78¹, IX, 228-230].

Debemos la poesía más refinada de la Granada naṣrí al hijo de un modesto herrero del Albaicín, a Muḥammad Ibn Zamrak [409, III, 997], hombre de mente avispada, con deseos de aprender y con gran capacidad de réplica. Un grupo de famosos maestros formaron su brillante inteligencia en la madrasa de Granada. Solo nos quedan algunos poemas escritos por el rival de Ibn al-Jaṭīb, que se sitúan entre los años 1362 y 1391 [207; 392, 291-312]. La parte menos original de su obra está constituida por unos sesenta epigramas improvisados y totalmente convencionales. Ibn Zamrak no cultivó el género satírico. En las numerosas *muwaššaḥāt* que compuso mantuvo la oda tradicional con estancias y, en lo relativo al lenguaje y a los metros, se inspiró en la tradición clásica. Sin embargo, su talento resplandeció en la forma de agrupar estrofas y en la estructura más o menos complicada de las mismas. Ibn Zamrak sobresalió en el campo del panegírico. Si bien mantuvo los cuadros neoclásicos, suprimió el prólogo amoroso del poema ya que no hubiera resultado apropiado para un elogio dirigido a un soberano, a su piedad, a su generosidad, a su valor militar o a la antigüedad de su dinastía. Ibn Zamrak se superó a sí mismo en el género del poema de natividad, que se recitaba desde el siglo XIII con motivo de la Fiesta de la Natividad del Profeta en las cortes del occidente musulmán [410, 1956, 335-345]. Además de los temas laudatorios predominantes en la obra del cortesano, los motivos descriptivos enlazan a Ibn Zamrak con la tradición andaluza del poema floral. Granada, los palacios naṣríes, los jardines aparecen descritos con tal profusión de metáforas y con tal habilidad técnica que convierten al sucesor de Ibn al-Jaṭīb en el digno continuador de un Ibn Jafāŷa. En la poesía de Ibn Zamrak aparecen también temas báquicos y anacreónticos, caracterizados por la escrupulosa observancia de las reglas gramaticales y por el respeto a las leyes de la versificación. Con toda razón, Emilio García Gómez ha admirado esta especie de álgebra intelectual que respondía a las exigencias del público instruido de la época. Los versos de Ibn Zamrak que, con letras ornamentales, recorren los muros del Patio de los Arrayanes, de la Sala de las Dos Hermanas, de la fuente del Patio de los Leones, dejan constancia del ideal poético de la Granada naṣrí durante el siglo XIV.

El príncipe naṣrí Ismā'īl b. Yūsuf Ibn al-Aḥmar, que vivió casi toda su vida en Fez y que murió en el año 807/1404 o en el 810/1407, recibió la influencia andaluza.[58] Este turiferario de los marīníes reunió una serie de poemas escritos por soberanos africanos: almohades, ḥafṣíes, zayyāníes y marīníes, a los que cabe añadir los versos escritos por los naṣríes, sus ministros, sus jueces y sus secretarios durante el siglo VIII.[59] En esta recopilación, el autor intercaló sus propios versos, pertenecientes en su mayoría a la poesía circunstancial y en los que se exalta, en forma de alabanzas hiperbólicas, la piedad de los marīníes y sus victorias frente a los cristianos. Ibn al-Aḥmar, tras el prólogo amoroso tradicional, canta en sus poemas de natividad los milagros del Profeta, verso a verso, para entregarse luego a la alabanza del sultán o del ministro al que dirige el poema. Sus panegíricos se caracterizan por la afectación y la forma de expresión convencional. Por el contrario, la sinceridad es el rasgo predominante de la correspondencia en verso que Ibn al-Aḥmar sostuvo tanto con al-Šarīf al-Sabtī como con sus amigos. Varios de sus fragmentos dejan traslucir su formación de gramático.

A principios del siglo XV, el sultán Yūsuf III compuso un *dīwān* que se inserta en la más pura tradición andaluza. Su poesía se enmarca dentro del neoclasicismo: elegía y panegírico.[60] El interés histórico de las odas reales es más bien reducido, pese a la jactancia que se manifiesta en las mismas. Las descripciones que hace de Granada y de la Alhambra contienen numerosas reminiscencias y tópicos y sus *muwaššaḥāt* están dentro del esquema corriente. Sin embargo, la segunda parte de la colección adquiere un aire personal, sobre todo el largo poema en el que se evoca la cautividad en Salobreña y los trenos dedicados a la muerte del padre del autor y a la de su hijo.

A lo largo del siglo XV, destacan algunos hombres, cuya cultura estuvo sumamente influida por la formación jurídica del medio granadino. Muḥammad al-Šarrān al-Ġarnāṭī, que estuvo al frente de los secretarios de la cancillería de la capital naṣrí hacia el año 837/1433-1434, escribió un poema del metro *raŷaz* en el que se hace referencia a los repartos hereditarios [79, I, 134]. Yaḥyā Ibn ʿĀṣim, hijo del autor de la *Tuḥfa,* se ganó la admiración de sus contemporáneos gracias a sus odas y a su gran sabiduría. En una oda de complicada estructura desarrolló el tema del amor platónico [391, VI, 1941, 401-410]. Expresó su fervor religioso en un poema de estrofa de cinco hemistiquios *(tajmīs)* [79, I, 179-186].

La tradición literaria de los zejeleros, que, como señalara Ibn Jaldūn, estuvo de moda en el reino de Granada durante el siglo XIV [40, 309 ss.], reaparece en la obra del alfaquí ʿUmar al-Mālaqī, quien modulaba de maravilla el *zaŷal.* Al-Maqqarī solo nos ha legado una larga oda, de la que suprimió cinco versos obscenos; ʿUmar de Málaga le dedicó una especie de himno a la gloria de la bohemia andaluza [79, I, 117-125; 78[1], VI, 345-350].

Una elegía anónima andaluza sobre la guerra de Granada se halla emparentada con los poemas orientales por sus reminiscencias coránicas; su inclinación por las comparaciones, el empleo de la antítesis, de la aliteración y de la asonancia pone de manifiesto la cultura exquisita del poeta anónimo natural del oeste de Málaga.[61] Utilizando unos términos escogidos, relata los episodios de la conquista de Granada por los castellanos y la profunda pena que suscitaron en los letrados andaluces. Este poema resulta interesante no tanto por su pureza estilística como por su valor documental.[62]

El alfaquí andaluz Aḥmad b. Muḥammad b. Yūsuf al-Ṣanhāŷī, más conocido con el nombre de al-Daqqūn [79, I, 103-108], refugiado en Fez tras la caída de Granada, expresó su dolor en una emotiva elegía en la que predominan la sinceridad expresiva y la angustia sentida por el poeta [79, I, 71].

2.8. LA PROSA RIMADA

La prosa rimada se manifestó sobre todo en el género epistolar. Como representante de la prosa califal podemos citar a Ibn Darrāŷ al-Qasṭāllī, quien, en tiempos de al-Manṣūr Ibn Abī ʿĀmir, escribió una serie de epístolas *(risāla)* en honor de los ʿamiríes. Tras una vida itinerante, desempeñó el cargo de secretario de la cancillería con los tuŷībíes de Zaragoza. Aunque abundan los ornamentos retóricos en los fragmentos en prosa conservados de su *Dīwān* o en el *Tesoro* de Ibn Bassām, estos no constituyen lo mejor de su obra.

El poeta Ibn Zaydūn destacó como escritor de cartas. La España de las taifas se vanagloriaba de contar con el autor de dos célebres epístolas; en la primera Ibn Zaydūn ridiculizó a su rival Ibn ʿAbdūs, poniendo en boca de Wallāda una sátira del todopoderoso ministro. Las imitaciones poéticas, las alusiones históricas y literarias abundan en esta epístola en prosa rítmica y rimada *(saŷʿ)*. Como venganza, Ibn ʿAbdūs hizo encarcelar a Ibn Zaydūn bajo la acusación de prevaricación. Estando en la cárcel, el visir cordobés escribió la segunda epístola en la que hace un llamamiento a Abū l-Walīd Ibn Ŷahwar, hijo del gobernador de Córdoba, en solicitud de clemencia, y recuerda los servicios prestados a la causa de los ŷahwaríes. Esta larga carta, en la que abundan las evocaciones de hombres célebres y de acontecimientos históricos, está, sin embargo, menos empañada por el rebuscamiento y la afectación que la primera. Por lo demás, en ella no se hace constantemente uso de la prosa rimada. En una epístola escrita en la corte del afṭasí de Badajoz al-Muẓaffar, Ibn Zaydūn despliega su amplia cultura y se entrega a eruditos ejercicios estilísticos. Por el contrario, en otra epístola dirigida a Abū Bakr Muslim b. Aḥmad, antiguo maestro de Ibn Zaydūn, predomina la sinceridad expresiva.[63]

Un autor prolífico, escritor, poeta y juez, Ibn ʿAmīra [409, III, 726-727], originario de Alcira (580/1184-656/1258 o 658/1260), se expresó en una prosa elocuente, sobria y precisa en sus cartas oficiales o familiares. Su obrita sobre la caída de Mallorca en el año 627/1229-1230, que no ha sido hallada, fue escrita en forma de epístola dirigida a un personaje importante.[64]

Es bien sabido que los secretarios de cancillería andaluces gozaban de una excelente reputación en el mundo del Islam medieval; habían logrado crear escuela en el norte de África y en Oriente.[65] A fines del siglo XIII, Ibn al-Ḥakīm al-Rundī, secretario, por entonces, de la cancillería de Muḥammad II, cantó la conquista de Quesada por las tropas naṣríes (695/1295) en una larga epístola en prosa rimada, sutilmente modelada [45[6], II, 444-476; 136 *c*]. Ibn al-Jaṭīb también perteneció a la dinastía de los secretarios andaluces e imprimió a la prosa rimada toda su brillantez, pero también sus redundancias: rareza de la terminología, repetición de una misma idea en dos o tres formas distintas, frecuencia de los sinónimos. El estilo ampuloso es la nota predominante en la recopilación que hizo el polígrafo granadino de cartas reales con sus respectivas respuestas, la mayoría de las cuales fueron transcritas en la *Rayḥānat al-kuttāb* (la *Yerba olorosa de los secretarios)* que sigue siendo un modelo dentro de su género por la riqueza de las metáforas [351, 287-515].

La última misiva diplomática del reino de Granada, la que, en nombre de Boabdil, escribiera el letrado y jurista 'Abd Allāh al-'Arabī —más conocido con el nombre de al-Šarīf al-'Uqaylī—, al soberano waṭṭāsí de Marruecos, en un último llamamiento de ayuda para la Andalucía agonizante, es una impecable prosa rítmica y rimada, entreverada de reminiscencias históricas.[66]

En el primer cuarto del siglo X, la prosa artística conoció en el Oriente musulmán un nuevo período de brillantez con el género literario llamado de las *maqāmāt (sesiones).* Escritas en prosa rimada, las *sesiones* de Badī'al-Zamān al-Hamadānī (m. en el 398/1008) y de al-Qāsim al-Ḥarīrī al-Baṣrī (m. en el 516/1122) tenían forma de relatos de longitud variable en los que se contaba el encuentro de un letrado ya mayor, espíritu generoso y diserto, con un redomado pícaro que, alternativamente, intercambiaban palabras elocuentes o edificantes. Estas sesiones alcanzaron gran éxito y fueron analizadas, comentadas y consideradas modélicas por los musulmanes cultos. La España musulmana no permaneció al margen de este movimiento literario. Aḥmad al-Šarīšī, el hombre de Jerez (m. en el 619/1222), uno de aquellos andaluces que se desplazaban en busca de la ciencia, redactó un voluminoso comentario de las *maqāmāt* de al-Ḥarīrī, que se difundió por todo el mundo del Islam.

En la densa introducción a la selección de *Sesiones* de al-Hamadānī, publicada en París en el año 1957, R. Blachère y P. Masnou, tras señalar que las formas literarias de al-Ḥarīrī fueron introducidas en al-Andalus por al-Aštarkuwī en el siglo XII, ponen el acento en la imitación de las *Sesiones* de al-Ḥarīrī en lengua hebrea realizada en España en el siglo XIII por Yehudah al-Ḥarīzī, y afirman: «Estos intentos de aclimatar un género surgido en otro país no parece que tuvieran gran éxito.» [153 *c*, 48]. Así pues, aparentemente, la producción andaluza de *maqāmāt* no ha despertado entre los arabistas un interés parecido al que suscitó la abundante literatura de las *maqāmāt* orientales.

Dada la escasez de fuentes, no resulta nada fácil reconstruir la génesis y el desarrollo de la *maqāmā* hispanomusulmana. Debemos a Ibn Bassām el habernos transmitido algunas *sesiones* del siglo XI. Fernando de la Granja, quien desde hace una veintena de años viene exhumando y realizando elegantes traducciones al castellano de *maqāmāt* andaluzas, ha destacado con toda razón la desaparición del héroe típico de las *sesiones* orientales, aquel vagabundo que empleaba todo tipo de estratagemas en las circunstancias más diversas, para reírse seguidamente de sus víctimas. Añade, además, que las «*maqāmas* andaluzas de que disponemos no conservan ni la estructura ni la temática originales, tan solo el nombre, un nombre cargado de prestigio» [222, XIII]. Además, *maqāmā* y *risāla* llegan a confundirse «al borrarse de la primera todos sus trazos, salvo la prosa rimada que era característica esencial de la epístola literaria» [222, XIV]. Con la palabra *maqāmā* se designará un ejercicio de retórica en prosa rimada, en el que a veces se intercalan versos y que tiene diversas finalidades: felicitaciones dirigidas a un juez provincial, descripción de un paisaje, narración de un acontecimiento de importancia secundaria. Dentro de esta perspectiva literaria cabe incluir la *Epístola de la Espada y el Cálamo*, compuesta por Ibn Burd al-Aṣgar; cordobés perteneciente a una familia de dignatarios omeyas, en la primera mitad del siglo XI, en honor del reyezuelo de Denia, Muŷāhid. En este diálogo, que nos ha sido transmitido por Ibn Bassām, y que no es más que un pretexto para cantar loa de Muŷāhid, afluyen constantemente alegorías, sinónimos y metáforas tomadas de la poesía árabe de Oriente [222, 20]. Ibn Bassām recogió también una *maqāmā* debida a la pluma de un contemporáneo de los Banū Sumādiḥ de Almería, ʻUmar Ibn al-Šahīd al-Tuŷībī [409, III, 959]. Al-Ḥumaydī conoció a este letrado en la corte de al-Muʻtaṣim en el año 440/1048-1049. Los fragmentos que se conocen se caracterizan por una inspiración poética y una originalidad que raramente aparecen en estos ejercicios de escuela en prosa rimada del siglo XI. Temáticamente, se trata de los recuerdos del viaje emprendido por un grupo de amigos por una parte del territorio de al-Andalus, indudablemente cercana al Mediterráneo. «La primera parte es el retrato de un campesino, gran señor, que vive rodeado de toda comodidad, generoso y con sentido del humor. La segunda parte es una especie de gracioso cuentecillo con pujos de fábula. El gallo sentencioso utiliza una moral acomodaticia y apela al sentimiento de gratitud para salvar su vida, pero no vacila en proponer a cambio el sacrificio de sus hijos» [222, 90]. En el *Taḥkemoní* de Yehudah al-Ḥarīzī, S. M. Stern ha identificado en el episodio del gallo, tal como aparece en la *Maqāmā X*, una serie de pasajes copiados sin duda alguna de Ibn al-Šahīd. La estructura narrativa de ambos textos es parecida. Al-Ḥarīzī se abstuvo de traducir la versión árabe y lo que hizo fue adaptarla.[67]

Durante el rígido gobierno de los almorávides, el género de la *Sesión* gozó del favor de los letrados en la España musulmana. El célebre antólogo al-Fatḥ Ibn Jāqān, quien compuso personalmente algunas «sesiones» [11², 150-153], recopiló una *maqāmā* dirigida por Ibn Arqam al gobernador de Granada, hermano del soberano almorávide ʻAlī. En un vivaz diálogo, los interlocutores hacen un panegírico del príncipe. Entre los eruditos andaluces que recibieron las enseñanzas de al-Ḥrīrī en la misma Bagdad, cabe destacar a un habitante de Badajoz, al-Ḥasan b. ʻAlī al-Baṭalyawsī (m. en el 566/1169) y un jeque de la región de Valencia, Yūsuf al-Quḍāʻī al-Undī, el hombre de Onda, que estuvo en Bagdad en el año 502/1108 y que, de regreso a España, explicó la obra de al-Ḥarīrī a sus discípulos, entre los que se encontraban Ibn Jayr (en 532/1137) y los maestros de al-Ḍabbī [8, núm. 1446]. En las páginas de la *Fahrasa* de Ibn Jayr, y de la *Takmila* de Ibn al-Abbār, abundan los nombres de los andaluces que se interesaron por el estudio de la *Maqāmā.* El ejemplo de al-Ḥarīrī inspiró a un letrado de los alrededores de Tudela, Muḥammad al-Tamīmī al-Saraqusṭī (de Zaragoza), más conocido con el nombre de Ibn Aštarkuwī, muerto en Córdoba en el año 538/1143, y cuyas *Sesiones de Zaragoza* siguen inéditas. El erudito oriental Iḥsān ʻAbbās, que ha analizado esta obra, ha señalado su falta de originalidad en la elección de los temas, lo que contrasta con una verdadera acrobacia verbal.[68]

Ibn Jayr nos da una información fragmentaria de las siete «sesiones» redactadas en Silves, en el siglo XII, por un letrado llamado Abū l-Ḥasan Salām al-Bāhilī, que las enseñaba a sus discípulos. En los inicios de la dominación almohade en España, un letrado y gramático cordobés, Muḥammad Ibn ʻIyāḍ, escribió la *Maqāmā al-dawḥiyya* (o *Sesión del árbol alto y frondoso),* donde dejó constancia de su erudición y de sus dotes naturales de escritor en un estilo preciosista. En base a los fragmentos que nos han sido transmitidos por Ibn Saʻīd en su *Muġrib*, F. de la Granja delimita el tema con estas palabras: «El autor [...] nos hace saber su partida de algún lugar (¿Córdoba?) poniendo como pretexto el amor no correspondido de una esclava cantora, lo que probablemente no pasa de ser un símbolo. Se trata, pues, de una huida, emprendida en medio de la noche (otro símbolo, seguido de algunos más), y de un larguísimo peregrinar sin encontrar asiento en parte alguna» [222, 125].

Las «sesiones» florecieron en el ambiente culto del reino de Granada. Ibn al-Jaṭīb, que cultivó varios géneros literarios, destacó también en la *maqāmā* que podríamos calificar de geográfica. En la *Jaṭrat al-ṭayf fī riḥlat al-šitā' wa-l-ṣayf* [47, 25-53], Ibn al-Jaṭīb describe, una tras otra, algunas de las ciudades que atravesaron el sultán Yūsuf I y su escolta: Guadix, Baza, Purchena y Vera, y señala la inquietud que reina en el seno de las poblaciones de estas Marcas andaluzas como consecuencia de las frecuentes incursiones castellanas. Seguidamente, la escolta real se dirige hacia Almería y, tras pasar por Pechina, Marchena y Fiñana, regresa a Granada. El personaje del pícaro, que era el que daba todo su sabor a la *maqāmā* oriental, no aparece en absoluto y solo persiste la figura del narrador, pero, en este caso, se trata no solo de un alto dignatario del reino naṣrí sino también de uno de los espíritus más refinados de su tiempo. Una de las finalidades que se había propuesto al-Hamaḏānī era la de divertir al lector; pero si bien este objetivo no se alcanza en la *Jaṭrat al-ṭayf*, la obra de Lisān al-din no deja en ningún momento de interesarnos e instruirnos. Observador atento de los usos y costumbres de sus compatriotas, el autor describe, en Almería, el cortejo que avanza en perfecto orden hacia el regio invitado; al frente marchan letrados y juristas; siguen luego, ballesta al hombro, los soldados formando filas que recuerdan la disposición de un damero y llevando desplegados estandartes de vivos colores; los sirvientes de la flota hacen sonar sus trompas y tocan sus tambores. En la prosa ornamental que Lisān al-din maneja con su habilidad acostumbrada, destaca la descripción de Baza, dominada por una mezquita y rodeada por un recinto fortificado, una de cuyas puertas se llamaba la Puerta del Almizcle. La *Sesión* de Lisān al-din resulta también instructiva; contiene largos pasajes en prosa, en los que aparecen intercaladas composiciones en verso, ilustrativas de los gustos del autor: en ellos ocupan un lugar primordial Ibn Hānī' y el cadí 'Iyāḍ. A veces, Ibn al-Jaṭīb incluye en su relato versos compuestos por él mismo, recitados con frecuencia en el transcurso del viaje. No obstante, por el empleo casi constante de la prosa rimada y la proliferación de imágenes, dignos de un Ḥarīrī, el estilo de la *Jaṭrat al-ṭayf* coloca esta obra dentro de la *maqāmā* clásica [411, IX/2, 1968, 209].

En el *Parangón entre Málaga y Salē* [47, 57-66], Lisān al-din, exiliado en Marruecos tras la caída de Muḥammad V, evoca en un cuadro nostálgico la prosperidad de Málaga, que compara con Salé en el plano geográfico, económico y social. Esta obra exhala un patriotismo andaluz que, según E. García Gómez, sitúa a su autor dentro de la tradición de al-Šaqundī. Sin embargo, la descripción de Málaga es bastante imprecisa y, aparte algunas notas sobre la arquitectura y la enumeración de repertorios biográficos andaluces, la «sesión» resulta interesante por el virtuosismo verbal de Ibn al-Jaṭīb. Este admirable dominio de la lengua árabe se patentiza en el *Mi'yār al-ijtiyār (El justo peso de la experiencia)*, en el que Lisān al-din, en dos pasajes de longitud muy parecida, habla, por una parte, de las ciudades andaluzas y, por otra, ensalza los méritos de las dieciséis ciudades marroquíes que atravesó.[69] En unos pasajes notoriamente equilibrados, la elección de los sinónimos y la progresión de las unidades rítmicas cantan las cualidades de las metrópolis naṣríes, trasluciendo la preferencia secreta del autor por su patria andaluza.

La semejanza con la *maqāma* oriental resulta a primera vista más sorprendente en la «sesión» sobre el arte de gobernar, de la que ya se ha hablado más arriba; desfilan ante nuestros ojos los protagonistas de la *maqāmā* clásica y la situación nos recuerda aquella otra que, sacada de la historia anecdótica de la dinastía omeya, ha sido frecuentemente evocada en las obras de *adab* de la alta Edad Media [409, III, 995]. Pero ello no es más que un artificio en la forma de presentación, ya que el cuadro de la «sesión» no es más que un pretexto de Lisān al-din para exponer sus ideas.

Los escasos fragmentos conservados de la *Maqāmā de la Palmera*, diálogo entre una higuera y una palmera concluido en el año 781/1379, ponen de manifiesto la sólida cultura literaria y jurídica del juez mayor de Granada, Ibn al-Ḥasan al-Nubāhī, cuya habilidad para expresarse en prosa rimada fue loada por Lisān al-din. Pero en la «Sesión de la palmera» no aparece en absoluto la sabia combinación de metáforas y la riqueza de metonimias que caracterizan las *maqāmāt* de Ibn al-Jaṭīb.[70]

En un contemporáneo de Lisān al-din y de al-Nubāhī, un poeta pícaro del reino de Granada, recae el mérito de haber sabido dar a la *maqāmā* el aire picaresco que dio renombre a la obra de al-Hamaḏānī. Ibn al-Murābi'al-Azdī gustaba de frecuentar los medios de falsos mendigos; solo se ha conservado una de sus «sesiones», la *Maqāmā de la Fiesta* [222, 173-199]. El autor sobresale no solo en la descripción de las costumbres andaluzas sino también por su capacidad para divertirnos con la viveza del diálogo en prosa rimada, y la discreta ironía con que impregna sus palabras.

Una de las últimas «sesiones» andaluzas tiene por autor a un letrado de Málaga, el alfaquí 'Umar al-Mālaqī, sobre el cual F. de la Granja solo ha podido recoger datos biográficos sumamente reducidos: «nuestro hombre fue zejelero *(sāḥib al-azŷāl)*, y conocía muy a fondo los zejeles de Ibn Quzmān y de Magadalīs» [222, 205]. En la *Maqāmā de la peste* [222, 214-230], escrita en el año 844/1440 con motivo de una epidemia de peste que por entonces causaba estragos en Granada, 'Umar pone en boca de Málaga una carta dirigida a la Alhambra de Granada, a la que personifica. Dirigiéndose a esta ilustre dama, la ciudad portuaria le pide que convenza al sultán Muḥammad IX el Izquierdo para que abandone la capital. El sultán naṣrí encontrará buena acogida en el Palacio Nuevo de Málaga, donde la atmósfera pura y el aroma de los jardines invitan a la siesta. Aparte algunos dialectismos, que merecen una atención especial, la *Maqāmā de la peste* ofrece una descripción de la mañana malagueña en la que, a pesar del amaneramiento estilístico, trasluce una inspiración de buena calidad. En esta obra, el alfaquí 'Umar respeta las leyes del género: rememoración de la tradición islámica, símil de la hormiga y el gorrión, que conservan cierto frescor. Dos siglos más tarde, al-Maqqarī admiraría este magnífico ejemplo de preciosismo andaluz [79, I, 125-132].

Concluido este rápido análisis de la producción andaluza de «sesiones», cabe fijar este género literario en España a partir del siglo XI, en contra de una opinión corrientemente aceptada que sitúa la aparición de la *maqāmā* andaluza después de la difusión de la recopilación de al-Ḥarīrī por la península Ibérica. La «sesión» enraizó en suelo de al-Andalus y dio lugar a una abundante producción de obras de las que solo conocemos las primicias. Durante los siglos XI y XII, la literatura de las *maqāmāt* produjo deliciosas novelitas y encantadores cuentos, en los que fueron sabiamente explotados los artificios de la prosa rimada. Las «sesiones» de los siglos XIV y XV presentan un doble interés documental y literario; dejan entrever algunas de las costumbres y ciertos aspectos de la vida cotidiana de las diferentes capas sociales; además, ponen de relieve la virtuosidad verbal que honra a las letras andaluzas.

Sería inútil intentar clasificar a los andaluces dentro de la filiación de uno u otro de los grandes autores de *maqāmāt* orientales. Tanto por sus apólogos como por las «sesiones» llamadas geográficas, los hispanomusulmanes mostraron un gran sentido de la observación que, posiblemente, los vincularía con al-Hamaḏānī, aunque no puedan rivalizar con él en cuanto a la sátira de las costumbres. Se ha pretendido ver en los ejercicios estilísticos de los siglos XI y XII, así como en la retórica de Ibn al-Jaṭīb, una escrupulosa imitación del rebuscamiento que caracterizó a al-Ḥarīrī. Frente a esta afirmación, cabe más bien recordar que existen varios ejemplos de la aptitud de los andaluces en el manejo del estilo florido. En cuanto al sobrio diálogo que dejan entrever los fragmentos de la *Maqāmā de la Palmera* respondía al gusto de la época, y resulta interesante imaginar una de aquellas reuniones en el palacio de los sultanes de Granada en las que los cortesanos rivalizaban en elocuencia y erudición. Además de una corriente aristocrática, había otra popular que, si bien traducía una innegable influencia de al-Hamaḏānī, jamás rozaba la servidumbre de la imitación y mantenía su carácter auténticamente andaluz. En la baja Edad Media, la tradición de los zejeleros, la del poeta vagabundo Ibn Quzmān, se manifestaba en las obras de Ibn al-Murābi' al-Azdī y del alfaquí 'Umar al-Mālaqī.

Una serie de historiadores de la literatura española, entre ellos M. Menéndez y Pelayo y A. González Palencia, han pretendido ver en la novela picaresca de la España del Siglo de Oro este aspecto original de la *maqāmā* andaluza [294 bis, 67-68; 221 *b*; 290 *b*, 3-9]. En sus penetrantes estudios, estos autores no dudan en identificar la figura del héroe de las «sesiones» árabes con el personaje del pordiosero, el pícaro de condición humilde que hace las veces de criado, mendigo, ladrón y farsante, cuyas aventuras revelan una falta total de escrúpulos y cuyas malas pasadas provocan hilaridad. Así pues, Abū l-Fatḥ al-Iskandarī, Abū Zayd al-Sarūŷī y sus sucesores andaluces de Banū Sāsān, anónimos o no, serían los lejanos precursores de un Lazarillo de Tormes o de un Guzmán de Alfarache.[71]

2.9. La crítica literaria

La crítica literaria, que floreció en Oriente a partir del siglo IX gracias a las obras de Ŷāḥiẓ, Ibn Qutayba y Qudāma, experimentó un verdadero auge en el Occidente musulmán a partir del siglo XI, por iniciativa de la escuela de Kairuán.[72] En base al estudio de los *dīwānes* de los poetas orientales, los letrados de Kairuán intentaron desglosar las reglas de un arte poético. En este campo, resulta especialmente útil el *Zahr al-adab (Flores de la bella literatura)*, antología de al-Ḥuṣrī (muerto hacia el año 1022) [409, III, 660-662]. En tiempos de los reyes de taifas, Ibn Rašīq (m. hacia 1070) expresó sus preferencias por la investigación formal en un tratado de arte poética [409, III, 927-928]. Debemos a un contemporáneo de los ʿabbādíes de Sevilla, Ibn Šaraf al-Qayrawānī, el hombre de Kairuán [409, III, 960-961], una obra de crítica literaria, de la que solo poseemos algunos fragmentos. Ibn Šaraf llegó a España en el año 449/1057, donde frecuentó las cortes de los reyezuelos, estableciéndose finalmente en Toledo. Según algunos de sus biógrafos, residió en Berja en las proximidades de Almería, y murió en Sevilla en el año 460/1067. Al parecer, compuso en España las *Masāʾil al-intiqād (Cuestiones de crítica literaria)*, «sesión» que consiste en una conversación sobre los poetas, puesta en boca de un personaje imaginario con una sólida cultura literaria, Ibn al-Sakan, originario de Salamān, localidad situada en la ruta entre La Meca e Iraq. Si bien Ibn Šaraf da muestras de una evidente agudeza y sentido psicológico en su lista de los poetas árabes más ponderados por los occidentales del siglo V/XI, no hay que buscar en estas charlas un análisis profundo de las obras criticadas.[73]

La manifestación más original de la crítica literaria en España había tenido lugar unos cincuenta años antes en un ensayo de juventud del cordobés Ibn Šuhayd. La *Epístola de los genios inspiradores*, redactada antes del año 401/1011, algunos de cuyos fragmentos fueron reproducidos por Ibn Bassām en su *Tesoro*, es el relato de un viaje imaginario emprendido por el poeta en compañía de su genio inspirador, Zuhayr. Este conduce a Ibn Šuhayd a un valle donde residen los genios inspiradores de los poetas y prosistas más famosos. Ibn Šuhayd les recita versos y fragmentos en prosa compuestos por él y que ponen de manifiesto su talento en todos los géneros. En el transcurso de una reunión literaria, se examinan las diversas composiciones. Un grupo de asnos y mulos poetas designan como árbitro a Ibn Šuhayd. El texto conservado concluye con una serie de consejos de orden literario. En este autor aparece la preocupación constante por definir el talento literario con el propósito de poder comunicarlo a los futuros hombres de letras. En otras epístolas parcialmente transmitidas por Ibn Bassām, el poeta afirma que el talento literario no reside en el virtuosismo técnico ni en la imitación servil de las glorias del pasado, sino que procede de las dotes naturales completadas con un aprendizaje adecuado de la gramática y con una dosis moderada de expresiones raras. El talento literario es un don de Dios, el único que puede enseñarlo. Ibn Šuhayd siente una profunda aversión hacia el pedantismo de los filólogos, ya que en su opinión la belleza artística está compuesta de elementos sutiles e indefinibles.[74]

En el *Tesoro* de Ibn Bassām figura una obrita de crítica literaria que fue exhumada por Fernando de la Granja hace ya algunos años [222, 63-77]. Se trata de una *Sesión* en prosa rimada, escrita a mediados del siglo XI por un literato cordobés de muy humilde origen, ʻAbd al-Raḥmān Ibn Fatūḥ. El tema es la valoración de cuatro poetas andaluces: Abū Ḥafṣ Ibn Burd, Ibn Šuhayd, Ibn Zaydūn e Ibn Ibrāhīm al-Tubnī, «en una especie de examen en el que el examinador y examinado juzgan por igual el mérito respectivo de los poetas objeto del examen» [222, 72]. Hay que destacar aquí la agudeza crítica de Ibn Fatūḥ, quien supo reconocer como grandes poetas contemporáneos suyos a aquellos a quienes los críticos orientales y occidentales consagrarían posteriormente, es decir, Ibn Zaydūn e Ibn Šuhayd.

Dos siglos más tarde, el andaluz Ḥāzim (1211-1285), nacido en Cartagena [409, III, 348], donde recibió una sólida formación filológica y literaria, emigró a Ifrīqiya. Su obra de crítica literaria *(Método de los hombres elocuentes)* comprende diversos fragmentos sacados de obras de autores famosos, y en ella se abordan la forma de componer los versos, el arte oratorio y la crítica de poetas conocidos. Ḥāzim intentó aplicar a la literatura árabe las teorías de Aristóteles, que conocía esencialmente a través de los capítulos de la obra médica de Avicena, pero esta tentativa fue un caso aislado.

2.10 CIENCIA Y MEDICINA

Hacia mediados del siglo X, durante el califato de ʻAbd al-Raḥmān III, se produjo en la España omeya un desarrollo de la cultura científica por influencia de Oriente e iniciativa del príncipe heredero, al-Ḥakam. Conocemos el lugar concedido ya desde esta época a las ciencias antiguas, tomadas por el Islam del iranismo y, sobre todo, del helenismo gracias a la primera historia de las ciencias, escrita en tierras del Islam por un sabio toledano del siglo XI, que vivió en la corte del dinasta ḏū l-nūní de Toledo, al-Ma'mūn. El cadí Ṣā'id Ibn Aḥmad es el autor de un opúsculo que lleva por título *Ṭabaqāt al-umam (Libro de las Categorías de las Naciones)*,[75] que fue ampliamente citado y utilizado en Oriente durante los siglos siguientes. Un médico de Córdoba, Ibn Ŷulŷul, destinado al servicio personal de Hišām II a finales del siglo X, nos ha legado, en sus *Ṭabaqāt al-aṭibbā' (Libro de las generaciones de médicos)*, la más antigua recopilación de biografías de médicos en lengua árabe [394, 5, 1968, 443-463]. Utilizó traducciones árabes a partir del latín y aprovechó de este modo su conocimiento de la *Historia adversus paganos* de Paulo Orosio, la crónica de san Jerónimo y las *Etimologías* de san Isidoro de Sevilla [409, III, 779-778].

Tanto Ṣā'id como Ibn Ŷulŷul tomaron como punto de partida de sus recopilaciones el reinado del emir 'Abd al-Raḥmān II (822-852), durante el cual un poeta e inventor cordobés, 'Abbās Ibn Firnās [277, I, 373-374], descubrió el secreto de la fabricación del vidrio y lo aplicó en los hornos de los vidrieros de la capital omeya. Este mismo personaje intentó volar. Elías Teres, quien ha señalado esta curiosa tentativa, describe el «vuelo» de 'Abbās Ibn Firnās con estas palabras: «se cubrió el cuerpo con una pieza de seda revestida de plumas, se adaptó dos alas, como los pájaros, y se echó a volar en la Ruṣāfa; logró permanecer en el aire un cierto tiempo y recorrió alguna distancia; pero en el momento de tomar tierra, no acertó a maniobrar adecuadamente y cayó con violencia en el suelo, lastimándose el trasero, porque —dice el cronista— no se había dado cuenta que los pájaros, al posarse, se valen de su cola, y él no se había fabricado cola» [391, XXIX/2, 1964, 365].

En los primeros tiempos del califato de Córdoba, el quehacer científico estaba representado por especialistas orientales y por médicos cristianos y judíos españoles. Entre los orientales sobresalen los hermanos al-Ḥarrānī, descendientes de Yūnus Ibn Aḥmad al-Ḥarrānī, un iraquí que se había instalado en Córdoba a mediados del siglo XI [277, III, 507]. Varios médicos omeyas marcharon a Bagdad a instruirse, mientras que otros se trasladaban a Kairuán, donde ejercía el célebre Ibn al-Ŷazzār, el autor del *Zād al-musāfir*, traducido posteriormente al latín por Constantino el Africano con el título de *Viaticum*. Entre los médicos cristianos se cita a Jālid Ibn Yazīd Ibn Rumān, y entre los judíos, a Ḥasdāy b. Šaprūt, a cuyo papel político en la corte de al-Nāṣir en la primera mitad del siglo X nos hemos ya referido. Por la misma época, todo un equipo de botánicos y médicos cordobeses, entre los que figuraban Ḥasdāy Ibn Šaprūt, Ibn Ŷulŷul y Muḥammad Ibn al-Kattānī, se dedicó a descifrar y traducir al árabe, bajo la égida del monje bizantino Nicolás, la *Materia médica* de Dioscórides, obra que Constantino VII

Porfirogeneta había enviado como regalo a al-Naṣīr. Entre los médicos andaluces surgidos de este grupo y que destacaron durante los reinados de al-Ḥakam II y de al-Manṣūr b. Abī ʿĀmir, cabe citar a Abū l-Qāsim Jalaf al-Zahrāwī, el célebre Abulcasis, quien, a su muerte (402/1013), dejó una voluminosa enciclopedia médico-quirúrgica, el *Kitāb al-Taṣrīf*, varias de cuyas partes habían de ser traducidas al hebreo y al provenzal y ser objeto de la célebre versión latina de Gerardo de Cremona.

Considerada en un principio como una ciencia ilícita, la astronomía despertó numerosas vocaciones en España desde el siglo IX y hasta finales de período de las taifas; se desarrolló en el siglo X por iniciativa de al-Ḥakam II: la escuela de astronomía que se formó en su época estuvo dominada por la personalidad de un astrónomo y matemático de Córdoba, de origen madrileño, Maslama b. Aḥmad al-Maŷrīṭī (m. en el 398/1008), quien sería el introductor en la capital omeya de la famosa enciclopedia oriental titulada *Epístolas de los hermanos de la pureza*, destinadas a divulgar entre el gran público la ciencia contemporánea vista a través del neoplatonismo y del pitagorismo [408, III, 100-101 y 409, III, 1098-1103]. Maslama desempeñó un importante papel en la evolución de la cultura científica andaluza [408, III, 100-141], en tanto que adaptador de las tablas astronómicas de al-Jwarizmī y autor de un tratado sobre el astrolabio y de algunas obras de magia y de matemáticas prácticas [391, XXX/1, 1965, 15-45].

Cuando las guerras civiles desgarraron la España musulmana a principios del siglo XI, los discípulos de Maslama, que se habían refugiado en Levante, en Toledo o en Granada, afirmaron su vocación de astrónomos. Ibn al-Ṣaffār [409, III, 948] se instaló en Denia, donde moriría en el año 1035. En esa ciudad elaboró una serie de tablas astronómicas siguiendo el método del *Sindhind*, y escribió un tratado sobre el empleo del astrolabio que se difundió por Occidente a través de dos versiones en latín.[76] Otro discípulo de Maslama, el geómetra Ibn al-Samḥ [409, III, 953], emigró de Córdoba a Granada, donde escribió unos comentarios a los *Elementos* de Euclides, dos epístolas sobre la utilización del astrolabio que serían ampliamente utilizadas por los astrónomos toledanos del siglo XIII en sus *Libros Alfonsíes del saber de Astronomía.* En el año 1205 redactó un tratado sobre el ecuatorio titulado *Libro de las láminas de las siete planetas* que conocemos gracias a una versión alfonsí. En el Toledo de la segunda mitad del siglo XI, sobresalió Ibn al-Zarqāla, el Azarquiel de los textos medievales, a quien J. M.ª Millás Vallicrosa ha dedicado varios estudios[77] y cuya aptitud para la astronomía ha sido descrita por Juan Vernet en los siguientes términos: «un autodidacta, Azarquiel (m. 1100), que había iniciado su carrera como artesano especializado en la construcción de los instrumentos que le encargaban los astrónomos de la corte de al-Ma'mūn, empeñados en levantar unas tablas que pudieran competir con las de *Zīŷ al-mumtaḥan*

(Tabulae Probatae) orientales... La maestría de Azarquiel transformó a éste, primero, en discípulo de sus clientes, y luego, cuando demostró que su inteligencia era tan grande como su habilidad manual, en su director» [388, 64-65]. Las obras de Ibn al-Zarqāla solo nos han llegado a través de versiones latinas, hebreas y en romance medieval. En opinión de J. M.ª Millás Vallicrosa, fue el primer astrónomo de Europa anterior a Kepler.

En el siglo XII, el estudio de la astronomía y de las matemáticas declinó bruscamente, pese a que se escribiesen algunas obras de valor estimable. Entre los astrónomos andaluces cabe citar a Ibn Mas'ūd, autor de un tratado de trigonometría y a Ibn Ŷabr, cuya obra de astronomía sería traducida por Gerardo de Cremona. Los filósofos Ibn Bāŷŷa (Avempace) de Zaragoza, Ibn Ṭufayl (Abentofail) e Ibn Rušd (Averroes) se interesaron por la astronomía de forma puramente accesoria.

Durante el califato de Córdoba, siguieron despertando interés los estudios de farmacología y de botánica [391, III, 1935, 3-13]. Ibn Ŷānah, médico judío de Córdoba que murió en Zaragoza a mediados del siglo XI, es autor de un tratado de farmacología [409, III, 773]. Un médico cordobés, Ibn Samaŷūn, escribió un libro sobre los medicamentos titulado *al-Ŷāmi'fī l-adwiya al-mufrada,* en el que enumeraba los cuerpos simples siguiendo el orden alfabético del semítico antiguo, describía las plantas y sus propiedades medicinales y citaba textualmente a Galeno, Pablo de Egina y el oriental Abū Ḥanīfa al-Dīnawārī, conocido en España a mediados del siglo X por su *Libro de las Plantas* [409, III, 952-953]. Pero el nombre que domina el siglo XI es el del médico y farmacólogo andaluz Ibn Wāfid, nacido en el año 398/1007, quien estudió medicina con al-Zahrāwī en Córdoba, y residió en Toledo a partir del año 460/1067. Al-Ma'mūn encargó a este teórico de la agricultura que plantara en Toledo la «Huerta del Rey», no lejos del Puente de Alcántara. Ibn Wāfid concedía gran importancia al régimen dietético, y cuando tenía que recetar algún medicamento, prefería los simples a los compuestos. Algunas de sus obras fueron traducidas al latín o a lenguas romances [388, 64]. Debido al avance de la Reconquista, Ibn Wāfid se vio obligado a buscar refugio en Sevilla, donde sin duda entró en contacto con los agrónomos Ibn Ḥaŷŷāŷ y Abū l-Jayr. No vamos a detenernos aquí en la literatura geopónica andaluza que floreció en tiempos de las taifas y de los gobernadores almorávides *(supra,* cap. IV), y nos limitaremos tan solo a recordar que, junto a esta corriente práctica, se iba desarrollando en el campo de la agricultura una tradición erudita, entre la que cabe citar la *'Umdat al-ṭabīb,* obra anónima que daba los sinónimos, en las distintas lenguas peninsulares, de las plantas conocidas y una clasificación orgánica de las plantas [144].

En los siglos XI y XII, la España musulmana fue la patria de una familia de grandes médicos árabes, los Banū Zuhr. Los más famosos llegaron a ser médicos de cámara de los soberanos reinantes [409, III, 1001-1003]. Abū l-'Alā', hijo a su vez de un médico sevillano que se había establecido en la corte de Muŷāhid de Denia, destacó en el estudio de las ciencias religiosas y de las buenas letras antes de entregarse a la medicina en la Sevilla 'abbādí. Consiguió atraerse a numerosos pacientes debido a su sagacidad para diagnosticar, a su gran experiencia, a una utilización especialmente eficaz de los medicamentos y a la prudencia de que hacía gala. Enseñó medicina a su hijo Abū Marwān, el Abhomeron Avenzoar alabado por los latinos,[78] que se puso al servicio de los almorávides y, posteriormente, de los almohades. De sus numerosas obras, solo muy poco ha llegado hasta nuestros días. Murió en Sevilla en el año 557/1161. El *Kitāb al-Iqtiṣād fī iṣlāḥ al-anfus wa-l-aŷsād (Libro del justo medio acerca de la reparación de los cuerpos y las almas)*, del año 515/1121, da una serie de indicaciones terapéuticas junto a normas profilácticas.[79] En el *Taysīr fī l-mudāwāṯwa-l-tadbīr (Libro de la simplificación de la terapéutica y la dieta)*, escrito entre 1121 y 1162, Ibn Zuhr señalaba el valor de la experiencia, al igual que su padre, Abū l-'Alā'. En esta obra, redactada por mandato del califa 'Abd al-Mu'min, aparece una descripción de las enfermedades y un estudio de su tratamiento. Ibn Rušd alabó su carácter práctico. El *Kitāb al-aġḏiya wa-l-adwiya (Libro de los alimentos y los medicamentos)* expone los diferentes regímenes alimentarios, las preparaciones culinarias, las bebidas y los condimentos y trata de los medicamentos y de las reglas de higiene [417, XXVI/1, 1977, 103-116]. Puede afirmarse que la medicina de Avenzoar se inspira en el sistema de Galeno, que no se distingue por su originalidad y que se trata más bien de un arte de curar. Varias anécdotas demuestran la perspicacia y la habilidad de Abū Marwān. Su hijo Abū Bakr Muḥammad (504/1110-595/1198) también se distinguió en la práctica de la medicina, gozó de la confianza del califa Ya'qūb al-Manṣūr y escribió un tratado de oftalmología.

A principios del siglo XIII, el avance de los cristianos obligó a varios letrados a emigrar a África y a Oriente. Un discípulo de Averroes, Ibn Ṭumlus, originario de Alcira y sucesor de Ibn Rušd como médico del califa almohade al-Naṣīr, permaneció en Levante y murió en su ciudad natal en el año 620/1223. Escribió un comentario del poema de Avicena sobre la medicina [409, III, 984]. Ibn al-Bayṭār, botánico y farmacólogo originario de Málaga, hizo sus estudios en Sevilla, por cuyos alrededores herborizó, y, después de haber atravesado el norte de África, en el año 617/1220, llegó a Oriente, donde escribió la mayoría de sus obras de farmacopea y su comentario de Dioscórides [409, III, 759-760].

Sin embargo, durante el período naṣrí sobresalieron todavía algunos nombres de sabios andaluces. Muḥammad Ibn-Raqqām, originario de Murcia, geómetra y astrónomo, ejerció la medicina en Granada, escribió varias obras de matemáticas y murió a avanzada edad en la capital naṣrí en el año 715/1315 [45¹, f.° 107]. El letrado Manṣūr al-Zawāwī enseñó matemáticas en Granada durante la segunda mitad del siglo XIV [45³, I, f.° 52, 45⁴, f.° 372]. Su contemporáneo Ibn Riḍwān de Guadix (m. en 757/1356) escribió un poema sobre la astronomía y un opúsculo sobre el astrolabio [45⁴, f.° 192].

En cuanto al siglo XV, cabe citar a Ya'īš b. Ibrāhīm b. Sammāk al-Umawī al-Andalusī, autor de un tratado sobre el conocimiento de los pesos [360 bis, 187; 351 *b*, 142; 160, GAL, II, 314, 5. II, 379], y en especial, al último matemático árabe de valor reconocido, Abū l-Ḥasan 'Alī b. Muḥammad al-Qalaṣādī, quien nació en Baza, estudió en Granada y en el norte de África, se refugió en Tremecén ante el avance cristiano por territorio naṣrí y murió en Beja en el año 891/1486. Es autor de diversos manuales de aritmética y de álgebra, de una obra de cálculo y dos comentarios al tratado de aritmética escrito en el año 1300 por el marroquí Ibn al-Bannā' [28², 201; 56, II, 445; 360 bis, 180-182; 160, GAL, II 343, s. II, 378-379; 409, IV, 497-498].

Desde fecha temprana los andaluces habían prestado especial atención a la astrología. En torno a los emires y a los califas omeyas, en torno a los 'āmiríes gravitaron una serie de poetas-astrólogos [277, I, 140, 272-273, II, 278]. Entre los grupos de allegados a los reyes de taifas vivían astrólogos y especialistas en predecir el horóscopo. En la Granada del siglo XIV, el bajo pueblo veneraba al astrólogo y exorcista Ibn al-Faḥḥām. Pero su discípulo predilecto, Aḥmad al-Anṣārī al-Ġarnāṭī, quien había predicho al usurpador Muḥammad VI el éxito de su empresa, se ganó por este hecho la enemistad del sultán legítimo. De regreso a Granada, Muḥammad V hizo azotar al astrólogo y luego lo exilió a Túnez, donde moriría [45⁶, I, 212-213; 31, I, 306-307].

En la corte de los soberanos naṣríes vivieron algunos médicos de cierta notoriedad, como Ibn al-Sarrāŷ, médico privado de Muḥammad II, que gozó de sólida fama y cuyo desinterés fue especialmente loado por sus biógrafos: atendía gratuitamente a los menesterosos y les entregaba una tercera parte de sus ingresos [31, I, 315]. A principios del siglo XIV, el sultán Naṣr tuvo como médico titular en su corte de Guadix a un hábil cirujano y destacado botánico, Muḥammad Ibn Faraŷ al-Šafra, originario de Crevillente, en las proximidades de Elche [45⁶, III, 179-180]. A la tradición médica andaluza vino a sumarse el interés por los nuevos conocimientos. Así, por ejemplo, en el siglo XIV, Abū Tammām Ġālib, originario de Segura, marchó a El Cairo para perfeccionar su ciencia y ejerció la medicina según los métodos orientales en el célebre hospital de esa ciudad [45¹, f.° 354]. En Granada, el letrado y médico Ibn Huḏayl al-Tuŷībī impartió sus enseñanzas al futuro visir Lisān al-dīn Ibn al-Jaṭīb y a Muḥammad al-Šaqūrī, nieto de Abū Tammām Ġālib de Segura [45¹, folio 146, f.º 354], quien se convertiría en el médico personal de Yūsuf I, al tiempo que adquiría su experiencia cotidiana en los medios populares de la capital.[80] Muḥammad Ibn Sūda de Almería siguió los cursos del famoso médico judío Ibn Zarzār [45¹, f.º 143-144]. Las ciudades de provincia también contaron con médicos de fama, como el poeta Ibn Jātima de Almería y el malagueño Ibn Qāsim al-Qurašī, quien en el año 754/1354 sería nombrado director del *maristān* de Fez [45¹, f.º 63]. El cadí Aḥmad b. al-Ḥāšimī al-Ṭanŷālī practicó la medicina en Loja con tal abnegación que se granjeó el agradecimiento de sus compatriotas (31, I, núm. 473). Un discípulo de Ibn al-Jaṭīb, el médico Ibn al-Muhanā, escribió un comentario de la *Alfīya* de Avicena, todavía muy apreciado en Marruecos en tiempos de al-Maqqarī [78¹, X, 142].

En los últimos decenios se han hallado algunos tratados de medicina de los naṣríes, entre ellos un opúsculo de medicina popular, los *Muŷarrabāt fī l-ṭībb (Hechos de experiencia)* de Muḥammad Šaqūrī,[81] así como el voluminoso trabajo de patología general y especial dedicado por Ibn al-Jaṭīb al sultán marīnī Abū Sālim entre los años 1359 y 1361, el *Kitāb ʿAmal man ṭabba liman ḥabba (Arte del que emplea su conocimiento médico en beneficio del que ama).*[82] Por último, han llegado hasta nuestros días tres tratados inspirados en la peste negra: la *Muqniʿat al-sā ʾil ʿan al-maraḍ al-hāʾil (Lo suficiente para quien investiga acerca de la terrible enfermedad)* de Ibn al-Jaṭīb,[83] el *Taḥṣīl ġaraḍ al-qāṣid fī l-maraḍ al-wāfid* o *Descripción de la peste y medios para evitarla en lo sucesivo)* de Ibn Jātima,[84] y la *Naṣīḥa (el buen consejo)*, resumen de una obra de gran trascendencia escrita por al-Šaqūrī sobre el mismo tema.[85]

Siguieron gozando de prestigio una serie de autores antiguos, entre ellos Hipócrates y Galeno, y árabes, como Razes y Avicena. En el campo de la terapéutica se recurría a menudo a los simples. Al inicio de su carrera, Muḥammad al-Šafra había desempeñado el oficio de herbolario; había recorrido los montes en busca de plantas importantes, convirtiéndose así en un experto en el tratamiento de las enfermedades [45¹, folio 147]. Al-Šaqūrī aplicaba sobre posibles tumores el cardo borriquero que, en su opinión, los eliminaba [194, II, 329]. La farmacopea, heredada de los griegos, siguió gozando de gran prestigio: la carne de víbora siguió siendo el elemento esencial de la gran teriaca; si damos crédito a Ibn al-Jaṭīb, un médico de Málaga, al-Ḥasan al-Qaysī, llamado al-Qalnār, intentó preparar esta panacea contra venenos en la corte de Yūsuf I en el año 752/1351-1352, pues conocía a la perfección los ingredientes que la componían y las reglas de su composición [45⁶, I, 475-476].

Se mantuvieron en vigencia los principios de la dietética pacientemente elaborada por la doctrina médica árabe, a veces basada en la tradición islámica. Muḥammad al-Šaqūrī proscribía el abuso de comidas y bebidas, así como el consumo de alimentos pesados, basándose en un famoso «dicho» del Profeta: «El estómago es la cámara del mal, y la dieta, el principio del tratamiento». El médico naṣrí daba gran importancia a la purificación del cuerpo gracias a la alimentación y a los remedios. El régimen alimentario servía para luchar contra la enfermedad. En la práctica, esta afirmación de al-Šaqūrī se tradujo en la adopción de una serie de medidas, al igual que hicieron sus ilustres contemporáneos Ibn Jātima e Ibn al-Jaṭīb, destinadas a combatir la temible peste negra. Había que prohibir los pasteles y las salazones, y alimentarse de pan hecho con harina pura y de buena calidad, que contuviera sal y levadura en dosis razonables, amasado con vinagre y remojado en agua. El consumo de carne era poco aconsejable, por tratarse de un producto perecedero; entre los alimentos de origen animal, era preferible recurrir a las aves de corral, sobre todo al pollo. El enfermo podía beber agua fría a la que se hubiera añadido vinagre.[86] Estaba permitido alimentarse de manzana amarga, zumaque sirio, zumo de limón y de agraz.[87] En cuanto a frutas, estaban autorizados la manzana y la ciruela, siempre que estuvieran en perfecto estado, la granada, el membrillo amargo, así como las peras, los higos, los dátiles y la uva.[88] Entre las hortalizas se recomendaban las lentejas y los calabacines.[89]

Al-Šaqūrī criticaba la costumbre de comprar medicamentos al vendedor de especias, ya que solo el médico en ejercicio era competente en materia de remedios.[90] Sabía qué tenía que recetar en función de la edad y el temperamento del enfermo, ajustándose así a la antigua doctrina de las «complexiones», que se seguía aplicando.[91]

La novedad de la medicina andaluza residía en la conducta a adoptar en tiempo de epidemia. Los autores cristianos de España, Italia y Francia atribuían la violencia de la gran peste a una causa astrológica: la conjunción de tres planetas sería la causa de una corrupción de la atmósfera debida a la putrefacción.[92] En opinión de Ibn al-Jaṭīb, esta causa astrológica no debía preocupar al médico.[93] Los médicos naṣríes hicieron caso omiso del prejuicio teológico árabe que consideraba la peste como un castigo divino.[94] Entre las medidas profilácticas susceptibles de atajar la epidemia de peste se recurrió, como en tiempos pasados, a las fumigaciones para sanear la atmósfera. Se consideraba que los vapores medicamentosos, de incienso y mirra, eran especialmente beneficiosos para mujeres y ancianos. En otro tipo de fumigaciones se utilizaban la esencia de rosas, el sándalo, el tamariz, el alcanfor, la madera de áloe. Era conveniente que en las casas predominaran aromas tales como el de mirto, hojas de caña de azúcar verdes, mezcladas con agua y vinagre. Ibn Jātima aconsejaba a sus conciudadanos de Almería que se frotaran la cara con esencias a base de limón, rosas y violetas.[95] Si bien tuvieron en cuenta el aspecto clínico de la enfermedad, los médicos del reino de

Granada se anticiparon a sus colegas de Europa occidental al señalar la importancia del aislamiento y los peligros de la contaminación por contacto, cuya existencia había sido establecida por la experiencia.[96] Ibn Jātima e Ibn al-Jaṭīb dieron una serie de consejos a personas que habían vivido en localidades afectadas por la peste para que se inmunizaran contra la enfermedad.[97] Ibn al-Jaṭīb denunció enérgicamente la propagación del contagio a través de los vestidos, los utensilios e incluso los pendientes. Muḥammad al-Šaqūrī ordenó que se lavaran con agua fría los vestidos contaminados por el contacto de un enfermo y prohibió que se frecuentaran los baños públicos durante los períodos de epidemia.[98] Los tres recomendaron la adopción de una serie de medidas para proteger las bebidas de contaminaciones exteriores, y dieron muestras de una innegable perspicacia, denotando un claro progreso tanto en la teoría como en la práctica de sus predecesores.[99]

2.11. LA HIPOLOGÍA

Ha llegado hasta nuestros días parte de la literatura sobre hipología del período naṣrí. En tiempos de Muḥammad I, un letrado originario de Guadix, Muḥammad b. Riḍwān Ibn Arqam, escribió en Granada una voluminosa obra de hipología,[100] dedicada al primer naṣrí [45⁶, II, 141-142]. Este tratado fue retocado en tiempos de Muḥammad V por el predicador ʻAbd Allāh Ibn Ŷuzayy, quien eliminó numerosos términos técnicos raros y añadió algunos capítulos sobre la sagacidad de los caballos, en los que incluyó gran profusión de digresiones y anécdotas.[101] A fines del siglo XIV, un discípulo de Ibn Ŷuzayy, ʻAlī Ibn Huḏayl [409, III, 827-828], prestó especial atención al tema de la hipología. A requerimiento de Muḥammad V escribió un tratado de guerra santa, *Tuḥfat al-anfus wa-šiʻār sukkān al-Andalus (El regalo de las almas y el distintivo de los habitantes de al-Andalus)*, al que ya hemos aludido en varias ocasiones. En esta obra alentaba a los súbditos del sultán naṣrí a tomar el oficio de las armas y a crear una caballería digna de la de sus antepasados, «que consideraban los caballos como su ornato, su gloria» [35, 35]. Treinta años más tarde, el nieto de Muḥammad V, el sultán Muḥammad VII, encargó a Ibn Huḏayl que reanimara las energías para lo cual suprimió de su tratado los capítulos relativos a la guerra santa y el *ribāṭ*, dando a la nueva versión abreviada el título de *Ḥilyat al-fursān wa šiʻār al-šuŷʻān (Gala de Caballeros, blasón de paladines)* [36], tratado de hipología, de equitación y del manejo de las armas a caballo. Esta obra es sumamente rica en detalles acerca de las artes ecuestres y militares en el seno del Islam andaluz; en cambio, los datos sobre la organización militar práctica son muy escasos, y carece totalmente de color local [36, 432; 409, II, 803-806, 974-977].

3. EL DESARROLLO ARTÍSTICO

No podemos concluir este cuadro de la civilización hispanomusulmana sin aludir a uno de sus más atractivos aspectos: el desarrollo artístico. Desde hace una cincuentena de años ha sido objeto de numerosas y detalladas monografías. Solo citaremos aquí los temas más importantes a la luz de los últimos trabajos publicados [215; 290; 363; 369; 298, V, 331-778; 214 *b*].

Por su configuración geográfica de cerrojo occidental del mar interior y por sus características mediterráneas, la península Ibérica fue —desde tiempos antiguos— un lugar propicio para la eclosión de influencias orientales. Por otra parte, la comunidad de lengua y de religión creó entre el Occidente y el Oriente musulmanes relaciones constantes que se vieron, además, intensificadas por el precepto religioso de la peregrinación a La Meca. Durante ocho siglos llegaron a la península Ibérica una serie de corrientes artísticas que, en algunos casos, alcanzaron mayor desarrollo que en su país de origen. En el arte de al-Andalus pueden identificarse resonancias del arte bizantino y de sus áreas culturales, de Siria, de Mesopotamia, de Egipto y de Ifrīqiya.

3.1. LA ARQUITECTURA

No poseemos ni obras de arte ni vestigios de los primeros decenios de la historia de al-Andalus. El período de los gobernadores se caracterizó por la infecundidad cultural en general. La tradición arquitectónica hispanomusulmana nació en el país unificado por ʻAbd al-Raḥmān el Inmigrado, al cabo de treinta años de reinado. El primer omeya de España coronó su obra política con una fundación religiosa, la mezquita de Córdoba, construida entre el año 168/784 y el 170/786, es decir, tres cuartos de siglo después de la conquista de la península Ibérica por los contingentes arábigo-beréberes.

Edificada desde un principio junto a la antigua calzada romana que subía del puente, en la actualidad la Mezquita Mayor de Córdoba alberga, en el interior de su inmensa sala de oraciones, la catedral de la ciudad reconquistada por Fernando III en 1236. Algunos meses después de la entrada victoriosa del Rey Santo en Córdoba, la mezquita fue consagrada y devuelta al culto católico bajo la advocación de la Asunción de la Virgen, con el nombre de Santa María la Mayor. En nuestros días, la mezquita mayor de Córdoba tiene forma de un cuadrilátero de unos 180 metros de largo por 130 de ancho, y está rodeada de un recinto almenado en el que destacan unas puertas monumentales, casi todas ellas tapiadas desde el siglo XIII para servir de fondo a las capillas laterales.[102]

Todavía no se ha logrado esclarecer por completo la historia de la mezquita primitiva. E. Lévi-Provençal, basándose en cronistas árabes, opinaba que la mezquita había sustituido a la iglesia de San Vicente, que los musulmanes habrían compartido en un principio con los cristianos mozárabes de Córdoba [277, III, 386, 387]. El arqueólogo Henri Terrasse objetaba que las excavaciones llevadas a cabo en el edificio invalidaban esta afirmación y que no aparecía en la mezquita influencia alguna procedente de un santuario cristiano [365 bis].

El oratorio primitivo ocupa la parte noroeste del edificio conservado hasta nuestros días. Se trata de una mezquita rectangular, de muros de piedra, dividida en once naves orientadas norte-sur perpendicularmente al muro en que se abre el *miḥrāb* o nicho de orientación. Esta parte cubierta del edificio, la sala de rezo, ocupaba una superficie interior de 72 m de ancho por 36 m de profundidad. Al norte del oratorio había un patio, cerrado con un muro, pero que aún no estaba rodeado de pórticos. La estructura de la mezquita era incluso más original que su plano. El oratorio de ʿAbd al-Raḥmān I está construido sobre 110 columnas, las cuales procedían de edificios romanos o visigodos. El arquitecto de Córdoba tuvo la habilidad de emplear dos series de arcos superpuestos, lo que permitió dar al edificio una altura de 9,60 metros. Quizá se inspirara en los acueductos romanos de España, especialmente en el de Mérida. En ninguna otra mezquita aparece esta estructura que da a la de Córdoba una belleza única en la arquitectura medieval.

Los emires Hišām I y al-Ḥakam I se esforzaron en consolidar el poder omeya. Entre los años 172/788 y 180/796 se realizaron algunos trabajos por orden de Hišām. El hijo del Inmigrado llevó a cabo algunas reformas en el interior de la nueva mezquita: se construyó un alminar para llamar a la oración y se instaló una pila para las abluciones y galerías destinadas a las mujeres.

En tiempos de ʿAbd al-Raḥmān II se tuvo que ampliar la mezquita debido al crecimiento de la población cordobesa. Se construyó un nuevo *miḥrāb* y se ampliaron las naves existentes en dirección sur sobre ocho nuevos tramos. La parte añadida sigue la misma estructura anterior. Junto a los capiteles procedentes de edificios antiguos, hay otros once finamente trabajados e inspirados en modelos clásicos. Otros cuatro capiteles, que posteriormente serían trasladados del *miḥrāb* al de al-Ḥakam II, testimonian la existencia de un taller de artistas de gran talento. Estos capiteles no tienen ninguna influencia ni de Bizancio ni de Bagdad, y pueden compararse con los más hermosos capiteles romanos.

El hijo y sucesor de ʿAbd al-Raḥmān II, el emir Muḥammad I, hizo concluir los trabajos en el año 241/855, fecha que aparece en una inscripción de la Puerta de San Esteban. Esta puerta era de la época de ʿAbd al-Raḥmān I, siendo restaurada y su decoración completada por entonces. En la misma piedra del muro se labraron follajes adornados con acantos y hojas de vid.

En tiempos del omeya Muḥammad I se siguió trabajando en la ampliación de dos galerías laterales destinadas a las mujeres y en la construcción, en el fondo del patio, de un nuevo púlpito sostenido por 23 columnas. Se decoraron las paredes de la sala de oraciones, a la que se dotó de una loggia de madera labrada *(maqṣūra)* en cuyo interior se situaba el emir para cumplir con sus devociones.

Durante su corto reinado, al-Munḏir hizo construir en una dependencia de la mezquita una cámara fuerte en la que se guardaba el tesoro de las fundaciones pías.

El emir ʿAbd Allāh, fiel a la tradición siria, ordenó que se uniera directamente el alcázar con la sala de oraciones mediante un pasadizo cubierto que salvaba por encima la calle del Puente y le permitía mantenerse alejado de las masas de fieles.

Durante su largo y próspero reinado, ʿAbd al-Raḥmān III hizo construir en el año 340/951 un nuevo y monumental alminar, de sección cuadrada, como los alminares sirios. Esta importante torre serviría de modelo a los famosos alminares almohades de Sevilla, Marrakech y Rabat.[103]

El constante crecimiento de la población de Córdoba obligó a una nueva ampliación de la mezquita mayor en tiempos de al-Ḥakam II, con el objetivo de darle mayor amplitud y de permitir el aflujo de fieles. Los trabajos se iniciaron en el año 350/961, después de una conferencia que, en el mismo lugar, sostuvo el piadoso soberano en persona con juristas y arquitectos. Se decidió prolongar el oratorio en una profundidad de 95 codos, es decir, unos cincuenta metros. Para la decoración, el soberano solicitó al emperador de Constantinopla que le enviara un especialista en mosaicos. También son de influencia oriental las cuatro bóvedas de arcos de piedra entrecruzados que sostienen las cúpulas, todo ello con una técnica que denota a la vez ingeniosidad y conocimiento de los sistemas de construcción. En esta nueva mezquita, adosada a la primera y cuya parte principal fue concluida en el año 355/966, destacan una serie de formas de una riqueza decorativa extraordinaria. El nuevo *miḥrāb* fue dotado de una decoración suntuosa: columnas de ónice jaspeado procedentes del nicho que se construyó en tiempos de ʿAbd al-Raḥmān II; techo formado por una concha tallada y cincelada, de una sola pieza; paredes revestidas de preciosos mármoles. Los muros y las bóvedas fueron recubiertos con mosaico policromo, con atauriques, en su mayoría de sillares, con los fondos pintados de color rojo; las inscripciones sobresalen sobre otros, azules.[104]

También se llevaron a cabo en tiempos de al-Ḥakam II una serie de reformas. Se estableció una doble comunicación entre las dependencias de la sala de oración y la habitación privada del soberano, situada junto al *miḥrāb*. La traída de aguas que, procedente de la sierra de Córdoba, concluía en el Alcázar califal, se prolongó hasta la mezquita, en cuyo patio se edificaron cuatro salas de ablución para sustituir a la antigua pila que existía desde hacía siglo y medio.

La última ampliación de la mezquita se realizó en el año 377/988. Al-Manṣūr b. Abī Āmir le dio el valor de una obra pía que afianzaba su prestigio como político. En esta ocasión la ampliación se llevó a cabo en dirección este. La superficie de la mezquita aumentó en un tercio, pero se mantuvo la unidad de todo el conjunto. Se construyeron ocho nuevas naves laterales en el oratorio, que fueron decoradas con mucha sobriedad. Esta fue la mezquita descrita con admiración por los escritores del Occidente musulmán en los siglos XI y XII, sobre todo por al-Bakrī y al-Idrīsī.

Los textos árabes no nos aportan dato alguno acerca de la ordenación interna del palacio real omeya ni de sus diversos pabellones. La residencia de los soberanos cordobeses fue sustituida por el actual Alcázar, situado entre la calzada del Guadalquivir y la calle que costea la mezquita. Con el tiempo se fraccionaron los jardines, y se construyó un seminario y el palacio episcopal.

'Abd al-Raḥmān III fue un gran constructor. No satisfecho con haber ampliado el Alcázar de Córdoba, al-Nāṣir, en cuanto tomó el título de califa, inició la gran obra de su vida: la construcción, al pie de la sierra y a unas dos leguas de Córdoba, de la residencia califal de Madīnat al-Zahrā', verdadera ciudad real cuyas obras se iniciaron en el año 325/936 y se prolongaron durante cuarenta años, al decir de los historiadores árabes [408, III, 95-96; 277, III, 138-139]. La ciudad fue construida sobre tres plataformas escalonadas: la parte superior estaba destinada al palacio del califa y a sus dependencias, la central se hallaba cubierta de jardines y la parte inferior comprendía una ciudad administrativa y comercial, y la mezquita mayor, inaugurada en el año 329/941. En el 333/945 se iniciaron en Madīnat al-Zahrā' las recepciones de embajadores, aunque se ignora la fecha exacta en que la corte fue transferida allí. Al-Ḥakam II, en vida de su padre, había sido encargado de la supervisión de las obras, pasó allí parte de su reinado y llevó a cabo nuevas construcciones. Madīnat al-Zahrā' cayó en decadencia tras la subida al trono del débil Hišām II y, sobre todo, a partir del momento en que al-Manṣūr b. Abī 'Āmir fundó su propia ciudad de gobierno, Madīnat al-Zāhira, donde fueron trasladados los servicios administrativos del califa en el año 370/981 [277, II, 220-222]. A principios del siglo XI, Madīnat al-Zahrā' fue saqueada en varias ocasiones por los mercenarios beréberes sublevados, y también por los cordobeses. En el año 401/1010 se produjo su caída definitiva. Cuando el geógrafo al-Idrīsī visitó al-Andalus siglo y medio más tarde, solo quedaban en pie sus murallas [277, III, 133-139]. Posteriormente, Madīnat al-Zahrā' sería utilizada como cantera de piedra por los habitantes de los alrededores.

Los arqueólogos españoles iniciaron las excavaciones de Madīnat al-

Zahrā' en el año 1910. El arquitecto Ricardo Velázquez Bosco sondeó la parte alta, en la que debieron erigirse los palacios omeyas.[105] Interrumpidas a su muerte, las excavaciones fueron reemprendidas entre 1926 y 1936, y nuevamente a partir de 1943. Las excavaciones de esa primera época han sido resumidas por Rafael Castejón en una serie de artículos y en una Memoria oficial publicada en 1945.[106] En 1964, las excavaciones de Madīnat al-Zahrā' han recibido un nuevo empuje. El Estado, por medio de la Dirección General de Bellas Artes, adquirió gran cantidad de terrenos. Las obras de excavación han sido dirigidas por el arquitecto Félix Hernández Jiménez, y los estudios arqueológicos, identificación de lo constructivo y de lo decorativo han sido llevados a cabo por Basilio Pavón [397, VI, 1970, 205-208; 397, X, 1974, 312-317; 317 bis; 403, n. 10-11, 1975, 1-9].

Según nos cuentan los cronistas, en la construcción de Madīnat al-Zahrā' se empleó a un ejército de artesanos. De los talleres salían diariamente seis mil sillares, además de las tejas y de los morrillos. Se necesitaron cuatro mil columnas, la mayoría de las cuales fueron traídas de Cartago y algunas, de mármol rosa y verde, de la iglesia de Sfax, en Ifrīqiya. Se utilizó el ónice veteado de la región de Málaga y el mármol blanco de las canteras de la Sierra de los Filabres, en la región de Almería. En el palacio se instaló una enorme pajarera llena de aves exóticas y una jaula con fieras procedentes de África. Al-Nāṣir hizo venir a arquitectos y artesanos de Bizancio y Bagdad. Las partes de Madīnar al-Zahrā' puestas al descubierto por las excavaciones corresponden a la construcciones hechas de piedra, viviendas, despachos y salones de recepción; estos se hallaban situados al fondo de patios y estaban formados por varias naves paralelas, separadas por arcos de herradura sobre columnas, siguiendo una disposición basilical frecuente en Oriente. El gran salón de 'Abd al-Raḥmān III fue descubierto en 1944 juntamente con sus anexos y se realizaron trabajos de reconstrucción, gracias a un enorme esfuerzo, hasta el año 1963 [215, 63; 298]. He aquí una breve descripción debida a Rafael Castejón:

> La distribución del gran salón de 'Abd al-Raḥmān III, formado por cinco naves, se hace por tres naves centrales de columnatas libres, análogas a las de la gran mezquita de Córdoba, con fustes alternantes de mármol rosado de Cabra y mármol azul de Córdoba, basas y capiteles ricamente labrados, y arquerías de belleza decorativa extraordinaria, con dovelas internas de ladrillo rojo y piedra labrada, según clásico estilo del arte califal cordobés. El pavimento es de mármol blanco en grandes losas, y la techumbre de artesonado de madera, análogo también al de la Gran Mezquita de la capital.[107]

Para la decoración de Madīnat al-Zahrā', los dos califas confiaron los suntuosos revestimientos esculpidos a talleres de artistas procedentes en su mayoría del Oriente mediterráneo. Aparecen algunos motivos geométricos, con combinaciones de cuadrados y rombos, de origen bizantino. Son muy numerosas las esculturas florales, y la decoración en general presenta gran unidad, tanto si se trata de edificios contruidos en tiempos de al-Nāṣir como de los erigidos en época de su hijo al-Ḥakam II. Los motivos basados en hojas de vid y de acanto desempeñan un papel esencial en esta decoración. Se esculpieron asimismo formas florales secundarias, procedentes del repertorio de la cristiandad helénica y de Bizancio: racimos de uva, palmetas y rosetones. En opinión de Henri Terrasse, estos adornos pertenecen al primer estilo de Madīnat al-Zahrā' [365 bis, 156-157]. En el salón de 'Abd al-Raḥmān III, fechado por sus capiteles de 342/953 a 345/957, aparece otra forma. En los escombros se habían hallado numerosos fragmentos de conjuntos decorativos. En la base de los muros se ha conservado la rica decoración esculpida de este salón y de sus dependencias. Las esculturas florales no están ordenadas en paneles sino en amplios frisos, según un procedimiento oriental adoptado por el arte 'abbāsí de Bagdad. El acanto, descompuesto en foliolos, se recompone siguiendo diversas formas, inspirando la mayoría de motivos decorativos florales, con un repertorio distinto al del primer estilo. El arte califal adquirió una notable maestría en Madīnat al-Zahrā'.[108] Este segundo estilo se desarrolló de nuevo en la ampliación de la Mezquita Mayor de Córdoba por al-Ḥakam II, en la que trabajaron los mismos artistas.

Durante la campaña de excavación del año 1964, se limpió totalmente la mezquita de Madīnat al-Zahrā', con lo que pudo reconstruirse su plano. Era de cinco naves, bien orientada con patio, entrada y alminar adjunto a esta. Una serie de galerías corrían alrededor del patio, con fuente en su centro. R. Castejón precisa que

> ...sus cinco naves techadas se formaban por sendas arquerías sobre fustes de mármol rosado de Cabra y azul de Córdoba, alternos. Los capiteles son de un primitivismo casi visigótico, dado que esta fue una de las primeras construcciones de al-Zahrā' [...] El resto de la decoración de arcadas y puertas de ingreso es análogo al clásico de aquella medina [...] El fondo de las cinco naves del interior está pavimentado de baldosas rojas, pero el resto es terrizo.[109]

Poseemos interesantes vestigios de obras militares construidas por los omeyas de Córdoba. Los cronistas árabes se refieren a menudo a la edificación de muros y torres, al refuerzo de plazas fuertes conquistadas o reconquistadas. Gracias a los trabajos metódicos llevados a cabo por Félix Hernández y Henri Terrasse, poseemos numerosos datos acerca de las múltiples fortalezas y puestos de vigilancia que jalonaban al-Andalus [364 bis; 409, 1359-1362; 409, 513-518].

Los recintos de los siglos IX y X presentan, cuando se construyeron en terreno poco accidentado, un trazado cuadrado o casi cuadrado. Después de varias revueltas de los habitantes de Mérida contra el emir

'Abd al-Raḥmān II, la muralla de la ciudad fue desmantelada. Con el propósito de vigilar a la ciudad rebelde y resguardar el paso del Guadiana, el emir hizo construir una amplia fortaleza de plano rectangular de 137 y 132 metros de lado. La alcazaba de Mérida tiene numerosas torres de flanqueo, cuatro o cinco en cada lado [290, 158-159]. El puente que atravesaba el Guadiana, desembocaba en una barbacana, pequeña cerca rectangular que precedía la única puerta del recinto. Las líneas generales de esta alcazaba, de gran sobriedad, en la que se emplearon piedras romanas, proceden de las fortificaciones del Bajo Imperio. No recuerda en nada ni los castillos omeyas de Siria ni las fortificaciones 'abbāsíes.

El cuadrado se deforma claramente en el castillo de Tarifa cuyas caras son rigurosamente rectilíneas. En los lados del cuadrilátero se abren dos puertas. Cuando la fortaleza se erigía en una posición estratégica conveniente, el trazado se amoldaba a los accidentes del terreno, como el castillo califal de Gormaz, al que ya hemos hecho referencia (cap. III). El Conventual de Mérida y Gormaz fueron construidos con hermosos sillares. En las obras militares de menor importancia, repartidas por el interior del país, se utilizó sobre todo un hormigón rico en cal y en grava. El empleo de hormigón se debía sin duda a una tradición local muy antigua. Las habitaciones superpuestas con escalera interior aparecen solamente en el castillo de Baños de la Encina, en la provincia de Jaén, al norte de Bailén. Su torreón fue construido por orden del califa al-Ḥakam II en el año 357/968 [391, V, 1940, 413-436; 391, XXXIV/1, 1969, 63].

Los soberanos de la España omeya prestaron gran atención a los trabajos de utilidad pública. Al igual que el gran puente de Córdoba que mandaron reparar en varias ocasiones, algunos de los puentes que los monarcas hicieron acondicionar habían sido construidos en época romana, como el puente de Mérida, de sesenta ojos; el puente de Écija que atravesaba el Genil y que fue restaurado en tiempos de Hišām II, por iniciativa del primer 'āmirí; y el puente de Guadalajara, construido sobre el río Henares y que cuenta con cinco arcos, dos de ellos del siglo x o del xi. El famoso puente de Alcántara, en Toledo, fue motivo de numerosas restauraciones. Los arcos de herradura demuestran la influencia musulmana [290, 160-161]. Las investigaciones realizadas en Madīnat al-Zahrā' han permitido descubrir los restos de un acueducto que conducía las aguas de la Sierra a la ciudad califal. Obra importante es el aljibe de Mérida, cuya dotación sigue siendo incierta [215, 46]. A través de un vestíbulo espacioso se llega a dos escaleras abovedadas de más de cinco metros separadas por un tabique y por las cuales se accedía al depósito de agua del Guadiana que penetraba en él por infiltración. De la época de Almanzor data posiblemente un aljibe construido en el subsuelo del patio de la Mezquita Mayor de Córdoba, ampliada por él.

Este aljibe cuadrado de catorce metros y medio de lado está dividido en nueve compartimentos iguales cuyas bóvedas de arista y arcos descansan sobre cuatro pilares de plano cruciforme [215, 165].

En el siglo XI España conoce su desmembramiento político. Córdoba, principal centro del movimiento artístico de la época de los omeyas, sufrió grandes estragos. Muchos de sus artistas emigraron a las metrópolis provinciales que habían pasado a ocupar el rango de capitales de las taifas. Toledo, Sevilla, Granada y Zaragoza se convirtieron en núcleos artísticos y se desarrolló el artesanado de Málaga y Almería. Se han conservado escasos vestigios de las construcciones llevadas a cabo por los reyezuelos. En Toledo, la que había sido residencia de los gobernadores desde la conquista musulmana, fue ampliada, transformada y embellecida por los dinastas ḏū l-nūníes. De todo ello solo queda el recuerdo perpetuado por los poetas del siglo VI/XI [321, 150]. Las descripciones de los escritores andaluces del siglo XI de los palacios edificados por orden de al-Mu'taṣim b. Sumādiḥ, el dinasta de Almería, son sumamente imprecisas [321, 143]. Afortunadamente, el *Tarṣī' al-ajbār* del geógrafo de Almería al-'Uḏrī, contemporáneo de al-Mu'taṣim, describe minuciosamente el alcázar que el rey mandó edificar en la alcazaba de Almería. Un detenido análisis del texto árabe ha permitido a L. Seco de Lucena Paredes precisar que la residencia real se hallaba situada en el segundo recinto de la alcazaba, en el que también se encontraba la sede del gobierno; en el palacio había grandes salones de recepción pavimentados con losas de mármol blanco. Tenía sus zócalos revestidos con mármoles tallados. Al-'Uḏrī se quedó maravillado ante la habilidad con que los artistas anónimos habían colocado el oro sobre el mármol. La descripción de al-'Uḏrī y los fragmentos de ornamentación encontrados permiten afirmar que en los alcázares construidos por al-Mu'taṣim se mantuvo la tradición arquitectónica y decorativa califal. En cuanto a la *Ṣumādiḥīyya,* una de las residencias de al-Mu'taṣim, parece que fue construida en el valle de Pechina y rodeada de un amplio parque cruzado por arroyuelos y canales; dominaba las otras fincas que en aquellos lugares levantaron los altos dignatarios almerienses [403, 3, 1967, 15-20].

Desde hace algunos años, se conoce mejor la arquitectura civil de las otras taifas gracias a los palacios zīríes de Málaga, al descubrimiento en la alcazaba de esta ciudad de un pequeño barrio de casas y, sobre todo, gracias a los trabajos que se están efectuando en la Aljafería de Zaragoza, el antiguo palacio del dinasta hūdí Abū Ŷa'far al-Muqtadir billāh. Henri Terrasse ha hecho notar que en el siglo XI hubo un desarrollo de las técnicas económicas; se sustituyó la piedra por el ladrillo y la argamasa de tierra caliza. En lugar de los revestimientos de piedra y de mármol se utilizaron revestimientos de ataurique y columnas de madera en vez de las de mármol, como fue el caso de la alcazaba de Málaga.

Algunas de las construcciones existentes en esta cerca malagueña pertenecen a la época de los zīríes. Se ha encontrado un salón de recepción que daba al patio a través de un triple vano. Este salón estaba precedido por una galería, y un pabellón cuadrangular ocupa la extremidad. La introducción del agua corriente en los salones y los patios y la vegetación que adornaba estos últimos indican una probable influencia de Oriente, quizá a través de Ifrīqiya.

El arte ornamental del siglo XI adquirió autonomía y evolucionó hacia formas clásicas. Los temas geométricos se enriquecieron con la utilización de arcos, sobre todo lobulados, molduras entrelazadas y redes de malla. La decoración floral formó el fondo sobre el que destacaba la escritura kúfica. Se nota una transformación de la flora: se impuso la palma que ya se anunciaba en la segunda mitad del siglo X: palma simple y palma doble revistieron los capiteles como si se tratara de un encaje.[110]

La arquitectura religiosa de los reyes de taifas nos ha legado el pequeño oratorio de la Aljafería, construido en Zaragoza por el hūdí Aḥmad al-Muqtadir. Esta sala cuadrada, de 5,40 m de lado, estaba antaño cubierta de una cúpula octogonal sobre nichos de ángulos; el *miḥrāb* ocupa uno de los ángulos. Este oratorio real destaca por su hermosa decoración, en la que predominan los elementos florales. A juzgar por los textos y los vestigios, en las mezquitas reaparece la disposición de las salas de oración, con naves recubiertas de maderamen y perpendiculares al muro de la *qibla* —es decir, la dirección de la Meca, y la revalorización de la nave axial por su mayor anchura [391, XXXIV/1, 1969, 183-187]. La mezquita mayor de Granada, construida por uno de los emires zīríes que reinaron en la ciudad en la época de las taifas, existía en 1055, fecha en que se la dotó de un púlpito. L. Torres Balbás ha podido reconstruir su disposición general gracias al estudio de descripciones antiguas y al examen de la iglesia de San Salvador, que ocupa actualmente su emplazamiento. La sala de oraciones, de unos cuarenta y cinco metros de ancho y veintiséis de largo, estaba formada por once naves cubiertas de tejados de dos aguas. Los arcos descansaban sobre columnas, algunos de cuyos capiteles procedían de los palacios omeyas, mientras que otros habían sido esculpidos sobre yeso. Las puertas laterales eran de piedra, pero las paredes fueron construidas con adobes. El oratorio estaba precedido de un patio más ancho que largo que, al parecer, no estuvo rodeado de galerías que prolongaran las naves extremas [391, X/2, 1945, 409-432].

La inseguridad por que atravesó el país en tiempos de los reyes de taifas y las guerras intestinas obligaron a multiplicar la construcción de centros fortificados. Existió gran preocupación por mantener los puntos más elevados, por sacar el máximo provecho posible de las ventajas del relieve. La cerca zīrí de Granada del siglo V/XI, con torres de un lado más largo que el otro o semicirculares, sigue la cresta de la elevación en que más tarde se erigiría el barrio del Albaicín. En Játiva, las murallas subían hacia dos fortalezas que coronaban las alturas que dominaban la ciudad. La alcazaba, residencia del soberano o del gobierno, ocupaba en general la parte alta de la ciudad, de la que se hallaba separada por una muralla. En Almería, donde se encontraba emplazada en un lugar distinto al de la aglomeración, unos muros unían ambos recintos. En Málaga, la alcazaba se hallaba en el centro de la ciudad, pero contaba con su propia muralla.

En el siglo XI hizo su aparición en España la puerta en recodo simple que había sido utilizada en las fortificaciones bizantinas. Esta puerta se abría tanto entre dos torres como en el flanco de un grueso baluarte. Siguió empleándose en todas las épocas, desde la España musulmana hasta Ifrīqiya [391, XXV/2, 1960, 419-444].

Los dinastas africanos fueron grandes constructores. Tanto los almorávides como los almohades pusieron a disposición de sus arquitectos y artistas unos medios considerables. A menudo se ha señalado que sus más hermosas realizaciones estuvieron reservadas a su imperio magribí.[111] Los almorávides, beréberes nómadas de África, permanecieron algo alejados del movimiento artístico. Pero la difusión del arte andaluz tuvo lugar a partir del siglo VI/XII, por tierras africanas, en unas regiones que contaban con muy pocos centros urbanos. Así, ʿAlī, el hijo de Yūsuf b. Tāšfin, hizo ampliar hacia el año 529/1135 la mezquita de al-Qarawiyyīn de Fez, cuyos arcos entrecruzados de origen cordobés, y las bóvedas formadas por mocárabes, ponen de manifiesto la influencia hispánica. Durante el reinado de este mismo sultán almorávide, la Mezquita Mayor de Tremecén fue dotada de una suntuosa decoración andaluza que cubre la fachada del nicho de oración [391, XXVI/2, 1961, 426-435]. En España no se ha conservado ninguna mezquita almorávide, pero los textos permiten afirmar que la estructura de los oratorios almorávides cambió en relación a las mezquitas españolas anteriores. Las columnas que separaban las naves fueron sustituidas por pilares de ladrillos, lo que supuso una pérdida de espacio y una reducción de la visibilidad.

Los almohades, llevados por su ascetismo inicial que proscribía cualquier tipo de lujo, difundieron un estilo nuevo de gran austeridad [391, XXVI/2, 1961, 435-447]. Se impusieron restricciones en la ornamentación de las mezquitas. Sin embargo, los restos de la Mezquita Mayor de Sevilla, terminada durante el reinado de Yaʿqūb al-Manṣūr (572/1176-594/1198) y que constaba de diez y siete naves, constituyen una excepción; dichos vestigios hacen suponer que su decoración era más rica que la de las mezquitas almohades que se han conservado en el Maġrib. Por su plano, la Mezquita Mayor de Sevilla seguía la tradición de las primeras mezquitas almohades, pero con unas dimensiones mayores. Se ha conservado parte del patio que se extendía sobre ocho tramos. Originariamente, estaba rodeado de altas arcadas de ladrillo. Subsisten dos puertas de este patio: la Puerta del Perdón y la Puerta de Oriente. El alminar de la mezquita mayor almohade, actualmente la Giralda, es buen testimonio de la importancia de la Sevilla del siglo VI/XII como núcleo artístico. El segundo de los grandes alminares almohades —después del de la Kutubiyya de Marrakech— mide 16,10 m de lado y alcanza una altura de 50,85 metros. Fue construido con ladrillos. Alrededor de un nabo ocupado por siete salas superpuestas, se desarrolla una rampa que conducía a la parte superior de la torre. De 1520 a 1568 se remodeló la linterna, rodeándola con una galería para albergar las campanas. Cada una de las caras de la torre está dividida en tres, en sentido de la altura. En el centro, unos paños de arquerías enmarcan los vanos gemelos que dan luz a la rampa. En los lados, el muro, liso en su base, cuenta con dos filas de redes de rombos en ladrillo. La sutileza del dibujo despertó la admiración de los conquistadores cristianos del siglo XIII [391, XI, 1946, 425-492; 391, VI, 1941, 216-229; 409, IV, 122-123].

Los cristianos de España adaptaron al culto católico tres pequeñas mezquitas almohades. Basándose en planos antiguos, L. Torres Balbás pudo reconstruir la mezquita de la alcazaba de Badajoz, convertida en la iglesia de Santa María del Castillo, que constaba en sus orígenes de cinco naves y seis tramos [391, 1943, 446-470]. En la provincia de Huelva, se había construido la ermita de Almonaster la Real en el interior de un recinto; el oratorio constaba también de cinco naves y seis tramos [391, II, 1934, 364 y 366; 391, III, 1935, 170-171]. En la provincia de Sevilla, a cinco kilómetros de Bolullos de la Mitación, la ermita de Cuatrohabitan es una antigua mezquita almohade de tres naves y cinco tramos, que ha conservado su alminar de ladrillos. Era más profunda que ancha y la torre cuadrangular de este pequeño santuario almohade se levanta al norte de la ermita. Exteriormente hay en cada uno de sus frentes tres recuadros superpuestos; decoran los dos inferiores arcos ciegos gemelos, lobulados o de herradura [391, VI/1, 1941, 205-208].

En los vestigios de palacios almorávides y almohades aparecen los dos tipos de patio que posteriormente experimentarían gran desarrollo en el arte granadino. El primero es el patio cuadrado con dos avenidas en cruz que delimitan cuatro rectángulos de vegetación y pabellones salientes en los lados pequeños. L. Torres Balbás ha hallado los vestigios de uno de estos patios en el Castillejo de Monteagudo, cerca de Murcia, residencia principesca que habría sido construida por el dinasta Ibn Mardanīš entre el año 541/1147 y el 566/1171 [391, II, 1934, 366-372]. El segundo tipo de patio, el de dos pórticos sobre uno o dos lados, aparece en el patio llamado modernamente del Yeso, en el alcázar de Sevilla. El patio rectangular, en el que había una pila, tenía sus lados menores rodeados de galerías que se abrían sobre siete arcos. También son del período almohade los paños con almocárabes de redes. No lejos de allí, en el mismo palacio, hay una sala cuadrangular que da sobre el Patio de las Banderas y que está recubierta de una cúpula sobre nervaduras. El resto del alcázar fue reconstruido y modificado en época cristiana [290, 213].

En la España almohade se produjo una renovación de las formas de la arquitectura militar. El siglo XII fue la gran época de las fortificaciones hispanomusulmanas. Las dos murallas más típicas son las de Badajoz y Cáceres, levantadas en la segunda mitad del siglo XII en posiciones estratégicas de importancia primordial [391, XIII/2, 1948, 446-472; 391, VI, 1941, 168-203]. La innovación se manifiesta en los procedimientos de flanqueo: gruesos bastiones, torres poligonales y, sobre todo, torres albarranas. La albarrana o exterior (del árabe *barrānīya*) [194, I, 61-62] es una torre separada delante de la cortina a la que se une por medio de un elemento de muro. La torre y su pedúnculo están enlazadas al adarve general del recinto. En este caso, el antemuro o barbacana pasa por el pie de la torre albarrana. A veces la albarrana se halla también más avanzada hacia delante, en el extremo de un elemento de cortina con doble parapeto.[112] A partir del siglo VI/XII, los bastiones poligonales están compuestos de dos o tres plantas de habitaciones abovedadas y una escalera interior. Las torres albarranas reforzaban la defensa de la parte más débil del recinto murado.

Cabe atribuir a los almohades los restos de los recintos de Córdoba y Sevilla, ambos construidos con adobes [391, VI, 1941, 199-200]. La cortina principal, flanqueada de torres cuadradas, está precedida de un antemuro, provisto de un camino de ronda y de un parapeto almenado. Unida al recinto de Sevilla se halla la famosa Torre del Oro, erigida por orden del gobernador almohade de la ciudad, Abū l-ʿUlā en el año 617/1220-1221. Este bastión dodecagonal se hallaba en un extremo de la coracha, saliente defensivo que iba desde el alcázar hasta el río. La Torre del Oro se erige sobre la margen del Guadalquivir; en la orilla opuesta había una torre semejante. Se tendía una cadena entre ambas, de forma que el acceso al puerto de Sevilla quedaba cerrado. En esta enorme torre de ladrillos, hay una serie de salas abovedadas dispuestas sobre tres pisos. Un nabo octogonal alberga la escalera que permite el acceso a la terraza, coronada con una torre más pequeña adornada con arquerías. En 1760 le añadieron una torrecilla con cúpula. Los vanos que iluminan la Torre del Oro están enmarcados con paños de cerámica [391, II, 1934, 372-373].

A quince kilómetros al sureste de Sevilla y en una excelente posición estratégica se erige la fortaleza llamada Alcalá de Guadaira, que Félix Hernández atribuyó al período almohade. El aparato defensivo, compuesto de tres recintos, recuerda el de Sevilla. Esta fortaleza fue muy reformada después de la toma de Sevilla por los castellanos de Fernando III.

La evolución de la puerta tuvo lugar en tiempos de los almohades. Sus arquitectos adoptaron la puerta en recodo doble o triple. La puerta de paso acodado es el acceso entre dos torres. En el imperio africano de los almohades alcanzaría dimensiones monumentales y se decoraría con ricos motivos esculpidos la fachada de sillería.

Los naṣríes dotaron su capital de palacios y residencias lujosas, decoradas con un gusto refinado; varias de ellas fueron destruidas después de la Reconquista. El monumento más representativo y prestigioso de la arquitectura naṣrí se erige en la cima de una colina de arcilla roja, la *Sabīka.* Ya en la primera mitad del siglo XIX, los arqueólogos se preocuparon del palacio de la Alhambra, cantado con gran entusiasmo por el Romanticismo. A finales del siglo pasado, una brillante pléyade de arquitectos e historiadores españoles dedicó pacientes esfuerzos a la restauración de la Alhambra de los sultanes de Granada, que bajo los Borbones había sufrido graves destrozos.[113] A los ilustres nombres de Manuel Gómez Moreno y de Modesto Cendoya cabe añadir, en los últimos decenios, los de Leopoldo Torres Balbás, Antonio Gallego Burín y Francisco Prieto Moreno, sin olvidar a Jesús Bermúdez Pareja, quien con tanto fervor ha velado por el legado de los Banū l-Aḥmar [369, 290; 209; 153 *a*].

Cuando Muḥammad b. Yūsuf b. Naṣr se hizo dueño de Granada en el año 634/1237, habría en la colina de la *Sabīka,* que cae en vertical sobre la orilla izquierda del Darro, una fortificación de no mucha importancia, probablemente en ruinas. Algunos meses más tarde, el primer naṣrí subió a inspeccionar el lugar llamado *al-Ḥamrā'* (la Roja) con vistas a fortificar la cima. Hizo construir los cimientos del palacio que se proponía edificar; antes de que concluyera el año 636/1238-1239, se habían terminado ya varias defensas. Como nos cuenta Ibn 'Iḏārī, se llevó hasta allí el agua del Darro. Este mismo autor ha dejado constancia de la instalación de canalizaciones.[114] Muḥammad I advirtió la excelente posición estratégica del cerro rocoso de la *Sabīka,* verdadera defensa natural. Muḥammad II prosiguió la obra de su padre. A estos dos soberanos se debe la mayor parte del recinto de la Alhambra. Se atribuye al segundo naṣrí la construcción de la Torre de las Damas y la de los Picos, en la cara norte. La Alhambra de principios del siglo XIV era ya una ciudad real, con sus cuarteles, tiendas y viviendas privadas; más tarde, presentaría todas las características de un núcleo urbano independiente de la ciudad baja [391, XXIV, 1959/2, 400-408]. Muḥammad III hizo construir una Mezquita Mayor y baños públicos.[115] Siguiendo la costumbre de los soberanos musulmanes, los sultanes naṣríes hicieron erigir sucesivamente varios palacios; con toda probabilidad, los palacios del siglo XIII fueron demolidos para dejar espacio a los grupos de palacios del siglo XIV, los de Yūsuf I y Muḥammad V, que todavía hoy pueden admirarse. Gracias a la paciente labor de un grupo de arqueólogos españoles, se ha podido reconstruir con precisión la historia de los dos principales conjuntos; los esfuerzos de los especialistas de la Alhambra se conocen mucho mejor desde 1965, año en que empezaron a publicarse los *Cuadernos de la Alhambra* en Granada.

Sin cambiar el trazado general del recinto, Yūsuf I hizo levantar la Puerta de las Armas, la Puerta de la Justicia y la Puerta hoy llamada de Siete Suelos. Sobre la vertiente del promontorio que domina el Darro se construyeron la Torre del Candil, la Torre de la Cautiva, las Torres de Machuca y de Comares. Pegado a la Torre de las Damas había un palacio llamado del Partal, del que aún subsiste un magnífico pórtico [194, I, 73]. A cierta distancia se halla un elegante y pequeño oratorio que data del reinado de Yūsuf I. La Torre de Comares tiene, a guisa de entrada a la Sala del Trono, una sala transversal llamada de la Barca por la cual se comunica con un pórtico que rodea la cara norte del Patio de la Alberca o Patio de los Arrayanes, en cuyo centro se halla un largo estanque [365, 225; 392, X, 1952, 274-301]. Al este del Patio de la Alberca se hallan situados los baños reales, cuya construcción se remonta a tiempos de Yūsuf I. Hacia el oeste se ven los vestigios de un palacio hecho restaurar por Muḥammad V. En la segunda mitad del siglo XIV, este sultán hizo edificar un nuevo palacio, cuyas salas enmarcan el Patio de los Leones. Construido perpendicularmente al palacio de Yūsuf I y al sur de los baños reales, este palacio dio a la Alhambra su fama de magnificencia. Dos avenidas en cruz atraviesan el Patio de los Leones, en cuyo centro se halla emplazada una fuente con el pilón sostenido por doce leones de piedra [403, 3, 1967, 21-29]. El patio está rodeado de cuatro pórticos con columnas de mármol; en los lados menores del oeste y del este, hay dos pabellones con fuente. Cuatro salas dan al Patio de los Leones: al oeste la Sala de Mocárabes tiene forma de un rectángulo muy alargado cuyos arcos y bóveda están adornados con mocárabes. Al este, la Sala de los Reyes o Sala del Tribunal se halla dividida en salas cuadradas enmarcadas por otras salas de menor superficie cuyos techos están decorados con las famosas pinturas descritas en varias ocasiones. Al sur del Patio de los Leones se encuentra la sala tripartita llamada Sala de los Abencerrajes, con su hilera de arcos y su fuente en el centro. Finalmente, al norte, la sala cuadrangular de las Dos Hermanas, cubierta con un techo de mocárabes, está comunicada por medio de una puerta con una ancha sala a cuyo fondo se halla una alcoba saliente al exterior, el mirador de Daraxa. Desde esta obra maestra de la Alhambra, construida en tiempos de Muḥammad V, se domina un jardín plantado de cipreses, reconstruido por los reyes cristianos. En tiempo de los naṣríes podía contemplarse el panorama del valle del Darro y del Albaicín.

La ampliación de la Alhambra por los arquitectos de Carlos V ha creado numerosos problemas a los historiadores del arte, quienes se han planteado numerosos interrogantes acerca de la disposición de varias salas, pasillos o pasadizos del palacio del período naṣrí [209; 391, XX, 1955/2, 436-452]. Incluso la diferenciación funcional de los dos palacios del siglo XIV provoca controversias entre los eruditos.[116] La armoniosa disposición de los distintos edificios naṣríes refleja la gran maestría de los anónimos arquitectos, quienes, con el empleo de materiales tan frágiles como el adobe, el ladrillo y la madera dieron muestras de un notable dominio del arte de la construcción. Consiguieron la difícil simbiosis entre su obra y el paisaje natural en que aquella se hallaba enclavada. Aprovechando las posibilidades del lugar, consiguieron hermosas perspectivas sobre la montaña y la ciudad, gracias a una serie de admirables miradores.

De la Puerta de Hierro salía un camino de acceso que transcurría entre dos muros y unía la Alhambra con una de aquellas casas de campo que los naṣríes hicieron construir en las cimas que dominaban la Alhambra. Desde el palacio del Generalife, la panorámica abarca los antiguos barrios árabes de la orilla izquierda del Darro, el conjunto de la Alhambra y la parte baja de la ciudad.[117] De ser cierta una inscripción dedicada a Ismā'īl I que aparece en la decoración de uno de los pabellones, esta residencia, situada en las proximidades de la ciudad gubernamental, data del primer tercio del siglo XIV. El elemento esencial del Generalife es un patio muy largo, el Patio de la Acequia, con estanques y surtidores, rodeado de pórticos enmarcados de hermosas salas [391, I, 1934, 380 ss]. Hacia la parte oeste, una galería calada de arcadas da sobre la Alhambra; por la parte este, una larga sala aísla el patio del conjunto de jardines escalonados. A ambos lados del rectángulo se levantan dos pequeños pabellones, uno de los cuales tiene, en el tercer piso, una sala ricamente decorada desde la que puede verse el jardín y Granada. Después de un incendio que se produjo en diciembre de 1958 en el Generalife, en el conjunto de edificios que separa al Patio de la Acequia del Patio del Ciprés de la Sultana, se pudo reconstruir a grandes rasgos el palacio primitivo, bastante desfigurado por las obras efectuadas después de la Reconquista. Había una serie de jardines escalonados a lo largo de una gran acequia que abastecía de agua el edificio. En un ángulo del recinto había un pabellón que serviría de oratorio. Más abajo de esta serie de jardines se han descubierto los restos de un baño. El Generalife del siglo XIV poseía todos los elementos de un palacio real musulmán, si bien de dimensiones reducidas.[118]

El jardín árabe medieval del Patio de la Acequia fue profundamente reformado tras la caída de Granada; dos avenidas se cortaban en ángulo recto y en el punto en que se cruzaban había una fuente o un quiosco. En los cuatro rectángulos formados por la encrucijada de las avenidas había plantaciones. Ya hemos encontrado en el Patio de los Leones, donde en un principio había macizos de flores, el tema del *riyāḍ* o patio plantado, tema que parece clásico en la España musulmana; se han hallado vestigios en el Castillejo de Monteagudo, cerca de Murcia, que habría sido construido por Ibn Mardanīš en el siglo XII. Este tema corresponde a la descripción que el literato Ibn Luyūn hizo del jardín andaluz en su poema agronómico. En Vélez de Benaudalla, situada en la carretera de Granada a Motril, un jardín árabe milagrosamente conservado, con sus canalizaciones de agua, muestra el gusto de los hispanomusulmanes por las casas de campo.[119]

Dejando atrás el Generalife, una carretera en dirección norte conduce a la Silla del Moro, donde se hallaba enclavada, en la cima de una colina, una residencia rural de los naṣríes, *Dār al-ʿarūsa,* restaurada hace algunos años. En ella había un gran patio rodeado de habitaciones con pequeños patios centrales y un baño [391, XIII, 1948, 185-203].

Además de la Alhambra, los sultanes naṣríes poseían en Granada y en sus barrios periféricos varios palacios de menor importancia, de los que apenas se han conservado vestigios. En el arrabal de los Alfareros había un lujoso palacio, sin duda construido en tiempos de Muḥammad II, que las reinas naṣríes vendieron a los Reyes Católicos en 1499. Actualmente propiedad privada, el Cuarto Real de Santo Domingo conserva todavía una fuente de mármol y una hermosa sala cuadrada de siete metros de lado cuya magnífica decoración, basada en el empleo de la costosa técnica de la cerámica vidriada, se mantiene casi intacta.[120]

No lejos de este palacio, la Casa de los Girones, también del siglo XIII, muestra la distribución interna propia de las clases árabes a las que ya nos hemos referido: una sala baja adornada con magníficos estucados y restos de una brillante policromía.[121]

En los alrededores inmediatos de Granada, el Alcázar Genil muestra un pórtico y una sala cuyas dos alcobas laterales fueron ricamente decoradas durante el reinado de Yūsuf I. Los dos estanques con que contaba el palacio originalmente han sido cubiertos de tierra.

En el interior del convento de las Franciscanas llamado Santa Isabel la Real, situado en el barrio de la Alcazaba Qadima que linda con el Albaicín, subsiste un encantador palacio naṣrí, en el que, de ser cierta la tradición oral, vivieron Muley Ḥasan e Isabel de Solís. Daralhorra sería de mediados del siglo XV; tenía un patio rodeado de galerías sobre las que daban las salas bajas; una de ellas conserva restos de decoración mural. En el piso había una o varias habitaciones distribuidas en una galería que daba sobre el patio interior. Se mantiene un plano análogo en otra residencia granadina del mismo barrio, algunos de cuyos vestigios, del siglo XV, se hallan en el interior del actual convento de Santa Catalina de Zafra [369, IV, 150-155].

En Ronda, en la rica morada de un musulmán contemporáneo de Muḥammad V, la Casa de los Gigantes, el patio estaba dominado por un pequeño balcón de madera, rodeado de decoraciones en estuco que, con los vanos de la planta baja, formaba un hermoso conjunto arquitectónico [391, IX, 1944, fasc. 2, 469-474].

Poseemos bastante información acerca de la arquitectura militar de los naṣríes. La mayoría de castillos edificados en la frontera occidental del emirato granadino estaban construidos con morrillos y formados de un recinto doble o a veces triple con torreones abovedados. Henri Terrasse ha demostrado claramente que los arquitectos naṣríes, si bien permanecieron fieles a las tradiciones musulmanas en cuanto al trazado de las bóvedas de los torreones, no dejaron de imitar a sus vecinos cristianos en lo que se refiere a «la distribución general del recinto, al frecuente empleo de torres redondas» y a cámaras de defensa abovedadas en la camisa que contiene el torreón de Teba, «en la construcción de una chimenea en la torre de Zahara» [401, 134, 1954, 455-483].

Algunos de los castillos que pasaron a manos de los cristianos en el transcurso de las luchas fronterizas fueron utilizados durante la Reconquista y posteriormente restaurados. En Alcalá la Real, el castillo de la Mota, hecho construir por los sultanes de Granada a principios del siglo XIV, constituía, junto con Moclín, la clave del sistema defensivo naṣrí en la Vega de Granada. Gracias a la artillería castellana, en 1341 Alfonso XI se apoderó del castillo, que sería reconstruido por los cristianos en el siglo XVI. Una hermosa puerta de época naṣrí, con un arco de herradura que se abre entre dos voluminosas torres cuadrangulares, recuerda la Puerta de la Justicia de la Alhambra.

No lejos de Alcalá la Real, Moclín, calificado por Fernando el Católico de «plaza fortalissima», alza su silueta de piedra y hormigón en la cima de una escarpada colina que domina un paisaje desolado, y muestra un conjunto de torres redondas o rectangulares de distintas épocas bastante bien conservado. La mayor parte del recinto se utiliza actualmente como cementerio. La Puerta de la Villa conserva el escudo de armas de los sultanes de Granada y la clave con que los arquitectos naṣríes adornaban siempre sus construcciones. Pero los matacanes que coronan la parte superior de esta puerta fueron añadidos por los cristianos.

Excavaciones recientes y una paciente labor de investigación han hecho que se conozca desde hace una treintena de años el trazado de los recintos de algunas ciudades naṣríes y demuestran que entre los siglos XIII y XV los musulmanes supieron aunar en el arte de la fortificación una perfecta utilización del terreno con una mezcla de tradiciones andaluzas y de influencias de la fortificación cristiana.

Trece puertas, como mínimo, daban aceso a la ciudad de Granada desde la época en que los zīríes rodearon su metrópoli con un alto muro de hormigón que todavía subsiste en parte [391, VII-1942, 438-458]. En tiempos de los naṣríes y en la cara sur de la colina de la Alhambra, cuatro puertas servían para comunicar el recinto y la Granada popular.

Estas entradas de paso acodado se parecían a las puertas almohades del interior de las torres; frecuentemente contaban con un arco de herradura que precedía un porche desde cuya parte superior, a cielo abierto, los defensores de las ciudades musulmanas podían acribillar al enemigo con proyectiles. Este era el caso de *Bāb al-Ramla,* o Puerta del Arenal, que se conservó en Granada hasta 1884 con el nombre de Bibarrambla [369, 165]. La puerta monumental y de múltiples recodos tuvo su apogeo en la Alhambra, cuya Puerta de las Armas, construida en época de Yūsuf I, domina el acceso al interior de la Alcazaba a través de una serie de bóvedas. La entrada principal de la Alhambra, la Puerta de la Explanada, comúnmente llamada Puerta de la Justicia, construida por Yūsuf I en el año 749/1348, está provista de un enorme arco de herradura. En el interior del recinto pueden apreciarse, bajo las arquetas ciegas, una serie de bancos tallados en los muros, para uso de los soldados que vigilaban la plaza.

La Alcazaba de Málaga, de superficie inferior a la de la Alhambra, constaba de un imponente conjunto defensivo; tenía dos murallas rodeadas de torres y para llegar desde el interior de la ciudad fortificada a la Puerta llamada posteriormente del Cristo, edificada en el siglo xiv, había que cruzar seis puertas, algunas de las cuales han desaparecido en nuestros días [369, 165].

Los granadinos heredaron de la arquitectura militar almohade el empleo de torres albarranas, que sobresalían de la muralla a la que estaban unidas por medio de un muro atravesado por una arcada que las comunicaba con el camino de ronda general. Este dispositivo tenía como finalidad impedir que el agresor pudiera llegar a las cortinas más vulnerables y proteger las torretas. Las torres albarranas que defendían la parte llana de Granada en dirección a La Vega, aparecen representadas en el inmenso cuadro que, en la Sala de las Batallas del Monasterio de El Escorial, relata la batalla de la Higueruela en la que se enfrentaron en el año 1431 musulmanes andaluces y las tropas castellanas de Juan II en la Vega de Granada.

No sin dificultades, los castellanos se habían apoderado de una torre albarrana de la muralla de Antequera en 1410 [391, XVI/2, 1951, 437]. Pulgar relata que en las proximidades del arsenal de Málaga, una torre albarrana, alta y bastante ancha, formaba en el recinto de la ciudad una especie de espolón que dominaba el mar. En Ronda, donde los musulmanes supieron adaptar perfectamente la fortificación al terreno, solo los puntos débiles de la muralla estaban protegidos por torres albarranas [391, IX/2, 1944, 460].

La fortificación naṣrí se caracterizaba por el empleo del antemuro, debido quizá a una influencia cristiana [391, XVI, 1951, 454-480]. En Granada, la Puerta de Elvira estaba protegida por un antemuro que no fue demolido hasta 1614. Loja, Baza, Alhama, Alhendín y Almería estaban rodeadas de fuertes murallas y de un antemuro cuando los cristianos iniciaron el asedio de estas ciudades, al final de la Reconquista.

De todos estos antemuros solo se conserva, en toda su pureza, el que protege al castillo de Gibralfaro, situado sobre una colina escarpada, al oeste de la Alcazaba de Málaga. Ibn al-Jaṭīb señala que Yūsuf I hizo ampliar el castillo de Gibralfaro, para lo cual gastó importantes sumas de dinero. Las fortificaciones de la España cristiana, con sus fosos y sus antemuros protectores, se inspiraron en la arquitectura hispanomusulmana de finales del siglo XIV.

Leopoldo Torres Balbás consideraba que la construcción de los imponentes torreones andaluces se debía a una influencia de la fortificación cristiana y que constituía una innovación respecto a las formas arquitectónicas de los almohades. Pero las gruesas torres de las alcazabas naṣríes se hallan situadas en un ángulo del recinto, mientras que en los castillos castellanos ocupan una posición central. En Gibraltar, la potente Calahorra, construida en el ángulo oriental de la Alcazaba por el sultán marīní Abū Inān entre 1342 y 1344 mientras Alfonso XI asediaba Algeciras, domina la ciudad y la bahía; sobre una base maciza existen una serie de cámaras con bóvedas y cúpulas [391, VII, 1942, 193-197]. En Antequera, la Torre del Homenaje está emplazada en el ángulo norte del recinto fortificado, construido por los musulmanes andaluces después de la conquista de Sevilla por Fernando III en 1248. En el siglo XIV, los naṣríes reforzaron las defensas de la Alcazaba de Málaga, erigida por los zīríes tres siglos antes; se construyó, en el ángulo oriental de la muralla malagueña, la Torre del Homenaje actualmente desmochada. Cabe también atribuir la función de torreón a la Torre de la Vela, de base cuadrada, y que se halla situada en un ángulo del recinto doble de la Alcazaba, en el extremo occidental de las murallas de la Alhambra.[122]

Subsisten pocos vestigios de los monumentos religiosos de la Granada naṣrí [403, núm. 2, 1966, 43-51]. La Mezquita Mayor de la Alhambra, construida hacia 1305, era un edificio de ladrillos, concebido a imagen de una basílica cristiana de tres naves, con la central más ancha que las laterales [391, X/1, 1945, 213-214]. Según Emile Lambert, el pequeño oratorio situado en las cercanías del Partal, de una sola nave, se parecía a las pequeñas capillas privadas, más largas que anchas, de los castillos cristianos.

En Andalucía se conservan dos alminares de la época naṣrí. Un alminar del siglo VII/XIII, desfigurado y semitapado por construcciones posteriores a la Reconquista, sirve de campanario a la iglesia de San Juan de los Reyes de Granada. En la faja superior de esta torre cuadrada hay un friso de polígonos estrellados. Un alminar de dimensiones más reducidas pero de plano también cuadrado fue utilizado como campanario de la iglesia actualmente desaparecida de San Sebastián, en Ronda. En la parte inferior, de pequeños sillares, se abre una puerta de anchas dovelas. El conjunto del alminar está recorrido de franjas de cerámica vidriada de color verde oscuro.

De la madrasa de Yūsuf I, que se alzaba frente a la Mezquita Mayor de Granada, mezquita derribada tras la conquista de la ciudad para construir la catedral y la capilla real, queda su pequeña mezquita situada a la entrada del patio. El padre Darío Cabanelas, que ha descifrado la inscripción poética de la antigua madrasa granadina, describe así la suerte de este monumento:

> Su decoración había quedado enteramente oculta al convertirse en capilla y enlucirse sus muros en la época cristiana. A finales del siglo XIX ardió su techumbre de lazo —ornada con racimos de mocárabes—, salvándose tan solo el alicer. Especialmente restaurada en 1893, hoy presenta un grato aspecto, tras las obras de saneamiento ultimadas en 1976.
>
> No obstante haberse conservado únicamente —y de manera parcial— esta pequeña pieza de la primitiva edificación, la madraza fue uno de los monumentos más imporantes de la Granada naṣrí por su ornamentación suntuosa, portada de mármol blanco primorosamente labrado, arco de herradura con inscripción alcoránica, dintel decorado con otra leyenda similar, y encima dos losas o tableros también de mármol imitando ventanas, cada uno con pasajes de dichas inscripciones [417, XXVI/1, 1977, 10].

En la decoración de los monumentos, el arte naṣrí emplea materias tan diversas como el mármol para las columnas, los capiteles y algunos conjuntos, así como el yeso, la madera y la cerámica vidriada.

Los artistas que trabajaron en la Alhambra supieron conjugar la originalidad de la composición arquitectónica con el refinamiento de la decoración. Los arcos empleados en el edificio presentan grandes variedades: arcos de medio punto, mitrales o deformados, arcos con mocárabes. El arco de herradura mitral parece destinado a las grandes puertas, como la Puerta del Vino.

En la Sala de las Dos Hermanas, y en la de los Abencerrajes, los mocárabes forman una serie de bóvedas complicadas y cubren con sus delicadas fantasías algunos capiteles. En los zócalos de los alicatados brillan los revestimientos de cerámica; la parte mediana de las paredes está revestida de ataurique.

Los elementos lineares de la decoración son geométricos, florales o epigráficos; en los artesonados, los polígonos estrellados se unen entre sí en una profusión de lazos. Los atauriques presentan, además de las redes geométricas, motivos vegetales. Entre los temas florales, tomados en su mayoría de los siglos XII y XIII, destacan las hojas largas divididas en foliolo, de tradición almohade, la palmeta en concha, el cogollo en forma de óvalo puntiagudo [409, I, 576-579; 290, 350-356; 403, núm. 13; 1977, 19-32]. Gracias a una serie de hábiles investigaciones, el historiador del arte Basilio Pavón ha renovado hace algunos años el estudio de la decoración de la Alhambra y puesto al descubierto toda su belleza [319].

Los recursos de la epigrafía musulmana fueron sabiamente explotados. La escritura cúfica quedó casi siempre reservada a las alabanzas; la cursiva alcanzó su apogeo en los versos de Ibn Zamrak que adornan la Fuente de los Leones, en las inscripciones de la Sala de las Dos Hermanas y en las del Generalife. El trazo destaca por su elegancia y flexibilidad.

Las techumbres están hechas con maderas ensambladas y esculpidas. El artesonado de madera que cubre la sala principal del palacio de Comares ha sido objeto de un ingenioso trabajo por parte del padre Darío Cabanelas, quien descubrió una enigmática inscripción en el dorso de una de las tablillas que ocupan los huecos de los lazos poligonales. El autor ve en la techumbre la representación de los siete cielos del paraíso islámico [391, 1970, 423-451; 403, núm. 8, 1972, 3-29]. Los artesonados de las salas de la Alhambra aparecen a menudo pintados; las techumbres se emparejan con las magníficas puertas de batientes de la Sala de las Dos Hermanas y de la Sala de los Abencerrajes.

En la Sala de la Barca y en la Torre de las Damas abundan las decoraciones pintadas. Una sobria policromía realza los ataurιques, predominando los colores oro, bermellón, azul claro tirando a veces a verde, verde oscuro. El color se extiende a menudo a las formas epigráficas y florales.

Los maestros anónimos de la Alhambra asociaron figuras antropoides o de animales a la decoración floral, e incluso realizaron representaciones pintadas y esculpidas, como es el caso de las pinturas de la Sala del Tribunal y las del Partal.[123] Doce leones sumamente estilizados vierten el agua por sus fauces.[124] Dos leones que se hallaban emplazados en el hospital fundado por Muḥammad V —el *māristān* de Granada— enmarcan actualmente el estanque del Partal.

3.2. Las artes industriales

Antes ya hemos hecho referencia a las actividades de los talleres hispanomusulmanes. A través del comercio, se difundieron por al-Andalus numerosos objetos de las artes decorativas e industriales de Oriente. Bajo la influencia de Bagdad y de Bizancio, en las cortes de los emires omeyas de Córdoba —ʻAbd al-Raḥmān II y su hijo Hišām— predominó el gusto por el lujo refinado. Así, en la España musulmana se fabricaron telas, joyas, piezas de cerámica y de marfil a imagen y semejanza de aquellas que se importaban para satisfacer las demandas de la clientela musulmana y de la de los reinos cristianos de la península Ibérica y del norte de los Pirineos.

En tiempos de los omeyas de Córdoba, se trabajaba el bronce de forma tan parecida a como lo hacían los fāṭimíes que a veces resulta difícil distinguir si los objetos son de procedencia egipcia o hispanomusulmana. Se utilizó bronce para hacer candiles, lámparas, morteros y surtidores en forma de animales, entre ellos pavones, ciervos y leones. En base al pavón que se conserva en el Museo del Louvre y que lleva la inscripción bilingüe en árabe «Obra de 'Abd al-Malik el Cristiano» y en latín «Opus Salomonis erat», cabe pensar que los artesanos mozárabes[125] se habían especializado en el trabajo del bronce [277, III, 512]. La técnica artesanal siguió perfeccionándose: en el siglo VI/XII, hermosas chapas de bronce labrado y cincelado cubrían los batientes de madera de la puerta del Patio de la Mezquita Mayor de Sevilla; se han conservado espléndidas aldabas de bronce fundido y cincelado. El gusto exquisito de los artesanos naṣríes se manifiesta también en los bronces y cobres troquelados. En el Museo Arqueológico Nacional de Madrid se exhibe una araña cincelada procedente de la Mezquita Mayor de la Alhambra. Del techo de este edificio religioso pendían asimismo algunas lámparas de plata [45[6], I, 555; 27, 227].

En los museos y colecciones de España se conservan brazaletes de plata y oro repujados pertenecientes a la época califal. En Loja se descubrió un lote completo de joyas de oro y plata junto a cierta cantidad de dirhames de fines del siglo X, enterrados durante la sedición cordobesa. Contiene placas con calamones y pequeños medallones en los que se hallaban engastadas piedras preciosas y que sin duda sirvieron de broches o de pectorales. Entre las ricas colecciones del Instituto de Valencia de Don Juan, de Madrid, hay un lote de alhajas de plata procedente de Garrucha, en la provincia de Almería. Está compuesto de pulseras, anillos para el tobillo y piezas tubulares en filigrana que formaban los elementos de los collares [277, III, 512]. El último rey de Granada, Boabdil, era gran amante de las joyas refinadas, como esmeraldas, rubíes y perlas [412, II, 1943, 326-330].

En cuanto a las alhajas de oro, los joyeros del reino naṣrí emplearon el trabajo de filigrana y el engarce para formar alveolos que rellenaban con trozos de cristal o piedras preciosas. Esta técnica se empleó también en la fabricación de las espadas granadinas, especialidad en la que destacó la orfebrería naṣrí. En la espada atribuida a Boabdil que se exhibe en el Museo del Ejército de Madrid, la empuñadura de plata dorada y de marfil está adornada de filigrana y esmaltes policromados alveolados.

Entre las manifestaciones más destacadas del arte califal, cabe incluir el mobiliario. A partir del siglo IV/X, el mobiliario religioso fue extraordinariamente rico. Las descripciones de los viajeros árabes señalan una obra de ebanistería de belleza incomparable, el púlpito *(minbar)* de la Mezquita Mayor de Córdoba, con sus incrustaciones de marfil y maderas preciosas. Entre el año 534/1139 y el 538/1143 se construyó en

Córdoba el púlpito de la mezquita almohade de Marrakech, la Kutubiyya, cuyo nombre procede de un zoco de libreros que se hallaba ubicado en las proximidades. Este alminbar estaba cubierto de una magnífica decoración de lazos geométricos en marquetería, realizados con pequeñas piezas de maderas preciosas de diversos colores rodeadas de finas láminas de marfil. El púlpito de la Mezquita Mayor de la Alhambra era de madera de ébano con incrustaciones de marfil. Doce almocárabes de marfil se combinan en la puerta de la Alhambra que se conserva en el Museo de Arte Hispano Musulmán de Granada. En las casas de la gente acomodada, tanto las puertas como los cofres para joyas estaban recubiertos de marquetería [138, 470 y n. 5].

En la provincia de Ávila se ha hallado en buen estado de conservación una silla de taracea que se remonta al reinado de Muḥammad VII de Granada. Basilio Pavón ha descrito su exquisita ornamentación:

> La madera lleva típica decoración de octógonos y cruces de brazos apuntados en las que se incrustaron flores de marfil de ocho pétalos; sobre el despiezo de estos se acoplan otras diminutas flores con puntados triangulares de relleno [...] Esta composición geométrica, el brillante color de la madera en armonía en el blanco marfil, tonos amarillentos y punteados de metálico aspecto, hacen de esta silla una de las piezas más brillantes del arte de la taracea. Cada uno de los miembros de madera lleva, en los bordes, fino denticulado blanco [397, X, 1974, 331].

Por lo demás, el marfil [*'āŷ*, 409, I, 205-209] había sido profusamente empleado en los talleres oficiales de Córdoba y de Madīnat al-Zahrā' durante el siglo x y la primera mitad del v/xi, en que se hicieron botes y arquetas de marfil cuyos antecedentes han sido atribuidos a la zona de influencia cultural bizantina. Las magníficas arquetas de marfil que se han conservado llevan, por lo general, una indicación cronológica precisa, esculpida en caracteres cúficos. En la decoración de estas piezas predominan los arabescos, así como las escenas con animales y seres humanos. Algunos de estos botes de marfil tienen forma cilíndrica y están provistos de una tapadera. Los talleres de la España musulmana continuaron fabricando este tipo de piezas a lo largo de todo el siglo xii. En el Museo del Louvre se conserva un bote de marfil cuya decoración se caracteriza por grandes ramajes florales sobre los cuales aparecen cuadrúpedos y aves. En el canto de la cubierta hay un friso esculpido con adornos estilizados. También en el Museo del Louvre se exhibe una píxide pintada: en un paisaje animado de pájaros, dos pavos reales separan a dos jinetes, uno de los cuales sostiene en la mano izquierda un halcón, mientras que en la montura del segundo aparece un guepardo. El tema de los pavones con los cuellos entrelazados es una herencia de las tradiciones iraníes.

En el Museo Arqueológico provincial de Granada se guarda una ballesta procedente de la Alpujarra, en la que hay una serie de inscripciones en marfil.

La cerámica mobiliar alcanzó gran desarrollo en al-Andalus [409, II, 763-767]. Durante el califato omeya se fabricó el tipo denominado de Madīnat al-Zahrā' o de Madīnat Elvira, debido a que en las excavaciones llevadas a cabo en las ruinas de estas dos ciudades aparecieron numerosos ejemplares.

Algunos fragmentos están firmados y aparecen adornados con figuras animales. Sobre un fondo blanco, la decoración ofrece motivos de color verde —de óxido de cobre—, rodeados de perfiles de color pardo —de manganeso.

De Iraq e Irán procedía una rica loza dorada que, según algunos testimonios, ya se fabricaba en España en el siglo v/xi, aunque cabe preguntarse si no es más antigua. Poseemos fragmentos de loza de cuerda seca del siglo iv/x que parecen de origen español. Por el contrario, la alfarería estampada y sin vidriar no empezó a producirse, al parecer, hasta el siglo vi/xii. Desde el siglo xiii, al-Andalus concedió especial importancia a la cerámica y, sobre todo, a los *zulayŷ* [194, I, 598] o azulejos, es decir, ladrillos vidriados, para la ornamentación arquitectónica. Con esos azulejos se cubrieron las paredes de una rica casa de Granada, el Cuarto Real de Santo Domingo, que data de finales del siglo xiii. Mosaicos vidriados de color negro y verde sobre fondo blanco decoran los zócalos de la Torre de las Damas y del Generalife, que se remontan al primer cuarto del siglo xiv. En tiempos de los naṣríes, se perfeccionó la técnica, ya antigua, de la cerámica de cuerda seca, técnica que consiste en contornear la decoración con un trazo negro, en cuya composición se emplea un barniz. Los lazos geométricos ponen de relieve la pericia de los artesanos granadinos. En Málaga se fabricaba la cerámica más hermosa de la España musulmana, que era exportada a toda la cuenca del Mediterráneo y, sobre todo, a Oriente [391, II, 1942, 235-268]. De los talleres malagueños salieron platos dorados o de reflejos metálicos, así como grandes tinajas, entre las que destacan los espléndidos ejemplares de la Alhambra, de Jerez y de la colección Fortuny.[126] En estas piezas aparecen con frecuencia motivos pintados de azul mezclados con el lustre, así como decoración epigráfica, figuras de animales y lazos. Una de las piezas maestras del arte de la cerámica vidriada es la gran placa malagueña llamada de Fortuny que puede contemplarse en el Museo del Instituto de Valencia de don Juan, en Madrid. El contorno presenta un elogio de Yūsuf III en cursiva granadina, mientras que, en el centro, tallos floridos, hojas de vid y arabescos terminados en cabezas de animales dan testimonio del gusto delicado de los alfareros naṣríes. En el Museo del Louvre se conserva un fragmento de azulejo de brillo rojizo sobre un fondo de esmalte blanco cremoso cuyos follajes forman la parte central. El Museo Arqueológico

Nacional de Madrid exhibe también un azulejo que se remonta al primer cuarto del siglo XV.

Al-Andalus sobresalió también en el campo de las sederías medievales. Desde la alta Edad Media llegaban a la península Ibérica ricas telas procedentes de Oriente. En el siglo IV/X se instalaron en Sevilla y Córdoba talleres de *ṭirāz*, es decir, de telas de seda y oro destinadas a hacer vestiduras de aparato. En Madrid se conserva un magnífico fragmento de seda, con motivos decorativos y con nombre del califa omeya Hišām II. Entre los regalos más apreciados se contaban las telas y los vestidos. En la época almorávide, los telares de Almería gozaban de gran renombre. Se mantuvo la tradición bizantino-sasánida de la decoración en círculos tangentes con representaciones de animales dispuestos simétricamente en su interior, siguiendo la técnica y el estilo de la capital ʻabbāsí. Los soberanos almohades suprimieron el *ṭirāz* y, a partir de entonces, desaparecieron los círculos de las sederías, dejando paso a dibujos geométricos, entrelazados con líneas rectas y curvadas, polígonos estrellados y rombos. Entre los presentes ofrecidos a Muḥammad IV por Alfonso XI en 1333, figuraban telas de oro y seda fabricadas en Granada, especialmente apreciadas por los monarcas cristianos [109, cap. LXXVII, 258]. En las sederías granadinas predominaba la decoración de franjas paralelas que se había impuesto a partir del siglo XIII. Un brillante colorido caracteriza tres telas granadinas de seda policromada bordada en oro del siglo XIV, dos de las cuales se conservan en Madrid, en el Museo del Instituto de Valencia de don Juan y la tercera en el Museo de las Artes Decorativas de París. En ellas aparecen motivos animales y decoraciones geométricas semejantes al estilo de los atauriques de la Alhambra [421, II, 1954, 149-159].

En los talleres de Almería se hacían pequeñas alfombras de lana, y en Baza, alfombras de oración fabricadas a menudo de brocado. Solo se han conservado dos alfombras del siglo XV, guardadas en el Museo Arqueológico provincial de Granada, cuyo origen ha sido muy controvertido. Sus motivos decorativos indican una fabricación egipcia de la época mameluca, y al parecer, fueron importados al reino de Granada [421, II, 1954, 174 ss].

Han llegado a nuestros días muy pocos objetos de cuero de la época naṣrí. En el Museo de la Real Armería de Madrid se conserva una adarga de cuero doble, blanco por la parte exterior y rojizo en el interior, ricamente decorada: en la enarma aparecen arabescos bordados de sedas de colores.

Los artistas naṣríes sobresalieron en el arte de la iluminación, legándonos unos magníficos ejemplares del Corán, adornados con vivos colores en la Granada del siglo XIV.[127]

Daremos unas breves indicaciones acerca de la difusión del arte hispanomusulmán por tierras cristianas. En una serie de estudios bien documentados, Élie Lambert y Georges Marçais han concedido un lugar primordial al arte mudéjar, el de los musulmanes que siguieron viviendo y trabajando según sus tradiciones y sus técnicas bajo el yugo de los cristianos victoriosos.[128] A principios del siglo XIII puede notarse el empleo del arte musulmán en Castilla la Vieja, en el Monasterio de las Huelgas, fundado por Alfonso VIII, en las proximidades de Burgos.[129] En el campo de la arquitectura militar, la influencia almohade queda patente en la construcción de las torres albarranas, algunas de las cuales pueden admirarse todavía en el recinto amurallado de Toledo.

La afición de los príncipes cristianos y de las elites que les rodeaban por las formas musulmanas se tradujo en la profusión de hermosas obras de arte en las ciudades reconquistadas. Toledo, que en tiempos del Islam había sido una ciudad de mozárabes, heredera de la tradición visigótica, siguió desempeñando la función de punto de contacto entre ambas religiones y culturas. Después de la Reconquista se convirtió en el centro del arte mudéjar, llamado palaciego. Artesanos mudéjares construyeron en ella suntuosas viviendas entre los siglos XIII y XV. En el Taller del Moro, palacio toledano que formaba parte de un conjunto arquitectónico inspirado en los palacios andaluces, el plano y los atauriques seguían claramente el modelo de la Alhambra. Como ha demostrado Basilio Pavón en una reciente monografía [318], una serie de talleres granadinos fueron trasladados a Toledo. La viva tradición mudéjar de Toledo se plasmó en los edificios del culto: sinagogas como Santa María la Blanca, fundada por un ministro judío de Alfonso VIII hacia el año 1200, o como la famosa sinagoga del Tránsito, construida en 1355 por orden de Samuel Ha-Levi, el rico consejero de Pedro I de Castilla; mezquitas convertidas en santuarios cristianos, como la ermita del Cristo de la Luz; iglesias como Santiago del Arrabal (mediados del siglo XIII) o Santo Tomé (principios del siglo XIV), con su campanario visiblemente inspirado en los alminares. La simbiosis de las artes musulmana y cristiana iba a difundirse en los palacios castellanos, como el de Curiel de los Ajos, en la provincia de Valladolid, y especialmente en el Alcázar de Sevilla, decorado a partir del año 1364 por artistas mudéjares al servicio de Pedro I de Castilla.[130] La influencia del arte mudéjar en España perduró tras la caída de Granada y a pesar de la introducción de artes extranjeras. El encanto de la decoración musulmana seguía actuando en los siglos XVII y XVIII, en los que no se abandonó el empleo de los azulejos para revestir muros o de artesonados con viguetas entrelazadas.[131] Como bien ha señalado L. Torres Balbás, también enraizó en suelo español un arte mudéjar popular.

A principos del siglo XIV se iniciaron una serie de fructuosos intercambios artísticos entre la Granada naṣrí y los reinos del Magrib central y extremo [290, 281-310-311]. Los reyes de Granada enviaron los más hábiles artesanos de su sultanato a los soberanos ʻabd al-wādíes de

Tremecén, Abū Ḥammū Mūsā I y su hijo el príncipe artista Abū Tāšfīn, quienes obtuvieron de la España musulmana no solo estos equipos de obreros sino también materiales para la decoración de los edificios de su capital. En la mezquita del *Mašwar* una serie de azulejos denotan su procedencia andaluza. De todos los monumentos de Tremecén, el que más se parece a los edificios naṣríes es el oratorio de los ʻabd al-wādíes, llamado mezquita de Sīdī b. al-Ḥasan. Su decoración epigráfica y floral presenta un claro parentesco con la Mezquita Real que Muḥammad III hizo construir en el año 1305 en el recinto de la Alhambra. El oratorio de Sīdī b. al-Ḥasan es el antepasado de todas las partes que subsisten de la Alhambra por la policromía de sus atauriques, especialmente el empleo del bermellón, del azul claro tirando a verde y a veces a amarillo oro. En el siglo XIV, el entrelazado geométrico fue el rasgo común de los monumentos de Berbería y de Granada. La combinación de rosetones de doce puntas sobre plano trígono presente en la tumba de cúpula de Sīdī Brāhīm, construida en tiempos de Abū Ḥammū Mūsā II, recuerda las decoraciones de la Alhambra. No queda nada de los palacios de los ʻabd al-wādíes de Tremecén; todo parece indicar que los príncipes que los adornaron tuvieron un gusto por las viviendas hermosas parecido al de los naṣríes y de los marīníes. Las descripciones de autores árabes demuestran que las construcciones de los soberanos de Fez formaban un conjunto de patios, galerías y salones y que utilizaban el agua como elemento decorativo, de forma parecida a como se hacía en los palacios de la Alhambra [27, 158-159]. En tiempos de los saʻdíes, los refugiados procedentes de Granada llevaron a Marruecos las formas y las técnicas del arte naṣrí que se mezclaron con las tradiciones almohades y marīníes aún vigentes.

La herencia artística de la España musulmana pasó también de la Granada naṣrí a la Berbería oriental [161, II, 414-415]. Llegados en sucesivas oleadas desde mediados del siglo XIII hasta los primeros años del siglo XIV, los andaluces dejaron su huella en la arquitectura y en la decoración de las casas señoriales de Tunicia.[132]

NOTAS DEL CAPÍTULO VI

1. Acerca de Ibn Waḍḍāḥ y Baqī b. Majlad, véase M. 'A. Makkī [288², XI y XII, 30-36]. Existen diversas opiniones sobre Baqī, quien siguió en Oriente las enseñanzas del famoso Aḥmad b. Ḥanbal, fundador del rito ḥanbalí, y que, posteriormente, mostraría ciertas simpatías por el šāfi'ismo. I. Goldziher veía en sus principios un parecido con su contemporáneo Dāwūd, el fundador del rito ẓāhirí *(Die Zâhiriten,* Leipzig, 1884, 113). E. Lévi-Provençal se limitó a recoger las opiniones de los biógrafos andaluces [277, III, 477-478].

2. Acerca de la discusión entre Ibn Ḥazm y el visir judío de los zīríes, véase E. García Gómez [391, IV, 1936, 1-28]. Sobre los textos de polémica, véase M. de Epalza [396, XVIII/1, 1971, 99-106]. En la Murcia del siglo XIII, recién incorporada al reino de Castilla, tuvo lugar una polémica entre un letrado musulmán, Ibn Rašīq y unos monjes cristianos a propósito de la inimitabilidad del Corán. Véase F. de la Granja [391, XXXI/1-2, 1966, 47-72; 199 bis].

3. Para varios eruditos, este *Cuento del ídolo* debió de inspirar a Gracián el principio de su *Criticón;* véase E. García Gómez, «Un cuento árabe, fuente común de Abentofayl y de Gracián», en *Revista de Archivos, Bibliotecas y Museos,* 1926. Sobre Ḥayy b. Yaqẓān, véase la edición con traducción francesa de L. Gauthier, *Ḥayy ben Yaqdhân, roman philosophique d'Ibn Thofail,* Argel, 1900; 2.ª ed., Beirut, 1936. Existe una traducción inglesa a cargo de L. E. Goodman, *Ibn Ṭufayl's Ḥayy ibn Yaqẓān,* Nueva York, 1972.

4. Acerca de la filosofía musulmana, consultar los dos artículos de la *E. I²* [409, *Falāsifa,* II, 783-785 y *Falsafa,* II, 788-794]; las obras generales: H. Corbin, *Histoire de la philosophie islamique,* París, 1964 y M. Cruz Hernández, *La filosofía árabe,* Madrid, 1963, 251-355. Véase la obra de reciente publicación *Multiple Averroès. Actes du colloque international organisé à l'occasion du 850ᵉ anniversaire de la naissance d'Averroès, Paris 20-23 septembre 1976,* París, 1978. El teólogo y médico judío cordobés Maimónides (1135-1204) no estuvo influido por Ibn Rušd; sentía gran admiración por la obra de este, pero no la conoció hasta el final de su vida, cuando era ya demasiado tarde para sacar provecho de ella al escribir la *Guía de los descarriados;* no obstante, las ideas filosóficas de ambos autores presentan ciertas semejanzas, fruto de una tradición común. Véanse G. Vajda [409, III, 900-901] y «La pensée religieuse de Moïse Maïmonide: unité ou dualité?» en *Cahiers de Civilisation Médiévale,* año IX, núm. 1, 1966, 29-49.

5. Véase los estudios de M. Asín Palacios, *El Islam cristianizado, estudio del sufismo a través de las obras de Abenarabi de Murcia,* Madrid, 1931. *La escatología musulmana en la Divina Comedia, seguida de la Historia y Crítica de una*

polémica, 3.ª ed., Madrid, 1961. Véase S. Gómez Nogales [421, XIII, 1965-1966, 25-41]. Acerca de Ibn al-'Arabī, véase también D. Urvoy [416 VIII, 1972, 282-284]. Véase la traducción, precedida de una introducción, de las dos obras de Ibn al-'Arabī, *The Rūḥ al-quds and Durrat al-fājira*, por R. W. J. Austin, Londres, 1971.

6. E. Lévi-Provençal no pudo proponer su localización [275, 220-221].

7. La *Rawḍat al-ta'rīf bil-ḥubb al-šarīf (Jardín del conocimiento sobre el amor divino)* fue publicada en El Cairo en 1387/1968 por 'Abd al-Qādir Aḥmad 'Aṭā. Sobre el aspecto místico de la obra de Ibn al-Jaṭīb, véase E. de Santiago Simón, «¿Ibn al-Jaṭīb, místico?», en *Homenaje a D. J. M.ª Lacarra de Miguel en su jubilación del profesorado*, 3, Zaragoza, 1977, 217-228; *Jaṭībiana mística*, I, en *Andalucía islámica*, I, Granada, 1980, 105-121.

8. Véase J. López Ortiz, *Fatwās granadinas*, 92, n. 1.

9. Esta actitud contrastó con la severidad adoptada a finales del siglo xv por el jurista mālikí del Magrib, al-Wanšarīsī, frente a sus correligionarios que permanecieron en España después de la caída de Granada. Preguntado por el alfaqí Abū 'Abd Allāh b. Qaṭiyya acerca de la licitud de la presencia de musulmanes en territorio conquistado por los cristianos, al-Wanšarīsī respondió con un llamamiento a la emigración, calificando a los que permanecían bajo el dominio cristiano de infieles y llegando a prohibir la convivencia entre musulmanes y cristianos. Véase el artículo de H. Monès, en *RIEI* [421, 1957, V, 1-2, 129-191] (parte árabe).

10. Llamada *madrasa naṣriyya* o *madrasa 'ilmiyya*, la *madrasa* de Granada se vinculaba al grupo de colegios marīníes. Fue casi totalmente demolida entre 1722 y 1729 [369, IV, 144]. En la actualidad tan solo queda una sala de oraciones restaurada por el arquitecto Contreras, situada frente a la catedral de Granada, y varios magníficos fragmentos de placas de mármol que se conservan en el Museo Arqueológico Provincial de Granada y que llevan el texto conmemorativo de la fundación de la *madrasa* [271, 158-159]. María Jesús Rubiera Mata ha podido demostrar recientemente que, antes de la inauguración de la *madrasa* de la capital en el año 750/1346, un ṣūfī de Málaga, Abū 'Abd Allāh al-Sāḥilī, había hecho erigir en su ciudad natal una *madrasa* al occidente de la mezquita mayor. No desempeñó el mismo papel que la *madrasa* oriental, guardiana de la ortodoxia, lo que explicaría el hecho de que no haya quedado indicación alguna de la misma ni en la historiografía ni en la toponimia de Málaga («Datos sobre una *madrasa* en Málaga anterior a la naṣrí de Granada» [391, XXXV/1, 1970, 223-226]. Acerca de la existencia en la Morería de Zaragoza, en la segunda mitad del siglo xv, de un centro de estudios islámicos, de una *madrasa* calificada erróneamente por Ribera de «Universidad mudéjar» [330, I, 248], en la que se enseñaba medicina, véase L. García Ballester, *Historia social de la medicina en la España de los siglos XIII al XVI*, Madrid, 1976, 65-74.

11. Véase 'Abd al-'Azīz al-Ahwānī, «Kutub barāmiŷ al-'ulamā' fī l-Andalus» en *Maŷallat Ma'had al-majṭūṭāt al-'arabiyya* I/1, mayo de 1955, 91-120; «Naṣṣ barmāmiŷ Ibn al-Rabī'», *ibid.* I/2, noviembre de 1955, 252-271. Sobre el andaluz Ibn al-Rabī', gramático sevillano que emigró a Ceuta después de la caída de su ciudad natal en 1248 y murió en Marruecos en 1289, véase «Le Barnāmaŷ d'Ibn Abī l-Rabī», traducción anotada por P. Chalmeta [396, XV/2, 1968, 183-208]. En su tesis de doctorado sobre la *Fahrasa de Ibn 'Aṭiyya al-Garnāṭī (481-541/1088-1147)*, defendida en la Universidad de Madrid en 1970, J. M.ª Fórneas Besteiro ha proporcionado una excelente visión de conjunto sobre la *fahrasa* en al-Andalus *(Elencos bibliográficos arábigo andaluces)*, tesis

doctoral, extracto 57, Madrid, Facultad de Filosofía y Letras, 1971. Sobre la formación científico literaria de ʿAbd al-Ḥaqq Ibn ʿAṭiyya, véase J. M.ª Fórneas, «Los Banū ʿAṭiyya de Granada» (II) en *MEAH* [417, XXVI/1, 1977, 29-30]. A los *barāmiŷ* andaluces está estrechamente vinculado el *barnāmāŷ* de un contemporáneo de los naṣríes, el del viajero y tradicionero en Ceuta, al-Tuŷībī (670/1271-730/1329). Estudió en Málaga y Almería, cumplió con la peregrinación a Oriente y luego volvió a Marruecos. Véase A. Ramos Calvo, «Le Barnāmaŷ d'al-Tuŷībī» en *Arabica* [396, XXIV/3, 1979, 291-298].

12. Editada por F. Codera y J. Ribera, en *Biblioteca arábico-hispana,* IX-X, Zaragoza, 1894-1895.

13. Véase *Le Barnāmaŷ d'Ibn Abī l-Rabīʿ*, 207-208.

14. Sobre los estudios filológicos en al-Andalus en tiempos de los omeyas, véase Albert H. Muṭlaq, *Al-Haraka al-lugawiyya fī l-Andalus mundu l-fatḥ ḥattā nihāyat mulūk al-tawā'if,* Beirut, 1967, 187 ss.; S.A. Bonebakker «Two manuscripts of al-Qālī's redaction of Ibn Qutayba's Adab al-Kātib», en *Actas del Primer Congreso de estudios árabes e islámicos,* Córdoba, 1962, 453-466.

15. Sobre Ibn Sīda, véase M. Talbi, *al-Mujaṣṣaṣ d'Ibn Sīda, étude, index,* Túnez, 1956; J. A. Haywood, «Ibn Sīda (d. 458/1066), The greatest andalusian lexicographer», en *Actas del Primer Congreso de estudios árabes e islámicos,* Córdoba, 1962, 309-316; D. Cabanelas Rodríguez, O.F.M., *Ibn Sīda de Murcia, el mayor lexicógrafo de al-Andalus,* Granada, 1966.

16. Véanse las referencias bio-bibliográficas dadas por L. Bercher en la introducción a su edición y su traducción de la *ʿĀṣimiyya* (Argel, 1958).

17. El cadí ʿIyāḍ destacó en los *ṭabaqāt* (clases, rangos) [408, supl., 229-230], recopilaciones en que aparecen reunidas las biografías de los sabios; en ellos se da completa la lista de sus obras. Véase el artículo de E. Fagnan en *Homenaje a Codera,* Zaragoza, 1904.

18. Véase en *RIEI* [421, vol. III/1, 1955] (parte árabe), 1-16, el artículo de ʿAbd al-ʿAzīz al-Ahwānī. Sobre las recopilaciones biográficas andaluzas y su utilización, véase D. Urvoy, *Le monde des ulémas andalous du Ve/XIe au VIIe/XIIIe siècle, Étude sociologique,* Ginebra, 1978, 7-18.

19. Véase Ibn ʿAbd al-Malik al-Marrākušsī, *al-Ḏayl wa-l-takmila,* ed. Iḥsān ʿAbbās, Beirut, 1965. Véase también la reseña en *RIEI*, XIII (1965-1966), 187-190.

20. La parte relativa a la conquista de Occidente ha sido traducida al francés por A. Gateau, Argel, 1942; 2.ª ed., 1947 (1948). R. Brunschwig ha analizado esta parte, en tanto que fuente histórica [392, Argel, VI, 1942-1947, 108-155], reproducido en [391, XL, 1975, 129-179].

21. En *Memorias de la Real Academia de la Historia,* t. VIII, Madrid, 1852. Los geógrafos orientales, sobre todo Yāqūt en su famoso repertorio toponímico titulado *Muʿŷam al-buldān,* utilizaron ampliamente la descripción de al-Andalus debida a Aḥmad al-Rāzī.

22. En la *Crónica general del año 1344,* aparece una adaptación en español de la traducción portuguesa de Gil Peres. Ha sido publicada con el resto del texto de esta Crónica por L. F. Lindley Cintra, *Crónica General de Espanha de 1344,* II, Lisboa, 1952 (Publ. de la Academia Portuguesa de Historia).

23. Ribera, al analizar los *Ajbār Maŷmūʿa,* opinaba que los diversos recopiladores de esta crónica representaban la concepción árabe y pro omeya de la historiografía hispano-musulmana, y que eran miembros de la aristocracia qurayšī instalada en el Occidente musulmán como en tierra conquistada. Según este autor, en el *Ta'rīj* de Ibn al-Qūṭiyya se refleja la sobrevivencia de la influencia real visigoda y aparecen reflejos de una épica romance en algunas de las

páginas de dicho texto árabe, las que hacen referencia al conde visigodo Artobas y a Israq de Guadalajara. Angel González Palencia señalaba que en ambas obras había un olvido total de los elementos minoritarios de la sociedad andaluza, y especialmente de la cristiana y la judía [221, 133-134]. Sobre la Historia de Ibn al-Qūṭiyya, véase la crítica de C. Sánchez Albornoz en [337, II, Mendoza, 1942, 216-223].

24. Esta historia de al-Andalus abarcaba el período comprendido entre la conquista musulmana en el año 91/710, hasta la época del autor. Existen diversas opiniones acerca de la fecha en que se redactó dicha obra; véase P. Chalmeta [391, XXXVII/2, 1972, 385-390]. Se han encontrado cuatro partes, y la última edición, la del Unicum núm. 87 de la Biblioteca Real de Rabat, incluye los años 299/911-330/941, es decir, la primera mitad del reinado de 'Abd al-Raḥmān III [30].

25. Acerca de la obra de Ibn 'Iḏārī, véase P. Chalmeta [391, XXXVII/2, 1972, 400-404]. Al parecer, el tomo III del *Bayān,* dedicado al final del califato de Córdoba y a la sedición andaluza, sirvió de fuente a algunas partes de la *Historia Arabum* que compuso a finales del siglo XIII el arzobispo de Toledo D. Rodrigo Jiménez de Rada. Véase E. Ferré [396, XIV/3, 1967, 320-326].

26. Es de lamentar que no se haya llevado a cabo una edición crítica del texto del *Rawḍ al-Qirṭās,* impreso en varias ocasiones y traducido.

27. Existe un manuscrito incompleto en una biblioteca particular de Marruecos. J. Vallvé Bermejo ha escrito una pequeña biografía del autor, letrado, cadí y poeta (m. en 636/1239), en la que analiza el contenido de la obra y traduce algunas notas biográficas [385]. Sobre Ibn Jamīs, autor de la *Takmila* o del *Tatmīm* en la historia de Málaga de su tío Ibn 'Askar, véase [45⁶, I, 91].

28. Al-Nubāhī dedicó a su ciudad natal el *Ḏayl 'alā Ta'rīj Mālaqa,* continuación de una historia local de autor desconocido y que aún no ha sido encontrada [45¹, folio 125]. Se desconoce la fecha en que se escribió la *Nuzhat al-baṣā'ir* que se detiene en el reinado de Muḥammad V. El autor murió hacia el año 794/1391-1392.

29. Véase R. Arié, *Lisān al-dīn Ibn al-Khatīb: quelques aspects de son oeuvre (Atti del terzo Congresso di Studi arabici e islamici).* Nápoles, 1967, 69-81. Véase una biografía de Ibn al-Jaṭīb a cargo del erudito egipcio M. 'A. 'Imān, *Lisān al-dīn Ibn al-Jaṭīb, hayātuh al-fikrī,* El Cairo 1968; J. Bosch Vilá, *Ibn al-Jaṭīb y Granada,* Granada, 1980.

30. Véase A. Cour, «De l'opinion d'Ibn al-Jaṭīb sur les ouvrages d'Ibn Jāqān considerés comme source historique», en *Mélanges René Basset,* II, París, 1925, 19.

31. Sobre al-Šuṭaybī, véase Pons Boigues, *Ensayo* [323, 262], Brockelmann [160, SII, 373]. Hemos consultado en Madrid los manuscritos de la Real Academia de la Historia, colección Gayangos, núms. 39 y 64.

32. Véase R. Blachère y H. Darmaun [153 *c;* 302 *c* y 302 *d*]. De la obra de al-Muqaddasī, *Kitāb Aḥsan al-Taqāsim fī ma'rifat al-aqālim (La meilleure division pour connaître les régions du monde),* existen dos traducciones en francés: la descripción del Occidente musulmán editada y traducida por Ch. Pellat, Argel, 1950; la parte relativa a Siria y Palestina, por A. Miquel, Damasco, 1963.

33. El *Mu'ŷam mastā'ŷam,* repertorio de topónimos, relativo en su mayor parte a Arabia, fue publicado por F. Wüstenfeld en Gotinga en el año 1876-1877; en El Cairo se ha llevado a cabo una nueva edición.

34. Parece muy probable que al-Bakrī conociera las citas traducidas al árabe del escritor latino Orosio. Es indudable que utilizó el *Libro de las Rutas y*

Reinos de al-Warrāq sobre la geografía de Ifrīqiya. En cuanto a Europa, sacó numerosos datos de Ibrāhīm b. Ya'qūb al-Ṭurṭušī. Véase C. E. Dubler [1 bis, 161-162].

35. Acerca de la tradición griega sobre la clasificación en siete climas *(iqlīm)* longitudinales, véase el artículo *iḳlīm* en [409, III, 1103-1105]. Cada clima comprendía, según unas proporciones variables, cierto número de ciudades, montañas, aguas y minerales. Además, se definía por el contexto astral al que estaba sometido. Fuera de estos siete climas se hallaban tanto los países situados al sur del Ecuador como los del extremo norte.

36. El texto de al-Zuhrī es el único en que se utiliza la ortografía *Ŷa'rāfīya*, sobre la que están de acuerdo todos los copistas. Como señala M. Hadj Sadok [94, 22], carecemos de toda indicación acerca de la vocalización de la primera consonante: «se trata de una de las versiones árabes del grecolatino *geographia*, junto a *ŷaġrāfiyya* o *ŷuġrāqiyya*, *ŷaġrāwiyya*, con, en todos los casos, geminación o no de la *y* y alargamiento o no de la *a* final».

37. Sobre el interés por la literatura sobre temas maravillosos (los *aŷā'ib*) en al-Zuhrī, véase la introducción de M. Hadj Sadok [94, 34-40]. Acerca de lo extraño y maravilloso en el Islam medieval, véase *Actes du Colloque organisé par l'Association pour l'Avancement des Etudes Islamiques*, celebrado en marzo de 1974 en París.

38. Se debían a los marinos los relatos fantásticos que tanto abundaban en las primeras obras de geografía. A finales del siglo x, un navegante persa, el capitán Buzurg Ibn S̲hahriyār [409, I, 1398-1399], nos proporcionó en su obra *Maravillas de la India* una serie de observaciones personales completadas con diversos relatos de hechos extraordinarios, de los que los marineros afirmaban haber sido testigos (traducción Devic, París, 1878, 1883-1886, revisada por J. Sauvaget, Damasco, 1954). Los célebres cuentos de Simbad el Marino se basan en las *Maravillas de la India*. La historia halló su forma definitiva en Bagdad. Véase el artículo *Alf Laylā wa-Laylā (Las mil y una noches)* [409, I, 369-375].

39. A partir de entonces la descripción de las regiones recorridas pasó a ocupar un papel secundario en los autores de *riḥla*. Las descripciones enfáticas del marroquí al-'Abdāri, que inició su viaje en el año 688/1289, tienen un interés puramente literario. Los datos que esta obra aporta sobre el estado de la erudición musulmana son una contribución importante a la historia de los sabios de Maġrib. Véase el artículo de *EI*[2] [409, I, 98-99] y la obra de W. Hoenerbach, *Das Nordafrikanische Itinerar des 'Ābdari*, Leipzig 1950, *Muḥammad al-'Abdari, al-Riḥla al-Maġribiyya*, texto árabe recopilado, anotado y presentado por Muḥammad El-Fāsī, Rabat, 1968. Lo esencial consiste en la enumeración de los profesores encontrados, indicar la enseñanza de ellos recibida, enumerar las obras estudiadas bajo su dirección. Esta era la idea principal de al-Qāsim b. Yūsuf al-Tuŷībī al-Sabtī, quien realizó un viaje a los lugares santos a finales del siglo VII/XIII. El relato de este maġribí (muerto en el 730/1329) se titula *Mustafād al-riḥla wa-l-iġtirāb* (ed. en Túnez, 1395/1975 por 'Abd al-Ḥafīẓ Manṣūr.

40. Hemos consultado el manuscrito *Árabe n.° 2286* en la Biblioteca Nacional de París: *Tāŷ al-mafriq fī taḥliyat 'ulamā'al-Mašiq (Corona por la cabeza que contiene caracteres de los doctores del Oriente)*.

41. Ibn al-Jaṭīb, quien hizo un vivo retrato del juez de Cantoría, reprochaba a al-Balawī el haber plagiado el *Kitāb al-barq al-šāmī (El relámpago serio)* del oriental al-'Imād al-Iṣfahānī. Esta crítica no carecía de fundamentos [78[1], III, 285-287]. En opinión de W. Hoenerbach, al-Balawī utilizó profusamente el texto de al-'Abdarī [409, I, 99].

42. Véase la edición del *Rayy al-awām: Proverbes andalous* de Muḥammad Ben Cherifa, 2 vols., Rabat, 1971.

43. La edición de esta obra a cargo de M. 'A. Makkī se halla en prensa en el Instituto egipcio de estudios islámicos de Madrid.

44. Véase la edición litografiada en Fez (sin año), y el artículo del profesor egipcio 'Abd al-'Azīz al-Aḥwānī, «Amṯāl al-'āmma fī l-Andalus», en *Mélanges Taha Husain,* El Cairo, 1962, 235-368.

45. Véase 79, I, 71, III, 317-319. Hemos consultado el manuscrito de los *Badā'i'al-silk* núm. 2417 que se halla en la Biblioteca General de Rabat. Dos ediciones de dicha obra han sido publicadas recientemente, una en Bagdad, otra en Túnez-Beyrut (año 1977).

46. Véase D. Cowell, «Ibn 'Abd Rabbih and his *ghazal* verse», en *Journal of Arabic Literature,* V. 72-82;- J. M. Continente [391, XXXV/2, 1970, 355-380].

47. Acerca de Ibn Darrāŷ, véase, además del artículo de la *E.I.*^{2} del que es autor Maḥmūd 'Alī Makkī y que contiene abundante bibliografía, el *Dīwān de Ibn Darrāŷ al-Qasṭallī,* ed. crítica con introd., notas y apéndices de M. 'A. Makkī, Damasco, 1961.

48. Véase E. García Gómez, *Un eclipse de la poesía en Sevilla. La época almorávide,* Madrid, 1945, 42 ss. Acerca de la literatura árabe de España en tiempos de los reyes de taifas y de los almorávides, véase Iḥsān 'Abbās *Tā'rīj al-adab al-Andalusī, 'aṣr al-ṭawā'if wa-l-murābiṭān,* 3.ª ed., Beirut, 1974.

49. En el siglo XIII vivió el último representante del *muwaššaḥ* hispano-hebraico, Todros Halevi Abulafia, que habitó en la corte de los reyes de Castilla Alfonso el Sabio y Sancho IV. Véase S. M. Stern [359, 16-17].

50. Véase las comunicaciones de C. Sánchez Albornoz y de S. M. Stern, seguidas de las discusiones publicadas en *L'Occidente e l'Islam nell'alto medioevo,* Spoleto, 1965, t. II, 639-666, 811-831.

51. Véase M. Soualah Ibrāhīm, *Ibn Sahl, poète musulman d'Espagne,* Argel 1914-1919.

52. Entre las antologías derivadas del *Mugrib,* cabe destacar dos muy importantes publicadas en El Cairo por J. al-Ibyārī, *Al-ġuṣūn al-yāni'a fi maḥāsin šu'arā'al-mi'a al-sābi'a,* El Cairo, 1955, e *Ijtiṣār al-Qidḥ al-mu'allā fī l-ta'rīj al-muḥallā,* El Cairo, 1959.

53. Nacido en Ronda en el año 610/1204. La *oda o casida* a la que se debe su fama, se basó en los acontecimientos del año 664/1266: Muḥammad I renunció en esta fecha a varias aldeas fortificadas de las provincias de Murcia y de Jerez, que pasaron a manos de Alfonso X. Abū l-Ṭayyib se sintió tan apenado que expresó su pesadumbre en este célebre poema. Murió en Granada en el año 684/1285.

54. Véase también [45, II, 132-133]. Abū l-Qāsim Muḥammad al-Šarīf al-Ḥusaynī al-Sabtī (el de Ceuta), murió en Granada en el año 760/1358.

55. Titulado *al-Ṣayyib wal-Ŷahām wal-māḍī wal-kahām,* editado en Argel por Muḥammad al-Šarīf Qāhir en 1973.

56. La famosa *muwaššaḥa* que empieza por *Ğādaka-l-ġayṯu* (que se ofrezca la lluvia) en la que Ibn al-Jaṭīb se inspiró en la del poeta sevillano Ibn Sahl [78^1, IX, 227], es actualmente cantada por las elites del mundo musulmán.

57. Véase E. García Gómez [391, XXXIV/1, 1969, 205-216] (recensión de la edición del *Ŷayš* por M. Māḍūr y Hilāl Nāŷī en Túnez en el año 1967), y sobre todo [391, XXXIX 1-2, año 1974, 1-255]. Con anterioridad se habían publicado ya dos estudios sobre el *Ŷayš al-tawšīḥ,* uno a cargo de E. Lévi-

Provençal [396, I, 1954, 201-211] y otro debido a S. M. Stern [396, II, 1955, 150-192]. S. M. Stern opinaba que el *Ŷayš* procedía de una obra sobre la *muwaššaḥa* que no se ha conservado, la de Ibn Sa'd al-Jayr que Ṣafadī habría utilizado en la introducción de su *Tawšī 'al-tawšīḥ*.

58. Desconocemos los motivos que impulsaron a este primo de Muḥammad V a marcharse de al-Andalus a mediados del siglo XIV y trasladarse al Marruecos del mariní Abū l-Ḥasan, donde, siguiendo la búsqueda de mecenazgo, redactó el *Mustawda'al-'alāma* (véase *supra*, cap II), y la *Rawḍat al-nisrīn* en honor de los dinastas marroquíes. Acerca del príncipe Ibn al-Aḥmar, véase el artículo de 'Abd al-Qādir Zamāma [421, XVIII, 1974-1975 (parte árabe, 165-201) y XIX, 1967-1968, 83-130.

59. El *Naṯīr farā'id al-ŷumān* ha sido editado por Muḥammad Riḍwān al-Dāya (Beirut, 1967). En la introducción se pasa revista a los manuscritos de esta obra; hay un artículo consagrado a estos textos del que es autor J. Vázquez, «Kitāb Naṯīr al-ŷumān li-Ismā'īl b. Yūsuf malik Garnāṭa», en la *Revista del Instituto de Manuscritos árabes*, t. 6, 1960, 187-202. La genealogía de Ismā'īl ha sido rectificada por al-Dāya (p. 66).

60. El *dīwān* de Yūsuf III ha sido publicado por 'Abd Allāh Guennūn (2.ª ed., El Cairo 1965).

61. Véase M. Soualah, *Une élégie andalouse sur la guerre de Grenade*, Argel, 1914-1919. El manuscrito encontrado por el autor en la Biblioteca de Argel era una copia que databa de ša'bān de 897/10 de junio de 1492.

62. Véase especialmente el episodio de la caída de Ronda, el pániço que reinaba en Vélez Málaga, y el pavor que producía entre los asediados la utilización de la artillería por parte de los castellanos. La sinceridad de expresión destaca en una oda escrita en 1501, tras la primera sublevación de la Alpujarra por un morisco anónimo y transmitida por al-Maqqarī [79, I, 108-115]. Reviste especial interés histórico el angustioso llamamiento dirigido a Bayaceto II con vistas a una posible intervención otomana en favor de los moriscos perseguidos por los españoles. Véase J. Monroe [391, 1966/1-2, 281-303].

63. Las epístolas de Ibn Zaydūn tuvieron éxito entre los orientales ya en la Edad Media. De la *Risāla al-hazaliyya*, o satírica, existe un comentario del siglo XIV de Ibn Nubāta (m. en el 768/1366).

64. Sobre las epístolas de Ibn 'Amīra, véase la obra de Muḥammad b. Šarīfa, *Abū l-Muṭarrif Aḥmad b. 'Amīra al-Majzūmī, ḥayātuh*ᵘ *wa āṯāruh*ᵘ, Rabat, 1966, 253-259.

65. En el siglo XV, el egipcio al-Qalqašandī, secretario de la cancillería mameluca, reprodujo [86, t. 6, 443 ss. y t. 8, 78-79] numerosas cartas oficiales almorávides que se remontan al reinado de 'Alī B. Yūsuf b. Tašfīn (entre 500/1106 y 537/1143), en forma de modelos epistolares.

66. Véase al-Maqqarī [79, I, 72-102]. Al-Šārīf al-'Uqaylī acompañó a Boabdil en su exilio. El monarca waṭṭāsí, destinatario de la epístola, era sin duda Muḥammad al-Šayj que reinó entre 1471 y 1504.

67. Sobre la adaptación al hebreo de la *maqāmā* de 'Umar b. al-Šahīd por Yehudah al-Ḥarīzī, que tuvo en sus manos el texto árabe completo, véase el artículo de S. M. Stern (en hebreo), «The Arabic original of al-Harīzī's Maqāma of the Cock», en *Tarbiz*, XVII/2, Jerusalén, 1947, 87-100. En el transcurso de los siglos XII y XIII, las sesiones en lengua hebrea tuvieron un gran auge en España. En Cataluña, a finales del siglo XII, y luego en el reino de Castilla, el perfecto conocimiento de las lenguas árabe y hebrea permitió a los judíos de España traducir al hebreo algunas *maqāmāt* de al-Ḥarīrī (Yehudah b. Salomon

al-Ḥarīzī fue su autor en el año 602/1205) y luego inspirarse en ellas. Además de las cincuenta sesiones de Ḥarīzī (1165/1225), de carácter místico, el *Sefer Tahkemoni,* contamos con la obra de Salomon b. Siqbil, con la del barcelonés Abraham b. Samuel Ḥalabī b. Hasday (m. en el año 638/1248) y la de Jacob ben Eleazar de Toledo que vivió a principios del siglo XIII. Véase M. Millás Vallicrosa [302, *b*, 125]. J. Schirmann [278, I, 292].

68. Sobre estas sesiones de Zaragoza, véase Iḥsān 'Abbās, Beirut, 3.ª ed. 1974, pp. 317-324.

69. Sin duda hay que tener en cuenta la hipérbole en el elogio de las aldeas marroquíes, asimiladas a menudo a importantes aglomeraciones, pero Lisān al-dīn debía sin duda de halagar a su protector, el sultán marīní Abū Sālim, ya que el *Justo peso de la experiencia* fue redactado por Ibn al-Jaṭīb en su retiro de Salé.

70. El tema de la palmera ya había inspirado al letrado andaluz Aḥmad Ibn Burd al-Aṣgar, en la primera mitad del siglo XI, una *Epístola de la Palmera* que F. de la Granja ha entresacado de la *Dajīra* de Ibn Bassām y traducido al castellano, con un breve análisis previo, del cual reproducimos la siguiente consideración: «Se trata de una carta que Ibn Burd envió a un amigo suyo, Abū 'Abd Allāh, reprochándole su egoísmo y su avaricia por no haberle invitado a comer de los dátiles de su palmera». [222, 29]. F. de la Granja añade que el autor eligió este pretexto para hacer un alarde de difícil erudición, «con toda la galanura de la prosa rimada».

71. Sobre el Lazarillo de Tormes y Guzmán de Alfarache, véase M. Molho y J. F. Reille, *Les romans picaresques espagnols,* París, 1968. A. Rumeau ha comparado una historia sacada del Lazarillo con anécdotas extraídas de obras de *adab,* especialmente la de al-Bayhaqī (siglo x). Véase «Notes sur Lazarillo, La Casa Lóbrega y oscura», en *Les Langues néo-latines,* marzo-abril de 1965, número 172, 16-25.

72. Sobre la crítica literaria en el Oriente musulmán, véase Aḥmad Amīn, *Al-Naqd al-adabī,* El Cairo, 1963 y Amŷad al-Ṭarabulsi, *La critique poétique des Arabes,* Damasco, 1955.

73. Las *Masā'il al-intiqād* fueron editadas y traducidas al francés en Argel, en 1953, por Ch. Pellat.

74. La *Risālat al-tawābi'wa-l-zawābi'* ha sido publicada por B. al-Bustānī en Beirut, en 1951 (detallada introducción). A menudo se ha aludido a una posible influencia de la epístola de Ibn Šuhayd en la obra del célebre oriental al-Ma'arrī, la *Epístola del perdón.* Uno de los mejores conocedores de Ibn Šuhayd, James Dickie, afirma que las dos epístolas derivan de una leyenda común, el *mi'rāŷ* o noche de la ascensión, que prefigura el tema de la *Divina Comedia* de Dante. La fuente directa de inspiración de Ibn Šuhayd cabría más bien buscarla en una «sesión» del oriental al-Hamaḏānī. Véase J. Dickie [391, XXIX/2, 1964, 279].

75. Véase Ṣā'id al-Andalusī, *Kitāb Tabaqāt al-umam,* ed. Cheikho, Beirut, 1912; traducción al francés por R. Blachère, París, 1935.

76. Véase J. M.ª Millás Vallicrosa, *Las traducciones orientales de los manuscritos de la Biblioteca Catedral de Toledo,* Madrid, 1942, 261-284 (ed. de la versión latina del tratado sobre el astrolabio de Ibn al-Ṣaffār por Juan de Sevilla) y [421, III/1, 1955, 35-49, parte árabe: 47-76].

77. Véase J. M.ª Millás Vallicrosa, *Estudios sobre Azarquiel,* Madrid, 1943-1950; y [421, V/1-2, 1957, 49-64].

78. Véase G. Colin, *Avenzoar, sa vie et ses oeuvres,* París, 1911; M. Ullmann, *Die Medizin im Islam,* Leiden, 1970, 162-163.

79. Esta obra ha sido el tema de la tesis doctoral defendida por Rosa Kuhne Brabant en la Universidad Complutense de Madrid (1971).

80. Véase Lucien Leclerc, *Histoire de la Médecine arabe*, París, 1876, II, 285; asimismo, G. Sarton, *Introduction to the History of Science*, Baltimore, 1948, 1721. En un artículo [410, 1946, XXXIII, 31-64], el doctor H.-P.-J. Renaud había destacado algunos datos biográficos sobre al-Šaqūrī, nacido en 727/1327 en Segura, cerca de Murcia, en el seno de una familia acomodada. En la corte de Granada, ejerció las funciones de médico para los sultanes nasríes Yūsuf I y Muḥammad V. Las vicisitudes del destino obligaron a Muḥammad al-Šaqūrī a instalarse en Tremecén, donde se encontraba en el año 771/1369 [42, 130].

81. Los *Hechos de experiencia* incluyen la enumeración de las principales enfermedades e indican los síntomas que las caracterizan, así como el diagnóstico y los remedios a aplicar. Hemos consultado el manuscrito de Leiden (*Or.* número 331, f.° 134 v.°-139 r.°). Sobre la *Tuḥfat al-mutawaṣṣil*, otro opúsculo de al-Šaqūrī que Dozy denominó tratado sobre la disentería catarral, véase H.-P.-J. Renaud, *artículo citado*, 49.

82. Esta obra ha sido editada con glosario por M.ª C. Vázquez de Benito en Salamanca (1972).

83. Hemos empleado el manuscrito de El Escorial núm. 1785, folios 39 r.° - 47 r.°. Los folios 47 v.° - 49 r.° son la reproducción del párrafo sobre la peste extraído del *'Amal man ṭabba* de Ibn al-Jaṭīb.

84. El manuscrito consultado se encuentra en la Biblioteca de El Escorial, núm. 1785, folios 49 r.° - 105 v.°. Véase el ensayo del médico egipcio T. Dināna, «Die Schrift von Abī Djafar Aḥmed b. 'Alī b. Moḥammed b. 'Alī b. Hātimah aus Almeriah über die Pest», en *Archiv. für die Geschichte der Medizin*, t. XIX, 1927, 38 y el de M.M. Antuña, OAS, «Abenjatima de Almería y su tratado de la Peste» en *Religión y Cultura*, octubre de 1928, 68-90.

85. Sobre esta obra, el *Taḥqīq al-nabā 'an amr al-wabā'*, véase Brockelmann [160, S. II, 1279]. No disponemos de este tratado completo, pero la biblioteca de El Escorial posee un resumen titulado «el buen consejo», redactado por el propio autor y todavía inédito e incluido en el Ms. núm. 1785, folios 106 v.° - 111 r.°). Véase el análisis de este texto en R. Arié [397, III, 1967, 191-199].

86. Véase *Naṣīḥa*, folio 108 v.° 109 r.° y *Taḥṣil*, folio 66 r.°.

87. Sobre el zumaque (*summāq*), véase Dozy [194, 686]. *Tuḥfat al-aḥbāb*, reseña núm. 368; sobre la especie del limón dulce llamada *laymūn*, véase *Naṣīḥa*, folio 109 v.°; sobre el agraz, véase *Tuḥfat al-aḥbāb*, reseña núm. 181.

88. Véase *Naṣīḥa*, f.° 109 v.°, *Taḥṣil*, f.° 66 r.°.

89. Véase *Taḥṣīl*, f.° 66 r.°.

90. Véase *Naṣīḥa*, f.° 110 v.°.

91. Sobre la doctrina árabe de los «temperamentos» o las «complexiones», véase E. G. Browne, *La médecine arabe*, edición francesa puesta al día y anotada por el doctor H. P.-J. Renaud, París 1933, 134-136.

92. Esta opinión, muy común en las crónicas medievales que se limitaban a proponer remedios caseros para combatir el mal, era compartida por médicos respetados tales como Gentile da Foligno, profesor en la Universidad de Padua que murió de la peste en Perusa en junio de 1348 y que nos ha dejado unos *Consilia contra Pestilentiam*, o como los médicos de la Universidad de París, cuyos servicios fueron solicitados por Felipe VI, rey de Francia. Maestre Jacme d'Agramont compartía esta opinión en su *Epistola*, tratado catalán escrito en

1348, a requerimiento del Consejo municipal de Lérida, y una de las primeras obras escritas sobre la peste. En ella explica que la peste se había extendido a través del aire contaminado y de la niebla. Alfonso de Córdoba, quien escribiría en Montpellier en 1348 su *Epistola et regimen Alphontü Cordubensis de pestilentia,* explicaba la aparición de la peste negra por un eclipse de Luna, bajo el signo de Leo, junto con una conjunción de planetas. Al igual que la mayoría de sus contemporáneos, el autor de la *Sevillana medicina,* Jean d'Avignon, quien había estado al servicio del arzobispo de Sevilla, Pedro Gómez Barroso, creía en una relación entre el universo y el cuerpo humano. Según él, la conjunción de Marte y Júpiter, ocurrida el 28 de marzo de 1345, habría sido la causa original de la gran peste de 1347-1348. Sobre las reacciones de los hombres de ciencia medievales frente a la epidemia, véase A. M. Campbell, *The Black Death and Men of Learning,* Nueva York, 1931.

93. *Muqni'at al-sā'il,* folios 40 y 45.

94. Se creía que aunque se huyera del lugar donde se manifestaba la ley divina, no se escapaba del castigo de Dios. Ibn al-Jaṭīb refutó esta afirmación (*'Amal man ṭabba,* f.° 48 r.° del ms. de El Escorial, núm. 1785).

95. *Taḥṣīl,* f.° 65 v.°.

96. Sobre la descripción clínica de la enfermedad, véase *Taḥṣīl,* f.° 54, *'Amal man ṭabba,* f.° 47 del manuscrito núm. 1785 de El Escorial. Sobre la teoría del contagio, véase *Muqni'at al-sā'il,* f.° 42.

97. *Muqni'at al-sā'il,* f.° 40-41.

98. *Naṣīḥa,* f.° 107 r.°, 108 r.°.

99. Sobre la persistencia de una literatura médica en árabe en la España cristiana durante la baja Edad Media y el siglo XVI, véase Luis García Ballester, *Historia social de la medicina en la España de los siglos XIII al XVI,* vol. I, Madrid, 1976, 31-55, 77-103.

100. El análisis del manuscrito titulado *al-Jḥtifāl fī istīfā' mā lil-jayl min al aḥwāl,* cuyo interés es escaso, y sobre todo bibliográfico, ha sido realizado por G. S. Colin, «Un nouveau traité grenadin d'hippologie», en *Islamica,* París, 1934, 332-337.

101. Esta obra es conocida con el nombre de *Kitāb Matli'al-yumm.* Había escrito con anterioridad un tratado de hipiatría, el *Kitāb al-Fawā'id al-musaṭṭara fī 'ilm al bayṭara,* hallado por G. S. Colin en la Biblioteca de la Real Academia de la Historia (Madrid, Colección Gayangos, núm. XLII). Ya durante la segunda mitad del siglo XIII, se había redactado un tratado anónimo sobre medicina de los caballos, *El Libro de los Caballos,* en la corte de Castilla, sin duda por iniciativa de Alfonso X. Sobre esta primera obra de veterinaria compuesta en España y que iba a ejercer una influencia importante sobre la literatura de hipiatría, véase G. Sarton, *Introduction to the History of Science,* t. II, 1091; G. Sachs, «El Libro de los caballos, tratado de albeitería del siglo XIII» (*Revista de Filología española,* anejo XXIII, Madrid, 1936, 150 pp.).

102. Una traducción de la descripción que hizo el viajero al-Idrīsī en el siglo XII a la Mezquita ha sido publicada junto con un comentario arqueológico por A. Dessus Lamare, *Description de la Mosquée de Cordoue,* Argel, 1949. Véase la monografía de L. Torres Balbás, *La Mezquita de Córdoba y las ruinas de Madīnat al-Zahrā',* Madrid, 1952. Para la historia de la Mezquita a partir de la Reconquista, véase R. Castejón, *Guía de Córdoba,* 38-42, 62-73.

103. En un principio, la parte superior de este alminar fue convertida en campanario poco después de concluida la Reconquista. Como amenazara ruina, el capítulo de la catedral decidió consolidarlo por su parte interior y revestirlo

con una nueva torre de campanario, la actual, que fue acabada en 1664. Una serie de excavaciones llevadas a cabo por el arquitecto Félix Hernández han permitido descubrir, hasta una altura de 22 metros, la disposición del alminar del siglo x, que tenía una altura de 34 metros. Contaba con dos escaleras interiores construidas en sentido inverso y que se unían delante de la plataforma sobre la que descansaba un linternón. Este alminar serviría de modelo para las grandes torres almohades del siglo xii [277, III, 291].

104. Los yeseros andaluces aprendieron la técnica del mosaico gracias a un experto bizantino que 'Abd al-Raḥman III había hecho venir de Bizancio. Los andaluces enviados al basileus regresaron con 320 quintales de cubitos de vidrio coloreado que fueron empleados por vez primera en al-Andalus [277, III, 393]. Véase la obra colectiva publicada por H. Stern sobre el mosaico de la Gran Mezquita de Córdoba, Berlín, 1976.

105. Véase R. Velázquez Bosco, *Medina Azzahra y Alamiriya*, Madrid, 1912; *idem.*, *Excavaciones en Medina Azahara*, Madrid, 1924 (publicación póstuma).

106. Véase R. Castejón, *Excavaciones del plan nacional en Medina Azahara (Córdoba). Campaña de 1943*, Madrid, 1945; *idem*, «Las Excavaciones de Madīnat al-Zahrā' en Córdoba», en *Atti del terzo Congresso di Studi Arabici e Islamici*, Ravello (1-6 de septiembre de 1966), Nápoles, 1977, 257-265.

107. Véase R. Castejón, artículo citado, en *Atti del terzo Congresso di Studi arabici*, 261.

108. El estudio de las influencias orientales en la ornamentación cordobesa ha dado lugar a varios trabajos. Véase H. Terrasse, «Les influences orientales sur l'art musulman d'Espagne», en *Studia Islamica*, 1957; B. Pavon [391, XXXIV/1, 1969, 201-204]. B. Pavón ha intentado establecer una filiación entre algunas formas del califato omeya de Córdoba y algunos posibles antecedentes de la España romana [391, XXXVI/1, 1971, 197-201] y ha señalado que la escuela alemana (Kühnel y Brisch) es más dada que los arqueólogos latinos a relacionar el arte cordobés con lo oriental. Dicho autor opina que se ha venido exagerando la idea de que de Oriente nos llega lo más granado de nuestro arte hispano-musulmán. Según él, la ornamentación de Madīnat al-Zahrā', sobre la que está preparando un corpus, es una síntesis de diversas influencias: romana, bizantina, visigoda, omeya y 'abbāsí [391, XXXIII/1, 205].

109. Véase R. Castejón, artículo citado *supra*, nota 199, 263-264. Gracias a las excavaciones llevadas a cabo en los lugares donde fue construida la Gran Mezquita de Madīnat al-Zahrā', se tiene un mejor conocimiento de lo que fue la Gran Mezquita de Córdoba en el siglo ix, descrita solo en parte por los cronistas árabes. Véase B. Pavón [397, X, 1974, 323-330].

110. Véase H. Terrasse [391, XXX/1, 1965, 175-180]. Sobre la Aljafería, véase Ch. Ewert, *Die Aljaferia in Zaragoza*, Berlín, 1978.

111. Véase H. Terrasse «Historia política y artística de la España musulmana», en *Revista de Occidente*, núm. 78, 1969, 288-289.

112. Véase L. Torres Balbás [391, VII, 1942, 216-219]. Los castellanos se inspiraron en esta disposición para construir las torres albarranas de Talavera de la Reina, del castillo de Montalbán (anterior a 1302), de Escalona y Toledo, llegando a Madrigal de las Altas Torres, en tierras de Ávila (siglo xiv).

113. Sobre la denominación de la Alhambra, se han dado varias hipótesis. Según Ibn al-Jaṭīb, los obreros empleados en la construcción de este palacio trabajaban de noche, a la luz de las antorchas. Se habría dado el nombre de al-Ḥamrā' «la roja» al edificio a causa del resplandor rojo que se reflejaba en las murallas. De hecho, esta denominación ya había aparecido a finales del siglo ix

bajo los omeyas. Sobre los palacios del occidente musulmán denominados *al-Ḥamrā'*, véase H. de Castries, «Du nom d'Alhambra donné au palais du souverain à Marrakech et à Grenade», en *Journal Asiatique*, 1921, 133-138. El nombre de la Alhambra procede sin duda de la arcilla roja de la Sabīka.

114. Convendría rechazar las afirmaciones tajantes de F. B. Bargebuhr en *The Alhambra. A Cycle of Studies of the Eleventh Century in Moorish Spain*, Berlín, 1968. Para este autor, las fortificaciones de la Alhambra actual erigida sobre la colina de la Sabīka contuvieron suntuosos palacios desde el siglo XI, bajo los zīríes, es decir, cerca de dos siglos antes de la fundación del emirato naṣrí de Granada. La mayoría de los argumentos históricos y arqueológicos presentados por el autor para respaldar esta teoría soportan con dificultad un análisis crítico. Véase la reseña de R. Arié en *Der Islam* [52/2, Berlín, 1975, 347-349].

115. Sobre su emplazamiento Felipe II hizo construir en 1576 la iglesia actual de Santa María de la Alhambra.

116. Hay diversas opiniones acerca de su finalidad: para Lévi-Provençal, habría existido una residencia de verano alrededor del Patio de la Alberca y una residencia de invierno alrededor del Patio de los Leones. Georges Marçais opinaba que únicamente habría que buscar un anhelo de prestigio en las creaciones sucesivas de palacios por parte de Yūsuf I y de Muḥammad V [290, 305]. El arabista británico James Dickie no comparte estas opiniones. Véase su artículo: «The Alhambra. Some reflections prompted by a recent study by Oleg Grabar», en *Oriental Art*, Londres, 1979, 53-66 y «Towards an aesthetic of Granadine art», en *Oriental Art*, 1980, 322-331. Durante el siglo XV, en una Granada azotada por la guerra civil, los monarcas naṣríes se limitaron a conservar la obra de sus predecesores, sin realizar nuevas ampliaciones. Hubo un enriquecimiento del decorado en la Torre de las Infantas, en tiempos del sultán Muḥammad VII (1392-1408). Véase L. Seco de Lucena, «La Torre de las Infantas en la Alhambra», en *MEAH*, VII, 1958, 145-148.

117. Sobre la etimología del Generalife, todavía no se ha dado ninguna explicación satisfactoria. La opinión más generalizada es que se trata de una deformación de *Ŷinān al-'arīf*, los jardines del arquitecto. Véase J. D. Latham, «Reflections on the *tā'marbūṭa* in Spanish toponyms of arabic origin», en *Journal of Semitic Studies*, XII, Manchester, 1967, 94-95.

118. Véase el artículo *Bustān* en *E.I*[2] [409, 1386-1387]. Sobre los jardines andaluces, véase G. Marçais, «Les jardins de l'Islam», conferencia publicada en *Education Algérienne;* F. Prieto Moreno, *Los Jardines de Granada*, 2.ª ed. Madrid, 1973. Conocemos el estado original de los jardines del Generalife gracias a la descripción más antigua que existe de este lugar, la del embajador veneciano en España, Andrea Navaggiero.

119. Véase J. Dickie, «The Hispano-Arab garden: its philosophy and function», en *Bulletin of the School of Oriental and African Studies*, Londres XXI/2, 1968, 237-248; y [417, XIV-XV, 1965-1966, fasc. 1, 76-87]. Reflexiones sobre el origen persa del *riyāḍ*, desarrolladas en [403, IV, 1968, 171-173].

120. El Cuarto Real de Santo Domingo fue así llamado porque los Reyes Católicos revendieron este palacio al mismo tiempo que la huerta que lindaba con el convento de los Dominicos de Santa Cruz. Sobre esta hermosa residencia privada, véase M. Gómez Moreno [403, núm. 2, 1966, 26-33].

121. Véase «Granada en el siglo XIII», [403, n.º 2, 1966, 34-35].

122. El Estado actual de nuestros conocimientos nos lleva a fechar las diversas construcciones cuyas torres, bastante bien conservadas, se levantan en la proa de

la Alhambra, lado este, en tiempos de los naṣríes, y más en particular del primer naṣrí. Sobre los problemas arqueológicos muy diversos que presenta la Alcazaba, véase B. Pavón Maldonado [403, núm. 7, 1971, 3-33]. Sobre la más occidental de las torres de la Alhambra, véanse las prudentes comparaciones sugeridas a L. Golvin por la Torre de la Vela [403, núm. 10-11, 1975, 85-90].

123. Sobre las pinturas de la Sala del Tribunal véase B. Pavón [391, XXXV/1, 1970, 179-197]. Pavón las atribuye a artistas mudéjares procedentes de un taller toledano que Pedro I de Castilla habría prestado a su aliado Muḥammad V de Granada en el transcurso de la segunda parte del siglo XIV. La prueba de ello puede apreciarse en el hecho de que aparece el escudo del rey de Castilla en la bóveda central. Este escudo cristiano es el emblema de la Orden de la Banda, instituida por Alfonso XI, padre de Pedro I, pocos años antes de la batalla del Salado. Véase también B. Pavón [318, 249-266]. Puede encontrarse una revisión del tema de las pinturas y un estudio de las técnicas en la preparación de las pieles en la obra de J. Bermúdez Pareja, *Pinturas sobre piel en la Alhambra de Granada*, Vic, 1974. Sobre las pinturas del Partal, realizadas al estilo de miniaturas, véase el ensayo del universitario egipcio Gamal Mehrez, *Las pinturas musulmanas en el Partal de la Alhambra*, Madrid, 1951. El autor considera que hay en estas escenas de la vida militar y cotidiana una clara influencia de la escuela oriental de miniaturas llamada selŷūkí y hace remontar las pinturas a la segunda mitad del siglo XIV, ya que los elementos del decorado en que se hallan insertas, están estrechamente relacionados con el estilo de las construcciones realizadas por Muḥammad V.

124. Las doce figuras de leones de piedra que decoran la Fuente de los Leones han suscitado controversias entre los eruditos. Según M. Gómez Moreno, podrían datar del siglo XI. J. Bermúdez Pareja [403, 3, 1967, 21-29] comparte esta opinión. Por el contrario, L. Torres Balbás las consideraba una obra del siglo XIV, marcada por una corriente artística oriental arcaizante.

125. Sobre las artes menores mozárabes, véase J. Fontaine, *L'art mozarabe*, Abbaye de la Pierre qui Vire, 1977, 370-379.

126. Sobre la cerámica vidriada en España, véase A. Frottingham, *The Lustreware of Spain*, Nueva York, 1951; R. Ettinghausen, «Notes on the Lustreware of Spain», en *Ars Orientalis*, I, 1954, 133-156. Véase también L. Torres Balbás [391, IV, 1939, 412-432]; J. David-Weill, «Note sur un épigraphe naṣride» en *Mélanges d'Histoire et d'Archéologie de l'Occident musulman*, II, 61-66. Sobre la cerámica naṣrí, véase M. Llubia, *Cerámica medieval española*, Barcelona, 1967, 82-110. Consultar las anotaciones de B. Pavón inspiradas por la cerámica naṣrí [391, XXXIV/2, 1967, 434-437]. Sobre la influencia mudéjar en la cerámica naṣrí del siglo XIV, véase B. Pavón [318, 268-275].

127. Véase G. Mehrez [421, II, Madrid, 1955 (parte árabe), 141-147]; G. Vajda, *Album de Paléographie arabe*, París, 1958, lámina 44; A. Schimmel, *Islamic Calligraphy*, Leiden, 1970, lámina XXXIX.

128. Véase E. Lambert, «L'art mudéjar», en *Gazette des Beaux Arts*, IX, París, 1933, 17-33, *Tolède*, París, 1925: *Art musulman et art chrétien dans la Péninsule Ibérique*, París, 1958; véase G. Marçais [290, 361-378].

129. Véase L. Torres Balbás [369, 39-43]. Basilio Pavón opina que las yeserías del claustro de San Fernando de las Huelgas de Burgos llevan el sello del estilo almorávide [318, 231].

130. En la construcción y decoración del alcázar sevillano trabajaron artífices toledanos, según se lee en las puertas. Alarifes granadinos enviados por Muḥammad V decoraron el Salón de Embajadores sevillano. Según Pavón [318, 159

siguientes], los trabajos de los toledanos fueron más importantes que la participación granadina o sevillana.

131. El arte mudéjar palaciego que había vuelto a florecer en el estilo isabelino traspasó la frontera portuguesa y prosperó allí con el estilo manuelino [290, 377].

132. Véase Jacques Revault, *Palais et demeures de Tunis, XVIe et XVIIe siècles,* París, 1968, reseña de H. Terrasse [391, XXXIV/1, 1969, 175-182]. Véase J. Revault [200, 291-303].

Conclusión

Al término de esta larga historia, vamos a evocar las vicisitudes por las que atravesó la España musulmana y a sacar las principales características de la rica y compleja civilización que se desarrolló en tierras de la península Ibérica.

A principios del siglo VIII, una serie de acontecimientos políticos y militares condujeron al nacimiento de al-Andalus, lejana provincia del primer Imperio árabe de Oriente. Sin embargo, la España musulmana no tardó en poseer su propia dinastía, independiente de Asia y del norte de África. El Estado omeya, bien organizado, hábilmente administrado y dotado de una economía próspera, alcanzó su pleno apogeo en el siglo X, el Siglo del Califato de Córdoba. Dicho Estado impuso su supremacía militar sobre los cristianos del norte de la Península. Pero en el primer tercio del siglo XI, cuando el poderío hispano-árabe se hallaba en su cenit, se hundió de forma repentina el edificio tan sólidamente erigido por los dinastas omeyas y los regentes ʿāmiríes. Salvando las diferencias, varios historiadores han comparado esta caída con la del Imperio romano.

Diezmado por la guerra civil, el califato de Córdoba se fraccionó en una serie de diminutos reinos independientes, cuyos soberanos, los reyes de taifas, se enzarzaron en luchas estériles que solían concluir con la anexión de los territorios de los más débiles o con la imposición de humillantes vasallajes. En esta coyuntura, la Reconquista experimentó importantes avances bajo el estandarte de Castilla, enarbolado por dos enérgicos soberanos: Fernando I y Alfonso VI. En el año 1085, Toledo, la antigua capital de los visigodos, fue definitivamente recuperada por los cristianos. Divididos y debilitados, los reyezuelos se vieron obligados a pedir ayuda al Islam africano. Transcurrido apenas un año desde la caída de Toledo, los almorávides infligieron en Sagrajas una sangrienta derrota a los castellanos y transformaron al-Andalus en una provincia de su Imperio. A mediados del siglo XII se instauró una nueva dinastía africana, la de los almohades, instauración que supuso un simple cambio de régimen. En el sur de la Península, el avance cristiano experimentaba sensibles progresos gracias a los esfuerzos conjuntos de Alfonso VIII de Castilla y Alfonso II de Aragón. Sin embargo, la última gran victoria militar del Islam tuvo lugar en Alarcos en el año 1195.

Vamos a recordar, una vez más, que la victoria cristiana de las Navas de Tolosa, en 1212, dio un giro a la historia de al-Andalus. A partir de esta fecha, los musulmanes sufrieron graves reveses. En el seno de un imperio almohade socavado por disensiones internas, las posesiones andaluzas del sur y este de la Península se convirtieron en pequeños principados independientes, de los que pronto se apoderarían castellanos y aragoneses.

A mediados del siglo XIII, solo quedaba del territorio del Islam español el reino de los naṣríes, cuyos soberanos, pese a su precario poder, lograron resistir durante doscientos sesenta años, gracias a un hábil juego de equilibrio frente a los avances cristianos. La supervivencia del reino de Granada se explica por su configuración geográfica y su estructura defensiva, compuesta de castillos, torres de vigía y murallas urbanas. Los sultanes naṣríes contaron con el apoyo de un ejército combativo pero carecieron de una marina de guerra eficaz. De este modo, el bloqueo marítimo, la utilización de la artillería y la inquebrantable voluntad de los cristianos de España, que habían conseguido su unidad mediante el matrimonio de Fernando de Aragón e Isabel de Castilla, lograron acabar con la resistencia de los granadinos, aislados de sus correligionarios del norte de África y de Egipto. El año 1492 asistió a la conclusión de la Reconquista, unos pocos meses antes de que Cristóbal Colón emprendiera desde las costas andaluzas el viaje que le llevó al descubrimiento del Nuevo Mundo.

Cabe destacar la proyección alcanzada por la civilización hispanomusulmana, en cuya eclosión desempeñó un papel preponderante el Oriente musulmán. En un principio, prevaleció la tradición de la Siria omeya, pero, a partir del siglo XI, se impuso en el reino cordobés el modelo ʿabbāsí, cuyas tendencias e innovaciones, procedentes de Bagdad, impregnaron la vida local. En el siglo X, la Andalucía califal, que se hallaba en el cenit de su esplendor, adquirió, fuera de sus fronteras, en el mundo cristiano occidental y bizantino, el prestigio de una gran nación civilizada. Al producirse el fraccionamiento del califato de Córdoba, se reanudaron las relaciones culturales con Oriente, relaciones que se mantendrían hasta el final de la Edad Media gracias a los viajes de los hispanomusulmanes, en cumplimiento de la peregrinación a los Lugares Sagrados del Islam, y gracias también a la instalación en la España musulmana de letrados orientales atraídos por los núcleos culturales andaluces.

Las relaciones económicas siguieron a buen ritmo. Las flotas mercantes de Sevilla, Málaga, Denia, Valencia y Almería surcaban las aguas del Mediterráneo hasta Egipto, cargadas con los productos de exportación del suelo andaluz o con los objetos de lujo fabricados en las metrópolis hispanomusulmanas.

La huella oriental se dejó sentir en las ciencias religiosas y filosóficas y en la mayoría de disciplinas literarias. Así, se manifestó en la evolución del pensamiento andaluz, caracterizado por el esfuerzo especulativo y el fervor místico. Las influencias sirias, mesopotámicas y egipcias se evidenciaron en la actividad artística, sobre todo en lo que se refiere a la estructura y ornamentación de los edificios.

En la península Ibérica, la civilización musulmana adquirió conciencia de su personalidad y originalidad. Los musulmanes de España supieron explotar de forma ingeniosa el legado de los hispanorromanos. Maestros en las técnicas hidráulicas aplicadas a la agricultura, construyeron en el litoral de Andalucía y Levante y en el valle del Ebro una red de canales de riego. En el siglo x, los musulmanes aclimataron en España el naranjo y el algodonero, e introdujeron el arroz, la morera y la caña de azúcar. La explotación de los recursos naturales y la actividad de un hábil artesanado urbano, dedicado a trabajar el cuero y los metales y a fabricar muebles, objetos de loza y telas de seda, ponen de manifiesto la prosperidad de la España musulmana. En cuanto al florecimiento cultural, llaman la atención el acento profundamente sincero, la marcada personalidad de los poetas, un intento de liberarse de las imitaciones orientales y un esfuerzo querido por romper los moldes de la prosodia tradicional. Al tiempo que declaraban su vinculación a la lengua árabe, los autores hispanomusulmanes crearon una serie de marcos poéticos sumamente flexibles a los que podían amoldar los más diversos temas de su inspiración lírica. El arte musulmán legó a España magníficas joyas, tales como la Gran Mezquita de Córdoba, la Giralda de Sevilla y la Alhambra de Granada.

Debido a su brillantez cultural, la España musulmana ejerció durante mucho tiempo una indiscutible atracción sobre la cristiandad ibérica. No vamos a referirnos aquí a la apasionada controversia que hace unos treinta años enfrentó a dos renombrados medievalistas (Américo Castro y Claudio Sánchez Albornoz) sobre la importancia del Islam en el pasado español. Bástenos con recordar que desde la alta Edad Media se establecieron contactos permanentes entre los musulmanes y los cristianos de España. No era un hecho raro el que jóvenes cristianos de Córdoba se iniciaran en la lengua y literatura árabes, como tampoco lo era el que los musulmanes aprendieran el romance, lengua surgida del idioma latino-ibérico; durante este largo período histórico, hubo un número relativamente elevado de población bilingüe. Sin embargo, fueron escasos los elementos tomados por el árabe hispánico del romance, sobre todo en comparación con los adoptados por la lengua castellana del árabe. Todavía son numerosas las voces de raíz árabe utilizadas en la terminología relativa a la irrigación. La contribución de la lengua árabe a la toponimia fue esencial. La huella de la presencia arabigomusulmana queda patentizada en el vocabulario relativo a las fortificaciones, al ejército y a las instituciones, y en la terminología referente a la vida urbana y a la actividad comercial. El léxico botánico y, sobre todo, el vocabulario científico están impregnados de numerosos arabismos.

En el campo de la cultura hubo constantes intercambios. Al-Andalus constituyó un eslabón en la transmisión al Occidente cristiano de la ciencia helenística y de la filosofía griega. Sin que pueda hablarse de una «escuela de traductores toledanos», no puede olvidarse el papel relevante que desempeñaron a lo largo del siglo XII los clérigos reunidos en Toledo y que tradujeron al latín las más famosas obras de la cultura árabe: libros de astronomía, de álgebra, de medicina, de física, de historia natural, de filosofía. Los traductores de Toledo contribuyeron decisivamente a la difusión por la Europa medieval de las obras de Aristóteles, Galeno e Hipócrates, comentadas por hombres tan preclaros como Avicena y Averroes. Estos traductores fueron emulados en Tarazona, Huesca y Segovia. Por iniciativa del abad de Cluny, Pedro el Venerable, dos clérigos originarios del norte de Europa tradujeron el Corán al latín con el fin de poder refutar mejor el dogma del Islam. Un siglo más tarde, y bajo los auspicios del infante don Alfonso de Castilla, el futuro Alfonso X el Sabio, se inició la labor de adaptación y traducción al castellano del patrimonio transmitido al país por la cultura árabe. Esta tarea fue emprendida conjuntamente por musulmanes, judíos y cristianos. Desde el punto de vista histórico, se utilizaron fuentes árabes antiguas para la redacción de la *Crónica General.* La influencia arabigoandaluza se hizo patente cincuenta años más tarde en el ṣūfismo cristiano del mallorquín Ramón Llull. En Sevilla, en el año 1254, el Rey Sabio creó un Instituto de Estudios árabes y latinos. Desde la óptica literaria, la traducción al castellano, realizada por los letrados reunidos en Toledo bajo la égida de este soberano ilustrado, de la recopilación oriental de apólogos, el *Calila e Dimna,* tuvo una influencia innegable en las obras europeas posteriores; el *Roman de Renart,* los *Cuentos* de Bocaccio, las *Fábulas* de La Fontaine. Incluso en España, la literatura narrativa de la Edad Media lleva la impronta de la influencia árabe. Varios cuentos inspirados en el *Calila e Dimna,* en el *Sendebar* —otro conjunto de fábulas traducidas del árabe al castellano— y *Las Mil y una Noches,* aparecen en *El Conde Lucanor* de Don Juan Manuel. Este príncipe culto, sobrino de Alfonso el Sabio, adaptó en su *Libro de los Estados* la leyenda de *Barlaam y Josafat,* o sea de Buda, conocida a través de un texto árabe, a la que imprimió el sello de su talento literario. En el *Libro de Buen Amor* del Arcipreste de Hita aparecen recogidos algunos apólogos de procedencia oriental, y en él pueden identificarse también algunas composiciones del tipo del *zaŷal* andaluz. Las semejanzas existentes entre la poesía estrófica de los árabes de España y la poesía de los trovadores sigue siendo todavía motivo de estudio por parte de los eruditos.

La coexistencia en suelo español del Islam y de la Cristiandad se reflejó en una serie de hechos culturales positivos. Las costumbres refinadas de las metrópolis andaluzas penetraron en las pequeñas cortes cristianas del norte de la Península; así, a partir del siglo IX, la aristocracia se sintió atraída por el lujo y el sentido del bienestar. Durante la baja Edad Media, la influencia árabe penetró en la vida cotidiana de las elites de Castilla y Aragón en lo que se refiere a alimentación, mobiliario, indumentaria y diversiones. En las zonas reconquistadas, el paisaje urbano mantuvo un claro sello árabe, y ello en las ciudades situadas tanto en las llanuras como en las montañas o en la costa. El legado del Islam hispánico se reflejó en el desarrollo de las artes menores: trabajo del marfil, de la orfebrería, de los tapices. Concluida la Reconquista, se continuó fabricando alfarería dorada o de reflejos metálicos en Málaga y Manises, cerca de Valencia. En cuanto al arte popular, la cerámica de Fajalauza perpetuó la tradición artesanal de los naṣríes. Las manufacturas de armas de Toledo y la industria del cuero de Córdoba siguieron prosperando.

La civilización hispanomusulmana ha dejado escritas numerosas y hermosas páginas en los anales históricos de la España medieval.

FUENTES

Textos árabes y traducciones del árabe

1. Abū Ḥamid al-Andalusī al-Ġarnāṭī, *Tuḥfat al-albāb wa-nuhbat al-a'ŷāb*, edición G. Ferrand, *Journal Asiatique*, t. 207, 1925, 1-304.

1*a*. *Abū Ḥāmid el Granadino y su relación de viaje por tierras eurasiáticas*, trad. española por C.E. Dubler, Madrid, 1953.

1*b*. Ahmad al-Qaštālī, *Milagros de Abū Marwān al-Yuhānisī*, editados con prólogo, notas e índices de F. de la Granja, Madrid, 1974.

2. *Ajbār maŷmū'a*, crónica anónima, ed. y trad. española por E. Lafuente y Alcántara: *Ajbar machmū'a, Crónica anónima del siglo XI*, Madrid, 1867.

3. Alarçón, M. *Lámpara de los príncipes por Abubéquer de Tortosa*, 2 vols., Madrid, 1930-1931.

4. Alarcón y Santón, M., y R. García de Linares, *Los Documentos árabes diplomáticos del Archivo de la Corona de Aragón*, Madrid-Granada, 1940.

5. Al-Bakrī (Abū 'Ubayd), *Kitāb al-Masālik wa-l-mamālik, Description de l'Afrique Septentrionale*, ed. M. G. de Slane, nueva ed., Argel, 1911, trad. francesa por el mismo autor, Argel, 1913; ed. revisada y corregida, París, 1965.

6. Al-Bakrī (Abū 'Ubayd), *Ŷuġrāfiyat al-Andalus wa-Urūbba min Kitāb al-Masālik wa-l-Mamālik*, ed. crítica 'Abd al-Raḥmān 'Alī al-Ḥaŷŷī, Beirut, 1387/1968.

7. *Una Crónica anónima de 'Abd al-Raḥmān III al-Nāṣir*, ed. y trad. esp. por E. Lévi-Provençal y E. García Gómez, Madrid-Granada, 1950.

•8. Ḍabbī, *Buġyat al-multamis fī ta'rīj riŷāl ahl al-Andalus*, ed. F. Codera y J. Ribera, *Biblioteca Arábico Hispana*, t. III, Madrid, 1885.

9. *Al-Ḏajīra al-saniyya fī ta'rīj al-dawla al-marīniyya*, autor anónimo, ed. M. Ben Cheneb, Argel, 1920.

10. Fagnan, E., *Extraits inédits relatifs au Maghreb. Géographie et Histoire*, Argel, 1924.

11. Al-Fatḥ Ibn Jāqān, *Qalā'id al-'iqyān*, Marsella-París 1277/1860[1], Būlāq 1283/1866-1867[2].

12. Hoenerbach, W., *Spanisch-Islamische Urkunden aus der Zeit der Naṣriden und Moriscos*, Berkeley-Los Ángeles, 1965.

13. Huici Miranda, A., *La cocina hispano magrebí en la época almohade según un manuscrito inédito, Kitāb al-ṭabīj fī l-Maġrib fī 'aṣr al-muwaḥḥidīn*,[1] Madrid, 1965, *Traducción española de un manuscrito anónimo del siglo XIII sobre la cocina hispano-magrebí*, Madrid, 1966.

13*bis*. Huici Miranda, A., *Colección de Crónicas árabes de la Reconquista*, Tetuán, 1953-1954.

14. Huici Miranda., A. *al-Ḥulal al-Mawšiyya fī ḏikr al-ajbār al-Marrākušiya*, crónica anónima, ed. I. S. Allouche,[1] Rabat, 1936, trad. esp. por A. Huici Miranda,[2] Tetuán, 1952.

15. Ibn al-Abbār, *al-Ḥulla al-siyārā'*, extractos publicados por Dozy, *Notices sur quelques manuscrits arabes*, Leiden, 1847-1851[1], 30-260, ed. H. Monès, 2 volúmenes, El Cairo, 1963-1964.[2]

16. Ibn al-Abbār, *Kitāb al-Takmila li-Kitāb al-Ṣila*, ed. F. Codera, *Bibl. Ar. Hisp.*, t. V-VI, Madrid 1887-1890; apéndice a la edición de Codera por M. Alarcón y A. González Palencia, en *Miscelánea de Estudios y textos árabes*, Madrid, 1915, t. I, ed. A. Bel y M. Ben Cheneb, Argel, 1920.

17. Ibn 'Abd al-Ḥakam, *Futūḥ Miṣr wa-l-Maġrib wa-l-Andalus*, ed. C. Torrey, Yale Oriental Series, 1922, ed. y trad. francesa de la parte relativa a España por A. Gateau, Argel, 1947.

18. Ibn al-Aṯīr, *Annales du Maghreb et de l'Espagne*, trad. francesa parcial por E. Fagnan del *Ta'rīj* de Ibn al-Aṯīr, Argel, 1901.

19. Ibn Abī Zar', *Al-Anīs al-Muṭrib bi-Rawḍ al-Qirṭās fī ajbār mulūk al-Maġrib wa-ta'rīj Madīnat Fās*,[1] ed. y trad. latina por C. J. Tornberg, Upsala, 2 vols. 1845-1846[2]; trad. fr. por A. Beaumier, París, 1860; trad. española anotada por A. Huici Miranda, *Rawḍ al-Qirṭās*, 2.ª ed., 2 vols., Valencia, 1964[3].

20. Ibn al-Aḥmar, *Naṯīr Farā'id al-Ŷumān fī naẓm fuḥūl al-zamān*, ed. M. R. al-Dāya, Beirut, 1967.

21. Ibn al-'Awwām, *Kitāb al-Filāḥa*, ed. y trad. J. A. Banqueri, 2 vols., Madrid, 1802, trad. fr. por J. J. Clément Mullet, 2 t. en 3 vols., París, 1864-1867.[2]

22. Ibn Baṣṣāl, *Kitāb al-Filāḥa (Libro de Agricultura)*, ed. y trad. española anotada por J. M.ª Millás Vallicrosa y M. Aziman, Tetuán, 1955.

23. Ibn Bassām, *Al-Ḏajīra fī maḥāsin ahl al-ŷazīra*, vol. I/1, ed. El Cairo, 1358/1939, vol. II/2, 1371/1942, vol. IV/1, 1364/1945.

24. Ibn Baškuwāl, *Kitāb al-Ṣila*, ed. F. Codera,[1] *Bibl. Ar. Hisp.*, t. I-II, Madrid, 1883, ed. I. 'Abbās, Beirut, 1965.[2]

25. Ibn Baṭṭūṭa, *Tuḥfat al-Nuẓẓār fī 'aŷā'ib al-amṣār*, trad. fr.: *Voyages*, por Ch. Defrémery y B. R. Sanguinetti, 4 vols., París, 1859.[1] trad. inglesa por H. R. Gibb, *Travels in Asia and Africa*,[2] 1325-1354, Londres, 1958.

26. Ibn Darrāŷ al-Qasṭallī, *Dīwān*, ed. M. 'A. Makki, Damasco, 1971.

27. Ibn Faḍl Allāh al-'Umarī, *Masālik al-abṣār fī mamālik al-amṣār: l'Afrique moins l'Egypte*, trad. francesa parcial por M. Gaudefroy-Demombynes, París, 1927.

28. Ibn Farḥūn, *al-Dībāŷ al-muḏahhab fī ma'rifat a'yān 'ulamā' al-maḏhab*, ed. El Cairo, 1351/1932 y al margen *Nayl al-ibtihāŷ bitaṭrīz al-Dībāŷ* por el jurista sudanés Aḥmad Bāba al-Tinbutkī.

29. Ibn al-Faraḍī, *Ta'rīj 'ulamā' al-Andalus*, ed. F. Codera, *Bibl. Ar. Hisp.* t. VII-VIII, Madrid, 1891-1892.

30. Ibn Ḥayyān, *Kitāb al-Muqtabis fī ta'rīj riŷāl al-Andalus*, por Abū Marwān Ibn Ḥayyān, edición parcial del R. P. Melchor Martínez Antuña, *Chronique du règne du calife umayyade 'Abd Allāh â Cordoue*, París, 1937: *Textos inéditos del «Muqtabis» de Ibn Ḥayyān sobre los orígenes del reino de Pamplona*, ed. y trad. esp. por E. García Gómez y E. Lévi-Provençal, *Al-Andalus*, 1954, vol. XIX, 295-315, *al-Muqtabas min anbā'ahl al-Andalus*, ed. parcial (años 232/846-238/852; reino de 'Abd al-Raḥmān II) por M.'A. Makkī, El Cairo, 1390/1971; Beirut, 1973; *al-Muqtabis fī ajbār bilād al-Andalus (al-Ḥakam II)*, Beirut, 1965 (texto 19-239). *El califato de Córdoba en al «Muqtabis»*

de Ibn Ḥayyān, *Anales palatinos del califa de Córdoba al-Ḥakam II por ʿĪsā b. Aḥmad al-Rāzī* (360/971-364/975), trad. esp. por E. García Gómez, Madrid, 1967 (texto 43-281) *al-Muqtabas V*, ed. P. Chalmeta, F. Corriente, M. Ṣubḥ, Madrid-Rabat, 1979.

31. Ibn Ḥaŷar al-ʿAsqalānī, *al-Durar al-kāmina fī aʿyān al-miʾa al-ṯā-mina*, ed. Haydarabad, 4 vols., 1348/1929-1350/1930.

32. Ibn Ḥazm, *Kitāb Naqt al-ʿarūs fī tawārīj al-julafāʾbi-l-Andalus*, ed. C. F. Seybold, *Revista del Centro de Estudios Históricos de Granada y su reino*, Granada, 1911, fasc. III, 160-180 y IV, 237-248.

33. Ibn Ḥazm, *Kitāb Ŷamharat ansāb al-ʿarab*, ed. E. Lévi-Provençal, El Cairo, 1948.

34. Ibn Ḥazm, *Kitāb Ṭawq al-ḥamāma fī l-ulfa wa-l-ullāf*, ed. D. K. Petrof, Leiden, 1914, trad. fr. por L. Bercher, Argel, 1949; trad. esp. por E. García Gómez, *El collar de la paloma*, Madrid, 1952.

35. Ibn Huḏayl, *Kitāb Tuḥfat al-anfus wa-šiʿār sukkān al-Andalus*, trad. francesa por L. Mercier, *L'Ornement des âmes et la devise des habitants d'al-Andalus*, París, 1939.

36. Ibn Huḏayl, *Kitāb Ḥilyat al-fursān wa-šiʿār al-šuŷʿān*, trad. francesa por L. Mercier, *La Parure des Cavaliers et l'insigne des preux*, París, 1924; *Gala de Caballeros, Blasón de Paladines*, ed. prep. por M.ª J. Viguera, Madrid, 1977.

37. Ibn ʿIḏārī al-Marrākušī, *al-Bayān al-mugrib fī ijtiṣār mulūk al-Andalus wa-l-Magrib*, ed. R. Dozy,[1] *Histoire de l'Afrique et de l'Espagne intitulée al-Bayano'l-mogrib par Ibn Adhari (de Maroc) et fragments de la chronique de Arib (de Cordoue)*, 2 vols., Leiden, 1848-1851; edición revisada por G. S. Colin y E. Lévi-Provençal,[2] *Histoire de l'Afrique du Nord et de l'Espagne musulmane intitulée Kitāb al-Bayān al-mugrib par Ibn ʿIḏhārī al-Marrākušī et fragments de la chronique de ʿArīb, d'après l'édition de 1848-1851 de R. Dozy et de nouveaux manuscrits (Tome premier, Histoire de l'Afrique du Nord de la conquête au XIᵉ siècle)*, 2 vols., Leiden, 1948-1951. E. Lévi-Provençal, *Al-Bayān al-Mugrib, tome troisième, Histoire de l'Espagne musulmane au XIᵉ siècle, Texte arabe publié pour la première fois d'après un manuscrit de Fès, Paris 1930; La toma de Valencia por el Cid según las fuentes musulmanas y el original árabe de la Crónica general de España, al-Andalus*, 1948, XIII, 97-156 (texto árabe, 109-127, años 485-487 H); ediciones del texto árabe por A. Huici Miranda,[4] *Un fragmento inédito de Ibn ʿIḏārī sobre los Almorávides, Hespéris-Tamuda*, 1961, II, 13-111,[5] *Al-Bayān al-mugrib, taʾlīf Ibn ʿIḏārī al-Marrākušī*, parte IV, Tetuán, 1956, texto 73-405 (años 563-649 H);[6] *IIIª parte de al-Bayān al-Mugrib por Ibn ʿIḏārī*, ed. A. Huici Miranda, con la colaboración de M. ben Tāwīt y M. I. al-Kattani, Tetuán 1963, (años 537-665 H)[7]; ed. I. ʿAbbās: *al-Bayān al-mugrib fī ajbār al-Andalus wa-l-Magrib*, 4 vols., Beirut 1967;[8] edición y trad. esp. por A. Huici Miranda, *El anónimo de Madrid y Copenhague*, Valencia, 1917 (años 566 a 665 H),[9] trad. francesa por E. Fagnan, *Histoire de l'Afrique et de l'Espagne intitulée al-Bayano l-Mogrib*, 2 vols., Argel, 1901-1904,[10] trad. fr. por E. Lévi-Provençal, *Traduction des chapitres d'al-Bayān al-mugrib d'Ibn ʿIḏārī relatifs au ḥāŷib ʿAbd al-Malik al-Muẓaffar* en Dozy, *Histoire des Musulmans d'Espagne*, Leiden, 1932, III, 185-214 (apéndice I),[11] *Fragments d'une chronique des Mulūk al-ṭawāʾif, o.c.*, (215-235) (apéndice II),[12] trad. esp. por A. Huici Miranda, *Al-Bayān al-Mugrib fī ijtiṣār ajbār mulūk al-Andalus wal-Magrib, Colección de Crónicas árabes de la Reconquista*, t. II y III, Tetuán 1953-1954,[13] y *Ibn ʿIḏārī: al-Bayān al-Mugrib: nuevos fragmentos almorávides y almohades, traducidos y anotados, Textos Medievales*, 8, Valencia, 1963.[14]

38. IBN JALDŪN (ʻAbd al-Raḥmān), *Kitāb al-ʻIbar*, Būlāq 1284/1867, 7 volúmenes.

39. IBN JALDŪN, *Histoire des Berbères* (Extraits du *Kitāb al-ʻIbar)*, texto árabe, ed. por de Slane, París, 1847-1851, 2 vols., trad. francesa por el mismo autor, 4 vols., París, 1852-1856, nueva ed. París, 1925-1926.

40. IBN JALDŪN, *al-Muqaddima: Les prolégomènes*, texto árabe publicado por Quatremère *(Notices et Extraits*, vols. 16-17-18),[1] París, 1858-1868, ed. Beirut, 3.ª ed. 1900; ed. El Cairo, sin fecha, trad. francesa por de Slane *(Notices et Extraits*, vols. 19-20-21), París, 1862-1868,[4] nueva ed., París, 1938[5]; trad. inglesa por F. Rosenthal, *The Muqaddimah, An Introduction to History*, 2 vols., Nueva York, 1958.[6]

41. IBN JALDŪN, *Histoire des Banūl-Aḥmar, rois de Grenade, extraits du Kitāb al-ʻIbar (Livre des Exemples)*, trad. fr. por M. Gaudefroy-Demombynes, *Journal Asiatique*, 9.e sèrie, t. XII, París, 1898.

42. IBN JALDŪN, *al-Taʻrīf bi Ibn Jaldūn wa riḥlatuh "ġarb[an] wa-šarq[an]"*, edición M. Tāwit al-Tanŷī, El Cairo, 1370/1951.

43. IBN JALDŪN (YAḤYĀ), *Buġyat al-ruwwād fī ḏikr al-mulūk min Banī ʻAbd al-Wād*, texto árabe y trad. fr. por A. Bel, 3 vols., Argel, 1903-1913.

44. IBN AL-JAṬĪB, *Kitāb Aʻmāl al-aʻlām fīman būyiʻa qabl al-iḥtilām min mulūk al-Islām*, ed. parcial por E. Lévi-Provençal: *Histoire de l'Espagne musulmane*, Rabat 1934,[1] Beirut 1956,[2] traducción española de la mitad de la parte tercera del *Aʻmāl al-aʻlām* por R. Castrillo Márquez, *El África del Norte en el Aʻmāl al-aʻlām de Ibn al-Jaṭīb. Los primeros emires y dinastías aġlabī, ʻubaydī y ṣinhāŷī*,[3] Madrid, 1958; ed. de la parte tercera del *Aʻmāl al-aʻlām* por A. M. alʻAbbādī y M. I. al-Kattānī, *Ta'rīj al-Maġrib al-ʻarabī fīl-ʻaṣr al-wasīṭ*,[4] Casablanca, 1964.

45. IBN AL-JAṬĪB, *al-Iḥāṭa fī ta'rīj Garnāṭa*, manuscritos de la Biblioteca de El Escorial núms. 1673[1] y 1674[2], manuscritos de la Biblioteca de la Real Academia de la Historia, Madrid: colección Codera núm. 34, en 3 partes, [3] colección Gayangos, núm. 142,[4] manuscritos de la Biblioteca Nacional de Madrid, núms. 4891-4892 (copias del fragmento de El Escorial).

45*bis*. IBN AL-JAṬĪB, ed. parcial de El Cairo *(Markaz al-Iḥāṭa)*,[5], 2 vols. 1319 H; ed. completa por M.ʻA. ʻInān,[6] vol. I, El Cairo, 1375/1955, 2.ª ed., vol. I, El Cairo, 1973; vol. II, 1974; vol. III, 1976, vol. IV, 1978.

46. IBN AL-JAṬĪB, *al-Lamḥa al-badriyya fī l-dawla al-naṣriyya*, ed. Muḥibb al-dīn al-Jaṭīb, El Cairo, 1347 H, 2.ª ed. A.ʻĀṣī, Beirut, 1978.

47. IBN AL-JAṬĪB, *Mušāhadāt Lisān al-dīn b. al-Jaṭīb fī bilād al-Maġrib wa-l-Andalus (Maŷmūʻa min rasā'ilahu)*, ed. por A. M. al-ʻAbbādī de la *Jaṭrat al-ṭayf fī riḥlat al-šitā' wa-l-ṣayf, de Mufājarāt Mālaqa wa-Salā* y del *Miʻyār al-ijtiyār fi ḏikr al-maʻāhid wa-l-diyār*, Alejandría, 1958.

48. IBN AL-JAṬĪB, *al-Katība al-Kāmina fīman laqīnāhu bil-Andalus min šuʻarā'al-mi'a al-ṯāmina*, ed. I. ʻAbbās, Beirut, 1963.

49. IBN AL-JAṬĪB, *Nufāḍat al-ŷirāb fīʻulālat al-igtirāb*, Manuscritos de El Escorial, núm. 1750, ed. A.M. al-ʻAbbādī y ʻAbd al-ʻAzīz al-Ahwānī, El Cairo, sin fecha (1966?).

50. IBN AL-JAṬĪB, *Rayḥānat al-Kuttāb wa-nuŷ ʻat al-muntāb*, Manuscrito de la Biblioteca de El Escorial, núm. 1825.

51. IBN AL-JAṬĪB, *Correspondencia diplomática entre Granada y Fez (siglo XIV). Extractos de la Raiḥānat al-Kuttāb de Lisān al-dīn Ibn al-Jaṭīb al-Andalusī*, ed. y trad. esp. por M. Gaspar Remiro, en *Revista del Centro de Estudios Históricos de Granada y su reino*, Granada, 1911-1916.

52. Ibn al-Jaṭīb, *Raqm al-ḥulal fī naẓm al-duwal*, ed. Túnez, 1316/1898.

53. Ibn al-Kardabūs, *Ta'rīj al-Andalus*, edición crítica por A. M. al-'Abbādī, en *Revista del Instituto de Estudios Islámicos en Madrid*, vol. XIII, 1965-1966, 7-126 (parte árabe).

54. Ibn Luyūn, *Tratado de agricultura*, edición y trad. española por J. Eguaras, Granada, 1975.

55. Ibn Marzūq, *El Musnad. Hechos memorables de Abūl Hasan sultán de los Benimerines*, estudio, traducción, anotación, índices anotados por M.ª J. Viguera, Madrid, 1977.

56. Ibn al-Qāḏī, *Durrat al-ḥiŷāl fī ġurrat asmā'al-riŷāl, répertoire biographique d'Aḥmad Ibn al-Qāḏī*, ed. I. S. Allouche, Rabat, 1934-1936, 2 vols.

57. Ibn al-Qāḏī, *Ŷaḏwat al-iqtibās fī-man ḥalla min al-a'lām madīnat Fās*, ed. litografiada en Fez en 1309 H.

58. Ibn al-Qaṭṭān, *Ŷuz' min Kitāb Naẓm al-ŷumān*, ed. M.'A. Mekkī, Rabat, 1964.

59. Ibn al-Qūṭiya, *Ta'rīj Iftitāḥ al-Andalus*, ed. P. de Gayangos, E. Saavedra y F. Codera, Madrid, 1868, trad. esp. por J. Ribera, Madrid, 1926.

60. Ibn Quzmān, *Todo Ben Quzman*, editado, interpretado, medido y explicado por E. García Gómez, 3 tomos, Madrid, 1972.

61. Ibn Ṣāḥib al-Ṣalāt, *al-Mann bil-imāma*, ed. Beirut, 1964,[1] estudio preliminar, traducción e índices por A. Huici Miranda, Valencia, 1969.[2]

62. Ibn Sa'īd, *Rāyāt al-mubarrizīn wa-ġāyāt al-mumayyizīn, El Libro de las Banderas de los Campeones*, ed. y trad. E. García Gómez, Madrid, 1942.

63. Ibn Sa'īd, *Al-Muġrib fī ḥulā l-maġrib*, ed. Šawqī Ḍayf, 1.ª ed. El Cairo, 1953, 2.ª ed. 1964, t. 2, ed. El Cairo, 1955.

64. Ibn al-Šabbāṭ, *Waṣf al-Andalus*, edición crítica por A. M. al-'Abbādī, en *Revista del Instituto de Estudios Islámicos en Madrid*, XIV, 1967-1968, 99-163 (parte árabe), trad. esp. por E. de Santiago Simón, *Un fragmento de la obra de Ibn al-Šabbāṭ (s. XIII) sobre al-Andalus*, en *Cuadernos de Historia del Islam*, 5, Granada, 1973, 5-89.

65. Ibn Ŷubayr, *Riḥla, Travels*, ed. de Goeje, Leiden, 1907, *Voyages*, trad. y anot. por M. Gaudefroy-Demombynes, París, 1949.

66. Ibn al-Zubayr, *Ṣilat al-Ṣila*, ed. E. Lévi-Provençal, Rabat, 1938.

67. Al-Idrīsī, *Nuzhat al-Muštāq. Description de l'Afrique et de l'Espagne*,[1] ed. y trad. fr. por R. Dozy y M. J. de Goeje, Leiden, 1864-1866, reimpresión de la 1.ª edición, Leiden, 1968.

67*bis*. Al-Idrīsī, *Opus Geographicum, sive liber ad eorum dilectationem qui terras pergrare studeant (= Kitāb Nuzhat al-muštāq fī ijtirāq al-āfāq)*, fascículos I a V, editados por E. Cerulli, Fr. Gabrieli, G. Levi della Vida, L. Petech y G. Tucci, *una cum allis ediderunt* A. Bombaci, U. Rizzitano, R. Rubinacci, L. Veccia Vaglieri, Nápoles, 1970-1975.

68. Al-Jušānī, *Ta'rīj Quḍāt Qurṭuba*, ed. y trad. esp. por J. Ribera, *Historia de los Jueces de Córdoba*, Madrid, 1914.

69. Lévi-Provençal, E., *Documents inédits d'histoire almohade*, París, 1928.

70. Lévi-Provençal, E., *Fragments historiques sur les Berbères au Moyen Age* (extraits du *Kitāb Mafājir al-Barbar)*, Rabat, 1934.

71. Lévi-Provençal, E. *La Péninsule ibérique au Moyen Age d'après le Kitāb al-Rawḍ al-mi'ṭār d'Ibn 'Abd al-Mun'im al-Ḥimyarī*, texto árabe y trad. francesa anotada, Leiden, 1938.

72. Lévi-Provençal, E. *Les «Mémoires» de 'Abd Allāh, dernier roi zīride*

de *Grenade*, en *Al-Andalus*, III/2, 1935, 233-234, texto árabe y trad. fr. con introd. y glosario. *Les «Mémoires» de Abd 'Allāh, dernier roi ziride de Grenade* (conclusión), en *Al-Andalus*, IV/1, 1936-1939, 29-143. *Deux nouveaux fragments des «Mémoires» du roi ziride Abd Allāh de Grenade*, en *Al-Andalus*, VI, 1941, 1-63. *Les «Mémoires» de 'Abd Allāh, dernier roi ziride de Grenade (Ve/XIe siècle), texte arabe publ. d'après l'unicum de Fes*, El Cairo, 1955; título: *Kitāb al-Tibyān 'an al-ḥādiṯa al-kā'ina bi-dawlat Banī Zīrī fi Garnāṭa*.

73. Lévi-Provençal, E. *Trente-sept lettres officielles almohades*, texto árabe, colección de textos árabes publicados por el Institut des Hautes Etudes Marocaines, t. X, Rabat, 1941.

74. Lévi-Provençal, E., *La «Description de l'Espagne» d'Aḥmad al-Rāzī. Essai de reconstitution de l'original arabe et traduction française*, en *Al-Andalus*, XVIII, 1953, 51-108.

75. Lévi-Provençal, E., *Documents inédits sur la vie sociale et économique en Occident musulman au Moyen Age*, 1.e série, *Trois traités hispaniques de ḥisba* (texto árabe), El Cairo, 1955;[1] traducción francesa del tratado de 'Abdūn[2] (editado con glosario por E. Lévi-Provençal en *Journal Asiatique*, CCXXIV, 1934, 177-299), por E. L.-P., *Séville musulmane au début du XIIe siècle*, París, 1947[3]; trad. esp. por E. L.-P. y E. García Gómez, *Sevilla musulmana a comienzos del siglo XII*, Madrid, 1948;[4] *Trad. française annotée et commentée des traités de hisba d'Ibn 'Abd al-Ra'ūf et de 'Umar al-Garsīfī*, por R. Arié, en *Hespéris-Tamuda*,[5] I/1, 5-38, I/2, 199-214, I/3, 349-386.

76. Al-Marrākušī ('Abd al-Wāḥid), *Kitāb al-Mu'ŷib fī taljīṣ ajbār al-Magrib*, ed. R. Dozy, *The History of the Almohades*,[1] Leiden, 1845, trad. francesa por E. Fagnan, *Histoire des Almohades*,[2] Argel, 1893, ed. El Cairo par S. al-'Uryān, 1383/1963.[3]

77. Al-Maqqarī al-Tilimsānī (Aḥmad), *Analectes sur l'histoire et la littérature des Arabes d'Espagne*, ed. de la 1.ª mitad del *Nafḥ al-ṭīb* de al-Maqqarī (ed. completa, Būlāq, 1279 H), por Dozy, Dugat, Krehl y Wright, Leiden, 1855-1861.

78. Al-Maqqarī al-Tilimsānī, *Nafḥ al-ṭīb min guṣn al-Andalus al-raṭīb*,[1] ed. El Cairo, 10 tomos, 1367/1949; ed. I. 'Abbās, 8 t. Beirut, 1968.[2]

79. Al-Maqqarī al-Tilimsānī, *Azhār al-riyāḍ fī ajbār al-qāḍī' Iyāḍ*, 3 t., El Cairo, 1358/1361-1939-1942.

80. Müller, M. J., *Beiträge zur Geschichte der Westlichen Araber*, Munich, 1866.

81. Al-Nāṣirī al-Salāwī, A., *al-Istiqṣā bi-ajbār duwal al-Magrib al-aqṣā*, 4 t. en 2 vols., El Cairo, 1312/1894-1895.

82. Al-Nubāhī (Ibn al-Ḥasan), *Kitāb al-Marqaba al-'ulyā*, ed. E. Lévi-Provençal, El Cairo, 1947.

83. al-Nubāhī, *Nuzhat al-baṣā'ir wa-l-abṣār*, manuscrito de El Escorial, núm. 1653.

84. *Nubdat al-'aṣr fī ajbār mulūk Banī Naṣr aw taslīm Garnāṭa wa nuzūl al-Andalusiyyīn ilā l-Magrib*, texto árabe por autor anónimo. En el año 1863, el orientalista alemán M. J. Müller publicó en Munich un libro titulado *Die Letzten Zeiten von Granada*[1] que encierra algunos capítulos del manuscrito por él consultado en la Biblioteca de El Escorial. El manuscrito marroquí, más completo, fue editado por A. Bustani y vertido al español por C. Quirós en Larache, 1940, bajo el título *Fragmentos de la época sobre noticias de los Reyes nazaritas o capitulación de Granada y emigración de los andaluces a Marruecos*.[2]

85. al-Nuwayrī (Aḥmad Šihāb al-dīn), *Historia de España* sacada de la

enciclopedia de al-Nuwayrī titulada *Nihāyat al-arab*, ed. y trad. española por M. Gaspar Remiro en *Revista del Centro de Estudios Históricos de Granada y su reino*, 1915-1916.

86. al-Qalqašandī, *Subḥ al-a'šā fī ṣinā'at al-inšā'*, 14 t. El Cairo, 1331-1338/1913-1919, trad. del capítulo dedicado a España (t. 5, pp. 211-272) por L. Seco de Lucena, *Subḥ al-A'šā*, Valencia, 1975.

87. al-Saqaṭī al-Mālaqī, *Un manuel hispanique de ḥisba*,[1] texto árabe publicado con introducción, notas y glosario por G.-S. Colin y E. Lévi-Provençal, París, 1931, trad. esp. anotada por P. Chalmeta Gendrón, *El Kitāb fī ādāb al-ḥisba (libro del buen gobierno del zoco) de al-Saqaṭī*,[2] en *Al-Andalus*, XXXII/1, 1967, 125-162, XXXII/2, 1967, 359-397, XXXIII/1, 1968, 143-195 y XXXIII/2, 1968, 367-434.

88. al-Šaqundī, *Risāla fī faḍl al-Andalus*, texto árabe en *Analectes*, II, 126-150,[1] trad. esp. por E. García Gómez, *Elogio del Islam español*,[2] Madrid-Granada, 1934.

89. Seco de Lucena Paredes, L., *Documentos arábigo-granadinos*, texto árabe y trad. esp., Madrid, 1961.

90. *Tuḥfat al-mugtarib bi-bilād al-Magrib fī karāmāt al-šayj Abī-Marwān*, ed. F. de la Granja, *Milagros de Abū Marwān al-Yuhānisī*, Madrid, 1974.

91. al-'Uḏrī (Aḥmad b. 'Umar), *Nuṣūṣ 'an al-Andalus min Kitāb Tarṣī 'al-ajbār wa-tanwī al-āṯār wa-l-bustān fī garā'ib al-buldān wa-l-masālik ilā ŷāmi' al-mamālik*, ed. crítica por 'Abd al-'Azīz al-Ahwānī, Madrid, 1965,[1] trad. esp. parcial por F. de la Granja, *La Marca Superior en la obra de al-'Uḏrī*, en *Estudios de Edad Media de la Corona de Aragón*,[2] VIII, Zaragoza, 1967, 447-545; trad. esp. de algunos pasajes por E. Molina López, *La Cora de Tudmir según al-'Uḏrī*[3] en *Cuadernos de Historia del Islam*, 4, Granada, 1972, 41-90 y M. Sánchez Martínez, *La Cora de Ilbira (Granada y Almería) en los siglos* x *y* xi, *según al-'Uḏrī (1003-1085)*,[4] en *Cuadernos de Historia del Islam*, 7, Granada, 1975-1976, 5-82.

92. al-Wanšarīsī, A., *Kitāb al-Mi'yār al-mugrib wa-l-ŷāmi' al-mu'rib 'an fatāwī ahl Ifrīqiya wa-l-Andalus wa-l-Magrib*, *corpus* de dictámenes jurídicos litografiado en Fez, (12 volúmenes) a fines del siglo xix (1314-1315 H).[1] Fragmentos traducidos por E. Amar, *La Pierre de touche des Fetwas (al-Mi'yār) de Aḥmad al-Wanšarīsī, Choix de consultations juridiques des faqīhs du Maghreb en Archives Marocaines*, tomos XII y XIII, París, 1908-1909.

93. Yāqūt, *La España musulmana en la obra de Yāqūt* (s. XII-XIII). *Repertorio enciclopédico de ciudades, castillos y lugares de al-Andalus, extraído del Mu'ŷam al-buldān (Diccionario de los países)*, traducción de la parte relativa a al-Andalus por G. 'Abd al-Karīm en *Cuadernos de Historia del Islam*, Granada, 1974, parte segunda, 60-307.

94. al-Zuhrī (Muḥammad b. Abī Bakr), *Kitāb al-Ŷa'rāfiyya*, texto árabe publicado con introducción francesa y glosarios por M. Hadj Sadok, Damasco, 1968.

FUENTES ESPAÑOLAS MANUSCRITAS E IMPRESAS

95. *Archivo de la Corona de Aragón,* Barcelona *(ACA), Registros de Cancillería* (siglos XIV y XV) núms. 199, 200, 204, 205, 215, 252, 307, 308, 334, 335, 340, 460, 477, 478, 479, 480, 481, 482, 484, 486, 562, 576, 860, 862, 1274, 1389, 1751, 2413, 2414, 2415, 2692, 2701, 3417, 3418. En la serie de las *Cartas Reales Diplomáticas, Cartas árabes* (6 cajas).

96. *Archivo General de Simancas (AGS).* En la abundantísima masa documental del Archivo Real de Simancas, hemos consultado el *legajo 11 del Patronato Real* (años 1394-1580), que contiene las capitulaciones y proporciona los documentos sobre varios aspectos de la conquista de Granada, así como las *Mercedes Reales.* Gracias a la catalogación esmeradamente realizada por Concepción Álvarez Terán y Amalia Prieto Cantera, hemos manejado los documentos del *Registro General del Sello de Corte (RGS) (1454-1492),* relativos a la población andaluza y a los *mudéjares.*

97. *Archivo Histórico Nacional,* Madrid *(AHN).* Hemos consultado el *fondo Osuna,* formado por documentos castellanos de fines del siglo XV y restos del Archivo del Marqués de Cádiz.

CRÓNICAS Y COLECCIONES DOCUMENTALES

98. «Anales Toledanos», I, II y III, en *España Sagrada,* publ. por E. Florez, Madrid, t. XXIII.

99. ARGOTE DE MOLINA, G. *Nobleza de Andalucía,* Sevilla, 1588.

100. BAEZA, HERNANDO DE, «Las cosas que pasaron entre los reyes de Granada desde el tiempo del rey don Juan de Castilla, segundo de este nombre hasta que los Católicos Reyes ganaron el reyno de Granada», en *Relaciones de algunos sucesos de los últimos tiempos del reino de Granada. Sociedad de Bibliófilos españoles,* Madrid, 1868.

101. BENAVIDES, A., *Memoria sobre la guerra del reino de Granada y los tratos y conciertos que precedieron a las capitulaciones de la ciudad,* Madrid, 1845.

102. BERMÚDEZ DE PEDRAZA, F., *Antigüedades y Excelencias de Granada,* Madrid, 1608.

103. BERNÁLDEZ, A., *Memorias del reinado de los Reyes Católicos,* ed. y estudio por M. Gómez Moreno y J. de M. Carriazo, Madrid, 1962.

104. CAPMANY Y MONPALAU, A., *Memorias históricas sobre la marina, co-*

mercio y artes de la antigua ciudad de Barcelona, 4 vols., Madrid, 1777-1792, nueva edición anotada por C. Battle y Gallart, 3 vols., Barcelona, 1963.

105. Capmany y Monpalau, A., *Antiguos tratados de paces y alianzas entre algunos reyes de Aragón y diferentes príncipes infieles de Asia y África, desde el siglo xiii hasta el xv*, Madrid, 1786.

106. Cascales, F., *Discursos históricos de la muy noble y muy leal ciudad de Murcia*, Murcia, 1621.

107. *Colección de documentos inéditos para la Historia de España*, t. VIII, XI, XIV, XXXVI y LI (CODOIN).

107*bis*. *Cortes de los antiguos reinos de León y Castilla*, Madrid, ed. de la Real Academia de la Historia, t. I, 1861.

108. *Las Crónicas latinas de la Reconquista*, ed. por A. Huici, 2 vols., Valencia, 1913.

109. *Crónicas de los Reyes de Castilla desde Alfonso X hasta los Reyes Católicos* en *Biblioteca de autores españoles (BAE)*, ed. Rosell, Madrid, 1953, t. 66,[1] *Crónica del rey Don Alfonso Décimo, Crónica del rey Don Sancho El Bravo, Crónica del rey Don Fernando Cuatro, Crónica del rey Don Alfonso el Onceno, Crónica del rey Don Pedro Primero;* t. 68,[2] *Crónica del rey Don Enrique Segundo de Castilla, Crónica del rey Don Juan I, Crónica del rey Don Enrique Tercero, Crónica del rey Don Juan segundo;* t. 70,[3] *Memorial de diversas hazañas por Mosén Diego de Valera, Crónica del rey Don Enrique IV, Crónica de los señores Reyes Católicos Don Fernando y Doña Isabel de Castilla y Aragón escrita por su cronista Fernando del Pulgar, Historia de los Reyes Católicos Don Fernando y Doña Isabel escrita por el Bachiller Andrés Bernáldez.*

110. *Colección de Crónicas españolas*, ed. crítica de Juan de Mata Carriazo, 8 vols., 1940-1946. I. *El Victorial, Crónica de Don Pedro Nino, conde de Buelna por su alférez Gutierre Díez de Games;*[1] II. *Crónica de Don Álvaro de Luna, condestable de Castilla, maestre de Santiago;*[2] III. *Hechos del condestable Don Miguel Lucas de Iranzo (crónica del siglo xv);*[3] IV. *Memorias de diversas hazañas. Crónica de Enrique IV ordenada por M. Diego de Valera;*[4] V-VI. *Crónica de los reyes católicos por su secretario F. del Pulgar*. 1. *Versión inédita.*[5] 2. *Guerra de Granada;*[6] VIII. *Crónica del Halconero de Juan II, Pedro Carrillo de Huete (hasta ahora inédita);*[7] IX. *Refundición de la crónica del halconero por el obispo Don Lope Barrientos.*[8]

111. *Estudios malagueños*, por diversos autores, Madrid 1932.

112. Garrido Atienza, M., *Las Capitulaciones para la entrega de Granada*, Granada, 1910.

113. Giménez Soler, A., «Expedición de Jaime II a la ciudad de Almería», *Boletín de la Real Academia de Buenas Letras de Barcelona*, 1903-4, II, 290-335.

114. Giménez Soler, A., *La Corona de Aragón y Granada, BRABL de Barcelona,*[1] 1905-1906, III, 101-134, 186-224, 295-324, 333-365, 405-476, 485-496, 1907-1908, IV, 49-91, 146-180, 200-225, 271-298, 342-375, publicado en forma de libro, Barcelona, 1908.[2]

115. Henríquez de Jorquera, F., *Anales de Granada. Descripción del reino y ciudad de Granada. Crónica de la Reconquista (1482-1492). Sucesos de los años 1588 a 1646*, ed. por A. Marín Ocete, Granada, 1934.

116. Jiménez de Rada, Rodrigo, *Historia Arabum*, introducción, edición crítica, notas e índices por J. Lozano Sánchez, Sevilla, 1974.

117. Marineo Sículo, L., *Sumario de la vida y hechos de los Reyes Católicos*, trad. J. Bravo, Toledo, 1546, nueva ed. en Madrid, 1943, en la colección Cisneros.

118. MÁRMOL CARVAJAL, LUIS DEL, *Historia de la rebelión y castigo de los Moriscos del reino de Granada,* 2.ª ed., Madrid, 1798, 2 vols.

119. MÁRMOL CARVAJAL, LUIS DEL, *Descripción general de África,* t. I, ed. Madrid, 1953.

120. MAS-LATRIE, L. DE, *Traités de paix et de commerce concernant les relations des Chrétiens avec les Arabes de l'Afrique Septentrionale au Moyen Age,* París, 1866. *Supplément et tables,* París, 1872.

121. *Memorial histórico español,* t. I y II, Madrid, 1851; t. V, Madrid, 1853; t. IX y X.

122. ORTIZ DE ZÚÑIGA, D., *Anales de Sevilla,* Madrid, 1677.

123. PALENCIA, A. DE, *Guerra de Granada,* escrita en latín y traducida por A. Paz y Meliá, Madrid, 1909.

124. PÉREZ DEL PULGAR, HERNÁN, *Breve parte de las hazañas del excelente nombrado Gran Capitán,* en *Crónicas del Gran Capitán,* publ. por A. Rodríguez Villa, *Nueva Biblioteca de Autores Españoles,* t. X, 555 ss.

125. *Primera Crónica general. Historia de España que mandó componer Alfonso el Sabio y se continuaba bajo Sancho IV en 1289,* publ. por R. Menéndez Pidal, Madrid, 1906.

126. TORRE, A. DE LA, *Documentos sobre relaciones internacionales de los Reyes Católicos,* vol. I (1479-1483), vol. II (1484-1487), vol. III (1488-1491), Barcelona 1949-1951.

127. VALERA, DIEGO DE, *Crónica de los Reyes Católicos,* ed. Juan de Mata Carriazo, Madrid, 1927.

128. ZURITA, J., *Anales de la Corona de Aragón,* Zaragoza, 1610, ed. preparada por A. Canellas López, Madrid, 1977.

128*bis*. 'ABD AL-RĀZIQ, A., «Deux jeux sportifs en Egypte au temps des Mamlūks», en *Annales Islamologiques,* El Cairo, XII, 1974, 95-130.

BIBLIOGRAFÍA

129. AL-'ABBĀDĪ, M., *Los eslavos en España,* Madrid, 1953.

130. AL-'ABBĀDĪ, M., «Muḥammad V al-Ġanī billāh, rey de Granada (755-760 Héjira) 1354-1359 y 763-793/1362-1391)»,[1] en *Revista del Instituto de Estudios Islámicos en Madrid,* vols. XI y XII, 1963-1964, 209-327, vol. XIII, 1965-1966, 43-102, vol. XIV, 1967-1968, 139-173. *El reino de Granada en la época de Muḥammad V,*[2] Madrid, 1975.

131. AIRALDI, G., *Genova e Spagna nel secolo XV. «Il Liber Damnificatorum in Regno Granate (1452)»,* Génova, 1966.

132. ALCALÁ, PEDRO DE, *Arte para ligeramente saber la lengua araviga. Vocabulista aravigo en letra castellana,* Granada, 1505, edición príncipe por Paul de Lagarde: *Petri Hispani de Lingue Arabica libri duo,* Göttingen, 1883.

132*a*. ALEMANY, J., «Milicias cristianas al servicio de los sultanes musulmanes del Almagreb», en *Homenaje a don Francisco Codera,* Zaragoza, 1904, 133-169.

132*b*. ALCOCER MARTÍNEZ, M., *Castillos y fortalezas del antiguo reino de Granada,* Tánger, 1941.

133. ALLOUCHE, I. S., «La vie économique et sociale à Grenade au XIVe

siècle», en *Mélanges d'Histoire et d'Archeologie de l'Occident musulman,* t. II, Argel, 1957, 7-12.

134. ALVAR, M., *Granada y el Romancero,* Granada, 1956.

135. ALVAR, M., *El Romancero. Tradicionalidad y pervivencia,* Barcelona, 1974.

136. *al-Andalus,* artículo en *Encyclopédie de l'Islam,* 2.ª edición, t. I, pp. 501-518, por E. Lévi-Provençal, J. D. Latham, L. Torres Balbás y G. S. Colin.

136*a*. AMADOR DE LOS RÍOS, R., *Trofeos militares de la Reconquista,* Madrid, 1893.

136*b*. AMADOR DE LOS RÍOS, R., *Las pinturas de la Alhambra,* Madrid, 1891.

136*c*. ANTUÑA, M. «Conquista de Quesada y Alcaudete por Mohamed II de Granada», en *Religión y Cultura,* XIX, 1932, 338-351.

137. ARIÉ, R., *Miniatures hispano-musulmanes. Recherches sur un manuscrit arabe illustré de l'Escurial,* Leiden, 1969.

138. ARIÉ, R., *L'Espagne musulmane au temps des Naṣrides (1232-1492),* París, 1973.

138*bis*. ARRIBAS PALAU, M., *Musulmanes de Valencia apresados cerca de Ibiza en 1413,* Tetuán, 1953.

139. ASHTOR, E., «The number of Jews in Moslem Spain», en *Zion,* XXVIII/1-2, 1963, 34-36.

140. ASHTOR, E., «Prix et salaires dans l'Espagne musulmane aux Xᵉ et XIᵉ siècles», en *Annales, ESC,* julio-agosto 1965, 664-679.

141. ASHTOR, E., *Korot ha-Yehudim bi Sefarad ha-muslemit,* Jerusalén, 1966, traducción inglesa, *The Jews of Moslem Spain,* vol. 1, Filadelfia, 1973; vol. 2, Filadelfia, 1979.

141*bis*. ARIÉ, R., «Les études sur les morisques à la lumière des travaux récents», en *Revue des Études Islamiques,* 1967, 225-229.

142. ASÍN PALACIOS, M., *Abenmasarra y su escuela. Orígenes de la filosofía hispano-musulmana,* Madrid, 1914.

143. ASÍN PALACIOS, M., *Abenhazam de Córdoba y su «historica critica de las ideas religiosas»,* Madrid, 2 vols., 1927-1928.

144. ASÍN PALACIOS, M., *Glosario de voces romances registradas por un botánico anónimo hispano-musulmán, (siglos XI-XII),* Madrid, 1943.

145. ASÍN PALACIOS, M., *Contribución a la toponimia árabe en España,* 2.ª ed., Madrid, 1944.

146. ASÍN PALACIOS, M., *Obras escogidas,* 2 vols., Madrid, 1946-1948.

146*bis*. AYALON, D., *Gunpowder and Fire arms in the Mamluk kingdom. A Challenge to a Medieval Society,* Londres, 1956.

147. BADR, A. M., *Los Banū Naṣr en el siglo VII H/XIII J-C. Época de la fundación y consolidación del reino granadino,* tesis doctoral, Madrid, 1963.

147*bis*. BAER, Y. F., *Die Juden im Christlichen Spanien,* Berlín, 1929-1936, tomos I y II.

148. BALLESTEROS BERETTA, A., *Sevilla en el siglo XIII,* Madrid, 1913.

149. BALLESTEROS BARETTA, *Historia de España y su influencia en la historia universal,* 2.ª ed., Barcelona, 1944-1948, t. II y III.

149*bis*. BARBERO, A., y M. VIGIL, *Sobre los orígenes sociales de la Reconquista,* Barcelona, 1974.

150. BARBOUR, N., «King Sancho El Fuerte of Navarre (1194-1234) and his relations with the Almohads», en *Revista del Instituto de Estudios Islámicos en Madrid,* XV, 1970, 55-66.

150*bis*. BEJARANO ROBLES, F., *Fundación de la Hacienda municipal de Málaga por los Reyes Católicos*, Málaga, 1951.

151. BEJARANO ROBLES, F., *El Repartimiento de Málaga. Introducción a su estudio, en al-Andalus*, XXI/12, 1966, 1-46.

152. BEJARANO ROBLES, F., y J. VALLVÉ BERMEJO, *Repartimiento de Comares* (1487-1496) Barcelona, 1976.

152*a*. BEJARANO PÉREZ, R., *Repartimiento de Benalmádena y Arroyo de la Miel*, Málaga, 1963.

152*b*. BEJARANO PÉREZ, R., *Los repartimientos de Alora y de Cártama*, Málaga, 1971.

152*c*. BEJARANO PÉREZ, R., *El repartimiento de Casarabonela*, Málaga, 1974.

152*d*. BEL, A., *Les Banou Ghāniya, derniers représentants de l'Empire almoravide et leur lutte contre l'empire almohade*, Argel, 1903.

153. BENCHEKROUN, M. b. A., *La vie intellectuelle marocaine sous les Mérinides et les Waṭṭāsides* (XIIIe, XIVe, XVe et XVIe s.), Rabat, 1974.

153*a*. BERMÚDEZ PAREJA, J., *Palacios de Comares y Leones, Alcazaba y Torres de la Alhambra*, Granada, 1972.

153*b*. BERTHIER, P., *Les anciennes sucreries du Maroc et leurs réseaux hydrauliques*, Rabat, 1966.

153*c*. BLACHÈRE, R., y H., DARMAUN, *Extraits des principaux géographes arabes du Moyen Âge*, 2.ª ed., París, 1957.

153*d*. BLACHÈRE, R. y P. MASNOU, *al-Hamadānī, Maqāmāt, Seánces, choisies et traduites de l'arabe avec une étude sur le genre*, París, 1957.

154. BOFARULL y MASCARO, P. DE, «Repartimiento de Mallorca», en *Colección de Documentos inéditos del Archivo de la Corona de Aragón*, ed. Barcelona, 1856, XI, 1-141, *Repartimiento de Valencia*, XI, 43-656.

155. BOLENS, L., *Les méthodes culturales au Moyen Age d'après les traités d'agronomie andalous: Traditions et techniques*, Ginebra, 1974.

156. BOSCH VILÁ, J., *Historia de Albarracín y su sierra. Albarracín musulmán*, Teruel, 1959.

157. BOSCH VILÁ, J., *Los Almorávides*, Tetuán, 1956.

157*a*. BOSCH VILÁ, J., *El Reino de Taifas de los Benī Razīn hasta la constitución del señorío cristiano*, Teruel, 1959.

157*b*. BOSCH VILÁ, J., «Ibn Ḥazm, genealogista», separata de *IX Centenario de Aben Hazam I, Sesiones de Cultura Hispano-Musulmana*, Córdoba, 1963, 15 p.

158. BOSQUE MAUREL, J., *Geografía urbana de Granada*, Zaragoza, 1962.

159. BRAUDEL, F., *La Méditerranée et le monde méditerranéen à l'époque de Philipe II*, 2.ª ed., revisada, 2 t., París, 1966.

159*bis*. BRAUN, G., y F. HOGEMBERG, *Civitatis orbis terrarum*, Colonia, 1576.

160. BROCKELMANN, C., *Geschichte der Arabischen Literatur*, 2.ª ed., vol. I, Leiden, 1943; vol. II, Leiden, 1949; *Supplementband*, vol. I, Leiden, 1937; vo. II, 1938; vol. III, 1942.

160*a*. BRUNOT, L., *Noms de vêtements masculins à Rabat*, París, 1923.

160*b*. BRUNSCHVIG, R., «Un aspect de la littérature historico-géographique de l'Islam», en *Mélanges Gaudefroy-Demombynes*, El Cairo, 1935-1945, 151-152.

161. BRUNSCHVIG, R., *La Berbérie orientale sous les Ḥafṣides, des origines à la fin du XVe siècle*, 2 t., París, 1940-1947.

162. Brunschvig, R., «Esquisse d'histoire monétaire almohado-ḥafṣide», en *Mélanges W. Marçais,* París, 1950, 63-94.

163. Brunschvig, R., *Coup d'oeil sur l'histoire des foires à travers l'Islam. Recueil de la Société Jean Bodin,* V, 1953, 43-75.

164. Brunschvig, R., «Métiers vils en Islam», en *Studia Islamica,* XVI, 1962, 41-60.

165. Brunschvig, R., «Al-Ḥulal al-mawšīya, Grenade et le Maroc mérinide», en *Arabic and Islamic Studies in honor of Hamilton A. R. Gibb,* Leiden, 1965, 147-155.

165*bis*. Buceta, E., «Anotaciones sobre la identificación del Fajardo del romance "Jugando estaba el rey moro"», en *Revista de Filología española,* XVIII, 1931, 24-33.

166. Burns, R. I., «Journey from Islam; incipient cultural transition in the conquered kingdom of Valencia (1240-1280)»,[1] en *Speculum,* 35, 1960, 337-356.

166*bis*. Burns, R. I., *The Crusader Kingdom of Valencia. Reconstruction on a thirteenth century frontier,* Harward, 2 volúmenes, 1967.

167. Burns, R. I, *Moors and Crusaders in Mediterranean Spain,* Londres, 1978.

168. Busquets Mulet, J., «El Código latino-arábigo del Repartimiento de Mallorca» en *Homenaje Millás Vallicrosa,* I, Barcelona, 1954, 243-300.

169. Cabanelas Rodríguez, D., *El morisco granadino Alonso del Castillo,* Granada, 1965.

170. Cabanelas Rodríguez, D., y A. Fernández Puertas, «Inscripciones poéticas del Partal y de la fachada de Comares», en *Cuadernos de la Alhambra,* vols. 10-11, Granada, 1974-1975, 117-199.

171. Cagigas, I. de las, *Los Mozárabes,* 2 t., Madrid, 1947-1948.

172. Cagigas, I. de las, *Los Mudéjares,* 2 t., Madrid, 1948-1949.

173. *The Cambridge History of Islam in two volumes,* Cambridge, 1970.

173*bis*. Cagigas, I. de las, «La cuestión del corso y de la piratería berberisca en el Mediterráneo», en *Curso de Conferencias sobre la política africana de los Reyes Católicos,* Madrid, 1951, I, 127-149.

174. Campaner y Fuertes, A., *Bosquejo histórico de la dominación islamita en las Islas Baleares,* Palma, 1888.

174*bis*. Canellas, A., «Aragón y la empresa del estrecho», en *Estudios de Edad Media de la Corona de Aragón,* Zaragoza, 1946.

175. Carande, R., «La huella económica de las capitales hispano-musulmanas», en *Moneda y Crédito,* XXIX, Madrid, 1949.

176. Carande, R., «Sevilla, fortaleza y mercado», en *Anuario de Historia del derecho español,* II, Madrid, 1925, 233-401.

176*bis*. Cardaillac, L., *Morisques et chrétiens: un affrontement polémique (1492-1640),* París, 1977.

177. Caro Baroja, J., *Los Moriscos del reino de Granada. Ensayo de Historia social,* Madrid, 1957, 2.ª ed., Madrid, 1976.

178. Carrasco Urgoiti, M. S., *El moro de Granada en la literatura. Siglos xv al xx,* Madrid, 1965.

179. Carrère, Cl., *Barcelone, centre économique à l'époque des difficultés (1380-1462),* 2 vols., París-La Haya, 1967.

179*a*. Carriazo, J. de Mata, «Los relieves de la guerra de Granada en el Coro Bajo de Toledo», en *Archivo Español de Arte y Arqueología,* vol. VII, 1927, 19-52.

179*b*. Carriazo, J. de Mata, «Precursores españoles de la Reforma. Los herejes de Durango (1442-1445)», en *Actas y Memorias de la Sociedad de Antropología, Etnología y Prehistoria,* Madrid, 1925.

180. CARRIAZO, J. DE MATA, «Asiento de las cosas de Ronda. Conquista y repartimiento de la ciudad por los Reyes Católicos (1485-1491)», en *Miscelánea de Estudios Árabes y Hebraicos,* 3, 1954, *anejo,* 139 pp.

181. CASCIARO, J. M., «El vizirato en el reino nazarí de Granada», en *Anuario de Historia del Derecho español,* 1947, 233-258.

182. CASIRI, M., *Biblioteca Arabico-hispana-Escurialensis,* 2 vols., Madrid, 1760-1770.

182*a*. CASTEJÓN CALDERÓN, R., *Los juristas hispano-musulmanes,* Madrid, 1948.

182*b*. CASTEJÓN, R., «Nuevas identificaciones en la topografía de la Córdoba califal», en *Actas del primer Congreso de Estudios Árabes e Islámicos (Córdoba, 1962),* Madrid, 1964, 371-389.

183. CASTRO, A., *España en su historia. Cristianos, Moros y Judíos,* Buenos Aires, 1948, *Réalité de l'Espagne* (trad. fr.), París, 1963.

184. CHALMETA GENDRON, P., *El señor del zoco en España: edades media y moderna, contribución al estudio de la historia del mercado,* Madrid, 1973.

184*bis*. CHALMETA, P., «Les problèmes de la féodalité hors de l'Europe chrétienne: le cas de l'Espagne musulmane», en *Actas del II Coloquio Hispano-Tunecino de Estudios Históricos,* Madrid, 1973, 90-115.

185. CIANO, C., *La «Pratica di mercatura» datiniana (secolo XIV),* con prólogo de F. Melis, Milán, 1964.

186. CODERA y ZAIDĪN, F., *Decadencia y desaparición de los Almorávides en España,* Zaragoza, 1899.

187. CODERA y ZAIDĪN, F., *Estudios críticos de historia árabe-española,* vol. VII-IX de la *Colección de Estudios árabes,* Zaragoza, 1903 — Madrid, 1917.

187*a*. COLIN, G.-S., «Les voyelles de disjonction dans l'arabe de Grenade au XVe siècle», en *Mémorial Henri Basset,* París, 1928.

187*b*. CONTINENTE FERRER, J. M., «Aproximación al estudio del tema del amor en la poesía hispano-árabe de los siglos XII y XIII», en *Awrāq* (Madrid), núm. 1, 1978, 12-28.

187*c*. CONTRERAS, R., «Recientes descubrimientos en la Alhambra», en *Arte de España,* III, 47 (1864), 81 ss.

188. COROMINAS, J., *Diccionario crítico-etimológico de la lengua castellana,* 3.ª ed., Madrid, 1973.

188*a*. CORRIENTE, F., *A Grammatical sketch of the Spanish Arabic Dialect Bundle,* Madrid, 1977.

188*b*. DEFOURNEAUX, M., *Les Français en Espagne aux XIe et XIIe siècles,* París, 1949.

188*c*. DICKIE, J., *Dīwān Ibn Šuhayd,* El Cairo, 1969.

188*d*. DOMÍNGUEZ ORTIZ, A., y B. VINCENT, *Historia de los moriscos. Vida y tragedia de una minoría,* Madrid, 1978.

189. DOZY, R., *Dictionnaire des noms de vêtements chez les Arabes,* Amsterdam, 1845.

190. DOZY, R., *Histoire des Musulmans d'Espagne jusqu'à la conquête de l'Andalousie par les Almoravides (711-1110),* nueva edición revisada y puesta al día por E. Lévi-Provençal, 3 vols., Leiden, 1932.

191. DOZY, R., *Lettre à M. Fleischer contenant des remarques critiques explicatives sur le texte d'al-Makkari,* Leiden, 1871.

192. Dozy, R., *Recherches sur l'histoire et la littérature de l'Espagne pendant le Moyen Âge,* Leiden, 1.ª ed., 1849 (t. I)[1], 2.ª ed., 1860, 2 vols., 3.ª edición, 1881, 2 vols.

193. Dozy, R., *Scriptorum arabum loci de Abbadidis,* Leiden, 1846-1853.

194. Dozy, R., *Supplément aux dictionnaires arabes,* Leiden-París, 2 vols., 2.ª edición, 1927.

195. Dozy, R. y W. H. Engelmann, *Glossaire des mots espagnols et portugais dérivés de l'arabe,* Leiden, 1869, reimpresión Leiden, 1965.

196. Dubler, C. E., «Über das Wirtschaftsleben auf der Iberischen Halbinsel vom XI zum XIII Jahrhundert», en *Romanica Helvetica,* vol. 22, Ginebra-Zurich, 1941.

197. Dufourcq, Ch.-E., *L'Espagne catalane et le Maghrib aux XIIIe et XIVe siècles,* París, 1966.

197*a*. Dufourcq, Ch.-E., *Catalogue chronologique et analytique du registre 1389 de la chancellerie de la Couronne d'Aragon intitulé «Guerra Sarracenorum 1367-1386»,* Barcelona, 1974.

197*b*. Dufourcq, Ch.-E., *Aspects internationaux de Majorque durant les derniers siècles du Moyen Age,* Palma de Mallorca, 1974.

198. Dufourcq, Ch.-E., y J. Gautier-Dalché, *Histoire économique et sociale de l'Espagne chrétienne au Moyen Âge,* París, 1976.

199. Eguilaz y Yanguas, L., *Glosario etimológico de palabras españolas de origen oriental,* Granada, 1886.

199*bis*. Epalza, M. de, *La T'uḥfa, autobiografía y polémica islámica contra el cristianismo de 'Abd Allāh al-Tarǧumān (fray Anselmo Turmeda),* Madrid, 1971.

200. Epalza, M. de y R. Petit, *Recueil d'études sur les Moriscos andalous en Tunisie,* Madrid-Túnez, 1973.

200*a*. Epstein, I., *The Responsa of Rabbi Simon b. Zemah Duran,* Londres, 1930.

200*b*. Fabié, A. M., *Viajes por España de Jorge de Einghein, del Barón León de Rosmithal de Blatna, de Francisco Guiccardini y de Andrés Navajero,* Madrid, 1877.

201. Farmer, H. G., *History of Arabian Music until the 15th century,* Londres, 1929, traducción árabe por G. Fatḥ Allāh al-Muḥāmī, Beirut, 1972.

201*a*. Farmer, H. G., «Music: The Pericles Jewel», en *Journal of the Royal Asiatic Society,* 1941, 22-30 y 127-144.

201*b*. Farmer, H. G., *The sources of Arabian Music,* Leiden, 1965.

202. Fernández y González, F., *Estado social y político de los Mudéjares de Castilla,* Madrid, 1866.

202*a*. Férotin, M., *Histoire de l'Abbaye de Silos,* París, 1897.

202*b*. Ferrandis Torres, J., «Espadas granadinas de la jineta», en *Archivo Español de Arte,* Madrid, XVI, 1943, 142-166.

203. Gaibrois de Ballesteros, M. «Tarifa y la política de D. Sancho IV», en *Boletín de la Real Academia de la Historia,* tomos 74, 75, 76 y 77, 1919, 1920.

203*a*. Gallego Burín, A., *La Capilla Real de Granada,* Madrid, 1952, 2.ª edición.

203*b*. Gallego Burín, A., «Nuevos datos sobre la Capilla Real de Granada», en *Boletín de la Sociedad Española de Excursiones,* Madrid, LXVII, 1953, 9-116.

203*c*. Gallego Burín, A., y A. Gamir, *Los moriscos del reino de Granada, según el Sínodo de Guadix de 1554,* Granada, 1968.

203*d*. García Arenal, M., *Los moriscos,* Madrid, 1975.
204. García de Valdeavellano, L., *Historia de España,* t. I, Madrid, 1952, 4.ª ed., 1968.
205. García de Valdeavellano, L., *Historia de las instituciones españolas,* 3.ª ed., Madrid, 1973.
206. García de Valdeavellano, L., *El mercado. Apuntes para su estudio en León y Castilla durante la Edad Media,* 2.ª ed., Sevilla, 1975.
206*a*. García Gómez, E., «La poésie politique sous le Califat de Cordoue», en *Revue des Études Islamiques,* 1949, 5-11.
206*b*. García Gómez, E., *Poesía arábigo-andaluza, breve síntesis histórica,* Madrid, 1952.
207. García Gómez, E., *Cinco poetas musulmanes,* 2.ª ed., Madrid, 1959.
208. García Gómez, E., *Poemas arabigoandaluces,* 4.ª ed., Madrid, 1959.
208*bis*. García Gómez, E., *Las jarchas romances de la serie árabe en su marco, edición de caracteres latinos, versión española en calco rítmico y estudio de 43 moaxajas andaluzas,* 1.ª ed., Madrid, 1956; 2.ª ed., Barcelona, 1965.
209. García Gómez, E., y J. Bermúdez Pareja, *La Alhambra: la Casa Real,* Granada, 1966.
210. Gaspar Remiro, M., *Historia de Murcia musulmana.* Zaragoza, 1905.
210*a*. Gaudefroy-demombynes, M., *La Syrie au début du XV*[e] *siècle d'après Qalqašandi,* París, 1923.
210*b*. Gaudefroy-demombynes, M., «Sur le cheval-jupon et al-kurraj», en *Mélanges offerts à William Marçais par l'Institut d'Études Islamiques de l'Université de París,* París, 1950, 155-160.
211. Gibert, S., *El dīwān de Ibn Jātima de Almería (Poesía arábigo-andaluza del siglo xiv),* Barcelona, 1975.
212. Glicke, T. F., *Islamic and Christian Spain in the Early Middle Ages, Comparative perspectives on Social and Cultural Formation,* Princeton University Press, 1979.
213. Goiten, S. D., *A Mediterranean Society. The Jewish Communities of the Arab World as portrayed in the Documents of the Cairo Geniza,* t. I, Univ. of California Press, 1967; t. II, Berkeley-Los Angeles-Londres, 1971.
214. Goiten, S. D., *Letters of Medieval Jewish traders,* Princeton, 1973[1], «Judaeo-Arabic Letters from Spain (early twelfth century)», en *Orientalia hispanica sive studia F. M. Pareja octogenario dicata,*[2] I, Leiden, 1974, 331-350.
214*a*. Golvin, L., *Essai sur l'Architecture religieuse musulmane,* t. IV, *L'art hispano-musulman,* París, 1979.
214*b*. Gómez Moreno, M., *Iglesias mozárabes,* Madrid, 1919.
215. Gómez Moreno, M., *Arte árabe hasta los almohades. Arte mozárabe,* Madrid, 1951, volumen III de la colección Ars Hispaniae.
215*a*. Gómez Moreno, M., «La Capilla Real de Granada. La idea de los Reyes Católicos», en *Archivo Español de Arte y Arqueología,* 1952, 262.
215*b*. Gómez Moreno, M., «Arte cristiano entre los moros de Granada», en *Homenaje a D. Francisco Codera en su jubilación del profesorado,* Zaragoza, 1904, 262-266.
216. Gómez Moreno, M., «Las primeras crónicas de la Reconquista», en *Boletín de la Real Academia de la Historia,* 1932, vol. C, 562-569.
217. González, J., «Las conquistas de Fernando III en Andalucía», en *Hispania,* XXV, 1946 (separata 1-123).
218. González, J., *Repartimiento de Sevilla,* 2 vols., Madrid, 1951.

219. GONZÁLEZ PALENCIA, A., *Los mozárabes de Toledo en los siglos XII y XIII*, 4 vols., Madrid, 1926-1930.
220. GONZÁLEZ PALENCIA, A., *Historia de la España musulmana*, 4.ª ed., Barcelona-Buenos Aires, 1940.
221. GONZÁLEZ PALENCIA, A., *Historia de la literatura arábigo-española*, 2.ª ed. revisada, ed. Labor, Barcelona, 1945; trad. árabe por Ḥ. Mu'nis, *Ta'rīj al-adab al-andalusī*, El Cairo, 1955.
221*a*. GONZÁLEZ PALENCIA, A., *Del Lazarillo a Quevedo*, Madrid, 1946.
221*b*. GRAETZ, H., *Geschichte der Juden*, Leipzig, 1875.
222. GRANJA, F. DE LA, *Maqāmas y risālas andaluzas*, Madrid, 1976.
223. GUAL CAMARENA, M., *Vocabulario del comercio medieval, Colección de aranceles aduaneros de la Corona de Aragón (siglos XIII y XIV)*, Tarragona, 1968.
223*a*. GUENÉE, B., *L'Occident aux XIVᵉ et XVᵉ siècles. Les Etats*. París, 1971.
223*b*. GUERRERO LOVILLO, J., *Las Cantigas. Estudio arqueológico de sus miniaturas*, Madrid, 1949.
223*c*. GUERRERO LOVILLO, J., *Miniatura gótico-castellana, siglos XIII y XIV*, Madrid, 1956.
224. GUICHARD, P., *Al-Andalus. Estructura antropológica de una sociedad islámica en Occidente*, Barcelona, 1973.
224*bis*. GUICHARD, P., *Structures sociales «orientales» et «occidentales» dans l'Espagne musulmane*. París-La Haya, 1977.
225. GUILLÉN ROBLES, F., *Málaga musulmana*, 2.ª ed., Málaga, 1957.
225*a*. GUINAUDEAU, Z., *Fès vu par sa cuisine*, Rabat, 1957.
225*b*. HADJADJĪ, H., *Vie et oeuvre du poète andalou Ibn Khafādja*, Argel, 1969.
226. AL-HĀŶŶĪ, A., *Andalusian diplomatic relations with Western Europe during the Umayyad period (A. H. 138-366/A.D. 755-976). A historical surwey*, Beirut, 1970.
227. HEERS, J., *Gênes au XVᵉ siècle*, París, 1962.
228. HEERS, J., *L'Occident aux XIVᵉ et XVᵉ siècles*, París, 1963.
229. HEERS, J., «Le royaume de Grenade et la politique marchande de Gênes en Occident au XVᵉ siècle», en *Le Moyen Âge*, Bruselas, 1957, 87-121.
229*bis*. HEERS, J., *Fêtes, jeux et joutes dans les Sociétés d'Occident à la fin du Moyen Âge*, París, 1971.
230. HINZ, W., *Islamische Masse und Gewichte umgerechnet ins metrische System*, 1.ª ed., Leiden, 1955, 2.ª ed., Leiden, 1970.
230*bis*. HOENERBACH, W.,. «Zur Charakteristik Walladas, der Geliebten Ibn Zayduns», en *Die Welt des Islams*, XIII, 1971, 20-25.
231. HOPKINS, J. F. P., *Medieval Muslim government in Barbary until the sixth century of the hijra*, Londres, 1958.
231*bis*. HOPKINS, J. F. P., «An Andalusian poet of the fourteenth century: Ibn al-Ḥāŷŷ», en *Bulletin of the School of Oriental Studies*, XXIV, 1961, 57-64.
232. HUICI MIRANDA, A., *Historia política del Imperio almohade*, 2 vols., Tetuán, 1956-1957.
233. HUICI MIRANDA, A., *Las grandes batallas de la Reconquista durante las invasiones africanas*, Madrid, 1956.
234. HUICI MIRANDA, A., *Historia musulmana de Valencia y su región. Novedades y rectificaciones*, 3 vols., Valencia, 1970.
234*bis*. IBN AL-ZAQQĀQ, *Poesías*, edición y traducción en verso de E. García Gómez, Madrid, 1956.

235. IDRIS, H. R., *La Berbérie Orientale sous les Zīrides,* 2 t., París.
236. IDRIS, H. R., «Les Zīrides d'Espagne», en *Al-Andalus,* XXIX/1, 1964, 39-145.
237. IDRIS, H. R., «Les Birzālides de Carmona», en *Al-Andalus,* XXX/1, 1965, 49-62.
238. IDRIS, H. R., «Les Aftaṣides de Badajoz», en *Al-Andalus,* XXX/2, 1965, 277-290.
239. IDRIS, H. R., «Le mariage en Occident musulman d'après un choix de fatwās médiévales extraites du Mi'yār d'al-Wanšarīsī», en *Studia Islamica,* XXXII, 1970, 157-165.
240. IDRIS, H. R., «Le mariage en Occident musulman (suite de l'analyse de fatwās médiévales extraites du Mi'yār d'al-Wanšarīsī», en *Revue de l'Occident musulman et de la Méditerranée,* núm. 17, 1974, 71-105.
241. IDRIS, H. R., «Les tributaires en Occident musulman médiéval d'après le Mi'yār d'al-Wanšarīsī, en *Mélanges d'Islamologie, volume dédié à la mémoire de Armand Abel par ses collègues, ses élèves et ses amis,* Leiden, 1974.
242. JAL, A., *Glossaire nautique,* París, 1847.
242*bis*. JANER, F., «Joyas de oro que se conservan en el Museo Arqueológico Nacional», en *Museo Español de Antigüedades,* IV, 526-536.
243. JULIEN, Ch.-A., *Histoire de l'Afrique du Nord,* 2.ª ed. revisada y puesta al día, por R. Le Tourneau, París, 1952.
243*bis*. KHALIS, S., *La vie littéraire à Séville au XIe siècle,* Argel, 1966.
244. KRESS, H.-J., *Die islamische Kulturepoche auf der iberischen Halbinsel. Eine historisch-Kulturgeographische Studie,* Marburg-Lahn, 1968.
244*bis*. KÜHNE BRABANT, R., «Avenzoar y la cosmética», en *Orientalia Hispanica,* I, 1, 435.
245. LACARRA, J. M.ª, «Documentos para el estudio de la reconquista y repoblación del valle del Ebro», en *Estudios de Edad Media de la Corona de Aragón,* II, Zaragoza, 1946, 469-546; III, 1948, 499-728; V, 1952, 511-668.
245*bis*. LACARRA, J. M.ª, «La repoblación de Zaragoza por Alfonso I el Batallador», en *Estudios de Historia Social de España,* Madrid, 1949, 205-223.
246. LCARRA, J. M.ª, «Orientation des études d'histoire urbaine en Espagne entre 1940 et 1957», en *Le Moyen Âge,* LXIV, 1958, 317-339.
247. LADERO QUESADA, M. A., *Milicia y economía en la guerra de Granada. El cerco de Baza,* Valladolid, 1964.
248. LADERO QUESADA, M. A., *Castilla y la reconquista del reino de Granada,* Valladolid, 1967.
249. LADERO QUESADA, «La esclavitud por guerra a fines del siglo XV: el caso de Málaga», en *Hispania,* XXVII, 1967, núm. 105, 63-88.
250. LADERO QUESADA, M. A., «La repoblación del reino de Granada antes del año 1500», en *Hispania,* XXVIII, 1968, núm. 110, 489-563.
251. LADERO QUESADA, M. A., «Mercedes reales en Granada anteriores al año 1500», en *Hispania,* XXIX, 1969, núm. 112, 355-424.
252. LADERO QUESADA, M. A., *Granada, Historia de un país islámico (1232-1571),* Madrid, 1969; 2.ª ed., Madrid, 1979.
253. LADERO QUESADA, M. A., *Los mudéjares de Castilla en tiempos de Isabel I,* Valladolid, 1969.
254. LADERO QUESADA, M. A., «Dos temas de la Granada nazarí, I El duro fisco de los emires, II Los judíos granadinos al tiempo de su expulsión», en *Cuadernos de Historia. Anexos de la revista Hispania,* 3, Madrid, 1969, 321-345.

255. LADERO QUESADA, M. A., «Algunas consideraciones sobre Granada en el siglo XIV», en *Anuario de Estudios Medievales,* Barcelona, 1970-1971, vol. 7, 279-284.

256. LADERO QUESADA, M. A., «Datos demográficos sobre los musulmanes de Granada y Castilla en el siglo XV», en *Anuario de Estudios Medievales,* Barcelona, vol. 8, 1972-1973, 481-490.

257. LADERO QUESADA, M. A., *Historia de Sevilla. II La ciudad medieval, Publicaciones de la Universidad de Sevilla,* Sevilla, 1976.

258. LAFUENTE y ALCÁNTARA, E., *Inscripciones árabes de Granada,* Madrid, 1859.

259. LAFUENTE y ALCÁNTARA, M., *Historia de Granada,* 4 t., Granada, 1843-1846.

259*bis*. AOUST, H., *Les schismes dans l'Islam,* París, 1965.

260. LAPEYRE, H., *Géographie de l'Espagne morisque,* París, 1959.

261. LATHAM, J. D., «The rise of the 'Azafids of Ceuta», en *S. M. Stern Memorial Volume, Israel Oriental Studies,* II, Jerusalén, 1972, 263-287.

262. LATHAM, J. D., «On the strategic position and defence of Ceuta in the later Muslim period», en *Orientalia Hispanica,* I, 445-464.

263. LAUTENSACH, H., *Geografía de España y Portugal,* Barcelona, 1967.

263*a*. LE FLEM, C. y J.-P., «Un censo de moriscos en Segovia y su provincia en 1594», en *Estudios Segovianos,* 1964.

263*b*. LE GENTIL, P., *Le virelai et le villancico. Le problème des origines arabes,* París, 1954.

263*c*. LE GENTIL, P., «La strophe zadjalienne, les khardjas et le problème des origines du lyrisme roman», en *Romania,* 1963, 1-27 y 209-250.

264. LÉON L'AFRICAIN, J., *Description de l'Afrique*, nueva ed. traducida por A. Epaulard y anotada por A. Epaulard, H. Lhote y R. Mauny, 2 t., París, 1956.

265. LE TOURNEAU, R., *Fès avant le protectorat. Etude économique et sociale d'une ville de l'Occident musulman,* París, 1949.

265*bis*. LE TOURNEAU, R., *La vie quotidienne à Fès en 1900,* París, 1956.

266. LE TOURNEAU, R., *Les villes musulmanes de l'Afrique du Nord,* Argel, 1957.

267. LE TOURNEAU, R., «L'Occident musulman du milieu du VIIe siècle à la fin du XVe siècle», en *Annales de l'Institut d'Études orientales d'Alger,* 16, 1958, 147-176.

268. LE TOURNEAU, *The Almohad movement in North Africa in the 12th and 13th centuries,* Princeton, 1969.

269. LEVI DELLA VIDA, G., «Il regno di Granata nel 1465-1466, nei ricordi di un viaggiatore egiziano», en *Al-Andalus,* I, 1933, 307-334.

270. LÉVI-PROVENÇAL, E., *L'Espagne musulmane au Xe siècle. Institutions et vie sociale*, París, 1932.

271. LÉVI-PROVENÇAL, E., *Inscriptions arabes d'Espagne,* 2 tomes, Leiden-París, 1931.

272. LÉVI-PROVENÇAL, E., *La civilisation arabe en Espagne: vue générale,* París, 1947.

273. LÉVI-PROVENÇAL, E., *Islam d'Occident. Études d'histoire médiévale,* París, 1948.

274. LÉVI-PROVENÇAL E., *Conférences sur l'Espagne musulmane prononcées à la Faculté des Lettres de l'Université du Caire en 1947 et 1948*, El Cairo, 1951.

275. Lévi-Provençal E., «Le voyage d'Ibn Baṭṭūṭa dans le royaume de Grenade (1350)», en *Mélanges William Marçais*, París, 1950, 205-224.
276. Lévi-Provençal E., *Las ciudades y las instituciones urbanas del Occidente musulmán en la Edad Media*, Tetuán, 1950.
277. Lévi-Provençal, E., *Histoire de l'Espagne musulmane*, 3 t., ed. París-Leiden, 1950-1953.
277*bis*. Lévi-Provençal, E., «Le titre souverain des Almoravides et sa légitimation par le califat 'abbāsīde», en *Arabica*, II-3, 1955, 278.
278. Lévi-Provençal, E., *Études d'orientalisme dédiées à la mémoire de Lévi-Provençal*, 2 t., París, 1962.
278*a*. Lewicki, T., *West African food in the Middle Ages*, Cambridge, 1974.
278*b*. Lewis, B., y P. M. Holt, (ed.), *Historians of the Middle East*, Oxford, 1962.
279. Lombard, M., «Un problème cartographié. Le bois dans la Méditerranée musulmane (VIIe-XI siècles)», en *Annales ESC, XIV*, 1959, 234-254.
280. Lombard, M., *L'Islam dans sa première grandeur*, París, 1971.
281. Lombard, M., *Études d'économie médiévale, I. Monnaie et histoire d'Alexandre à Mahomet*, París-La Haya, 1971. *II. Les métaux dans l'ancien monde du Ve au XIe siècle*. París-La Haya, 1975.
282. Longás, P., *Vida religiosa de los moriscos*, Madrid, 1915.
283. Lopez, R., *Storia delle colonie genovesi nel Mediterraneo*, Bolonia, 1938.
284. Lopez, R., «The trade of medieval Europe. The South», en *The Cambridge History of Europe*, t. II, 1952.
285. López Ortiz, J., «La recepción de la escuela malequí en España», en *Anuario de Historia del Derecho español*, VII, Madrid, 1930, 1-67.
285*a*. López Ortiz, J., *Derecho musulmán*, Barcelona-Buenos Aires, 1932.
285*b*. López Ortiz, J. «Figuras de jurisconsultos hispano-musulmanes», en *Religión y Cultura*, XVI, 1931.
285*c*. Lluis y Navas, J., «Una falsificación de moneda cristiana en el reino moro de Granada», en *Numario Hispánico*, II-4, 1953, 219.
285*d*. Macho Ortega, F., *Condición social de los mudéjares aragoneses (siglo xv)*, Zaragoza, 1927.
286. Madoz, P., *Diccionario Geográfico — Estadístico Historico de España y sus posesiones de Ultramar*, 16 t., Madrid, 1845-1850.
287. Makkī, M., «Egipto y los orígenes de la historiografía árabe-española», en *Revista del Instituto de Estudios Islámicos en Madrid*, V, 1957, 157-248.
288. Makkī, M., «Ensayo sobre las aportaciones orientales en la España musulmana», en *RIEI*, XI-XII, 1963-1964, 7-140.
289. Marçais, G., *La Berbérie musulmane et l'Orient au Moyen Âge*, París, 1946.
290. Marçais, G., *L'Architecture musulmane d'Occident*, París, 1954.
290*a*. Marçais, G., *Le costume musulman d'Alger*, París, 1930.
290*b*. Marsan, R., *Itinéraire espagnol du conte médiéval*, París, 1974.
290*c*. Martínez Ruiz, J., «Notas sobre el refinado del azúcar de caña entre los moriscos granadinos», en *Revista de Dialectología y Tradiciones populares*, XX, 1964, cuaderno 3.º, 271-288.
291. Martínez Ruiz, J., *Inventarios de bienes moriscos del reino de Granada, siglo xvi*, Madrid, 1976.

291*bis*. Martínez Ruiz, J., «Almohadas y Calzados moriscos», en *Revista de Dialectología y Tradiciones populares,* XXIII, 3-4, 1967, 303 ss.

292. Masiá de Ros, A., *La Corona de Aragón y los Estados del Norte de África,* Barcelona, 1951.

292*a*. Mateu, F., *La moneda española,* Barcelona, 1946.

292*b*. Medina, P. de, *Libro de grandezas y cosas memorables de España,* Madrid, 1944.

293. Melis, F., «Málaga sul sentiere economico del XIV e XV secolo», en *Economia e Storia,* II, Roma, 1956, 19-59.

294. Melis, F., *Aspetti della vita economica medievale. Studi nell'Archivio Datini di Prato,* t. I, Siena, 1962.

294*bis*. Menéndez Pelayo, M., *Orígenes de la novela,* Madrid, 1905.

295. Menéndez Pidal, R., *La España del Cid,* 6.ª ed., Madrid, 1967.

296. Menéndez Pidal, R., *Poema del Cid según el texto antiguo preparado por R. Menéndez Pidal,* 24.ª ed., Madrid, 1973.

297. Menéndez Pidal, R., *El idioma español en sus primeros tiempos,* 8.ª ed., Madrid, 1973.

298. Menéndez Pidal, R., *Historia de España dirigida por Don Ramón Menéndez Pidal,* Madrid, años 1940 siguientes, tomos IV, V, VI, XIV, XV, XVII (1-2).

299. Mercier, L., *La chasse et les sports chez les Arabes,* París, 1927.

300. Mez, A., *Die Renaissance des Islâms,* Heidelberg, 1922, citada en la trad. esp. de S. Vila, *El Renacimiento del Islam,* Madrid-Granada, 1936.

301. Miles, G. C., *The Coinage of the Umayyads of Spain, Hispanic Numismatic Series,* 2 vols., Nueva York, 1950.

302. Miles, G. C., *Coins of the Spanish Mulūk al-ṭawā'if,* Nueva York, 1954.

302*a.-b*. Millás Vallicrosa, J. M., *La poesía sagrada hebraico española,* Madrid-Barcelona, 1948.

302*c*. Miquel, A., «Comment lire la littérature géographique arabe du Moyen Âge», en *Cahiers de Civilisation médiévale* (Poitiers), XV-2, 1972.

302*d*. Miquel, A., *La géographie humaine du monde musulman jusqu'au milieu du XIe siècle,* París, t. I, 1967, t. II, 1975.

303. *Miscelánea de Estudios y Textos árabes. Junta para ampliación de estudios e investigaciones científicas, Centro de Estudios Históricos,* Madrid, 1915.

304. Mitre Fernández, E., «De la toma de Algeciras a la campaña de Antequera (un capítulo de los contactos diplomáticos y militares entre Castilla y Granada», en *Hispania,* XXXII, 1972, 77-122.

305. Monès, H., «La división político-administrativa de la España musulmana», en *Revista del Instituto de Estudios Islámicos en Madrid,* V/1-2, 1957, 79-135.

306. Monès, H., «Consideraciones sobre la época de los Reyes de Taifas», en *Al-Andalus,* XXXI/1-2, 1966, 305-328.

307. Monès, H., «Les Almoravides. Esquisse historique», en *Revista del Instituto de Estudios Islámicos en Madrid,* XIV, 1967-1968, 49-102.

307*bis*. Morabia, A., *La notion de ŷihād dans l'Islam médieval. Des origines à Ġazālī,* Universidad de Lille—III, 1975.

308. Moreno Casado, J., «Las capitulaciones de Granada en su aspecto jurídico», en *Boletín de la Universidad de Granada,* t. 21, 1949, 301-331.

309. Münzer, J., «Viaje por España y Portugal (1494-1495), trad. esp. en

Boletín de la Real Academia de la Historia, LXXXIV, Madrid, 1924;[1] trad. esp. de J. López de Toro, Prólogo de M. Gómez Moreno,[2] Madrid, 1951.

309*bis*. NETANYAHU, B., *The Marranos of Spain,* Nueva York, 1966.

310. NEUVONEN, E., *Los arabismos del español en el siglo XIII,* Helsinki, 1941.

310*a*. NOVELLA MATEO, A., *El artesanado de la catedral de Teruel (Sta. María de Mediavilla),* Teruel, 1965.

310*b*.. NWIYA, P., *Un mystique prédicateur à la Qarawiyyīn de Fès, Ibn ʿAbbād de Ronda (1332-1390),* Beirut, 1961.

311. NYKL, A. R., *Hispano-arabic poetry and its relations with old provençal troubadours,* Baltimore, 1946.

312. OCAÑA JIMÉNEZ, M., *Repertorio de inscripciones árabes de Almería,* Madrid-Granada, 1964.

313. OLIVER ASÍN, J., *Historia del nombre «Madrid»,* Madrid, 1959.

314. OLIVER ASÍN, J., «En torno a los orígenes de Castilla: su toponimia en relación con los árabes y los beréberes» en *Al-Andalus,* XXXVIII/2, 1973, 249-318.

314*a*. ORIGO, IRIS, *The merchant of Prato,* Londres, 1957.

314*b*. PAREJA CASAÑAS, F. M., *Libro del Ajedrez, de sus problemas y sutilezas,* Madrid-Granada, 1935.

315. PASTOR DE TOGNERI, R., «Poblamiento, frontera y estructura agraria en Castilla la Nueva (1085-1230)», en *Cuadernos de Historia de España,* Buenos Aires, 1968, 171-255.

316. PASTOR DE TOGNERI, R., «Problèmes d'assimilation d'une minorité: les mozarabes de Tolède (de 1085 à la fin du XIIIe siècle)», en *Annales, E.S.C.,* París, marzo-abril 1970, 351-390.

317. PASTOR DE TOGNERI, R., *Del Islam al cristianismo, en las fronteras de dos formaciones económico-sociales: Toledo, siglos XI-XIII,* Barcelona, 1975.

317*bis*. PAVÓN MALDONADO, B., «Memorias de la Excavación de la Mezquita Aljama de Madīnat al-Zahrā'», en *Excavaciones Arqueológicas en España,* núm. 50, 1966.

318. PAVÓN MALDONADO, B., *Arte toledano: islámico y mudéjar,* Madrid, 1973.

319. PAVÓN MALDONADO, B., *Estudios sobre la Alhambra,* I, *Anejo I de Cuadernos de la Alhambra,* Granada, 1975; II, Granada, 1977.

320. PAVÓN MALDONADO, B., *El Arte Hispanomusulmán en su decoración geométrica. Una teoría para un estilo,* Madrid, 1976.

320*bis*. PELLAT, Ch., *Dīwān Ibn Šuhayd al-Andalusī,* Beirut, 1963.

321. PÉRÈS, H., *La poésie andalouse en arabe classique au XIe siècle: ses aspects généraux et sa valeur documentaire,* 2.ª ed., París, 1953.

322. PERROY, E., *Le Moyen Age,* vol. III de la *Historia General de las Civilizaciones,* París, 1955, con la colaboración de J. Auboyer, Cl. Cahen, G. Duby y M. Mollat, trad. española de E. Ripoll Perelló, revisión y adaptación de M. Riu, Barcelona, 1958.

322*a*. PILES, L., «La situación social de los moros de realengo en la Valencia del siglo XV», en *Estudios de Historia Social de España* (Madrid), I, 1949, 247.

322*b*. POLLITZER, Dr. R., *La Peste,* Ginebra, 1954.

323. PONS BOIGUES, F., *Ensayo bio-bibliográfico sobre los historiadores y geógrafos arábigo-españoles,* Madrid, 1898.

323*bis*. PRÈMARE, A. L. DE, «Les notes du voyage d'Abū Isḥaq Ibrāhīm Ibn al-Ḥāŷŷ al-Numayrī al-Andalusī en l'année 745/1344», en *Revue d'Histoire et de Civilisation du Maghreb,* núm. 9, 1970, 31-37.

324. Prieto y Vives, A., *Los reyes de taifas. Estudio económico-numismático de los musulmanes españoles en el siglo* v *de la hégira (XI de J.-C.)*, Madrid, 1926.

324*a*. Quintero, P., «Sillas de coro españolas», en *Boletín de la Sociedad Española de Excursiones*, vol. XV, 1943, 142-166.

324*b*. Ramírez de Arellano, R., *Historia de Córdoba, desde su fundación hasta la muerte de Isabel la Católica*, Ciudad Real, 1915-1917.

325. Ramón Torres, J., *Repoblación del reino de Valencia después de la expulsión de los moriscos*, Valencia, 1969.

325*bis*. Ramos Loscertales, J. M., *El cautiverio en la Corona de Aragón durante los siglos* xiii, xiv *y* xv, Zaragoza, 1915.

326. Reglá, J., *Estudios sobre los moriscos*, sobretiro de *Anales de la Universidad de Valencia*, XXXVII, Valencia, 1964.

326*bis*. Reinaud, M., *Invasions des Sarrazins en France*, París, 1836.

327. Renaud, H.-P.-J., y G. S. Colín, *Tuḥfat al-aḥbāb, Glossaire de la matière médicale marocaine*, París, 1934.

328. Renouard, Y., *Les hommes d'affaires italiens du Moyen Âge*, nueva edición preparada por B. Guillemain, París, 1968.

329. Renouard, Y., *Études d'histoire médiévale*, 2 vols., París, 1968.

329*bis*. Revilla Vielva, R., *Catálogo de las antigüedades que se conservan en el patio del Museo Arqueológico Nacional*, Madrid, 1932.

330. Ribera y Tarragó, J., *Disertaciones y opúsculos*, 2 t., Madrid, 1928.

330*a*. Ribera, J., *La música de las Cantigas de Santa María*, Madrid, 1922.

330*b*. Ribera J., *Historia de la música árabe medieval y su influencia en la española*, Madrid, 1927.

331. Rivero, Casto M.ª del, *La moneda arábigo-española, compendio de numismática musulmana*, Madrid, 1933.

331*bis*. Robson, J. A., «The Catalan fleet and Moorish sea-power (1337-1344)», en *The English Historical Review*, LXXXIV, 1959, 406.

332. Roca Traver, Fr. A., *Un siglo de vida mudéjar en la Valencia medieval (1228-1338), Estudios de Edad Media de la Corona de Aragón*, V, Zaragoza, 1952, 115-208.

332*a*. Rodinson, M., «Histoire économique et histoire des classes dans le monde musulman», en *Studies in the Economic History of the Middle East from the rise of Islam to the present day*, Londres, 1970, 139-155.

332*b*. Romano, David, «Los hermanos Abenmenasse al servicio de Pedro el Grande de Aragón», en *Homenaje a Millás Vallicrosa*, Barcelona, 1956, II, 246-282.

332*c*. Rosenthal, F., *History of Muslim historiography*, Leiden, 1952, 2.ª ed., 1968.

333. Rosselló Bordoy, G., *L'Islam a les illes Balears*, Palma de Mallorca, 1968.

333*bis*. Roshdall, H., *The Universities of Europe in the Middle Ages*, nueva edición por F. M. Powicke y A. B. Emden, Londres, 1969, 5 vols.

334. Rubiera Mata, M.ª J., *El medio literario en la Granada naṣrí en la primera mitad del siglo* xiv *(Ibn al-Ŷayyāb y su época)*, tesis doctoral, Madrid, 1972.

335. Rubiera Mata, M.ª J., «Sur un possible auteur de la chronique intitulée al-Ḥulal al-mawšiyya fī ḏikr al-ajbār al-marrākušiyya», en *Actas del II Coloquio hispano-tunecino de Estudios Históricos*, Madrid, 1973, 143-146.

335*a*. Férotin, M., *Histoire de l'Abbaye de Silos*, París, 1897.

335*b*. RUIZ MARTÍN, F., «Movimientos demográficos y económicos en el reino de Granada durante la segunda mitad del siglo XVI», en *Anuario de Historia económica y social,* 1968, 127-183.

336. SÁNCHEZ ALBORNOZ, C., *Estampas de la vida en León hace mil años,* Madrid, 1926;[1] 5.ª ed., 1966.[2]

337. SÁNCHEZ ALBORNOZ, C., *En torno a los orígenes del feudalismo español,* Mendoza, 1942.

338. SÁNCHEZ ALBORNOZ, C., *La España musulmana, según los autores islamitas y cristianomedievales,* 2 t., Buenos Aires, 1946.

339. SÁNCHEZ ALBORNOZ, C., *España, un enigma histórico,* Buenos Aires, 1956.

340. SÁNCHEZ ALBORNOZ, C., «El Islam de España y el Occidente», en *L'Occidente e l'Islam nell alto Medioevo, Settimane di Studio del Centro Italiano di Studi Sull'alto medioevo,* Spoleto, 1965, 149-389.

341. SÁNCHEZ ALBORNOZ, C., «Espagne préislamique et Espagne musulmane», en *Revue historique,* núm. 482, 1967, 295.

342. SÁNCHEZ ALBORNOZ, C., *Orígenes de la Nación Española,* 3 t., Oviedo, 1975.

342*bis*. SANTILLANA, D., *Instituzioni di diritto malichita,* Roma, 1925.

343. SAPORI, A., *Le marchand italien au Moyen Age,* París, 1952.

344. SARNELLI CERQUA, C., *Muŷāhid al-ʿĀmirī,* 1.ª ed., El Cairo, 1961.

344*bis*. SARNELLI, CLELIA, «La vita intellectuale a Denia alla corte di Muĝāhid al-ʿĀmirī», en *Annali dell'Istituto Orientale di Napoli,* vol. XIV, 1964.

345. SAUVAIRE, H., «Matériaux pour servir à l'histoire de la numismatique et de la métrologie musulmane», en *Journal Asiatique,* 1879, 1; 1880, 1; 1882, 1; 1884, 1-2; 1885, 1.

345*a*. SCHACHT, J., *The origins of Muḥammedan Jurisprudence,* Oxford, 1950.

345*b*. SCHACHT, J., *An introduction to Islamic Law,* Oxford, 1964.

345*c*. SCHEINDLIN, R. P., *Form and Structure in the poetry of al-Muʿtamid Ibn ʿAbbād,* Leiden, 1974.

346. SCHIAPARELLI, C., *Vocabulario in Arabico,* pubblicato da Schiaparelli, Florencia, 1871.

347. SECO DE LUCENA PAREDES, L., *Los Hammudíes, señores de Málaga y Algeciras,* Excelentísimo Ayuntamiento de Málaga, 1955.

348. SECO DE LUCENA PAREDES, L., *Los Abencerrajes: Leyenda e Historia,* Granada, 1960.

349. SECO DE LUCENA PAREDES, L., *La Granada nazarí del siglo XV,* Patronato de la Alhambra, Granada, 1975.

349*bis*. SECO DE LUCENA PAREDES, L., *Muḥammad IX, sultán de Granada,* Patronato de la Alhambra, Granada, 1978.

350. SEVILLANO COLOM, F., *Valencia urbana medieval a través del oficio de Mustaçaf,* Instituto Valenciano de Estudios Históricos. Institución Alfonso El Magnánimo. Diputación Provincial de Valencia, 1957.

351. ŠABĀNA, M. K., *Yūsuf al-awwal Ibn al-Aḥmar, sulṭān Garnāṭa (733-755 H.),* El Cairo, 1969.

351*a*. SÁNCHEZ PÉREZ, J., *Biografías de los matemáticos árabes que florecieron en España,* Madrid, 1921.

351*b*. SIERRA, A., *Vivienda marroquí (notas para una teoría),* Ceuta, 1960.

352. SIMONET, Fr. J., *Descripción del reino de Granada bajo la dominación de los naseritas,* 2.ª ed., Granada, 1872.

353. SIMONET, Fr. J., *Glosario de voces ibéricas y latinas usadas entre los mozárabes,* Madrid, 1888.
354. SIMONET, Fr. J., *Cuadros históricos y descriptivos de Granada,* Madrid, 1896.
355. SIMONET, Fr. J., *Historia de los mozárabes de España,* 2 vols., Madrid, 1897-1903.
355*bis*. SKIRI, F., «Les traditions culinaires à Testour», en *Cahiers des Arts et Traditions populaires* (Túnez), I, núm. 2, 1968, 25 ss.
356. SOLDEVILA, F., *Historia de España,* 2.ª ed., Barcelona, 1962.
357. SOUFI, Kh., «Los Banū Ŷahwar de Córdoba», en *Revista del Instituto de Estudios Islámicos en Madrid,* VI, 1958, 121-142.
357*a*. SOUISSI, R. H., *al-Mu'tamid Ibn 'Abbād et son oeuvre poétique,* tesis de doctorado, París, 1973, 2 vols.
357*b*. SOURDEL, D., y J. SOURDEL-THOMINE, *La civilisation de l'Islam classique,* París, 1968.
358. STEIGER, A., *Contribución a la fonética del hispano-árabe y de los arabismos en el ibero románico y el siciliano, Anejo XVII de la Revista de Filología Española,* Madrid, 1932.
359. STERN, S. M., *Les chansons mozarabes,* 2.ª ed., Oxford, 1964.
360. STERN, S. M., *Hispano-Arabic strophic poetry: Studies,* Leiden, 1974.
360*bis*. SUTER, H., *Die Mathematiker und Astronomen der Araber und Ihre Werke,* Leipzig, 1900.
361. TAPIA Y SALZEDO, G., *Exercicios de la Gineta al principe Nuestro Señor Don Baltasar Carlos,* Madrid, 1643.
362. TERÁN, M. DE, y L. SOLÉ SABARÍS, *Geografía regional de España,* con la colaboración de B. Barceló, J. Bosque Maurel, J. García Fernández, A. López Gómez, S. Llobet, J. Mensua y J. Vilá Valentí, Barcelona, 1968.
363. TERRASSE, H., *L'art hispano-mauresque des origines au XIII*[e] *siècle,* París, 1932.
364. TERRASSE, H., *Histoire du Maroc,* 2 vols., Casablanca, 1949-1950.
364*bis*. TERRASSE, H., *Les forteresses de l'Espagne musulmane,* Madrid, 1954.
365. TERRASSE, H., *Islam d'Espagne,* París, 1958.
365*bis*. TERRASSE, H., «La formation de l'art musulman d'Espagne», en *Cahiers de Civilisation Médievale,* VIII-2, 1965, 142 ss.
366. TERRASSE, H., *L'Espagne du Moyen Âge. Civilisations et Arts,* París, 1966.
366*bis*. TERRASSE, H., «Trois bains mérinides du Maroc», en *Mélanges offerts à William Marçais,* 318-320.
367. THODEN, R., *Abū l-Ḥasan 'Alī, Merinidenpolitik zwischen Nord-Africa und Spanien in den Jahren 710-752 H/1310-1351,* Friburgo de Brisgovia, 1973.
368. TORRE, A. DE LA, «Los Reyes Católicos y Granada», en *Hispania,* 1944, 244-307, 339-382, publ. del Instituto Jerónimo Zurita, Madrid, 1946.
368*bis*. TORRES BALBÁS, L., «Paseos por la Alhambra. La Rawda», en *Archivo Español de Arte y Arqueología,* 1926, 261-885.
369. TORRES BALBÁS, L., *Arte almohade, arte nazarí, arte mudéjar,* Madrid, 1949, vol. IV de la colección *Ars Hispaniae.*
369*a*. TORRES BALBÁS, L., «El ambiente mudéjar en torno a la Reina Católica», en *Curso de Conferencias sobre la política africana de los Reyes Católicos,* Madrid, 1951, II, 123-124.

369*b*. TORRES BALBÁS, L., *La Mezquita de Córdoba y las ruinas de Madīnat al-Zahrā'*, Madrid, 1952.

370. TORRES BALBÁS, L., *La Alhambra y el Generalife*, Madrid, 1954.

371. TORRES BALBÁS, L., *Ciudades hispano-musulmanas*, libro publicado con la colaboración de Henri Terrasse. *Tomo I: Historia e instituciones. Organización de las ciudades. Las calles. Tomo II: Las defensas urbanas*. Instituto Hispano Árabe de Cultura, Madrid, 1972.

372. TORRES DELGADO, C., *El antiguo reino nazarí de Granada (1232-1340)*, Granada, 1974.

372*bis*. TORRES FONTES, J., «El Fajardo del romance del juego de ajedrez», en *Revista Bibliográfica y Documental*, II, 1948, 305-314.

373. TORRES FONTES, J., «El alcalde entre moros y cristianos del reino de Murcia», en *Hispania*, LXXVIII, núm. 20, 1960, 55-80.

374. TORRES FONTES, J., «El alcalde mayor de las aljamas de moros», en *Anuario de Historia del Derecho español*, 1962, 131-182.

375. TORRES FONTES, F., «Notas sobre los fieles del rastro y alfaqueques murcianos», en *Miscelánea de Estudios árabes y hebraicos*, X/1, 1961, 89-105.

375*bis*. TORRES FONTES, J., El señorío de Albanilla, Murcia, 1962.

376. TORRES FONTES J., «La intromisión granadina en la vida murciana (1448-1452)», en *Al-And.*, 1962, 105-154.

377. TORRES FONTES J., «Las relaciones castellano-granadinas desde 1475 a 1478», en *Hispania*, núm. 86, 1962, 186-219.

378. TORRES FONTES J., «Las treguas con Granada de 1462 y 1463», en *Hispania*, XXIII, 1963, núm. 90, 163-199.

379. TORRES FONTES J., «La regencia de Don Fernando el de Antequera y las relaciones castellano-granadinas (1407-1416), en *Miscelánea de Estudios árabes y hebraicos*, XIV-XV/1, 1965-1966, 137-167.

379*bis*. TORRES FONTES, J., «Los mudéjares murcianos en el siglo XIII», en *Murgetana*, XVII.

380. TURK, A., «El reino de Zaragoza en el siglo XI», en *Revista del Instituto de Estudios Islámicos en Madrid*, XVII, 1972-1973, 7-122, XVIII, 1974-1975, 7-74.

380*bis*. TURKI, A., *Polémiques entre Ibn Hazm et Bāğī sur les principes de la loi musulmane. Essai sur la littérature ẓāhirite et la finalité mālikite*, Argel, 1971.

381. TYAN, E., *Histoire de l'organisation judiciaire en pays d'Islam*, t. I, París, 1938, t. II, Lyon, 1943.

382. UBIETO ARTETA, A., *El «Cantar de mio Cid» y algunos problemas históricos*, Valencia, 1973.

382*a*. VADET, J.-Cl., *L'esprit courtois en Orient*, París, 1968.

382*b*. VALDEÓN BARUQUE, JULIO, *Los judíos de Castilla y la revolución trastamara*, Valladolid, 1968.

382*c*. VALDEÓN BARUQUE, JULIO, «Una ciudad castellana en la segunda mitad del siglo XIV», en *Cuadernos de Historia*, Madrid, 1969, n. 3, 233.

383. VALLVÉ BERMEJO, J., «Un privilegio granadino del siglo XIII», en *Al-Andalus*, XXIV/2, 1964, 233-242.

384. VALLVÉ BERMEJO, J., «De nuevo sobre Bobastro», en *al-Andalus*, XXX/1, 1965, 139-174.

385. VALLVÉ BERMEJO, J., «Una fuente importante de la historia de al-Andalus: la «Historia» de Ibn 'Askar», en *Al-Andalus*, XXXI/1-2, 1966, 237-265.

386. Vallvé Bermejo, J., «La división territorial en la España musulmana. La Cora de Jaén», en *Al-Andalus*, XXXIV/1, 1969, 55-79.
387. Vallvé Bermejo, J., «Notas de metrología hispano-árabe. El codo en la España musulmana», en *Al-Andalus*, XLI/2, 339-354.
387*a*. Van Berchem, Max, «Titres califiens d'Occident», en *Journal Asiatique*, 10e série, IX, 1907, 269-275.
387*b*. Verlinden, Ch., «La Grande Peste en 1348 en Espagne», en *Revue Belge de Philologie et d'Histoire*, XVII, 1938, 103-146.
388. Vernet Gines, J., *Historia de la ciencia española*. Madrid, 1975.
388*bis*. Vernet Gines, J., *La cultura hispano-árabe en Oriente y Occidente*, Barcelona, 1978.
389. Vicens Vives, J., *Historia social y económica de España y América*, Barcelona, 1957.
389*a*. Vicens Vives, J., *Manual de Historia económica de España*, Barcelona, 1975, 9.ª ed., 2.ª reed.
389*b*. Villanueva Rico, C., *Habices de las mezquitas de la ciudad de Granada y sus alquerías, I*, Madrid, 1961; II, Madrid, 1966.
390. Vives y Escudero, A., *Monedas de las dinastías arábigo-españolas*, Madrid, 1893.
390*bis*. Wiet, G., «La Grande Peste Noire en Syrie et en Égypte», en *Études d'Orientalisme*, I, 367-384.

Revistas

391. *Al-Andalus, Revista de las Escuelas de Estudios árabes de Madrid y Granada*, Madrid-Granada. [*Al-And.*].
392. *Annales de l'Institut d'Etudes orientales de la Faculté des Lettres d'Alger*, Argel, [*AIEO*].
393. *Annales. Economie. Sociétés. Civilisations*, París [*Annales. ESC*].
394. *Anuario de Estudios medievales. Instituto de Historia medieval de España, Universidad de Barcelona [An. Est. med.].*
395. *Anuario de Historia del Derecho español*, Madrid [*An. hist. der. esp.*].
396. *Arabica, revue d'études arabes*, París.
397. *Boletín de la Asociación española de Orientalistas*, Madrid [*BAEO*].
398. *Boletín de la Real Academia de Buenas Letras de Barcelona* [*BRABL*].
399. *Boletín de la Real Academia de Ciencias, Bellas Letras y Nobles Artes de Córdoba* [*BRA Córd.*].
400. *Boletín de la Real Academia española*, Madrid [*BRAE*].
401. *Boletín de la Real Academia de la Historia*, Madrid [*BRAH*].
402. *Bulletin Hispanique*, Burdeos [*Bull. hisp.*].
403. *Cuadernos de la Alhambra*, Granada [*Cuad. Alh.*].
404. *Cuadernos de la Biblioteca española de Tetuán* [*Cuad. Bibl. esp. Tet.*].
405. *Cuadernos de estudios medievales. Departamento de Historia medieval, Universidad de Granada* [*Cuad. est. med.*].
406. *Cuadernos de Historia de España*, Buenos Aires [*Cuad. Hist. Esp.*].
407. *Cuadernos de Historia del Islam, publicaciones del Seminario de Historia del Islam, Universidad de Granada* [*Cuad. hist. Islam*].

408. *Encyclopédie de l'Islam*, 1.ª edición, 4 volúmenes, más 1 volumen de suplemento, Leiden, 1908-1938, [*E.I*^{1}].
409. *Encyclopédie de l'Islam*, 2.ª edición en curso de publicación [*E.I.*^{2}].
410. *Hespéris*, revista publicada por el Institut des Hautes Études Marocaines (1921-1959), París [*Hesp.*].
411. *Hespéris-Tamuda*, Faculté des Lettres et Sciences humaines de l'Université Mohamed V, Rabat (desde 1960) [*Hesp. Tam.*].
412. *Hispania, Revista española de Historia, Instituto Jerónimo Zurita*, Madrid [*Hisp.*].
413. *Journal of Economic and Social History of the Orient*, Leiden [*JESHO*].
414. *Journal of Semitic Studies*, Manchester [*Journ. of. Sem. St.*].
415. *Le Moyen Âge*, París-Bruselas.
416. *Mélanges de la Casa de Velázquez*, París.
417. *Miscelánea de Estudios Árabes y Hebraicos, Universidad de Granada* [*MEAH*].
418. *Revista de Archivos, Bibliotecas y Museos*, Madrid [*RABM*].
419. *Revue de l'Occident musulman et de la Méditerranée*, Aix-en-Provence [*Rev. Occid. mus. et. Méd.*].
420. *Revista del Centro de Estudios históricos de Granada y su reino* (1911-1925), Granada [*Rev. Centro est. hist. Granada*].
421. *Revista del Instituto de Estudios Islámicos en Madrid* [*RIEI*].
422. *Revue d'Histoire et de Civilisation du Maghreb*, Argel [*Rev. Hist. Civ. Maghr.*].
423. *Revue historique*, París.
424. *Sefarad*, publ. por el Instituto Benito Arias Montano, Madrid [*Sef.*].
425. *Speculum*, Cambridge (Mass.), Estados Unidos de América [*Spec.*].
426. *Studia Islamica*, París [*Stud. Isl.*].
427. *Studi magrebini, Istituto Universitario Orientale di Napoli* [*Stud. Magr.*].
428. *Tamuda (1953-1959)*, Tetuán [*Tam.*].

CUADROS GENEALÓGICOS

Los emires omeyas de Córdoba*

Hišām b. 'Abd al-Malik b. Marwān
Califa omeya de Damasco

Mu'āwiya b. Hišām

(1) 'Abd al-Raḥmān I b. Mu'āwiya
(138/756—172/788)

(2) Hišām b. 'Abd al-Raḥmān I
(172/788—180/796)

(3) al-Ḥakam I b. Hišām I
(180/796—206/822)

(4) 'Abd al-Raḥmān II b. al-Ḥakam I
(206/822—238/852)

(5) Muḥammad I b. 'Abd al-Raḥmān II
(238/852—273/886)

(6) Al-Munḏir b. Muḥammad I
(273/886—275/888)

(7) 'Abd Allāh b. Muḥammad I
(275/888—300/912)

Muḥammad

(8) 'Abd al-Raḥmān III
emir de 300/912 a 316/929

* Las fechas indicadas son las de su reinado; a las fechas de la Héjira siguen las correspondientes al calendario gregoriano. Los números entre paréntesis corresponden al orden en la sucesión.

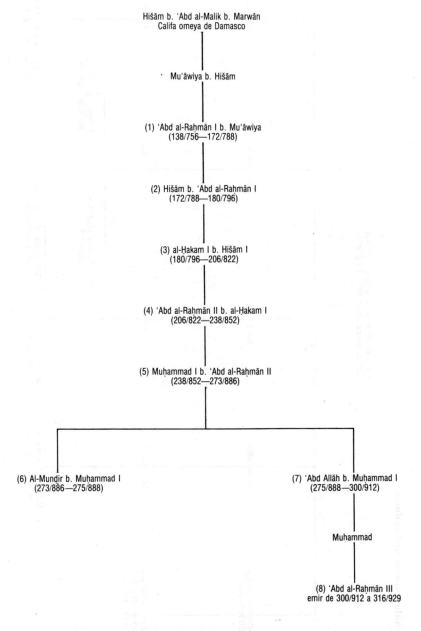

Los califas omeyas de Córdoba

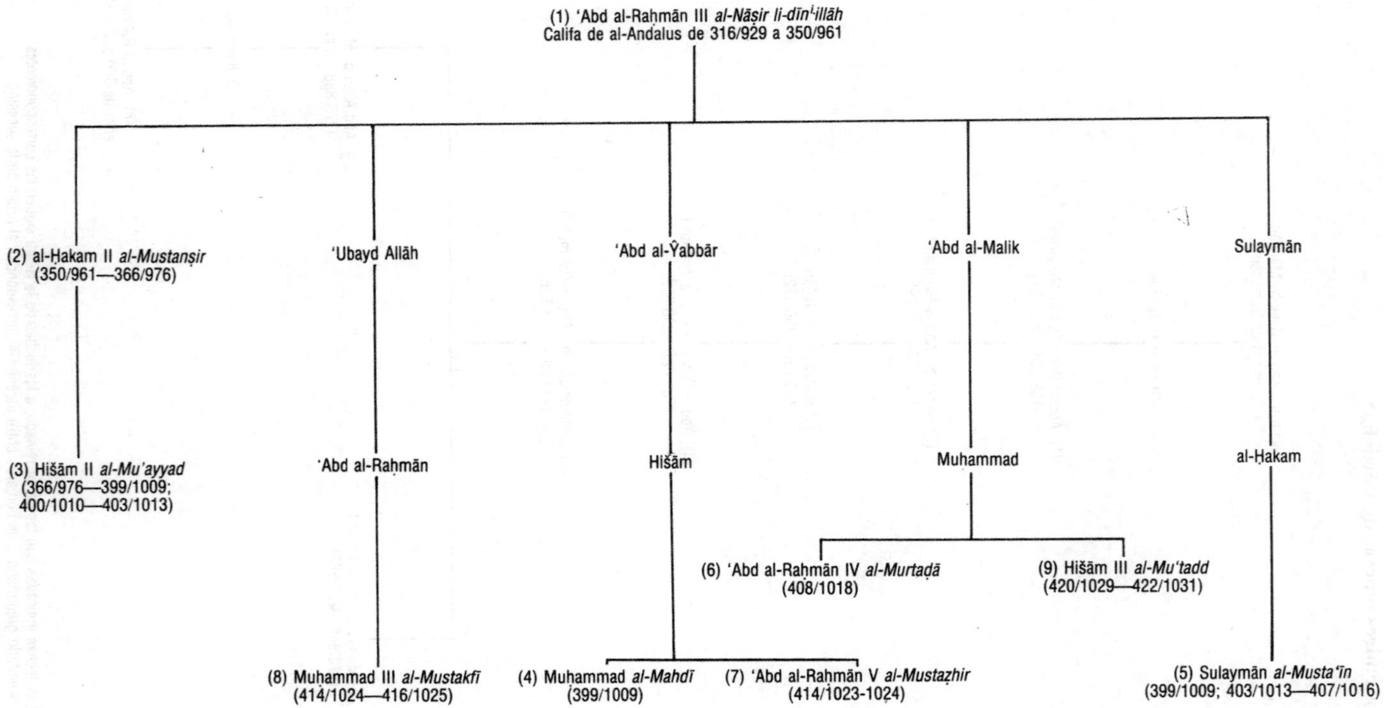
(1) 'Abd al-Rahmān III al-Nāṣir li-dīn-illāh
Califa de al-Andalus de 316/929 a 350/961
(2) al-Ḥakam II al-Mustanṣir
(350/961—366/976)
'Ubayd Allāh
'Abd al-Ŷabbār
'Abd al-Malik
Sulaymān
(3) Hišām II al-Mu'ayyad
(366/976—399/1009;
400/1010—403/1013)
'Abd al-Raḥmān
Hišām
Muhammad
al-Ḥakam
(6) 'Abd al-Raḥmān IV al-Murtaḍā
(408/1018)
(9) Hišām III al-Mu'tadd
(420/1029—422/1031)
(8) Muḥammad III al-Mustakfī
(414/1024—416/1025)
(4) Muḥammad al-Mahdī
(399/1009)
(7) 'Abd al-Raḥmān V al-Mustaẓhir
(414/1023-1024)
(5) Sulaymān al-Musta'īn
(399/1009; 403/1013—407/1016)

Los 'amiríes

- (1) Muḥammad b. Abī 'Āmir *al-Manṣūr* (371/981—392/1002)
  - (2) 'Abd al-Malik *al-Muẓaffar* (392/1002—399/1008)
    - Muḥammad b. 'Abd al-Malik *al-Muẓaffar* (m. 421/1030)
  - (3) 'Abd al-Raḥmān *Sanchuelo* (399/1008—399/1009)
    - 'Abd al-'Azīz b. 'Abd al-Raḥmān (rey de Valencia) (417/1026—452/1060-1061)
      - 'Abd al-Malik b. 'Abd al-'Azīz *al-Muẓaffar* (destronado por *al-Ma'mūn* de Toledo en 457/1065)

Los ŷahwaríes de Córdoba

- Abūl Ḥazm Ŷahwar b. Muḥammad b. Ŷahwar (422/1031—435/1043)
  - Abū l-Walīd Muḥammad *al-Rašīd* (435/1043—450/1058)
    - 'Abd al-Malik (450/1058—461/1069)

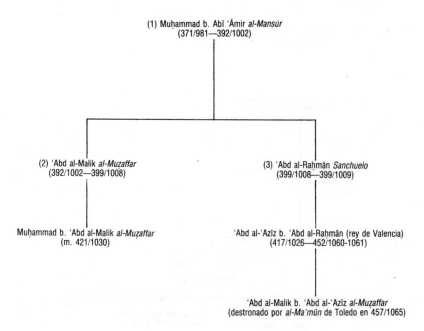

Los 'abbādíes de Sevilla

Ismā'īl b. 'Abbād
(m. 414/1023)

(1) Muḥammad b. Ismā'īl b. 'Abbād
(414/1023—433/1042)

(2) 'Abbād b. Muḥammad *al-Mu'taḍid billāh*
(433/1042—461/1069)

Ismā'īl

(3) Muḥammad b. 'Abbād *al-Mu'tamid*
(461/1069—484/1091)
m. 488/1095 en Agmat

Abū 'Amr 'Abbād
Sīrāŷ al-dawla
(m. 467/1075 en Córdoba)

Abū Jālid Yazīd *al-Rāḍī*
(m. 484/1092 en Ronda)

Abū Naṣr *al-Fatḥ al-Ma'mūn*
(m. 484/1092 en Córdoba)

Abūl-Ḥasan 'Ubayd Allāh
al-Rašīd
(m. 530/1130 en Marruecos)

Los ḏū l-nūníes de Toledo

'Abd al-Raḥmān al-Midrās b. Ḏī l-Nūn

(1) Ismā'īl b. Ḏī l-Nūn *al-Ẓāfir*
(407/1016(?) o 423/1032(?)-435/1043)

Arqam b. Ḏī l-Nūn

(2) Abūl-Ḥasan Yaḥyā *al-Ma'mūn*
(435/1043—467/1074-1075)

(3) Yaḥyā *al-Qādir,* nieto de *al-Ma'mūn*
(467/1074-1075—478/1085)
m. 485/1092 en Valencia

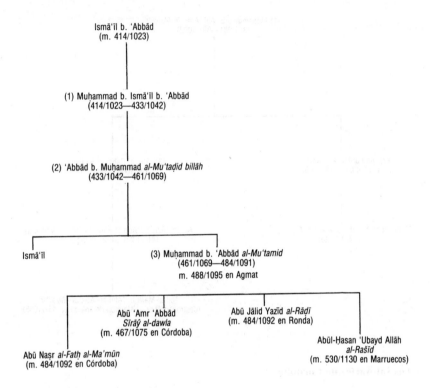

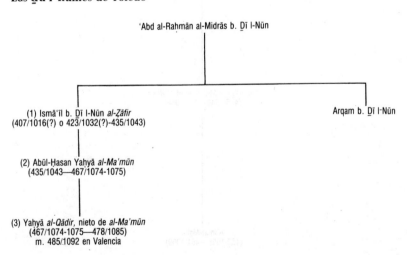

Los afṭasíes de Badajoz

(1) 'Abd Allāh b. Muḥammad Ibn Maslama al-Tuŷībī o Ibn al-Aftas *al-Mansūr*
(413/1022—437/1045)

(2) Muḥammad *al-Muzaffar*
(437/1045—460/1067-1068)

(3) Yaḥyā *al-Manṣūr*
(460/1067-1068—464(?)/1072(?))

(4) 'Umar *al-Mutawakkil*
(464(?)/1072(?)—487/1095)

al-Manṣūr

Sa'd

al-'Abbās

al-Fadl

Los birzalíes de Carmona

(1) Isḥāq

(2) 'Abd Allāh

(3) Muḥammad b. 'Abd Allāh b. Isḥāq al-Wardasānī(?) al-Birzālī
ḥāŷib (414/1023-1024—434/1042-1043)

(4) Isḥāq b. Muḥammad
ra'īs (434/1042-1043—444(?)/1052-1053(?))

(5) al-'Azīz (o al-'Izz) *al-Mustaẓhir*
(444(?)/1052-1053(?)—459/1066-1067)

al-'Izz
(m. 442/1050/1051)

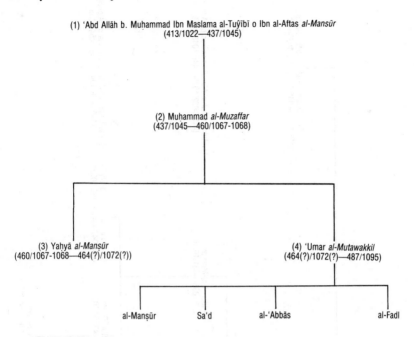

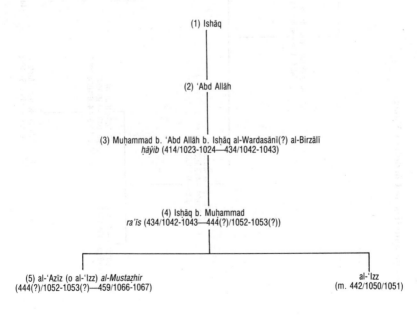

Los ḥammūdíes de Córdoba y Málaga

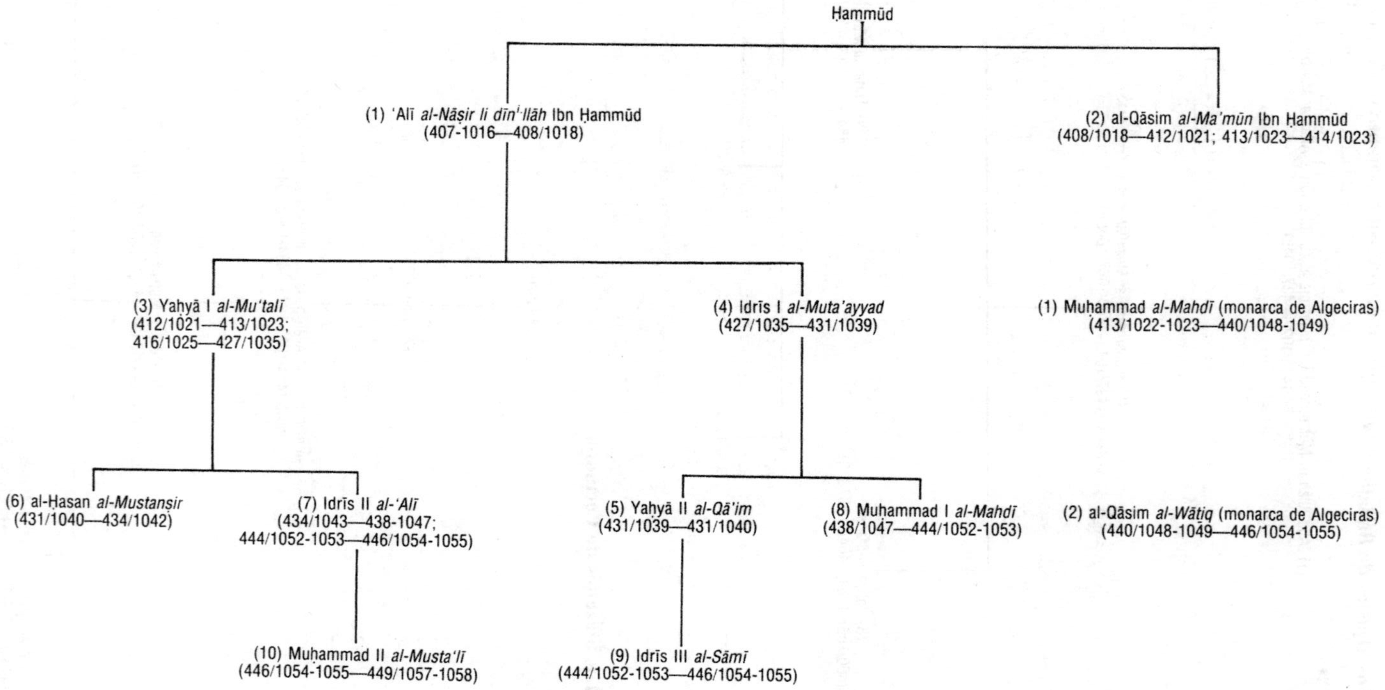
Ḥammūd
(1) ʻAlī *al-Nāṣir li dīnʼ llāh* Ibn Ḥammūd
(407-1016—408/1018)
(2) al-Qāsim *al-Ma'mūn* Ibn Ḥammūd
(408/1018—412/1021; 413/1023—414/1023)
(3) Yaḥyā I *al-Muʻtalī*
(412/1021—413/1023;
416/1025—427/1035)
(4) Idrīs I *al-Muta'ayyad*
(427/1035—431/1039)
(1) Muḥammad *al-Mahdī* (monarca de Algeciras)
(413/1022-1023—440/1048-1049)
(6) al-Ḥasan *al-Mustanṣir*
(431/1040—434/1042)
(7) Idrīs II *al-ʻAlī*
(434/1043—438-1047;
444/1052-1053—446/1054-1055)
(5) Yaḥyā II *al-Qā'im*
(431/1039—431/1040)
(8) Muḥammad I *al-Mahdī*
(438/1047—444/1052-1053)
(2) al-Qāsim *al-Wāṯiq* (monarca de Algeciras)
(440/1048-1049—446/1054-1055)
(10) Muḥammad II *al-Mustaʻlī*
(446/1054-1055—449/1057-1058)
(9) Idrīs III *al-Sāmī*
(444/1052-1053—446/1054-1055)

Los zīríes de Granada

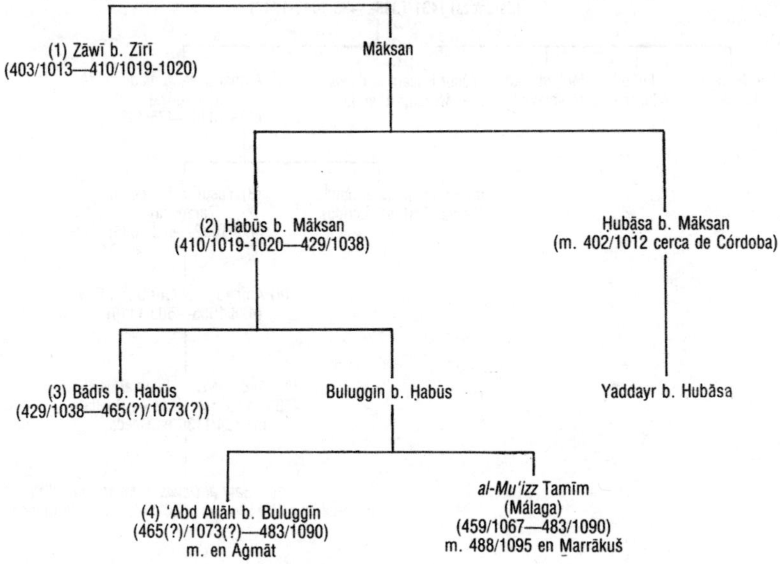

(1) Zāwī b. Zīrī
(403/1013—410/1019-1020)
Māksan
(2) Ḥabūs b. Māksan
(410/1019-1020—429/1038)
Ḥubāsa b. Māksan
(m. 402/1012 cerca de Córdoba)
(3) Bādīs b. Ḥabūs
(429/1038—465(?)/1073(?))
Buluggīn b. Ḥabūs
Yaddayr b. Hubāsa
(4) 'Abd Allāh b. Buluggīn
(465(?)/1073(?)—483/1090)
m. en Aġmāt
al-Mu'izz Tamīm
(Málaga)
(459/1067—483/1090)
m. 488/1095 en Marrākuš

Los Banū Ṣumādiḥ de Almería

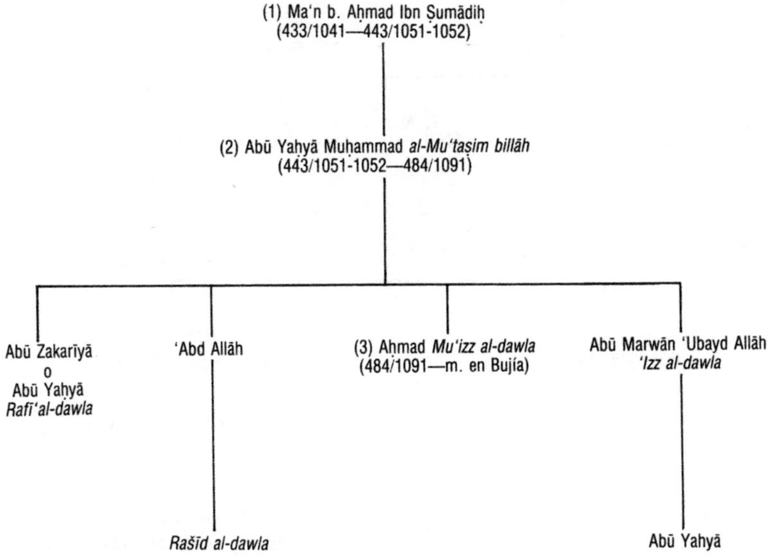

(1) Ma'n b. Aḥmad Ibn Ṣumādiḥ
(433/1041—443/1051-1052)
(2) Abū Yaḥyā Muḥammad al-Mu'taṣim billāh
(443/1051-1052—484/1091)
Abū Zakarīyā
o
Abū Yaḥyā
Rafī'al-dawla
'Abd Allāh
(3) Aḥmad Mu'izz al-dawla
(484/1091—m. en Bujía)
Abū Marwān 'Ubayd Allāh
'Izz al-dawla
Rašīd al-dawla
Abū Yaḥyā

Los hūdíes de Zaragoza

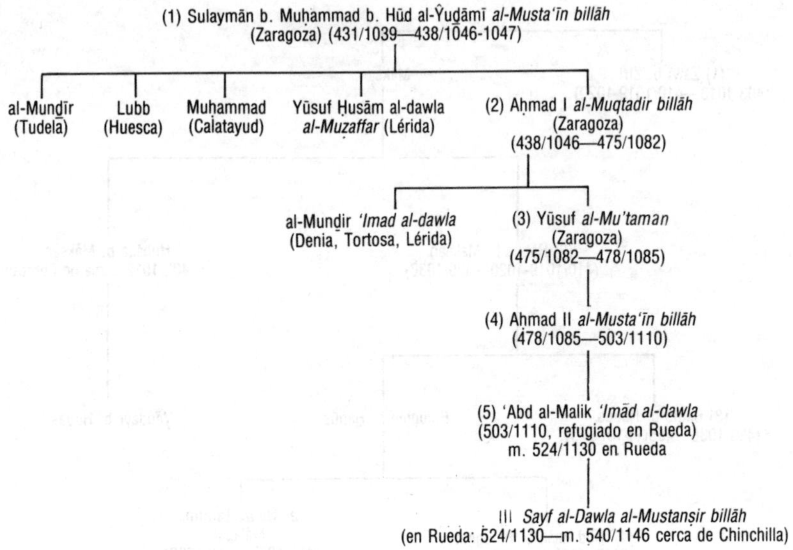
(1) Sulaymān b. Muḥammad b. Hūd al-Ŷuḏāmī *al-Musta'īn billāh*
(Zaragoza) (431/1039—438/1046-1047)
al-Munḏir (Tudela)
Lubb (Huesca)
Muḥammad (Calatayud)
Yūsuf Ḥusām al-dawla *al-Muẓaffar* (Lérida)
(2) Aḥmad I *al-Muqtadir billāh* (Zaragoza) (438/1046—475/1082)
al-Munḏir *'Imad al-dawla* (Denia, Tortosa, Lérida)
(3) Yūsuf *al-Mu'taman* (Zaragoza) (475/1082—478/1085)
(4) Aḥmad II *al-Musta'īn billāh* (478/1085—503/1110)
(5) 'Abd al-Malik *'Imād al-dawla* (503/1110, refugiado en Rueda) m. 524/1130 en Rueda
III *Sayf al-Dawla al-Mustanṣir billāh*
(en Rueda: 524/1130—m. 540/1146 cerca de Chinchilla)

Los almorávides

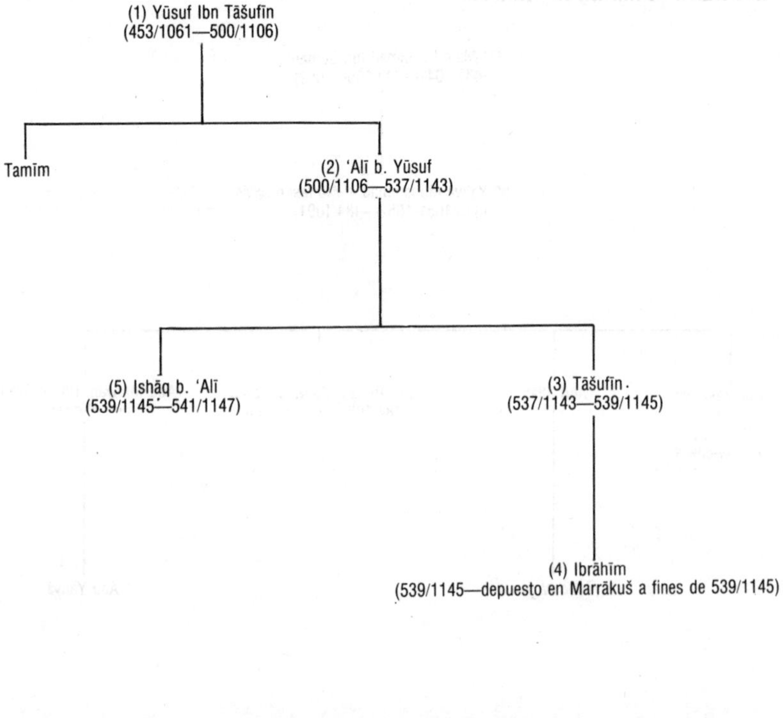
(1) Yūsuf Ibn Tāšufīn (453/1061—500/1106)
Tamīm
(2) 'Alī b. Yūsuf (500/1106—537/1143)
(5) Isḥāq b. 'Alī (539/1145—541/1147)
(3) Tāšufīn (537/1143—539/1145)
(4) Ibrāhīm
(539/1145—depuesto en Marrākuš a fines de 539/1145)

Los almohades

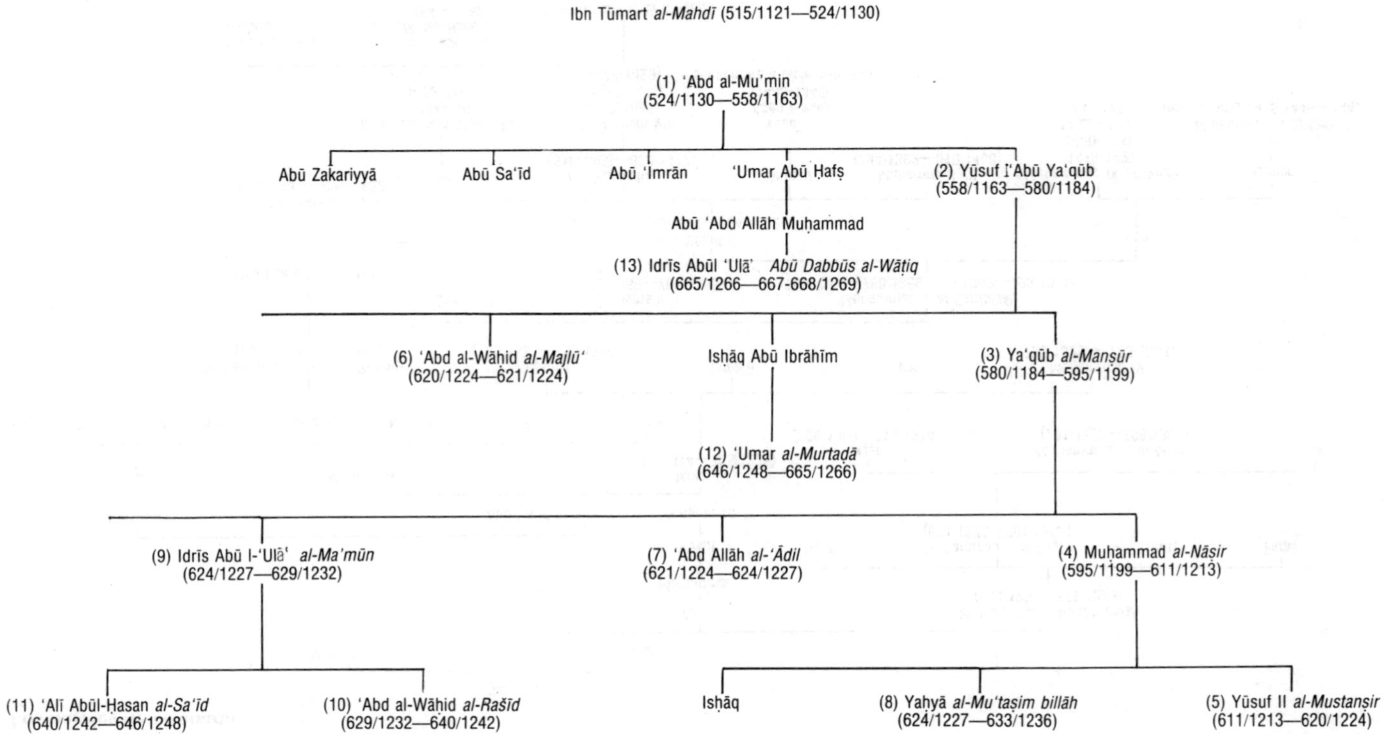
Ibn Tūmart *al-Mahdī* (515/1121—524/1130)
(1) 'Abd al-Mu'min (524/1130—558/1163)
Abū Zakariyyā
Abū Sa'īd
Abū 'Imrān
'Umar Abū Ḥafṣ
(2) Yūsuf I'Abū Ya'qūb (558/1163—580/1184)
Abū 'Abd Allāh Muḥammad
(13) Idrīs Abūl 'Ulā' *Abū Dabbūs al-Wāṭiq* (665/1266—667-668/1269)
(6) 'Abd al-Wāḥid *al-Majlū'* (620/1224—621/1224)
Isḥāq Abū Ibrāhīm
(3) Ya'qūb *al-Manṣūr* (580/1184—595/1199)
(12) 'Umar *al-Murtaḍā* (646/1248—665/1266)
(9) Idrīs Abū l-'Ulā' *al-Ma'mūn* (624/1227—629/1232)
(7) 'Abd Allāh *al-'Ādil* (621/1224—624/1227)
(4) Muḥammad *al-Nāṣir* (595/1199—611/1213)
(11) 'Alī Abūl-Ḥasan *al-Sa'īd* (640/1242—646/1248)
(10) 'Abd al-Wāḥid *al-Rašīd* (629/1232—640/1242)
Isḥāq
(8) Yaḥyā *al-Mu'taṣim billāh* (624/1227—633/1236)
(5) Yūsuf II *al-Mustanṣir* (611/1213—620/1224)

Los naṣríes de Granada

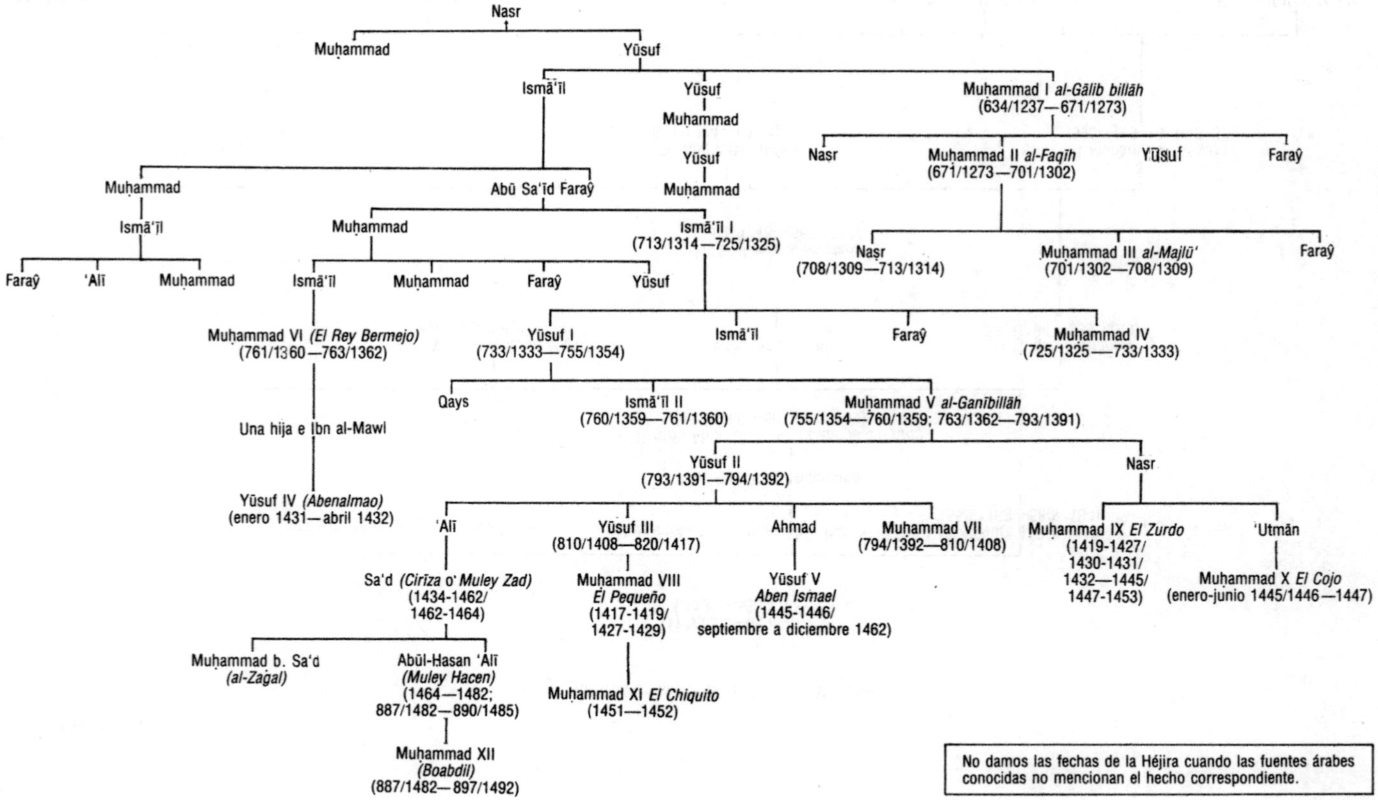

No damos las fechas de la Héjira cuando las fuentes árabes conocidas no mencionan el hecho correspondiente.

CRONOLOGÍA

AÑOS	HECHOS POLÍTICOS	HECHOS MILITARES Y DIPLOMÁTICOS
710		Desembarco de Ṭarīf en España.
711		Expedición de Ṭāriq contra España. Victoria musulmana del río Barbate. Los musulmanes se apoderan de Córdoba. Caída de Toledo, capital de los reyes visigodos.
712		Mūsā b. Nuṣayr pasa a Andalucía. Toma de Sevilla.
713		Tome de Mérida.
714	Partida de Mūsā y Ṭarīq hacia Oriente.	Conquista de Zaragoza por los musulmanes.
714-716	Breve mandato de 'Abd al-'Azīz, hijo de Mūsā.	Caída de Pamplona. Barcelona, Gerona y Narbona pasan a poder de los musulmanes. 'Abd al-'Azīz se apodera de Málaga y Elvira. Tratado concluido por 'Abd al-'Azīz con Teodomiro, señor visigodo de Murcia.
716-756	Los gobernadores árabes de España, dependientes de los califas de Damasco. 722 (?): Covadonga, primera manifestación política del reino asturiano. 739-757: Alfonso I, rey de Asturias.	718: Revuelta de Pelayo en Asturias. 719-721, 725: Expediciones musulmanas por la Galia. 732: Batalla llamada de Poitiers. 751: Narbona es recobrada por los francos. 755: Desembarco de 'Abd al-Rahmān I en Almuñécar.
756	Fundación y comienzos del emirato omeya de Córdoba.	
778		Expedición de Carlomagno hacia Zaragoza. Desastre de Roncesvalles.
785		Gerona pasa a poder de los francos.
788-796		Guerra santa contra asturianos y francos.
801		Barcelona pasa definitivamente bajo la dominación franca.
805-818		Guerra contra el reino asturiano.

ECONOMÍA Y SOCIEDAD	RELIGIÓN, CULTURA Y ARTE
716: Llegada a España de 400 notables árabes de Ifrīqiya.	
719: Córdoba, sede del gobierno árabe de España.	
741: Insurrección beréber en España. Llegada a España de los *ŷundíes* sirios de Balŷ.	
750-755: Período de hambre en España. Millares de beréberes regresan a África del Norte.	
	784-785: Reconstrucción del Alcázar de Córdoba.
	784-786: Reconstrucción de la Mezquita Mayor de Córdoba.
	796: Restauración del puente romano de Córdoba. Terminación de las obras de la Mezquita.
Revuelta del Arrabal de Córdoba. Represión de las rebeliones en las Marcas fronterizas.	816: Introducción del rito mālikī en la España omeya.

AÑOS	HECHOS POLÍTICOS	HECHOS MILITARES Y DIPLOMÁTICOS
822		
831		Lucha contra los cristianos.
833		
839		Intercambio de embajadas entre Córdoba y Bizancio.
844		Desembarcos normandos en el litoral cerca de Sevilla.
850		
		854-855: Campañas omeyas contra el reino asturiano de Oviedo. Incursiones de verano contra Álava.
859		
863		
865		Expediciones omeyas contra Álava.
866-867		
868		
879		
889		
903		Mallorca reconquistada por voluntarios andaluces.
913		
917		
918		
927	Conflicto entre las influencias omeya y fāṭimī en el Maġrib.	Ocupación de Melilla por los Omeyas.
928		
929	Restauración del califato omeya en Córdoba.	

ECONOMÍA Y SOCIEDAD	RELIGIÓN, CULTURA Y ARTE
	Influencia del cantante 'irāqī Ziryāb en la corte y en la ciudad de Córdoba.
Fundación en Córdoba de la primera ceca oficial. Primeras acuñaciones en plata.	
831: Fundación de Murcia por 'Abd al-Raḥmān II.	
	Ampliación de la Mezquita Mayor de Córdoba.
	835: Construcción de la Alcazaba de Mérida.
842-844: Disidencia de los Banū Qasī en la frontera superior.	
Creación de atarazanas en Sevilla.	
Oposición mozárabe en Córdoba.	
	855-856: Portada de San Esteban de la Mezquita Mayor de Córdoba.
Martirio del monje mozárabe Eulogio en Córdoba.	
Sublevación de Ibn al-Marwān, «el hijo del Gallego», en Mérida.	
Comienzos de la rebelión de Ibn Ḥafṣūn en Andalucía.	
884: Creación de la pequeña federación de Pechina.	
Conflictos entre árabes y muladíes en las regiones de Elvira y Sevilla.	889: Muere el jurista Baqī b. Majlad.
	890-891: Muere el jurista Qāsim b. Muḥammad Ibn al-Sayyār, introductor de la doctrina Šāfi'ī en España.
	905: Muere 'Abd Allāh Ibn Qāsim, introductor de la doctrina ẓāhirī en España.
Sevilla reintegrada a la corona omeya.	
Toma de Carmona por el ejército omeya. Muerte del jefe rebelde Ibn Ḥafṣūn.	
Toma de Bobastro y final de la rebelión andaluza.	
Renovación de la ceca andaluza en Córdoba. Acuñaciones en oro.	

AÑOS	HECHOS POLÍTICOS	HECHOS MILITARES Y DIPLOMÁTICOS
930		
931		Los omeyas se apoderan de Ceuta.
932		
936		
939		Rota de Simancas y Alhandega.
940		
942		
945		
947		
949		949-955: Intercambio de embajadas entre 'Abd al-Raḥmān III y Bizancio.
951	951-958: Intervención omeya en la política interior de los reinos de León y Pamplona.	951: Anexión de Tánger por los omeyas.
955		
956		Embajada de Juan de Gorze a Córdoba.
961		
965		
968		966-974: Embajadas de príncipes cristianos en Córdoba.
970		
976	Subida al poder de Almanzor al-'Āmirī.	
980		
987-988		
997		Campaña de Almanzor contra Galicia. Toma y saqueo de Santiago de Compostela.
1002	Muere Almanzor en Medinaceli. Le sucede su hijo 'Abd al-Malik al-Muẓaffar.	1003-1008: Campaña de 'Abd al-Malik contra la España cristiana.
1008	Muere 'Abd al-Malik. Regencia de 'Abd al-Raḥmān Sanchuelo.	

ECONOMÍA Y SOCIEDAD	RELIGIÓN, CULTURA Y ARTE
Rendición de los rebeldes de Badajoz.	
	Muere en Córdoba el filósofo y asceta Ibn Masarra.
Entrega de la metrópoli mozárabe de Toledo a 'Abd al-Raḥmān III.	936: Se inicia la construcción de la residencia califal de Madīnat al-Zahrā'.
	Muere en Córdoba el literato Ibn 'Abd Rabbih.
	Llegada a Córdoba del filólogo oriental al-Qalī.
Fundación de atarazanas en Tortosa. Traslado de la ceca desde Córdoba a Madīnat al-Zahrā'.	
	951: Se comienzan las obras del alminar de la Mezquita Mayor de Córdoba.
Ordoño III paga un tributo al califa de Córdoba.	955: Muere el historiador Aḥmad al-Rāzī.
El comercio exterior se realiza con los reinos cristianos del Norte, el África del Norte y el Oriente musulmán.	
El mozárabe Recemundo dedica al califa al-Ḥakam II el «Calendario de Córdoba».	961: Ampliación de la Mezquita Mayor de Córdoba por al-Ḥakam II.
	Restauración del castillo de Gormaz (Soria).
	Construcción del castillo de Baños de la Encina (Jaén).
970: Muere Ḥasdāy Ibn Šaprut, médico y visir judío de los califas de Córdoba. Injerencia creciente de los esclavones en los negocios públicos.	
980: Reforma militar de Almanzor. Reclutamiento de contingentes beréberes y de mercenarios cristianos.	977: Muere el cronista Ibn al-Qūṭiyya.
	979-981: Fundación de la residencia 'āmirī de Madīnat al-Zāhira. 987-988: Última ampliación de la Mezquita Mayor de Córdoba. Nace en Córdoba el historiador Ibn Ḥayyān.
	1008: Muere el matemático Maslama de Madrid.

AÑOS	HECHOS POLÍTICOS	HECHOS MILITARES Y DIPLOMÁTICOS
1009	Asesinato de ʻAbd al-Raḥmān Sanchuelo.	
1009-1031	Desmembramiento de la España califal. Nacimiento de los reinos de taifas.	
		1015: Expedición de Muŷāhid, reyezuelo de Denia, hacia Cerdeña.
1031	Abolición del califato omeya de Córdoba. 1031-1094: Período de las taifas.	
1064		Conquista de Coimbra por Fernando I, rey de Castilla y León. Cruzada y conquista de Barbastro, perdida el año siguiente.
1085		Toma de Toledo por Alfonso VI, rey de Castilla.
1086	Entrada del sultán almorávide Yūsuf b. Tāšfīn en España.	Los almorávides derrotan a Alfonso VI en Zallāqa (Sagrajas).

ECONOMÍA Y SOCIEDAD	RELIGIÓN, CULTURA Y ARTE
	1009: Saqueo de la residencia 'āmirī de Madīnat al-Zāhira.
	1010: Saqueo de la residencia califal de Madīnat al-Zahrā'. Se destacan las obras del biógrafo Ibn al-Faraḍī.
	1013: Muere el médico al-Zahrāwī (Abulcasis).
	1027: Ibn Ḥazm redacta en Játiva *El Collar de la Paloma* e inicia la redacción de sus obras filosóficas, históricas y jurídicas. Corte literaria Muŷāhid de Denia.
	Sobresalen en al-Andalus las obras literarias de Ibn Darrāŷ al-Qaṣṭallī y de Ibn Šuhayd.
Acuñaciones en oro y en plata de baja ley. El conde de Barcelona Ramón Berenguer I el Viejo cobra parias de los reinos musulmanes de Tortosa, Lérida y Zaragoza.	1047: Polémica en Mallorca entre Ibn Ḥazm y el teólogo al-Bāŷī sobre los principios de la ley musulmana.
Fernando I y su hijo Alfonso VI cobran parias de los reinos musulmanes de Sevilla, Badajoz y Toledo.	1063-1064: Muere Ibn Ḥazm.
1066: Matanza de judíos en la Granada zīrī. Asesinato del visir judío José b. Naġralla.	1066: Muere en Murcia el filólogo Ibn Sīda.
	1067: Muere el poeta Abū Isḥāq de Elvira. Corte literaria de al-Mu'tamid de Sevilla.
	1070: Mueren el cadí Ṣā'id de Toledo y el poeta Ibn Zaydūn.
	1076: Muere el historiador cordobés Ibn Ḥayyān.
	1078: Llegada a España del poeta siciliano Ibn Ḥamdīs.
	1080: Construcción de la Aljafería de Zaragoza.
	1084: Asesinato del visir-poeta Ibn 'Ammār. Corte literaria de al-Mu'tasim de Almería.
1085: Intervención del conde mozárabe Sisnando Davidiz en las negociaciones para la entrega de Toledo.	1085: Muere el geógrafo al-'Uḏrī. El tradicionista al-Ḥumaydī se establece en Bagdad. Se destacan las obras del geógrafo al-Bakrī, del jurista Ibn Sahl, de los poetas Ibn Wāhbūn e Ibn al-Labbāna. Corte literaria de al-Mutawakkil de Badajoz. Ibn 'Abdūn redacta su obra poética. En Toledo destaca el astrónomo Azarquiel.

AÑOS	HECHOS POLÍTICOS	HECHOS MILITARES Y DIPLOMÁTICOS
1088		Sitio de Aledo.
1090	Destronamiento de ‘Abd Allāh, rey zīrī de Granada por los almorávides.	
1091	Destierro de al-Mu‘tamid, rey de Sevilla.	Los almorávides se apoderan de Sevilla.
1094	La España musulmana se convierte en una provincia almorávide. El Cid en Valencia.	Caída de Badajoz y Lisboa.
1099	Muere el Cid. Gobierno de Jimena.	
1100		Pedro I conquista Barbastro.
1102		Los almorávides conquistan Valencia.
1106	Muere el sultán almorávide Yūsuf Ibn Tāšfīn.	
1108		Los almorávides vencen a Alfonso VI de Castilla en Uclés.
1118		Alfonso I el Batallador conquista a los almorávides el reino de Zaragoza.
1121	Sublevación del Mahdī Ibn Tūmart en Marruecos. Inicio del movimiento almohade.	
1130	Muerte de Ibn Tūmart. Proclamación de ‘Abd al-Mu'min. El norte de África bajo el dominio almohade.	
1144-1145	Disgregación del poderío almorávide en España. Segundo período de taifas.	
1147	Ibn Mardanīš en Valencia.	Los almohades toman Sevilla. Conquista de Almería por los cristianos.
1148		Conquista de Tortosa por Ramón Berenguer IV.

ECONOMÍA Y SOCIEDAD	RELIGIÓN, CULTURA Y ARTE
Desarrollo de la agronomía hispano-musulmana.	
1090-1094: El Cid cobra parias de los reyezuelos musulmanes de Valencia, Alpuente, Tortosa, Albarracín, Murviedro, Segorbe, Jérica, Almenar.	1095: Muere el rey-poeta al-Mu'tamid en Aġmāt (Marruecos).
Preponderancia social de los alfaquíes.	Sobresalen los tratados de agronomía arábigo-andaluza. 1105: Muere el geópono Ibn Baṣṣāl en Córdoba.
Abundancia del oro en las monedas almorávides. Acuñaciones en plata de muy buena ley. 1106: Expulsión por los almorávides de mozárabes malagueños hacia el norte de Marruecos.	En Toledo se empieza la traducción de obras árabes y judías.
	1109: Quema en Córdoba de las obras del teólogo oriental al-Ġazālī (Algazel).
1125-1126: Expedición de Alfonso I el Batallador hacia Andalucía. Éxodo de mozárabes granadinos trasplantados a la cuenca del Ebro. Expulsión por los almorávides de numerosos mozárabes andaluces hacia Salé y Mequínez.	El gramático Ibn Sīd de Badajoz se establece en Valencia. 1126: Muere el poeta llamado El Ciego de Tudela. Muere en Alejandría el letrado andaluz al-Ṭurṭūšī. Sobresalen los poemas de Ibn Jafāŷa e Ibn al-Zaqqāq.
	1134: Asesinato en Marruecos del letrado andaluz al-Fatḥ Ibn Jāqān.
En el puerto de Almería, el comercio exterior se realiza con el norte de África y el Oriente musulmán.	1139: Muere en Marruecos el filósofo andaluz Ibn Bāŷŷa (Avempace). Escribe el poeta Ibn Baqī.
Sublevación musulmana en el Algarve. 1144: Muere Reverter, jefe de las milicias cristianas al servicio de los almorávides.	Se destaca el *Cancionero* de Ibn Quzmān.
	1147: Se inicia la construcción del Castillejo de Monteagudo (Murcia).
1148: Persecución de los judíos de Lucena por los almohades.	1148: Muere el literato Ibn Bassām.

AÑOS	HECHOS POLÍTICOS	HECHOS MILITARES Y DIPLOMÁTIC
1149		Toma de Lérida por Ramón Berengue Los almohades se apoderan de Córdc
1150		Los almohades toman Badajoz.
1157		Toma de Granada por los almohades. Los almohades reconquistan Almería.
1172	Muere Ibn Mardanīš, el Rey Lobo.	
1184		Expedición contra Santarem y muerte califa almohade Abū Ya'qūb Yūsuf.
1195		Los almohades derrotan a Alfonso VII Castilla en Alarcos.
1202-1203	Los almohades en las islas Baleares.	
1212	Decadencia del poderío almohade en España.	Derrota musulmana en las Navas de losa.
1213	Advenimiento de Jaime I de Aragón.	
1217	Advenimiento de Fernando III de Castilla.	Sublevación de Ibn Hūd en el Levante
1220		
1225		Asedio de Peñíscola por Jaime I.
1227		
1228		Ibn Hūd se apodera de Murcia.
1229		Expedición de conquista de Mallorca. Inicio de la conquista catalano-aragon del país valenciano.
1231		Alfonso IX de León se apodera de Mér
1232	Fin del poderío almohade en España. Alzamiento de Muḥammad b. Yūsuf b. Naṣr en Arjona. Inicio de la dinastía naṣrī.	

ECONOMÍA Y SOCIEDAD	RELIGIÓN, CULTURA Y ARTE
Reforma monetaria de los almohades.	
	1154: El geógrafo Idrīsī termina *El Libro de Roger.*
	Al-Zuhrī redacta su obra geográfica. Sobresalen las obras filosóficas de Ibn Tufayl (Abubacer) e Ibn Rušd (Averroes), los tratados médicos de Ibn Zuhr (Avenzoar).
	1165: Nace en Murcia el místico Ibn al-'Arabī. El geógrafo y viajero Abū Ḥāmid de Granada redacta sus obras en Baġdād.
1181: Llegada a Andalucía de los Banū Riyāh, árabes nómadas de Ifrīqiya.	1176-1198: Construcción de la Gran Mezquita de Sevilla.
	1183: Muere el biógrafo Ibn Baškuwāl.
	1198: Ibn Ṣāḥib al-Ṣalāt termina su obra histórica.
	1217: Muere en Alejandría el letrado y viajero valenciano Ibn Ŷubayr. El cronista 'Abd al-Wāhid al-Marrākušī emigra de España y se establece en Oriente.
	1220: Construcción de la Torre del Oro en Sevilla. El botánico Ibn al-Bayṭār de Málaga emigra a Oriente.
Hambruna en la España musulmana.	

AÑOS	HECHOS POLÍTICOS	HECHOS MILITARES Y DIPLOMÁTICOS
1236		Fernando III conquista Córdoba.
1237		Muhammad I hace su entrada en Granada.
1238		Toma de Valencia por Jaime I.
1243	Incorporación de Murcia a la Corona de Castilla.	
1246		Fernando III conquista Jaén.
1248		Conquista de Sevilla por Fernando III.
1262		Toma de Cádiz por Alfonso X de Castilla.
1264		
1266		Capitulación de Murcia.
	1274: Injerencia de los mariníes del Magrib en los asuntos granadinos.	
1292		1292: Sancho IV conquista Tarifa.
1304		

ECONOMÍA Y SOCIEDAD	RELIGIÓN, CULTURA Y ARTE
	1237-1238: Se comienzan las obras en la Alhambra de Granada.
	1240: Muere en Damasco el místico murciano Ibn ‘Arabī.
	1241: El polígrafo Ibn Sa‘īd emigra a Oriente. Escriben el tradicionista y poeta valenciano Ibn al-Abbār, los letrados Ibn ‘Amīra e Ibn Diḥya.
Las acuñaciones de los primeros naṣrīes conservan la tradición almohade.	1248: El poeta sevillano Ibn Sahl se establece en Ceuta.
Los naṣrīes pagan un tributo anual a los reyes de Castilla.	1251: Escuela de Traductores de Toledo. Traducción de *Calila e Dimna*.
	1254: Alfonso X funda una escuela de estudios latinos y árabes en Sevilla.
	1256: Nace en Granada el gramático Abū Ḥayyān.
Sublevación mudéjar en Andalucía y Murcia.	
Emigración de musulmanes murcianos hacia el reino de Granada.	1266: Alfonso el Sabio funda un colegio en Murcia. Enseñanza de Muḥammad, el de Ricote.
	1269: Muere en La Meca el místico andaluz Ibn Sab‘īn.
	1274: Muere en Damasco el gramático andaluz Ibn Mālik.
1275-1276: Éxodo de musulmanes valencianos hacia Granada.	
	1292-1293: El jurista Ibn Rušayd de Ceuta se establece en Granada. Construcción de la Torre de las Damas y de la Torre de los Picos en la Alhambra.
Relaciones mercantiles con la Corona de Aragón.	
1300: San Pedro Pascual, obispo de Jaén, es degollado en Granada.	1305: Construcción de la Mezquita Mayor de la Alhambra.
	1306: El poeta Ibn Jamīs de Tremecén se establece en Granada. Escribe el visir poeta Ibn al-Ḥakīm de Ronda. Inicio de la redacción del *Bayān* por el cronista Ibn ‘Iḏārī.
	1308: Muere en Granada el biógrafo Ibn al Zubayr.

AÑOS	HECHOS POLÍTICOS	HECHOS MILITARES Y DIPLOMÁTICOS
1309		Sitio de Almería.
1319		Batalla de la Vega de Granada.
1340		Derrota musulmana del río Salado (Tarifa).
1344		Alfonso XI conquista Algeciras. Tregua de 10 años entre Castilla y Granada.
1348		
1369		Muḥammad V de Granada se apodera de Algeciras.
1372	Ruptura entre los nasríes y los marīníes. Relaciones cordiales entre Muḥammad V y las cortes de Tremecén y Túnez.	Muḥammad V ocupa Gibraltar, último enclave marīnī en el reino de Granada.
1410		Conquista de Antequera por el Infante Don Fernando, regente de Castilla.
1419	Inicio de las luchas intestinas en el reino de Granada.	
1431		Batalla de la Higueruela.
1462		Toma de Gibraltar por los castellanos. Caída de Archidona.

ECONOMÍA Y SOCIEDAD	RELIGIÓN, CULTURA Y ARTE
1314-1325: Los judíos del reino naṣrī están obligados a llevar un distintivo.	1314-1325: Construcción del Generalife.
1326-7: Mercaderes catalanes en Almería, Málaga y Granada.	
	1342-1344: Construcción de la Calahorra de Gibraltar. El jurista Jālid al-Balawī redacta su relato de viaje.
La peste negra llega a Almería y diezma la población del reino de Granada.	1348: Construcción de la Puerta de la Justicia en la Alhambra. 1348: Ibn Luyūn de Almería compone su tratado de agricultura.
Guardia cristiana al servicio de Muḥammad V de Granada. Reclutamiento de contingentes africanos.	1349: Yūsuf I funda un colegio en Granada. Comienzan a construirse el palacio de Yūsuf I y varias torres de la Alhambra.
	1350: Ibn Baṭṭūṭa el Tangerino viaja por el reino de Granada. 1350: Ampliación del Gibralfaro de Málaga.
1365: Construcción del Hospital de Granada por Muḥammad V. 1367: Epidemia de peste en Granada. Movimientos místicos en Granada y Almería.	Florecimiento de la medicina naṣrī. Sobresalen las obras del polígrafo y visir Ibn al-Jaṭīb. Escriben el poeta Ibn Jātima de Almería, el cadí al-Nubāhī, el visir poeta Ibn Zamrak.
Ibn Zarzār, médico judío del rey de Granada Muḥammad V.	Construcción del Patio de los Leones y de varias salas de la Alhambra por Muḥammad V.
1391: Emigración de judíos de la España cristiana hacia el reino de Granada.	Ibn Ŷuzayy redacta sus tratados hipiátricos.
1400-1402: Mercaderes de Prato y Venecia en Málaga.	
	Obras poéticas del sultán naṣrī Yūsuf III y del príncipe naṣrī Ibn al-Aḥmar.
1412: Ordenamientos contra mudéjares en Castilla.	
	1426: Muere en Granada el jurista mālikī Ibn ʻĀsim.
Acuñaciones en oro y plata. Piezas de vellón. 1440: Epidemia de peste en Granada.	
1443: Establecimiento de mercaderes genoveses en el reino de Granada.	Florecimiento de la escuela de juristas mālikíes en el reino de Granada.
	1465-1466: El letrado y comerciante egipcio ʻAbd al-Bāsiṭ viaja por el reino de Granada.

AÑOS	HECHOS POLÍTICOS	HECHOS MILITARES Y DIPLOMÁTICOS
1469	Bodas del príncipe Fernando de Aragón con la princesa Isabel de Castilla.	
1479	Unión de Castilla y Aragón.	
1481		Toma del castillo de Zahara por los granadinos.
1482		Toma de Alhama.
1483		Batalla de Lucena.
1485		Conquista de Ronda por los Reyes Católicos.
1486		Toma de Loja.
1487		Caída de Vélez-Málaga y Málaga. Rendición de Almería. Negociaciones entre al-Zagal y los Reyes Católicos.
1489		Sitio de Baza.
1491		Construcción de Santa Fe. Inicio de las negociaciones secretas entre Boabdil y los Reyes Católicos.
1492	Fin del emirato naṣrī de Granada, último bastión del Islam en España.	Rendición de Granada. Capitulaciones para la entrega de Granada.

ECONOMÍA Y SOCIEDAD	RELIGIÓN, CULTURA Y ARTE
1467: Epidemia de peste en Granada.	
1475: Isaac Hamón, médico judío del sultán naṣrī Abūl-Ḥasan.	
Duras medidas contra los mudéjares de Castilla.	
1481: Emigración de judíos de Castilla hacia Granada y Málaga.	
La moneda castellana circula en la Granada naṣrī. Depreciación de la moneda naṣrī.	
	Muere en Beja (África del Norte) el matemático andaluz al-Qalaṣadī de Baza.
Emigración de granadinos al África del Norte.	

Índice onomástico

'Abbād (liberto), 360.
al-'Abbādī, A. M., 373.
'Abbās, Iḥsān, 410.
al-'Abbās Ibn Firnās, 250, 416.
'Abd Allāh, emir omeya de Córdoba, 22, 56, 57, 59, 60, 81, 359, 368, 369, 426.
'Abd Allāh, emir zīrí de Granada, 28, 30, 31, 52, 73, 78, 119, 125, 203, 233, 325, 371.
'Abd Allāh (hijo de Ibn al-Jaṭib), 404.
'Abd Allāh (padre de Ibn Masarra), 349.
'Abd Allāh b. Abī Sa'd, 62.
'Abd Allāh b. Sulaymān, 155.
'Abd Allāh b. Yaḥyā al-Anṣārī (Abū Muḥammad), 93.
'Abd al-'Azīz, hijo de Mūsā b. Nuṣayr, 15, 16, 71, 97, 129.
'Abd al-'Azīz, reyezuelo de Valencia, 29, 214.
'Abd al-Bāsiṭ, 203, 216, 217, 224, 228, 305, 356.
'Abd al-Haqq 'Alī, 299.
'Abd al-Haqq 'Uṯmān, 42.
'Abd al-Malik, hijo de Hišām I, 59, 75.
'Abd al-Malik (hijo de Munḏir b. Sa'id al-Ballūṭī), 350.
'Abd al-Malik, príncipe del norte de África, 128.
'Abd al-Malik de Zaragoza, 54.
'Abd al-Malik al-Muẓaffar, hijo de Almanzor, 25, 26, 61, 72, 125, 138, 145, 319, 323.
'Abd al-Malik b. Qaṭan, 18.
'Abd al-Mu'min (califa almohade), 33, 52, 57, 59, 62, 75, 86, 87, 127, 155, 191, 199, 372, 400, 419.
'Abd al-Qādir b. Siwār al-Muḥāribī, 360.
'Abd al-Qawī (los), 128.
'Abd al-Raḥmān, 22.
'Abd al-Raḥmān I (al-Dājil, el Inmigrante), 20, 21, 50, 51, 58, 60, 72, 84, 89, 169, 186, 212, 226, 279, 339, 359, 388, 424, 425.
'Abd al-Raḥmān II, 21, 24, 25, 51, 56, 60, 69, 81, 102, 107, 120, 137, 153, 162, 187, 214, 275, 291, 299, 312, 314, 359, 368, 388, 416, 425, 426, 430, 444.
'Abd al-Raḥmān III al-Nāṣir, 23, 24, 26, 51-53, 55-59, 61, 66, 71, 72, 79-81, 91, 93, 94, 118, 123, 124, 132, 153, 154, 156, 158, 162, 163, 187, 188, 202, 204, 213, 214, 230, 243, 244, 280, 311, 341, 350, 359, 361-363, 368, 369, 385, 389, 415-417, 426-429.
'Abd al-Raḥmān IV al-Murtaḍā, 343.
'Abd al-Raḥmān V al-Mustaẓhir, 343.
'Abd al-Raḥmān b. 'Alī b. Abī Yaflūsin, 129 (véase también Abenfaluz)
'Abd al-Raḥmān-al-Gāfiqī, 16.
'Abd al-Raḥmān b. Marwān (llamado Ibn al-Ŷillīqī), 21.
'Abd al-Raḥmān b. Mu'āwiya, 19.
'Abd al-Raḥmān Sanchuelo, 26, 29, 291.
'Abd al-Salām al Kūmī, 67.
Abencerrajes, 41 (véase también Banū Sarrāŷ).
Abencomixa, 158, 164 (véase también Ibn Kumasa, Yûsuf).
Abenfaluz, 129 (véase también 'Abd al-Raḥmān b. 'Alī b. Abī Yaflūsin).
Abentofail, 347, 418 (véase también Ibn Tufayl).

Abī Simra (Abraham b. Me'ir), 205.
Abocar (Isaac), 204.
Abraham b. 'Ezra, 199, 397.
Abū l-'Abbās Aḥmad al-Qabbāb, 356.
Abū l-Abbās al-Mursī, 352.
Abū 'Abd Allāh al-Šarīšī, 360.
Abū l-'Alā' Ibn Zuhr, 419.
Abū l-'Atāhiya, 404.
Abū Bakr al-Muhāribī, 94.
Abū Bakr Muslim b. Ahmad, 407.
Abū Bakr b. Zuhr, 419.
Abū l-Faraŷ al-Iṣfahānī, 361.
Abū Fāris, 252.
Abū l-Fatḥ al-Ikandarī, 414.
Abū Ḥafṣ al-Ballūtī, 162.
Abū Ḥafṣ 'Umar Intī, 87.
Abū Ḥamīd al-Ġarnāṭī, 382, 383.
Abū Ḥammū Mūsā I, 449.
Abū Ḥammū Mūsā II, 134, 282, 450.
Abū Ḥanīfa al-Dīnawārī, 418.
Abū l-Ḥasan, sultán mariní de Marruecos, 39, 134, 157, 159, 164, 385.
Abū l-Ḥasan 'Alī *(Muley Hacén)*, sultán naṣrí, 42, 84, 144, 150, 203, 305, 317, 324, 439 (véase también Muley Hacén).
Abū l-Ḥasan 'Alī al-'Abdarī, 273, 274.
Abū l-Ḥasan al-Hawzānī el Sevillano, 67.
Abū l-Ḥa
Abū l-Ḥasan al-Ru'aynī, 54.
Abū l-Ḥasan Salām al-Bahilī, 410.
Abū Ḥayyān al-Ġarnātī, 178, 357, 360, 365.
Abū 'Inān, soberano mariní de Marruecos, 98, 121, 164, 203, 316, 385, 442.
Abū Isḥāq al-Ilbīrī, 393.
Abū l-Jaffār al-Husām b. Ḍirār al-Kalbī, 233, 388.
Abū l-Jaṭṭār al-Kalbī, 84.
Abū l-Jayr al-Išbīlī, 221, 418.
Abū Madyān, 352.
Abū l-Majšī 'Āṣim ibn Zayd, 388.
Abū Malik, 157.
Abū Marwān 'Abd al-Malik al Qaysī al-Yuhānisi, 353.
Abū Marwān Ibn Zuhr (o Abhomeron Avenzoar), 419.
Abū Muḥammad b. 'Arūs, 107.
Abū Nuwās, 388, 404.
Abū l-Qāsim Ajyal b. Idrīs de Ronda, 67.
Abū l-Qāsim Jalaf al-Zahrāwī (Abulcasis), 417.
Abū l-Qāsim al-Mulīḥ, 164, 185.
Abū l-Rabī', 71.
Abū Rafī', 343.
Abū Sa'id (gobernador almohade de Granada), 199.
Abū Sa'id (*comes* mozárabe), 188.
Abū Sa'id Faraŷ, 140, 309.
Abū Sa'id Ḥalfōn b. Nethanel ha-Levi, 251.
Abū Sa'id 'Uṯmān, 87
Abū Sa'id Ŷaqmaq al-Zāhir, 164.
Abū Sālim, 130, 421.
Abū Salṭ, 394.
Abū Tammām Ġālib, 361, 389, 420.
Abū Tāšfīn I, 150, 449.
Abū l-Ṭayyib Ṣalih b. Yazīd b. al-Šarīf al-Rundī (también llamado Abū l-Baqā' de Ronda), 402.
Abū l-'Ulā, 435.
Abū l-Walīd al-Ḥimyarī, 390.
Abū Ŷa'far al-Manṣūr, 51.
Abū Ŷa'far Ibn Sa'īd, 401.
Abū Ŷa'far al-Tanŷālī, 274.
Abū Yaḥyā Ibn 'Āṣim, 94.
Abū Yaḥyā b. Mas'ūd al-Muḥāribī, 94, 98.
Abū Yaḥyā 'Ubayd Allāh al-Zaŷŷālī, 387.
Abū Ya'qūb Yūsuf, 33, 52, 58, 87, 128, 144, 156, 172, 173, 215, 244, 273, 307, 346-348, 362.
Abū Yūsuf Tāšfīn, 395.
AbūYūsuf Ya'qūb al-Manṣūr, 34, 58, 59, 128, 149, 150, 191, 200, 216, 325, 346, 373 (véase también Ya'qūb al-Manṣūr).
Abū l-Ŷuyūš Naṣr, 73.
Abū Zakariyyā' Yaḥyā I, 37.
Abū Zayd al-Sarūŷī, 414.
Abū Zayyān Muḥammad al Sa'īd, 376.
Abubacer (véase Ibn Ṭufayl).
Aguilar, Alonso de, 317.
Aḥmad (padre de Ibn Ḥazm), 342.
Aḥmad b. Aḥmad al-Basṭī, 152.
Aḥmad al-Anṣārī al-Ġarnātī, 420.
Aḥmad al-Azdī al-Qašṭālī, 353.
Aḥmad b. al-Ḥāšimī al Ṭanŷālī, 421.
Aḥmad b. Muḥammad b. Yūsuf al-Ru'aynī, 99.
Aḥmad b. Muhmmad b. Yūsuf al-Sanhāŷī, 407.
Aḥmad Ibn Qāsim, 61.
Aḥmad al-Rāzī, 84, 85, 220, 368, 375, 379, 380, 382 (véase también al-Rāzī).
Aḥmad al-Šārīšī, 408.
Aḥmad b. 'Umar al-Ḥašimī al-Tanŷālī, 99.
al-Ahwānī, 'Abd al-'Azīz, 380.
'Ā'iša, 275.
Alarcón, Maximiliano, 9.
Alberico de Tres Fuentes, 133.

Alberti, Luigi, 252.
Alberti, Pere Johan (noble mallorquín), 192.
Alejandro de Afrodisia, 346.
Alejandro Magno, 347.
Alfonso I el Batallador, rey de Aragón, 32, 179, 191, 201, 207.
Alfonso II, rey de Aragón, 466.
Alfonso IV, rey de Aragón, 83, 133.
Alfonso V, rey de Aragón, 296, 317.
Alfonso I, rey de Asturias, 16.
Alfonso II, rey de Asturias y León, 21.
Alfonso III, rey de Asturias, 187.
Alfonso VI, rey de Castilla, 30, 31, 72, 73, 163, 180, 190, 465.
Alfonso VII, rey de Castilla, 33, 155.
Alfonso VIII, rey de Castilla, 34, 35, 133, 449, 466.
Alfonso IX, rey de León, 36, 140.
Alfonso X el Sabio, rey de Castilla, 38, 53, 70, 73, 106, 181, 192, 197, 198, 252, 293, 294, 301, 304, 315, 360, 377, 400, 468.
Alfonso XI, rey de Castilla, 39, 121, 131, 133, 134, 146, 157, 159, 304, 440, 442, 448.
Alfonso IV, rey de Portugal, 39, 134.
Alfonso V, rey de Portugal, 297.
Algazel (véase al-Ġazalī).
'Alī, reyezuelo de Denia, 30, 189, 190.
Alī al-'Abdarī, 345.
'Alī b. Ašqīlūla, 127.
'Alī b. Hammūd, 75, 243.
'Alī b. Ŕaḥḥū, 129.
Alī b. Yūsuf, 61, 62, 79, 150, 191, 395.
Alī b. Yūsuf b. Tāšfīn, 32, 54, 57, 126, 132, 345, 350, 362, 410, 433.
Almanzor (véase también al-Manṣūr), 25, 29, 51, 94, 125, 150, 363, 430.
Alonso de Mella, Fray, 193.
Alonso Perero, Fray, 197.
Álvarez de Toledo, Fernando, 121.
Álvaro, 187, 188.
Álvaro de Luna, 121, 145.
'Alwa, 275.
al-A'mā al-Tuṭīlī, 397.
al-Amīn (los) 65, 68, 164.
al-Amīn (mensajero de Muḥammad VIII), 68.
Amīna, Madre del Profeta, 309.
Appel, 399.
al-Arbūlī (Abū Bakr 'Abd al-'Azīz), 283, 284.
Arīb Ibn Sa'd, 230, 369.
Aristóteles, 347, 348, 415, 468.
Arnaldez, Roger, 343.
Ashtor, E., 202, 244.
Asín Palacios, Miguel, 9, 344. 346, 349, 351, 352.
Avempace, 347, 418 (véase también Ibn Bāŷŷa).
Averroes, 92, 348, 418, 419, 468 (véase también Ibn Rušd).
Avicena, 347, 415, 419, 421, 468 (véase también Ibn Sīnā).
al-Awzā'ī, 339, 340.
'Aydūn, 315.
'Ayšūna, 275.
al-'Azafī (Abū l-Abbās Ahmad), 310.
al-'Azafī (Abū l-Qāsim), 310.
'Azīz b. Jaṭṭāb, 292.

Bādīs, 29, 54, 71, 125, 207, 210.
Bādīs b. Hābūs, 61.
Badr (*ḥāŷib* eslavón), 60.
Badr (liberto de 'Abd al-Raḥmān I), 19, 72.
al-Bakrī (Abū 'Ubayd), 85, 143, 188, 214, 220, 227, 238, 363, 380, 382, 427.
al-Balawī (Jālid b. Abī Jālid), 295, 301, 384.
Balŷ b. Bišr, 18, 84, 123, 169.
Bannigaš (los), 65.
Banū 'Abbād (los), 213.
Banū 'Abd al-Barr (los), 65, 164.
Banū 'Abd al-Ḥaqq, 128.
Banū Abī 'Abda (los), 60.
Banū'l-Aḥmar, o Banū Naṣr (los), 36, 63, 87, 92, 129, 191, 217, 375, 436.
Banū Angelino (los), 172.
Banū 'Aṣim (los), 92.
Banū Ašqīlūla (los), 36, 38, 39, 92, 93, 128, 362.
Banū Balī (los), 172.
Banū Birzāl (los), 125, 172.
Banū Carloman, o Qarlumān (los), 172.
Banū Ġaniya (los), gobernadores de las Baleares, 34.
Banū García, o *Ġarsiyya* (los), 172.
Banū l-Ḥakīm (los), 402.
Banū Ḥ mdīn (los), 397.
Banū Ḥaŷŷāŷ (los), 214.
Banū Hūd (los), 241.
Banū Jaldūn (los), 214.
Banū Kumāša (los), 65, 164.
Banū l-Maḥrūq, 354.
Banū Marīn (los), 130.
Banū Martīn (los), 172.
Banū l-Mawl, 127.
Banū Naġrālla, 204.
Banū l-Nubāhī (los), 92.
Banū Qabṭurnuh (los), 67.
Banū Qasī (los), 172, 370.
Banū Riyāḥ (los), 173.

Banū Rušd (los), 397.
Banū Sa'īd (los), 401.
Banū Salmūn (los), 92.
Banū Ṣanānīd, 127.
Banū Šarrāŷ (los), o Abencerrajes, 41, 42.
Banū Sāsān (los), 414.
Banū Savarico (los), 172.
Banū Sīd Būna, 354.
Banū Ṣimmāk (los), 92, 377.
Banū Šuhayd (los), 60.
Banū Ṣumādiḥ (familia árabe de Almería), 29, 31, 241, 409.
Banū Tuŷīn (los), 128.
Banū 'Udra, 399.
Banū l-Ŷadd, 98.
Banū Ŷazar (los), 228.
Banū Zuhr (los), 419.
Baqī b. Majlad, 340, 342.
Bartolomé de Bielsa, 131.
al-Basṭī, 292.
al-Batalyawsī, 397.
al-Baydaq, 372.
al-Bāŷī (Abū l-Walīd Sulaymān), 344.
Berenguer Sañana, 198.
Bermúdez Pareja, Jesús, 436.
Bermúdez de Pedraza, 192, 304.
Bernáldez, A., 148.
Bernard de Pals, 83.
Bernat de Cabrera, 157.
Bernat Costa, 151.
Bernat Tagamanent, Mossèn (noble mallorquín), 192.
Bernhauer, W., 101.
Bernis, Carmen, 297.
Blachère, R., 408.
Boabdil, 42-44, 53, 55, 58, 68, 80, 88, 122, 141, 142, 150, 164, 185, 204, 216, 274, 277, 297, 299, 315, 356, 408, 445 (véase también Muḥammad XII).
Boccaccio, Giovanni, 468.
Boccanegra, Egidio, 157.
Bolens, L., 231.
Bonafé, Simone, 252.
Bosch Vilá, Jacinto, 9, 10, 85, 86, 369, 370.
Buda, Siddharta Gautama, 468.
Burns, R. I., 179.
Butayna, 273, 275.

Cabanelas, Darío, 10, 443, 444.
Cabra, Conde de, 148.
Cagigas, Isidro de las, 187, 191.
Carande, Ramón, 77, 211.
Carlomagno, 20, 152.
Carlos V, 278, 300, 437.
Carlos Martel, 16.
Carriazo, Juan de Mata, 145, 198.
Castejón, Rafael, 428.
Castro, Américo, 289, 467.
Catalina de Lancaster, reina de Castilla, 41, 183.
Cendoya, Modesto, 195, 436.
Centurión, Martín, 253.
Centurioni (los), 253.
César, Cayo Julio, 214.
Cid Campeador, El (Rodrigo Díaz de Vivar), 31, 32, 73, 94, 189.
Clemente XI, papa, 216.
Codera y Zaidín, Francisco, 9.
Colón, Cristóbal, 466.
Conde, José Antonio, 9.
Constantino VII Porfirogeneta, 162, 204, 213, 416.
Constantino el Africano, 416.
Corner, Andrea, 252.
Corriente, Federico, 10, 177.
Cristóbal Solís, Fray, 197.

Chalmeta, P., 102, 245.
Charino, Alfonso, 253.

al-Ḍabbī, 366, 410.
Dalmau, Francisco, 217.
al-Daqqūn, 407.
Datini (los), 252.
Dāwūd b. 'Alī, 341.
De la Halle, Adam, 400.
Defoe, Daniel, 347.
Díaz de Vivar, Rodrigo (véase Cid Campeador, El).
Diocleciano, 85.
Dionís, rey de Portugal, 368.
Dioscórides, 204, 416, 419.
Dozy, Reinhardt, 9, 291, 297, 366, 369.
Dubler, César E., 383.
Dufourcq, Ch.-E., 251.
Dū l-Nūníes (los), 241.
Duna Ibn Labrat, 204.

Eginardo, 152.
Eguilaz y Yanguas, L., 77, 289, 317.
Eiximenis, 288.
Enrique II de Trastamara, rey de Castilla, 40, 73, 144, 181, 200.
Enrique III, rey de Castilla, 41.
Enrique IV, rey de Castilla, 41, 42, 140, 193, 216 296, 315.
Escrivá, Jaume, 157.
Euclides, 417.
Eulogio, 187, 188.

al-Fatḥ Ibn Jāqān, 67, 378, 395, 396, 410.
Fāṭima, 274, 275.

Faure, A., 351, 352.
Felipe I el Hermoso, 278.
Felipe II, 288, 304.
Felipe III, 312.
Fernández de Córdoba, Diego, 198, 317.
Fernández Morena, María, 196.
Fernando I, rey de Castilla y León, 30, 72, 465.
Fernando III el Santo, rey de Castilla, 35-37, 53, 73, 156, 173, 248, 252, 401, 424, 436, 442.
Fernando IV, rey de Castilla, 39, 73, 181.
Fernando V el Católico (II de Aragón), 42, 122, 131, 140, 185, 196, 198, 201, 202, 217, 230, 297, 301, 313, 440, 466.
Fernando I de Antequera, rey de Aragón, 44, 121, 160, 183, 196.
Fernando del Olmo, Fray, 197.
Ferrandis Torres, J., 141.
Forneas, José María, 10.
Francisco (renegado musulmán), 131.
Fuṭayma, 275.

Galeno, 418, 421, 468.
Gallego Burín, Antonio, 436.
García Gómez, Emilio, 9, 347, 370, 390, 394-396, 398, 405, 411.
Gavison (Abraham), 205.
Gayangos, Pascual de, 9, 182, 368.
al-Ġazālī (Algazel), 345, 348, 350, 351.
al-Ġāzī Ibn Qays, 340.
Gennaio, Tuccio di, 256.
Gerardo de Cremona, 418.
Ghillebert de Lannoy, 193.
Gibert, Soledad, 10, 403.
Goichon, Anne Marie, 347.
Goiten, S., 258.
Gómez Moreno, Manuel, 436.
González Palencia, Ángel, 9, 10, 225, 363, 413.
Gorze, Juan de, 55, 163.
Granja, Fernando de la, 10, 310, 353, 409, 412, 415.
Guido, marqués de Toscana, 163.
Guillermo I, rey de Sicilia, 381.
Guillermo IX, duque de Aquitania, 400.
Gutierre de Cárdenas, Don, 44.
Guzmán el Bueno, 39, 129.

Hadj Sadoq, M., 382.
al-Ḥaffār (Abū 'Abd Allāh), 356, 357.
Ḥafṣa bint al-Ḥāŷŷ al-Rukūniyya, 273, 400.
Ḥakam (hijo de Mundir b Sa'id al-Ballūṭī), 350.
al-Ḥakam I, 21, 59, 60, 70, 75, 76, 90, 107, 124, 151, 213, 314, 316, 340, 341, 425.
al-Ḥakam II, 24, 25, 53, 55, 59, 61, 66, 69, 72, 75, 80, 89, 91, 137, 154, 161, 170, 189, 202, 211, 228, 230, 274, 291, 326, 340, 342, 359, 361, 362, 365, 368, 369, 379, 388, 389, 415, 417, 426-429.
Ha-Levi, Samuel, 449.
Halevy, Yehūda, 205, 397.
al-Ḥallāŷ, 354.
al-Hamadānī (Badī'al-Zamān), 408, 411-413.
Ḥamda, 273.
Ḥamete, 198.
Hāmōn (Isaac), 203.
Hāñez, Albar, 73.
al-Ḥarīrī al-Baṣrī (al-Qāsim), 408-411, 413.
Hārit Ibn Abī l-Šibl, 81.
al-Ḥarrānī (Yūnus Ibn Aḥmad), 416.
Harūn al-Rašid, 50, 299.
al-Ḥasan b'Alī al-Baṭalyawsī, 410.
Ḥasdāy Ibn Šaprūt, 71, 163, 202-204, 416.
Ḥāšim b. 'Abd al-'Azīz, 150.
Ḥayyim Ibn Asmelis, 205.
Ḥayyūm, 76.
Ḥāzim, 415.
Heers, Jacques, 204.
Henríquez de Jorquera, F., 219.
Hernández Jiménez, Félix, 428, 429, 435.
Hernando de Baeza, 192.
Hilāl, 150.
Hipócrates, 421, 468.
Hišām I, 20, 21, 58, 59, 102, 340, 359, 389, 425, 444.
Hišām II, 24, 25, 26, 53, 81, 83, 154, 213, 274, 363, 416, 427, 430, 448.
Hišām III, 26.
Hita, Arcipreste de (Juan Ruiz), 468.
al-Ḥiŷārī, 222.
Hoefnagel, G., 217, 313.
Hoenerbach, W., 222.
Hugo de Arles, 163.
Huici Miranda, Ambrosio, 9, 132, 133, 143, 366, 371, 373.
al-Ḥumaydī (Abū 'Abd Allāh), 345, 365, 366, 388, 409.
al-Ḥurr b. 'Abd al-Raḥmān al-Ṯaqafī, 18, 214.
Hurtado de Mendoza, Diego, 222.
al-Ḥuṣrī, 414.

Ibn 'Abbād, 355, 356.
Ibn al-Abbār, 107, 365, 375, 401, 410.
Ibn 'Abd al-Barr (Ibrāhīm), 65, 319.
Ibn 'Abd al-Barr al-Numayrī, 344, 345.
Ibn 'Abd al-Ḥakam, 368.

Ibn 'Abd al-Mālik al-Marrākušī, 367.
Ibn 'Abd al-Mun'im al-Ḥimyarī, 85, 220.
Ibn 'Abd Rabbih, 319, 386-388.
Ibn 'Abd al-Ra'ūf, 102, 105, 272, 319, 322, 323.
Ibn 'Abd al-Ṣamad, 394.
Ibn 'Abdūn, 96, 102, 103, 105, 108, 214, 258, 272, 307, 314, 318, 325, 394, 404.
Ibn 'Abdūs, 390, 407.
Ibn Abī l-Maŷd al-Ru'aynī, 354.
Ibn Abī Zar'al-Fāsī, 373, 375.
Ibn Abī Zayd al-Qayrawānī, 361.
Ibn al-Aftas (al-Manṣūr), 314.
Ibn Aḥmad al-Qurašī, 353.
Ibn al-Aḥmar (véase Ismā'īl b. Yūsuf Ibn al-Aḥmar).
Ibn al-Aḥmar (Abū l-Walīd), 52, 69.
Ibn 'Amīra, 407.
Ibn 'Ammār, 72, 274, 311, 324, 392, 395, 404.
Ibn al-Arabī (Muḥyī al-dīn), 351, 352, 359.
Ibn al-'Arīf, 350, 352.
Ibn Arqam (Muhammad b. Riḍwān), 410, 423.
Ibn al-Ašbarūn, 107.
Ibn 'Āṣim (Abū Bakr Muḥammad), 63, 65, 361, 365, 387.
Ibn 'Āṣim (Yaḥyā), hijo de Ibn 'Āṣim (Abū Bakr), 406.
Ibn 'Āṣim al-Ġarnāṭī (Abū Yaḥyā Muḥammad), 131, 365.
Ibn 'Ašīr, 355.
Ibn 'Askar, 374.
Ibn al-Aštarkuwī (Muḥammad al-Tamīmī al-Saraqusṭī), 409, 410.
Ibn al-Aswad, 351.
Ibn al-Atīr, 132, 133.
Ibn 'Aṭiya, 67.
Ibn al-'Awwām, 221.
Ibn al-Azraq, 43, 283, 284, 387.
Ibn 'Azzūn, 87.
Ibn Badrūn, 394.
Ibn al-Bannā', 355, 420.
Ibn Baqī, 397, 404.
Ibn Barraŷān, 350, 351.
Ibn Barṭal, 91, 93.
Ibn Baškuwāl, 366, 367, 375.
Ibn Bašrūn (o Bišrūn), 381.
Ibn Baṣṣāl, 221, 226.
Ibn Bassām, 370, 395, 407, 409, 414, 415.
Ibn Baṭṭūṭa, 159, 160, 220, 228, 245, 285, 305, 354,355é385.
Ibn al-Bayṭār, 326, 419.
Ibn Bāŷŷa (Avempace), 345, 346, 394, 418.
Ibn Bišr b. Garsiyya, 93.
Ibn Burd (Abū Ḥafṣ), 415.
Ibn Burd al-Aṣgar, 409.
Ibn Darrāŷ al-Qasṭallī, 389, 407.
Ibn Dāwūd, 399.
Ibn Diḥya, 401.
Ibn Faḍl Allāh al-Umarī, 128, 134, 158-160, 216, 218, 219, 220, 227, 250, 285, 301.
Ibn al-Faḥḥām, 420.
Ibn al-Fajjār al-Ibbīrī (Muḥammad), 361.
Ibn al-Faqīh al-Hamadānī. 220, 226, 240, 379.
Ibn al-Faraḍī, 365, 366.
Ibn Faraŷ al-Ŷayyānī, 388.
Ibn Farḥūn, 89, 91, 97, 98.
Ibn al-Farīd, 403.
Ibn Fatūḥ ('Abd al-Raḥmān), 415.
Ibn Fuṭays, 91.
Ibn Gabirol (Salomon), 205.
Ibn Ġālib, 371.
Ibn Ġāniya ('Abd Allāh), 34.
Ibn Gundizalvo (Abū 'Umar), 189.
Ibn Ḥabīb ('Abd al-Mālik), 368.
Ibn al-Ḥaddād, 393.
Ibn al-Ḥakīm al-Rundī, 63, 65, 68, 145, 309, 326, 360, 362, 384, 402, 408.
Ibn Ḥamdīs, 393, 404.
Ibn Hamušk, 33.
Ibn Hamušku, 199.
Ibn Hānī', 389, 411.
Ibn al-Ḥasan al-Nubāhī, 89, 90, 97, 200, 245, 367, 374, 403, 412.
Ibn al-Ḥasan al-Ŷudāmal-Nubāhī (Abū l-Ḥasan), 93.
Ibn Hassūn, 94.
Ibn Ḥawqal, 81, 123, 170, 175, 220, 228, 240, 244, 245, 254, 379.
Ibn Ḥaŷar al-'Asqalānī, 89.
Ibn al-Ḥāŷŷ al-Balafīqī (Abū l-Barakāt), 92, 93, 96, 121, 353, 355, 374, 403, 404.
Ibn al-Ḥāŷŷ al-Balafīqī (Abū Isḥāq), 121, 353.
Ibn al-Ḥāŷŷ al-Numayrī, 403.
Ibn al-Ḥayyām, 87.
Ibn Ḥayyān, 84, 107, 137, 162, 175, 228, 233, 275, 315, 369, 370, 375, 382, 395.
Ibn Ḥayŷāŷ, 418.
Ibn Ḥazm, 76, 107, 172, 176, 189, 233, 319, 320, 341-345, 357, 365, 370, 380, 387, 389, 399.
Ibn Hūd, 35-37, 292.
Ibn Huḏayl (Alī), 122, 130, 131, 134-136, 139, 140, 149, 150, 317, 404, 423.
Ibn Huḏayl al-Tuŷibī, 420.
Ibn Ibrāhīm al-Tubnī, 415.

Ibn 'Idārī al-Marrākušī, 132, 145, 200, 217, 276, 372, 373, 375, 376.
Ibn al-Iflīlī, 363.
Ibn al-Imām, 151.
Ibn Jafāŷa, 189, 394, 395, 397, 405.
Ibn Jaldūn, 50, 55, 62, 67, 68, 71, 83, 97, 98, 103, 107, 123, 126, 128-131, 146, 154, 160, 163, 164, 173, 245, 320, 322, 339, 351-353, 359, 377, 387, 404, 406.
Ibn Jaldūn (Yaḥyā), 131, 282.
Ibn Jamīs, 326, 353, 374, 402.
Ibn Jarūf, 401.
Ibn al-Jaṭīb (apodado Lisān al-dīn), 40, 49, 50, 54, 55, 57, 59, 63-65, 67, 68, 71, 77, 80, 83, 87, 88, 91, 93, 94, 97-99, 105, 122, 127, 134, 138-141, 144, 147, 152, 154, 159, 161, 164, 169, 173-175, 177, 191, 192, 200, 203, 211, 217, 220, 222, 224, 227, 232, 239, 242, 245, 249, 251, 252, 272, 274, 277, 283, 285, 295, 299, 301, 313, 316, 321, 326, 327, 354, 355, 357, 360, 361, 367, 374-377, 384, 385, 402-405, 408, 410-413, 420-423, 442.
Ibn Jātima, 306, 374, 403, 421-423.
Ibn Jayr (Abū Bakr), 361, 410.
Ibn Jurradādbih, 220, 379.
Ibn al-Kardabūs, 373.
Ibn Kumāša (Yūsuf), 158, 164, 185 (véase también Abencomixa).
Ibn al-Labbāna, 392, 394, 397, 404.
Ibn Lubb (Abū Sa'd), 356, 357, 365.
Ibn Lubbūn, 404.
Ibn Luyūn al Tuŷībī, 221, 231, 232, 280, 365, 439.
Ibn Mahīb, 95.
Ibn Maḥrūq (Abū l-Ḥasan), 99, 354.
Ibn al-Maḥrūq ('Umar), 355.
Ibn Mālik, 364, 365.
Ibn Manẓūr, 100.
Ibn Mardanīš, el Rey Lobo, 33, 83, 199, 434, 439.
Ibn Mardanīš (Zayyān), 35, 37, 76, 138.
Ibn Marzūq, 360.
Ibn Masarra (Muḥammad b. 'Abd Allāh), 349, 350, 351.
Ibn Mas'ūd, 418.
Ibn Maymūn, 87, 203.
Ibn al-Mu'allim, 397.
Ibn Mugīt, 60.
Ibn Muḥammad b. al-Ḥaŷŷāŷ al-Išbīlī, 221.
Ibn al-Muhanā, 421.
Ibn al-Murābi'al-Azdī, 309, 327, 412, 413.
Ibn Muslim (Abū l-Ḥasan 'Alī b. Muḥammad), 307.
Ibn al Mu'tazz, 404.
Ibn Muzayn (Muḥammad), 232.
Ibn Nagrālla, 344.
Ibn al-Qabṭurnuh (Abū Bakr), 314.
Ibn al-Qāḍī, 146, 367.
Ibn Qāsī, 87, 351.
Ibn Qāsim ('Abd Allāh), 341.
Ibn Qāsim al Qurašī, 421.
Ibn al-Qaṣīra, 67.
Ibn al-Qaṭṭan, 132, 277, 372.
Ibn Qutayba, 364, 386, 414.
Ibn al-Qūṭiyya, 89, 172, 363, 369, 375.
Ibn Quzmān (Abū Bakr), 177, 309, 321, 327, 397-399, 405, 412, 413.
Ibn Raḥḥū, 129.
Ibn al-Ramīmī, 63.
Ibn Raqqām (Muhammad), 419.
Ibn Rašīq, 217, 404, 414.
Ibn Razīn (Abū Marwān), 312.
Ibn Razīn (Hudayl), 254, 320.
Ibn Riḍwān, 419.
Ibn Ruḥaym, 397.
Ibn al-Rumāḥis, 154.
Ibn al-Rūmī, 404.
Ibn Rušayd, 384.
Ibn Rušd (Abū l-Walīd Muḥammad), 92, 345, 347, 348, 418, 419 (véase también Averroes).
Ibn Rusteh ('Umar), 220, 379.
Ibn al-Šabbāṭ, 373.
Ibn Sab'īn, 352, 354.
Ibn al-Šaddād, 401.
Ibn al-Ṣaffār, 417.
Ibn al-Ṣagīr, 362.
Ibn Ṣāḥib al-Ṣalāt, 214, 371, 372.
Ibn al-Šahīd al Tuŷībī ('Umar), 409, 410.
Ibn Sahl, 99, 100, 103, 244, 401, 404.
Ibn Sa'īd, 71, 95, 107, 108, 139, 200, 222, 229, 273, 292, 301, 326, 361, 373, 401, 402, 410.
Ibn al-Ṣā'ig, 365.
Ibn al-Šakan, 414.
Ibn Salbaṭūr (Abū 'Abd Allāh), 158.
Ibn Sālim, 214.
Ibn Salmūn, 98.
Ibn Samaŷūn, 418.
Ibn al Samḥ, 417.
Ibn al-Samīna, 342.
Ibn Sanā' al-Mulk, 403.
Ibn Ṣanādīd, 63.
Ibn Šaraf al-Qayrawānī, 414.
Ibn al-Sarrāŷ, 420.
Ibn al-Ṣayrafī, 191, 371, 372, 375, 376, 404.
Ibn al-Sīd al-Baṭalyawsī, 280, 364.
Ibn Sīd Būna (Abū Aḥmad Ŷa'far), 354.
Ibn Sīda, 363, 364.

Ibn Šifrīn, 94.
Ibn Simāk (Abū l-'Ulā), 93.
Ibn Sīnā, 347 (véase también Avicena).
Ibn Sirāŷ, 76, 229, 357, 358.
Ibn Ṣūda (Muḥammad), 421.
Ibn Šuhayd (Abū 'Amir), 60, 189, 324, 389, 414, 415.
Ibn Tīfalwīt, 345.
Ibn Ṭufayl (Abubacer o Abentofail), 345-348, 418.
Ibn Tūmart, el Mahdī, 33, 52, 62, 345, 372.
Ibn Ṭumlus, 419.
Ibn 'Uqāša, 321.
Ibn 'Usfūr, 364.
Ibn Waddāḥ, 340.
Ibn Wāfid, 220, 418.
Ibn Wahb, 342.
Ibn Wahbūn, 392, 395.
Ibn Ŷabr, 418.
Ibn al-Ŷadd, 67.
Ibn Yaḥḥāf, 94.
Ibn Ŷahwar (Abū l-Walīd), 325, 369, 407.
Ibn Yaḥyā Ibn Bakr, 98.
Ibn Ŷānah, 418.
Ibn Ŷarīr, 321.
Ibn al-Ŷayyāb, 64, 68, 239, 309, 402, 404.
Ibn al-Ŷazzār, 416.
Ibn al-Ŷllīgī, 21, 23.
Ibn Ŷubayr, 258, 383-385.
Ibn Ŷulŷul, 416.
Ibn Ŷuzayy (Abū l-Qāsim), 91, 361, 365.
Ibn Ŷuzayy al-Kalbī, 385, 423.
Ibn Zamrak, 63-65, 127, 274, 294, 309, 310, 313, 316, 321, 404, 405, 444.
Ibn al-Zaqqāq, 395.
Ibn Zarb, 350.
Ibn Zarqāla, 403.
Ibn al-Zarqāla (o Azarquiel), 417, 418.
Ibn Zarzār, 421.
Ibn Zaydūn, 325, 390, 391, 407, 415.
Ibn Zayyān ('Abd Allāh Ibn Fāris), 354.
Ibn al-Zayyāt, 353.
Ibn al-Zubayr, 366, 375.
Ibn Zuhr (nieto de Avenzoar), 404.
Ibn Zuhr (Abū Marwān 'Abd al-Malik), o Avenzoar, 307.
Ibrāhīm b. Aḥmad Ibn Fatūḥ al-'Uqaylī, 100.
Ibrāhīm b. Ya'qūb al-Isrā'īlī al-Ṭurṭušī, 379.
Ibrāhīm b. Yūsuf b. Tāšfīn, 307.
Ibrāhīm b. Zarzār, 203.
Ibrāhīm Zenete, 129.
Idrīs, H.-R., 172, 240.
Idrīs b. 'Uṯman b. Abī l-'Ulā, 130.
al-Idrīsī (Muḥammad al-Ḥammūdī), 201, 227, 236, 249, 257, 303, 305, 381, 427.
Inocencio III, papa, 35.
Iranzo, Miguel Lucas de, 296.
'Īsā, 84.
'Īsā b. Aḥmad al-Rāzī, 368, 375.
'Īsā b. Dīnār, 340.
'Isā b. Idrīs (Isça Abenedriz), 151.
Isaac b. Baruch, 244, 251.
Isabel la Católica, reina de Castilla, 42, 43, 147, 183, 196, 198, 301, 466.
Isern Burgunyó, 197.
Isḥāq al-Mawṣilī, 318.
Ismā'īl I (Abū l-Walīd), 39, 55, 59, 71, 75, 91, 133, 147, 150, 196, 200, 275, 277, 438.
Ismā'īl II, 40, 59, 65, 91, 130, 150, 274, 301, 360, 377.
Ismā'il al-Ru'aynī, 350.
Ismā'il b. Yūsuf Ibn al-Aḥmar, 405, 406.
al-Iṣtajrī, 220, 257, 379.
Italiano, Agustín, 253.
I'timād, 274, 391.
'Iyād, 311, 366, 411.

Jadīya, 275.
Jaime I el Conquistador, rey de Aragón, 35, 53, 80, 83, 106, 179, 180, 201, 276, 401.
Jaime II, rey de Aragón, 39, 69, 77, 129, 133, 146, 152, 156, 196, 253.
Jālid Ibn Yazīd Ibn Rumān, 416.
al-Jalīl, 363.
Jatīl b. Kulayb, 342.
Jayrān el Eslavón, 28, 207.
Jeanroy, 399.
Jimena, esposa del Cid, 32.
Jiménez de Rada, Rodrigo, 34.
Jofre de Tenorio, almirante, 157.
José Ibn Nağrālla, 199, 202.
Juan X, papa, 189.
Juan, Don (hijo de los Reyes Católicos), 297.
Juan II, rey de Aragón, 42.
Juan I, rey de Castilla, 183, 184.
Juan II, rey de Castilla, 41, 74, 141, 193, 196, 198, 226, 317, 358, 441.
Juan de Hueza (misionero), 197.
Juan Manuel, Infante Don, 468.
Juan de Mur, 183.
Juan de Zaragoza (misionero), 197.
Julián, conde, 14.
Junius Columella, 221.
Jušqadam, sultán de El Cairo, 164.
al-Jwarizmī, 417.

Kartiyus, 162.
Kepler, 418.
Kühne, Rosa, 307.
al-Kumayt al-Ġarbī, 397.

Lacarra, José M.ª, 189.
La Fontaine, Jean de, 468.
Lafuente Alcántara, E., 369.
Lalaing, Antoine, 278.
Lambert, Élie, 448.
Lambert, Émile, 442.
Lange, Johannes, 298.
Lascar (Juda), 204.
Lascar (Moisé), 204.
Lascar (Yusuf), 204.
Le Gentil, P., 400.
León el Africano, 142.
León de Rosmithal, 193, 296.
Lévi-Provençal, Evariste, 9, 52, 84, 85, 90, 96, 100, 151, 155, 162, 171, 211, 224, 233, 239, 273, 284, 290, 302, 318, 369, 370, 376, 400, 425.
López Madera, Gregorio, 312.
Lucas de Iranzo, Miguel, 122.

Llull, Ramón, 352, 468.

al-Ma'arrī (Abū l-'Alā), 361, 394.
Maġdalīs, 412.
Maḥmūd 'Alī Makkī, 368, 372.
Mahoma, el Profeta, 36, 174, 309, 310, 319, 340, 344, 352, 355, 363, 378, 406.
Mahomad el Pequenní, 106.
Maimónides (Ibn Maymūn), 203.
Mālik b. Anas, 104, 340, 358, 361.
al-Malik al-Kāmil, 401.
Mālik b. Wuhayb, 62.
al-Ma'mūn, califa de Bagdad, 378, 382.
al-Ma'mūn el Dul-Nūní, 72, 73, 220, 221, 225, 274, 280, 397, 416-418.
Ma'n, 28, 29.
al-Manṣūr Ibn Abī 'Āmir (Muḥammad). (Véase también Almanzor.), 24-27, 61, 75, 91, 118, 125, 137, 138, 142, 148, 149, 154, 170, 176, 210, 228, 233, 242, 243, 275, 319, 323, 324, 326, 338, 341, 361, 369, 390, 407, 417, 427.
Manṣūr al-Zawāwī, 420.
Maqbul Aḥmad, S., 382.
al-Maqdisī, 85, 177, 220, 238, 379, 381.
al-Maqqarī, 374, 387, 403-406, 413, 421.
al-Maqqarī (Abū 'Abd Allāh Muhammad), 355.
al-Maqqarī (Aḥmad b. Muḥammad), 95, 133, 220, 276, 283, 302, 355.
Marçais, Georges, 448.
Marino de Tiro, 378.
Mármol Carvajal, Luis del, 128, 219, 221, 226.
al-Marrākušī ('Abd al-Wāḥid), 61, 62, 87, 133, 214, 372, 373.
Martín de Lara, 198.
Martínez Ruiz, Juan, 10.
Maryam, 274.
Maslama b. Aḥmad al-Maŷrīṭī, 417.
Masnou, P., 408.
al-Mas'ūdī, 379, 382.
al-Māwardī, 49, 102.
Maymūn Ibn Ŷaddār, 87.
al-Mayurqī (Abū Bakr), 350.
Menaḥem Ibn Sarūk de Tortosa, 204.
Mendel (los), 253.
Menéndez Pelayo, M., 413.
Menéndez Pidal, Ramón, 399.
Mersser, Francisco, 252.
Millás Vallicrosa, José M.ª, 417, 418.
Moisés de Narbona, 347.
Molina Fajardo, E., 313.
Mošē Ibn 'Ezra, 205, 397.
Mošēh b. Šemu'ēl b. Yehūdah, 203.
Mu'āwiya Ibn Lope, 188.
Mubaššar, 311.
Mufarriŷ (los), 174.
Mufarriŷ (Abū l-Surūr), 63.
Muġīṯ, 14.
Muḥammad, llamado *Hamete el Pequenni,* 164.
Muḥammad I (Muḥammad b. Yūsuf b. Naṣr), fundador de la dinastía naṣrī de Granada, 36-38, 54, 57, 58, 63, 69, 71, 73, 79, 92, 101, 107, 127, 128, 130, 173, 174, 217, 242, 275, 292, 360, 377, 402, 423, 436.
Muḥammad II, 38, 39, 57, 64, 68, 69, 77, 79, 92, 119, 128, 129, 144-146, 150, 156, 173, 192, 217, 252, 253, 277, 362, 408, 429, 436, 439.
Muḥammad III, 39, 57, 63, 65, 75, 122, 129, 156, 277, 402, 436, 450.
Muḥammad IV, 39, 54, 59, 63, 71, 83, 133, 140, 150, 196, 275, 313, 316, 377, 448.
Muḥammad V, 40, 41, 49, 53, 54, 57-59, 63-65, 68, 73, 78, 88, 89, 91, 92, 97, 120-122, 127-129, 130, 139, 140, 144, 150, 158, 164, 192, 194, 197, 200, 203, 242, 252, 274, 275, 294, 308-311, 313, 316, 325, 360, 374-377, 387, 403, 411, 420, 423, 437, 439, 444.
Muḥammad VI, el Rey Bermejo, 40, 57, 130, 150, 151, 301, 326, 327, 377, 420.
Muḥammad VII, 41, 65, 94, 139, 196, 423.

Muḥammad VIII, 41, 68, 79, 88, 243, 296, 317.
Muḥammad IX, 144, 243, 412.
Muḥammad X, 94.
Muḥammad XII (Abū 'Abd Allāh), 42, 43, 53 (véase también Boabdil).
Muḥammad I, hijo de 'Abd al-Raḥmān II, 21, 57.
Muḥammad I, emir omeya de Córdoba, 57, 60, 70, 89, 132, 150, 153, 187, 190, 291, 315, 319, 340, 386, 425, 426.
Muḥammad Ibn 'Abbād (Abū l-Qāsim), 94, 276.
Muḥammad b. 'Abd al-Gafūr, 61.
Muḥammad, b. 'Abd al-Mu'min, 59.
Muḥammad b. 'Abd al-Wāḥid al-Ġafiqī (Abū l-Qāsim), 87.
Muḥammad Ibn Abī "Isā, 94.
Muḥammad b. Aḥmad al-Dawsī, 152.
Muḥammad b. Aḥmad b. Quṭba al-Ru'sī, 315.
Muḥamad Ibn 'Amr al-Bakrī, 94.
Muḥammad al-Anṣārī al-Saraquṣṭī, 100.
Muḥammad b. Ayyāš al-Anṣārī al-Jazrāŷī, 93, 98.
Muḥammad al-'Azafī, 157.
Muḥammad al-Bunyūlī, 164.
Muḥammad Ibn al-Faqīh, 164.
Muḥammad Ibn Daraŷ al-Raššāšī, 239.
Muḥammad Ibn Faraŷ al-Šafra, 420, 421.
Muḥammad b. Ġālib al-Ruṣāfī, 400.
Muḥammad al-Ḥaffār, 235, 243.
Muḥammad Ibn al - Ḥāriṯ al-Jušānı, 89, 365.
Muḥammad al-Ḥāŷŷ, 68.
Muḥammad b. Hišām, 92.
Muḥammad b. Hišām b. 'Abd al-Ŷabbār, 26.
Muḥammad al-Ḥusaynī (Abū l-Qāsim), 92.
Muḥammad b. 'Īsā, 89.
Muḥammad Ibn 'Iyād, 410.
Muḥammad Ibn al-Kattānī, 416.
Muḥammad Ibn al-Maḥrūq, 71.
Muḥammad b. Mālik al-Ṭiġnarī, 221.
Muḥammad Ibn Martīn, 321.
Muḥammad b. Muḥammad al-Šuqūq, 101.
Muḥammad Ibn Mūsā al-Rāzī, 368.
Muḥammad Ibn Muzayn, 371.
Muḥammad al-Nāṣir, 35, 59, 126, 127, 133, 419.
Muḥammad b. al-Qāsim al-Ŷayānnī al-Mālaqī al-Šudayyid, 105.
Muḥammad al-Raqūṭī, 360.
Muḥammad al-Rāzī, 371.
Muḥammad b. Sa'd *al Zaġal*, 43, 53, 78, 80, 148.
Muḥammad al-Šaqūrī, 420-423 (véase también al-Šaqūrī).
Muḥammad al-Saraquṣṭī, 357.
Muḥammad al-Šarrān al-Ġarnāṭī, 406.
Muḥammad Ibn Simmāk, 377.
Muḥammad al-'Uqaylī, 68.
Muḥammad b. Yaḥyā b. Bakr al-Aš'arī, 92, 93.
Muḥammad b. Yūsuf al-Warrāq, 379.
Muḥammad el Zurdo, 164.
Muḥāŷir Ibn Qātil, 201.
al-Mu'izz, 55, 389.
Muley Hacén, 42, 79, 80 (véase también Abū l-Ḥasan 'Alī).
Mu'mina, 275.
al-Mundir b. Muḥammad, 22, 153, 426.
Mundir b. Sa'īd al-Ballūṭī, 91, 93, 341, 350.
al-Mun'im al-Dānī, 64.
Mu'nis, H., 86, 340.
al-Munturī, 235.
Münzer, Jerónimo, 159, 186, 195, 201, 202, 217, 223, 253, 276, 278, 288, 298, 313, 318.
Muqaddam b. Mu'afā, 396.
al-Muqaddasī (véase al-Maqdisī).
Muqātil b. 'Aṭiyya, 125.
al-Muqtadir billāh (Abū Ŷafar), 431.
al-Muqtadir (Aḥmad b. Sulaymān), 30, 138, 189, 344, 432.
Murād (los), 174.
al-Murtaḍā, 372.
Mūsā b. Nuṣayr, 13-16, 18, 169, 214, 232, 233, 368.
Mūsā b. Raḥḥū, 128.
al-Musta'īn, 32, 54.
al-Mustakfī, 273, 390.
al-Mu'taḍid, 305, 324, 343, 371, 390, 397.
al-Mu'tamid b. 'Abbād, 27, 31, 61, 70, 72, 138, 155, 163, 214, 215, 221, 273, 274, 275, 311, 312, 315, 320, 359, 385, 390-395, 404.
al-Mutanabbī, 361, 363, 389, 394.
al-Mu'taṣim, 28, 273, 380, 393, 409, 431.
al-Mutawakkil, 31.
Muŷāhid al-'Āmirī (reyezuelo de Denia), 29, 154, 189, 251, 364, 393, 409, 419.
al-Muẓaffar (Muḥammad), 359, 394, 407.

Naṣr, sultán de Granada, 39, 59, 68, 99, 129, 133, 150, 156, 277, 420.
Navaggiero, Andrea, 278, 300.
Nazhūn, 400.
Núñez Muley, Francisco, 305.

Nuño González, 150, 192.
Nuwayra, 393.
al-Nuwayrī, 133.
Nwiya, Paul, 350.
Nykl, A. R., 398, 399.

Ockley, 347.
Oliver Asín, Jaime, 10.
Ordoño I, 22.
Ordoño III, 23, 163.
Ordoño IV, 291.
Orosio, P., 416.
Ortiz de Zúñiga, Diego, 317.
Otón I, 24, 163.
Otón el Grande, 55.

Pablo de Egina, 418.
Palencia, A. de, 128.
Pallavicino (los), 253.
Pastor de Togneri, Reyna, 190, 191.
Pavón, Basilio, 428, 443, 446.
Pedro II, rey de Aragón, 35.
Pedro III, rey de Aragón, 180.
Pedro IV el Ceremonioso, rey de Aragón, 40, 68, 83, 106, 130, 151, 157, 158, 194, 197, 252.
Pedro I el Cruel, rey de Castilla, 40, 130, 140, 144, 158, 203, 376, 449.
Pedro de Exerica, 151.
Pedro el Venerable, 468.
Pelayo, 16.
Perdoniel (Ysaque), 204.
Pere de Manresa, 194, 252.
Peres, Gil, 368.
Pérez de Hita, Ginés, 317.
Pérez del Pulgar, Hernán, 148.
Pero Marín, 194.
Pero Niño, 159, 201.
Plotino, 349.
Pocoq, Edward, 347.
Pocolat (Abraham), 204.
Pordumil (Yusuf), 204.
Prieto Moreno, Francisco, 436.
Prieto Vives, A., 84, 241.
Ptolomeo, Claudio, 378.
Pulgar, Fernando del, 139, 159.

al-Qāḍī l-Fāḍil, 403.
al-Qādir Ibn Ḏi l-Nūn, 30, 72, 94.
al-Qalasādī (Abū l-Ḥasan ʿAlī b. Muḥammad), 420.
al-Qālī (Abū ʿAlī), 177, 362, 363.
al-Qalnār (al-Ḥasan al-Qaysī), 421.
Qarāquš al-Ġuzzī, 127.
Qasī, 172.
al-Qāsim b. Ḥammūd, 341.
Qāsim b. Muḥammad Ibn Siyār, 340.
Qudāma, 379, 414.

Rabīʿ, 70.
Rabīʿ Ibn Zayd, 163, 188, 230 (véase también Recemundo).
al-Rāḍī, hijo de al-Muʿtamid, 70.
Ramiro I, rey de Asturias, 21, 22.
Ramiro II, rey de León, 23.
Ramón Berenguer I, conde de Barcelona, 82.
Ramón Berenguer II, conde de Barcelona, 72.
Ramón Berenguer IV, 33, 304.
al-Rašīd, hijo de al-Muʿtamid, 62, 70, 320.
Razes, 421.
al-Rāzī, 199 (véase también Aḥmad al-Rāzī).
Recemundo, 163, 188, 230 (véase también Rabīʿ Ibn Zayd).
Renan, Ernest, 348.
Reverter, vizconde de Barcelona, 126.
Reyes Católicos, 42-44, 53, 68, 76, 77, 80, 106, 122, 139, 143, 146, 147, 151, 158, 159, 161, 164, 184, 192, 194, 196, 201, 216, 217, 237, 248, 253, 288, 297, 299, 314, 356.
Ribera, Julián, 9, 368, 398, 399.
Ricard, Robert, 297.
Riḍwān (Abū l-Nuʿaym), 63, 64, 121, 149, 150, 161, 217, 360.
Rodinson, M., 174.
Rodrigues Lapa, 399.
Rodriguez de Castañeda, Juan, 317.
Rodrigo, 13, 14.
Rodrigo Alemán, 148.
Rodrigo Jiménez de Rada, 132, 133, 190.
Roger II, 381.
Romano, David, 182.
Rubiera Mata, María Jesús, 10, 377, 403.
al-Rumaykiyya, 274.

Ṣābir, 130.
Sābūr de Badajoz, 61.
Saʿd, sultán naṣrí de Granada, 80, 164, 243.
Saʿd (o Saʿīd) al-Amīn, 160, 198.
Saʿd b. ʿUbāda, 174.
al-Šādilī, 352.
Saʿdyāh Ibn Danān, 205.
al-Šāfiʿī (Muḥammad b. Idrīs), 340.
Ṣafī l-dīn al-Ḥillī, 403.
al-Ṣāḥib Ibn ʿAbbād, 387.
al-Sāḥilī (Abū ʿAbd Allāh), 353.
Sahnūn b. Saʿīd, 93, 357.

Ṣā'id de Bagdad, 363, 370.
Ṣā'id Ibn Aḥmad, 416.
Ṣaladino, 127, 401.
al-Šalawbīnī (Abū 'Alī 'Umar), 361, 364.
Salmān (los), 174.
al-Samḥ Ibn Mālik al-Jawlānī, 232.
Šams, 275.
Samuel Ibn Nagrālla, 199, 202.
Sánchez Albornoz, Claudio, 373, 467.
Sancho I, rey de Asturias y León, 23, 163.
Sancho IV el Fuerte, rey de Navarra, 35.
Sancho I, rey de Portugal, 156.
Sancho García, conde de Castilla, 142.
al-Ṣantamarī (Yusuf al- A'lam), 363.
al-Ṣaqaṭī, 102, 105, 245.
al-Šaqundī (Abū l-Walīd Isma 'īl b. Muḥammad), 215, 251, 320, 324, 411.
al-Šaqurī, 203, 421.
Sara (nieta de Witiza), 369.
al-Šarīf al-Ḥusaynī al-Sabtī, 403, 406.
al-Šarīf al-'Uqaylī ('Abd Allāh al-'Arabī), 408.
Sa'sa'ibn Sallām, 339.
al-Šāṭibī (Abū Isḥāq), 356-358.
al-Šāṭibī al Garnāṭī, 234.
Šaybāni (los), 63.
Seco de Lucena Paredes, Luis, 10, 41, 84, 152, 217, 242, 431.
Semtob de Carrión, 404.
Sevillano Colom, F., 252.
Sībawayh, 365.
Šihāb al-dīn Aḥmad al-Fāsī, 378.
Simāŷa, 324.
Sim'on b. Ṣemaḥ b. Duran, 205.
Simonet, Francisco Javier, 50, 187, 191, 192, 374.- Sīr b. Abī Bakr, 61.
Sisnando Davidiz, 190.
Solís, Isabel de, 150, 439.
Spinola (los), 253, 256.
Stern, S. M., 396, 400, 410.
Subḥ, madre de Hišām II, 24, 274.
al-Šūdī, 352.
Sulaymān, 58.
Sulaymān b. Abī l-'Ulā, 129.
Sulaymañ Ibn Hūd, 28.
al-Šuštarī, 177, 352, 355, 404.
al-Šuṭaybī, 378.

Ta'ālibī, 387.
Ṭabarī, 367, 369, 377.
al-Talamanqī (Abū 'Amr), 363.
Tamīm, 28, 132, 221.
Ṭarīf, 14.
Ṭarīq b. Ziyād, 14, 18, 169.
Tāšfīn, 33, 57, 127, 371.
Tendilla, Conde de, 44.
Teodomiro *(Tudmir)*, 15, 71.
Teres, Elías, 10, 416.
Terrasse, Henri, 425, 429, 431, 440.
Toda, reina de Navarra, 163.
Tomás de Aquino, Santo, 348.
Torres Balbás, Leopoldo, 189, 195, 202, 207, 211, 216, 224, 247, 276, 278, 308, 432, 434, 436, 442, 449.
al-Ṭurṭūšī (Abū Bakr), 49, 142, 145, 312, 387.

'Ubāda Ibn Mā' al-Samā', 396.
al-'Udrī (Aḥmad Ibn 'Umar), 85, 220, 222, 226, 227, 380-382, 431.
'Umar, 62, 131.
'Umar Ibn 'Adabbās, 215.
'Umar al-Garṣīfī, 102, 307, 312.
'Umar Ibn Ḥafṣūn, 23, 153, 187.
'Umar al-Mālaqī ('Umar de Málaga), 327, 406, 412, 413.
'Umar al-Mutawakkil, 67, 394.
al-'Umarī, 128, 216, 218, 295.
Umm al-'Alā' al-Sayyida al-'Abdariyya, 274.
Umm al-Ḥasan, 274.
Umm al-Kirām, 273, 393.
'Utmān (sultán marīn de Marruecos), 384.
'Utmān b. Abī l-'Ulā, 129, 130.
'Uṭmān b. Yagmurasān, 150.

Valera, Diego de, 158.
Vallvé Bermejo, Joaquín, 10, 239.
Van Berchem, Max, 51.
Vázquez Ruiz, José, 10, 231.
Velázquez Bosco, Ricardo, 428.
Venegas, Don Pedro, 64.
Vernet, Juan, 10, 417.
Vicens Vives, Jaime, 211, 229.
Vico, Ambrosio de, 217.
Villanueva, Carmen, 356.
Vivaldi (los), 253.

Wāḍiḥ, 362.
al-Walīd, 14.
Wallāda, 273, 390, 391, 400, 407.
al-Wanšarīsī (Aḥmad), 100, 203, 357.
al-Wāqidī, 368.
al-Wazīr al-Gassānī, 232.
Weiditz, Christoph, 300, 321.
Witiza, 13, 172, 188, 233, 369.

Ŷa 'far el Eslavón, 61.
Ŷa 'far al-Muṣḥafī, 61, 389.
al-Ŷāḥiẓ, 342, 386, 414.
Yaḥyā (nieto de al-Ma'mūn), 274.

Yaḥyā «Alhaharay», 151.
Yaḥyā al-Aš'arī, 92.
Yaḥyā al-Ġazal, 162, 388.
Yaḥyā b. Muḍar, 340.
Yaḥyā b. Yaḥyā al Layṭī, 340, 361.
Yaḥyā b. Yazīd al-Tuŷībī, 89.
Ya'īš b. Ibrāhīm b. Sammāk al-Umawī al-Andalusī, 420.
Ya 'qub al-Manṣūr, califa almohade, 127, 133, 136, 149, 348, 419, 433 (véase también Abū Yūsuf Ya'qūb al-Manṣūr).
al-Ya'qūbī, 220, 379, 380.
Ŷāqūt, 85.
Ŷa'wana Ibn al-Ṣimma, 388.
al-Ŷazzār, 397.
Yehudah al-Ḥarīzī, 409, 410.
Yiṣḥāq bar Šešet Perfet, 206.
Yosef Ibn Saddiq, 397.
Yuda (yerno de Ysaque Perdoniel), 204.
Yūsuf I, sultán naṣrí de Granada, 39, 40, 49, 54, 55, 57-59, 63-65, 68, 71, 73, 92, 93, 96, 99, 101, 130, 134, 150, 157, 161, 164, 217, 252, 272, 274, 275, 277, 295, 299, 313, 360, 372, 374, 376, 385, 403, 411, 421, 437, 439, 441-443.
Yūsuf II, sultán naṣrí de Granada, 41, 65.
Yūsuf III, sultán naṣrí de Granada, 41, 63, 140, 160, 193, 196, 317, 357, 406, 447.
Yūsuf IV, sultán naṣrí de Granada, 64.
Yūsuf II al-Mustanṣir billāh, califa almohade, 83.
Yūsuf b. 'Abd al-Mu'min, 371.
Yūsuf al-Fihrī, 19, 20.
Yūsuf Ibn al-Mawl, 196.
Yūsuf al-Quḍā'ī al-Undī, 410.
Yūsuf Ibn Tāšfīn, 30-32, 52, 54, 57, 58, 61, 71, 73-75, 126, 143, 155, 191, 199, 221, 273.
Yūsuf b. Waqqār, 377.

al-Ẓāhir, 401.
al-Żahrāwī (véase Abū l-Qāsim Jalaf al-Zahrāwī).
Zāwī b. Zīrī, 172.
Zaynab, 273, 275, 401.
al-Zaŷŷāŷī, 364.
Ziryāb, 21, 283, 284, 286, 287, 291, 301, 315, 318.
Ziyād ibn 'Abd al-Raḥmān Šabaṭūn, 340.
Ziyād *al-Mu'addib*, 273.
Zubayda, 299.
al-Zubaydī, 177, 359, 362, 363.
al-Zubayr b. 'Umar al-Mulaṭṭim, 280.
Zuhayr de Almería, 29, 414.
al-Zuhrī, 215, 292, 381, 382.

Índice toponímico

Adén, 251.
Adra, 161, 185.
Afganistán, 385.
África, 16, 19-21, 23, 33, 43, 55, 81, 82, 127, 154, 185, 186, 223, 228, 256, 286-288, 311, 341, 351, 361, 368, 371, 375, 379-381, 385, 401, 408, 419, 420, 428, 465, 466.
Agmāt, 31, 82, 273, 373, 385, 391, 392, 394.
Alarcos, 34, 58, 59, 132, 133, 149, 191, 466.
Álava, 16, 22, 72.
Albarracín, 28, 32, 179, 304, 364.
Alcalá de Guadaira, 119. 215, 435.
Alcalá de Henares, 133.
Alcalá la Real, 120, 183, 373, 395, 440.
Alcaudete, 146, 401.
Alcazarseguir, 158.
Alcira, 37, 189, 394, 419.
Alcocer do Sal, 158.
Alcolea, 212.
Alcudia, 180.
Aldea, 180.
Aledo, 31.
Alejandría, 182, 258, 383-385, 387, 401.
Alemania, 163, 306.
Alepo, 401.
Alfara, 225.
Algarve, 17, 19, 23, 83, 156, 169, 351, 371, 397.
Algeciras *(al-Ŷazīrat al-jadrā)*, 14, 24, 28, 31, 38, 39, 70, 87, 119, 131, 133, 134, 147, 149, 155-159, 161, 209, 228, 257, 276, 341, 374, 407, 442.
Alhama de Almería, 42, 149, 195, 208, 222, 236, 278, 305, 441.
Alhama de Aragón, 305.
Alhama de Granada, 305, 314.
Alhama de Murcia, 305.
Alhavar, 216.
Alhendín, 441.
Alicante, 147, 158, 180, 237, 255.
Almadén, 236.
Almenara, 32.
Almería *(al-Mariya)*, 17, 28-31, 33, 37, 39, 43, 55, 70, 73, 78, 82, 83, 86, 88, 90, 92, 95, 107, 119, 130, 131, 141, 146, 153-161, 173, 185, 186, 194, 195, 199, 202, 207-209, 220-222, 224, 226-229, 236-238, 241, 244, 248-252, 255-258, 273, 280, 283, 292, 294, 297, 299, 305, 306, 311, 322, 341, 342, 350, 351, 353, 359, 362, 364, 365, 374, 380, 382, 384, 392, 393, 403, 409, 411, 414, 421, 428, 431, 433, 441, 445, 448, 466.
Almizra, 180.
Almodóvar, 64, 149.
Almuñécar, 19, 80, 155, 156, 158, 159, 161, 224, 226, 237, 255, 257, 258, 285.
Alpuente, 32, 61.
Alpujarras, 78, 80, 88, 120, 161, 192, 202, 204, 209, 223, 226, 227, 235, 236, 249, 250, 277, 315, 447.
Alvayázere, 314.
Andalucía, 14, 15, 17, 19, 23, 32, 35; 75, 87, 90, 121, 144, 151, 159, 170, 173, 184, 185, 192-194, 199, 200, 211, 221, 222, 224, 227, 230, 233, 244, 245, 251, 253, 257, 278, 279, 288, 341, 351; 385,

391, 393, 398, 408, 442, 466, 467.
Andarax, 223, 250.
Antequera, 121, 122, 198, 208, 219, 257, 258, 306, 314, 442.
Antioquía, 292.
Aquitania, 16, 399, 400.
Arabia, 21, 339, 378, 383, 399.
Aragón *(Aragūn)*, 17, 30, 33, 35, 39, 40, 42, 53, 58, 68, 69, 106, 118, 130, 133, 138, 151, 156, 157, 160, 178, 179, 181-183, 185, 196, 198, 203, 222, 223, 241, 253, 282, 287, 292, 304, 366, 469.
Aranda, río, 225.
Archidona, 41, 354.
Arenas, 195.
Argel, 205, 206, 385.
Arjona, 36, 54, 127, 197.
Arzila, 158.
Asia, 21, 169, 305, 465.
Asia Menor, 385.
Astorga, 187.
Asturias, 16.
Atlántico, océano, 33, 154, 213, 237.
Atlas, 126, 385.
Augsburgo, 321.
Autun, 16.
Auvernia, 400.
Ávila, 446.
Azemmur, 385.

Badajoz, 21, 23, 28, 30, 31, 33, 61, 67, 72, 82, 87, 207, 276, 314, 359, 364, 390, 392, 394, 397, 407, 410, 434, 435.
Baena, 223, 314.
Baeza, 29, 33, 37, 173, 202, 217, 222.
Bagdad, 49-52, 56, 177, 291, 292, 299, 344, 360, 363, 365, 372, 378, 379, 382, 383, 399, 401, 410, 416, 425, 428, 429, 444.
Bailén, 430.
Baleares, Islas, 28, 30, 34, 36, 82, 179, 189, 200, 258, 306, 311, 314.
Barbastro, 30, 138, 400.
Barbate, Puerto de, 120.
Barcelona, 15, 20, 21, 24, 30, 39, 64, 72, 106, 126, 130, 138, 158, 163, 178-180, 182, 189, 190, 241, 304.
Bardulia (Castilla la Vieja), 16.
al-Basra, 383.
Baza, 36, 43, 93, 100, 119, 122, 144, 147, 227, 228, 236, 249, 256-258, 294, 411, 441.
Beja, 169, 351, 371, 420.
Benamaurel, 121.
Benicásim *(Banū Qāsim)*, 209.
Benicarló *(Banū Qarlo)*, 209.
Bentaurique, 299.
Bentomiz, 91.
Benzalema, 121.
Berbería, 25, 33, 43, 128, 160, 181, 184, 203, 228, 255, 258, 271, 320, 376, 384, 402, 450.
Berja, 88, 414.
Berlanga, 119.
Bética, 16, 188, 211, 214.
Bezmiliana, 257.
Bizancio, 24, 51, 124, 162, 163, 204, 213, 230, 250, 254, 258, 425, 428, 444.
Bobastro, 23.
Bohemia, 193, 296.
Bolonia, 255.
Bolullos de la Mitación, 434.
Bona, 354.
Borgoña, 16.
Bristol, 256.
Brujas, 208, 256.
Bruselas, 289.
Bugía, 55, 182, 350, 352, 385.
Bujara, 373.
Bureba, La, 16.
Burgos, 30, 57, 72, 296, 449.
Burriana, 180.

Cabra, 236, 396, 428, 429.
Cáceres, 68, 433.
Cádiz, 17, 87, 140, 221, 229, 237, 238, 255-257, 352, 382.
Cairo, El, 40, 164, 204, 255, 352, 365, 382-385, 401, 420.
Calabria, 170.
Calatayud, 28, 120, 179, 250, 304.
Calatrava, 34, 120, 150.
Calpe, 180.
Cambiles, 216.
Cangas de Onís, 16.
Cantábrica, cordillera, 16.
Cantoria, 230, 354, 384.
Capileira, 88.
Carmona, 23, 28, 33, 61, 214, 241, 246.
Cartagena, 236, 257, 383, 415.
Cartago, 14, 428.
Cártama, 222, 224, 283, 285.
Casarabonela, 208, 230.
Casares, Castillo de, 249.
Castell de Ferro, 161, 236.
Castellón de la Plana, 180, 226.
Castilla (*Qaštālla* o *Qaštīla*), 17, 24-26, 28, 30, 33-35, 38-42, 53, 72, 73, 82, 87, 118, 129, 133, 138, 140-142, 145, 155, 156, 158, 164, 178, 180-185, 191, 193, 196, 198-200, 203, 205, 229, 293-296, 321, 358, 376, 377, 400, 465, 469.
Castilla la Nueva, 229.
Castilla la Vieja, 16, 449.

Castillejar, 357.
Castillejo de Monteagudo, 434, 439.
Castril, 353.
Cataluña, 21, 29, 33, 81, 145, 158, 178, 179, 181, 199, 200, 252, 287, 288.
Cerdaña, 58.
Cerdeña, 29, 152, 154, 190, 383.
Cervera, 179.
Ceuta, 18, 23, 31, 39, 82, 87, 92, 154-158, 161, 220, 229, 258, 310, 311, 346, 352, 353, 366, 381, 383, 384, 401, 403.
Cieza, 197.
Cluny, 468.
Coimbra, 15, 21, 30, 351.
Coín, 129.
Colomera, 195.
Comares, 195, 227, 249, 306.
Constantina, 236.
Constantinopla, 24, 162, 388, 426.
Córcega, 152.
Córdoba *(Qurṭuba)*, 9, 14, 17, 18, 20, 21, 23, 24, 26-29, 33, 36, 37, 43, 50-56, 58, 66, 68, 70, 71, 74, 76-78, 80-82, 84, 89-93, 95, 96, 100, 102, 107, 108, 117, 118, 120, 122-124, 127, 129, 132, 134-137, 144, 148, 150, 151, 153, 154, 162, 163, 179, 172-177, 181, 186-191, 199, 201, 203, 204, 207-214, 223, 229, 230, 233, 236, 238-241, 243, 244, 246, 247, 249-251, 254-258, 273, 276, 277, 279, 280, 284-287, 290, 291, 299, 300, 302, 306, 315, 316, 319-327, 339-345, 347-350, 359, 361-366, 368-370, 372, 380, 386, 388-391, 397, 398, 402, 407, 410, 416-418, 424-431, 435, 444-446, 448, 465-467, 469.
Covadonga, 16.
Creta, 162, 383.
Crevillente, 420.
Crimea, 305.
Cuenca, 34, 304.

Chatellerault, 16.
China, 382, 385.
Chivert, 180.
Churriana, 303.

Dalías *(Dalāya)*, 229, 237, 285, 315, 380.
Damasco, 15, 23, 169, 216, 339, 352, 364, 382-384, 401.
Daroca, 179.
Darro, río, 37, 218, 219, 236, 313, 317, 324, 436, 437, 438.
Delhi, 385.
Denia, 30, 32, 82, 154, 158, 180, 189, 190, 226, 239, 251, 258, 364, 292-394, 401, 409, 417, 419, 466.
Djedda, 383.
Douai, 208.
Duero, río, 119, 142, 338.
Durango, 193.

Ebro, río, 14, 18, 21, 28, 32, 179, 225, 226, 233, 236, 244, 256, 467.
Écija, 14, 33, 150, 207, 222, 258.
Egipto, 52, 82, 127, 170, 192, 200, 227, 233, 244, 245, 251, 255, 258, 317, 326, 368, 372, 380, 382, 384, 385, 394, 402, 424, 466.
Elche, 227, 420.
Elvira *(Ilbīra)*, 15, 19, 87, 88, 154, 169, 170, 172, 188, 209, 217, 225, 227, 236, 355, 367, 388, 393, 447.
Elvira, Sierra de, 37, 119.
Emesa, 169.
Escandinavia, 306.
Escorial, San Lorenzo de El, 140.
Eslida, 180.
Estepona, 92, 257.
Éufrates, río, 224.
Europa, 69, 82, 140, 170, 204, 208, 305, 348, 352, 381, 399, 418, 468.
Évora, 15, 351, 394.
Extremadura, 17, 33, 42, 197, 229.

Fayyūm, 227.
Ferreira, 223, 226.
Fez, 43, 68, 81, 82, 97, 142, 164, 219, 223, 247, 251, 278, 279, 307, 310, 322, 345, 352, 372, 378, 384, 385, 405, 407, 433, 450.
Filabres, Sierra de los, 236, 428.
Fiñana, 254, 313, 411.
Flandes, 208, 255, 256.
Florencia, 255.
Francfort, 163.
Francia, 29, 199, 306, 381, 393, 422.
Fraxinetum (La Garde Freinet), 153.
Fréjus, 153.
Fuengirola *(Suhayl)*, 161, 222, 237, 257.
Fusṭāṭ, 278.

Gabes, 127, 352.
Gabía, 122.
Gafsa, 127.
Galera, 357, 358.
Galia, 16, 251.
Galicia, 16, 25, 153, 156, 170, 193.
Ganges, río, 385.
Gante, 208.
Garrucha, 299, 445.
Gascuña, 16, 171.
Gata, Cabo de, 161.
Gaucín, Castillo de, 120, 249.

Genil, río, 18, 43, 119, 145, 218, 219, 222, 227, 236, 356, 430.
Génova, 33, 155, 238, 252, 253, 255, 256.
Germania, 170, 230.
Gerona, 15, 20, 106, 304.
Gibralfaro, Castillo de, 129, 201, 442.
Gibraltar *(Ŷabal Ṭāriq)*, 14, 37, 39-41, 70, 119, 121, 146, 156, 160, 303, 306, 400, 442.
Gibraltar, Estrecho de, 87, 120, 124, 153, 155-161, 338, 382.
Gormaz, Castillo de, 119, 430.
Granada, 17, 28-33, 36-44, 52, 54, 55, 57, 59, 61, 63, 64, 67-69, 71, 73, 75, 77, 78, 80, 82-84, 86-92, 94, 96-101, 103, 106, 107, 119, 121, 122, 125-130, 132-134, 138-142, 144, 145, 147-151, 158, 160, 161, 164, 170, 172-175, 177, 178, 181-186, 191-208, 210, 216-224, 226-229, 234-237, 242, 243, 245, 246, 248-250, 252, 253, 255-257, 273, 275-278, 280, 283, 285, 290, 292, 293-301, 303-308, 310-314, 316-318, 321-327, 337, 343-346, 350, 353-362, 365-367, 371, 374, 375, 377, 383-385, 387, 393, 395, 397, 398, 400-403, 405-408, 410-412, 417, 419, 420, 423, 431-432, 436-450, 466, 467.
Grazalena, Sierra de, 226.
Guadalajara, 34, 297, 430.
Guadalbullón, río, 223.
Guadalquivir *(al-Wādī al-kabīr)*, río, 18, 36-38, 92, 137, 153, 155, 210-215, 223, 226, 228, 236, 258, 274, 279, 280, 306, 314, 325, 327, 391, 427, 435.
Guadarrama, Sierra de, 19, 229.
Guadiana, río, 20, 120, 224, 430.
Guadix, 33, 36, 38, 43, 73, 88, 91, 92, 119, 121, 128, 133, 185, 194, 202, 216, 227, 230, 236, 254, 258, 272, 273, 289, 346, 359, 382, 393, 401, 411, 420, 423.
Gumara, Montes de, 129.

Henares, río, 430.
Hintata, Monte (Alto Atlas Central), 385.
Hispalis (*Išbīliya*), 209, 213.
Hispania (*Išbāniya*), 17.
Ḥiŷāz, 170, 323, 372, 380, 384.
Hornachuelos, 236.
Huelva, 17, 161, 236, 343, 351, 380, 434.
Huesca, 28, 151, 179, 222, 348, 468.
Huéscar, 147, 228.
Ḥunayn, 156, 256.
Hungría, 383.

Ibiza, 160, 224, 237, 239.
Ifrīqiya, 13, 18, 23, 37, 52, 127, 154, 170, 173, 233, 258, 285, 291, 294, 295, 298, 316, 372, 384, 393, 415, 424, 428, 432, 433.
Ilora, 121.
Illora, 216.
India, 173, 227, 251, 346, 354, 382.
Indo, río, 385.
Inglaterra, 306.
Irán, 383, 447.
Iraq, 19, 170, 224, 228, 244, 245, 258, 317, 342, 380, 402, 414, 447.
Iṣfahān (Ispahán), 383, 399.
Italia, 29, 152, 204, 306, 422.
Itálica, 302.
Iznalloz, 313.

Jaca, 144.
Jaén, 17, 19, 33, 36, 37, 54, 63, 75, 120, 127, 144, 169, 172, 194, 195, 197, 200, 203, 222, 223, 227, 230, 246, 249, 258, 276, 312, 317, 327, 364, 366, 389, 430.
Jalón, río, 179, 225.
Játiva, 29, 37, 250, 343, 345, 378, 433.
Jerez de la Frontera, 36-38, 87, 181, 207, 294, 408, 447.
Jerica, 32.
Jerusalén, 352, 384, 385, 387.
Jete, río, 161.
Jodar, 223, 246.
Jordán, 169.
Júcar, río, 189.
Julbina, 88.
Jurasán, 173, 255.
Juviles, 92.
Jwarizm, 373.

Kairuán, 15, 24, 89, 92, 357, 365, 414.
Kufa, 383.

Languedoc, 171.
Leiria, 314.
León *(Liyūn)*, 17, 23, 24, 30, 36, 44, 72, 118, 145, 163, 187, 251, 254, 255, 291.
Lérida, 26, 28, 33, 106, 179, 236, 241.
Levante, 15, 17, 18, 23, 28, 29, 35, 37, 73, 92, 138, 152-154, 173, 180, 225, 229, 230, 239, 288, 292, 341, 397, 401, 419, 467.
Libia, 170.
Lisboa, 21, 31, 153, 314, 345.
Loja, 174, 208, 223, 237, 258, 274, 313, 374, 421, 441, 445.
Lombardía, 170.
Londres, 347.

Lorca, 31, 64, 149, 222, 236, 257, 283, 366.
Lorena, 163.
Lucca, 255.
Lucena, 74, 149, 199, 201, 251, 274, 348.
Luni, 154.
Lusitania, 188.
Lyon, 315.

Macael, 236.
al-Madā'in, 137.
Madīnat al-Zāhira, 25, 137, 427.
Madīnat al-Zahrā', 24, 25, 56, 81, 228, 230, 236, 240, 244, 391, 427, 428-430, 446, 447.
Madrid, 304, 305, 352, 448.
Maġrib, 13, 15, 19, 24, 31, 33, 37, 75, 87, 97, 102, 125-127, 160, 170, 179, 183, 204, 223, 227, 233, 241, 256, 271, 281, 285, 294-296, 364, 376, 393, 433, 449.
Malá, 237.
Málaga *(Mālaqa)*, 15, 17, 19, 28, 33, 36-38, 42, 43, 77, 86-88, 90, 92-94, 99, 105, 106, 119, 120, 128, 129, 134, 135, 148, 149, 151, 155-161, 173, 184-187, 191, 194-196, 201, 202, 205, 207-209, 223, 224, 226-228, 230, 236, 237, 245, 248, 252, 253, 255-258, 277, 279, 285, 294, 306, 324, 326, 353, 354, 359, 374, 406, 407, 411, 412, 419, 428, 431, 441, 442, 447, 466, 469.
Mallorca, 22, 106, 151-153, 156, 179, 182, 201, 207, 228, 239, 251, 254, 304, 306, 344, 366, 393, 408.
Manises, 469.
Marbella, 77, 92, 140, 159-161, 237, 257.
Marca Hispánica, 21, 171.
Marchena, 88, 411.
Marrākuš (Marrakech), 31, 35, 59, 62, 82, 127, 346-348, 350, 355, 384, 395, 401, 426, 434, 446.
Marruecos, 13, 23, 31-33, 37, 38, 40, 42, 44, 81, 82, 89, 124-129, 137, 156, 191, 192, 203, 223, 224, 229, 251, 255, 258, 277, 285, 295, 297, 355, 371, 374, 376, 377, 385, 408, 411, 421, 450.
Marsella, 152.
Marw, 383.
Meca, La, 174, 182, 255, 258, 277, 339, 352, 365, 383-385, 387, 401, 414.
Medina, 174, 321, 339, 365, 383.
Medinaceli, 25, 118.
Mediterráneo, 19, 37, 119, 154, 155, 160, 171, 180, 199, 201, 237, 250, 257, 258, 271, 305, 382, 384, 409, 447, 466.
Meknés, 191, 299.
Melilla, 23, 154, 185.
Menorca, 34, 152, 153, 179, 239.
Mérida *(Mārida)*, 14, 18, 21, 36, 120, 186, 188, 189, 209, 302, 425, 429, 430.
Mértola, 87, 351.
Mesina, 383.
Mesopotamia, 424.
Mestanza, 236.
Moclín, 148, 216, 313, 440.
Mondújar, 88, 277, 299.
Montefrío, 216.
Montpellier, 255.
Morena, Sierra, 35, 236, 312.
Morón, 341.
Mosul, 383, 401.
Motril, 80, 226, 234, 237, 248, 439.
Moussais la Bataille, 16.
Murcia, 15, 29, 31-33, 35, 37, 38, 64, 71, 72, 82, 86, 106, 129, 133, 137, 141, 149, 169, 181, 183, 198, 199, 230, 236, 257, 292, 293, 305, 312, 351, 352, 360, 363, 364, 366, 419, 434, 349.
Murviedro, 32.

Nakūr, 81.
Narbona, 15, 257.
Narbonense, 16.
Navarra *(Nabārra)*, 17, 24, 35, 163.
Navas de Tolosa, 35, 127, 133, 466.
Negro, mar, 170.
Nevada, Sierra, 19, 88, 222, 226, 236, 313.
Niebla, 38, 169, 236, 286, 314, 342, 351.
Níger, río, 385.
Nilo, río, 239.
Nisābūr, 383.
Nivar, 125.
Nuevo Mundo, 466.
Nüremberg, 195, 253, 276.

Occitania, 399.
Ocsonoba, 169, 236.
Ohanes *(Yuhānis)*, 353.
Olvera, Castillo de, 120.
Onda, 35, 180, 410.
Orán, 43, 256.
Orgiva, 223.
Oria, 230.
Orihuela, 77, 160, 183, 189, 196, 371.
Orontes, río, 224.
Osma, 119.
Ovejo, 236.
Oviedo, 22, 151.
Oxford, 347, 368.

Pago, 88.
Palermo, 152, 381.
Palestina, 169, 244.

Palma de Mallorca, 34, 207.
Pamplona, 14, 15, 21, 23, 30, 72, 138, 319.
París, 208.
Pastor, 190.
Pavía, 163.
Pechina, 153, 154, 162, 223, 224, 255, 305, 350, 411.
Peníscola, 35.
Perpiñán, 106, 197.
Picos de Europa, 16.
Pirineos, 152, 444.
Pisa, 33, 155.
Poitiers, 16.
Poitou, 16.
Poqueira, 223, 226.
Porcuna, 36.
Portugal *(Burtuqāl)*, 15, 16, 21, 33, 39, 156, 193, 199, 230, 244, 314, 399.
Priego, 227, 256.
Provenza, 35, 152, 399.
Pruna, Castillo de, 120.
Puerto de Santamaría, 158.
Purchena, 230, 295, 301, 411.

Qinnasrīn, 169.
Quesada, 56, 145, 286, 408.

Rabat, 426.
Rábida, Monasterio de la, 161.
Rayy, 383.
Reims, 208.
Reiyo, 169.
Riana, 172.
Rīf, 18.
Río Tinto, 236.
Rioja, La, 16.
Rojo, mar, 383.
Roma, 381.
Roncesvalles, 20.
Ronda, 19, 40, 43, 68, 87, 90, 122, 128, 139, 145, 147, 194, 195, 197, 198, 202, 204, 228, 230, 237, 276, 303, 355, 402, 439, 441, 442.
Ronda, Serranía de, 23, 37, 78, 119, 120, 227, 249.
Roquetas, 237.
Rosellón, 58.
Ruán, 208.

Sagrajas (véase *Zallāqa*).
Sahagún, 187.
Sáhara, 250, 385.
Saint Tropez, 153.
Salado, río, 39, 129, 131, 134, 157, 159, 304.
Salé, 191, 355, 385.
Salinas, Sierra de las, 237.
Salobreña, 80, 108, 131, 185, 226, 227, 234, 237, 299, 361, 406.
Saltés, isla, 237, 380.
San Juan de Acre, 383.
San Martín del Pino, 195.
Sangonera, 222, 283.
Santa Fe, 43, 44, 202.
Santarem, 15, 345.
Santiago de Compostela, 25, 118.
Santo Domingo de Silos, 194.
Segorbe, 32.
Segovia, 296, 468.
Segre, río, 236.
Segura, 420.
Selcos, río, 304.
Septem (Ceuta), 14.
Septimania, 20, 124, 152, 170.
Sepúlveda, 304.
Setenil, 237.
Setif, 127.
Sevilla, 14, 17-19, 21, 23, 27, 28, 30, 31, 33, 35, 37, 40, 50, 72, 82, 83, 86, 92, 94, 95, 98, 102, 103, 108, 119, 137, 138, 144, 149, 151, 153, 155, 156, 158, 163, 169, 172, 173, 177, 181, 186, 188, 189, 200, 205, 207, 208, 210, 213-216, 221, 223, 224, 226, 227, 236-238, 246-248, 252, 258, 272-274, 285, 286, 293, 303, 307, 318-320, 322, 325, 327, 343, 345, 347, 350-352, 359, 364, 369, 371-373, 387, 390-395, 397, 398, 401, 414, 419, 426, 431, 433-436, 442, 445, 448, 449, 466-468.
Sfax, 428.
Sicilia, 133, 152, 381, 383, 384, 392, 393, 402.
Sidonia, 169, 237.
Silves, 33, 154, 156, 158, 351, 363, 371, 392, 394, 410.
Simancas, 149.
Sind, 228.
Siria, 14, 18, 19, 50, 102, 127, 170, 174, 224, 244, 245, 279, 317, 372, 382-385, 387, 388, 402, 424, 430, 466.
Siŷilmāssa, 81, 82, 227, 241.
Southampton, 256.
Spezia, 154.
Spoleto, 400.
Sudán, 82, 126, 170, 172, 240, 254, 284, 380.
Suhayl (véase Fuengirola).
Sūs, 170.
Susa, 154.

Tabarka, 154.
Tabernas, 186.

Tablada, 40, 153.
Tajo, río, 18, 20, 120, 190, 201, 223-225, 276, 280, 282.
Talavera, 223.
Tánger, 23, 31, 87, 157, 158, 346.
Tarazona, 179, 304, 468.
Tarifa *(Ŷazīrat Ṭarīf)*, 14, 38, 39, 58, 87, 131, 134, 237, 238, 258, 383, 430.
Tarragona, 15, 32, 152, 153, 223, 254, 257.
Tawzar, 373.
Teba, Castillo de, 120.
Teruel, 179, 292, 293, 304.
Tharsis, 236.
Tiro, 383.
Toledo *(Ṭulayṭula)*, 13, 14, 18, 21, 23, 28-32, 34, 35, 68, 72, 82, 86, 95, 118, 125, 140, 147, 163, 174, 180, 183, 186-191, 200, 201, 205, 207, 209, 220, 222, 225, 227, 229, 233, 236, 241, 244, 246, 248, 250, 276, 277, 280, 283, 293, 294, 297, 304, 359, 377, 392, 397, 414, 416-418, 430, 431, 449, 465, 468, 469.
Tolosa, 197.
Toro, 181.
Torre, Sierra de la, 237.
Torres Torres, 303.
Torrox, 161.
Tortosa, 33, 49, 142, 153, 158, 179, 204, 230, 236, 304, 312, 379, 387, 390.
Toulouse, 16, 204.
Trahit, 225.
Transoxiana, 385.
Trapani, 383.
Trasmoz, 225.
Tremecén, 40, 43, 82, 83, 128, 133, 134, 150, 157, 194, 220, 251, 282, 310, 352, 353-355, 385, 402, 420, 433, 449, 450.
Trípoli, 385.
Tripolitania, 33.
Trujillo, 118.
Tudela, 28, 151, 179, 222, 410.
Tudmir, 169.
Túnez, 37, 40, 55, 251, 322, 352, 364, 366, 374, 384, 385, 394, 401, 402, 420.
Tunicia, 450.

Úbeda, 144, 222, 223, 227, 236, 320.
Uclés, 32, 132.

Valencia *(Balansiya)*, 28-33, 35-37, 80, 82, 83, 86, 94, 95, 106, 133, 140, 151, 156, 177, 179, 180, 182, 183, 189, 199, 201, 207, 209, 225, 226, 247, 248, 250, 252, 254-256, 276, 292, 303, 306, 314, 342, 366, 390, 394, 401, 410, 466, 469.
Valladolid, 187, 301, 449.
Vandalicia, 16.
Vega de Granada, La, 39, 42, 80, 87, 88, 122, 131, 145, 192, 209, 222, 229, 234, 239, 245, 280, 303, 317, 440, 441.
Vega de Zaragoza, La, 191.
Vejer de la Frontera, 120.
Velefique, 341.
Vélez de Benaudalla, 439.
Vélez Málaga, 43, 91, 196, 198, 202, 208, 216, 226, 249, 306, 327, 353.
Venecia, 255, 256.
Ventas de Bezmiliana *(Bizilyāna)*, 237.
Vera, 119, 133, 161, 196, 198, 222, 225, 228, 238, 411.
Veruela, 225.
Volga, río, 383.

Wādī Lago (río Barbate), 14.

Yebala, 18.
Yemen, 170, 174, 255.
Ypres, 208.

Zahara, Castillo de, 120, 183, 237.
al-Zāhira (véase *Madinat al-Zāhira*).
Zallāqa (Sagrajas), 27, 31, 58, 70, 143, 228, 338, 465.
Zamora, 149, 187, 193.
Zaragoza *(Saraqusṭa)*, 14, 20, 21, 28, 30, 32, 35, 54, 61, 82, 86, 118, 138, 179, 183, 189, 190, 201, 207, 236, 241, 249, 255, 257, 305, 324, 344, 345, 348, 359, 364, 387, 394, 407, 418, 431, 432.
Zorita, 190.
Zubia, 303.

ÍNDICE DE MAPAS

I. La conquista musulmana a principios del siglo VIII 15

II. El emirato de Córdoba en el siglo IX.................................. 22

III. El califato omeya de Córdoba 25

IV. Los reinos de taifas a mediados del siglo XI.......................... 29

V. Al-Andalus bajo los almorávides y los almohades en el siglo XII 34

VI. La España musulmana y la Reconquista en el siglo XIII 38

VII. La conquista del reino de Granada por los Reyes Católicos (1481-1492) 44

ÍNDICE GENERAL

Nota introductoria 9

Capítulo primero: EVOLUCIÓN POLÍTICA 13
1. Conquista y penetración del Islam en España (710-756) 13
2. El emirato omeya de Córdoba (756-912) 19
3. El califato de Córdoba y el dominio 'āmirí (929-1008) 23
4. La caída del califato de Córdoba y la desintegración de la España musulmana (1008-1031) 26
5. Los reinos de taifas hasta la batalla de Zallāqa (1086) 27
6. Al-Andalus bajo las dinastías africanas y los avances de la Reconquista (1086-1232) 31
7. El reino naṣrí de Granada y el fin de la Reconquista (1232-1492) 36

Notas 45

Capítulo II: LAS INSTITUCIONES 49

1. El soberano 50
   1.1. Titulatura 50
   1.2. Investidura e insignias de soberanía 53
   1.3. Funciones 57
   1.4. Sucesión 58

2. Hāŷib y visir 60
3. La administración central y la Secretaría de Estado 66
4. El correo 69
5. Los recursos del Estado hispano-musulmán 70
   5.1. Los impuestos 74
   5.2. El tesoro privado del soberano 79
   5.3. La política monetaria 81

6. La organización provincial 84
7. La justicia 89
   7.1. La judicatura 89
   7.2. Testigos instrumentales y muftis 97

7.3. Magistraturas secundarias 100
7.4. La ḥisba 101
7.5. El ejercicio de la represión 107

NOTAS 109

CAPÍTULO III: LA GUERRA Y LA DIPLOMACIA 117

1. La guerra 117
1.1. Las Marcas 117
1.2. El sistema defensivo 119
1.3. El ejército 122
1.4. La organización marítima 152

2. La diplomacia 162

NOTAS 165

CAPÍTULO IV: ESTRUCTURA SOCIAL Y ECONÓMICA 169

1. La sociedad 169
1.1. Composición de la población 169
1.1.1. Los musulmanes 169
1.1.2. Los mudéjares 178
1.1.3. Los tributarios 186
a) Los cristianos 186
b) Los judíos 199
1.2. Distribución de la población hispanomusulmana 206
1.3. El marco urbano 208
1.3.1. Córdoba califal 210
1.3.2. Sevilla almohade 213
1.3.3. Granada naṣrí 216

2. La vida económica 220
2.1. La economía agrícola 221
2.1.1. La ganadería y la flora silvestre 228
2.1.2. Los trabajos agrícolas 230
2.1.3. Formas de explotación del suelo y contratos rurales 232
2.2. La explotación de los recursos naturales 235
2.3. El sistema de pesos y medidas. La moneda 238
2.4. La producción industrial y los intercambios 246
2.4.1. La organización profesional y los oficios urbanos 246
2.4.2. Los productos manufacturados y las industrias de lujo 249
2.4.3. Los comerciantes 250
2.4.4. El tráfico de esclavos 254

2.4.5. Los productos comerciales 254
2.4.6. Las vías de comunicación terrestre y marítima 257

NOTAS 259

CAPÍTULO V: ASPECTOS DE LA VIDA COTIDIANA 271

1. La familia 271
2. Vivienda y mobiliario 278
3. La alimentación 283
4. La indumentaria, el adorno y los cuidados corporales 290
5. Los baños públicos 302
6. La salud pública 305
7. Las diversiones 308
   7.1. Las fiestas 308
   7.2. La caza 312
   7.3. Juegos, música y baile 315
   7.4. El espectáculo callejero 322

8. La moralidad pública 324

NOTAS 328

CAPÍTULO VI: LA VIDA RELIGIOSA E INTELECTUAL. EL DESARROLLO ARTÍSTICO 337

1. La vida religiosa 337
2. La producción intelectual 359
   2.1. La enseñanza y las bibliotecas 359
   2.2. La gramática y los comentarios 362
   2.3. Las recopilaciones biográficas 365
   2.4. La historia 367
   2.5. La literatura geográfica 378
   2.6. El «adab» 386
   2.7. La poesía 388
   2.8. La prosa rimada 407
   2.9. La crítica literaria 414
   2.10. Ciencia y medicina 415
   2.11. La hipología 423

3. El desarrollo artístico 424
   3.1. La arquitectura 424
   3.2. Las artes industriales 444

NOTAS 451

CONCLUSIÓN 465

FUENTES Y BIBLIOGRAFÍA 470

Cuadros genealógicos 499

Cronología 512

Índice Onomástico 531

Índice Toponímico 545

Índice de mapas 553